南宋中兴诗坛研究

A Study on Reviving Poetry World in
the Southern Song Dynasty

曾维刚　著

人民出版社

国家社科基金后期资助项目
出版说明

后期资助项目是国家社科基金项目主要类别之一,旨在鼓励广大人文社会科学工作者潜心治学,扎实研究,多出优秀成果,进一步发挥国家社科基金在繁荣发展哲学社会科学中的示范引导作用。后期资助项目主要资助已基本完成且尚未出版的人文社会科学基础研究的优秀学术成果,以资助学术专著为主,也资助少量学术价值较高的资料汇编和学术含量较高的工具书。为扩大后期资助项目的学术影响,促进成果转化,全国哲学社会科学规划办公室按照"统一设计、统一标识、统一版式、形成系列"的总体要求,组织出版国家社科基金后期资助项目成果。

全国哲学社会科学规划办公室
2014 年 7 月

目　　录

中编：演　进　论

导　言

第一节　研究对象与概念界定

　　12 世纪早期的宋室南渡,是宋代历史上的重大转变。宋室南渡后,无论社会文化还是诗歌艺术,在继承北宋的同时又发生了显著变化,尤其是宋孝宗至宁宗前期约半个世纪,诗歌创作出现中兴,成为继唐代开元、元和及北宋元祐之后的又一诗学高峰,史称"南宋中兴诗坛"。本书将从"群体论"、"演进论"、"个体论"等多个层面,对南宋中兴诗坛展开系统深入的研究。

一、南宋历史的中兴与文学的中兴

　　在宋代正史、政书、文集、笔记及后世各种文献、论著等关于宋代的记述中,经常出现"中兴"一词,其内涵不尽相同。尤其是在历史和文学两个领域,"中兴"所指称的时段及内涵存在一定差异,若不加辨析,往往会造成理解上的混乱与偏差。本书以南宋中兴诗坛为研究对象,首先有必要进入历史的语境①,对南宋历史与文学中的"中兴"这一概念进行厘定,进而对南宋中兴诗坛予以界定。

　　宋代经历了靖康之变与宋室南渡,遂有南、北宋之分,宋人往往以"中兴"来指称宋室南渡后高宗、孝宗两朝逐渐走向稳定与振兴的一段历史。如陈傅良云:"高宗中兴时,则有宗泽以留行为翊戴之功之首。寿皇(孝宗)入继大统时,则有娄寅亮以建储为定策之功之首"②。理宗绍定三年(1230)

---

① 在文学研究中,需要重视文学发生发展的"历史语境",也是海外学界的共识。如孙康宜、宇文所安等先生在所编的《剑桥中国文学史》中强调,该文学史的一个重要特点,就是它采取更具整体性的文化史方法,即一种文学文化史视角,文学作为整体历史的有机组成部分,各种文类的出现及其演变的历史语境成为文化讨论的重点。参见〔美〕孙康宜、宇文所安主编,刘倩等译:《剑桥中国文学史·序言》(上卷),北京:生活·读书·新知三联书店,2013 年,第 1—8 页。

② 陈傅良:《止斋先生文集》卷二四《奏乞褒录传察宗泽娄寅亮子孙札子》,《四部丛刊初编》本,上海:商务印书馆,1929 年。

李埴云："自建炎渡江，中兴立国，百度草创……孝宗培壅护持，日加月益"①。宋人以"中兴"来指称高宗、孝宗二朝，包含着他们对南宋前期朝政与社会状况一定程度的美化和对于国家兴盛的期望。宋人熊克编撰《中兴小纪》，"排次南渡以后事迹，首建炎丁未（1127），迄绍兴壬午（1162），年经月纬，勒成一书"②。熊克所谓"中兴"，为高宗一朝。宋佚名编撰《皇宋中兴两朝圣政》，起高宗建炎元年（1127），迄孝宗淳熙十五年（1188），所录乃高宗、孝宗两朝六十余年大事。在宋人诗文中，也有很多类似之例。③ 事实上，宋室南渡之初，高宗君臣在金人的追逼下沿海逃窜，几无立身之地，四方群盗蜂起，百姓生灵涂炭，若以当时的局面来看，是无论如何也算不上中兴的。但若就整个南宋历史观之，高宗君臣在江淮以北的领土基本沦陷、长江一带亦是土崩瓦解的局势下能逐渐稳住脚跟，最终确立与金人及蒙元对峙长达一百五十余年的基业，还是非常不易的，因此若说南宋自高宗起即开始了走向中兴的历程，又并不为过。这一点，不仅为宋人所首肯，也为现代学者所肯定。刘子健先生即指出，南宋历史上存在一个自高宗时期就已开始的"中兴的过程"④。胡昭曦先生亦认为，"两宋乃'岁月相继'，'高宗缵图于南京'是宋之'中兴'"，又认为自宁宗起，宋朝的统治明显腐朽，国力极度衰弱，因此不仅中兴的局面不再，南宋事实上已经进入其逐渐衰亡的晚期。⑤

因此，就南宋历史而言，无论是据宋人的说法还是以现代史学的观点，所谓"中兴"，主要是指高宗、孝宗两朝，尤其是孝宗时期。

文学的发展必然受到社会历史的深刻影响，但二者发展的步伐往往并不完全整齐划一，这在文学史上是常见的现象。南宋的历史与文学在一定程度上亦存在着这种错位现象。就诗歌而言，诗坛的"中兴"与历史的"中

---

① 蔡戡：《定斋集·序》，《影印文渊阁四库全书》第 1157 册，台北：台湾商务印书馆，1986 年，第 565 页。

② 永瑢等：《四库全书总目》卷四七《中兴小纪提要》，北京：中华书局，1965 年，第 423 页。

③ 如李纲《再和赵正之都运观水战三首》其二："北伐正须猷兵壮，中兴方与物为春。"（李纲著，王瑞明点校：《李纲全集》卷三二，长沙：岳麓书社，2004 年，第 421 页）朱熹《闻二十八日之报喜而成诗七首》其一："胡马无端莫四驰，汉家元有中兴期。"（朱熹：《晦庵先生朱文公文集》卷二，朱杰人等主编：《朱子全书》第 20 册，上海：上海古籍出版社、合肥：安徽教育出版社，2002 年，第 289 页）周必大《送陆先生圣修府赴春闱》："好把嘉谋献丹扆，中兴天子急丹平。"（周必大：《庐陵周益国文忠公集》卷一，《宋集珍本丛刊》第 51 册，北京：线装书局，2004 年，第 146 页）

④ 刘子健：《背海立国与半壁山河的长期稳定》，载刘子健《两宋史研究汇编》，台北：联经出版事业公司，1987 年，第 21—40 页。

⑤ 胡昭曦：《略论晚宋史的分期》，《四川大学学报》1995 年第 1 期。

兴"具有密切的关联,却并不完全同步。在南宋初期,活跃于诗坛的主要是一群南渡诗人,虽然有吕本中、曾几、陈与义等人在理论或创作上寻求突破,诗风有所转变,但总体上并未挣脱江西诗风的拘囿,因此诗坛呈现出发展缓慢甚至诗风凝滞的状态。许总先生即以"动荡时代中的凝定诗风"来描述自徽宗建中靖国元年(1101)至高宗绍兴三十二年(1162)之间的诗风特征。① 这种状态应该说几乎弥漫整个高宗一朝。因此高宗朝虽然属于南宋历史"中兴"过程中的一个重要阶段,但在文学史上却基本上不可以归入宋诗"中兴"的时期。

方回云:"乾淳间诗巨擘称尤、杨、范、陆"②。方回之论为后世所认可,文学史上历来以尤袤(1124 — 1193)、杨万里(1127 — 1206)、范成大(1126—1193)、陆游(1125—1210)为南宋诗坛中兴的标志,称之为中兴四大家。中兴四大家都出生于宋室南渡之际,高宗朝后期他们刚刚登上诗坛,尚未形成成熟的个人风格,因此若以中兴四大家为标准进行划分,高宗朝亦称不上诗坛的"中兴"时期。也就是说,南宋诗坛中兴的时间上限基本上当以高宗、孝宗禅代前后开始。

中兴四大家中,尤袤、范成大卒于光宗朝,卒年较晚的杨万里和陆游生活至宁宗朝中前期。光宗和宁宗朝不仅是中兴四大家生平活动的重要时期,亦是他们诗歌创作的重要时期,因此虽然光宗和宁宗朝称不上南宋历史的"中兴"时期,却是南宋诗坛中兴的不可分割的部分。不仅是诗歌,就文、词等其他门类而言,亦呈现出同样的情况。如南宋词学高峰的代表人物辛弃疾(1140—1207),生平文学活动亦主要在孝宗时期与宁宗中前期之间。宋人韩淲云:"乾道、淳熙以来,明经张栻、吕祖谦;直言胡铨、王龟龄;吏治王佐、方滋、张杓;典章洪迈、周必大;讨论李焘;文词赵彦端、毛开;辩博陈亮、叶适;书法张孝祥、范成大;道学陆子静、朱熹"③。韩淲的概括未必详尽,却反映出在中兴四大家生活的时代,诗歌及典章文词等其他文体同时繁荣的盛况。清人储大文《碧鲜斋诗集序》即称:"建炎光复,绍兴更化……诗学日绌。比其季年,士乃复稍稍开口议论,而徽国朱文公、吕成公、王梅溪、范石湖、周平园、陆放翁、洪景卢容斋、杨诚斋、萧千岩、尤延之、罗春伯以暨辛稼轩、王顺伯、薛季宣、郑渔仲景望、陈止斋、龙川、刘改之、僧宗杲辈,才彦

---

① 许总:《宋诗史》,重庆:重庆出版社,1992 年,第 533 页。
② 方回选评,李庆甲集评校点:《瀛奎律髓汇评》卷一《鄂州南楼》诗之评,上海:上海古籍出版社,2005 年,第 43 页。
③ 韩淲:《涧泉日记》卷中,上海:商务印书馆,1936 年,第 20 页。

始郁奋而出,号为文章中兴,诗律尤振"①。

因此,无论是就诗、词还是文来说,南宋文学中兴的时间上限均应当说是在高宗朝后期,基本上是从孝宗朝开始,而下限则在宁宗朝中前期。可见,南宋文学的"中兴"与历史的"中兴"是不同的概念,其指称时段与所包含的内容是不完全一致的。高宗、孝宗两朝是历史的"中兴"时期,而高宗朝后期、孝宗、光宗、宁宗朝中前期是文学的"中兴"时期。在本书中,所谓中兴时期,若无特别说明,一般是就文学方面而言的。

二、学界关于南宋中兴诗坛的界说

随着文学研究的发展,根据宋代诗歌自身演变的过程而将宋诗划分为不同时期以进行更为细致深入的探讨,是一个必然趋势。

吉川幸次郎将宋诗分为六期:一是北宋初的过渡期;二是北宋中期;三是北宋后期;四是北宋末南宋初的过渡期;五是南宋中期;六是南宋末期。② 胡念贻先生将宋诗分为四个时期,每一时期又分两段,其中第三个时期为南宋前期,从南宋初到宁宗开禧末(1128—1207),此期第一阶段为高宗时期,第二阶段为孝宗、光宗、宁宗时期,主要是"南宋四大家"活动的时期。③ 陈植锷先生将宋诗分为沿袭期、复古期、创新期、凝定期、中兴期、飘零期等六个时期,其中由高宗绍兴三十二年(1162)至宁宗庆元六年(1200)前后为中兴期。④ 华岩先生将宋诗分为初宋时期、盛宋时期、交替时期、中兴时期、晚宋时期等五个时期,中兴时期始于孝宗隆兴元年(1163),终于宁宗嘉定三年(1210)。⑤ 吴小如先生将宋诗分为四个时期:第一个时期从宋初至 11 世纪 40 年代,为宗唐期;第二个时期从宋仁宗庆历年间算起,直至南宋初年,为变唐期;第三个时期是杨万里、范成大、陆游崛起于南宋诗坛之际,为中兴期;第四个时期是自中兴之后至宋末,为衰落期。⑥ 许总先生将宋诗分为唐风笼罩的北宋初期、风骚激越的北宋中期、奇峰突起的北宋后期、水阔风平的北南之际、中流砥柱的南宋中期、余波绮丽的南宋末期等六个时期,其中南宋中期诗坛始于孝宗隆兴元年(1163),终于宁宗开禧三年(1207)。⑦

---

① 储大文:《存研楼文集》卷一一,《影印文渊阁四库全书》第 1327 册,台北:台湾商务印书馆,1986 年,第 226 页。
② 参见〔日〕吉川幸次郎:《宋诗概说》,东京:岩波书店,1962 年。
③ 参见胡念贻:《略论宋诗的发展》,《齐鲁学刊》1982 年第 2 期。
④ 参见陈植锷:《宋诗的分期及其标准》,《文学遗产》1986 年第 4 期。
⑤ 参见华岩:《宋诗的分期和宋诗的主流》,《文学遗产》1989 年增刊。
⑥ 参见吴小如:《宋诗漫谈》,《文史知识》1990 年第 2 期。
⑦ 参见许总:《宋诗史》,重庆:重庆出版社,1992 年。

木斋先生将宋诗分为初宋时期、盛宋时期、江西诗派时期、中兴时期、晚宋江湖时期五个时期,其中自绍兴三十二年(1162)至嘉定二年(1209)为中兴时期。① 王兆鹏先生等将宋诗分为:宋初诗人对唐诗的模仿;欧阳修、苏舜钦、梅尧臣的变革;王安石和苏轼等人的开拓;江西诗派的兴起;"中兴四大家"的超越;宋末诗风的蜕变等六个时期。② 另外还有其他一些关于宋诗分期和涉及南宋中兴诗坛界定的论著,此不赘述。

上述论著给宋诗分期的标准及所作出的分期各有不同,但关于南宋中兴诗坛的界说却大同小异,基本上是以高宗内禅、孝宗登基的绍兴三十二年为起点,而止于宁宗中前期,即嘉定三年前后。

三、本书关于南宋中兴诗坛的界定

诚如罗贝尔·埃斯卡尔皮所说,"当我们讲一代作家时,有意义的日期既不能是作家的出生日期,甚至也不能是年满20岁的日期……步入文学生涯是一个复杂的过程,在这个过程中,具有决定意义的时期在某种场合是40岁左右,但从根本上说是有变化的:我们应该考虑的是一个年龄范围,而不是一个确切的年龄"③。任何一个作家的文学活动或整体文学史的发展均是一个复杂的过程,因此我们在对一代作家和一个时期的文学进行研究的时候,不宜划定一个绝对精确的时间限制,而只能确定一个相对准确的时间范围。结合上文关于南宋历史的中兴、南宋文学的中兴以及学界对南宋中兴诗坛界说的综合考察,本书认为,南宋中兴诗坛大致当以绍兴三十二年(1162)高宗内禅、孝宗登基前后为时间上限,而以宁宗中前期,即嘉定三年(1210)前后为时间下限,南宋中兴诗坛即指其间前后约半个世纪的诗歌历史。

第二节　选题缘起与意义

一、选题缘起

本书的选题,主要基于以下思考:

其一,在中国文学史上,南宋诗歌的中兴,是继唐代开元、元和及北宋元

---

① 参见木斋:《宋诗流变》,北京:京华出版社,1999 年。

② 参见王兆鹏、李菁:《宋诗的发展历程》,《湖北大学成人教育学院学报》2001 年第 4 期。

③ 〔法〕罗贝尔·埃斯卡尔皮著,符锦勇译:《文学社会学》,上海:上海译文出版社,1988 年,第 42—43 页。

祐之后的又一诗学高峰,不仅极富艺术成就,也极具阐释空间与研究价值,成为文学史研究中的重要议题。但是,纵观20世纪以来的中国文学研究,与唐代文学研究相比,宋代文学研究相对寂寞,在宋代文学研究领域,盖又因王国维、胡适等学者"一代有一代之文学"①观念的影响,长期以来宋词被视为宋代文学的正宗,宋词研究亦由此占据了宋代文学研究的主导地位,相比之下,宋诗研究虽亦取得了丰富成果,但总体状况却寂寥得多,无论是文献整理还是理论批评方面的成绩,均远落后于宋词研究。② 直至21世纪初,学者对宋代文学研究进行定量分析,结果仍表明:在文体分布上,词的研究成果最多,而研究诗的成果不及词的一半;在作家分布上也有些失衡,少数著名作家门庭若市,而绝大多数作家则无人问津。③ 莫砺锋先生指出,"文革"结束以后,宋诗研究在规模和深度上都大大超过了前一阶段,但是如果与唐诗、宋词相比,宋诗的研究仍是比较冷落的。④ 张毅先生也指出,在20世纪的宋代文学研究中,词学成就最大,成果也最多。⑤

　　就宋诗研究内部而言,又存在重北宋而轻南宋的倾向。如清末民初倡导宋诗研究的领军人物之一的陈衍即说,"余谓诗莫盛于三元,上元开元,中元元和,下元元祐也"⑥。陈衍虽说是为了推尊宋诗,但他以元祐诗歌与唐诗并提,所推尊的显然是北宋时期以苏黄等人为代表的宋调。作为20世纪宋诗研究的始作俑者,陈衍等人以北宋元祐诗歌为宋代诗学代表的观念,又长期影响了此后宋诗研究的格局,即在时段上重北宋而轻南宋,使得南宋诗歌研究比之唐诗、宋词以及北宋诗歌研究均显落后。⑦ 王水照先生即指出,"作为中国古代文学研究的一个分支,宋代文学研究近年来取得了不少成绩和进展,但从总体水平来看,似乎仍显薄弱。与邻近的唐代文学研究相比,所得成果较少,投入人力不多,研究力量颇弱;与宋史研究相比,在专题的开拓、理论的探讨乃至基础文献的整理等方面,也难望其项背。从宋代文

---

①　参见王国维:《宋元戏曲史·序》,谢维扬、房鑫亮主编:《王国维全集》第3卷,杭州:浙江教育出版社,2009年,第3页;胡适:《文学改良刍议》,胡适著,季羡林主编:《胡适全集》第1卷,合肥:安徽教育出版社,2003年,第6页。

②　参见林岩:《宋代文学研究的现状与问题——以首届"宋代文学国际研讨会"为例》,《复旦学报》2001年第1期。

③　王兆鹏、刘学:《宋代文学研究现状的定量分析》,《光明日报》2002年10月9日。

④　莫砺锋、陶文鹏、程杰:《回顾、评价与展望——关于本世纪宋诗研究的谈话》,《文学遗产》1998年第5期。

⑤　张毅:《二十世纪宋代文学研究观念和方法之变迁》,《文学遗产》2001年第4期。

⑥　陈衍:《石遗室诗话》卷一,沈阳:辽宁教育出版社,1998年,第4页。

⑦　参见林岩:《宋代文学研究的现状与问题——以首届"宋代文学国际研讨会"为例》,《复旦学报》2001年第1期。

学自身的研究格局而言,也有一些不平衡或学术空白之处,如时代上的重北宋轻南宋,文体上的重词轻诗、文,课题上的重大作家、轻中小作家,以及对文学现象、文学事实的研究上也存在一些不足和空缺。这种情况,对宋代文学研究者是一种巨大的鞭策"①。又进一步强调,南宋的文学历史,是在文学现象、文学形态、文学性质上具有鲜明时代特色与重要历史地位的一部断代文学史。② 王水照先生长期以来不遗余力号召学界重视南宋各体文学研究的这些呼吁,的确反映了目前宋代文学研究中存在的问题,也指引了有待进一步开拓的方向。本书选择以南宋中兴诗坛为研究对象,正是期待对学界研究薄弱而又十分重要的学术地带进行开拓。

其二,南宋中兴时期,顺应宋室南渡以来社会经济、政治、学术文化与文学本身的发展,出现了如林光朝、林亦之、韩元吉、薛季宣、朱熹、张栻、吕祖谦、陆九渊、陈傅良、魏掞之等许多道学诗人,他们继承前贤学术、文学之绪,并予以开拓创新,形成了一个人数众多的道学诗人群体;又有章甫、陈造、姜夔、刘过、刘植、刘翰、刘仙伦、李泳、张良臣、葛天民等许多江湖诗人活跃于诗坛;还有许多在政治上趋向于激进抑或保守的官宦诗人,如王十朋、胡铨、范成大、陆游、尤袤、周必大、洪适、洪迈、辛弃疾、张镃、王质、王阮、楼钥、王之望、史浩、姜特立、许及之等,他们共同创造了南宋中兴诗坛异彩纷呈的局面,使这一时期的诗歌艺术呈现出丰富多元的新的特征。然而,就目前学界有关南宋中兴时期的诗歌研究而言,长期以来多是进行个体作家的研究,关注的焦点集中于少数著名诗人如陆游、杨万里、范成大、朱熹、姜夔等人,虽然对这些作家个案的研究取得了丰硕成果,但对大量其他重要作家却缺乏发掘和关注,甚至尚为研究的空白,许多重要的文学事实以及与文学密切相关的历史文化事实还缺乏发掘和清理,更缺乏从宏观角度对南宋中兴诗坛进行群体与整体的研究。

正如傅璇琮先生所论,文学史的研究,应当注意史的发展线索,文学史研究的基本单位,不是简单排列的一个个作家,而是连续不断向前推进的不同时段,是文学群体的有机活动系列,包括作家之间的关系(如新老作家的交替,文人集团的友谊与冲突),作家群体的形成与消散,文学思潮的兴起与衰落,创作风格的变化,不同文体的代兴,因为即使历史上最杰出的作家,也不是孤立的人,在他的周围,有一个流动着的文学环境,有一个层次不等

---

① 王水照主编:《宋代文学通论·后记》,开封:河南大学出版社,1997年,第617页。
② 王水照:《南宋文学的时代特点与历史定位》,《文学遗产》2010年第1期。

的群体。① 由此可见，如果我们仅仅着眼于南宋中兴时期少数诗人的个案研究，就会忽略这一时期文学群体与诗人之间的有机活动，忽略文学思潮与创作风格的代际兴替和整体变化，忽略大量其他具有文学史意义和研究价值的作家个体，我们对南宋中兴诗坛的认识就会存在很大的缺失和偏差，因而很难准确地把握文学史发展的全貌和某些带有规律性的特征，更难以推动文学研究的进一步深入。总之，目前关于南宋中兴诗坛的研究还远不够全面和深入，无论是从群体、整体还是个体研究的角度来看，南宋中兴诗坛均具有较大的发掘空间与开拓价值，尚待系统深入的研究。

其三，12 世纪早期的宋室南渡，是宋代历史上的重大转变。宋室南渡后，经历高宗、孝宗两朝，社会经济、政治、学术文化及文学等各个领域均发生了显著变化，出现了中兴的局面。就文学而言，南宋诗歌的中兴，既是由北宋到南宋文学自身传承与演变的结果，也与宋室南渡后近百年间政治文化变迁、诗学理论转型、士林风貌新变等因素密切相关。近年来，关于唐宋转型问题的讨论日益深入②，学界亦愈来愈重视两宋之间的变化，尤其是宋室南渡后社会各领域转型或重建的过程，引起海内外学者的关注。③ 但目前为止，深入考察南宋社会文化变迁与诗坛中兴的内在关联的研究成果尚不多见，这也是本书选题与研究的重要因素。

---

① 参见周明初：《晚明士人心态及文学个案·总序》，北京：东方出版社，1997 年，第 1—2 页。

② 自内藤湖南 1922 年发表《概括的唐宋时代观》（载刘俊文主编，黄约瑟译《日本学者研究中国史论著选译》第 1 卷，北京：中华书局，1992 年，第 10—18 页）以来，学界即展开了有关唐宋变革与转型问题的研究与讨论。相关学术回顾与述评，详可看看：〔日〕宫泽知之《唐宋社会变革论》（《中国史研究动态》1999 年第 6 期）；葛兆光《"唐宋"抑或"宋明"——文化史和思想史研究视域变化的意义》（《历史研究》2004 年第 1 期）；柳立言《何谓"唐宋变革"？》（《中华文史论丛》总第 81 辑，上海：上海古籍出版社，2006 年）；李华瑞《20 世纪中日"唐宋变革"观研究述评》（《史学理论研究》2003 年第 4 期）、《"唐宋变革论"对国内宋史研究的影响》（《中国史研究》2010 年第 1 期）；张邦炜《"唐宋变革论"的首倡者及其他》（《中国史研究》2010 年第 1 期）；等等。

③ 研究成果如：张家驹《两宋经济重心的南移》（武汉：湖北人民出版社，1957 年）；王兆鹏《宋南渡词人群体研究》（台北：文津出版社，1992 年）；吴松弟《北方移民与南宋社会变迁》（台北：文津出版社，1993 年）；〔日〕寺地遵著，刘静贞、李今芸译《南宋初期政治史研究》（台北：稻禾出版社，1995 年）；〔日〕斯波义信著，方健、何忠礼译《宋代江南经济史研究》（南京：江苏人民出版社，2000 年）；〔美〕包弼德著，刘宁译《斯文：唐宋思想的转型》（南京：江苏人民出版社，2000 年）；〔美〕刘子健著，赵冬梅译《中国转向内在——两宋之际的文化内向》（南京：江苏人民出版社，2001 年）；关长龙《两宋道学命运的历史考察》（上海：学林出版社，2001 年）；何俊《南宋儒学建构》（上海：上海人民出版社，2004 年）；钱建状《南宋初期的文化重组与文学新变》（厦门：厦门大学出版社，2006 年）；粟品孝等《南宋军事史》（上海：上海古籍出版社，2008 年）；等等。

二、选题意义

本书的研究,主要有以下方面的意义:

其一,研究内容具有一定填补空白的学术意义,进一步开拓宋代文学研究的领域和空间。目前的宋代文学研究,存在词重于诗、北宋诗歌重于南宋诗歌、大作家重于中小作家等失衡的现状。就南宋中兴时期的诗歌研究而言,虽然少数著名诗人的个案研究已较为深入,但还很少有从群体与整体角度对南宋中兴诗坛进行系统研究的论著。本书针对学术研究的现状,从"群体论"、"演进论"、"个体论"等多个层面,对南宋中兴诗坛进行全面系统的研究。研究内容中,如南宋中兴诗坛的群体动态及其不同群体特征、南宋中兴诗坛的师承与文学史演进、南宋中兴时期政治文化生态与诗坛代变、南宋中兴时期诗学理论的转型、南宋中兴时期士风新变与诗歌题材的开拓等问题,以及诸多重要中兴诗人个体的进一步发掘研究,都是学界以往研究中涉及较少或尚处空白的内容。因此本书的研究,为宋诗研究提供了新的视角和思考,从广度与深度上拓展了宋代文学研究的领域和空间,这对宋代文学乃至整个古代文学史,都具有一定意义。

其二,南宋诗歌的中兴,是继唐代开元、元和及北宋元祐之后中国文学史上的又一诗学高峰。其特点有三:一是作家队伍庞大,并在南宋文化整合、诗人交往互动的过程中,形成了道学诗人、激进官宦诗人、保守官宦诗人、江湖诗人等具有特色的诗人群体,独具体系和架构;二是名家众多,既有诗歌理论建树,又树立了多元的诗歌艺术典范,在文学史上具有重要地位;三是诗坛创作充满活力,时代特色鲜明,尤其是风起云涌的爱国主义思潮及其突出的文学表现、南传勃兴的道学从内圣外王二途拯救时势的努力及其文学涵咏、宋室南渡以来江湖文化的勃兴及江湖社会价值取向与审美情趣的反映等,展示出新的文化特质与时代意蕴,并在历史上产生了深远影响。本书不仅全面探讨南宋中兴诗坛的发展面貌,亦对此期诗歌发展繁荣的过程、动因及其文化意蕴进行系统研究和深入阐释,这对我们今天弘扬优秀文化遗产、进行精神文明建设等,也有启发与借鉴意义。

第三节　学术史回顾

对于宋诗的批评与研究,自宋朝即已开始,历元、明、清至今,有关宋诗批评与研究的成果已很丰富。20世纪以来,关于宋诗研究的总体回顾性文章,学界也有不少。①　本书以 20 世纪初"五四"新文化运动前后现代文学诞生、古代文学获得独立的现代学科性质为起点,结合整体宋诗研究的发展,而聚焦于南宋中兴诗歌研究,作一扼要学术史回顾。

一、研究初兴:20 世纪初至 1949 年

20 世纪初至 1949 年是具有现代学术意义的宋诗研究的初兴时期。此期主要有两个趋向:一是从总体上对宋诗发展史进行通论性论述,编选宋人诗歌选集;二是对个体作家进行文献整理、年谱考订及诗歌创作研究。其中,涉及南宋中兴时期一些重要诗人和问题。

首先看通论性论著和宋人诗歌选集。20 世纪的宋诗研究,始于清末民初提倡宋诗的"同光体"主将陈三立、沈曾植、陈衍等人。这几位在当时极有影响的学者兼诗人对宋诗的提倡促进了宋诗研究。陈衍不仅在理论批评上对宋诗多有阐发,著有《石遗室诗话》,还编录宋诗选集《宋诗精华录》,将宋诗分为初宋、盛宋、中宋、晚宋四个时段。其中,"中宋"时期为宋室南渡之后至永嘉四灵之前中兴四大家生活的时代,主要选录尤袤、萧德藻、范成大、杨万里、陆游等 32 人的诗作 212 首,又以杨万里(55 首)、陆游(54 首)为最多,仅次于录诗最多的"盛宋"诗人苏轼(88 首)。②　可见推尊北宋苏黄诗学的陈衍对南宋中兴四大家亦非常关注。陈衍《宋诗精华录》虽为选集,但将宋诗分为初、盛、中、晚四期进行选录,基本根据作家的名气决定作品的选录数量,可以说是以选代史,其中包含着陈衍对宋诗发展史和对作家作品的独特认识。

此期有关宋诗的总体观照和流派研究取得一些重要成果,代表性论著

---

① 如:莫砺锋、陶文鹏、程杰《回顾、评价与展望——关于本世纪宋诗研究的谈话》(《文学遗产》1998 年第 5 期);冯乾《近二十年来南宋江湖诗派研究综述》(《文史知识》1998 年第 11 期);程国赋《二十世纪严羽及其〈沧浪诗话〉研究》(《文献》1999 年第 2 期);莫砺锋、程杰《新时期中国大陆宋诗研究述评》(《阴山学刊》2000 年第 2 期);周裕锴、孙烈鹏、吴娅《20 世纪宋诗研究综评》(《阴山学刊》2000 年第 3 期);林岩《宋代文学研究的现状与问题——以首届"宋代文学国际研讨会"为例》(《复旦学报》2001 年第 1 期);张毅《二十世纪宋代文学研究观念和方法之变迁》(《文学遗产》2001 年第 4 期);张远林、王兆鹏《宋诗分期问题研究述评》(《阴山学刊》2002 年第 4 期);叶帮义、胡传志《20 世纪 80 年代以来的江湖诗派研究》(《阴山学刊》2004 年第 1 期);张高评《台湾宋诗研究的现状和展望》(《黄冈师范学院学报》2004 年第 4 期);叶帮义、余恕诚《20 世纪的"唐宋诗之争"及其启示》(《安徽师范大学学报》2005 年第 2 期);叶帮义《20 世纪 80 年代以来的宋诗研究》(《深圳大学学报》2005 年第 6 期);陈友冰《20 世纪大陆的宋诗总论研究回顾》(《汉学研究通讯》24:2[总第 94 期],2005 年 5 月);等等。

② 参见陈衍编选,蔡义江、李梦生撰:《宋诗精华录译注》,上海:上海古籍出版社,1999 年。

如胡云翼《宋诗研究》①、梁昆《宋诗派别论》②、缪钺《论宋诗》③等。胡云翼《宋诗研究》着眼于唐宋时期政治、学术与文学的宏观比较，论述了宋代重要诗歌流派、重要诗人及其创作。梁昆《宋诗派别论》认为诗有派别始于宋，将宋诗分为香山派、晚唐派、西昆派、昌黎派、荆公派、东坡派、江西派、四灵派、江湖派、理学派、晚宋派等11个派别，分别从诗人小传、诗派宗主、创作习尚等方面进行论述，并品评其利弊得失。虽然书中分派标准不一，所分流派也未必尽当，但作者抓住宋诗的流派性和历史演变轨迹，揭示了宋诗发展的基本脉络。书中所列理学派，主要介绍邵雍、周敦颐、张载、程颢、程颐、朱熹、陆九渊、吕祖谦、真德秀、金履祥10家，以此为主对理学派的源流短长等问题作了论述。其中朱熹、陆九渊、吕祖谦为南宋中兴时期重要诗人，这对认识南宋中兴时期理学家诗人群体具有启发意义。

　　其次是宋代诗人个体研究方面的创获。就南宋中兴诗人而言，研究集中于陆游④、杨万里⑤、朱熹⑥、陈亮⑦、姜夔⑧等人，内容涉及诗人年谱、生平思想、诗歌创作与批评等各个方面。其中以陆游研究最为突出。20世纪三四十年代的大量论文围绕陆游爱国思想、民族思想展开讨论，仅以《爱国诗

①　胡云翼：《宋诗研究》，上海：商务印书馆，1930年。
②　梁昆：《宋诗派别论》，长沙：商务印书馆，1938年。
③　缪钺：《论宋诗》，《思想与时代月刊》1942年第7期。该文后收入缪钺《诗词散论》，上海：上海古籍出版社，1982年，第35—51页。
④　研究论著如蛰复《爱国诗人陆放翁》（《行健月刊》1924年第6卷第6期）、施仲言《南宋民族诗人陆放翁辛幼安之诗歌分析》（《文艺月刊》1937年第11卷第1期）、郭银田《陆放翁之思想及其艺术》（重庆：独立出版社，1943年）等。
⑤　研究论著如胡怀琛《中国古代的白话诗人（杨诚斋的白话诗）》（《学灯》1924年10月4日）、崔骥《杨万里年谱简编》（《江西教育》1936年第19期）、夏敬观《杨诚斋诗》（上海：商务印书馆，1940年）等。
⑥　研究论著如周予同《朱熹》（上海：商务印书馆，1934年）、白寿彝《朱熹的师承》（《文哲月刊》1936年第1卷第8期）、郭绍虞《朱子之文学批评》（《文学年报》1938年第4期）、罗根泽《朱熹对于文学的批评》（《中国学术》1946年第1期）等。
⑦　研究论著如唐圭璋《民族英雄陈龙川》（《国衡半月刊》1935年第1卷第6期）、童振福《陈亮年谱》（上海：商务印书馆，1936年）、邓广铭《陈龙川传》（重庆：独立出版社，1943年）等。
⑧　研究论著如唐圭璋《姜白石评传》（《新中华》1943年第1卷第6期）、缪钺《姜白石之文学批评及其作品》（该文作于1944年，后收入缪钺《诗词散论》，上海：上海古籍出版社，1982年，第81—92页）、周本淳《从白石道人诗说论白石之诗》（《文化先锋》1946年第6卷第7期）等。

人陆放翁》为题的同题文章即多达十余篇①，这和当时抗战救亡的社会现实
与爱国思潮是息息相关的。

二、局部深入:1949 年至 1979 年

自 1949 年至中国改革开放之际,中国文学研究受特定时代影响,往往
采用政治标准来衡量文学。在宋诗研究领域,除吉川幸次郎《宋诗概说》②,
此期通论性论著较少,主要是少数诗歌选本。钱锺书《宋诗选注》③、高步瀛
《唐宋诗举要》④是此期较有影响的两部诗歌选本。《宋诗选注》虽然是采
用传统诗选笺注方式收录宋人诗作的选集,但在所选各个诗人的简评里
讲到了宋代诗歌的主要变化和流派,而在所选作品的注释里也讲到了诗
歌反映的历史状况,其思路与陈衍《宋诗精华录》非常接近,又比《宋诗精
华录》更为详尽,也是以选见史,成为此期最重要的宋诗研究著作。⑤ 不
过此书也不例外地较为重视思想政治标准而偏轻艺术价值,与《宋诗精华
录》突出北宋苏黄诗歌迥然不同,南宋中兴时期的爱国诗人得到了凸显。
其中选注北宋苏轼诗歌 24 首、黄庭坚 5 首,而南宋中兴诗人选录 9 家,分
别为:陆游 33 首、范成大 27 首、杨万里 13 首、尤袤 1 首、萧德藻 1 首、王
质 2 首、陈造 2 首、章甫 2 首、姜夔 10 首。其中爱国与民本思想较为鲜明
的陆游、范成大选诗最多,苏轼、黄庭坚均居其后,而朱熹、张栻、吕祖谦、
陆九渊等道学家均未入选。尽管视野相对狭窄,但书中丰富深刻的论
述仍然对我们认识宋代诗歌发展史,考察南宋中兴诗人及其创作启发
良多。

在个体诗人研究方面,此期学界关注较多的是陆游、范成大、杨万里、辛
弃疾、姜夔、朱熹等。其中政治性、思想性较突出的诗人如陆游、范成大、辛

---

① 除前述蛰复《爱国诗人陆放翁》(《行健月刊》1924 年第 6 卷第 6 期)外,另如万启煜《爱国
　诗人陆放翁》(《津逮季刊》1932 年第 2 期)、孙仰周《爱国诗人陆放翁》(《青年文化》1935
　年第 2 卷第 3 期)、陈松英《爱国诗人陆放翁》(《学术世界》1936 年第 1 卷第 10 期)、罗
　仲华《爱国诗人陆放翁》(《青城周刊》1938 年第 22 期)、王荣棠《爱国诗人陆放翁》(《经
　世战时特刊》1938 年第 29 期)、傅琴心《爱国诗人陆放翁》(《建国青年》1947 年第 6 卷
　第 2 期)等。
② 〔日〕吉川幸次郎:《宋诗概说》,东京:岩波书店,1962 年。
③ 钱锺书:《宋诗选注》,北京:人民文学出版社,1958 年。
④ 高步瀛:《唐宋诗举要》,北京:中华书局,1960 年。
⑤ 莫砺锋先生即指出,钱锺书《宋诗选注》是五六十年代"最重要的宋诗研究著作";程杰先
　生也说"钱先生这一选本至少可以说是 1949 年以来 30 年内宋诗研究的最大收获"(莫砺
　锋、陶文鹏、程杰:《回顾、评价与展望——关于本世纪宋诗研究的谈话》,《文学遗产》1998
　年第 5 期)。

弃疾等受到大陆学界的空前关注,而朱熹则成为海外关注的焦点。

以爱国思想著称的陆游受到学者广泛关注,研究成果更趋丰富。有关其生平资料及文集整理的成果,有朱东润《陆游传》①、于北山《陆游年谱》②、孔凡礼、齐治平《陆游资料汇编》③、中华书局整理《陆游集》④等。关于陆游政治活动、爱国思想、诗歌创作的研究,著作有欧小牧《爱国诗人陆游》⑤、齐治平《陆游传论》⑥、朱东润《陆游研究》⑦等,还有一些重要论文⑧。齐治平《陆游传论》上编简述陆游生平、政治与文学生活,下编专述陆游诗歌创作,对陆游诗歌渊源与师承、诗歌分期、爱国主义与人民性、艺术性、后世影响等作了探讨。朱东润《陆游研究》对陆游思想基础、生平事迹,陆游与梅尧臣、曾几及江西诗派的关系,陆游作品分期及其诗词文创作进行了系统论述。

范成大和杨万里是此期研究的又一重点。关于范成大生平资料与诗文的整理取得重要成果,如中华书局编辑《范石湖集》⑨、湛之《杨万里、范成大资料汇编》⑩、王德毅《范石湖先生年谱》⑪、程光裕《石湖集考略》⑫等。有关范成大的诗歌创作,学界也展开了初步探讨。⑬ 关于杨万里,除了湛之《杨万里、范成大资料汇编》这样的文献整理外,学界对其诗论与诗歌创作亦有较多讨论。⑭

---

① 朱东润:《陆游传》,上海:上海古籍出版社,1960 年。

② 于北山:《陆游年谱》,北京:中华书局,1961 年。

③ 孔凡礼、齐治平:《陆游资料汇编》,北京:中华书局,1962 年。

④ 陆游:《陆游集》,北京:中华书局,1976 年。

⑤ 欧小牧:《爱国诗人陆游》,上海:古典文学出版社,1957 年。

⑥ 齐治平:《陆游传论》,上海:古典文学出版社,1958 年。

⑦ 朱东润:《陆游研究》,北京:中华书局,1961 年。

⑧ 如朱东润《开禧北伐前后陆游的政治主张和他在作品中的表现》(《学术月刊》1957 年第 9 期)、《陆游诗的转变》(《文汇报》1959 年 5 月 14 日);喻朝刚《陆游的爱国思想》(《吉林大学学报》1959 年第 1 期)、《陆游论诗歌创作》(《吉林大学学报》1979 年第 4 期)等。

⑨ 范成大:《范石湖集》,北京:中华书局,1962 年。

⑩ 湛之:《杨万里、范成大资料汇编》,北京:中华书局,1964 年。

⑪ 王德毅:《范石湖先生年谱》,台湾大学《文史哲学报》1969 年第 18 期。该年谱后收入吴洪泽、尹波主编《宋人年谱丛刊》第 9 册,成都:四川大学出版社,2003 年。

⑫ 程光裕:《石湖集考略》,《史学汇刊》1977 年第 8 期。

⑬ 如王德毅《四库全书总目范石湖诗集提要书后》(《大陆杂志》1966 年第 33 卷第 9 期)等。

⑭ 代表性成果如:郭绍虞《从〈诚斋诗话〉的时代谈到杨万里的诗论》(《光明日报》1961 年 2 月 26 日);胡明珽《杨万里诗述评》(《大陆杂志》1969 年第 39 卷第 7—8 期)、《杨万里其人其诗》(《中国诗季刊》1972 年第 3 卷第 2 期);孙克宽《杨万里诗》(《中国诗季刊》1972 年第 3 卷第 2 期);于北山《试论杨万里诗作的源流与影响》(《南京师范学院学报》1979 年第 3 期);等等。

　　辛弃疾受到此期学者广泛关注，一些名家如唐圭璋、邓广铭、程千帆、夏承焘、缪钺、严迪昌、刘乃昌等纷纷涉足对其研究。研究内容侧重对辛弃疾生平事迹的考证及其诗词文集的笺注考录，代表性论著如唐圭璋《辛弃疾》①，邓广铭辑校《辛稼轩诗文钞存》②、《稼轩词编年笺注》③、夏承焘、游止水《辛弃疾》④，刘乃昌《辛弃疾论丛》⑤等，研究成果可谓扎实而厚重。

　　此期关于姜夔诗歌的研究，主要有杨荫浏、阴法鲁《宋姜白石创作歌曲研究》⑥，夏承焘校辑《白石诗词集》⑦，高风《姜白石先生诗之风格研究》⑧等，重在对其文集的整理与诗风的初步探讨。

　　朱熹是此期研究的一个焦点。值得注意的是，就研究者的分布状况来看，主要不在大陆，而在台湾地区，另有一些海外学者。研究成果较为丰富，著作如钱穆《朱子新学案》⑨、张健《朱熹的文学批评研究》⑩、黎建球《朱熹与多玛斯形上思想的比较》⑪、山田庆儿《朱子の自然学》⑫等，还有一些重要论文⑬。这些论著涉及朱熹的生平交谊、哲学思想、文学批评与诗歌创作诸多方面。

　　总之，此期关于南宋中兴时期重要诗人如陆游、范成大、杨万里、辛弃疾、姜夔等人的年谱考订、文献整理成绩显著。但正如陶文鹏先生所论，五六十年代大陆发表的宋诗论文，"总数不足 200 篇，其中谈陆游、文天祥爱

① 唐圭璋：《辛弃疾》，上海：上海人民出版社，1957 年。
② 邓广铭辑校：《辛稼轩诗文钞存》，上海：古典文学出版社，1957 年。
③ 邓广铭笺注：《稼轩词编年笺注》，上海：上海古籍出版社，1978 年。
④ 夏承焘、游止水：《辛弃疾》，上海：上海古籍出版社，1979 年。
⑤ 刘乃昌：《辛弃疾论丛》，济南：齐鲁书社，1979 年。
⑥ 杨荫浏、阴法鲁：《宋姜白石创作歌曲研究》，北京：音乐出版社，1957 年。
⑦ 夏承焘校辑：《白石诗词集》，北京：人民文学出版社，1959 年。
⑧ 高风：《姜白石先生诗之风格研究》，《江西文献》1967 年第 18 期。
⑨ 钱穆：《朱子新学案》，台北：三民书局，1971。该书后收入钱穆《钱宾四先生全集》，台北：联经出版事业公司，1998 年。
⑩ 张健：《朱熹的文学批评研究》，台北：台湾商务印书馆股份有限公司，1973 年。
⑪ 黎建球：《朱熹与多玛斯形上思想的比较》，台北：台湾商务印书馆股份有限公司，1978 年。
⑫ 〔日〕山田庆儿：《朱子の自然学》，东京：岩波书店，1978 年。
⑬ 如：戴静山《朱子与陆象山的友谊及辩学经过》(《大陆杂志》1954 年第 8 卷第 1 期)；费海玑《朱子行谊考》(《大陆杂志》1960 年第 20 卷第 9 期)；牟宗三《象山与朱子之争辩(一)》(《民主评论》1965 年第 16 卷第 8 期)、《象山与朱子之争辩(二)》(《民主评论》1965 年第 16 卷第 9 期)、《象山与朱子之争辩(三)》(《民主评论》1965 年第 16 卷第 10 期)、《象山与朱子之争辩(四)》(《民主评论》1965 年第 16 卷第 11 期)；钱穆《朱子从游延平始末记》(《清华学报》1967 年新 6 卷第 1—2 期)、《记朱子之文学(上、下)》(《东方杂志》1969 年复 3 卷第 1—2 期)；张健《朱熹的诗论》(《大陆杂志》1968 年第 37 卷第 6 期)等。

国主义思想的倒占了一半,所以对宋诗的研究在总体上是偏颇而肤浅的"①。此期有关南宋中兴诗歌的研究集中于少数著名作家,主要采取"生平思想——作品内容——诗歌艺术"的研究模式,还只能说是局部深入,研究的广度与深度均有待拓展。

三、全新拓展:1980 年至今

20 世纪 80 年代以来,随着思想界的拨乱反正和改革开放社会思潮的到来,国内学术界也从长期僵化的局面中开始解冻,大量国外文艺思潮涌入中国,国内学者也注意立足于民族文化而放眼世界。2000 年在复旦大学召开首届"宋代文学国际研讨会",成立了宋代文学学会。在这样良好的学术环境中,宋诗研究无论是在学者队伍还是研究对象上均明显扩大,在文献考订、研究方法、研究领域、研究的深入程度等方面均取得了全方位的突破,积累了丰硕成果,主要体现在四个方面:一是文献整理;二是从宏观角度进行宋诗演变、群体流派和分期研究;三是采取"历史—文化"视角和新的理论广泛考察宋诗与社会经济、政治、制度、学术、宗教、美学、地域、家族、士风等的关系,体现出全新的文化意识;四是个体作家研究进一步广泛和深入。就南宋中兴诗歌研究来看,也不例外地体现出上述特色。

其一,关于文献整理与研究。首先是北京大学古文献研究所编的《全宋诗》②,成为 20 世纪关于宋诗文献整理的重大工程,其中南宋中兴时期的作家作品得以详尽收录,为相关研究提供了坚实文献基础。吴文治主编《宋诗话全编》③,则搜集了丰富的宋人诗话资料。祝尚书《宋人别集叙录》④与《宋人总集叙录》⑤,是两部文献目录研究著作,对全面考察南宋中兴时期总集与诗人别集具有重要意义。傅璇琮等主编《宋才子传笺证》⑥,又是一个堪称里程碑的创获,本书收录才子 385 人,作为有宋一代才子之总传,极大填补了宋代文献整理与作家研究的一个空白。其中,收录了数十位南宋中兴时期诗人词家或诗话作家的传笺,这对南宋中兴诗坛的研究而言,

---

①　莫砺锋、陶文鹏、程杰:《回顾、评价与展望——关于本世纪宋诗研究的谈话》,《文学遗产》1998 年第 5 期。

②　北京大学古文献研究所编:《全宋诗》,北京:北京大学出版社,1991—1998 年。

③　吴文治主编:《宋诗话全编》,南京:江苏古籍出版社,1998 年。

④　祝尚书:《宋人别集叙录》,北京:中华书局,1999 年。

⑤　祝尚书:《宋人总集叙录》,北京:中华书局,2004 年。

⑥　傅璇琮等主编:《宋才子传笺证》,沈阳:辽海出版社,2011 年。

无疑具有独特价值。

其二,关于宏观考察、群体流派与分期研究。这是此期学界着力开拓的领地,不仅产生了很多优秀著作①,也有不少重要论文②。程千帆、吴新雷《两宋文学史》是此期第一部断代文学史著作,著者以史家的眼光,注重文学史发展过程中前因后果的关联,关于南宋中兴时期,重点论述了陆游、杨万里、范成大的生平思想与诗歌创作,对于尤袤、萧德藻的诗歌创作,以及姜夔的诗论、朱熹的文论、陈亮与叶适的政论文也都作了论述。王水照主编《宋代文学通论》,立足于宋型文化与宋代文学的关系,分"文体篇"、"体派篇"、"思想篇"、"题材体裁篇"、"学术史篇"等五个专题,"体派篇"中论述了"道学体",涉及南宋中兴时期朱

---

① 著作主要有:龚鹏程《江西诗社宗派研究》(台北:文史哲出版社,1983年);张白山《宋诗散论》(上海:上海古籍出版社,1984年);齐冶平《唐宋诗之争概述》(长沙:岳麓书社,1984年);莫砺锋《江西诗派研究》(济南:齐鲁书社,1986年)、《推陈出新的宋诗》(沈阳:辽宁古籍出版社,1995年)、《唐宋诗论稿》(沈阳:辽海出版社,2001年);胡明《南宋诗人论》(台北:台湾学生书局,1990年);程千帆、吴新雷《两宋文学史》(上海:上海古籍出版社,1991年);许总《宋诗史》(重庆:重庆出版社,1992年);赵齐平《宋诗臆说》(北京:北京大学出版社,1993年);赵仁珪《宋诗纵横》(北京:中华书局,1994年);张宏生《江湖诗派研究》(北京:中华书局,1995年);韩经太《宋代诗歌史论》(长春:吉林教育出版社,1995年);张毅《宋代文学思想史》(北京:中华书局,1995年);孙望、常国武主编《宋代文学史》(北京:人民文学出版社,1996年);欧阳光《宋元诗社研究丛稿》(广州:广东高等教育出版社,1996年);王水照主编《宋代文学通论》(开封:河南大学出版社,1997年);周裕锴《宋代诗学通论》(成都:巴蜀书社,1997年);阮忠《唐宋诗风流别史》(武汉:武汉出版社,1997年);张瑞君《南宋江湖派研究》(北京:中国文联出版社,1999年);木斋《宋诗流变》(北京:京华出版社,1999年);张思齐《宋代诗学》(长沙:湖南人民出版社,2000年);张高评《会通化成与宋代诗学》(台南:成大出版组,2000年)、《宋诗特色研究》(长春:长春出版社,2002年);吕肖奂《宋诗体派论》(成都:四川民族出版社,2002年);伍晓蔓《江西宗派研究》(成都:巴蜀书社,2005年);等等。
② 论文主要有:胡念贻《略论宋诗的发展》(《齐鲁学刊》1982年第2期);陈植锷《宋诗流派》(《文史知识》1985年第6期)、《宋诗的分期及其标准》(《文学遗产》1986年第4期);谢宇衡《宋诗臆说》(《文学遗产》1986年第3期);谢桃坊《略论宋代理学诗派》(《文学遗产》1986年第3期);金性尧《"何妨举世嫌迂阔,故有斯人慰寂寥"——略论宋诗的发展脉络及其得失》(《文史知识》1987年第8期);胡明《江湖诗派泛论》(《文学遗产》1987年第4期);张宏生《南宋江湖诗派》(《文献》1990年第2期);王绮珍《中兴四大诗人比较论》(《江西师范大学学报》1990年第4期);胡益民《关于江湖派的鉴别标准与江湖诗人名单》(《江淮论坛》1990年第5期);沈检江《宋诗发展的美学轨迹》(《求是学刊》1991年第1期);聂巧平《宋诗的"源"与"流"》(《复旦学报》1998年第4期);王兆鹏、李菁《宋诗的发展历程》(《湖北大学成人教育学院学报》2001年第4期);张远林、王兆鹏《宋诗分期问题研究述评》(《阴山学刊》2002年第4期);王水照《南宋文学的时代特点与历史定位》(《文学遗产》2010年第1期)、《〈钱锺书手稿集·容安馆札记〉与南宋诗歌发展观》(《文学评论》2012年第1期);等等。

熹、陆九渊、吕祖谦等人,并对其创作特色作了论述。张毅《宋代文学思想史》从宋代思想文化背景出发,系统阐述宋代文人心态与文学思想的发展历程。该著从"慷慨沉郁、重才重气的创作思想"、"主活法、重机趣、求高妙、流于工巧清淡"、"讲求实用的'文法'理论和散文评点"、"以道德为本体的文学思想"等四个方面,论述了南宋中兴时期的文学思想。

　　莫砺锋《江西诗派研究》与张宏生《江湖诗派研究》,是此期着力进行宋诗流派研究的两部著作。《江西诗派研究》为我们从"源"到"流"认识南宋中兴时期的诗歌发展提供了思考。《江湖诗派研究》在整体论述江湖诗派的同时,对南宋中兴时期江湖诗人姜夔、刘过作了个案考察。许总《宋诗史》与木斋《宋诗流变》是此期明确将宋诗进行分期研究的著作。许总《宋诗史》共六编,其中第五编为"中流砥柱——南宋中期",重点论述了陆游、范成大、杨万里三家,对其他诗人朱熹、姜夔、周必大、楼钥、叶适也作了简要论述。木斋《宋诗流变》分为五编:初宋时期、盛宋时代、江西诗派时期、中兴时期、晚宋江湖时期。第四编中兴时期亦是重点论述杨万里、陆游、范成大三家。该著又专列一章论述"尤袤等中兴诗人群体",分别为:"诗人之诗:尤袤与萧德藻";"词人之诗:张孝祥、辛弃疾等";"哲学家之诗:朱熹等理趣诗人";"批评家之诗:胡仔与曾季狸";"诗僧志南与林升"。作者对所分诗人群体只是作了简略介绍而未展开论述,但首次以群体眼光审视南宋中兴诗坛,具有特定意义。吕肖奂《宋诗体派论》着眼于不同诗体、诗派进行阐述,也论及杨万里等中兴大家。在单篇论文中,尤其值得注意的是王水照先生《南宋文学的时代特点与历史定位》一文,指出南宋的文学历史,是在文学现象、文学形态、文学性质上具有鲜明时代特色与重要历史地位的一部断代文学史,其中对南宋中兴时期诗歌发展的论述颇具启发意义。

　　其三,关于"历史—文化"研究。20世纪80年代以来,学者们广泛的文化研究意识成为宋诗研究的一个重要趋向。[①]特别是有关宋代党争、制度、学术、宗教、美学、地域、家族、士风等与文学的关系问题,取得一系列重要成

---

① 刘跃进先生即指出,纵观中国学术发展史,凡是作出重要成就的学者,无不具有一种通识,一种深厚的学养,他们既不拘泥陈说,又不孤立地偏信某些材料而漠视对文学史实的全面考察;既不忽略对具体作品的细致辨析,又不脱离对某一时期文化背景的深刻认识。参见刘跃进:《新时期中国古典文学研究的回顾与展望》,《许昌师专学报》2000年第6期。

果,如:马积高《宋明理学与文学》①,刘文刚《宋代的隐士与文学》②,周裕锴《文字禅与宋代诗学》③,姚南强《禅与唐宋作家》④,张松辉《唐宋道家道教与文学》⑤,许总《宋明理学与中国文学》⑥,詹石窗《南宋金元道教文学研究》⑦,诸葛忆兵《宋代文史考论》⑧,张海鸥《宋代文化与文学研究》⑨,程杰《宋代咏梅文学研究》⑩,陶文鹏《唐宋诗美学与艺术论》⑪,张晶《禅与唐宋诗学》⑫,沈松勤《南宋文人与党争》⑬,张剑《宋代家族与文学——以澶州晁氏为中心》⑭,张剑、吕肖奂、周扬波《宋代家族与文学研究》⑮,黄启江《一味禅与江湖诗——南宋文学僧与禅文化的蜕变》⑯等。如上论著不同程度地涉及南宋中兴诗歌问题,有助于我们展开深入的文化思考。另外还有一些重要论文⑰,涉及宋室南渡到中兴时期社会文化生态与诗歌发展的关联。

　　其四,关于作家个体研究。首先值得注意的是朱熹研究。20 世纪 80年代以来,朱熹研究改变了以台湾与海外为主要阵地的局面,中国大陆地区的朱熹研究取得了全面收获,朱熹也成为海内外学者共同关注的一个热点,

① 马积高:《宋明理学与文学》,长沙:湖南师范大学出版社,1989 年。
② 刘文刚:《宋代的隐士与文学》,成都:四川大学出版社,1992 年。
③ 周裕锴:《文字禅与宋代诗学》,北京:高等教育出版社,1998 年。
④ 姚南强:《禅与唐宋作家》,南昌:江西人民出版社,1998 年。
⑤ 张松辉:《唐宋道家道教与文学》,长沙:湖南师范大学出版社,1998 年。
⑥ 许总:《宋明理学与中国文学》,南昌:百花洲文艺出版社,1999 年。
⑦ 詹石窗:《南宋金元道教文学研究》,上海:上海文化出版社,2001 年。
⑧ 诸葛忆兵:《宋代文史考论》,北京:中华书局,2002 年。
⑨ 张海鸥:《宋代文化与文学研究》,北京:中国社会科学出版社,2002 年。
⑩ 程杰:《宋代咏梅文学研究》,合肥:安徽文艺出版社,2002 年。
⑪ 陶文鹏:《唐宋诗美学与艺术论》,天津:南开大学出版社,2003 年。
⑫ 张晶:《禅与唐宋诗学》,北京:人民文学出版社,2003 年。
⑬ 沈松勤:《南宋文人与党争》,北京:人民出版社,2005 年。
⑭ 张剑:《宋代家族与文学——以澶州晁氏为中心》,北京:北京出版社,2006 年。
⑮ 张剑、吕肖奂、周扬波:《宋代家族与文学研究》,北京:中国社会科学出版社,2009 年。
⑯ 黄启江:《一味禅与江湖诗——南宋文学僧与禅文化的蜕变》,台北:台湾商务印书馆,2010 年。
⑰ 如:张晶《宋诗的"活法"与禅宗的思维方式》(《文学遗产》1989 年第 6 期);胡晓明《尚意的诗学与宋代人文精神》(《文学遗产》1991 年第 2 期);韩经太《宋诗与宋学》(《文学遗产》1993 年第 4 期);许总《论理学文化观念与宋代诗学》(《学术月刊》2000 年第 6 期)、《论南宋理学极盛与宋诗中兴的关联》(《社会科学战线》2000 年第 6 期);沈松勤《从高压政治到"文丐奔竞"——论"绍兴和议"期间的文学生态》(《文学遗产》2003 年第 3 期);曾维刚《宋孝宗与南宋中兴诗坛》(《文学遗产》2013 年第 6 期)、《南宋中兴时期士风新变与使北诗歌题材的开拓》(《文学遗产》2017 年第 2 期);等等。

出现了大量研究著作①，也产生了许多重要论文②。

---

① 著作主要有：张立文《朱熹思想研究》（北京：中国社会科学出版社，1981年）、《朱熹评传》（南京：南京大学出版社，1998年）；杨天石《朱熹及其哲学》（北京：中华书局，1982年）；陈荣捷《朱子门人》（台北：台湾学生书局，1982年）、《朱子新探索》（台北：台湾学生书局，1988年）；范寿康《朱子及其哲学》（北京：中华书局，1983年）；〔日〕大滨晧《朱子の哲学》（东京：东京大学出版会，1983年）；陈正夫、何植靖《朱熹评传》（南昌：江西人民出版社，1984年）；杨金鑫《朱熹与岳麓书院》（上海：华东师范大学出版社，1986年）；高令印《朱熹事迹考》（上海：上海人民出版社，1987年）；〔日〕申美子《朱子诗中的思想研究》（台北：文史哲出版社，1988年）；邹永贤《朱子学研究》（厦门：厦门大学出版社，1989年）；陈来《朱子书信编年考证》（北京：生活·读书·新知三联书店，2007年）、《朱熹哲学研究》（台北：文津出版社，1990年）；〔韩〕李秀雄《朱熹与李退溪诗比较研究》（北京：北京大学出版社，1991年）；束景南《朱熹佚文辑考》（南京：江苏古籍出版社，1991年）、《朱熹年谱长编》（上海：华东师范大学出版社，2001年）；郭齐《朱熹新考》（成都：电子科技大学出版社，1994年）；〔美〕田浩《朱熹的思维世界》（台北：允晨文化事业公司，1996年）；粟品孝《朱熹与宋代蜀学》（北京：高等教育出版社，1998年）；莫砺锋《朱熹文学研究》（南京：南京大学出版社，2000年）；汤勤福《朱熹的史学思想》（济南：齐鲁书社，2000年）；〔日〕市来津由彦《朱熹門人集団形成の研究》（东京：创文社，2002年）；〔韩〕金永植著、潘文国译《朱熹的自然哲学》（上海：华东师范大学出版社，2003年）；孟淑慧《朱熹及其门人的教化理念与实践》（台北：台湾大学出版委员会，2003年）；蔡方鹿《朱熹经学与中国经学》（北京：人民出版社，2004年）；邹其昌《朱熹诗经诠释学美学研究》（北京：商务印书馆，2004年）；余英时《朱熹的历史世界：宋代士大夫政治文化的研究》（北京：生活·读书·新知三联书店，2004年）；等等。

② 论文主要有：李开金《试论朱熹的比兴说》（《武汉大学学报》1980年第5期）；〔日〕松川健二《朱熹"鹅湖寺和陆子寿诗"について》（《中国哲学》9号，1980年）；陈荣捷《朱、陆通讯详述》（《中国哲学史研究》1983年第7期）、《朱子与南轩》（《湖南大学学报》1987年第3期）；胡迎建《朱熹诗歌艺术初探》（《江西师范大学学报》1989年第2期）；胡明《关于朱熹的诗歌理论与诗歌创作》（《文学遗产》1989年第4期）；潘立勇《朱熹"文从道出"说新探》（《社会科学辑刊》1989年第6期）、《朱熹"气象浑成"的审美理想》（《福建论坛》1992年第4期）；蔡厚示《朱熹的诗和诗论》（《福建论坛》1991年第1期）、《诗人朱熹》（《文史知识》1992年第5期）；朱杰人《朱子诗论》（《上海师范大学学报》1991年第4期）；俞兆鹏《略论朱熹与庆元党禁》（《南昌大学学报》1994年第4期）；汪高鑫、陈家骥《朱熹的人生境界观和价值论》（《中国史研究》1995年第2期）；郑闰、张岳《朱熹穷"理"三清山：兼论〈读书有感〉诗的哲理内涵》（《复旦学报》2000年第1期）；莫砺锋《论朱熹对历代诗歌的批评》（《南京大学学报》2000年第1期）、《论朱熹关于作家人品的观点》（《文学遗产》2000年第2期）、《论朱熹文学家身份的历史性消解》（《江汉论坛》2000年第10期）、《从经学走向文学：朱熹"淫诗"说的实质》（《文学评论》2001年第2期）；郭齐《论朱熹诗》（《四川大学学报》2000年第2期）；〔日〕福田殖《朱子の道学詩について》（《比較文化年報》11，2002年）；马兴祥《20世纪朱熹文学研究述评》（《新疆大学学报》2002年第4期）；石明庆《朱熹诗学思想的渊源与诗歌创作》（《南开学报》2003年第1期）；〔日〕市来津由彦《朱熹における「士」意識と学》（《東洋古典學研究》18，2004年）；Curie Virag, "Emotions and Human Agency in the Thought of Zhu Xi", *Journal of Song-Yuan Studies*, no. 37(2007): 49-88；王妙纯《朱熹党禁时期的生命图像——以朱熹党禁诗作为核心的探讨》（《高雄师大学报》2009年第27期）等。

学者不仅继续对朱熹学术思想展开进一步深入的研究,还对朱熹的文艺理论思想、美学思想、科学思想、社会政治思想、文学批评思想进行了多角度的研究,体现出大胆突破传统的特色,尤其是突破了偏重朱熹哲学研究的传统,充分肯定了朱熹作为一个诗人的文学活动以及朱熹作为一个士人的社会政治活动。莫砺锋先生的《朱熹文学研究》及一些论文,指出学界对朱熹的文学活动缺少应有的注意,其主要原因是朱熹作为理学家的巨大声名掩盖了其文学家的身份,我们只有摆脱了这种历史性的消解,才能真正还朱熹以文学家的身份,朱熹的文学史意义才能得到较为完整的认识。《朱熹文学研究》一书,即对朱熹的生平及其文学活动、文学创作、文学理论、文学批评等展开了系统研究。余英时先生的《朱熹的历史世界:宋代士大夫政治文化的研究》则将朱熹放在宋代广阔的社会历史和政治文化背景中,认为传统的中国哲学研究,对包括朱熹在内的道学家的理解"至少已经历了两度抽离的过程:首先是将道学从儒学中抽离出来,其次再将'道体'从道学中抽离出来"①。该著对朱熹首先作为一个传统社会的"士"的身份属性给予了充分认可,并对其政治文化活动而不是哲学活动展开了系统深入的研究,使我们对朱熹的认识更为完整、深刻。

此期学界对与朱熹同时代的著名学者如吕祖谦、陆九渊、张栻、陈亮、叶适等也展开了日益深入的研究。此期的吕祖谦研究②,与朱熹研究走过了大致相同的历程,即在进行吕祖谦思想、学术研究的同时,逐渐重视吕祖谦作为一个文学家的身份。杜海军《吕祖谦文学研究》,对吕祖谦的文学因缘、文学创作、文学文献、文学思想、文学影响等问题进行了系统论述。有关陆九渊的研究③,主要涉及其生平考订、哲学思想、教育活动,也关注到其文

① 余英时:《朱熹的历史世界:宋代士大夫政治文化的研究》,北京:生活·读书·新知三联书店,2004年,第8页。
② 著作主要有:潘富恩、徐余庆《吕祖谦思想初探》(杭州:浙江人民出版社,1984年)、《吕祖谦评传》(南京:南京大学出版社,1992年);刘昭仁《吕东莱之文学与史学》(台北:文史哲出版社,1986年);杜海军《吕祖谦文学研究》(北京:学苑出版社,2003年)、《吕祖谦年谱》(北京:中华书局,2007年);等等。论文主要有许军《南宋理学家吕祖谦的文学活动》(《古典文学知识》2001年第3期)、葛永海《情理通融与灵心雅致:论吕祖谦的诗歌创作》(《浙江社会科学》2013年第7期)等。
③ 著作主要有:林继平《陆象山研究》(台北:台湾商务印书馆,1983年);李之鉴《陆九渊哲学思想研究》(郑州:河南人民出版社,1985年);祁润兴《陆九渊评传》(南京:南京大学出版社,1998年);顾春《来源·争论·特性:陆九渊教育思想三论》(北京:教育科学出版社,2003年);〔日〕小路口聪《「即今自立」の哲学——陸九淵心学再考》(東京:研文出版,2006年);邢舒绪《陆九渊研究》(北京:人民出版社,2008年);等等。论文主要有:胡迎建《论陆九渊的文道观及其文学创作》(《晋阳学刊》1998年第1期);彭永捷《朱陆之辩的哲

学活动。关于张栻的研究①,学界仍主要是关注其学术活动。关于陈亮的研究②,除了陈亮生平与文献考订之外,主要集中于他的政治学术思想及其与朱熹的论辩方面。有关叶适的研究③,则主要是关于其政治活动、经济及学术思想等问题的探讨。

对于历来为学者关注的著名中兴诗人,如陆游、杨万里、范成大等,此期依然是学界研究的重点,并且有了新的进展。在陆游研究方面④,此期学界

学实质——兼论陆象山的学术渊源》(《中国哲学史》1998 年第 3 期);杨光辉《理学成熟期之理学诗:试论陆九渊与朱熹的诗》(《宁波大学学报》2000 年第 3 期);屠承先《陆九渊的本体功夫论》(《文史哲》2001 年第 5 期);等等。

① 著作主要有陈谷嘉《张栻与湖湘学派研究》(长沙:湖南教育出版社,1991 年)、蔡方鹿《一代学者宗师——张栻及其哲学》(成都:巴蜀书社,1991 年)等。论文主要有蔡方鹿《张栻研究简述》(《中国哲学史》1992 年第 4 期)、杜海军《张栻的入桂与文学创作》(《东方丛刊》2007 年第 3 期)等。

② 著作主要有:董平、刘宏章《陈亮评传》(南京:南京大学出版社,1996 年);方如金、方同义、陈国灿《陈亮与南宋浙东学派研究》(北京:人民出版社,1996 年);〔美〕田浩著,姜长苏译《功利主义儒家——陈亮对朱熹的挑战》(南京:江苏人民出版社,1997 年);等等。论文主要有:胡浙平《试论陈亮寿朱熹词》(《浙江学刊》1994 年第 1 期);邓广铭《〈永乐大典〉所载〈元一统志·陈亮传〉考释》(《北京大学学报》1996 年第 2 期);朱瑞熙《陈亮和朱熹"义利之辩"的启示》(《上海师范大学学报》1998 年第 3 期);等等。

③ 著作主要有周梦江《叶适与永嘉学派》(杭州:浙江古籍出版社,1992 年)、《叶适研究》(北京:人民出版社,2008 年)、张义德《叶适评传》(南京:南京大学出版社,1994 年)等。论文主要有:叶坦《叶适经济思想研究》(《中国社会经济史研究》1991 年第 3 期);赵敏、崔霞《叶适与永嘉四灵之关系论》(《广州大学学报》2003 年第 11 期);等等。

④ 著作主要有:欧小牧《陆游年谱》(北京:人民文学出版社,1981 年);曹济平《陆游》(南京:江苏人民出版社,1982 年);刁抱石《宋陆放翁先生游年谱》(台北:台湾商务印书馆,1990 年);〔韩〕李致洙《陆游诗研究》(台北:文史哲出版社,1991 年);欧明俊《陆游研究》(上海:上海三联书店,2007 年);邹志方《陆游研究》(北京:人民出版社,2008 年);钱仲联、马亚中主编《陆游全集校注》(杭州:浙江教育出版社,2011 年);等等。论文主要有:严迪昌《陆游"沈园"诗本事考辨》(《南京大学学报》1980 年第 3 期);喻朝刚《论陆游的爱国诗篇》(《文学遗产》1981 年第 2 期);孔凡礼《陆游交游录》(《文史》1983 年第 21 期)、《一部久秘不宣的陆游著作》(《文学遗产》1993 年第 1 期);胡明《陆游的诗与诗评》(《社会科学辑刊》1988 年第 4 期);莫砺锋《论陆游对晚唐诗的态度》(《文学遗产》1991 年第 4 期)、《陆游"读书"诗的文学意味》(《浙江社会科学》2003 年第 2 期)、《陆游诗中的生命意识》(《江海学刊》2003 年第 5 期);张乘健《论陆游的道学观旁及其他》(《文学遗产》1997 年第 4 期);沈家庄《论放翁气象》(《文学遗产》1998 年第 2 期);傅璇琮、孔凡礼《陆游南郑从军诗失传探秘——兼论南宋抗金大将王炎的悲剧命运》(《文学遗产》2001 年第 4 期);傅明善《近百年来陆游研究综述》(《中国韵文学刊》2002 年第 2 期);邱鸣皋《陆游师从曾几新论》(《文学遗产》2002 年第 2 期);〔日〕西冈淳《陸游言懷詩初探》(《アカデミア〈文學·語學編〉》71,2002 年);〔日〕高津孝《陆游评价的系谱——爱国诗人与国家主义》(《政大中文学报》2005 年第 4 期);墙峻峰、张远林《陆游诗歌的效果史——兼论"中兴四大家"》(《江汉论坛》2007 年第 2 期);张毅《回归历史情境来观察——从陆游接受史的角度理解钱锺书〈谈艺录〉的陆游批评成就》(《前沿》2010 年第 4 期);刘扬忠《陆游及其诗

注重对陆游的生平交游、诗文作品进行深入考订。学者突破传统上主要注重思想性、政治性的局限,对陆游的文艺理论、生活、生命意识、诗文的传播与接受等展开了新的讨论。关于杨万里研究①,学者主要对其政治活动、诗歌理论、诗学源流、人格精神、艺术风格、文学史地位等进行了探讨。其中对"诚斋体"的探讨始终是一个中心,如王兆鹏、王守国、戴武军、龚国光、常玲、黎烈南等先生的论著,多角度地论述了"诚斋体"的内涵与特色。有关范成大的研究②,主要是关于范成大的诗文辑佚、诗歌题材内容、艺术风格

词八百年来的影响和被接受简史——以清末至当代一百年为中心》(《绍兴文理学院学报》2011年第1期);郑永晓《2007—2011年陆游研究指数述略》(《中文学术前沿》第5辑,杭州:浙江大学出版社,2012年);等等。

① 著作主要有王守国《诚斋诗研究》(郑州:中州古籍出版社,1992年)、于北山《杨万里年谱》(上海:上海古籍出版社,2006年)等。论文主要有:于北山《杨万里交游考略》(《中华文史论丛》1981年第1期);步近智《略论杨万里的社会政治思想》(《中国史研究》1983年第3期);黄德生《杨万里的诗歌理论与诗歌创作》(《西南师范大学学报》1986年第3期);周启成《〈杨万里传〉补订》(《文献》1988年第4期);王绮珍《论杨万里诗风转变的契机》(《江西社会科学》1989年第4期);许总《论杨万里与南宋诗风》(《社会科学战线》1991年第4期);王兆鹏《建构灵性的自然:杨万里"诚斋体"别解》(《文学遗产》1992年第6期);张晶《"诚斋体"与宋诗的超越》(《文史知识》1993年第4期);庆振轩、车安宁《谁谓茶苦,其甘如饴——杨万里诗论别解》(《文学遗产》1993年第4期);韩经太《杨万里出入理学的文学思想》(《社会科学战线》1996年第2期);张玉璞《杨万里与南宋"晚唐诗风"的复兴》(《文史哲》1998年第2期);张瑞君《诚斋诗的继承性与创新》(《晋阳学刊》1999年第6期);常玲《论诚斋谐趣诗的三昧》(《文学遗产》2000年第5期);黎烈南《童心与诚斋体》(《文学遗产》2000年第5期);莫砺锋《论杨万里诗风的转变过程》(《求索》2001年第4期);〔日〕西冈淳《楊誠齋の放翁觀とその周辺》(《南山大学日本文化学科論集》1,2001年)、《接伴使楊万里の旅と詩—『朝天続集』の世界》(《未名》22,2004年);〔日〕浅见洋二《詩を「拾得」するということ、ならびに「詩本」「詩材」「詩料」についと—楊萬里、陸游を中心に—》(《橄欖》11,2002年);肖瑞峰、彭庭松《百年来杨万里研究述评》(《文学评论》2006年第4期);胡传志《论杨万里接送金使诗》(《文学遗产》2010年第4期);等等。

② 著作主要有:孔凡礼《范成大佚著辑存》(北京:中华书局,1983年)、《范成大年谱》(济南:齐鲁书社,1985年);张剑霞《范成大研究》(台北:台湾学生书局,1985年);于北山《范成大年谱》(上海:上海古籍出版社,1987年);Schmidt, J. D. "Stone Lake: The Poetry of Fan Chengda(1126-1193)"(Cambridge and New York: Cambridge University Press, 1992);等等。论文主要有:于北山《论范成大》(《江海学刊》1982年第4期);孔凡礼《范成大早期事迹考》(《文学遗产》1983年第1期);胡明《范成大诗歌主题新议》(《江海学刊》1988年第4期);程杰《论范成大以笔记为诗——兼及宋诗的一个艺术倾向》(《南京师范大学学报》1989年第4期);辛更儒《范成大佚文四篇》(《文献》1990年第3期)、《范成大佚文续补》(《文献》1993年第4期);〔日〕青山宏《范成大受驗期の詩》(《漢学研究》〈日本大学〉33,1995年);景宏业《范成大出使金国所作诗艺术蠡测》(《晋阳学刊》1997年第6期);林德龙《一个士大夫的进退出处:范成大晚年归居退闲生活与佛道思想》(《同济大学学报》2003年第1期)、《范成大初年吟咏之清丽俊逸诗风与豪纵快意的生活》(《上海大学学报》2004年第2期);〔日〕户崎哲彦《范成大『石湖大全集』の亡佚と『石湖居士詩集』の成立》(《島大言語文化》23,2007年);许芳红《论唐宋词对南宋诗的渗透——以范成大、陆游、

等方面,也关注到了范成大早期与晚年诗风的不同之处。

　　关于爱国作家辛弃疾的研究,在此期也取得重要成果。① 学者对辛弃疾的生平思想、交游唱和展开了广泛深入的探讨,并注重从文化视角分析辛弃疾及其诗词,对辛弃疾独特的个性及其心灵世界的探寻,亦成为此期研究的一个特色。学者还从传播接受这一新的角度,对辛弃疾接受史进行了研究。对以词名家的辛弃疾,此期学者打破了传统研究只重其词的格局,对其诗歌创作进行了有益的探讨。

　　关于姜夔的研究,此期同样产生了突破性成果。② 学者继续就姜夔的生平事迹、诗词理论、诗歌艺术等进行了探讨,同时突破了传统研究主要就文学论文学的模式,体现出全新的文化意识。如赵晓岚《姜夔与南宋文化》,分上、中、下三编:上编探讨姜夔的文艺思想及学术成因;中编探讨姜

────────────

姜夔为中心的初步探讨》(《文学遗产》2008 年第 6 期);刘珺珺《范成大纪行三录文体论》(《文学遗产》2012 年第 6 期);刘蔚《论石湖田园杂兴体的艺术渊源——兼论其诗体特征及其影响》(《文学遗产》2013 年第 1 期);游彪、胡正伟《宋代地方官与佛教界之间的关系考论——以范成大蜀地任职为例》(《四川大学学报》2013 年第 3 期);等等。

① 著作主要有:王延梯《辛弃疾评传》(西安:陕西人民出版社,1981 年);常国武《辛弃疾》(南京:江苏人民出版社,1983 年);邓乔彬《爱国词人辛弃疾》(上海:上海人民出版社,1986 年);刘扬忠《辛弃疾词心探微》(济南:齐鲁书社,1990 年);孙崇恩等主编《辛弃疾研究论文集》(北京:中国文联出版公司,1993 年);巩本栋《辛弃疾评传》(南京:南京大学出版社,1998 年);程继红《辛弃疾接受史研究》(长春:吉林人民出版社,2001 年);辛更儒《辛弃疾研究》(北京:人民出版社,2008 年);等等。论文主要有:乔力《辛弃疾诗词的多样化创作思维格局》(《文史哲》1987 年第 6 期);陈良运《稼轩诗简论》(《江西大学学报》1992 年第 3 期);辛更儒《辛稼轩交游事迹考补》(《古籍整理与研究》1992 年第 7 期);巩本栋《作诗犹爱邵尧夫:论辛弃疾的诗歌创作》(《南京大学学报》1999 年第 1 期)、《论辛弃疾南归前期词的创作》(《文学遗产》2004 年第 5 期);徐汉明《辛弃疾诗词版本研究》(《华中理工大学学报》2000 年第 2 期);朱丽霞《辛弃疾的“身份焦虑”及其文学表现》(《郑州大学学报》2001 年第 6 期)、《20 世纪辛弃疾研究的回顾与思索》(《文学评论》2007 年第 3 期);赵晓岚《从“气盛言宜”到“以气使词”——从“养气”说论辛弃疾对韩愈的文学认同》(《文艺研究》2005 年第 4 期);陈玉兰《辛弃疾:齐鲁文化与江南文化叠合形成的艺术世界》(《文学遗产》2012 年第 5 期);等等。

② 著作主要有刘乃昌《姜夔词新释辑评》(北京:中国书店,2001 年)、赵晓岚《姜夔与南宋文化》(北京:学苑出版社,2001 年)等。论文主要有:黄河《白石诗论中的“意”与“境”》(《学术月刊》1982 年第 5 期);陈尚君《姜夔卒年考》(《复旦学报》1983 年第 2 期);彭定安《白石道人的艺术世界》(《江西社会科学》1986 年第 6 期);李康化《从清旷到清空——苏轼、姜夔词学审美理想的历史考察》(《文学评论》1997 年第 6 期);孙维城《“晋宋人物”与姜夔其人其词——兼论封建后期士大夫的文化人格》(《文学遗产》1999 年第 2 期);赵晓岚《也谈“晋宋人物”、“文化人格”及姜夔——与孙维城先生商榷》(《文学遗产》2000 年第 3 期)、《论姜夔的“中和之美”及其〈歌曲〉》(《文学评论》2000 年第 3 期);郁玉英《姜夔词史经典地位的历史嬗变》(《文学评论》2012 年第 5 期);张宏生《晋宋风致与雅人情怀——姜夔的生活模式与文化品格》(《文史哲》2014 年第 1 期);等等。

夔的文艺创作;下编探讨姜夔在南宋文化中的定位,在宋型文化与江湖文化的大背景中对姜夔进行定位,考察其文化人格及其人生道路与人生矛盾。同时,一些学者对姜夔美学思想、经典地位等问题展开的探讨也别开生面。

另外,学界对南宋中兴时期作家作品的研究范围不断扩大,以前学界研究较少或从未关注的南宋中兴诗人史浩①、韩元吉②、陈傅良③、尤袤④、洪迈⑤、王十朋⑥、刘过⑦、楼钥⑧、姜特立⑨、张镃⑩等,此期也逐渐受到学者重

---

① 研究成果如:蒋义斌《史浩与孝宗朝政局——兼论孝宗之不久相》(《中国历史学会史学集刊》1982 年第 14 期);汤梓顺《南宋名臣周必大、史浩、虞允文及第年月考》(《河南大学学报》1998 年第 2 期);何忠礼《试论南宋孝宗朝初年与金人的和战——兼论对张浚和史浩的评价》(《浙江学刊》1998 年第 6 期);诸葛忆兵《老成谋国的南宋宰相史浩》(《文史知识》1999 年第 11 期);赵晓岚《论史浩〈鄮峰真隐大曲〉及唐宋宫廷大曲之别》(《文学遗产》1999 年第 5 期);杜兴梅《史浩〈采莲舞〉的多圆结构》(《文艺研究》2001 年第 5 期);夏令伟《论史浩的退隐生活及其间的诗词创作》(《宁波大学学报》2010 年第 4 期);等等。

② 研究著作如韩酉山《韩南涧年谱》(合肥:安徽教育出版社,2005 年);论文如韩酉山《韩元吉若干事迹补正》(《文学遗产》2001 年第 4 期)、邱鸣皋《陆游、吕祖谦、韩元吉关系考述》(《齐鲁学刊》2001 年第 6 期)等。

③ 研究成果如周梦江《〈宋史·陈傅良传〉补正》(《河南大学学报》1988 年第 1 期)、《陈傅良〈止斋文集〉的留传与价值》(《古籍整理学刊》1990 年第 4 期)等。

④ 研究著作如蔡文晋《宋代藏书家尤袤研究》(台北:花木兰文化工作坊,2005 年)。论文如:于北山《尤袤卒年考辨》(《南开学报》1980 年第 5 期);张仲谋《诗坛风会与诗人际遇——尤袤诗论略》(《文学遗产》1994 年第 2 期);吴洪泽《尤袤著述考辨》(《四川大学学报》1999 年第 4 期)、《尤袤诗名及其生卒年解析》(《文学遗产》2004 年第 3 期);等等。

⑤ 研究著作如王德毅《洪迈年谱》(台北:新文丰出版股份有限公司,2006 年)、凌郁之《洪迈年谱》(上海:上海古籍出版社,2006 年)。论文如曾维刚、铁爱花《洪迈〈野处类稿〉辨伪》(《文献》2006 年第 3 期)等。

⑥ 研究成果如梅显懋《王十朋咏史诗述评》(《辽宁师范大学学报》1992 年第 6 期)、陶文鹏《论王十朋的山水诗与宦游诗》(《西南民族大学学报》2013 年第 3 期)、何忠礼《从王十朋夺魁看宋代科举》(《中国史研究》2014 年第 3 期)等。

⑦ 研究成果如华岩《刘过生平事迹系年考证》(《文学遗产增刊》,北京:中华书局,1991 年)、俞兆鹏《壮志未酬　落魄江湖——南宋爱国诗人刘过》(《南昌大学学报》1997 年第 1 期)、张宏生《豪放的多面折光——刘过诗新论》(《徐州师范学院学报》1995 年第 3 期)、余意《群体诗祭与诗人接受——从〈怀贤录〉考察刘过影响的另种形式》(《文学遗产》2012 年第 3 期)等。

⑧ 研究成果如:Linda Walton, " 'Diary of a Journey to the North': Lou Yue's 'Beixing rilu' ", *Journal of Song-Yuan Studies*, no.32(2002):1-38;李辉《南宋明州楼钥家族与佛教》(《国际社会科学杂志》2009 年第 3 期);等等。

⑨ 研究成果如杨俊才《南宋诗人姜特立考论》(《文学遗产》2009 年第 4 期)等。

⑩ 研究成果如:冯沅君《南宋词人小记·张镃略传》(载《冯沅君古典文学论文集》,济南:山东人民出版社,1980 年);杨海明《张镃家世及其卒年考》(《浙江师范学院学报》1983 年第 4 期);王秀林、王兆鹏《张镃生卒年考》(《文学遗产》2002 年第 1 期);曾维刚《张镃年谱》(北京:人民出版社,2010 年)、《张镃〈南湖集〉成书考》(《文学遗产》2011 年第 5 期);等等。

视。相关研究论著,涉及上述诗人的传世文献、生平事迹及文学创作等诸多方面,体现出南宋中兴时期诗歌研究从广度到深度上的不断拓展。

综上所述,自 20 世纪以来,有关南宋中兴诗歌的研究逐步深入,不断推陈出新。总体来看,有两个值得注意的特点:首先,从纵向发展来看,可谓一代有一代之学术,包括南宋中兴诗歌在内的宋诗研究,始终与社会环境及时代思潮的发展具有密切关联,又不断走向深入。其次,从横向格局而言,在大多时间里,宏观层面的整体研究、中观层面的分期研究与微观层面的个体研究基本上并行发展,体现出学界研究的多层次性和丰富性。当然,学术研究还需要也必然会继续深化。就目前来看,有关南宋中兴诗坛的研究还存在较大值得拓展的空间。其一,南宋中兴诗人研究的广度与深度有待进一步拓展。就祝尚书先生《宋人别集叙录》来看,活跃于南宋中兴时期并有文集传世的作家就有近百家之多。长期以来学界研究主要集中于少数著名中兴诗人,虽然近年来有关南宋中兴诗人研究的范围不断扩大,但无论是相关文献考订还是作家研究都还非常不够。其二,文学文化学研究的深化。南宋诗歌的中兴,乃是中国文学史上的重要议题。与宋诗中兴的表征相比,其走向中兴的过程与动因是一个更为复杂、更深层次的问题,不仅涉及文学本身的传承与演变,还与宋室南渡后近百年间社会文化变迁密切相关,需从不同角度进行多层面的研究。但就目前来看,将南宋中兴时期的诗歌置于此期整体历史语境中探讨其发生发展的纲目、架构与历程,并从不同角度发掘其深层社会文化动因的研究还很不足。其三,南宋中兴诗歌转型的研究。宋室南渡后,经历了高宗、孝宗两朝,社会经济、政治、学术文化及文学艺术等各个领域均发生了显著变化,出现了中兴的局面。近年来,关于唐宋转型的讨论日益深入,学界亦愈来愈重视两宋之间的变化,包括中兴时期社会各领域转型或重建的过程,乃至宁宗庆元、嘉定以后的历史与文学变化。但目前为止,结合南宋历史转型,通过更细致、更系统的文学现象与文学事实的清理,深入考察南宋中兴诗坛代际性变化的成果尚不多见,还有待学者进一步研究。

第四节　研究方法

本书在研究方法上,主要遵循如下思路:

其一,考证与批评相结合。

早在宋代陆九渊即说:“今天下学者唯两途:一途朴实,一途议论。”[1]清

---

[1]　陆九渊著,钟哲点校:《陆九渊集·年谱》,北京:中华书局,1980 年,第 489 页。

代章学诚亦言:"高明者多独断之学,沉潜者尚考索之功。"①可见中国学者自古即重视考证与批评两种学术路数。自 20 世纪以来,学者进一步对这两种方法进行阐释或融通。如傅斯年说:"史学便是史料学。"②程千帆先生指出,"文艺学在理论上解决问题,文献学在史料上、背景上解决问题,我所追求的是文艺学和文献学的高度结合",需要"两条腿"走路。③ 这确实是极具方法论意义的真知灼见。在新的世纪,要进一步拓展文学史的研究,就不仅有赖于新的文献史料发掘与旧有文献史料的创新性解读,还需要将文献考证与理论批评有效地结合起来。本书突破学界重在对南宋中兴时期少数著名诗人进行个案研究的格局,对南宋中兴诗坛展开系统深入的研究,一个最基本的方法便是力争全面系统地占有史料,坚持考证与批评相结合,将研究建立在坚实的文献基础之上。本书上编分析南宋中兴诗坛的群体动态,中编分析南宋中兴诗坛的演进代变及其历史文化动因,下编对南宋中兴诗人进行个案分析,都是以文献发掘为基础,通过对基本史实与诗文作品的综合分析,提炼出对于此期诗歌发展面貌、内在动因与深层规律的认识,力求言必有据、论从史出。另外,本书附录中辨伪、补正、辑佚等考证的篇章,正是本书考证与批评结合的副产品,或者说也构成本书研究的部分基础。

　　其二,共时性研究与历时性研究相结合。

　　没有比较就没有研究。共时性研究与历时性研究,事实上都是一种比较研究方法,但二者又有所不同。共时性研究,注重对构成系统的同时存在的各项要素的比较与分析,有利于从横向角度观察同一时空条件下不同事物的形态、关系及其共性与差异;而历时性研究,注重对不构成系统的连续发展的某项要素的前后比较与考察,有利于从纵向角度观察不同时空条件下同一事物的发展过程及其结构与性质变化。需要注意的是,二者既相互区分,又密切联系,不可混淆,也不可拆割,共同构成一个动态的、有机的体系。著名语言学家索绪尔即运用"共时规律"和"历时规律"对语言学进行系统研究,深具启发意义。④ 本书

① 章学诚著,叶瑛校注:《文史通义校注》卷五《答客问中》,北京:中华书局,1985 年,第 477 页。
② 傅斯年,雷颐点校:《史学方法导论:傅斯年史学文辑》,北京:中国人民大学出版社,2004 年,第 2 页。
③ 程千帆:《程千帆全集》第一五卷《桑榆忆往·劳生志略》,石家庄:河北教育出版社,2000 年,第 43—44 页。
④ 索绪尔指出:"共时语言学研究同一个集体意识感觉到的各项同时存在并构成系统的要素间的逻辑关系和心理关系。历时语言学,相反地,研究各项不是同一个集体意识所感觉到的相连续要素间的关系,这些要素一个代替一个,彼此间不构成系统。"索绪尔以两编共16 章的篇幅,就"共时语言学"与"历时语言学"问题展开系统深入的研究。参见〔瑞士〕费尔迪南·德·索绪尔著,高名凯译:《普通语言学教程》,北京:商务印书馆,1980 年,第117—265 页。

既注重文学发展中的关系与过程,也突出共性与差异,力图从多层面、多角度对南宋中兴诗坛展开系统深入的研究,因此共时性研究与历时性研究相结合成为其中一个重要方法。如本书上编"群体论",主要从宏观与共时性角度分析南宋中兴诗坛的群体动态,同时也有对群体形成过程的历时性考察;中编"演进论",主要从历时性角度分析南宋中兴诗坛的演进代变,同时也有对多层面演进内容与历史文化动因的共时性比照;而下编"个体论"与上编"群体论"之间,也形成某种共时性比较与互补的关系,目的在于既全面描述南宋中兴诗坛特定诗人群体的诗学共性与群体特征,也深入揭示南宋中兴诗人诗歌艺术的个体差异与多元风貌。

其三,重视"历史—文化"的综合研究。

本书始终坚持文学不仅是一种文学现象,同时也是一种社会文化现象的理念。如本书在对南宋中兴诗坛进行群体研究时,注重考察诗人群体形成的社会文化因素与历史语境;在研究南宋中兴诗坛的演进代变时,不仅考察自南渡到中兴诗坛的代际变化,更深入讨论催生其发展变化的内在历史文化动因;在对作家作品进行艺术分析时,注重对文学赖以生存的社会经济、政治、学术文化生态进行探讨,并对社会文化与文学作品的中介——士人心态进行分析,在对社会、作家、文学乃至读者的多维立体考察中,揭示特定时代、特定群体或作家个体的精神状态、艺术心态与文学形态,从而深化我们对南宋中兴时期社会文化与时代精神的理解,并最终落实到对文学的理解中来,增加文学研究的历史文化深度。

第五节　本书的总体构想

南宋诗歌的中兴,是宋代乃至整个中国文学史上的重要议题。本书突破学界主要对南宋中兴时期少数著名诗人进行个案研究的格局,从群体与整体角度,对南宋中兴诗坛进行全面系统的研究。在具体思路上,本书力图以充分的文献发掘为基础,文史结合,既注重文学发展中的关系与过程,也突出共性与差异,通过对基本史实与诗文作品的综合分析,系统考察南宋中兴诗坛的群体动态,着力探讨宋诗自南渡到中兴演进代变的历程及其历史文化动因,深入揭示南宋中兴诗坛丰富多元的诗学面貌,全景式地描述南宋中兴时期诗歌发展的纲目和架构,以期从广度与深度上拓展宋代文学研究的领域和空间。

全书共 12 章,分上、中、下三编撰写。

上编"群体论"。南宋中兴时期,顺应宋室南渡以来社会经济、政治、学术文化与文学本身的发展,在南宋文化整合、诗人交往互动的过程中,诗坛形成了道学诗人、激进官宦诗人、保守官宦诗人及江湖诗人等不同诗人群体。本编主要从宏观角度,分析南宋中兴诗人群体的形成及其群体特征。主要包括:

第一章《道学诗人群体》。宋室南渡前后道学南传,至南宋中兴时期进一步发展:在学理层面深入拓展,形成各具特色的学派,一时流派纷呈,大宗辈出,队伍空前壮大;从理论与实践层面加强对释道思想的清理,进一步巩固道学地位;在政治层面加强对道学与帝王之学和政治日用的联系,强化道学内圣外王双向发展的实学性质;在文献层面加强道学文本的整理与传播。在道学发展过程中,道学家围绕学术、政治和文学上的问题展开广泛深入的争鸣,形成密切的关系网络,促使道学诗人群体形成。其诗歌创作亦具有鲜明群体特征,如以道论诗的文学观念、体道说理的普遍主题、古淡清美的艺术世界等。南宋中兴时期道学诗人群体的形成,特别是其从内圣外王二途拯救时势的努力及其文学涵咏,为南宋中兴诗坛注入了新的活力,成为推动宋诗发展演进的重要因素,具有独特文学史意义。本章从南宋中兴时期道学的发展与道学诗人群体的形成、南宋中兴时期道学诗人的群体特征等方面,对道学诗人群体展开讨论。

第二章《激进官宦诗人群体》。宋孝宗即位后,励精图治,矢志规恢,无论是在朝廷还是在地方,均有一批政治上积极进取的激进官宦。对于时势的群体自觉、游于艺途的文学交往,促使他们形成一个重要的诗人群体,并且具有鲜明群体特征,如以阳刚之气为核心的审美观念、爱国忧时的共同主题、慷慨激越的艺术世界等。南宋中兴时期激进官宦诗人群体的形成,是宋室南渡后风起云涌的爱国主义思潮及恢复中原的时代旋律的集中表现,在历史上产生了深远影响,其锐意进取的时代精神与文学表现,堪称中国文学史上的典范。本章从南宋中兴时期恢复中原的时代旋律与激进官宦诗人群体的形成、南宋中兴时期激进官宦诗人的群体特征等方面,对激进官宦诗人群体展开讨论。

第三章《保守官宦诗人群体》。高宗以"清静"为国是,务偏安之事实。这对孝、光、宁三朝也产生了深刻影响,朝野始终有一批倾向偏安的保守官宦,主张继续沿袭高宗以来息兵议和的"清静"政策,其中有些是中兴诗坛的重要诗人,形成一个不可忽视的诗人群体。其诗歌创作亦有许多相同特征,如以诗娱情的创作观念、抒写承平的诗歌主题、赋闲自适的艺术世界等。南宋中兴时期保守官宦诗人群体的形成,反映了中兴士人有关战、守、和的不同政治抉择及其复杂的处世心态与人生取向,成为认识中兴时期士人心态与文学生态的又一重要方面。本章从南宋中兴时期的保守政治与保守官宦诗人群体的形成、南宋中兴时期保守官宦诗人的群体特征等方面,对保守官宦诗人群体展开讨论。

第四章《江湖诗人群体》。学界一般认为江湖诗人作为一个群体或流派出现于南宋后期。事实上,由于南渡之后的社会流动、中兴时期的科举积弊、盛世背后的冗官充塞、底层士人的求仕之途等因素,南宋中兴时期已有一批重要江湖诗人活跃于文坛,并具有鲜明群体特征,如名士与谒客的双重气格、忧讽时政的创作主题、偃蹇寒困的艺术世界等。因此关于南宋江湖诗人及其文学创作的历史风貌、时代内涵、文学史地位等问题,还需突破南宋后期这一时间界域,放到更为深远的历史时空中进行审视和思考,对南宋诗史的进程,也需要有新的认识。本章从南宋中兴时期社会文化与江湖诗人群体的形成、南宋中兴时期江湖诗人的群体特征等方面,对江湖诗人群体展开讨论。

中编"演进论"。南宋诗歌的中兴,不仅是北宋到南宋文学自身传承与演变的结果,还与宋室南渡后近百年间社会文化变迁、诗学理论转型、士林风貌新变等因素密切相关。本编主要从历时性角度,对南宋中兴诗坛的师承与文学史演进、南宋中兴时期政治文化生态与诗坛代变、南宋中兴时期诗学理论的转型、南宋中兴时期士风新变与诗歌题材的开拓等问题进行考察,进一步揭示宋诗自南渡到中兴演进代变的历程及其历史文化动因。主要包括:

第五章《南宋中兴诗坛的师承与文学史演进》。师承活动是传承人类文明、推动社会发展的重要途径。从文学的角度观之,它又是文学史演进中的一个重要环节。南宋中兴诗坛是在南渡诗坛的基础上发展起来的,文人师承主要有学术型、政治型、文学型三个系统,对中兴诗坛产生了深刻影响,如影响中兴诗人的政治学术取向,影响中兴诗人的人格精神,影响中兴诗人的诗歌艺术等。中兴诗人在继承师学的同时,又以积极进取的精神超越了师承,树立了新的诗歌艺术典范,创造了宋诗中兴的局面,推动了文学史演进。本章从南宋中兴诗坛师承的三个系统、师承对南宋中兴诗坛的影响、南宋中兴诗人对师承的突破与超越等方面,就南宋中兴诗坛的师承与文学史演进问题展开讨论。

第六章《南宋中兴时期政治文化生态与诗坛代变》。高宗时期,和议国策与君相集权、轻文取向与文化专制成为政治文化生态的基本特征。孝宗之治,促使政治文化生态发生重要变化,也成为南宋诗歌中兴的重要因素,主要有四个层面:孝宗励精图治,锐意恢复,君臣交修,不禁言路,戒除朋党,学术兼容,开创了政治文化的新局面,再造了作为诗坛主体的一代文人士大夫的精神面貌;孝宗采取了一系列重文措施,如召还擢用高宗朝遭贬斥的文臣,拔擢重用一批以文学见称的中坚和新进,鼓励士人从事文学创作与编撰活动,一时得人为南宋之盛,诗坛更是人才辈出,成功完成了主力阵容的新老过渡与交替;孝宗富有学养和才艺,雅好文学,常与文臣评鉴诗文,赐赠唱和,其文学趣尚及其诗文唱和活动,极大促进了文人创作的热情;孝宗崇尚诗文的刚大之气,具有强烈的忧患意识与规恢意慨,推动诗人致力艺术的开拓,促使中兴诗坛出现新的诗学气象。本章通过爬梳文献史实,就南宋中兴时期政治文化生态与诗坛代变问题展开讨论。

第七章《南宋中兴时期诗学理论的转型》。在宋代诗学史上,北宋初期是唐风一统天下,至南宋初期,又是江西诗学独占鳌头。然而由于北宋覆亡与宋室南渡的沧桑巨变,加之江西诗学已是流弊丛生,南渡时期一些诗人积极提倡新的创作思想和理论,尤其是追尊老杜和提倡"活法",南渡诗坛也因此形成了一些新的面貌。不过,南渡时期无论是诗学思想还是实际创作,均仍然存在很大的局限。到孝宗时期,中兴诗人在继承"活法"理论的同时,又以更为阔大的气象,进一步提倡以"万象"为诗,要求诗歌创作回归现实和自然。诗学理论的群体转型,为诗坛中兴奠定了基础。本章从南渡诗学的变异及其局限、中兴时期诗学理论之"破"与"立"等方面,就南宋中兴时期诗学理论的转型问题展开讨论。

第八章《南宋中兴时期士风新变与诗歌题材的开拓》。高宗时期,在士林的抉择与分流中,出现了两个明显的趋向:一是贬谪,一是奔竞。相应地,在高宗时期诗坛上也出现了贬谪与奔竞这两种截然不同的文学主题,反映出特定时期士风与诗风的两种主要走向。自高宗到孝宗朝,政治文化生态发生重要演变,士林精神风貌也产生了显著变化。中兴时期政治文化生态与士风新变,对诗坛产生了深远影响,其中一个重要方面即表现在中兴时期使北诗歌题材的开拓上,主要体现在三个层面:一是使北士人及使北诗人的队伍更加壮大,很多都是南宋中兴诗坛的重要作家;二是使北诗歌作品的数量更多,出现不少名篇佳作;三是使北诗歌思想内容更加丰富深刻,体现出南宋中兴时期使北诗人对国家与民族、历史与现实的深切关怀和思考,使北诗歌也因此成为南宋中兴时期诗歌题材的重要开拓,具有鲜明历史时代特色和独特文学史意义。本章从高宗时期士林生态与诗歌题材、中兴时期士风新变与使北诗歌题材等方面,就南宋中兴时期士风新变与诗歌题材的开拓问题展开讨论。

下编"个体论"。南宋中兴时期的许多重要诗人,不仅有其群体性特征,也极具个性,他们共同建构了南宋中兴诗坛异彩纷呈的局面。本编对南宋中兴诗坛上一些较有代表性的诗人进行个体研究,以进一步深化我们对此期诗坛丰富多元的诗学面貌的认识。主要包括:

第九章《道学大宗的个性:韩元吉、朱熹和张栻》。韩元吉是南宋中兴时期富有特色的一位道学家,也是中兴诗坛的一位重要作家。本章从其忧国情怀及其诗歌表现、以清为美的人生旨趣与诗歌意境、平和与狂放之间的艺术张力等方面,对道学高流韩元吉展开讨论。朱熹作为南宋集大成的道学家,学界对其诗中道情与理趣的讨论甚多。而若将朱熹放到自汉魏至唐宋以来的文学流变及南宋中兴时期道学诗人群体的坐标中进行比照考察,其诗歌创作的个性特色还值得进一步探讨。本章从其追步汉魏的生命意识、对陶渊明及其诗歌创作的体认与超越、以古为新的诗学选择等方面,对集道学大成的朱熹展开讨论。张栻也是一位个性鲜明的重要道学诗人。本章从其道道进退的一生及其诗歌抒写、自然情性与文学表现、"淡乃其至"的人生境界与诗学追求等方面,对张栻及其诗歌创作展开讨论。

第十章《进取时代的强音:王十朋、陆游和范成大》。王十朋虽然大部分时间在高宗朝度过,但其荐举张浚北伐等主要政治活动、和楚东诗社交游唱和等重要文学活动却均是在孝宗朝,他也成为南宋中兴诗坛前期激进官宦诗人的典型代表。本章从其安贫固穷的气节与诗歌表现、忠愤耿直的气质与浑厚刚健的诗风、独特的和韩诗及其文化内涵等方面,对王十朋及其诗歌展开讨论。陆游作为一位伟大作家,历来备受关注和讨论。事实上他在世之际即已确立了典范地位,这不仅缘于其卓越的个人因素,也与其所处的特定时代及其当世第一读者群的接受密切相关。深入南宋中兴时期的历史语境与诗坛风会,就陆游的当世接受予以考察,不仅能够揭示陆游走向典范的历程,也能够拓展我们对南宋中兴时期文化精神与诗坛风貌的认识。本章从陆游当世的多元接受、陆游当世接受的效应、陆游当世接受的特点与历史文化意蕴等方面,就陆游的当世接受问题展开讨论。范成大是南宋中兴诗坛四大家之一,历来的研究多是从其诗歌主题与题材角度展开讨论。事实上,范成大一生中诗歌创作多有变化,具有"一官一集"的特征。本章从其早年经历与初学唐人、禅悦倾向与转学苏黄、辗转仕途与自成家数、晚年心态与艺术新境等方面,就范成大的诗学历程展开讨论。

第十一章《台阁与园林的咏唱:史浩、张镃》。史浩在孝宗朝两为右相,也颇富文学创作,是一位具有代表性的台阁诗人。本章从其台阁经历与诗歌题材取向、近臣心态与诗歌意象特征、江西诗学的接受与扬弃等方面,对史浩及其诗歌展开讨论。张镃乃宋南渡名将张俊曾孙,刘光世外孙,家世显赫,其杭州北郊的南湖别业在当时闻名遐迩。他不仅被推许为南宋中兴诗坛健将,也是一位具有典型意义的园林诗人。本章从其家世、仕履、才情与诗坛地位,转益多师与活法悟诗的诗学追求,豪夸放纵的个性与诗风,南湖别业的建构,以南湖别业为中心的休闲雅集,以南湖别业为中心的创作活动等方面,对张镃及其诗歌展开讨论。

第十二章《卓然杰立的江湖沉吟:章甫、陈造》。迄今为止,学界尚未将章甫归入南宋江湖诗派。但事实上,他是南宋中兴诗坛上一位富有个性特色的江湖诗人。本章从其江湖诗人的身份认定、由儒入佛的思想轨迹及其表现、骨力苍秀的艺术风格等方面,对章甫及其诗歌展开讨论。陈造也是南宋中兴时期较有特色的一位江湖诗人。本章从其由仕途走向江湖的心路历程、特色鲜明的刺世题材、写意诗学与朴拙诗风等方面,对陈造及其诗歌展开讨论。

总之,诚如学者所论,我们一旦发现我们对文学史的理解和学界常见的文学史存在相当大的距离,那么就应该寻找新的方法来重写文学史,我们应该把一切我们认为已经熟知的东西都重新进行批判性的审察,如果我们认真进行这样的批判性审察,最终的结果可能会深深动摇我们已有的文学史叙述框架,他们让我们对很多东西的确定性减少了,但是,我们的知识却随之开阔了。① 本书突破学界主要对南宋中兴时期少数著名诗人进行个案研究的传统方法和文学史叙述,从"群体论"、"演进论"、"个体论"等多个层面,对南宋中兴诗坛这一宋代诗歌发展史中极富艺术成就、研究价值与阐释空间的部分展开全面系统的研究,正是希望进一步拓展我们对宋代历史文化与诗歌发展的认识。我们相信,随着学术研究的进一步深化,未来此方面的研究还会不断深入。

---

① 〔美〕宇文所安著,田晓菲译:《他山的石头记——宇文所安自选集》,南京:江苏人民出版社,2003年,第5—7页。

上编：群体论

南宋中兴时期,顺应宋室南渡以来社会经济、政治、学术文化与文学本身的发展,在南宋文化整合、诗人交往互动的过程中,诗坛形成了道学诗人、激进官宦诗人、保守官宦诗人及江湖诗人等不同诗人群体。本编主要从宏观角度,分析南宋中兴诗人群体的形成及其群体特征。

第一章　道学诗人群体

　　道学,又称理学,以其核心范畴为道或理而得名。① 宋人将道学的渊源追溯到尧舜禹、文武周公与孔子、孟子的时代。② 事实上,道学萌芽于唐代韩愈、李翱等人③,而形成于北宋。在南宋中兴时期,道学已经发展成为当

---

① 据陈植锷先生考证,以“道学”两字作为儒学的别称,非自宋人始,东汉已有此目,如王充在《论衡·量知篇》中引述时人之论云:“或曰,文吏笔札之能,而治定簿书,考理烦事,虽无道学,筋力材能尽于朝廷,此亦报上之效验也。”这里的道学,为儒学、经学的代名词。宋人言道学者,亦非自二程始。北宋王开祖尝云:“由孟子以来,道学不明,我欲над尧舜之道,论文武之治,杜淫邪之路,辟皇极之门,吾畏诸天者也,吾何敢已哉!”王开祖至少比二程早30余年(参见陈植锷:《宋学通论》,《中国社会科学》1988年第4期)。关于“道学”之名,刘子健先生有一段较有代表性的论述,认为:道学“重新定位了儒家文化遗产,使之重获生机,因此后来的耶稣会士名副其实地将它定名为‘新儒学’。然而,在其形成过程中,人们却曾经从不同的角度出发,赋予它不同的名称。在北宋,它有最杰出的先行者程颐;在南宋,它有集大成的领袖朱熹,人们因此称它之为‘程朱学派’。它自诩为惟一正宗的道统,因此,又被称为‘道学’,意为道或正确道路学派。这个批评者出于嘲讽目的生造出来的名称,后来却被忠诚的信徒所接受。它相信‘理’——意为原则或理性——充盈于天地之间,无时无事无处不在,这构成了它的形而上学基础,因此,它又被称为‘理学’……总体而言,不同名称之间的差别无关宏旨,一般可以通用”(刘子健著、赵冬梅译:《中国转向内在——两宋之际的文化内向》,南京:江苏人民出版社,2001年,第120—121页)。要而言之,在北宋,“道学”之称本指孔孟以来的传统儒学,在南宋始指周敦颐、张载、二程等人及其后学的一派学术。

② 关于这一点,宋人多有论述。如朱熹《建康府学明道先生祠记》云:“吾少读程氏书,则已知先生之道学德行,实继孔孟不传之统”(朱熹:《晦庵先生朱文公文集》卷七八,朱杰人等主编:《朱子全书》第24册,第3732页);吕祖谦《白鹿洞书院记》云:“庆历、嘉祐之间,豪杰并出,讲治益精。至于河南程氏、横渠张氏,相与倡明正学,然后三代,孔、孟之教,始终条理,于是乎可考”(吕祖谦:《吕东莱文集》卷六,上海:商务印书馆,1937年,第139页);黄榦《徽州朱文公祠堂记》云:“尧舜禹汤文武周公生,而道始行。孔子孟子生,而道始明。孔孟之道,周程张子继之……此道统之传,历万世而可考也”(黄榦:《黄勉斋先生文集》卷五,上海:商务印书馆,1936年,第107页);王炎《见张南轩》亦云:“盖自孟子之后,道之正统绝而不传,二程先生鸣道于伊洛之间,则道之正统绝而复传”(王炎:《双溪类稿》卷一九,《影印文渊阁四库全书》第1155册,台北:台湾商务印书馆,1986年,第642页)。

③ 葛兆光先生指出,早在中唐时代韩愈、李翱等士大夫中就已经出现对于国家权威与思想秩序的紧张与焦虑,他们在原来的典籍如《孟子》、《中庸》、《大学》等文本中获取新的思想资源,唐代士人关于“道统”、“性情”、“古文”等方面的叙述,正好构成了宋代士人思考的起点(参见葛兆光:《中国思想史》第二卷《七世纪至十九世纪中国的知识、思想与信仰》,上海:复旦大学出版社,2001年,第196—197页)。陈来先生所著《宋明理学》专列《宋明理学的先驱》一章,讨论中唐韩愈、李翱等人倡导的儒学复兴运动及其对宋明理学兴起的影响

时最重要的学术思想,道学家的队伍空前壮大,不仅在学术、政治领域中具有重要地位,亦以其特色鲜明的文学创作而成为南宋中兴诗坛的一股重要力量。南宋中兴诗坛的道学诗人,主要有林光朝、林亦之、韩元吉、朱熹、张栻、吕祖谦、陆九渊、薛季宣、陈傅良、魏掞之、舒璘、孙应时、彭龟年、陈藻等。本章拟从南宋中兴时期道学的发展与道学诗人群体的形成、南宋中兴时期道学诗人的群体特征等方面,对道学诗人群体展开讨论。

第一节　南宋中兴时期道学的发展
　　　与道学诗人群体的形成

　　要研究南宋中兴诗坛道学诗人群体的文学创作,考察此期道学的发展与道学诗人群体的形成是一个必要的前提。

一、南宋中兴时期道学的发展

《宋史·道学传》云:

　　至宋中叶,周敦颐出于舂陵,乃得圣贤不传之学,作《太极图说》、《通书》,推明阴阳五行之理,命于天而性于人者,瞭若指掌。张载作《西铭》,又极言理一分殊之旨,然后道之大原出于天者,灼然而无疑焉。仁宗明道初年,程颢及弟颐寔生,及长,受业周氏,已乃扩大其所闻,表章《大学》、《中庸》二篇,与《语》、《孟》并行,于是上自帝王传心之奥,下至初学入德之门,融会贯通,无复余蕴。①

　　这一段论述不仅概括出北宋道学兴起的盛况,而且道出了北宋道学奠

（参见陈来:《宋明理学》,上海:华东师范大学出版社,2003 年,第 17—32 页）。不过需要指出的是,韩愈、李翱虽然启蒙了宋代心性义理之学,但宋人却向来认为道统自孔孟以后即失其传,至北宋周敦颐、二程等人始再承其绪,从未将韩愈、李翱纳入他们的道统,盖因宋人以为韩愈、李翱学行不纯之故。如朱熹《王氏续经说》云:"退之《原道》诸篇,则于道之大原若有非荀、扬、仲淹之所及者,然考其平生意向之所在,终不免于文士浮华放浪之习、时俗富贵利达之求"(朱熹:《晦庵先生朱文公文集》卷六七,朱杰人等主编:《朱子全书》第 23 册,第 3283 页);韩元吉《韩愈论》亦云:"三代而上,圣人之相授者以道,故其治有不可跂及。三代而下,圣人之道独存于书……自荀况、扬雄,曾不知以道为何物……韩愈之作《原道》,可谓勇于自信者也,非有假于他人之说也,其所见于道者如此也。然愈者能明圣人之功,而不能明圣人之道"(韩元吉:《南涧甲乙稿》卷一七,上海:商务印书馆,1936 年,第 346—347 页)。
① 脱脱等:《宋史》卷四二七,北京:中华书局,1977 年,第 12710 页。

基者继承三代孔孟之教的情况,又进一步围绕性命义理的内圣之途深入开拓、阐幽入微的学术要旨及其各自特色。不过,在北宋中期,除邵雍、周敦颐、张载、二程等道学诸子之外,尚有王安石之新学、三苏父子之蜀学等重要学术流派与道学共存和竞争,道学并未占得优势地位。①

宋室南渡前后,道学自北南传。真德秀称:"二程之学,龟山(杨时)得之而南,传之豫章罗氏(从彦),罗氏传之延平李氏(侗),李氏传之朱氏(熹),此其一派也。上蔡(谢良佐)传之武夷胡氏(安国),胡氏传其子五峰(胡宏),五峰传之南轩张氏(栻),此又一派也。若周恭叔、刘元承得之为永嘉之学,其源亦同自出。"②真德秀所言,正是宋室南渡前后道学南传的部分重要脉络:一是自杨时、罗从彦、李侗传至朱熹的一脉;二是自谢良佐、胡安国、胡宏传至张栻的一脉;三是自周行己、刘安节传至薛季宣、陈傅良、陈亮等的永嘉一脉。此外,北宋洛学南传还有"以师礼事(程)颐"③的吕希哲,传至吕好问、吕切问,再传吕本中,再传吕大器、林之奇,直至吕祖谦的吕氏家族一脉,世谓之"中原文献之传"④。又有自二程弟子尹焞和"从杨时学"⑤的张九成传至韩元吉的一脉。还有自尹焞传至陆子正,再传林光朝的一脉。陆九渊无严格的师承关系,不过受二程弟子谢良佐的思想影响较大。可见南宋中兴时期的道学,是在继承北宋道学的基础上发展起来的。

然而,南宋中兴时期道学之所以能够发扬光大,绝非仅仅依靠继承了道学前贤的学术,其生命力在于创新和发展。总体来看,南宋中兴时期道学的发展主要体现在以下四个层面:

(一)在学理层面进一步拓展,形成各具特色的学派

诚如宋人司马述所云:"孝宗稽古好学,敬事元老,天下益知师道之尊,声应气求,师儒辈出,若南轩张公、象山陆公、晦庵朱公、东莱吕公,皆以斯文自任"⑥。南宋中兴时期,出现了道学学派纷起的局面。全祖望称:"宋乾、淳以后,学派分而为三:朱学也,吕学也,陆学也。三家同时,皆不甚合。朱学以格物致知,陆学以明心,吕学则兼取其长,而复以中原文献之统润色之。

---

① 漆侠先生即指出,理学在北宋处于形成时期,在名声上是否能与苏氏蜀学相比都很难说,更不用说与荆公学派分庭抗礼了。参见漆侠:《宋学的发展和演变》,石家庄:河北人民出版社,2002 年,第 28 页。

② 真德秀:《西山读书记》卷三一,《影印文渊阁四库全书》第 706 册,台北:台湾商务印书馆,1986 年,第 106 页。

③ 脱脱等:《宋史》卷四二七《程颐传》,第 12719 页。

④ 脱脱等:《宋史》卷四三四《吕祖谦传》,第 12872 页。

⑤ 脱脱等:《宋史》卷三七四《张九成传》,第 11577 页。

⑥ 孙应时:《烛湖集·序》,《影印文渊阁四库全书》第 1166 册,第 523 页。

门庭径路虽别,要其归宿于圣人,则一也"①。全祖望的概括并不全面,但指出了南宋中兴时期道学不同学派在学理层面各自锐意开拓的特色。下面就此作进一步考述。

林光朝进一步推动道学切近日用。他有《与杨次山》称:"致知格物,致知是初学第一件,不当求之太深,今以日用件件求之,求之不已则察乎天地古人之所言,皆求之日用,日用是根株,文字是注脚,须见得日用处,注脚自可晓"②。林光朝任广东提点刑狱期间,有茶寇自荆湘剽掠江西、岭南等地,其势甚锐,林光朝自领郡兵,连败贼寇,贼人惊惧而遁。孝宗听闻此事,赞叹说:"林光朝儒生,乃知兵耶"③。可见林光朝注重实务的学术特色及其政治践履,在道学家中确很突出。

朱熹进一步强调《大学》格物致知、正心诚意之学,又具有集大成的精神。孝宗隆兴元年(1163)朱熹有《癸未垂拱奏札一》,讲"《大学》之道,'自天子以至于庶人,一是皆以修身为本'。而家之所以齐,国之所以治,天下之所以平,莫不由是出焉。然身不可以徒修也,深探其本,则在乎格物以致其知而已"④。尤其重要的是,朱熹虽然注重《大学》之学,却又不偏于一端,而具有会通精神。针对当时学无宗主的情况,朱熹纠正的方案是:

> 如《易》则兼取胡瑗、石介、欧阳修、王安石、邵雍、程颐、张载、吕大临、杨时,《书》则兼取刘敞、王安石、苏轼、程颐、杨时、晁说之、叶梦得、吴棫、薛季宣、吕祖谦,《诗》则兼取欧阳修、苏轼、程颐、张载、王安石、吕大临、杨时、吕祖谦,《周礼》则刘敞、王安石、杨时,《仪礼》则刘敞,《二戴礼记》则刘敞、程颐、张载、吕大临,《春秋》则啖助、赵正、陆淳、孙明复、刘敞、程颐、胡安国,《大学》《论语》《中庸》《孟子》则又皆有《集解》等书,而苏轼、王雱、吴棫、胡寅等说亦可采。⑤

朱熹的主张是惊人的。不仅是胡瑗、石介、孙复等宋初三先生,以及邵

---

① 黄宗羲原著,全祖望补修,陈金生、梁运华点校:《宋元学案》卷五一《东莱学案》,北京:中华书局,1986 年,第 1653 页。
② 林光朝:《艾轩先生文集》卷六,《宋集珍本丛刊》第 45 册,北京:线装书局,2004 年,第 11 页。
③ 脱脱等:《宋史》卷四三三《林光朝传》,第 12863 页。
④ 朱熹:《晦庵先生朱文公文集》卷一三,朱杰人等主编:《朱子全书》第 20 册,第 631 页。
⑤ 朱熹:《晦庵先生朱文公文集》卷六九《学校贡举私议》,朱杰人等主编:《朱子全书》第 23 册,第 3360 页。

雍、张载、程颐、程颢、杨时、胡安国、吕祖谦等多位道学家的著作,就连王安石、苏轼等甚为北宋道学家所排斥的王学与蜀学著作,亦赫然列在朱熹为士子开出的学习书目之中。在宋代历史上,像朱熹这种整合各家学术的会通精神与气魄可以说是前无古人的,朱熹之所以能集道学之大成,原因于此可见一斑。

陆九渊对道学的发展主要体现在对于心的探究之上。事实上对于心性的论述,在道学家论著中比比皆是,对于内圣之途的开拓正是宋代道学最具特色的部分,但是陆九渊学术之所以后来独被称为心学,是因其与众不同之处。一般道学家论心性修养和义理之学,是以道或理为本体,心不过是与本体对应的一端,也就是"事有其理而著于吾心"①,道和理是本,而心是末。陆九渊则恰好颠倒了过来,认为人皆有是心,心皆具是理,心即理,并说"四方上下曰宇,往古来今曰宙。宇宙便是吾心,吾心即是宇宙"②。南宋中兴时期道学家一般认为天理固存,而人心感应之,但陆九渊认为心即理,并阐述了以心为宇宙万物之本源、万物皆备于我的基本理念。

张栻强调存心持敬和一以贯之的躬行与践履。在北宋时期,邵雍、张载、二程等道学家对《大学》、《中庸》、《论语》、《孟子》等经典旨义的阐述已经非常深入,因此南宋中兴时期道学家面临的任务就是如何将这些学术义理贯彻落实于生活日用和政治践履,而非一意于内圣之途的沉潜,以至于失去了传统儒家的基本精神。也就是说,在知和行之间还有一个可待开拓阐释并付诸实施的空间。张栻在这方面无疑是一个代表。其《论语说序》称:"本朝河南君子始以穷理居敬之方开示学者,使之有所循求,以入尧舜之道,于是道学之传复明于千载之下。然近岁以来,学者又失其旨,曰吾惟求所谓知而已,而于躬行则忽焉。"③此前,其师胡宏对宋室南渡前后杨时诸弟子思想内倾化的状况已有所补救。④ 张栻则进一步在学理和践履的层面予以推进,指出宋室南渡之后道学家重知而忽略躬行的弊端,极力强调持敬和躬行,这成为张栻学术最富特色的部分。张栻《敬斋记》又云:"致知所以明

---

① 张栻:《新刊南轩先生文集》卷九《静江府学记》,《宋集珍本丛刊》第60册,第70页。
② 陆九渊著,钟哲点校:《陆九渊集》卷二二《杂说》,北京:中华书局,1980年,第273页。
③ 张栻:《新刊南轩先生文集》卷一四,《宋集珍本丛刊》第60册,第96页。
④ 关于这一问题,何俊先生有较为深入的论述,他指出:胡宏强调道应该体现于行,体现在实事,因此胡宏注重人的工夫,在这个思想中,过程被赋予重要意义,理性存在并确立于活动的过程之中。因而胡宏的哲学在当时无疑是最深刻的,对儒家精神的把持也是最准确的。他看到了杨时及其弟子儒学内倾化的思想取向,并及时地给予了有力的纠正,这对儒家精神的持守、清理时儒混淆儒佛,无论在理论或实践上都是至关重要的。参见何俊:《南宋儒学建构》,上海:上海人民出版社,2004年,第86—102页。

是心也，敬者所以持是心而勿失也"①。《叶夷中屡以书求予记敬斋予往年尝为亲旧为记及铭矣今独成两绝句寄之》云："今日报君惟一句，工夫端的贵躬行"②。张栻反复强调涵养存心和持敬躬行，事实上正是对于道的始终如一的内在坚持和外在贯彻。考张栻一生，诚如朱熹所论，"其学之所就，既足以名于一世，然察其心，盖未尝一日以是而自足……日反诸心，而验诸行事之实"③。周必大《读张敬夫南轩集夜梦赋诗》亦称"道学人争说，躬行少似君……平生忠与敬，仿佛在斯文"④。

薛季宣、陈傅良、陈亮、叶适等源自二程弟子的永嘉学者，更是针对其道学先师过于注重内圣之弊，而于室内操戈，自内部进行反拨，倡导"天意元来向事功"⑤，大胆地开拓出事功一派。《四库全书总目》称，"（薛）季宣少师事袁溉，传河南程氏之学。晚复与朱子、吕祖谦等相往来，多所商榷。然朱子喜谈心性，而季宣则兼重事功，所见微异。其后陈傅良、叶适等递相祖述，而永嘉之学遂别为一派"⑥。四库馆臣所言，准确地概括出了南宋中兴时期永嘉学者递相传承又锐意创新，终于独开事功一途的学术脉络与特色。

吕祖谦继承中原文献之传，尤重史学，亦具有会通精神。其学问术业，本于天资，习于家庭，得中原文献之传，参融贯通，无所偏滞，而尤重史学。韩淲即称吕祖谦"深识治乱之情"⑦。吕祖谦不仅秉承吕氏家学，同时又与朱熹声气相通，共同探讨性命道德之源。朱熹与陈亮多有学术论争，始终是吕祖谦从中调和。因此吕祖谦学术颇有整合中原文献之学、朱熹以及浙东学术之特色。《宋史》即称"祖谦学以关、洛为宗，而旁稽载籍，不见涯涘。心平气和，不立崖异，一时英伟卓荦之士皆归心焉"⑧，可谓中的之论。

（二）从理论与实践层面加强对释道思想的清理，进一步巩固道学地位

邓广铭先生指出，早在唐代，释道两家的教义和学说都盛行于世，其声势都凌驾于儒家之上，这一事实，从唐代后期以来已促使知识分子群中的许

---

① 张栻：《新刊南轩先生文集》卷一二，《宋集珍本丛刊》第60册，第87页。
② 张栻：《新刊南轩先生文集》卷六，《宋集珍本丛刊》第60册，第53页。
③ 朱熹：《晦庵先生朱文公文集》卷七六《张南轩文集序》，朱杰人等主编：《朱子全书》第24册，第3661页。
④ 周必大：《庐陵周益国文忠公集》卷四二，《宋集珍本丛刊》第51册，第466页。
⑤ 陈傅良：《止斋先生文集》卷四《送蕃叟弟赴江西帅幕分韵得独字》，《四部丛刊初编》本，上海：商务印书馆，1929年。
⑥ 永瑢等：《四库全书总目》卷一六〇《浪语集提要》，北京：中华书局，1965年，第1379页。
⑦ 韩淲：《涧泉日记》卷中，上海：商务印书馆，1936年，第24页。
⑧ 脱脱等：《宋史》卷四三四《吕祖谦传》，第12874页。

多人萌生了一种意识:要把儒家独尊的地位重新恢复起来。①　两宋时期,总体来说儒释道三家是互动融合的,但其间亦不乏对抗和斗争,宋代道学正是在与释道二教的共存与斗争中发展起来的。然而在宋室南渡之际,许多道学家本身又耽于释氏,思想多流于禅,学理未能纯正。朱熹即指出,看道理不可不仔细,"程门高弟如谢上蔡游定夫杨龟山,下梢皆入禅学去"②。朱熹所言,确实深中南渡前后道学诸子之弊病。如朱熹之师刘子翚,"少喜佛氏说,归而读易,即涣然有得其说"③。虽然刘子翚后来自释氏转而入道学,但思想中释氏思想仍然很浓重。王士禛即称"《屏山集》诗往往多禅语"④。再如韩元吉之师张九成,师承二程高弟杨时,但他"早与学佛者游,故其议论多偏"⑤。因此在南宋中兴时期,道学家不仅要与释道二教进行斗争,还要进一步对其道学前贤,甚至是亲炙之师的释道思想进行清理。

如韩元吉,尝反复论述释氏思想之弊。其《答朱元晦书》指出:"吾圣人妙处在合,故一以贯之。释氏之弊在分"⑥。《敦复斋记》又称:"圣人之学,自治其一心,则推而至于治天下,本末先后,初无二致……自异端之肆也,亦曰治夫心者。而其说犹以一身为可外,况于所谓天下国家,孰知可离则非道也。"⑦可见,韩元吉的基本观点是:圣人之学,自治一心,推而至于治天下,因此可以说是有体有用,体用合一;而释氏虽然亦称治心,但以空虚寂灭为宗,背弃了天下国家,割裂了修身齐家治国平天下的内圣外王的一贯性,故而有体无用。韩元吉的论述在某种意义上可以说是深中释氏之弊。

朱熹批判释道二教亦是不遗余力。如绍兴三十二年(1162)孝宗初即位,朱熹即应诏上封事规谏孝宗:"比年以来,圣心独诣,欲求大道之要,又颇留意于老子、释氏之书。疏远传闻,未知信否? 然私独以为若果如此,则非所以奉承天锡神圣之资而跻之尧舜之盛者也"⑧。乾道二年(1166),朱熹专门著《杂学辨》一卷,"以斥当代诸儒之杂于佛老者"⑨。淳熙十五年(1188),朱熹再上《戊申封事》云:"彼老子、浮屠之说,固有疑于圣贤者矣,

---

① 邓广铭:《宋代文化的高度发展与宋王朝的文化政策》,《历史研究》1990 年第 1 期。
② 黎靖德编,王星贤点校:《朱子语类》卷一〇一,北京:中华书局,1986 年,第 2556 页。
③ 脱脱等:《宋史》卷四三四《刘子翚传》,第 12872 页。
④ 王士禛撰,靳斯仁点校:《池北偶谈》卷一七,北京:中华书局,1982 年,第 406 页。
⑤ 脱脱等:《宋史》卷三七四《张九成传》,第 11579 页。
⑥ 韩元吉:《南涧甲乙稿》卷一三,第 251 页。
⑦ 韩元吉:《南涧甲乙稿》卷一五,第 284 页。
⑧ 朱熹:《晦庵先生朱文公文集》卷一一《壬午应诏封事》,朱杰人等主编:《朱子全书》第 20 册,第 572 页。
⑨ 永瑢等:《四库全书总目》卷九二《杂学辨提要》,第 781 页。

然其实不同者,则此以性命为真实,而彼以性命为空虚……是以自吾之说而修之,则体用一原,显微无间,而治心、修身、齐家、治国,无一事之非理。由彼之说,则其本末横分,中外断绝,虽有所谓朗澈灵通、虚静明妙者,而无所救于灭理乱伦之罪、颠倒运用之失……鲜有不作而害于政事者。"①朱熹的意思是说:圣人以性命为真实,治心修身齐家治国,无一事非理;而老子浮屠之说以性命为空虚,本末横分,因而鲜能不害于政事。至光宗朝,朱熹知漳州时,"土俗崇信释氏,男女聚僧庐为传经会,女不嫁者为庵舍以居,熹悉禁之"②。

陆九渊亦力斥佛老之说。其《与王顺伯》其一称:"释氏以人生天地间,有生死,有轮回,有烦恼,以为甚苦,而求所以免之……其教之所从立者如此故曰利、曰私。惟义惟公,故经世;惟利惟私,故出世。儒者虽至于无声、无臭、无方、无体,皆主于经世;释氏虽尽未来际普度之,皆主于出世。今习释氏者,皆人也。彼既为人,亦安能尽弃吾儒之仁义?"③陆九渊甚至说:"古人所谓异端者,不专指佛老……若不明此理,私有端绪,即是异端,何止佛老哉?"④陆九渊认为释道思想及其他不明天下正理的诸家学说,皆不过是私与利而已。陆九渊所论虽不免偏激,但可见其对圣人之道维护的力度。

(三) 在政治层面加强道学与帝王之学和政治日用的联系,强化道学内圣外王双向发展的实学性质

北宋时期,以邵雍、周敦颐、二程、张载等为代表的道学家确立了道学的基本框架,在传统儒学注重外王的基础上再辟内圣一途。如程颐《明道先生墓表》云:"周公没,圣人之道不行;孟轲死,圣人之学不传。道不行,百世无善治;学不传,千载无真儒。无善治,士犹得以明乎善治之道,以淑诸人,以传诸后;无真儒,天下贸贸焉莫知所之,人欲肆而天理灭矣。"⑤程颐不仅阐明道统,而且认为士人须明乎善治之道,从理论上将道学与治道联系在一起。而事实上,程颐、张载等人虽然也曾一度入朝,但他们在实际政治践履方面还甚为欠缺。如程颐,"年逾五十,不求仕进"⑥,虽然曾追随王安石参与革新变法,但很快便因为意见不合而与王安石等人分道扬镳,此后一意沉潜于义理之学。

而在南宋中兴时期,基于恢复中原和洗刷国耻的现实需要,如何探索一条致治强国的良方成为此期士人面临的迫切课题。因此,朱熹、张栻、吕祖

---

① 朱熹:《晦庵先生朱文公文集》卷一一,朱杰人等主编:《朱子全书》第20册,第611页。
② 脱脱等:《宋史》卷四二九《朱熹传》,第12762页。
③ 陆九渊著,钟哲点校:《陆九渊集》卷二,第17页。
④ 陆九渊著,钟哲点校:《陆九渊集》卷一五《与陶赞仲》其二,第194页。
⑤ 程颢、程颐著,王孝鱼点校:《二程集》卷一二,北京:中华书局,1981年,第640页。
⑥ 脱脱等:《宋史》卷四二七《程颐传》,第12719页。

谦等人不仅在地方建立书院,授徒讲学,同时又努力地将道学与政治和帝王之学联系起来,从皇帝着手自上而下推行其学。如吕祖谦致书朱熹云:"今日先务,恐当启迪主心,使有尊德乐道之诚,众建正人以为辅助,待上下孚信之后,然后为治之具,以次而举可也。"①吕祖谦的这段话,可以说是南宋中兴时期道学家共同致力斯道的一个纲领,他们也确实毕生谨守其志。再如朱熹,绍兴三十二年(1162)六月孝宗即位时上《壬午应诏封事》云:"圣躬虽未有过失,而帝王之学不可以不熟讲……圣帝明王之学,必将格物致知以极夫事物之变,使事物之过乎前者,义理所存,纤微毕照,瞭然乎心目之间,不容毫发之隐,则自然意诚心正,而所以应天下之务……研究充扩,务于至精至一之地,而知天下国家之所以治者不出乎此。"②隆兴元年(1163)朱熹又上《垂拱奏劄》,其二称"人主之学当以明理为先"③。淳熙十五年(1188)朱熹再上封事称:"人主之心正,则天下之事无一不出于正;人主之心不正,则天下之事无一得由于正"④。可见南宋中兴时期道学家一直坚持向皇帝灌输道学义理,以实现致君行道的理想。

难能可贵的是,南宋中兴时期道学家在将其学术进一步政治化并向帝王推行的过程中,又能够密切结合时势,阐发和战与复仇的大义,而且往往能够得到君主的积极回应。如孝宗新即位,张栻入奏,进言说:"陛下上念宗社之仇耻,下闵中原之涂炭,惕然于中,而思有以振之。臣谓此心之发,即天理之所存也。愿益加省察,而稽古亲贤以自辅,无使其或少息,则今日之功可以必成,而因循之弊可革矣。"孝宗"异其言,于是遂定君臣之契"。⑤在南宋中兴时期,如林光朝、薛季宣、韩元吉、张栻、朱熹、陈傅良等许多道学之士均被朝廷起用,他们以道自任,在朝廷努力致君行道,在地方则勤政泽民,在政治活动中发挥了重要作用。

（四）在文献层面加强道学文本的整理与传播

孔子尝云,言之无文,行之不远,意谓著述文本若是缺乏文采,则其思想内容很难得以传播。文本缺乏文采,思想尚且难以传播,若是连文本都匮乏,那么思想就更难于传播后世。南宋中兴时期道学之所以能够发展兴盛,并且确立了在后世的地位,与此期道学家注重道学文本的整理与传播是密

---

① 吕祖谦:《吕东莱文集》卷三《与朱侍讲元晦》,第53页。
② 朱熹:《晦庵先生朱文公文集》卷一一,朱杰人等主编:《朱子全书》第20册,第571—573页。
③ 朱熹:《晦庵先生朱文公文集》卷一三,朱杰人等主编:《朱子全书》第20册,第633页。
④ 朱熹:《晦庵先生朱文公文集》卷一一《戊申封事》,朱杰人等主编:《朱子全书》第20册,第590—591页。
⑤ 脱脱等:《宋史》卷四二九《张栻传》,第12770页。

不可分的。他们的工作又主要有两个方面：

首先是对传统儒家经典进行整理并予以新的阐释，使其成为道学传播赖以依托的重要文献载体。这当首推朱熹《四书章句集注》。《四库全书总目》云：

> 《论语》自汉文帝时立博士。《孟子》据赵岐题词，文帝时亦尝立博士。以其旋罢，故史不载。《中庸说》二篇见《汉书·艺文志》……惟《大学》自唐以前无别行之本。然《书录解题》载司马光有《大学广义》一卷、《中庸广义》一卷，已在二程以前。均不自洛闽诸儒始为表章。特其论说之详，自二程始。定著《四书》之名则自朱子始……大抵朱子平生精力，殚于《四书》。其判析疑似，辨别毫厘，实远在《易本义》、《诗集传》上。读其书者要当于大义微言求其根本。①

《大学》、《中庸》、《论语》、《孟子》等经典在洛闽诸儒以前均有传播，至二程始详加论说。至朱熹，则又推进了一步，尽其平生之力，对文本进行系统整理，并定名为《四书》，以更利于其传播，同时又探幽发微，以道学义理对其进行深入阐释，使其成为道学赖以传播的重要文献载体。此类文献除《四书章句集注》外，还有朱熹《诗集传》、《周易本义》、《仪礼经传通解》、《孝经刊误》、《论孟精义》、《周易参同契考异》，张栻《南轩易说》、《癸巳论语解》、《癸巳孟子说》，吕祖谦《古周易》、《左氏传说》、《左氏博议》，陈傅良《陈氏春秋后传》等。

其次是整理自北宋至南宋道学诸子的言行著述，进一步阐明道统，推行道学。绍兴二十九年（1159）朱熹删定记录谢良佐言论的《上蔡语录》，乾道九年（1173）朱熹又编撰《伊洛渊源录》。《四库全书总目》称《伊洛渊源录》："记周子以下及程子交游门弟子言行……其后《宋史》道学、儒林诸传多据此为之。盖宋人谈道学宗派，自此书始。而宋人分道学门户，亦自此书始"②。朱熹编撰《伊洛渊源录》，目的是为了整理周、程等道学诸子及其门人言行，为后学矜式，虽然有助长后世道学弟子门户纷争的弊端，但在当时学无宗主的情况下，无疑起到了立道学门户的作用。淳熙二年（1175）朱熹、吕祖谦共同编撰《近思录》，"取周、程之书关于大体而切于日用者六百十九条，取'切问近思'之义，以教后学"③。朱熹与吕祖谦以周、张、二程的

---

① 永瑢等：《四库全书总目》卷三五《四书章句集注提要》，第293—294页。
② 永瑢等：《四库全书总目》卷五七《伊洛渊源录提要》，第519页。
③ 陈振孙撰，徐小蛮、顾美华点校：《直斋书录解题》卷九，上海：上海古籍出版社，1987年，第278页。

著作宏深奥衍,士子难得要旨,因而将其分类缉纂,以成是书,使学者致力日用之实,而不骛于高远之论,堪称通向五经和北宋道学的阶梯。此外,还有朱熹编录的《程氏遗书》《延平答问》等。在南宋中兴时期道学家中,朱熹整理道学文献的功劳无疑是最大的,宋人韩淲即论,"盖张(栻)之识见,吕(祖谦)之议论,朱(熹)之编集,各具所长"①。

南宋中兴时期道学家对传统儒家经典以及自北宋至南宋道学诸子言行著述的整理和阐释,使他们的学术具有更为明确的道统源流和更好的传播载体,成为此期及后世道学传播发展的重要基础。

二、道学诗人群体的形成

南宋中兴时期的道学,是在求同存异的斗争与互补中逐步发展的。《四库全书总目》称"朱子同时,如吕祖谦、陈傅良、叶适,皆以同志之交,各持异议"②。这一概括虽不全面,却准确道出了此期道学发展过程中的一个重要现象,即道学家"各持异议",却又能保持"同志之交"。这相反相成的两个方面是确保这一时期道学能够良性发展的重要因素,也成为此期道学家之所以能够形成密切学术、政治和文学群体的基础。

(一) 道学诗人的学术争鸣与私人交谊

在南宋中兴时期,道学取得重要发展,一时名家迭出,这并非偶然,其中一个不可忽视的原因就是此期道学家相互之间能够展开求同存异的广泛商讨和论争,促使学术良性发展,形成繁荣兴盛的局面,而不至流于党同伐异、相互诋毁的局面。在这一时期,道学家之间就大小不等的问题展开了无数不同程度的争鸣,这在他们的文集中俯拾皆是。关于这一问题,自20世纪起海内外学界就陆续进行了一些个案研究③。然而如果我们进行更为全面深入的考察,则发现此期道学家之间的学术争鸣远不止是学界业已关注的

---

① 韩淲:《涧泉日记》卷中,第21页。
② 永瑢等:《四库全书总目》卷一五《诗序提要》,第119页。
③ 如:戴静山《朱子与陆象山的友谊及辩学经过》(《大陆杂志》1954年第8卷第1期);牟宗三《象山与朱子之争辩(一)》(《民主评论》1965年第16卷第8期)、《象山与朱子之争辩(二)》(《民主评论》1965年第16卷第9期)、《象山与朱子之争辩(三)》(《民主评论》1965年第16卷第10期)、《象山与朱子之争辩(四)》(《民主评论》1965年第16卷第11期);蔡仁厚《鹅湖之会与象山兄弟之诗——朱陆异同序论一》(《文艺复兴》1971年第13期);钱穆《朱子新学案》(台北:三民书局:1971年。该书又见钱穆《钱宾四先生全集》,台北:联经出版事业公司,1998年);〔美〕田浩著,姜长苏译《功利主义儒家——陈亮对朱熹的挑战》(南京:江苏人民出版社,1997年);等等。然而迄今为止,学界关注的对象集中于朱熹与陆九渊、朱熹与陈亮这两组个案,尚无从整体上就南宋中兴时期的道学争鸣进行全局性系统考察的论著。

范围,事实上他们围绕很多重要论题展开了广泛的讨论。概括起来,主要有以下四个方面:

1. 韩元吉、朱熹关于内圣与外王的出处进退之辩

道学自产生以来,即注重从道、理、气、性、心等范畴阐述如何顺应天理、正心诚意以强化个人心性修养的道理,其目的是试图通过心性修养等内圣之途的沉潜,净化和完善士人的道德品质,以此作为进一步实现外王理想的道德基础和内在保证。从理论上说,在经历了唐末五代较长一段时期的武人擅权、社会混乱、文士类多丧尽廉耻的历史之后,宋人提出这一时代课题,是有其必要性和合理性的。但问题是,在追求内圣外王这一理想境界的实践过程中,士人必须要经历一个义理沉潜和心性修养的过程,而这一过程,又往往是在静修中完成的,如张载“终日危坐一室”①,程颐“动止语默”②。这样往往便会在不自觉中抛开政治事功的践履,更有甚者是流于以性命道德相高,而完全放弃外王践履的初衷,背离传统儒家精神。如此一来,内圣沉潜的手段和外王践履的目的之间便会存在矛盾的张力,而如何保持内圣沉潜与外王践履双行,始终是宋代道学家需要解决的问题。韩元吉和朱熹即曾因此展开了论争。

高宗绍兴二十九年(1159)韩元吉与朱熹尝同被朝廷召用,韩元吉入朝,而“(朱)熹卒不至”③。孝宗淳熙三年(1176)韩元吉荐举朱熹,朝廷召朱熹为秘书省校书郎。考韩元吉文集,今尚存《举朱熹自代状》云:“方今奔竞成俗,熹之廉退,所宜奖擢。臣实不如,举以自代”④。而结果是朱熹再次力辞,并有《答韩尚书书》说:“熹狷介之性,矫揉万方而终不能回;迂疏之学,用力既深而自信愈笃。以此自知决不能与时俯仰,以就功名。以故二十年来自甘退藏,以求己志。所愿欲者,不过修身守道,以终余年。”⑤朱熹向韩元吉表达了不愿意“与时俯仰,以就功名”的决心,说明了多年来“自甘退藏”、“修身守道”的愿望。

针对朱熹长期退藏、屡次辞官不就及其书信言论,韩元吉有《答朱元晦书》说:“兄既久不出,则一出固宜,自审非若仆辈,平日汩汩仕途,以为贫者也。岳祠则须自请,朝廷意虽未可知,亦不应便以岳祠除下尔。至谓无用于

① 脱脱等:《宋史》卷四二七《张载传》,第12724页。
② 脱脱等:《宋史》卷四二七《程颐传》,第12720页。
③ 李心传:《建炎以来系年要录》卷一八三,北京:中华书局,1956年,第3050页。
④ 韩元吉:《南涧甲乙稿》卷九,第169页。
⑤ 朱熹:《晦庵先生朱文公文集》卷二五,朱杰人等主编:《朱子全书》第21册,第1128页。

世,非复士大夫流,不知元晦平日所学何事? 愿深考圣贤用心处。"①韩元吉批判朱熹,指出如果"无用于世",那么就称不上是士大夫,也就愧对"平日所学",因此奉劝朱熹要"深考圣贤用心处"。所谓"圣贤用心处",自然是指传统儒家的入世精神。这事实上是韩元吉一贯的主张。如其《答子云示吴生三物铭别纸》称:"道非只在气,精神也,气与精神为吾之内尔,天地万物日用者皆是也",又说"人要用功,且以存心养性为先⋯⋯然既是士人,是须做士人事"②。《送李秀实序》亦说:"人之爱其人,亦将使其功名彰于时,而才业见于用⋯⋯宰天下,运四海,皆君子之事也"③。可见,在内圣与外王的双行中,韩元吉是非常注重外王事业的,强调道在于行,道学家绝不能放弃对于外王事业的担当。而纵观朱熹一生,"登第五十年,仕于外者仅九考,立朝才四十日"④。韩元吉的批评也不无道理。

　　韩元吉与朱熹的争论,反映出道学家群体内部两种不同的矛盾趋向:一是重"内圣"过于政治领域的"外王"活动;二是重政治事务等"外王"事业过于"内圣"的沉潜。余英时先生即根据对于"内圣"与"外王"不同程度的偏重将道学家分成两型,认为朱熹恰好是第一种形象的原型,韩元吉则是第二型的代表。⑤

　　2. 朱熹、陈亮、陈傅良等关于王霸义利的治国策略之辩

　　自先秦以来,传统儒家士人多标举道义,以王道为最高政治理想,至北宋道学诸子,亦继承了这一悠久传统。然而靖康之难与宋室南渡以后,一个迫切的问题便摆在宋人面前,那就是如何富国强兵,力图取得汉唐盛世一样的功业,消除金人的威胁,收复失去的国土。可是在当时,不仅有一批人因循苟且,又有一批人沉溺于道德性命之说而不事实务。陈亮即批判说:"自道德性命之说一兴⋯⋯为士者耻言文章、行义,而曰'尽心知性';居官者耻言政事、书判,而曰'学道爱人'。相蒙相欺以尽废天下之实,则亦终于百事不理而已。"⑥因此,薛季宣、陈傅良、陈亮、叶适等永嘉学者虽为二程后学,却旁枝逸出,开创事功一派,标举功利之说,可以说他们正是急时代之所需,力求探索一条治国之道,以解决现实问题。然而,这与朱熹等人注重从改变

---

① 韩元吉:《南涧甲乙稿》卷一三,第 252 页。
② 韩元吉:《南涧甲乙稿》卷一三,第 257—258 页。
③ 韩元吉:《南涧甲乙稿》卷一四,第 268—269 页。
④ 脱脱等:《宋史》卷四二九《朱熹传》,第 12767 页。
⑤ 参见余英时:《朱熹的历史世界:宋代士大夫政治文化的研究》,北京:生活・读书・新知三联书店,2004 年,第 400—408 页。
⑥ 陈亮著,邓广铭点校:《陈亮集》(增订本)卷二四《送吴允成运干序》,北京:中华书局,1987年,第 271 页。

道德人心入手以求改善世治的思想显然是冲突的。同时,在永嘉学派内部意见也不一。因此,朱熹、陈亮、陈傅良等人围绕王霸义利等问题展开了激烈的论辩。①

　　其中,朱熹与陈亮有多篇书信往来,陆续进行了长达十余年的争论。朱熹认为陈亮"大概不过推尊汉、唐,以为与三代不异;贬抑三代,以为与汉、唐不殊……窃恐后生传闻,轻相染习,使义利之别不明、舜跖之途不判,眩流俗之观听,坏学者之心术"②,因而奉劝陈亮"绌去'义利双行、王霸并用'之说,而从事于惩忿窒欲、迁善改过之事,粹然以醇儒之道自律"③。朱熹认为王霸并用之说容易坏人心术,因此希望陈亮从培护道义人心之根本做起,并规劝陈亮迁善改过,以醇儒自律。陈亮亦力陈己说,淳熙十一年(1184)有《甲辰秋书》致朱熹,称自己以"推倒一世之智勇,开拓万古之心胸……乃有义利双行、王霸并用之说"④。淳熙十二年(1185)又有《乙巳秋书》云:"本领闳阔,工夫至到,便做得三代;有本领无工夫,只做得汉唐"⑤。陈亮认为汉唐虽圣贤工夫不到,却能成就功业,因此虽有朱熹的规诫,却仍然申述自己推行"义利双行、王霸并用"之说的立场和决心。

　　陈傅良也参与了关于王霸义利的论辩,而且具有自己独特的观点。陈傅良曾致书陈亮说:"功到成处便是有德,事到济处便是有理,此老兄之说也,如此则三代圣贤枉作工夫;功有适成,何必有德,事有偶济,何必有理,此朱丈之说也,如此则汉祖唐宗贤于盗贼不远。以三代圣贤枉作工夫,则是人力可以独运;以汉祖唐宗贤于盗贼不远,则是天命可以苟得。谓人力可以独运,其弊上无兢畏之君;谓天命可以苟得,其弊下有觊觎之臣。二君子立论,

---

① 美国学者田浩著《功利主义儒家——陈亮对朱熹的挑战》(南京:江苏人民出版社,1997年),对陈亮思想的发展以及陈亮与朱熹的论辩作了较为深入的个案研究。但事实上,如果从更为宏观的角度来看,参与王霸义利论辩的并非仅陈亮、朱熹二人,还有永嘉学派核心人物陈傅良,这一点向来被忽视。清代四库馆臣尝称"自周行己传程子之学,永嘉遂自为一派,而傅良及叶适尤其巨擘"(永瑢等:《四库全书总目》卷一五九《止斋文集提要》,第1370页),可见陈傅良在永嘉学派中的地位和影响。而陈傅良关于王霸义利的观点与陈亮、朱熹均不一致。因此若要对永嘉学派的思想进行更为全面系统的研究,对南宋中兴时期道学家之间的论辩进行更为广泛深入的探讨,陈傅良是不可忽视的一家。只有对陈傅良、陈亮、朱熹等人的思想及其论辩进行综合考察,才能更为完整地把握南宋中兴时期丰富多彩的学术思想,更为准确地理解当时的学术氛围和时代精神。
② 朱熹:《晦庵先生朱文公文集》卷三六《答陈同甫》,朱杰人等主编:《朱子全书》第21册,第1585—1590页。
③ 朱熹:《晦庵先生朱文公文集》卷三六《与陈同甫》,朱杰人等主编:《朱子全书》第21册,第1581页。
④ 陈亮著,邓广铭点校:《陈亮集》(增订本)卷二八,第339—340页。
⑤ 陈亮著,邓广铭点校:《陈亮集》(增订本)卷二八,第351页。

不免于为骄君乱臣之地,窃所未安也。"①陈傅良立论较为平正,对朱熹惟以道德为标准和陈亮惟以功业为标准的观点均持批评态度。陈傅良与陈亮同为永嘉学派,非常推重事功,却坚持圣人之道一以贯之,反对陈亮王霸并存的观点,因而与陈亮围绕王霸义利的争论非常激烈。叶适即记载:"龙窟陈同甫言:'吾常与陈君举极论,往往击栖案,声撼林木'"②。可见陈亮的观点事实上并不能代表当时整个永嘉学派的思想,就永嘉学派的总体学术来说,并未如陈亮那么极端。

朱熹和陈傅良、陈亮等人的论辩,在当时影响深远。以现代史学的眼光来看,他们并无是非之分,均是探求治世之道的杰出代表。

3. 朱熹与陆九渊、陆九龄关于天理与吾心的本体之辩

在北宋道学家建构道学的过程中,他们抬出天理或者说道为宇宙万物的本体,认为世人包括世之君主都必须顺应天理以达万事。在人如何顺应天理的过程中,道学家非常重视心的作用,认为心感应天理从而主宰万物,由此万物才能有统。道学发展至宋室南渡之际的张九成等人的时代,又出现了过于注重心体的倾向,不过他们仍然认为天理是本体。③ 可是到了陆九渊、陆九龄兄弟的时代,情况就发生了根本性的变化,他们认为心即是理,这样,心便成为宇宙万物的本体。如此一来,传统道学所推崇的天理这一至高无上的权威受到挑战。在一些道学家看来,极易流于人欲之私的心本来应该格物致知方能顺应天理,现在反倒成为万物的本体,这是他们无论如何也不能接受的。朱熹就是其中一个代表。因此,以朱熹为代表的一派道学家与以陆九渊、陆九龄为代表的道学家之间发生了激烈的争论。

《宋史》记载,"初,(陆)九渊尝与朱熹会鹅湖,论辩所学多不合。及熹守南康,九渊访之,熹与至白鹿洞,九渊为讲君子小人喻义利一章,听者至有泣下。熹以为切中学者隐微深痼之病。至于无极而太极之辩,则贻书往来论难不置焉"④。吕祖谦亦记载:"留建宁,凡两月余,复同朱元晦至鹅湖,与二陆及刘子澄诸公相聚切磋,甚觉有益。元晦英迈刚明,而工夫就实入细,殊未可量。子静亦坚实有力,但欠开阔耳。"⑤可见朱熹与陆九渊、陆九龄之间长期论辩不止,而规模最大的一次就是孝宗淳熙二年(1175)的鹅湖之

---

① 陈傅良:《止斋先生文集》卷三六《答陈同父三》其一,《四部丛刊初编》本。
② 叶适著,刘公纯等点校:《叶适集·水心文集》卷二三《兵部尚书蔡公墓志铭》,北京:中华书局,1961年,第446页。
③ 参见何俊:《南宋儒学建构》,上海:上海人民出版社,2004年,第52—64页。
④ 脱脱等:《宋史》卷四三四《陆九渊传》,第12882页。
⑤ 吕祖谦:《吕东莱文集》卷五《与陈同甫》,第110页。

会,参与者除了朱熹、陆九渊、陆九龄及其门人外,还有吕祖谦、刘子澄等人,一时影响甚大。他们的争论在当时难分高下,最终谁也未能说服对方。要而言之,朱熹主要是认为陆九渊、陆九龄以心为本体,就难以避免流于个人的物欲之私。陆九渊亦针锋相对,甚至说:“看晦翁书,但见糊涂,没理会。观吾书,坦然明白。吾所明之理,乃天下之正理、实理、常理、公理,所谓‘本诸身,证诸庶民,考诸三王而不谬,建诸天地而不悖,质诸鬼神而无疑,百世以俟圣人而不惑者也’。”①陆九渊称看朱熹书但见糊涂,而自己所明之理才是天下公理,对朱熹学说的否定可见一斑。

4.吕祖谦、朱熹关于宏博与守约的文道之辩

在宋代,道学家大多认为,三代之际,圣人之道行于天下,而至孔子,由于不得其位以行道,故退而书之以为六经,圣人之道自此独存于典册,后世儒者若要求圣人之道,则必于六经之文求之。② 因此,道与文便结下了不解之缘,道与文的关系也就成为宋代许多道学家关注的重要问题。而在文道关系的处理上,吕祖谦与朱熹代表了南宋中兴时期道学家中两种不同的倾向。

得中原文献之传的吕祖谦,“其文特典美。尝读陆九渊文喜之,而未识其人。考试礼部,得一卷,曰:‘此必江西小陆之文也。’揭示,果九渊,人服其精鉴”③。可见,吕祖谦不仅文章典美,而且精于文章的鉴赏之道。而朱熹则喜欢文章“词严而理正”④。因此吕祖谦的“文特典美”,在朱熹看来并非优点。朱熹在致张栻的书信中谈到吕祖谦之文,说:

> (吕)伯恭想时时相见,欲作书不暇,告为致意。向得渠两书,似日前只向博杂处用功,却于要约处不曾子细研究,病痛颇多。不知近日复如何?大抵博杂极害事……渠又为留意科举文字之久,出入苏氏父子

---

① 陆九渊著,钟哲点校:《陆九渊集》卷一五《与陶赞仲》其二,第194页。
② 如韩元吉云:“君子之所学,盖思以造于道也。圣人之立言,盖将以明于道也。三代而上,圣人之相授者以道,故其治有不可跂及。三代而下,圣人之道独存于书”(韩元吉:《南涧甲乙稿》卷一七《韩愈论》,第346页);张栻《道州重建濂溪周先生祠堂记》云:“盖自孔孟没,而其微言仅存于简编”(张栻:《新刊南轩先生文集》卷一〇,《宋集珍本丛刊》第60册,第77页);朱熹亦云,圣人之道“至于孔子,集厥大成,然进而不得其位以施之天下,故退而笔之以为《六经》,以示后世之为天下国家者”(朱熹:《晦庵先生朱文公文集》卷一一《壬午应诏封事》,朱杰人等主编:《朱子全书》第20册,第572页)。
③ 脱脱等:《宋史》卷四三四《吕祖谦传》,第12873页。
④ 朱熹:《晦庵先生朱文公文集》卷八三《跋曾南丰帖》,朱杰人等主编:《朱子全书》第24册,第3918页。

波澜,新巧之外更求新巧,坏了心路,遂一向不以苏学为非,左遮右拦,阳挤阴助,此尤使人不满意。①

朱熹认为吕祖谦之文"病痛颇多",不仅博杂害事,而且由于出入苏氏父子,"更求新巧,坏了心路"。可见朱熹明确表达了对吕祖谦之文的不满之意。朱熹还多次致书吕祖谦,谈自己对于吕祖谦之文的看法。如《答吕伯恭》批判吕祖谦之文:"极为详博,然遣词命意,亦颇伤巧矣。恐后生传习,益以浇漓,重为心术之害。愿亟思所以反之"②。要而言之,朱熹认为吕祖谦在文道关系问题上处理不当,过于追求宏博,伤于新巧,因此害人心术,也就是害道。

清代四库馆臣亦曾注意到朱熹与吕祖谦的文道之辩。《四库全书总目》称:"祖谦虽与朱子为友,而朱子尝病其学太杂。其文词闳肆辨博,凌厉无前,朱子亦病其不能守约。又尝谓伯恭是宽厚底人,不知如何做得文字却似轻儇底人……朱子所云,特以防华藻溺心之弊,持论不得不严耳。祖谦于《诗》《书》《春秋》皆多究古义,于十七史皆有详节。故词多根柢,不涉游谈。所撰《文章关键》,于体格源流,具有心解。故诸体虽豪迈骏发,而不失作者典型,亦无语录为文之习,在南宋诸儒之中可谓衔华佩实,又何必吹求过甚,转为空疏者所藉口哉"③。四库馆臣也道出了朱熹的良苦用心,那就是"防华藻溺心之弊"。事实上,吕祖谦于《诗》《书》《春秋》皆多究古义,不涉游谈,所撰《文章关键》,亦颇有心得,为文豪迈骏发,在南宋道学家中堪称佼佼者。朱熹之所以对吕祖谦多有批评,主要是从道学的角度,而不是从文章本身出发。

与前述其他论辩不同的是,这一次论辩达成了共识。吕祖谦认同了朱熹的批评,有《与朱侍讲元晦》称,"书中具道所以箴戒儆厉之意,不胜感悚……所论永嘉文体一节,乃往年为学官时病痛,数年来,深知其缴绕狭细,深害心术,故每与士子语,未尝不以平正朴实为先。去夏,与李仁甫议文体,政是要捄此弊"④。吕祖谦承认文章当"以平正朴实为先",并说明自己正在革除其文之弊。

南宋中兴时期道学家之间论辩的问题,范围非常广泛,所涉及的人员也

---

① 朱熹:《晦庵先生朱文公文集》卷三一《与张敬夫》,朱杰人等主编:《朱子全书》第21册,第1333—1334页。
② 朱熹:《晦庵先生朱文公文集》卷三三,朱杰人等主编:《朱子全书》第21册,第1429页。
③ 永瑢等:《四库全书总目》卷一五九《东莱集提要》,第1370页。
④ 吕祖谦:《吕东莱文集》卷三,第68页。

复杂众多,当非上述考察所能涵盖。如叶适《龙川集序》云:"吕公伯恭退居金华,同甫间往视之,极论至夜分"①。可见陈亮不仅与朱熹、陈傅良等人之间有争辩,与吕祖谦也常有辩论。又如朱熹《答叶正则》云:"如来书所谓在荆州无事,看得佛书,乃知世外瑰奇之说本不能与治道相乱,所以参杂辨争,亦是读者不深考尔。此殊可骇,不谓正则乃作如此语话"②。可见,叶适对佛家之说不予深考的态度也遭到朱熹的批评。

综上所述,可见南宋中兴时期的道学,在许多重大问题上均产生过不同的发展趋向,道学家之间也围绕这些问题展开了论辩,这对于促进道学的发展和兴盛、加强道学家之间的联系、促进道学诗人群体的形成,均具有重要意义。

值得注意的是,在南宋中兴时期,道学家之间无论是出于同门,还是来自别派,虽然在一些问题上存在分歧,产生过许多激烈的争论,但在生活中并未党同伐异、水火不容。恰恰相反,他们之间往往能够在较为自由宽松的氛围中相互砥砺,因而彼此结下深厚的情谊,进而形成密切的关系网络,促使道学诗人群体的形成。吕祖谦即曾致书朱熹,感叹"平生师友间,可以信口而发,不须拣择"③。《四库全书总目》亦称:"(张)栻与朱子交最善……醇儒心术,光明洞达,无一毫党同伐异之私"④。下面也就此略加考述。

韩元吉与朱熹在内圣外王与出处进退的问题上存在极大差异,因此发生过激烈争辩,但二人一直彼此推赏备至。如韩元吉有《送朱元晦》诗云:"前年恨君不肯来,今年惜君不肯住。朝廷多事四十年,愚智由来各千虑。君来正值求言日,三策直前真谏疏。诋诃百事推圣学,请复国仇施一怒……君归为谢武夷君,白马摇鞭定何处。"⑤虽然朱熹自甘退藏,但韩元吉对朱熹仍然一直以"推圣学"和"复国仇"相期许,并对朱熹表达了依依不舍的感情。朱熹对韩元吉也非常叹赏,对其诗文喜不释卷。朱熹门人陈文蔚记载:"先生(朱熹)每得未见之书,必穷日夜读之……一日,得韩南涧集,一夜与文蔚同看,倦时,令文蔚读,坐听。读至五更,尽卷。曰:'一生做诗,只有许多?'"⑥朱熹与弟子夜读韩元吉文集,竟至五更,一口气"尽卷",却仍然意

① 叶适著,刘公纯等点校:《叶适集·水心文集》卷一二,第208页。
② 朱熹:《晦庵先生朱文公文集》卷五六,朱杰人等主编:《朱子全书》第23册,第2651页。
③ 吕祖谦:《吕东莱文集》卷四《与朱侍讲元晦》,第75页。
④ 永瑢等:《四库全书总目》卷一六一《南轩集提要》,第1386页。
⑤ 韩元吉:《南涧甲乙稿》卷二,第33页。
⑥ 陈文蔚:《克斋集》卷七《读诗杂记》,《影印文渊阁四库全书》第1171册,第55页。

犹未尽,可见其对韩元吉诗的喜爱之情。

　　陈傅良、陈亮与朱熹围绕王霸义利发生过激烈论争,但三人私交甚好。陈傅良有《送长溪高国楹从学朱元晦》诗云:"洛学今无恙,东南属此翁。从游虽已晚,趣向竟谁同……归期定何日,我欲叩新功。"①可见陈傅良对朱熹的推重及二人相交之深。陈亮《跋朱晦庵送写照郭秀才序》则称:"晚得从新安朱元晦游,见其论古圣贤之用心,平易简直,欲尽摆后世……则圣贤之命脉犹在,而人心终有时而开明也"②。可见虽有争议,但陈亮对朱熹的学术造诣事实上非常推崇。在《与林和叔侍郎》中陈亮甚至说"朱元晦人中之龙也"③。即使是在激烈的学术论辩之际,二人也未因争论而废交情。淳熙十二年(1185)陈亮有《乙巳秋书》致朱熹说:"千里之远,不能捧一觞为千百之寿,小词一阕,香两片,川笔十枝,川墨一挺……薄致区区赞祝之意。能为亮自举一觞于千里之外乎?"④淳熙十三年(1186)又有《丙午复朱元晦秘书书》云:"苏笺一百,鄙词一阕,薄致祝赞之诚,不敢失每岁常礼尔"⑤。淳熙年间是陈亮与朱熹争论最为激烈的时候,但陈亮仍然每年为朱熹祝寿,二人交情可见一斑。

　　朱熹与吕祖谦因文道关系发生论辩,但朱熹非常推崇吕祖谦。朱熹有《吕伯恭画象赞》云:"以一身而备四气之和,以一心而涵千古之秘。推其有,足以尊主而庇民;出其余,足以范俗而垂世"⑥。吕祖谦卒后,朱熹有《读子厚步月诗时方闻吕伯恭讣后数日赋此》缅怀祖谦:"念我素心人,眇焉天一方。没者永乖隔,存者为参商。飘零百岁期,寂寞幽鬓霜。还坐三太息,高林郁苍苍。"⑦又有《祭吕伯恭著作文》云:"呜呼哀哉! 天降割于斯文,何其酷耶! 往岁已夺吾敬夫,今者伯恭胡为又至于不淑耶! 道学将谁使之振? 君德将谁使之复? 后生将谁使之诲? 斯民将谁使之福耶!"⑧朱熹在一连串的痛呼和追问中表达了对道学之友的哀悼和怀念之情。

　　陈傅良推重事功之学,在学术上与吕祖谦也有差异,但与吕祖谦关系甚

---

① 陈傅良:《止斋先生文集》卷七,《四部丛刊初编》本。
② 陈亮著,邓广铭点校:《陈亮集》(增订本)卷二三,第256—257页。
③ 陈亮著,邓广铭点校:《陈亮集》(增订本)卷二七,第323页。
④ 陈亮著,邓广铭点校:《陈亮集》(增订本)卷二八,第351页。
⑤ 陈亮著,邓广铭点校:《陈亮集》(增订本)卷二八,第353页。
⑥ 朱熹:《晦庵先生朱文公文集》卷八五,朱杰人等主编:《朱子全书》第24册,第4004页。
⑦ 朱熹:《晦庵先生朱文公文集》卷八,朱杰人等主编:《朱子全书》第20册,第499页。
⑧ 朱熹:《晦庵先生朱文公文集》卷八七,朱杰人等主编:《朱子全书》第24册,第4080页。

善。《宋史》称陈傅良"入太学,与广汉张栻、东莱吕祖谦友善"①。吕祖谦卒,陈傅良亦有《哭吕伯恭郎中舟行寄诸友》诗云:"当代能几人,胡不白发早。念昔会合时,心事得倾倒。倚庐鱼皷夜,联鲁鸡人晓。邅搜接混茫,细剖入幽眇。"②陈傅良推重吕祖谦冠绝当代,感叹其不幸早丧,又回忆与吕祖谦的倾心之交及二人一起"细剖入幽眇"的学术交流。

朱熹与陆九渊、陆九龄兄弟的学术争论在当时更是众所周知,但朱熹与二陆兄弟均能以诚相待。陆九龄卒,朱熹有《祭陆子寿教授文》云:"学匪私说,惟道是求。苟诚心而择善,虽异序以同流……念昔鹅湖之下,实云识面之初。兄命驾而鼎来,载季氏而与俱……逮予辞官而未获,停骖道左之僧斋。兄乃枉车而来教,相与极论而无猜。自是以还,道合志同。"③朱熹与陆九渊、陆九龄兄弟的鹅湖之会终以议论不合而散,但朱熹却说自己与陆九龄"自是以还,道合志同"。尤其是朱熹"苟诚心而择善,虽异序以同流"之语,更是典型地反映出当时道学家之间惟道是求的共同理想、求同存异的气魄胸襟,以及他们在道学建构过程中的同志之诚。正因为有了这样的胸怀,南宋中兴时期的道学才能在健康的氛围中良性发展,成为宋代道学发展史上的高峰。

(二) 道学诗人的关系网络与群体形成

在南宋中兴时期,道学体系内部虽然学派纷起,但不同学派之间能够以诚相待,求同存异,并不由于学术取向的不同而流于党同伐异的门户之争,多能保持良好的学术交往、私人交谊及诗文唱和,因此道学家之间形成了错综复杂的密切关系网络。主要有两种情况:一是同一学派之内的关系网络;二是不同家数或学派之间的关系网络。④ 正是道学家之间密切的学术交流与关系网络,促使道学诗人形成了一个具有紧密内在联系的文学群体。

1. 同一学派之内的关系网络

我们看下表:

---

① 脱脱等:《宋史》卷四三四《陈傅良传》,第 12886 页。
② 陈傅良:《止斋先生文集》卷一,《四部丛刊初编》本。
③ 朱熹:《晦庵先生朱文公文集》卷八七,朱杰人等主编:《朱子全书》第 24 册,第 4077—4078 页。
④ 本书不以《宋元学案》为依据作纯粹学术史式的考察,而是结合学术,立足于文学,以正史、文集等为第一手资料,以文学活动较为突出并有诗文传世者为主要对象进行考察。

表 1-1 南宋中兴时期道学同一学派之内的关系网络表

学派	学派成员	关系资料	资料出处
艾轩学派	林光朝	闻吴中陆子正尝从尹焞学,因往从之游。自是专心圣贤践履之学……南渡后,以伊、洛之学倡东南者,自光朝始。	脱脱等:《宋史》卷四三三《林光朝传》,第12862页
	林亦之	艾轩先生(林光朝)道最高,名最盛,而其后最微,传其学者再世网山(林亦之)、乐轩(陈藻)。	林希逸:《鄱阳刊艾轩集序》(林光朝:《艾轩先生文集》卷首),《宋集珍本丛刊》第44册,第765页
	陈藻	网山(林亦之)既得师传嗣讲席,户外之屦几半艾轩(林光朝),乐轩网山之徒又推乐轩(陈藻)为高第。一日侍网山,谒老艾,艾受其拜,接之如孙。	刘克庄:《后村先生大全集》卷九五《乐轩集序》
永嘉学派	薛季宣	年十七起,从妻父荆南帅孙汝翼辟书写机宜文字。荆州善袁溉道洁,虚郡斋迎致之,公遂委己师焉。道洁及登河南程夫子之门。	吕祖谦:《吕东莱文集》卷七《薛常州墓志铭》,第170页
	陈傅良	永嘉郑伯熊、薛季宣皆以学行闻,而伯熊于古人经制治法,讨论尤精,傅良皆师事之,而得季宣之学为多。	脱脱等:《宋史》卷四三四《陈傅良传》,第12886页
	陈亮	陈傅良致书陈亮云:"某寻常人耳,蒙老兄拈掇最早,而晚又为正则(叶适)推作前辈行。此二三年间,虽不乡进,而交游殊未散落,皆二兄之赐。"	陈傅良:《止斋先生文集》卷三六《答陈同父三》其一
	叶适	陈傅良卒,叶适撰《宝谟阁待制中书舍人陈公墓志铭》云:"陪公游四十年,教余勤矣,故摅其平生大指,刻于墓上,以记余之哀思。"	叶适著,刘公纯等点校:《叶适集·水心文集》卷一六,第300—301页
		陈亮卒,叶适作《祭陈同甫文》云:"余孟从子,今也变衰;子有微言,余何遽知。畏子高明,痛子憔悴。"	叶适著,刘公纯等点校:《叶适集·水心文集》卷二八,第572页
金华学派	吕祖谦	祖谦之学本之家庭,有中原文献之传。长从林之奇、汪应辰、胡宪游。	脱脱等:《宋史》卷四三四《吕祖谦传》,第12872页
	吕祖俭	字子约,祖谦之弟也,受业祖谦如诸生。	脱脱等:《宋史》卷四五五《吕祖俭传》,第13368页
南轩学派	张栻	长师胡宏,宏一见,即以孔门论仁亲切之旨告之。	脱脱等:《宋史》卷四二九《张栻传》,第12770页
	王炎	王炎以文投拜张栻云:"学道者,其始必有所传,而其终有以自得之……先生以为可教而教之,则幸矣。论十篇,以为赘,固以占其是非也。"	王炎:《双溪类稿》卷一九《见张南轩》,《影印文渊阁四库全书》第1155册,第642—643页

续表

学派	学派成员	关系资料	资料出处
金溪学派	陆九渊	门人杨简、袁燮、舒璘、沈焕能传其学。	脱脱等:《宋史》卷四三四《陆九渊传》,第12882页
	陆九龄	与弟九渊相为师友,和而不同,学者号"二陆"。	脱脱等:《宋史》卷四三四《陆九龄传》,第12879页
	杨简	陆九渊道过富阳,问答有所契,遂定师弟子之礼。	脱脱等:《宋史》卷四〇七《杨简传》,第12289页
	袁燮	燮初入太学,陆九龄为学录,同里沈焕、杨简、舒璘亦皆在学,以道义相切磨。后见九龄之弟九渊发明本心之指,乃师事焉。	脱脱等:《宋史》卷四〇〇《袁燮传》,第12147页
考亭学派	朱熹	朱熹《祭延平李先生文》云:"道丧千载,两程勃兴。有的其绪,龟山(杨时)是承……惟时豫章(罗从彦),传得其宗……猗欤先生(李侗),早自得师……熹也小生,丱角趋拜……从游十年,诱掖谆至。"	朱熹:《晦庵先生朱文公文集》卷八七,朱杰人等主编:《朱子全书》第24册,第4064—4065页
	黄榦	榦往见清江刘清之,清之奇之……因命受业朱熹……尝诣东莱吕祖谦,以所闻于熹者相质正。及广汉张栻亡,熹与榦书曰:"吾道益孤矣,所望于贤者不轻。"后遂以其子妻榦。	脱脱等:《宋史》卷四三〇《黄榦传》,第12777页
	陈文蔚	朱熹卒,陈文蔚作《祭朱先生》云:"丁巳之冬,戊午之春。招之使来,授业诸孙。因获终岁,侍教谆谆。"	陈文蔚:《克斋集》卷一一,《影印文渊阁四库全书》第1171册,第84页
	陈淳	朱熹来守其乡,淳请受教……熹数语人以"南来,吾道喜得陈淳"。	脱脱等:《宋史》卷四三〇《陈淳传》,第12788页

　　限于篇幅,上表仅通过一些最基本的史料,勾勒了南宋中兴时期主要道学流派同一家数之内的关系网络。事实上,能够揭示他们彼此之间关系的资料远比上述示例丰富,他们文集中的大量诗文往往能够更为真切生动地描述他们之间的密切交往。如艾轩学派第一人林光朝卒,其弟子林亦之作《艾轩先生成服》哭之曰:"呜呼!先生其吾父也。抚棺大叫,有所不可忍。伤哉!痛哉!痛哉!伤哉!"①可见师徒二人如父子一般的深情厚谊。永嘉学派诸子,互相之间均有密切交往。薛季宣乃陈傅良的老师,与陈亮、叶适也均有交往。薛季宣在《答陈同父书》中称赞陈亮、陈傅良说"二陈之名籍

① 林亦之:《网山集》卷五,《宋集珍本丛刊》第62册,第96页。

甚京师"①。又有《答叶适书》，表达了"名教之乐，愿与执事同之"的愿望。②
陈傅良则有多首与陈亮交游唱和的诗作，如《寄陈同甫》诗云："古来材大难
为用，纳纳乾坤著几人。但把鸡豚燕同社，莫将鹅鸭恼比邻。世非文字将安
托，身与儿孙竟孰亲。一语解纷吾岂敢，只应行道亦酸辛。"③陈亮长期沉沦
下僚，陈傅良表示惋惜和安慰，虽然"行道"之途充满"酸辛"，但他们绝不放
弃得君行道的理想，彼此之间相互砥砺。南宋中兴时期道学之所以能够发
扬光大，道学家之间这种深厚的交谊和他们共同的精神支撑无疑是一个重
要原因。

2. 不同家数或学派之间的关系网络

其一，艾轩学派与其他家数学派的关系网络。艾轩学派的林光朝与朱
熹关系甚善。刘克庄尝为林光朝文集作序，称："先生乾淳中大儒，国人师
之。朱文公于当世之学，间有异同，惟于先生加敬"④。《四库全书总目》亦
称："光朝为郑侠之婿，又从陆子正游……长朱子十六岁，朱子兄事之"⑤。

其二，永嘉学派与其他家数学派的关系网络。永嘉学派与诸学派的交
往非常密切。如薛季宣与朱熹交往，有《与朱编修书》说："窃闻讲道瓯闽，
作成善类，邹鲁之教，西洛之学，彷佛尚犹见之……喜幸喜幸"⑥，对朱熹期
以道学之重。陈傅良"入太学，则张钦夫、吕伯恭相视遇兄弟也"⑦。可见陈
傅良与张栻、吕祖谦的密切关系。陈亮与张栻、吕祖谦、朱熹、韩元吉均有交
游。陈亮《跋朱晦庵送写照郭秀才序》称："广汉张敬夫、东莱吕伯恭，于天
下之义理自谓极其精微……余犹及见二人者，听其讲论……晚得从新安朱
元晦游"⑧。陈亮《与韩无咎尚书》又称："尚书抚存教诲若素出门下者，幸
甚过望"⑨。韩元吉亦有《答陈亮书》说："夫君子之待时……愿足下益厚其
有以俟之"⑩。可见陈亮与韩元吉之间的惺惺相惜之情。

其三，金华学派与其他家数学派的关系网络。金华学派的吕祖谦，与张

① 薛季宣：《艮斋先生薛常州浪语集》卷二三，《宋集珍本丛刊》第 61 册，第 343 页。
② 薛季宣：《艮斋先生薛常州浪语集》卷二五，《宋集珍本丛刊》第 61 册，第 365 页。
③ 陈傅良：《止斋先生文集》卷七，《四部丛刊初编》本。
④ 林光朝：《艾轩先生文集·序》，《宋集珍本丛刊》第 44 册，第 764—765 页。
⑤ 永瑢等：《四库全书总目》卷一五九《艾轩集提要》，第 1368 页。
⑥ 薛季宣：《艮斋先生薛常州浪语集》卷二三，《宋集珍本丛刊》第 61 册，第 340 页。
⑦ 叶适著，刘公纯等点校：《叶适集·水心文集》卷一六《宝谟阁待制中书舍人陈公墓志铭》，
　　第 298 页。
⑧ 陈亮著，邓广铭点校：《陈亮集》（增订本）卷二三，第 256 页。
⑨ 陈亮著，邓广铭点校：《陈亮集》（增订本）卷二七，第 311 页。
⑩ 韩元吉：《南涧甲乙稿》卷一三，第 253 页。

栻、朱熹、陆九龄、陈傅良、韩元吉、陈亮、叶适关系均善。《宋史》吕祖谦本传记载，"祖谦之学本之家庭，有中原文献之传……又友张栻、朱熹，讲索益精"①。吕祖谦《祭张荆州文》缅怀张栻说，"某以郡文学，事公于严陵，声同气合，莫逆无间"②。吕祖谦为陆九龄作《陆先生墓志铭》称，"先生兄弟皆志古嗜学，燕居从容，讲论道义……伯仲之间，自为师友"③。可见吕祖谦对金溪学派的陆九龄、陆九渊兄弟评价亦高。吕祖谦卒，陈傅良则有《哭吕伯恭郎中舟行寄诸友》说，"念昔会合时，心事得倾倒……遐搜接混茫，细剖入幽眇"④。可见吕祖谦、陈傅良之间相与交游讲学的情谊。吕祖谦与韩元吉关系更为密切。韩淲《涧泉日记》记载，"吕祖谦，申国公丞相公著之孙，中书舍人本中之侄孙，先公（韩元吉）以两女妻之"⑤。陈亮和叶适均曾从吕祖谦问学。

　　其四，南轩学派与其他家数学派的关系网络。张栻与朱熹、吕祖谦、陈傅良、陆九龄、陈亮关系都很密切。张栻与朱熹关系最善。张栻《答朱元晦秘书》称："吾曹但当相与讲明圣学……庶几有正人心，承三圣事业耳"⑥。朱熹《答张钦夫》亦说"道学不明，无一事是当"⑦。可见张栻与朱熹对于弘扬道学的共同关切。乾道初，张栻与朱熹、林用中等人同游南岳，几日内诗歌唱和即达百首之多，结为《南岳唱酬集》，在道学诗人群体中更是前无古人。因而，及张栻亡，朱熹不禁悲叹"吾道益孤矣"⑧。张栻弟子王炎亦与朱熹善。王炎有《与朱侍讲》，致书朱熹讨论朝廷礼制等问题。⑨《四库全书总目》亦称："炎初与朱子相契……多与朱子往还之作，交谊颇笃"⑩。陈亮与张栻也是以学相交。陈亮尝云："乾道间，东莱吕伯恭、新安朱元晦及荆州（张栻）鼎立，为一世学者宗师。亮亦获承教于诸公后，相与上下其论。"⑪张栻与吕祖谦、陈傅良亦善。蔡幼学为陈傅良作行状记载，乾道六年（1170）陈傅良"始识侍讲张公栻、著作郎吕公祖谦。数请，间扣以为学大

①　脱脱等：《宋史》卷四三四《吕祖谦传》，第 12872 页。
②　吕祖谦：《吕东莱文集》卷九，第 222 页。
③　吕祖谦：《吕东莱文集》卷八，第 196 页。
④　陈傅良：《止斋先生文集》卷一，《四部丛刊初编》本。
⑤　韩淲：《涧泉日记》卷中，第 18 页。
⑥　张栻：《新刊南轩先生文集》卷二一，《宋集珍本丛刊》第 60 册，第 133 页。
⑦　朱熹：《晦庵先生朱文公文集》卷二四，朱杰人等主编：《朱子全书》第 21 册，第 1105 页。
⑧　脱脱等：《宋史》卷四三〇《黄榦传》，第 12777 页。
⑨　王炎：《双溪类稿》卷二一，《影印文渊阁四库全书》第 1155 册，第 666 页。
⑩　永瑢等：《四库全书总目》卷一六〇《双溪集提要》，第 1376 页。
⑪　陈亮著，邓广铭点校：《陈亮集》（增订本）卷二九《与张定叟侍郎枸》，第 383 页。

指,互相发明"①。

其五,金溪学派与其他家数学派的关系网络。金溪学派陆九渊与朱熹、陈傅良、吕祖谦等均有交往。陆九渊与朱熹的学术论辩及其交谊人所熟知,前文也有考述,兹不赘述。陆九渊对陈傅良亦很推崇,有《与陈君举》说:"著大公以灭私,昭至信以熄伪,非尊兄尚望谁?"②对陈傅良期许甚重。陆九渊与吕祖谦也交往密切。吕祖谦卒后,陆九渊作《祭吕伯恭文》说:"辛卯(1171)之冬,行都幸会……甲午(1174)之夏,公尚居里。余自钱塘,遡江以诣。值公适衢,浃日至止。一见欢然,如获大利……鹅湖之集,已后一岁……道同志合,惟公不二。"③陆九渊回忆了自己淳熙辛卯、淳熙甲午、淳熙乙未与吕祖谦相会的情景,并推许吕祖谦为"道同志合"之友,可见二人交谊之深。

其六,考亭学派与其他家数学派的关系网络。在南宋中兴时期,以朱熹为核心的考亭学派是与其他家数学派交往和论辩最多的一个学派,呈现出最为开放的态势。如朱熹与林光朝、张栻、吕祖谦、陆九渊、陆九龄、薛季宣、陈傅良、陈亮、叶适、韩元吉等均有交往,前文已多有揭示。而南宋中兴时期一些重要的道学论辩,如前揭朱熹与韩元吉关于内圣外王的出处进退之辩,朱熹与陈傅良、陈亮关于王霸义利的治国策略之辩,朱熹与陆九渊、陆九龄兄弟关于天理吾心的本体之辩,朱熹与吕祖谦关于宏博与守约的文道之辩等,事实上均有朱熹的参与。从中也可以看出,朱熹考亭学派之所以在南宋后期能独领风骚,与其尤为开放的学派特色是有密切关系的。

除了以上所述家数学派及其关系网络外,南宋中兴时期尚有少数游学多家而难以划分门户的道学诗人,以舒璘、孙应时、彭龟年为典型。舒璘(1136—1199)字元质,一字元宾,号广平。《宋史》舒璘本传记载:"张栻官中都,璘往从之,有所开警。又从陆九渊游……朱熹、吕祖谦讲学于婺,璘徙步往谒之。"④可见,舒璘先后从张栻、陆九渊、朱熹、吕祖谦等游学。孙应时(1154—1206)字季和,号烛湖居士,学者称烛湖先生。孙应时门人司马述记载:"烛湖孙先生早承学于象山、晦庵之门,天分既高,学力尤至,穷理尽性,深探阃域,四方之士翕然景从。"⑤可见孙应时先后游学于陆九渊、朱熹

---

① 陈傅良:《止斋先生文集》附录《宋故宝谟阁待制致仕赠通议大夫陈公行状》,《四部丛刊初编》本。
② 陆九渊著,钟哲点校:《陆九渊集》卷九,第 127 页。
③ 陆九渊著,钟哲点校:《陆九渊集》卷二六,第 305—306 页。
④ 脱脱等:《宋史》卷四一〇《舒璘传》,第 12339 页。
⑤ 孙应时:《烛湖集·序》,《影印文渊阁四库全书》第 1166 册,第 523 页。

之门。孙应时还与张栻、吕祖谦有师友之谊。孙应时《送张敬夫栻以追送不作远为韵赋诗五章藉手言别不胜惓惓爱助之诚情见乎辞惟高明幸教》其一说:"平生赋褰裳,亲意许从师。四海非不广,独仰大雅姿"①。《哭东莱吕先生》又云:"镜曲重携杖,京都再及门。"②彭龟年(1141—1206)字子寿,号止堂。《宋史》彭龟年本传记载说:"性颖异,读书能解大义。及长,得程氏易读之,至忘寝食,从朱熹、张栻质疑,而学益明。"③可见,彭龟年从学于朱熹、张栻二人。事实上,舒璘、孙应时、彭龟年等人游学多家,正体现了当时学派之间较少门户之私,也可见道学诗人关系网络的密切。

　　综上所述,可以看出,在南宋中兴时期,随着道学的进一步发展,道学诗人的队伍亦更加壮大,而且相互之间关系密切,形成了一个具有紧密内在联系的文学群体,成为当时学术、政治和诗坛上的一股重要力量。

第二节　南宋中兴时期道学诗人的群体特征

一、以道论诗的文学观念

　　南宋中兴时期道学诗人群体以道为核心价值体系,在文道关系、诗歌本质和功能、诗歌生成过程和作诗之法、作家作品的评论等问题上,均有独特见解。

　　(一) 在诗文与道的关系上,认为道本文末

　　南宋中兴时期道学家普遍认为,自周公没,道不行于世,因而孔孟诸子将圣人如何行道的大义微言载之于六经之文,若要求道,则必于斯文求之,由此道与文便有了密切的关系。不过在他们看来,文不过是传载圣人之道的一个工具,因此他们强调的是道而非文。如朱熹云:"这文皆是从道中流出,岂有文反能贯道之理? 文是文,道是道,文只如吃饭时下饭耳。若以文贯道,却是把本为末。以末为本,可乎?"④关于道与文的关系,朱熹是一贯以道为本的。

　　不仅是文,在道学家看来,诗亦同此理。陈傅良云:"夫子于诗之三百篇,断之一辞,则曰思无邪……而其辞其义粹焉一轨,上之化深,下之化厚,

---

① 孙应时:《烛湖集》卷一四,《影印文渊阁四库全书》第 1166 册,第 688 页。
② 孙应时:《烛湖集》卷一六,《影印文渊阁四库全书》第 1166 册,第 714 页。
③ 脱脱等:《宋史》卷三九三《彭龟年传》,第 11995 页。
④ 黎靖德编,王星贤点校:《朱子语类》卷一三九,第 3305 页。

固如此也。呜呼！道盛则文俱盛，文盛则道始衰矣。"①陈傅良所谓"文"，包括诗歌和文章。他认为，在"道"与"文"的关系中，"道"无疑是根本，只有"道盛"，才能"文俱盛"，若倒过来，文过盛，则道必衰。叶适《题陈止斋帖》即称："余尝评公不用诗家常律，及其意深义精，自成宫徵，而工诗者反皆退舍，殆过古人矣"②。叶适指出陈傅良诗作以"意深义精"见长，可见陈傅良的理论主张亦贯彻在诗歌创作之中。道学家陈藻也说："诗三百，思无邪。无邪者诚，诚者中，中者仁，此诗之至也。"③陈藻之所以推重诗三百，是因为他认为诗三百贯彻了"诚"、"中"、"仁"等道学的要旨。他又有《次韵吴推官见赠经理达翁家事之什》称："红泉风俗如邹鲁，易合西华数载盟。莫把肝肠随世变，常分儋石作人情。哦诗岂诧文章好，立教先须义利明。"④可见，在诗章与道义的关系上，道学家的确都是以道义为第一位的。

（二）在诗歌本质和功能上，主张诗言志而不溺于情

《尚书·尧典》云："诗言志，歌咏言"⑤。陆机《文赋》云："诗缘情而绮靡"⑥。言志和言情可以说是中国传统诗学史上并行的两大体系，自先秦至明清，关于诗歌到底是言志还是言情的本质和功能之争，自始至终没有间断过。就南宋中兴时期道学家而言，在这一问题上，他们体现出大致相同的倾向，即主张诗言志而不溺于情。

乾道三年（1167）十一月，朱熹、张栻、林用中等人同游南岳，唱和诗歌达百余首，结为《南岳唱酬集》。朱熹有《南岳游山后记》说："诗本言志，则宜其宣畅湮郁，优柔平中，而其流乃几至于丧志。群居有辅仁之益，则宜其义精理得，动中伦虑，而犹或不免于流。况乎离群索居之后，事物之变无穷，几微之间，毫忽之际，其可以荧惑耳目，感移心意者，又将何以御之哉！"⑦显然，朱熹主张诗言志，而反对那些摇荡性情以致"丧志"的诗作。朱熹还曾在《题嗣子诗卷》中称："大儿自幼开爽，不类常儿，予常恐其堕于浮靡之习，不敢教以诗文"⑧。由于害怕儿子"堕于浮靡之习"，朱熹甚至"不敢教以诗文"，可见他对于诗歌创作溺情而丧志的警戒。张栻亦撰有《南岳唱酬序》

① 陈傅良：《止斋先生文集》附录《文章策》，《四部丛刊初编》本。
② 叶适著，刘公纯等点校：《叶适集·水心文集》卷二九，第600页。
③ 陈藻：《乐轩集》卷五《绵亭杨氏子名字序》，《影印文渊阁四库全书》第1152册，第79—80页。
④ 陈藻：《乐轩集》卷二，《影印文渊阁四库全书》第1152册，第49页。
⑤ 陈成国校注：《尚书校注》，长沙：岳麓书社，2004年，第11页。
⑥ 陆机著，金涛声点校：《陆机集》卷一，北京：中华书局，1982年，第2页。
⑦ 朱熹：《晦庵先生朱文公文集》卷七七，朱杰人等主编：《朱子全书》第24册，第3705页。
⑧ 朱熹：《晦庵先生朱文公文集》卷八三，朱杰人等主编：《朱子全书》第24册，第3931页。

云："念吾三人,是数日间亦荒于诗矣。大抵事无大小美恶,流而不返皆足以丧志。于是始定约束,异日当止,盖是后事,虽有可歌者,亦不复见于诗矣。嗟乎! 览是篇者,其亦以吾三人自儆乎哉。"①张栻的主张与朱熹如出一辙,亦以"志"为诗歌创作所当追求的核心观念,并认为"事无大小美恶,流而不返皆足以丧志",因而他们相约为戒,甚至不愿意多作诗,可见他们诗歌观念的群体性与共通性。

道学家袁燮也说,"古人之作诗,犹天籁之自鸣尔。志之所至,诗亦至焉,直己而发,不知其所以然,又何暇求夫语言之工哉? 故圣人断之曰:'思无邪'"②。在秦汉以前,所谓诗言志,主要指的是一种温柔敦厚的思想感情,或曰"思无邪"。而至南宋中兴时期,道学家则对"志"的内涵和"思无邪"的内容进行了更为幽微的阐发,尤其强调思想性情的"优柔平中"。很显然,道学家的这种诗学观念,与他们所强调的"人心惟危,道心惟微,惟精惟一,允执其中"的正心诚意之学是一致的。③

（三）在诗歌生成过程和作诗之法上,认为以道生文

朱熹详细分析过诗的生成过程与学习创作的方法。淳熙四年（1177）朱熹作《诗集传序》云:

> 或有问于余曰:"诗何为而作也?"余应之曰:"人生而静,天之性也;感于物而动,性之欲也。夫既有欲矣,则不能无思;既有思矣,则不能无言;既有言矣,则言之所不能尽,而发于咨嗟咏叹之余者,必有自然之音响节奏而不能已焉,此诗之所以作也。"……昔周盛时,上自郊庙

---

① 张栻:《新刊南轩先生文集》卷一五,《宋集珍本丛刊》第 60 册,第 100 页。
② 袁燮:《絜斋集》卷八《题魏丞相诗》,上海:商务印书馆,1935 年,第 116 页。
③ 关于此,南宋中兴时期道学家多有论述。如朱熹《中庸章句序》云:"盖自上古圣神继天立极,而道统之传有自来矣。其见于经,则'允执厥中'者,尧之所以授舜也。'人心惟危,道心惟微,惟精惟一,允执厥中'者,舜之所以授禹也。尧之一言,至矣,尽矣,而舜复益之以三言者,则所以明夫尧之一言,必如是而后可庶几也。盖尝论之,心之虚灵知觉,一而已矣。而以为有人心、道心之异者,则以其或生于形气之私,或原于性命之正,而所以为知觉者不同,是以或危殆而不安,或微妙而难见耳。然人莫不有是形,故虽上智不能无人心;亦莫不有是性,故虽下愚不能无道心。二者杂于方寸之间,而不知所以治之,则危者愈危,微者愈微,而天理之公,卒无以胜夫人欲之私矣。精则察夫二者之间而不杂也,一则守其本心之正而不离也"(朱熹:《晦庵先生朱文公文集》卷七六,朱杰人等主编:《朱子全书》第 24 册,第 3673—3674 页);张栻《答刘宰》云:"盖人心甚危,气习难化,诚当就业乎此。然随遇随遣,将灭于东而生于西,纷扰之不暇,惟端本澄源,养之有素,则可以致消弭之力"(张栻:《新刊南轩先生文集》卷二六,《宋集珍本丛刊》第 60 册,第 160 页);叶适《题扫心图》亦云:"人心惟危,道心惟微,其精其一,其永勿失"(叶适著,刘公纯等点校:《叶适集·水心文集》卷二九,第 615 页)。

朝廷,而下达于乡党间巷,其言粹然,无不出于正者,圣人固已协之声律,而用之乡人,用之邦国,以化天下……"则其学之也当奈何?"曰:"本之《二南》,以求其端,参之列国,以尽其变。正之于《雅》,以大其规;和之于《颂》,以要其止。此学《诗》之大旨也。于是乎章句以纲之,训诂以纪之,讽咏以昌之,涵濡以体之。察之情性隐微之间,审之言行枢机之始,则修身及家,平均天下之道,其亦不待他求而得之于此矣"。①

朱熹认为:人生而静,这是天生之性;感于物而动,这是性之欲;有欲则有思,有思则有言,既有所感则自然要发于音节,这是诗之作。在论述了诗歌生成过程之后,朱熹推举出周代盛时的诗歌,认为"其言粹然,无不出于正"。在宋代道学家心目中,三代文武周公之际,正是道行于世的时代,因此在他们看来,周代盛时自然感发而生成的诗歌,自然无不出于正,也就是说正是由于道行于世,所以才有粹然有道之诗。那么,如何学习创作有道之诗呢?朱熹也提供了方法。他认为当以诗经为范本,进而"察之情性隐微之间,审之言行枢机之始",如此不仅诗歌创作有得,甚至内圣外王之道也在于此。要言之,朱熹认为,无论是一个时代还是个人,惟有道存才能生成有道之诗。

陆九渊认为道外无事,事外无道。在论述作诗之法上,他亦秉持这种观点。如陆九渊论邵雍诗云:"'当锻炼时分劲挺,到磨砻处发光辉。'磨砻锻炼,方得此理明,如川之增,如木之茂,自然日进……实大声宏,若根本壮,怕不会做文字?"②陆九渊认为邵雍诗歌之所以劲挺光辉,其法门即是修道明理的锻造之功,进而又上升到一般的原理,认为在诗歌创作上,若根本壮,则自然会做文字。陆九渊所谓根本,正是道学诸子所传之道。

（四）在作家作品的评论上,以是否合道为标准

在作家与作品的评论上,南宋中兴时期道学诗人群体秉持的核心标准仍然是道。中兴时期,中原未复、国耻未雪,有识之士无不以恢复雪耻为己任。在这种特定的时代,唐代诗人杜甫忧国爱民的精神及其诗歌艺术,为许多诗人所接受和推崇。但是,此期道学家在肯定杜甫忧国爱民的精神和诗学造诣时,又有一个别样的权衡标准,因而对杜甫及其诗歌颇有批评,这个标准就是道,或曰理。如朱熹《跋杜工部同谷七歌》说:"杜陵此歌豪宕奇崛,诗流少及之者。顾其卒章,叹老嗟卑,则志亦陋矣。人可以不闻道

---

① 朱熹:《晦庵先生朱文公文集》卷七六,朱杰人等主编:《朱子全书》第24册,第3650—3651页。
② 陆九渊著,钟哲点校:《陆九渊集》卷三五《语录下》,第443页。

哉!"①朱熹虽肯定杜甫诗"豪宕奇崛",但批评其卒章"叹老嗟卑,则志亦陋"。在"人可以不闻道哉"的反问中,可知原来朱熹是批评杜甫陋于斯道。朱熹也非常喜爱唐人陈子昂的作品,但对陈子昂也有类似的批评。其《斋居感兴二十首》序云:"余读陈子昂《感遇》诗,爱其词旨幽邃,音节豪宕,非当世词人所及……然亦恨其不精于理,而自讬于仙佛之间以为高也"②。出于同样的原因,朱熹对南唐后主李煜的批评更为严厉,有《跋李后主诗后》称:"'平叔任散诞,夷甫坐论空。岂悟昭阳殿,遂作单于宫!'此陶隐居讬魏晋以讽萧梁之诗也。当时不悟,竟蹈覆辙,其为商监,益以明矣。而违命李侯,乃复以无生混茫者亡其国,何哉?道学不明,人心不正,诐淫邪遁之说肆行,而莫之禁也。呜呼痛哉!"③朱熹明确指出李后主作为人君,之所以亡其国,正是因为"道学不明,人心不正",对于其诗歌的批评,亦不言自明。

张栻对作家作品的品评也是一本于道。淳熙三年(1176)张栻为其师胡宏文集作序时说:"先生季子大时复哀辑先生所为诗文之属,凡五卷以示某,某反复而读之,惟先生非有意于为文者也,其一时咏歌之所发,盖所以舒写其性情。而其他述作,与夫答问往来之书,又皆所以明道义而参异同,非若世之为文者,徒从事于言语之间。"④张栻非常推崇胡宏诗歌,原因是胡宏诗歌"明道义",而非徒从事于"言语"之间。无论是对作家作品的批评还是褒扬,南宋中兴时期道学家均是以道为标准,可见他们一以贯之的以道论诗的文学观念。

二、体道说理的普遍主题

诚如朱熹所说,"所读者,不过《孝经》、《语》、《孟》、《六经》之书,所学者不过尧、舜、周、孔之道,所知者不过三代两汉以来治乱得失之故,所讲明者不过仁义礼乐、天理人欲之辨,所遵守者又不过国家之条法。考其归趣,无非欲为臣者忠、为子者孝而已"⑤。道学本来是一个具有浓厚政治色彩的哲学范畴。然而由于道学家在学术、政治和日常生活的方方面面均以道自任,思考任何一个问题都离不开一个道的思维方式,所以不仅是论著奏札,诗歌这一文体也同样是他们阐述道学义理的重要载体。因此,体道说理成

①　朱熹:《晦庵先生朱文公文集》卷八四,朱杰人等主编:《朱子全书》第24册,第3952页。
②　朱熹:《晦庵先生朱文公文集》卷四,朱杰人等主编:《朱子全书》第20册,第360页。
③　朱熹:《晦庵先生朱文公文集》卷八二,朱杰人等主编:《朱子全书》第24册,第3861页。
④　张栻:《新刊南轩先生文集》卷一四《五峰集序》,《宋集珍本丛刊》第60册,第98页。
⑤　朱熹:《晦庵先生朱文公文集》卷一二《甲寅拟上封事》,朱杰人等主编:《朱子全书》第20册,第627页。

为他们诗歌的一个普遍主题。具体来说,主要表现在以下几个方面:

(一) 阐述读书习道的感受

南宋中兴时期道学家以六经、孔孟著述以及北宋道学诸子的论著为文本依据,学习并进一步阐述道学义理,他们的很多诗歌即是记录其读书习道的感受。如薛季宣《春秋》诗:

> 非复东都会,书王春又春。退风飞宋鹢,远狩获西麟。孔志知安在,齮诗难重陈。焚香掩卷坐,歌咏忽臣邻。①

在宋代夷夏争端不断的特殊时代,尤其是在宋室南渡之后宋金对峙的时势之下,《春秋》以其尊王攘夷的主旨而备受道学家的重视。胡安国尝携《春秋》而侍讲于朝廷。其后,薛季宣、陈傅良、陈亮等皆重视《春秋》之学。《四库全书总目》称薛季宣"平生著书甚夥,有《古文周易》、《古诗说》、《书古文训》、《春秋经解》、《春秋指要》……持论明晰,考古详核,不必依傍儒先余绪,而立说精确,卓然自成一家"②。可见薛季宣对《春秋》之学的深入研究。薛季宣此诗正是抒写自己焚香独坐,阅读《春秋》而至会心处的体会。薛季宣另有《闻前月时事君举象先皆与南宫之选是日读易诗春秋作四首》诗,其三:"忧河之浊泣清之,每笑周人切见几。麟史究观王室乱,异情元不是公非"③,也是表达对尊王攘夷之义的体认。再如薛季宣《读伊川易传》:

> 太极非名岂自然,由知阛阓见坤乾。先天讵必违中古,上古应须得后天。至密退藏那有迹,惟几成务尚容研。从教变易能从道,不似神龙得性全。④

前述薛季宣等永嘉学派虽然源自二程,但又不满意二程偏于内圣而拙于外王事业的不足,因此对二程多有批评。薛季宣这首诗中"至密退藏那有迹",即是批判程颐太极之说的虚妄及其自甘退藏的失当,而"惟几成务尚容研",则指出了其生平应该致力的方向,与薛季宣事功之学的宗旨正相一致。

又如朱熹,有《顷以多言害道绝不作诗两日读大学诚意章有感至日之朝起书此以自箴盖不得已而有言云》:

---

① 薛季宣:《艮斋先生薛常州浪语集》卷四,《宋集珍本丛刊》第 61 册,第 180—181 页。

② 永瑢等:《四库全书总目》卷一六〇《浪语集提要》,第 1379 页。

③ 薛季宣:《艮斋先生薛常州浪语集》卷八,《宋集珍本丛刊》第 61 册,第 208 页。

④ 薛季宣:《艮斋先生薛常州浪语集》卷九,《宋集珍本丛刊》第 61 册,第 211 页。

神心洞玄鉴,好恶审薰莸。云何反自诳? 闵默还包羞。今辰仲冬节,瘝叹得隐忧。心知一寸光,昱彼重泉幽。朋来自兹始,群阴邈难留。行迷亦已远,及此旋吾辀。①

朱熹诗题明言自己"多言害道"的观念和因此而"绝不作诗"的立场,然而一旦"读《大学》诚意章有感",就立即操笔作诗。朱熹一贯注重发掘《大学》格物致知、正心诚意之学的幽言要旨,此诗即是写其阅读《大学》过程中寻幽探微的喜悦感受。另如陈藻《诵中庸》:"端把中庸诵一篇,眼前神物顿森然。尘埃扫尽无他虑,尽管高楼自在眠"②,写其诵读《中庸》而明心见性的喜悦之情。孙应时《读程子易传》:"事业潜三圣,文章似六经。微言归易简,精意极丁宁。道在非畴昔,人亡故典刑。斋心对薰几,秋月梦初醒"③,则是描写阅读《程子易传》之大义微言而如梦初醒的情景。

（二） 进行学术交流和论辩

南宋中兴时期道学家之间多有学术交流和论辩,有很多诗歌正是他们关于道学交流论辩的产物。孝宗淳熙二年（1175）,陆九渊、陆九龄兄弟与朱熹之间以学术主张不合,在吕祖谦等人的撮合下聚会于鹅湖,发生了宋代道学史上著名的鹅湖论辩,其后争论又达数年之久。在这一过程中,他们往往即以诗歌作为论辩的武器。如陆九渊有《鹅湖和教授兄韵》云:

墟墓兴哀宗庙钦,斯人千古不磨心。涓流积至沧溟水,拳石崇成泰华岑。易简工夫终久大,支离事业竟浮沉。欲知自下升高处,真伪先须辨只今。④

陆九渊所谓"易简工夫终久大,支离事业竟浮沉",主要是批判朱熹学术琐碎而不成体系,终失圣贤本意。朱熹亦以诗论辩,有《鹅湖寺和陆子寿》云:

德义风流夙所钦,别离三载更关心。偶扶藜杖出寒谷,又枉篮舆度远岑。旧学商量加邃密,新知培养转深沉。却愁说到无言处,不信人间有古今。⑤

① 朱熹:《晦庵先生朱文公文集》卷二,朱杰人等主编:《朱子全书》第20册,第283页。
② 陈藻:《乐轩集》卷二,《影印文渊阁四库全书》第1152册,第43页。
③ 孙应时:《烛湖集》卷一六,《影印文渊阁四库全书》第1166册,第714页。
④ 陆九渊著,钟哲点校:《陆九渊集》卷二五,第301页。
⑤ 朱熹:《晦庵先生朱文公文集》卷四,朱杰人等主编:《朱子全书》第20册,第365页。

陆子寿即陆九龄。朱熹以诗代论,批判陆氏兄弟以心为本,根本就是违背圣人本意的虚妄荒谬之言。陆九渊、陆九龄与朱熹孰是孰非的问题姑且不论,他们均以诗歌为论辩之具的做法,正反映出他们以诗论道的共同文学特征。

张栻也多有这方面的创作。如《送张深道》其二:"孰知人心危,毫厘千万里。有来事物繁,酬酢无披靡。虽云应不难,要且辨真伪。良知本易直,天机验所起。涵濡自日新,日新乃无蔽。"①《送范伯崇》:"人心危易失,圣学妙难亲。愿勉思弘毅,求仁可得仁。"②在道学家看来,追求内圣外王的一个重要途径是正人心,张栻对这一点非常重视,其《答朱元晦秘书》即感叹"每念人心易偏,气习难化"③,因而主张存心养性,持是心之善而勿失。上述张栻二诗,均是与友人交流关于人心甚危,惟有辨之养之才能保持良知的道理,并以道学工夫相期许。

又如袁燮,有《赠史坑冶二首》,其一:"吾儒根本在修身,恬淡无为乐性真。此性本无尘可去,去尘犹是未离尘"④。袁燮乃陆九渊弟子,陆九渊学术以心为本体,十分重视心的作用,因此有流于禅宗之讥。袁燮此诗,所谓"此性本无尘可去,去尘犹是未离尘"之语,论述心性的虚脱空灵,确乎近于禅宗之学,正体现出陆九渊金溪学派的特色。再如陈傅良,有《和徐魏叔见寄三绝》,其三:"独向心源识背趋,岂于身外较精粗。凄其下视人间世,朝市区区地一夫"⑤,也是与人论道明学的篇章。

(三) 即兴言理悟道

在道学家看来,道无时无处无事无物不在,故而他们在生活中时时有所体察感悟,因此即兴言理悟道之作亦甚多。如林光朝《冬至》云:

> 横枝冻雀昨夜死,水底黏鱼吹不起。小伶切玉孤凤愁,九寸之管传生意……我于万物亦一物,何时春风到肌骨。空山铁镝年月深,一语不破天地心。⑥

道学家认为道化万物,道外无事,事外无道。林光朝诗描写冬至万物萧

---

① 张栻:《新刊南轩先生文集》卷一,《宋集珍本丛刊》第60册,第22页。
② 张栻:《新刊南轩先生文集》卷五,《宋集珍本丛刊》第60册,第47页。
③ 张栻:《新刊南轩先生文集》卷二〇,《宋集珍本丛刊》第60册,第130页。
④ 袁燮:《絜斋集》卷二四,第393页。
⑤ 陈傅良:《止斋先生文集》卷八,《四部丛刊初编》本。
⑥ 林光朝:《艾轩先生文集》卷一,《宋集珍本丛刊》第44册,第769页。

条的景象,进而上升到"我于万物亦一物,何时春风到肌骨"的体悟,既是写万物经冬而春的艰难过程,又是写自己道学践履的艰辛历程与对道化万物的衷心企盼。

朱熹集宋代道学之大成,这方面的作品更多。如《晨起对雨二首》其二:"晨起候前障,白烟眇林端。雨意方未已,后土何时干?倚竹听萧瑟,俯涧闻惊湍。景物岂不佳,所嗟岁已阑。守道无物役,安时且盘桓。翳然陶兹理,贫悴非所叹"①,诗中警醒自己"守道无物役",表达"翳然陶兹理,贫悴非所叹"的志愿。又如《杂记草木九首》其二咏红蕉:"弱植不自持,芳根为谁好?虽微九秋干,丹心中自保"②。朱熹向来认为人心惟危,道心惟微,因此必须惟精惟一,允执其中,而所谓"精",意为"察夫二者(人心、道心)之间而不杂",所谓"一",意为"守其本心之正而不离"③。朱熹此诗写红蕉虽然弱不自持,但"芳根"自好,"丹心"自保,因而感悟到保持道心之可贵。朱熹《春日》诗更是人所熟知:

> 胜日寻芳泗水滨,无边光景一时新。等闲识得东风面,万紫千红总是春。④

朱熹此诗写自己暇日游春之际,看到无边的春光,体悟到道化万物,而万物无不有道的道理。其《春日偶作》又说:"闻道西园春色深,急穿芒屩去登临。千葩万蕊争红紫,谁识乾坤造化心"⑤,表达的亦是同样的主题。

张栻亦多此类诗作。如《偶成》:"公庭过午无余事,退食归来默坐时。晴日半窗香一缕,阳来消息只心知"⑥,写其默坐悟道的心理状态。《腊月二日携家城东观梅夜归》其一:"前日看花正薄阴,重来晴日更精神。莫教容易飞花片,且放千秋自在春。"其二:"元自阳春无间断,何人能识化工心。梅边把酒日近午,鸟语风微花气深。"⑦二者均是写格物而致知的体悟。另如陈傅良《和张倅唐英咏梅十四首》其七:"以之为雪耶,雪或堕污浅。以之

---

① 朱熹:《晦庵先生朱文公文集》卷一,朱杰人等主编:《朱子全书》第20册,第229页。
② 朱熹:《晦庵先生朱文公文集》卷一,朱杰人等主编:《朱子全书》第20册,第261页。
③ 朱熹:《晦庵先生朱文公文集》卷七六《中庸章句序》,朱杰人等主编:《朱子全书》第24册,第3674页。
④ 朱熹:《晦庵先生朱文公文集》卷二,朱杰人等主编:《朱子全书》第20册,第285页。
⑤ 朱熹:《晦庵先生朱文公文集》卷二,朱杰人等主编:《朱子全书》第20册,第285页。
⑥ 张栻:《新刊南轩先生文集》卷七,《宋集珍本丛刊》第60册,第56页。
⑦ 张栻:《新刊南轩先生文集》卷六,《宋集珍本丛刊》第60册,第54页。

为玉耶,玉或附旒冕。春前每尝试,岁晏不退转。悠哉似有道,可与共舒卷。"①以梅的明净透彻感悟到道的通脱和弥漫万物。袁燮《登塔二首》其二:"远望巍峨耸百寻,今朝特达快登临。最高未是真高处,无尽应须更尽心。"②写体道的工夫和道心的追寻永无止境。

三、古淡清美的艺术世界

道学的最高理想是追求内圣外王的圣人之道,以建构一个合理的人间秩序,它发生发展的现实基础,是针对世道支离和人心之危。唐末五代,武人跋扈,朝代更迭,社会混乱,士无廉耻,如冯道那样历仕数朝而不以为意者比比皆是。③ 北宋承五代之乱,以文治国,儒风渐盛,士人以复纲常、正伦理为己任,道学于是应运而生。北宋后期,权奸当道,迫害善类。至靖康之难和宋室南渡,国土沦丧,皇权飘摇,群盗蜂起,乱臣僭立④,士风不竞⑤,生灵

---

① 陈傅良:《止斋先生文集》卷三,《四部丛刊初编》本。
② 袁燮:《絜斋集》卷二四,第397页。
③ 欧阳修《新五代史》记载:"冯道字可道,瀛州景城人……道少能矫行以取称于世,及为大臣,尤务持重以镇物,事四姓十君,益以旧德自处。然当世之士无贤愚皆仰道为元老,而喜为之称誉……道视丧君亡国亦未尝以屑意。当是时,天下大乱,戎夷交侵,生民之命,急于倒悬,道方自号'长乐老'"(欧阳修撰,徐无党注:《新五代史》卷五四《冯道传》,北京:中华书局,1974年,第612—614页)。冯道生当"生民之命,急于倒悬"的乱世,"事四姓十君",然而"当世之士无贤愚皆仰道为元老,而喜为之称誉",可见当时世道沦丧、士人失耻的社会风貌。
④ 建炎元年(1127),"金人册张邦昌为皇帝……国号大楚"(李心传:《建炎以来系年要录》卷三,第66页)。建炎四年(1130),金主晟又"册命中奉大夫、知东平府、充京东西淮南安抚使、节制河南诸州刘豫为皇帝,国号大齐,都大名府"(李心传:《建炎以来系年要录》卷三五,第681页)。
⑤ 如建炎元年(1127)三月金人扶持张邦昌建立伪楚政权前夕,"范琼率诸将陈兵以迓张邦昌,金人以铁骑送之,及门而返。晡时,邦昌入居尚书省,百官班迎,邦昌与百官交拜于道"(李心传:《建炎以来系年要录》卷三,第63页)。至张邦昌建立伪楚政权时,"王时雍、吴开、莫俦、左言、范琼等数人欣然若有所得"(李心传:《建炎以来系年要录》卷三,第66页)。伪楚政权建立后,"工部侍郎何昌言请更名'善言',避邦昌名也。其从弟通直郎昌辰亦请于吏部,更名'知言'"(李心传:《建炎以来系年要录》卷三,第72页)。可见在宋室南渡前后,虽然涌现出一批气节之士,但同时确有许多士人认贼作父,谄媚无耻。李纲即云:"国家更大变,士大夫屈膝于伪庭者不可胜数"(李心传:《建炎以来系年要录》卷五,第144页)。季陵亦云:"自崇观以来,党助臣奸,交结非类,各由诡道,以饕宠荣。坐此当责者,不知其几何人也。至靖康末,二圣北狩,邦昌摄朝,不能死节,间或从伪,坐此当责者,不知几何人也。至明受初,苗、刘专杀,几危宗社,拱手受制,不能讨贼,坐此当责者又不知几何人也。以义责之,皆不容诛。以情恕之,亦士大夫不幸耳。蔡京、王黼当国日久,阉宦弄权,豪强贩禄,欲仕进者,舍此无阶。虽名家文士,甘从污蔑。特立独行,是为希有"(李心传:《建炎以来系年要录》卷三六,第685—686页)。宋室南渡前后士风之沦丧,于此可见一斑。

涂炭,世道人心再度混乱。因而,南宋中兴时期道学家应该说比之北宋时期承担着更大的拯救世道人心、重建内圣外王理想之道的责任。陈傅良即称,"孟子以禹抑洪水,周公兼夷狄,孔子诛乱臣贼子,凡以正人心也。圣贤事业,以人心为本。靖康之祸,诸夏陆沉而人不耻,君父播迁而人不怨,天地易位、三光五岳之气分裂而人不惧,是尚为有人心乎?"①陈傅良所言,可以说代表了南宋中兴时期一代道学家的呼声。那么,如何行动呢?这一时期道学家的共同选择就是更为努力地以身行道,其步骤首先是从内圣之途做起。②所谓内圣之途,要而言之,就是进一步寻幽发微,加强格物致知、正心诚意之学,加强存心养性与持敬的功夫,以摒弃人欲,务合天理。道学家们对于道的精神苦旅的追求表现在其诗歌创作之中,便是建构起了一个古淡清美的艺术世界。具体内涵,包括以下三个密切相关的层面。

(一)弃绝物欲的生活世界

道学内圣的践履是一种精神活动,但它首先须从现实生活的层面开始,因为面对世俗的沦丧和物欲的横流,要唤起道心,就必须弃绝世俗世界的各种私欲。③在这一问题上,南宋中兴时期道学家多有阐述。如朱熹认为:"人心本明,天理素具,但为物欲所昏,利害所蔽。故小则伤恩害义而不可开,大则灭天乱伦而不可救。假如或好饮酒,或好货财,或好声色,或好便安,如此之类,皆物欲也"④。韩元吉《送李平叔序》亦说:"今之士,咸耻于任州县之职。夫州县非所耻也,其与民甚近且亲。苟尽心焉,天下之利病,与夫人情之真伪,无不若睹诸掌故……世之所谓名公卿,其详明练达,才无所不可用,卓然能有所为者,未有不自历州县也。而今之士耻焉,何哉?……趋竞之风日益长"⑤。韩元吉对士人贪慕荣华的奔竞之风进行了

---

① 陈傅良:《止斋先生文集》卷一九《赴桂阳军拟奏事札子第一》,《四部丛刊初编》本。
② 如陆九渊《荆国王文公祠堂记》云:"为政在人,取人以身,修身以道,修道以仁。仁,人心也。人者,政之本也,身者,人之本也,心者,身之本也。不造其本而从事其末,未不可得而治矣"(陆九渊著,钟哲点校:《陆九渊集》卷一九,第233页)。
③ 需要注意的是,南宋中兴时期道学家所要弃绝之欲,并非指人的合理欲望,而是指过度的私欲。如张栻《答宋伯潜》云:"如饮食男女,人之所大欲。人孰不欲富贵,亦皆天理自然,循其可者而有所之。如饥而食,渴而饮,以礼则娶妻,以其道而得富贵之类,则天理也。过是而恣行妄求,则非天理矣"(张栻:《新刊南轩先生文集》卷三一,《宋集珍本丛刊》第60册,第184页)。这与其后明清社会某些道学家借助所谓天理以钳制人的合理思想与情感需求的一套论调是不同的,须加以辨别。
④ 朱熹:《晦庵先生朱文公文集》卷一二《甲寅拟上封事》,朱杰人等主编:《朱子全书》第20册,第627—628页。
⑤ 韩元吉:《南涧甲乙稿》卷一四,第296—270页。

批判。其《上辛中丞书》又称："某也,北方之鄙人,守家世之训,不忍自同于流俗"①,明确表达了不竞于流俗的志趣。孝宗淳熙二年(1175)韩元吉知建宁府,作《比园艮泉铭》:"凤阳鹤之麓,有岿而伏。堂之麓,圃之腹,斯漤而沃。束于湾,润于谷,可用而足。清如官,美如俗,是为建人之福。"②其铭不仅赞扬了比园艮泉之清冽,亦寄托了自己如艮泉一样清廉惠民的美政理想。

那么道学家如何弃绝世俗物欲呢?

其一,在政治活动和日常生活中,不仅自身恬淡自守,亦拒斥奔竞利欲之人。如林之奇《谒客》诗说:"入门谒客吏翩翩,我非欲见礼则然。异哉宾主两无语,客起疾如走避燃。我已不恭愧昔贤,忍使涂炭朝衣冠。人生暂聚鸿集川,春风吹飞何后先"③。在政治和日常生活中,道学家不免要与各种人物交往,但他们心中始终是泾渭分明的,决不与俗士同流合污。林之奇诗中"入门谒客吏翩翩",描绘出俗吏的丑态,刻画逼真,形象生动。"客起疾如走避燃",则可见林之奇对谒客俗吏避之唯恐不及的态度及其弃利避俗的价值取向。又如陈藻《憎吏行》:

> 人逢胥吏面,唾欲捣其胸。伤哉彼何罪,造化生蛇虫。田宅世无有,妻孥腹屡空。人家词讼起,踊跃时命通。天性本怀恶,煎熬仍怕穷。得钱即欢喜,道理那能公。州府珍宝馈,县官筵席供。吏赃黩且死,州县多宽容。三尺既虚设,民冤诉高穹。高穹不垂耳,官吏屋俱丰。④

如果说林之奇《谒客》诗表达了对谒客俗吏蹁跹作态的厌恶,陈藻诗则表达了对耽于私欲、欺压百姓的贪官污吏的憎恶之情。薛季宣也有《比年士风锐进求荐章者殆如辨狱挤排诋评无所不至客有劝予干当路者二首》,其一云:"见疾多朝士,争名卒未休。急流须退勇,焉可又随流。"其二云:"静退方真乐,趋时未遽非。不如全道者,进退两忘机。"⑤薛季宣一方面对士风奔竞予以批评,另一方面申述了自己急流勇退、进退忘机的避俗之趣。

朱熹也是一个代表。他有《秀野以喜无多屋宇幸不碍云山为韵赋诗熹伏读佳作率尔攀和韵剧思悭无复律吕笑览之余赐以斤斧幸甚》,其一云:"高人山水心,结习自无始。五亩江上园,清阴遍桃李。一堂聊自娱,三径

① 韩元吉:《南涧甲乙稿》卷一二,第229页。
② 韩元吉:《南涧甲乙稿》卷一八,第355页。
③ 林之奇:《拙斋文集》卷三,《宋集珍本丛刊》第44册,第631页。
④ 陈藻:《乐轩集》卷二,《影印文渊阁四库全书》第1152册,第47页。
⑤ 薛季宣:《艮斋先生薛常州浪语集》卷一一,《宋集珍本丛刊》第61册,第220页。

亦可喜。试问避俗翁,何如尊贤里?"①其六云:"夜吟《招隐》诗,月落寒泉井。自非千载人,谁与共清景? 散发心朗寥,凝神味渊永。功名恐相期,富贵非所幸。"②都表达了恬淡自守之志和对功名富贵的厌弃。王炎《送魏倅》亦云:"俗士不闻道,利欲熏其心。阳浮外酬酢,中有机阱深。宛陵有君子,殊不同今人。矫矫鹓鹭姿,入俗不受尘。"③表达了对不求闻道而利欲熏心的"俗士"的批判,并称赞友人"矫矫鹓鹭姿,入俗不受尘",可见其襟怀和生活旨趣。王炎还有《冬日书怀四首》,其一说:"治身如治玉,所贵无瑕疵。玉美不愿市,身修岂求知"④,亦是表达治身如玉、不累于世俗私欲的情怀。另如陈藻《诵中庸》诗:"端把中庸诵一篇,眼前神物顿森然。尘埃扫尽无他虑,尽管高楼自在眠。"⑤袁燮《望东湖五首》其五:"世上功名姑置之,微茫心事要深思。水光月色精神好,长使襟怀似此时。"⑥均可见南宋中兴时期道学诗人群体恬于自守、摒弃物欲的生活世界的建构及其诗歌抒写。

其二,努力寻求一个退藏自守的生活空间,作为格物体道的外在环境。在道学家看来,虽然说道贯万物,无处不在,但个人的修道之功却非易事,要达到悟道的境界,需要一个静心体道的环境。如林之奇记尹焞说,"尹和靖家居,终日靖然。家人问饥渴饮食,然后唯阿应之,不尔不言"⑦。朱熹称其师李侗"讲诵之余,危坐终日,以验夫喜怒哀乐未发之前气象为如何,而求所谓中者……由是操存益固,涵养益熟,精明纯一,触处洞然"⑧。因此,他们常常独处斋室,幽闭自守,或寻求远离喧嚣的山水胜处,作为自己格物致知、体道悟理的环境条件。如陆九渊《与朱元晦》即说:"龙虎山之宗。巨陵特起,阤然如象,名曰象山……某亦自为精舍于其侧……又得胜处为方丈以居……学子亦稍稍结茅其傍,相从讲习,此理为之日明"⑨。陆九渊号象山,就是以其所居而得名。陆九渊称自己在这里"相从讲习,此理为之日明"。叶适则总结说:"山水,至善之所存也。游于是者,密悟为善之机,反冲藏约而内守,通变达化而外应,宽施忘其褊吝,朗豁消其阘鄙,德成性安,而动乐

---

① 朱熹:《晦庵先生朱文公文集》卷三,朱杰人等主编:《朱子全书》第20册,第321—322页。
② 朱熹:《晦庵先生朱文公文集》卷三,朱杰人等主编:《朱子全书》第20册,第322页。
③ 王炎:《双溪类稿》卷八,《影印文渊阁四库全书》第1155册,第514页。
④ 王炎:《双溪类稿》卷四,《影印文渊阁四库全书》第1155册,第458页。
⑤ 陈藻:《乐轩集》卷二,《影印文渊阁四库全书》第1152册,第43页。
⑥ 袁燮:《絜斋集》卷二四,第397页。
⑦ 林之奇:《拙斋文集》卷二《记闻下》,《宋集珍本丛刊》第44册,第620页。
⑧ 朱熹:《晦庵先生朱文公文集》卷九七《延平先生李公行状》,朱杰人等主编:《朱子全书》第25册,第4517—4518页。
⑨ 陆九渊著,钟哲点校:《陆九渊集》卷二,第22页。

静寿之功验矣"①。可见道学家认为,亲近山水并非是为了娱人耳目,而是为了"密悟为善之机,反冲藏约而内守",以追求"德成性安而动乐静寿之功验"的体道境界。

这在南宋中兴时期道学家的诗歌创作中亦有鲜明表现。如朱熹《再至同安假民舍以居示诸生》:"端居托穷巷,廪食守微官。事少心虑怡,吏休庭宇宽。晨兴吟诵余,体物随所安。杜门不复出,悠然得真欢。良朋凤所敦,精义时一殚。壶餐虽牢落,此亦非所难"②,写自己杜门勤修,而道学义理日进的生活。薛季宣《早起次叔瞻韵》:"日高政好眠,披衣意何已。不得恋黄绅,弩头非所喜。厌浥行露多,忘却佳山水。有客爱闲居,被发吟早起。神清到天元,静极照物始。"③写自己静中体道的生活。王炎《即事六绝》其一:"焚香清坐对韦编,妙处悬知不可传。三画分明寄玄旨,谁将修绠汲深泉。"④亦是写其焚香独坐、清修习道的生活与感受。

(二) 明心存性的心灵世界

关于心与性的探究是南宋中兴时期道学发展的一项重要内容。朱熹《问张敬夫》说:"感于物者心也,其动者情也,情根乎性而宰乎心,心为之宰,则其动也无不中节矣,何人欲之有? 惟心不宰而情自动,是以流于人欲而每不得其正也。然则天理人欲之判、中节不中节之分,特在乎心之宰与不宰,而非情能病之,亦已明矣"⑤。朱熹将格物致知以持人心之正的一系列活动分成了"理"、"心"、"性"、"情"、"欲"、"物"等六个层次,认为在格物体道的过程中,心居于核心的位置。陆九渊以心为本体建构了一套理论体系,赋予心更为重要的地位。他说"念虑之正不正,在顷刻之间。念虑之不正者,顷刻而知之,即可以正。念虑之正者,顷刻而失之,即是不正。此事皆在其心"⑥。朱熹与陆九渊在理与心何为本体的问题上分歧最大,但在关于心的重要性问题上意见则相同,均认为在体道明理的活动中当以心为中心环节。张栻亦说"心也者,万事之宗"⑦。袁燮称:"士君子平居讲学,果为何事? 一言以蔽之曰:不没其本心而已。万善之原,皆繇是出"⑧。如上所述,均可见南宋中兴时期道学诗人群体对于心的重视。

---

① 叶适著,刘公纯等点校:《叶适集·水心文集》卷一一《宝婺观记》,第 194 页。
② 朱熹:《晦庵先生朱文公文集》卷二,朱杰人等主编:《朱子全书》第 20 册,第 272 页。
③ 薛季宣:《艮斋先生薛常州浪语集》卷六,《宋集珍本丛刊》第 61 册,第 194 页。
④ 王炎:《双溪类稿》卷五,《影印文渊阁四库全书》第 1155 册,第 477 页。
⑤ 朱熹:《晦庵先生朱文公文集》卷三二,朱杰人等主编:《朱子全书》第 21 册,第 1395 页。
⑥ 陆九渊著,钟哲点校:《陆九渊集》卷二二《杂说》,第 270 页。
⑦ 张栻:《新刊南轩先生文集》卷九《静江府学记》,《宋集珍本丛刊》第 60 册,第 70 页。
⑧ 袁燮:《絜斋集》卷八《跋陈宜州诗》,第 118 页。

　　然而,心体的活动非常幽微复杂,并非所有源于心的东西均是善念。对此,道学家进一步对心作了更为深入的探究和区分。朱熹有一段经典之论:

　　　　有人心、道心之别,盖自其根本而已然,非为气之所为有过不及而后流于人欲也。然但谓之人心,则固未以为悉皆邪恶;但谓之危,则固未以为便致凶咎。但既不主于理而主于形,则其流为邪恶以致凶咎,亦不难矣。此其所以为危,非若道心之必善而无恶、有安而无倾、有准的而可凭据也。故必其致精一于此两者之间,使公而无不善者常为一身万事之主,而私而或不善者不得与焉。①

　　朱熹认为:心有"人心"和"道心"之别,之所以如此,是因为人生来是"性"与"气"之合;性主于理而无形,故公而无不善,其发则为合天理之"道心";气主于形而有质,故私而或不善,其发则为"人心";"道心"必善无恶,而"人心"易流于邪恶凶咎;正因为"人心"惟"危","道心"惟"微",所以要使心致精一于此两者之间,使公与善为一身之主,也就是道学家常说的"惟精惟一,允执其中"。南宋中兴时期朱熹等道学家对"人心"与"道心"的进一步阐释,说明此期道学家对内圣之途的开拓更为精微深入。

　　正因为天理人欲之判特在乎"心",而至善之"道心"特在乎"性",所以南宋中兴时期道学家均注重明心存性的功夫。如张栻《答胡广仲》说:"惟君子能存其良心,故天性昭明,未发之中,卓然著见,涵养乎此,则工夫日益深厚,所谓存心养性之妙"②。孙应时《上晦翁朱先生书》亦云:"与子约相聚以来,乃稍收敛精神,向内实处较验,大见欠阙,乃知俗心鄙习,殊未能去,与古人相去何啻天壤? 今来所用力处,且欲得信实不欺,虚己下人,取善掩恶,消磨平常矫伪好胜之心,庶几循是以复乎情性之正,而益消其利欲之恶。"③孙应时在给其师朱熹的书信中,陈述了自己的习道之功。由此可见,南宋中兴时期道学诗人群体相互砥砺和用力最勤的,便是"收敛精神,向内实处较验",其途径是平时量力守分,简静自养,目的则是尽去俗心鄙习,以建构一个"复乎情性之正,而益消其利欲之恶"的自我净化的心灵世界。孙应时所谓"收敛精神,向内实处较验",确实道出了南宋中兴时期道学家注重心灵世界之探索的群体特征。

---

① 朱熹:《晦庵先生朱文公文集》卷四四《答蔡季通》,朱杰人等主编:《朱子全书》第22册,第1989—1990页。
② 张栻:《新刊南轩先生文集》卷二七,《宋集珍本丛刊》第60册,第164页。
③ 孙应时:《烛湖集》卷五,《影印文渊阁四库全书》第1166册,第568页。

诚如周裕锴先生所论,无论是"言志"还是"写意",总之,宋诗进一步由物质世界退回到心灵世界。① 南宋中兴时期道学家关于心性的深入阐释与体验,成为其诗学生成的学术基础,他们亦在诗歌创作中建构了一个明心存性的心灵世界。如薛季宣《开窗》:

> 溽暑未成雨,密云犹在郊。开窗把凉飙,远山见林梢。木叶已成阴,野鸟鸣啁啁。镜静碧池湛,清泠无混淆。会意纷万途,钱荷贯丛葖。寂坐一堂上,默默神明交。②

虽然溽暑欲雨,密云犹布,万物嘈杂纷然,但诗人能"寂坐一堂",默默体察道心的幽微。韩元吉也常以诗表明其对清虚平和心境的陶养。如《夜坐闻窗下水声》:"青灯又暗吹窗雨,流水长闻入夜声。玩世久忘荣辱累,定交谊尽死生情。翛然隐几焚香坐,不独心清境亦清。"③此诗写其雨夜焚香静坐,荣辱皆忘,心境俱清的体验。又如其《春日书事五首》其二:"晓猿夜鹤寂无生,春至山禽百种鸣。步绕新泉聊洗耳,由来心与地俱清。"④《秋怀十首》其十:"闭户跏趺意已清,炉香烧尽一灯明。空庭叶落知多少,一任西风百种声。"⑤《夜宿玉虚宫小轩正对步虚峰道士云天宝三年有庆云见且山呼万岁始诏建黄帝祠封为仙都山敕书今亡》其一:"槛外风高霜月明,步虚山里步虚声。罢琴刻烛初长夜,又得人间一梦清。"⑥均表现了诗人以清为美的人生理想及其清和心境。再如朱熹《寄吴公济兼简李伯谏五首》其一:"客子归来春未深,只应寒雨罢登临。闲窗竟日焚香坐,一段孤明见此心。"⑦《杜门》:"杜门守贞操,养素安冲漠。寂寂闷林园,心空境无作。细雨被新筼,微风动幽箨。聊成五字句,吟罢山花落。浩然与谁期?放情遗所托。"⑧可见无论是坐于幽室,还是徘徊山林,朱熹均能达到明心存性的境界。张栻《登山有作》:"上头壁立起千寻,下列群峰次第深。几几篮舆自吟咏,白云流水此心心。"⑨亦写他登山远览之际与万物交感而心境澄澈明净

---

① 周裕锴:《宋代诗学通论》,成都:巴蜀书社,1997 年,第 86 页。
② 薛季宣:《艮斋先生薛常州浪语集》卷一〇,《宋集珍本丛刊》第 61 册,第 217 页。
③ 韩元吉:《南涧甲乙稿》卷四,第 52 页。
④ 韩元吉:《南涧甲乙稿》卷六,第 91 页。
⑤ 韩元吉:《南涧甲乙稿》卷六,第 93 页。
⑥ 韩元吉:《南涧甲乙稿》卷六,第 99 页。
⑦ 朱熹:《晦庵先生朱文公文集》卷六,朱杰人等主编:《朱子全书》第 20 册,第 432 页。
⑧ 朱熹:《晦庵先生朱文公文集》卷一,朱杰人等主编:《朱子全书》第 20 册,第 232 页。
⑨ 张栻:《新刊南轩先生文集》卷七,《宋集珍本丛刊》第 60 册,第 59 页。

的体验。袁燮《山居二首》其二:"城居未免嚣尘役,野处闲观德性初。究竟孰为清与浊,此心安处即吾庐。"①写其远离城居的嚣尘,独自野处,在闲观静悟中明心之善,复性之初。另如王炎《密室》:"密室可附火,小窗聊借明……省事事自少,养心心亦清。"②也是写自己远离尘俗,独处密室,简静自养,终于达到心神俱清的状态。

（三）古淡清美的诗歌世界

南宋中兴时期道学家主张在生活中恬淡自守,弃绝世俗利欲,努力寻求一个退藏自守的生活空间,作为清修体道的外在环境,同时又格物致知,明心存性,竭力开拓幽微的心灵世界,追求"惟精惟一,允执其中"的境界。他们之所以要收敛精神,向内实处较验,目的无非是希望从自我心灵的沉潜、净化与美化做起,进而正人人之心,建构一个道德净化的人间世界,最终恢复内圣外王之道。本着这一理念,道学诗人群体在诗歌创作中亦往往以"格物致知"的思维方式,对物象进行过滤与筛选,营造出一种适合于明心存性的古淡清美的艺术境界与诗歌世界。孙应时尝说:"作诗正如饮酒。酒所以养人,勿以病人。诗所以足性,勿以害性"③,即典型说明了道学诗人群体生活世界、心灵世界与诗歌世界的相互沟通。

中兴时期集大成的道学家朱熹,毕生怀着致君行道的理想,以道自任,诗歌创作也追求一种古淡清新的境界。他在《答巩仲至》中说:

　　　　古今之诗,凡有三变。盖自书传所记,虞夏以来,下及魏晋,自为一等。自晋宋间颜、谢以后,下及唐初,自为一等。自沈、宋以后,定著律诗,下及今日,又为一等。然自唐初以前,其为诗者固有高下,而法犹未变。至律诗出,而后诗之与法,始皆大变,以至今日,益巧益密,而无复古人之风矣。故尝妄欲抄取经史诸书所载韵语,下及《文选》汉魏古词,以尽乎郭景纯、陶渊明之所作,自为一编。④

朱熹认为古今之诗有三变,事实上也就是将古今诗分成了三等,其中最优的一等即是自书传所记虞夏以来下及魏晋的诗歌,表现出崇尚古风的倾向。清人李光地论,"朱子每事议论都当行,一点不错。如诗表章陶靖节,

① 袁燮:《絜斋集》卷二四,第398页。
② 王炎:《双溪类稿》卷九,《影印文渊阁四库全书》第1155册,第518页。
③ 孙应时:《烛湖集》卷一〇《卢申之蒲江诗稿序》,《影印文渊阁四库全书》第1166册,第637页。
④ 朱熹:《晦庵先生朱文公文集》六四,朱杰人等主编:《朱子全书》第23册,第3095页。

文推《史》、《汉》、韩、柳之类"①；又称"宋人用韵多错，朱子虽古诗，亦不出本韵，却无破绽"②。这正是对朱熹慕古及崇陶的中的之论。如朱熹《陶公醉石归去来馆》诗：

> 予生千载后，尚友千载前。每寻《高士传》，独叹渊明贤。及此逢醉石，谓言公所眠。况复岩壑古，缥缈藏风烟。仰看乔木阴，俯听横飞泉。景物自清绝，优游可忘年。结庐倚苍峭，举觞酹潺湲。临风一长啸，乱以《归来》篇。③

在这里，朱熹独将陶渊明许为千载隔代之交，甚为推许陶渊明绝俗归耕的高洁风致，其诗也风格高雅、古朴清淡。

又如张栻，有《后杞菊赋》云：

> 张子为江陵之数月，时方中春，草木敷荣，经行郡圃，意有所欣。非花柳之是问，眷杞菊之青青。爰命采掇，付之庖人。汲清泉以细烹，屏五味而不亲，甘脆可口，蔚其芳馨。盖日为之加饭，而它物几不足以前陈。饭已扪腹，得意讴吟。客有问者曰："异哉，先生之嗜此也……有同于脱粟布被者乎？"张子笑而应之曰："天壤之间，孰为正味？厚或腊毒，淡乃其至。"④

张栻以餐饮为喻，表明了自己对于"淡乃其至"的人生境界的追求。其《李仁父寄伏苓酥赋长句谢之》诗，又借养生灵药之喻，说明"当知至味本无味"⑤的道理，表明其平淡修身之志。张栻这种"淡乃其至"的人生意趣，也渗透到文学领域，其《桂阳军学记》云："学者当以立志为先……不为文采眩，不为利禄汩"⑥。张栻明确主张学者当不眩于文采，不汩于利禄。因此他常常在创作中以冲和的语言、平淡的意象营造出一种淡雅的诗境。如《四月二十日与客来城南积潦方盛湖光恬然如平时泛舟终日分韵得水字》：

---

① 李光地著，陈祖武点校：《榕村语录》卷一九，北京：中华书局，1995 年，第 339 页。
② 李光地著，陈祖武点校：《榕村语录》卷三〇，第 547 页。
③ 朱熹：《晦庵先生朱文公文集》卷七，朱杰人等主编：《朱子全书》第 20 册，第 487 页。
④ 张栻：《新刊南轩先生文集》卷一，《宋集珍本丛刊》第 60 册，第 20 页。
⑤ 张栻：《新刊南轩先生文集》卷一，《宋集珍本丛刊》第 60 册，第 21 页。
⑥ 张栻：《新刊南轩先生文集》卷九，《宋集珍本丛刊》第 60 册，第 72 页。

泽国盛梅雨,涨潦弥两涘。常时侵溢患,乃复到城市。纳湖迫西
闉,冲突固其理。今年筑堤防,捷石细积累。艰辛迄崇成,龟鱼亦欢喜。
节宣有程度,盈缩无壅底。昨宵水没岸,民居例迁徙。走马来问讯,屹
若坚城垒。江涛从渺茫,湖光自清泚。小舟足游泳,新荷方蘁蘁。嘉我
二三客,共此风日美。相期寂寞滨,雅意淡如水。①

张栻诗写自己与友人在城南的湖光山色之中泛舟终日的经历,诗歌以
欢喜的龟鱼、渺茫的江涛、清泚的湖光、游荡的小舟、蘁蘁的新荷等意象,描
绘出一幅至淡而至美、悠然平和的自然与生活图景,表现了自己"雅意淡如
水"的襟怀,同时,在平淡的笔墨中又可见张栻对于城市居民日常生活的关
切之情。另如《题城南书院三十四咏》其四:"新凉物物有精神,静倚书窗听
雨声。忽忆予棋元未解,强分天籁太粗生。"其八:"湖边小筑喜新成,秋入
西山照眼明。不是厌喧来觅静,四时光景本均平。"其十九:"化工生意源源
在,静处详观总不偏。飞絮满空春不尽,新荷贴水已田田。"②均以日常生活
中所见的景物塑造诗歌意象,表现自己平淡的生活与冲和的心态。

韩元吉为宦清廉,作诗也追求清美之风。其《答金元鼎喜雨》诗云:"政
拙自知容我懒,诗清要是得君催。不妨咳唾皆珠玉,渐喜新凉入酒杯。"③以
"清"自述诗歌创作的特色,并且以能达到此境而感到喜悦。他还以"清"为
标准来评论友人的诗作。如《次韵吴明可与史致道会饮牛渚》诗说:"烟外
笛声谁送晚,水边花影自迎春。风流三百年无此,况有清诗句法新。"④他不
仅描写了江边清丽的景致,而且夸赞友人的"清诗",可见以"清"为美不仅
是其人生理想,亦成为其诗歌创作所追求的审美境界。他在日常生活中常
常捕捉清幽之景,并且形之于诗作。如《寒岩分韵得水字》:

青山如幽人,不肯住城市。客从城市来,一见消客鄙。平时与周
旋,况复非俗士。我初见南山,秀色纷可喜。谓言官尘埃,洗涤端在此。
经时未一至,引望若千里。昨朝得休暇,佳兴难自已。秋原丽新晴,景
物为清美。独游已不恶,更约二三子。初从洞壑危,稍入岩石倚。白云
随杖藜,苍烟生屐齿。主翁亦好事,结茆修竹底。庭空百无有,屈曲但

---

① 张栻:《新刊南轩先生文集》卷三,《宋集珍本丛刊》第60册,第32页。
② 张栻:《新刊南轩先生文集》卷六,《宋集珍本丛刊》第60册,第51—52页。
③ 韩元吉:《南涧甲乙稿》卷五,第75页。
④ 韩元吉:《南涧甲乙稿》卷五,第80页。

流水。客来了不问,花草自红紫。①

此诗写自己闲暇之际与二三友人同游南山的经过,诗歌描绘出秋原新晴、景物清美的佳境,又以涧壑、岩石、白云、苍烟、修竹、空庭、流水、花草等意象描绘幽清绝尘的山中世界和自己脱俗的情怀。又如《朱元晦清湍亭》:

> 青山足佳游,远睇欲无路。稍寻绝涧入,始辨云间树。泉声若招客,倚杖得夷步。惊湍泻乱石,激激有清趣。风微鸟哢幽,日彻鱼影聚。居然鱼鸟乐,正欠幽人住。野僧岂忘机,作亭以兹故。因君赋新诗,我亦梦其处。②

此诗描写了朱熹清湍亭清幽脱俗的景致。再如《列岫亭用范伯升韵》:

> 自我来南溪,池塘几春草。结茅依云端,爱此山四抱。奇峰七十二,罗列景逾好。岂殊谢公窗,澄江更萦绕。孤城千家邑,一目可尽了。植葵思夏深,种菊待秋杪。物华静中见,至理得深造。③

此诗以池塘、春草、茅庐、白云、奇峰、澄江、孤城、夏葵、秋菊等意象,描绘出远离世俗、幽静清美的艺术世界,表达其静观物华、深造至理的心灵感受。朱熹尝称赞韩元吉诗文"做著尽和平,有中原之旧,无南方啁哳之音"④,即道出韩元吉诗文清雅冲和的特色。

陈傅良命其居为止斋,并以此为号。他有《止斋曲廊初成》诗,描写其"止斋":"小廊曲通幽,竹椽亦良好。止斋十数间,足以便衰老。檐低远风露,地窄易汛扫。浅溪浮薄舫,短屏糊旧稿……鬼神无世情,呵护必有道。"⑤诗以幽廊、竹椽、低檐、窄地、浅溪、短屏等意象,描绘了一个弃俗绝尘、清幽静谧的世界,书写了远离嚣市、研心体道的生活。他还有《用幽字韵戏简谢倅》:"此生从稼圃,谁与伴深幽。"⑥《用幽字韵呈汪守谢倅》:"引

---

① 韩元吉:《南涧甲乙稿》卷一,第11页。
② 韩元吉:《南涧甲乙稿》卷一,第14页。
③ 韩元吉:《南涧甲乙稿》卷一,第15页。
④ 黎靖德编,王星贤点校:《朱子语类》卷一三九,第3316页。
⑤ 陈傅良:《止斋先生文集》卷四,《四部丛刊初编》本。
⑥ 陈傅良:《止斋先生文集》卷四,《四部丛刊初编》本。

杯忘日永,得句与山幽。"①《和刘进之韵兼简吴阜之》:"憧憧满眼事何稠,
落落论心思独幽。"②《初夏有感因用前韵久旱适得雨欣然卒章》:"湖山妩
媚绿阴稠,谁向芸芸得趣幽。"③均以"幽"为核心意象,表达其幽独、清美的
情怀。另外,如薛季宣《种兰》:"兰生林樾间,清芬倍幽远。野人坐官曹,兹
意极不浅。西窗蔽斜日,松钗架春晚。"④吕祖谦《晚春二首》其二:"风絮流
花一任渠,北窗高卧绿阴初。闭门春色闲中老,为谢平生董仲舒。"⑤这些作
品,亦均营造出一种幽雅脱俗、古淡清美的诗歌境界,其中蕴含的是道学诗
人心灵沉潜的意趣。

①　陈傅良:《止斋先生文集》卷四,《四部丛刊初编》本。
②　陈傅良:《止斋先生文集》卷七,《四部丛刊初编》本。
③　陈傅良:《止斋先生文集》卷七,《四部丛刊初编》本。
④　薛季宣:《艮斋先生薛常州浪语集》卷六,《宋集珍本丛刊》第 61 册,第 193 页。
⑤　吕祖谦:《吕东莱文集》卷一一,第 253 页。

第二章　激进官宦诗人群体

宋孝宗即位后,励精图治,矢志规恢。隆兴元年(1163)张浚北伐,却败于符离,宋金双方达成"隆兴和议"。此后宋金之间基本维持和平局面,长达四十余年。此期,无论是就政治、经济还是社会文化而言,南宋均进入一个兴盛时期。由于种种原因,南宋中兴时期宋廷迟迟未能挥师北上,完成恢复中原的大业,但无论是在朝廷还是地方,均有一批政治上积极进取的激进官宦,反对苟和偏安,为恢复中原的理想慷慨奔走。南宋中兴名臣留正曾说,"隆兴之初士气激昂"①,正揭示出这批士人积极进取的精神面貌。他们感于时,慨于义,壮于志,而且发于吟咏,游于艺途,形成南宋中兴诗坛上一个重要的激进官宦诗人群体,他们主要有胡铨、王十朋、洪适、陆游、杨万里、范成大、尤袤、周必大、张孝祥、王质、王阮、袁说友、李流谦、喻良能、蔡戡、崔敦礼、赵善括、楼钥、辛弃疾、杨冠卿、员兴宗、虞俦等。本章拟从南宋中兴时期恢复中原的时代旋律与激进官宦诗人群体的形成、南宋中兴时期激进官宦诗人的群体特征等方面,对激进官宦诗人群体展开讨论。

第一节　南宋中兴时期恢复中原的时代旋律与激进官宦诗人群体的形成

要研究南宋中兴时期激进官宦诗人群体的诗歌创作,探讨这一时期恢复中原的时代旋律与激进官宦诗人群体的形成是其必要的前提。

一、南宋中兴时期恢复中原的时代旋律

南宋中兴时期,宋金划淮而治,淮河以北沦丧的半壁江山仍然为金所有,因此励精图治、恢复中原始终是一个迫切的时代课题。而奏响恢复中原这一时代旋律的,正是南宋朝廷和地方一批激进的官宦。其政治活动主要有以下两个方面。

（一）励精图治、恢复中原的主张及其践履

在南宋中兴时期的政坛上,王十朋是较早的一位激进官宦代表。他一

---

① 不著撰人:《皇宋中兴两朝圣政》卷五三,台北:文海出版社,1967年,第1995页。

生坚决主张抗金雪耻,恢复中原。绍兴三十一年(1161)金人将渝盟南侵之际,王十朋即进言高宗:"如何御敌,莫急于用人……以寝敌谋,以图恢复"①。孝宗登基后,王十朋"见上英锐,每见必陈恢复之计"②。隆兴元年(1163)王十朋除侍御史,上《除侍御史上殿劄子》云:"靖康之祸,有不忍言者。国仇世耻,自古无之。《记》曰:'君父之仇不共戴天。'……臣愿陛下推诚尽孝,终始如一,言动之间,不忘社稷,晏安之顷,必念祖宗……去和附之私心,赞国家之大计……中原何患乎不复? 中兴何待乎以日月冀耶?"③表达了誓雪国耻、收复中原的愿望。

洪适位极台辅,在金主完颜亮南侵失败后,上《条陈恢复事宜奏状》说:"宜多遣有胆力人密传诏檄,使中原义士,各取州县,因以畀之……俟蜀汉山东之兵数道俱集,见可而进,迟以岁月,必有机会可乘,则恢复故地,何啻破竹?"④洪适提出联合中原义士、里应外合以恢复中原的进取之策。

中兴名相周必大也竭力谋求规恢之计。孝宗践祚之初,"金索讲和时旧礼,必大条奏,请正敌国之名,金为之屈";淳熙十四年(1187)二月周必大拜右丞相,又首奏:"今内外晏然,殆将二纪,此正可惧之时,当思经远之计"⑤。周必大不仅亲自与金人进行针锋相对的斗争,还时时提醒孝宗要励精图治,不可懈怠。其《论人才》策云:"仰惟陛下内修政事,外攘夷狄,今日先务,孰有大于此者? 臣愿深诏执事,杂举中外文武之才。"⑥周必大主张为政谋事当从实际做起,以人才为急,方能内修政事,外攘夷狄,可谓务实之论。

陆游毕生念念不忘恢复中原的事业。孝宗乾道六年(1170)陆游以奉议郎为通判夔州军事,取道临安入蜀,乾道八年(1172)被四川宣抚使王炎辟为宣抚使司干办公事,至南郑前线,度过了一段不平凡的军戎生活,抗金报国的热情也达到人生的一个高峰。淳熙十年(1183)陆游又有《上殿劄子》:"今朝廷内无权家世臣,外无强藩悍将,所虑之变,惟一金虏。虏,禽兽也,谲诈反覆,虽其族类,有不能测……然臣窃观士大夫之私论,则往往幸虏之懦以为安……伏望陛下与腹心之臣,力图大计,宵旰弗怠,缮修兵备,搜拔人才,明号令,信赏罚,常如羽书狎至、兵锋已交之日。使虏果有变,大则扫

---

① 脱脱等:《宋史》卷三八七《王十朋传》,第 11883 页。
② 脱脱等:《宋史》卷三八七《王十朋传》,第 11885 页。
③ 王十朋:《宋王忠文公文集》卷三,《宋集珍本丛刊》第 43 册,第 777 页。
④ 洪适:《盘洲文集》卷五〇,《宋集珍本丛刊》第 45 册,第 339 页。
⑤ 脱脱等:《宋史》卷三九一《周必大传》,第 11966—11970 页。
⑥ 周必大:《庐陵周益国文忠公集》卷一三五,《宋集珍本丛刊》第 52 册,第 403 页。

清燕代,复列圣之仇;次则平定河洛,慰父老之望"①。陆游指出金人谲诈善变,主张居安思危,加强战备,期待最终扫平河洛,恢复中原。陆游还有《贺留枢密启》,也表达了"挽河洗夷虏之尘,复列圣在天之仇,摅遗民泣血之愤"的愿望。②

范成大使金之际抗颜不屈的事迹可谓人所熟知。宋金绍兴和议以来,宋金之间为君臣之国,至隆兴和议,改为叔侄,南宋地位有所提升,但仍然多有屈宋之礼,一个重要方面就是在宋金交聘中,南宋皇帝须起立接受金朝国书。因此乾道六年(1170)宰相虞允文建议遣使更议,举荐李焘使金。李焘得知后惊惧不已,说:"今往,彼必不从,不从则以死争之,是丞相杀焘也"③。虞允文遂又告知范成大,而范成大欣然承命,假资政殿大学士使金。范成大至金,当廷向金主递上私书,慷慨陈词,希望金主改变受书之礼。金主大骇,金国太子甚至欲杀范成大,但范成大泰然自若,不为所屈。④ 虽然金人最终并未同意范成大所请,但范成大与金人斗争的决心、勇气与不屈的大节为人称颂,堪称典范。乾道七年(1171)范成大又上章论秦桧余党宋赈,称宋赈"当秦桧柄国之时,号为亲昵用事,为世指目,章章尤显者。士大夫丑其姓名,于今有年矣"。并上奏孝宗曰:"国家之于北敌,可谓血仇矣。"称赞孝宗"不忘北向,以雪宗庙大耻,可谓有志矣"⑤。通过如上事迹,都可以看出范成大致力国家中兴和恢复事业的努力。

张孝祥曾因出入于主张恢复中原的张浚与主张宋金和议的汤思退二人之门而为《宋史》编者所讥,事实上结合张孝祥生平事迹进行考察,张孝祥也是以恢复中原为重的。如孝宗朝,张孝祥上《论先尽自治以为恢复札子》,希望孝宗能"兢兢业业,不自暇逸,将以刷无穷之耻,复不共戴天之仇",而自己则愿意竭力驱驰,"为今日恢复中原之策"⑥。

王质在张浚任枢密使都督江淮时,曾入张浚幕下。孝宗时,虞允文宣抚川陕,王质又入虞允文幕。乾道年间,王质有《上皇帝书》称:"观今日事势,训兵理财,先为富强,以待天下有变,敌国有衅,则乘机从事于中原,此今日

① 陆游:《陆游集·渭南文集》卷四,北京:中华书局,1976年,第2003—2004页。
② 陆游:《陆游集·渭南文集》卷一一,第2073页。
③ 佚名撰,李之亮校点:《宋史全文》卷二五,哈尔滨:黑龙江人民出版社,2005年,第1726页。
④ 详见王德毅:《范石湖先生年谱》,吴洪泽、尹波主编:《宋人年谱丛刊》第9册,第5774—5777页;于北山:《范成大年谱》,上海:上海古籍出版社,2006年,第131—148页。
⑤ 杨士奇等编:《历代名臣奏议》卷一八三《去邪》,《影印文渊阁四库全书》第438册,第279—280页。
⑥ 张孝祥著,徐鹏校点:《于湖居士文集》卷一八,上海:上海古籍出版社,1980年,第174页。

恢复之定规也。天下未有变,吾能激之使变生。敌国未有衅,吾能挠之使衅作。使就吾之机,以行吾之志,此今日规恢之奇谋也。"①从中可见王质在宋金关系问题上,希望南宋能够掌握主动权和先机,以期有朝一日恢复中原。

王阮之曾祖王韶、祖王厚,皆为宋朝守边功臣,其父王彦傅,则在靖康之际勤王有功。而王阮"少好学,尚气节。常自称将种,辞辩奋发,四坐莫能屈"②。他又尝求学于著名学者张栻、朱熹,深得朱熹赏识。孝宗隆兴元年(1163),王阮进士及第。时孝宗初即位,励精图治,诏经理建康,以图进取,王阮试礼部,对策,陈进取建康、恢复中原之计。王阮不仅为官廉洁,而且继承了父祖之业,立志于抗金守边。光宗绍熙年间,王阮知濠州,"请复曹玮方田,修种世衡射法,日讲守备,与边民亲访北境事宜。终阮在濠,金不敢南侵"③。

楼钥念念不忘恢复中原的大计。光宗嗣位,召对,楼钥入奏:"人主初政,当先立其大者。至大莫如恢复"④。又上《论训练禁兵》云:"臣闻天下虽安,忘战必危。自辛巳、甲申用兵之后,天下狃于无事,兵备寖弛……欲望圣慈,旨下三省,枢密院议定,速赐行下,依旧制阅习,于军政诚非小补。"⑤这些都反映出楼钥的危机意识及其志在恢复中原的情怀。

辛弃疾是著名英雄词人,也有诗歌创作。绍兴三十一年(1161)金主完颜亮大举南侵,时局动荡,中原地区的抗金义举风起云涌,时年二十余岁的辛弃疾也聚集了两千余人的队伍,揭竿而起,亲自抗金。次年辛弃疾南下归宋,自此之后,一直利用自身较为谙熟金地形势的长处,积极为朝廷建言献策。乾道中孝宗召见辛弃疾,辛弃疾"因论南北形势及三国晋汉人才,持论劲直,不为迎合。作《九议》并《应问》三篇、《美芹十论》献于朝"⑥。辛弃疾上书言逆顺之理,消长之势,技之长短,地之要害,皆甚详备,体现出其军事上的才能与恢复中原的理想。

另如杨冠卿《上留守章侍郎秋大阅赋》称:"天下虽安,忘战必危"⑦。蔡戡《论和战疏》称:"国之大事,和与战而已。好偷者必曰和可安也,而不知和不可久恃。好进者必曰战可胜也,而不知战不可轻举……臣窃为今日

---

①　王质:《雪山集》卷一,上海:商务印书馆,1935 年,第 4 页。

②　脱脱等:《宋史》卷三九五《王阮传》,第 12053 页。

③　脱脱等:《宋史》卷三九五《王阮传》,第 12054 页。

④　脱脱等:《宋史》卷三九五《楼钥传》,第 12046 页。

⑤　楼钥:《攻媿集》卷二一,上海:商务印书馆,1935 年,第 319 页。

⑥　脱脱等:《宋史》卷四〇一《辛弃疾传》,第 12162 页。

⑦　杨冠卿:《客亭类稿》卷七,《影印文渊阁四库全书》第 1165 册,第 480 页。

之计,当以战为实务,以和为权宜,和非诚和也,必阴为可战之备,战不徒战也,宜先为必胜之资"①。虞俦《论对札子》称:"爰自讲和日久,人情狃以为常,徒见使命之交驰,聘问之狎至,遂谓事体当然,殊不知仇耻未复,何可忘也?"②这些中兴时期的有志之士,都不忘恢复之义,希望南宋能够励精图治,进取中原。

(二)　与主和保守势力进行不懈斗争

南宋中兴时期,激进官宦始终与主和保守势力进行着不懈的斗争。其中当首推名臣胡铨。早在高宗朝,胡铨即力斥和议,请斩秦桧,已是广为人知。至孝宗朝,胡铨在政治与文学领域的活动依然不可忽视。在政治上,他一如既往,继续与主和保守势力进行斗争。周必大为胡铨作《资政殿学士赠通奉大夫胡忠简公神道碑》即记载:"金人再求和,公曰:'彼知陛下锐意恢复,故以甘言诡计疑我,愿绝口不言和字。'上(孝宗)叹其忠直。侍郎王之望、侍御史尹穑皆主和,排张忠献公,公廷责之。"③可见胡铨一贯反对和议、锐意恢复的政治取向。

而交锋最激烈的一次,当数孝宗初年王十朋论罢史浩之事。隆兴元年(1163)史浩任相,主张息兵议和。时王十朋为侍御史,力斥和议。王十朋连上《论史浩札子》、《再论史浩札子》、《论史正志札子》、《再论史正志札子》等奏札,极论史浩一派苟和偏安、阻抑恢复大计之罪。其《论史浩札子》云:

> 尚书右仆射史浩……臣请条其罪恶之著者有八焉:往岁太上皇帝闻钦宗之讣,痛切宸衷,下诏亲征,思雪国耻。知陛下春秋鼎盛,智勇天锡,断然以社稷付之,深望陛下之大有为也。浩为心腹之臣,不能以忠自效,乃于义不共戴天之日,首进寝兵之言,专主和议以沮大计,盖欲踵秦桧之态,为固宠之身谋,此怀奸之大罪一也……浩既主和,惧吴璘进取,阴使其党鼓扇浮议,妄谓寇与西夏协力攻璘,遥从中制令,不退者斩,遂取十三州之地而尽弃之,将士丧气,中原离心,误彼生灵,尽遭鱼肉,不独于弃地,是乃弃民,不独于弃民,是乃弃信,皆由浩欲售一己之私,而不顾国家之大计,此误国之大罪二也……浩无宰相才,而居具瞻之位,遇尧舜主而怀共鲧之凶。陛下方当任贤使能,图治大业,如使浩

---

①　蔡戡:《定斋集》卷二,《影印文渊阁四库全书》第1157册,第585页。
②　虞俦:《尊白堂集》卷六,《宋集珍本丛刊》第63册,第517页。
③　周必大:《庐陵周益国文忠公集》卷三〇,《宋集珍本丛刊》第51册,第368页。

辈久在庙堂,其可以望中兴之治耶? 臣愿陛下正其罪恶,窜之远方,以快天下之心,以为群臣之戒。①

其《再论史浩札子》又论史浩:"效秦桧而主和议,可谓怀奸弃德;顺而资寇仇,可谓误国;名在宗派者,不止八司马,可谓植党……八罪有一,且不容诛,浩备有之,其何可赦?"②

王十朋上札论史浩八大罪状,其中第一大罪状就是:"于义不共戴天之日,首进寝兵之言,专主和议以沮大计,盖欲踵秦桧之态"。最后,王十朋认为史浩无宰相之才,且罪不容诛,当窜之远方以快天下之心,以为群臣之戒。因王十朋弹劾,史浩为孝宗放罢。③ 同时,史正志、林安宅等与史浩亲近之人,"皆罢去"④。

王十朋在论罢史浩等人之际,又荐举一向主张抗金北伐、收复中原的张浚。不料,张浚于同年北伐失败,汤思退等主和势力再次抬头,一时朝议纷纷。于是王十朋又上札自劾,说:"丑房乱华,中原陷没,未尝不痛心疾首,与房有不共戴天之仇。及闻秦桧用事,辱国议和,臣常思食其肉以快天地神人之愤。臣素不识张浚,闻浚天姿忠义,誓不与贼俱生,天下闻浚之名,必以手加额,盖忠义人心所同,臣实敬慕之……今王师不利,浚与其属待罪,臣其可尚居风宪之职,使朝廷失刑? 欲乞陛下正臣妄言之罪,罢御史职事,仍赐窜殛,以塞群议"⑤。王十朋表明了自己与金人及保守苟和势力是不共戴天的,愿意自劾求窜,以息纷议,并希望朝廷留用张浚,以为后图。由上所述,可见王十朋自始至终均与主和保守势力进行坚决斗争的精神以及不以个人得失为意的胸襟。

洪适在孝宗隆兴初朝廷用兵之际,究心调度前线馈饷。隆兴二年(1164)金人再次犯淮,洪适又从容筹措,极其称职。时主张和议的王之望,以参知政事兼同知枢密院巡视淮西,归来后孝宗欲转官赏赐,洪适上札论之:"今岁淮西外无边警,如一府官吏坐受恩赏,窃恐屯戍之人不无怨望。倘俟其开具姓名始行封缴,不若寝之于未然,庶几免开徼幸之端",洪适此

---

① 王十朋:《宋王忠文公文集》卷三,《宋集珍本丛刊》第43册,第777—779页。

② 王十朋:《宋王忠文公文集》卷三,《宋集珍本丛刊》第43册,第779页。

③ 参见徐炳文编,李文泽校点:《梅溪王忠文公年谱》,吴洪泽、尹波主编:《宋人年谱丛刊》第8册,第5197页。

④ 脱脱等:《宋史》卷三八七《王十朋传》,第11885页。

⑤ 王十朋:《宋王忠文公文集》卷三《自劾札子》,《宋集珍本丛刊》第43册,第788—789页。

札"当晚进入,次早御笔依奏"①。乾道元年(1165)洪适迁翰林学士,期间又与秦桧余党进行斗争。《宋史》记载,"秦埙久废,忽予祠。适奏曰:'李林甫死后,诸子皆流配岭南。秦桧稔恶自毙,不肖之孙官职仍旧,可谓幸矣。宫观虽小,埙得之则人以除用之,渐恐桧党牵连而进。'其命遂寝。时巫伋复召,莫伋摢枢密院编修官,余尧弼复龙图阁学士。适谓其皆桧党也,随命缴之"②。洪适不仅兢兢业业于抗金事业,也始终致力清除秦桧余党及朝中苟和势力。

周必大对主和保守势力也视为异途。如罗大经《鹤林玉露》记载:"尹穑,字少稷,博学工文……后乃附丽汤思退,力排张魏公,以是除谏议,公论始薄之……益公(周必大)每举以为士大夫之戒"③。周必大与尹穑尝有私交,但在尹穑依附汤思退等主和势力之后,周必大即不以私交而废公论。

杨万里与保守官宦亦格格不入。孝宗淳熙十四年(1187),史浩已经罢相,但仍受朝廷恩渥甚隆。是年七月,遇天大旱,杨万里即借机论史浩等人不务进取之计却每受厚赐之非,有《旱暵应诏上疏》说:"史浩之赐金,至以千计焉;夏侯恪之赐钱以买宅,至以万计焉。途之人皆曰:'此民之膏血也。'是二人者,何功而得此也?"④杨万里所言,正是一代激进官宦的共同心声。

二、激进官宦诗人群体的形成

南宋中兴时期激进官宦以其对于时势的群体自觉,怀着恢复中原的共同理想,在政治活动与日常生活中多有交往,同时又游于艺途,往来唱酬,形成了关系密切的文学群体。

(一)激进官宦诗人对于时势的群体自觉

余英时先生论述中国传统社会的士,曾指出:在先秦时期以孔子为代表的儒家先贤给士人贯注了一种以道自任的精神,至东汉社会后期,外戚宦官迭掌朝政,互相诛戮,王道衰弊,"东汉士大夫亦遂得在其迭与外戚宦官之冲突过程中逐渐发展群体之自觉"⑤。如果说中国传统社会的士人在汉代

---

①　洪适:《盘洲文集》卷四七《缴王之望结局转官札子》,《宋集珍本丛刊》第45册,第322—323页。

②　脱脱等:《宋史》卷三七三《洪适传》,第11564页。

③　罗大经撰,王瑞来点校:《鹤林玉露》丙编卷一《尹少稷》,北京:中华书局,1983年,第251页。

④　杨万里撰,辛更儒笺校:《杨万里集笺校》卷六二,北京:中华书局,2007年,第2677页。

⑤　参见余英时:《士与中国文化》,上海:上海人民出版社,2003年,第251—252页。

由于内部王权的衰弊崩裂而激发出了一种群体的自觉精神,那么至宋代,在北宋范仲淹等人重新高扬士当以天下为己任的精神之后,南宋时期以激进官宦为代表的士人则在面临外族持续入侵的威胁、山河分裂与国家耻辱的情况下,再一次激发出了一种对于国家、民族与时势的群体自觉。这种精神促使他们为民族振兴和国家复兴事业而慷慨奔走,相互砥砺。陆游曾说"豪士相期意气中"①,楼钥亦称"只今方当多事时,正要名士同驱驰"②,正是南宋中兴时期一代士人群体自觉精神的典型写照。

绍兴三十二年(1162)六月,高宗禅位孝宗。这一年,正是金主完颜亮刚刚侵宋之后,又值南宋张浚将要北伐前夕,可以说是宋金局势极不稳定的一个时期。就在这个内部皇位交接、外部矛盾激化的关键时期,激进官宦群体关注国家前局与命运的热情和自觉意识被强烈激发出来。而通过孝宗即位前后的洪迈使金事件,正可以看出南宋中兴之初激进官宦这种群体自觉意识的首次强烈表露。

绍兴三十二年(1162)四月洪迈使金,七月归宋,时孝宗已经登基。洪迈使金事迹前后跨高宗、孝宗两朝,在当时激进官宦中影响甚大。洪迈出使之际,一时有志之士纷纷为其壮行,如洪适、范成大、周必大等。洪适有《景卢自右史假北门出疆再用前韵》诗赠洪迈:"汉节蟠坳出,青毡映父兄。天方摧劲敌,人已望神京。使指今兹重,边尘定可清。归来陈口伐,莲烛问严更。"③洪适以其父洪皓的使金大节砥砺洪迈,希望洪迈继承家风,为扫清边尘、规恢神京的国家大计作出贡献。范成大有《送洪景卢内翰使虏二首》,其二云:"檄到中原杀气销,穹庐那敢说天骄。今年蕃始来和汉,即日燕当远徙辽。北土未干遗老泪,西陵应望孝孙朝。著鞭往矣功名会,麟阁丹青上九霄。"④范成大认为洪迈使金是关系国家危亡的大事,希望洪迈能够不辱使命,建功立业。周必大《送洪景卢舍人北使》则云:"尝记挥毫草檄初,必知鸣镝集单于。由来笔下三千牍,可胜军中十万夫。已许乞盟朝渭上,不妨持节过幽都。吾君甚似仁皇帝,宜有韩公赞庙谟。"⑤周必大认为洪迈虽以文臣使金,却能抵十万士军,并给予洪迈精神上的鼓励。及洪迈使金归来,范成大再次赋诗,有《洪景卢内翰使还入境,以诗迓之》:"关山无极申舟去,

① 陆游著,钱仲联校注:《剑南诗稿校注》卷一八《醉中戏作》,上海:上海古籍出版社,1985年,第1398页。
② 楼钥:《攻媿集》卷一《送伯舅汪运干大雅》,第5页。
③ 洪适:《盘洲文集》卷四,《宋集珍本丛刊》第45册,第80页。
④ 范成大:《范石湖集·石湖居士诗集》卷八,北京:中华书局,1962年,第102页。
⑤ 周必大:《庐陵周益国文忠公集》卷二,《宋集珍本丛刊》第51册,第156页。

天地有情苏武归",赞扬洪迈使金的节义。① 通过洪迈使金前后洪适、范成大、周必大等人纷纷为其壮行及相互砥砺,确可见南宋中兴时期激进官宦为国家民族大义而激发出来的群体自觉精神。

孝宗初年,王十朋与胡铨同朝任事,二人亦相互激励,共谋国事。王十朋有《与交代胡侍郎》:"当奸邪误国之秋,奋忠谊敢言之勇。朱云请上方剑,欲断佞臣之头……心惟忧国,屡推造膝之诚。义不戴天,力沮和戎之议……某辈行相绝,官僚偶同。听诗书执礼之言,资直谅多闻之益。左右共书于言动,后先相继以承宣。"②王十朋对胡铨勤政忧国的精神、力阻和戎的忠勇给予高度赞许。可以说,"忠谊敢言"、"心惟忧国"的共同精神,正是王十朋、胡铨二人交往的契合之处。王十朋还有《怀胡侍郎邦衡》诗,同样推许胡铨之"孤忠"、"刚肠"、"晚节"和"丹心",并以"群儿巧相中,直道亦何伤"与胡铨共勉。③

杨万里亦尝从胡铨游,有《跋澹庵先生辞工部侍郎答诏不允》,其二云:"愿挽天河洗北夷,老臣底用紫荷为? 丹心一寸凌霜雪,只有隆兴圣主知。"④杨万里对胡铨誓不与敌共生的精神及其爱国丹心、傲霜之节予以赞扬。

喻良能则对王十朋极其推重。乾道元年(1165)王十朋帅夔州,喻良能为其送行,有《送侍御帅夔府》五首,其五云:"四海犹多事,中原未版图。皇心思启沃,赤子望沾濡。八阵难留滞,三阶拱进趋。茂洪宁有意,江左待夷吾。"⑤表达了对国家仍未安定、中原版图亦未恢复的忧虑,希望王十朋为国家建功立业。

周必大与王十朋亦相交甚深。周必大有《九月十八日夜忽梦作送王龟龄诗两句枕上足成之》云:"匈奴何敢渡江东,一士真过万马雄。唐室安危谁可佩,雪山轻重属之公。"⑥即使是在见到王十朋的梦中,周必大都不忘记以抗击异族的事业相托,可见他们关念国家安危之深切。

同时,周必大与胡铨、范成大、杨万里、陆游、张孝祥等也都有很深交往,彼此以国家中兴与恢复大义相期许。乾道三年(1167)周必大有《次韵张安国二首》,其一云:"共惟中兴主,志扫伊吾北……斯民补疮痍,郡县宽钱穀。

① 范成大:《范石湖集·石湖居士诗集》卷八,第 103 页。
② 王十朋:《宋王忠文公文集》卷二一,《宋集珍本丛刊》第 44 册,第 132 页。
③ 王十朋:《宋王忠文公文集》卷三三,《宋集珍本丛刊》第 44 册,第 246 页。
④ 杨万里撰,辛更儒笺校:《杨万里集笺校》卷三一,第 1622 页。
⑤ 喻良能:《香山集》卷五,《宋集珍本丛刊》第 56 册,第 111 页。
⑥ 周必大:《庐陵周益国文忠公集》卷三,《宋集珍本丛刊》第 51 册,第 159 页。

重将大手笔,继镂泰山玉。"①表达了与张孝祥一道共辅君主、扫清北敌、开创中兴的愿望。淳熙二年(1175)周必大有《次胡邦衡韵》云:"赤县尚多沦异域,潢池犹自扰齐人。公如不为苍生起,风俗何由使再醇。"②为神州沦陷感到焦虑,对在孝宗朝复出的胡铨寄予厚望。周必大又有《回金陵范参政成大启》云:"上方规恢中原,瘝寐极治。萧何相汉,厥由居守之劳。"③希望范成大为规恢中原的事业创建功业。而在《跋杨廷秀所作胡氏霜节堂记》中,周必大对杨万里立朝为政"劲节凛然,凌大寒而不改"的气节予以肯定。④ 陆游则有《贺周丞相启》,从中可见他和周必大对"时玩久安"、"边防寖弛"、"民力坐穷"之现实的焦虑。⑤

范成大乾道六年(1170)使金前后的事迹与交往活动,同样反映出南宋中兴士人这种对于时势群体自觉的精神。范成大使金,胡铨送之,并有《送范至能使金序》称范成大:"使绝域,邈在万里外……而一切不顾,谈笑就车,虽古烈丈夫,其能远过也哉!"⑥范成大至金,祈请归还宋朝寝陵地,并请更定受书礼,大义凛然,全节归来,除中书舍人。尝于乾道五年(1169)冬使金而于此年初归来的楼钥,代其父楼璩作《代贺范舍人成大启》,亦称赞范成大"抗穹庐而不挠,全故璧以复归。天颜为开,国势增重"⑦。

另如楼钥有《送赵子直贰卿帅三山》,对中兴名臣赵汝愚的"一片忧国心"和"正色抗危言"予以赞许。⑧ 员兴宗《寿虞丞相》其二:"功名采石乾坤大,议论襄城日月长。收拾元勋归鼎鼐,扶持公道起膏梁。敌人正尔咨年貌,莫放青青鬓染霜。"⑨则表达了对抗金名臣虞允文再创灭敌之功的期许。辛弃疾南渡后,不仅一贯主张北伐收复失地,而且是一位勤政爱民的官吏,与洪适、陆游、赵善括等关系甚善,彼此以国家事业相期。洪适有《辛幼安稼轩》称赞辛弃疾"济时方略满襟胸",并以"且为君王开再造"的功业相期许。⑩ 陆游有《送辛幼安殿撰造朝》,表达了"深仇积愤在逆胡"的感情和

---

① 周必大:《庐陵周益国文忠公集》卷四,《宋集珍本丛刊》第 51 册,第 167 页。
② 周必大:《庐陵周益国文忠公集》卷六,《宋集珍本丛刊》第 51 册,第 179 页。
③ 周必大:《庐陵周益国文忠公集》卷二六,《宋集珍本丛刊》第 51 册,第 325 页。
④ 周必大:《庐陵周益国文忠公集》卷四八,《宋集珍本丛刊》第 51 册,第 510 页。
⑤ 陆游:《陆游集·渭南文集》卷一二,第 2076—2077 页。
⑥ 曾枣庄、刘琳主编:《全宋文》卷四三一二,第 195 册,上海:上海辞书出版社、合肥:安徽教育出版社,2006 年,第 240—241 页。
⑦ 楼钥:《攻媿集》卷六三,第 851 页。
⑧ 楼钥:《攻媿集》卷二,第 25 页。
⑨ 员兴宗:《九华集》卷三,《宋集珍本丛刊》第 56 册,第 203 页。
⑩ 洪适:《盘洲文集》卷七,《宋集珍本丛刊》第 45 册,第 99 页。

"先挽银河洗嵩华"的共同愿望。① 赵善括有《沁园春》和辛弃疾词，称"长淮清浅，伤今怀古，故国氛埃。壮志求伸，匈奴未灭"，亦抒写了恢复故国的共同理想。

综上所述，可见南宋中兴时期，一批怀着国家和民族大义的激进官宦，不仅具有对于国家内忧外患的时势的群体自觉和收复中原的共同理想，还能在政治活动与日常生活中彼此声援，相互砥砺，形成了一个联系密切的政治群体。

（二）游于艺途的文学交往与文学群体的形成

南宋中兴时期激进官宦群体不仅具有对于国家时势和民族危难的群体自觉，也游于艺途，有着密切的文学交往，形成了一个特色鲜明的文学群体。值得注意的是，在其大的文学关系网络中，还有一些联系尤为紧密的较小群体。

1．"江湖邂逅论赤心"的楚东诗社：南宋中兴时期激进官宦诗人群体开始形成的标志

在南宋中兴时期，最早出现于诗坛的一个激进官宦诗人群体当推由王十朋、陈阜卿、洪迈、王兴化、何宪、张孝祥等六人构成，而以王十朋为核心人物的楚东诗社。楚东诗社中六人，交游唱和之作尝编为《楚东酬唱集》，今已不存。② 有文集传世者为王十朋、洪迈、张孝祥三人。楚东诗社中人并非

---

① 陆游著，钱仲联校注：《剑南诗稿校注》卷五七，第3315页。
② 王十朋有《次韵安国读楚东酬唱集》："麾把江湖遇列仙，赓酬篇什满鄱川。窦家兄弟联珠日，庐阜峰峦夕照天。三郡美名俱赫赫，一台遗墨尚鲜鲜。紫微妙语题诗后，光艳真能照简编。"（王十朋：《宋王忠文公文集》卷三六，《宋集珍本丛刊》第44册，第272页）《安国读酬唱集有平生我亦诗成癖却悔来迟不与编之句今欲编后集得佳作数篇为楚东诗社之光复用前韵》："六逸中无李谪仙，（自注：前集恨不得公诗为光。）诗筒忽得旧临川。（自注：舍人前治临川，乃邻郡也。）枝芳又类燕山桂，（自注：何卿往矣，今集又得五人。）马立欣瞻刺史天。（自注：五人二帅三守。）公似虞臣宜作牧，我惭鼠技滥烹鲜。新诗不减颜公咏，贵若山王定不编。"（王十朋：《宋王忠文公文集》卷三六，《宋集珍本丛刊》第44册，第272页）《次韵安国读荐福壁间何卿二诗怅然有感》："金华遽作鬼中仙，叹息真同子在川。何逊诗犹在东阁，杜陵家不上青天。（自注：何卿每有归蜀之念，既死，其子以其丧归葬于吴。）忠随奏疏留丹阙，字落禅房照碧鲜。客遇楚东吟楚些，唱酬新集定须编。"（王十朋：《宋王忠文公文集》卷三六，《宋集珍本丛刊》第44册，第272页）《五月二十五日钱安国舍人于荐福洪右史王宗丞来会坐间用前韵》："尊酒相逢半八仙，鬓丝我类杜樊川。江东渭北四方客，（自注：张淮西，洪江东，王河北，某浙东。）楚尾吴头五月天。连社滥陪陶令饮，兵厨聊击陆生鲜。待将红药翻阶句，别作鄱阳一集编。（自注：张欲尽和楚东唱酬诗，故云。）"（王十朋：《宋王忠文公文集》卷三六，《宋集珍本丛刊》第44册，第273页）《哭何子应》其三："公作皇华使，子乘郡守幡。江湖吴芮国，襟抱杜陵尊。翰墨频挥染，诗文细讨论。新编刊未就，楚些已招魂。（自注：何以正月二十二日行部，方议刊《楚东酬唱集》，途中亡。）"（王十朋：《宋王忠文公文集》卷三二，《宋集珍本丛刊》第44册，第237页）通过上述作品，可见楚东诗社确实是一个交游唱和密切的诗人群体，其诗歌唱和作品也汇编成《楚东酬唱集》，并予以刊行。

均在楚东鄱阳,陈阜卿时任洪州太守,洪迈时任吉州太守。欧阳光《宋元诗社研究丛稿》对楚东诗社成员及其以诗筒往来的活动形式作了考证。① 本书将进一步深入到历史的背景、文学活动的过程及楚东诗社诗歌创作的内容之中,考察楚东诗社的政治取向及其在文学史上的意义。

孝宗隆兴元年(1163)王十朋劾罢史浩等人,又荐举主张北伐的张浚,其后张浚北伐失利,朝中汤思退等主和势力抬头,为平息纷议,王十朋主动自劾求去,次年以集英殿修撰知饶州。隆兴二年(1164)夏,王十朋至江西饶州之鄱阳。乾道元年(1165)七月,王十朋移知夔州。王十朋在鄱阳前后两年时间,楚东诗社的交游唱和即主要在这两年当中。

在文学史上,楚东诗社可以说是南宋中兴时期激进官宦诗人群体形成的标志。王十朋等人于楚东诗社交游唱和之际,正是宋金交锋非常激烈的时期。而王十朋、洪迈、张孝祥等人均是主张抗金和收复中原的忧国忧民的有识之士。王十朋《初到夔州》诗序说,"某甲申七月至饶州,以表谢上云:'虽才非太公,不能五月报政,然忠犹杜甫,未尝一饭忘君。'既而与诸公唱和"②。王十朋"未尝一饭忘君"的精神,不仅是其自我写照,也代表了楚东诗社诗人群体的共同心声。从其诗歌交游唱和的内容,即可看出他们忧国忧民的赤子之心,堪称典型。

王十朋至鄱阳之日,正值久旱之雨。王十朋有《七月三日至鄱阳》诗云:"我来鄱君山水州,山水入眼当迟留……晓来一雨洗新秋,身在江东画图里"③,即记此事。对于这场及时雨,王十朋与何宪以诗歌唱和的形式表达了他们对旱情和百姓收获的共同关切,这标志着楚东诗社诗人群体交游唱和的开始。王十朋《次韵何宪子应喜雨》诗云:"亢阳谁谓不为灾,饥馑连年甑有埃。旱魃忽随冤狱散,雨师遥逐使车来……更喜诗如杜陵老,江流坐稳兴悠哉。"自注云:"某至郡而雨,何宪诗云:'人间正作云霓望,天半忽惊霖雨来。'"④按王十朋诗注,何宪先有诗写其对于霖雨到来的惊喜,继而王十朋次韵一首,表达了同样的喜悦之情。

王十朋《次韵何子应题不欺室》、《闻捷报用何韵》等诗,更进一步说明了楚东诗社作为一个激进官宦诗人群体的特质。如《次韵何子应题不欺室》诗云:"公如忧国房玄龄,我如郑公思批鳞。隆兴天下同正观,愿为贤相

---

① 参见欧阳光:《宋元诗社研究丛稿》,广州:广东高等教育出版社,1996年,第235—239页。
② 王十朋:《宋王忠文公文集》卷四五,《宋集珍本丛刊》第44册,第352页。
③ 王十朋:《宋王忠文公文集》卷三〇,《宋集珍本丛刊》第44册,第218页。
④ 王十朋:《宋王忠文公文集》卷三六,《宋集珍本丛刊》第44册,第269页。

为良臣。我去公来不同日,各展忠怀对宣室。江湖邂逅论赤心,更约联翩书史笔。"①何宪尝在朝中任职,后调任饶州提点刑狱公事。② 王十朋诗称赞何宪犹如一贯忧国的唐代名臣房玄龄,又以良臣自许,表达他们共展忠怀的愿望。"江湖邂逅论赤心"一语,可以说是楚东诗社群体相互砥砺、共怀国事的赤子之心的明确表白。《闻捷报用何韵》诗又云:"淮甸流离唐赤子,将军奇特魏黄须。愿将银管书忠谊,粪土东京赵与胡。"③王十朋、何宪等人虽处于南宋时较为平静的江西鄱阳,远离朝廷和边疆,但他们不仅勤政爱民,而且仍然时刻关注着宋金局势,对于江淮一带的百姓和战事都非常关切。

张孝祥是最后加入楚东诗社的一位,但与王十朋等人唱和亦非常密切。张孝祥《鄱阳使君王龟龄闵雨,再赋一首》诗云:"老农歌舞手作拍,一雨纷纷稻花拆。去年秋田旱政苦,使君随车有甘雨……使君行矣伊佐汤,缉熙和气无常旸。岂徒一雨润九谷,要为万物除千殃。"④张孝祥对王十朋忧时悯农的精神予以肯定,并表达了对王十朋的高度期许。其《蒙侍御丈再用韵作送行诗,走笔和答,迫放舡不暇工也》诗又云:"廷策万言功盖世,台评三上力回天……老我江湖堪野史,看公勋业手亲编。"⑤对王十朋在朝中力挽狂澜的功业给予赞扬。王十朋也给予积极的回应,有《张安国舍人以南陵鄱阳雨旸不同示诗次韵》诗云:"春水平原天可拍,夏日如焚天可拆。哀哉农民亦良苦,厌见常旸与常雨。"⑥《又次韵闵雨》云:"长夏蚊蝇倦驱拍,忽得缄封手亲拆。新诗首及民疾苦,更闵鄱阳境无雨。"⑦王十朋不仅表达了对于旱情的焦虑,对张孝祥关心民生疾苦的衷肠也进行了赞扬。

离开鄱阳之后数年,王十朋还有《提舶示观楚东集用张安国韵因思鄱阳与唱酬者五人今六年矣陈何二公已物故余亦离索为之慨然复用元韵》诗回忆说:"忆昔江东会众仙,诗筒来往走山川。造楼游戏偶成凤,炼石辛勤同补天。"⑧诗中"炼石辛勤同补天"之语,可谓是对楚东诗社诗人群体自觉精神的概括和写照。

2."尤杨范陆"四巨擘:南宋中兴时期激进官宦诗人群体的中坚

关于南宋历史上尤袤、杨万里、范成大、陆游等四位中兴诗人,人们往往

---

① 王十朋:《宋王忠文公文集》卷三〇,《宋集珍本丛刊》第44册,第218页。
② 参见欧阳光:《宋元诗社研究丛稿》,第236页。
③ 王十朋:《宋王忠文公文集》卷四四,《宋集珍本丛刊》第44册,第342页。
④ 张孝祥著,徐鹏校点:《于湖居士文集》卷二,第15—16页。
⑤ 张孝祥著,徐鹏校点:《于湖居士文集》卷七,第58页。
⑥ 土十朋:《宋王忠文公文集》卷三〇,《宋集珍本丛刊》第44册,第219页。
⑦ 王十朋:《宋王忠文公文集》卷三〇,《宋集珍本丛刊》第44册,第219页。
⑧ 王十朋:《宋王忠文公文集》卷三八,《宋集珍本丛刊》第44册,第288页。

以其各具特色、并驾齐驱的诗学造诣而将其并称。应该说,这还只是看到了其文学方面的一种外在联系。若进一步深考,则可发现事实上他们彼此之间不仅具有密切的文学交谊,在涉及国家恢复与民族大义问题上还有值得注意的相同政治取向。中兴四大家之说,在某种程度上可以说是源于他们之间的一种自我群体认同。

杨万里尝与姜夔论诗,有《进退格,寄功父、姜尧章》称"尤萧范陆四诗翁,此后谁当第一功"①。出于自谦,杨万里所推许的四大诗人中,提到了尤袤、范成大、陆游,而没有自己。无独有偶,尤袤在与姜夔论诗时亦云:"近世人士,喜宗江西。温润有如范致能者乎,痛快有如杨廷秀者乎,高古如萧东夫,俊逸如陆务观,是皆自出机轴。"②同样出于自谦,尤袤盛推范成大、杨万里、陆游,也未提及自己。杨万里和尤袤都不大可能自我标榜,所以他们开出的四大家名单其实并不完整,唯有综合杨万里和尤袤二家之说,后世所谓中兴四大家才能窥得全豹。方回是看到了这一点的第一人,至此南宋中兴四大家终于得以论定,其说相沿至今。方回曾论范成大《鄂州南楼》诗,说"乾淳间诗巨擘称尤、杨、范、陆"③。又论翁卷《道上人房老梅》诗云:"乾、淳以来,尤、杨、范、陆为四大诗家"④。可以看出,方回是一贯而明确地将尤杨范陆并称为中兴四大家。从杨万里、尤袤到方回,中兴四大家中剔除了萧德藻,其间固然有萧德藻因诗集散佚而影响诗名的某些客观因素,但其实这并不是主要原因。因为纵观南宋中兴时期诸家文集即可看出,萧德藻在当时的诗坛上,无论是政治践履与政坛声誉,还是诗坛交游与时人品评,其活跃度与受关注程度均远不如尤杨范陆四家。若是剔除杨万里、尤袤自谦的因素而进行客观的排名,则中兴四大家中是不大会有萧德藻的。所以方回中兴四大家之说也可以说并非独创,而只是剔除了杨万里和尤袤自谦的因素并综合二家之说的一种公允论断。因此在某种程度上,中兴四大家之说事实上是杨万里、尤袤等人的一种自我群体认同。这一点,我们在进一步考察他们彼此之间密切的交游唱和关系之后,更会水落石出。

其一,杨万里与尤袤。杨万里有《周易宏纲序》称:"淳熙戊申(1188),予与亡友延之同寮"⑤。其《三近斋余录序》又云:"予昔与尤延之同侍光宗

---

① 杨万里撰,辛更儒笺校:《杨万里集笺校》卷四一《进退格,寄功父、姜尧章》,第 2190 页。
② 姜夔:《白石道人诗集》自叙一,上海:商务印书馆,1936 年,第 1 页。
③ 方回选评,李庆甲集评校点:《瀛奎律髓汇评》卷一《鄂州南楼》诗之评,上海:上海古籍出版社,2005 年,第 43 页。
④ 方回选评,李庆甲集评校点:《瀛奎律髓汇评》卷二〇《道上人房老梅》诗之评,第 771 页。
⑤ 杨万里撰,辛更儒笺校:《杨万里集笺校》卷八三,第 3355 页。

东宫讲读。一日入讲尚蚤,辇未出,因与延之纵观。几案上御览书策,有孟浩然、贾岛诗集。二人相视而叹曰:'二子之诗一也,不见知于当时,而见知于今日,何也? 可以弔二子之生前,而贺之于身后矣。'"①可见杨万里与尤袤在孝宗时同朝共事,关系甚为友好。二人诗歌唱和也极多。杨万里有《谢尤延之提举郎中自山间惠访长句》、《二月望日递宿南宫和尤延之右司郎署疏竹之韵》、《题尤延之右司遂初堂》、《跋尤延之左司所藏光尧御书歌》、《尤延之检正直庐窗前红木犀一小株盛开戏呈延之》、《新寒戏简尤延之检正》、《上巳同沈虞卿尤延之王顺伯林景思游春湖上随和韵得十绝句呈之同社》、《偶送西归朝天二集与尤延之蒙惠七言和韵以谢之》、《延之寄诗觅道院集遣骑送呈和韵谢之》等许多与尤袤交游唱和的诗作。二人常常相互惠送文集,文学交往极为密切。如《跋尤延之左司所藏光尧御书歌》诗云:"故人同舍尤太史,敲门未揖心先喜。"②杨万里知道友人尤袤到来,尚未寒暄客套一番,心里早已喜不自胜,二人的关系可见一斑。

其二,杨万里与范成大。杨万里与范成大为同年,俱为绍兴二十四年(1154)进士,毕生为知己之交,对彼此人品、政事、文学均极推重,交游唱和甚多。淳熙五年(1178)范成大由礼部尚书拜参知政事,杨万里有贺启,赞范成大乃"天下之所谓正臣",并称范成大为"半生诚服之知己"③。同年冬范成大有诗寄杨万里,杨万里又有《和范至能参政寄二绝句》,其一:"生憎雁鹜只盈前,忽览新诗意豁然。锦字展来看未足,玉虫挑尽不成眠。"其二:"梦中相见慰相思,玉立长身漆点髭。不遣紫宸朝补衮,却教雪屋夜哦诗。"④对范成大诗歌予以高度赞赏,并表达了对范成大的思念之情。淳熙八年(1181)范成大以端明殿学士守建康,杨万里为广东提刑,杨万里有《寄贺建康留守范参政端明》,其一云:"衮衣不是未教归,不合威名满四夷。天与中兴开日月,帝分万乘半旌旗。"其二云:"一生狂杀老犹狂,只炷先生一瓣香。不为渠侬在廊庙,无端将相更文章。"⑤极力称许范成大名满四夷的气节功业、辅佐中兴的将相之才与文学才能。而范成大对杨万里生平风节与文名诗声也是推崇备至,《次韵杨同年秘监见寄二首》其一称"旧说鬼神惊落笔,新传狐兔骇搴旗";其二称:"论文无伴法孤起,访旧有情书数

---

① 杨万里撰,辛更儒笺校:《杨万里集笺校》卷八三,第 3347 页。
② 杨万里撰,辛更儒笺校:《杨万里集笺校》卷二○,第 1045 页。
③ 杨万里撰,辛更儒笺校:《杨万里集笺校》卷五二《贺范至能参政启》,第 2473 页。
④ 杨万里撰,辛更儒笺校:《杨万里集笺校》卷一一,第 594 页。
⑤ 杨万里撰,辛更儒笺校:《杨万里集笺校》卷一六,第 829 页。

行"①。《次韵同年杨廷秀使君寄题石湖》云:"仪凰当瑞九韶成,何事栖鸾滞碧城? 公退萧然真吏隐,文名藉甚更诗声。"②范成大还模仿杨万里进行诗歌创作,如《枕上二绝效杨廷秀》其二:"枕前百忍忽纷然,旧学新闻总现前。现到天明无可现,依前还我日高眠。"③杨万里尝有《和谢石湖先生寄二诗韵》,诗序称:"老夫寄《江东集》与石湖先生,先生寄二诗,一称赏《江东集》,一见寄《石湖洞霄集》,和以谢焉。"④可见二人有时还相互赠送诗集,进行文学交流。范成大有《谢江东漕杨廷秀秘监送江东集并索近诗二首》,其一说:"残灯独照《江东集》,短梦相寻白下门……斯文赖有斯人在,会合何时得细论"⑤,表示对杨万里诗集的喜爱和推赏。光宗绍熙三年(1192)五月,范成大已值晚年,携爱女乘舟赴官当涂,其女至官舍得疾而卒,八月杨万里作《范女哀辞》,表达了对范女去世的悲痛之情。⑥ 范成大晚年将卒之前,自编全集成,即专遣其子范莘请杨万里作序。可见,自始至终,杨万里与范成大都有深厚的情谊和密切的文学交往。

其三,杨万里与陆游。杨万里与陆游交谊甚笃。杨万里《和陆务观惠五言》说:"官缚春无分,髯疏雪更欺。云间堕词客,事外得心期。我老诗全退,君才句总宜。一生非浪苦,醯瓿会相知。"⑦许陆游为知心之交,表达了对陆游诗才的欣赏。《云龙歌调陆务观》又云:"何时与君上庐阜? 都将砚水供瀑布。磨镰更斫扶桑树,捣皮作纸裁烟雾,云锦天机识诗句。孤山海棠今已开,上巳未有游人来。与君火急到一回,一杯一杯复一杯。管他玉山颓不颓,诗名于我何有哉?"⑧杨万里在诗中写自己希望与陆游同游庐山的愿望,其高蹈狂放的性情亦与陆游个性风格有相似之处。杨万里另有《上巳日予与沈虞卿尤延之莫仲谦招陆务观沈子寿小集张氏北园赏海棠务观持酒酹花予走笔赋长句》、《醉卧海棠图歌赠陆务观》等诗,均是与陆游交游唱和的作品,可见二人关系之密切。

其四,范成大与陆游。范成大与陆游很早就有交往,并且相交甚深。孝宗隆兴元年(1163)五月陆游除左通直郎、通判镇江军府事,出都还乡里,范成大为其送行,有《送陆务观编修监镇江郡归会稽待阙》诗,其一说:"高兴

---

① 范成大:《范石湖集·石湖居士诗集》卷二二,第314页。
② 范成大:《范石湖集·石湖居士诗集》卷二〇,第285页。
③ 范成大:《范石湖集·石湖居士诗集》卷三三,第443页。
④ 杨万里撰,辛更儒笺校:《杨万里集笺校》卷三三,第1718页。
⑤ 范成大:《范石湖集·石湖居士诗集》卷三二,第432—433页。
⑥ 杨万里撰,辛更儒笺校:《杨万里集笺校》卷四五,第2313—2314页。
⑦ 杨万里撰,辛更儒笺校:《杨万里集笺校》卷一九,第998—999页。
⑧ 杨万里撰,辛更儒笺校:《杨万里集笺校》卷一九,第1000页。

余飞动,孤忠有照临。浮云付舒卷,知子道根深";其二说:"边锁风雷动,军书日夜飞。功名袖中手,世事巧相违"①。范成大对陆游的孤忠和操守非常称许,而且表达了对时势的关切和对陆游离朝外任的安慰。乾道六年(1170)六月范成大使金,至金山时与陆游相会,其后始渡淮北上。范成大与陆游更为密切的交游往来与诗歌唱和,则是在二人同时游宦蜀中之际。淳熙元年(1174)十月范成大除敷文阁待制、四川制置使兼知成都府,同年十二月陆游调四川制置司参议官,但二人入成都均在淳熙二年(1175)。二人在蜀中"以文字交,不拘礼法"②,多有诗文唱和,感情甚笃。陆游《锦亭》诗即说"乐哉今从石湖公"③。淳熙四年(1177)范成大离成都还朝,陆游送之,有《送范舍人还朝》诗云:"酒醒客散独凄然,枕上屡弹忧国泪。君如高光那可负,东都儿童作胡语……公归上前勉画策,先取关中次河北。尧舜尚不有百蛮,此贼何能穴中国。黄扉甘泉多故人,定知不作白头新。因公并寄千万意,早为神州清虏尘。"④与范成大分别之际,陆游表达了自己的不舍之情,又以扫清胡虏、恢复中原的大任相期,可见二人从国家大义到个人交情都无不切至。淳熙八年(1181)范成大守建康,陆游又有《月夕睡起独吟有怀建康参政》:"只怪梦寻千里道,不知愁作几重城? 苦吟更恨知心少,西望金陵阙寄声"⑤。及范成大卒,陆游撰《范参政挽词》,其一:"屡出专戎阃,遄归上政途。勋劳光竹帛,风采震羌胡";其二:"孤拙知心少,平生仅数公……梦魂宁复接,恸哭向西风"⑥。陆游在挽诗中盛推友人范成大的生平功业,并表示沉痛的哀悼。又有《梦范参政》诗云:"生存相别尚如此,何况一旦泉壤隔。欲怀鸡黍病为重,千里关河阻临穴。速死从公尚何憾,眼中宁复见此杰。青灯耿耿山雨寒,援笔诗成心欲裂。"⑦陆游说自己愿意速死,以从范成大而去,二人毕生肝胆相照的深厚情谊确实令人动容。

　　其五,陆游与尤袤。陆游与尤袤关系亦善。尤袤文集散佚甚多,难以详见其与陆游交游唱和的资料。不过据《宋史》尤袤本传,尤袤尝"荐陆游自代"⑧,可见尤袤对陆游的欣赏和推重。陆游亦有《尤延之侍郎屡求作遂初堂诗诗未成延之去国因以奉送》,诗云:"遂初筑堂今几时,年年说归真得

---

①　范成大:《范石湖集·石湖居士诗集》卷九,第110—111页。
②　脱脱等:《宋史》卷三九五《陆游传》,第12058页。
③　陆游著,钱仲联校注:《剑南诗稿校注》卷七,第548页。
④　陆游著,钱仲联校注:《剑南诗稿校注》卷八,第651页。
⑤　陆游著,钱仲联校注:《剑南诗稿校注》卷一三,第1050页。
⑥　陆游著,钱仲联校注:《剑南诗稿校注》卷三三,第2185—2187页。
⑦　陆游著,钱仲联校注:《剑南诗稿校注》卷三〇,第2062页。
⑧　脱脱等:《宋史》卷三八九《尤袤传》,第11926页。

归。异书名刻堆满屋,欠伸欲起遭书围。舍之出游公岂误,绿发朱颜已非故;请将勋业付诸郎,身践当年《遂初赋》。"①尤袤离朝之际,陆游以诗送之,寄托其安慰之意。尤袤卒,陆游有《尤延之尚书哀辞》云:"余久摈于世俗兮公顾一见而改容,相期江湖兮斗粟共春……话言莫听兮孰知我衷?患难方殷兮孰恤我躬?熏蒿不返兮吾党孰宗,死而有知兮惟公之从。"②可以说,无论是在政治领域、日常生活,还是在文学领域,陆游与尤袤均相交甚深。

综上考述,可见南宋中兴四大家不仅以诗艺齐名,可以并称,事实上彼此之间也相互推崇,以国家大义与立身处世的大节相互砥砺,文学交谊亦极为深厚,堪称南宋中兴时期激进官宦诗人群体的中坚。

3. 王质与王阮

《宋史》王质本传称,"质博通经史,善属文。游太学,与九江王阮齐名"③。可知王质和王阮当世即齐名于时。王阮尝为王质《雪山集》作序云:"绍兴中,阮游成均,与东平王君景文同隶时中斋,听其论古,如读郦道元《水经》,名川支川贯穿周匝,无有间断。间语世务,计后成否,又如孟子言历千载,日至无毫厘差,咳唾随风,皆成珠玑,使读之者如嚼蜜雪,齿颊有味。"④可见王质和王阮关系甚善。二人有时甚至以联句体唱和。如王阮《避暑烟水亭与王景文回文联句一首》,即是王质和王阮以回文体共同创作的游戏之作。王阮又有《次陆务观韵寄王景文一首》云:"朔风摇楚水,国步益艰辛。往事忽成梦,远人何日臣。凡今天下士,皆属座中人。北望中原地,纵横泪洒巾。"⑤张浚卒,王阮以此诗悼之,并寄王质,将怀悼张浚之情与感念中原沦丧的悲慨结合起来,情怀感人至深,从中也可见王阮、王质对于时势的共同关切和二人非同一般的密切关系。

4. 其他

除了以上所述尤为紧密的诗人群体之外,南宋中兴时期激进官宦诗人之间还建立了更为广泛、错综多元的关系网络。

如前述王质和王阮,不仅一时齐名,相互之间以诗文往来,同时又与其他激进官宦诗人多有交游唱和。王质与张孝祥、张浚、虞允文、陆游、洪适等均有交游或唱和。《宋史》王质本传记载,"质与张孝祥父子游,深见器重。孝祥为中书舍人,将荐质举制科,会去国不果。著论五十篇,言历代君臣治

---

① 陆游著,钱仲联校注:《剑南诗稿校注》卷二一,第1587页。
② 陆游:《陆游集·渭南文集》卷四一,第2396—2397页。
③ 脱脱等:《宋史》卷三九五《王质传》,第12055页。
④ 王质:《雪山集·序》,第1页。
⑤ 王阮:《义丰集》,《影印文渊阁四库全书》第1154册,第552页。

乱……金主完颜亮南侵，御史中丞汪澈宣谕荆襄，又明年，枢密使张浚都督江淮，皆辟为属……虞允文宣抚川陕，辟质偕行。一日令草檄契丹文，援毫立就，辞气激壮。允文起执其手，曰：'景文天才也。'入为敕令所删定官，迁枢密院编修官。允文当国，孝宗命拟进谏官，允文以质鲠亮不回，且文学推重于时，可右正言"①。通过这一段记载，可见王质与张孝祥、张浚、虞允文等激进官宦自始至终前后声援，相互砥砺，共论国事，又彼此以文学相知，成为南宋中兴诗坛关系密切的文学群体。王质亦有《次虞枢密九日登高韵》诗云："风动旗千干，霜明甲万联。愁边悲有泪，幽燧冷无烟。杀气藏金钺，台光照玉船。元丰韩相国，故事讲军前。"②在与虞允文的次韵唱和诗中，王质表达了愁边忧国的感情和对中兴名相虞允文杀敌兴国的期许。王质与陆游、洪适等交游唱和的作品则有《寄题陆务观渔隐》《题洪景伯得江亭诗二首》等。

　　王阮与张孝祥、范成大、周必大等关系甚善，亦有交游唱和。岳珂《桯史》记载，"王阮者，德安人，仕至抚州守，尝从张紫微学诗。紫微罢荆州，侍总得翁以归，偕之游庐山。暇日，出诗卷相与商榷，自谓有得"③。王阮《挽张舍人安国四首》其三亦云："忤世无如我，知音独有君。时陪文字饮，议列鹓鹅群"④。从中可见王阮与张孝祥的密切关系和文学交谊。王阮与范成大亦互相称赏，关系密切。隆兴元年（1163）王阮进士及第，试礼部，对策，陈进取建康、恢复中原之计，知贡举范成大得而读之，叹曰："是人杰也。"⑤乾道九年（1173）范成大赴广西帅任，经浯溪，题诗浯溪中兴碑，有郡人非议，惟郡教授王阮韪之。⑥今王阮《义丰集》中，还保存有《寄范石湖五首》、《次韵范石湖北窗书怀一首》等与范成大唱和的诗作。庆元二年（1196）王阮又拜见周必大，有《投周益公三首》，其三称"分无先睹凤，情有后凋松"⑦，可见其对周必大的推崇之情。

　　再如周必大，与胡铨、王十朋、陆游、杨万里、范成大等均有诗歌唱和。周必大与胡铨唱和甚多，作品如《访胡邦衡庭前四菊茂甚因赋二绝》《胡邦衡送酒有酒婢之语次韵》《次韵胡邦衡二首》《顷创棋色之论邦衡深然之明日府中花会戏成二绝》《二月十七日葛守钱倅出所和胡邦衡羊羔酒诗再

---

① 脱脱等：《宋史》卷三九五《王质传》，第12055页。
② 王质：《雪山集》卷一三，第159页。
③ 岳珂撰，吴企明点校：《桯史》卷一《王义丰诗》，北京：中华书局，1981年，第7页。
④ 王阮：《义丰集》，《影印文渊阁四库全书》第1154册，第558页。
⑤ 脱脱等：《宋史》卷三九五《王阮传》，第12053—12054页。
⑥ 于北山：《范成大年谱》，上海：上海古籍出版社，2006年，第168页。
⑦ 王阮：《义丰集》，《影印文渊阁四库全书》第1154册，第552页。

次韵简二公》、《次韵胡邦衡相迎》、《向以书戏邦衡云某自庐山游西山当就迎公召节今邦衡有诗督此语不验次韵》、《胡邦衡相过赏金凤许诗未送邦衡复作木犀会二花殆是的对偶成韵》、《邦衡置酒出小鬟予以官柳名之闻邦衡近买婢名野梅故以为对》、《戊子岁除以栅代酒送邦衡邦衡有诗见戏仍送牛尾狸次韵》、《邦衡再送二首一和为甚酥二和牛尾狸》、《七月十五日邦衡用前韵送薰衣香二贴次韵为谢》、《胡邦衡端明用癸巳旧韵宠赐佳篇辄续貂为不一之贺》、《再用邦衡韵赞其闲居之乐且致思归之意》、《胡邦衡惠淳字韵佳什回首十年间不知几往返矣虽岁月逾迈而格律益高降叹不足敬用赓和》等,可见二人密切的文学交往。周必大与王十朋唱和的作品,有《次韵王龟龄大著省中黄梅》、《送王龟龄宗丞赴越州》等。周必大与陆游交往唱和也非常多,作品如《奉常林黄中博士以黄柑食陆务观司直陆赋长句林邀予次韵》、《许陆务观馆中海棠未与而诗来次韵》、《陆务观编修以石芥送刘韶美礼部刘饮以劲酒二公皆旧邻也因其有诗次韵二首》、《招陆务观食江南笋归有绝句云色如玉版猫头笋味抵驼峰牛尾狸归向妻孥夸至夕书生寒乞定难医戏和》、《次韵陆务观送行二首》、《送陆务观赴七闽提举常平茶事》、《题耸寒图右耸寒图绍兴末在临安西百官宅传之陆务观隆兴癸未秋归庐陵村居戏题二小诗朋友多属和者已而为人借去不还淳熙己酉复与务观同朝再传此本命小儿录旧诗于后某题》、《陆务观之友杜敬叔写予真戏题四句他日持示务观一笑》、《陆务观病弥旬仆不知也佳篇谢邻里次韵自解》、《务观得曾吉甫茶及以诗见遗因次其韵》等。周必大与杨万里唱和的作品,有《奉新宰扬廷秀携诗访别次韵送之》、《寄杨廷秀待制》、《杨廷秀秘监万花川谷中洛花甚富乃用野人韵为鱼儿牡丹赋诗光荣多矣恶语叙谢》、《廷秀用进退韵格赋奉祠喜罢感恩诗次韵》、《乙卯冬杨廷秀访平园即事》、《次韵杨廷秀》、《茅山刘先生觉高士绘云琴图求诗次杨廷秀韵》、《廷秀跋云琴图记高士被遇阜陵再赋小诗》、《次韵杨廷秀侍郎寄题朱氏渔然书院》、《次韵廷秀待制寄题李纪风月无边楼》、《次韵廷秀待制玉蕊》、《杨廷秀送牛尾狸侑以长句次韵》、《次韵杨廷秀待制二首》、《次韵杨廷秀待制瑞香花》、《廷秀再用韵末句见寄易檀为兰故亦不复从前韵同前》等,可见二人唱和亦极为密切。周必大与范成大一生为至交,关系甚善,书信往来不绝,淳熙中尝称赞范成大辅佐孝宗"规恢中原,瘝寐极治。萧何相汉,厥由居守之劳;尚父伐商,即契会朝之咏"[1],及范成大卒,即是周必大为其撰神道碑。周必大与范成大唱和的作

---

① 周必大:《庐陵周益国文忠公集》卷二六《回金陵范参政成大启》,《宋集珍本丛刊》第 51 册,第 325 页。

品,则有《次范至能忆同游石湖韵》、《范至能以诗求二色桃再次韵二首》等。

综上所述,可见南宋中兴时期激进官宦不仅具有恢复中原、共图中兴的政治理想,亦能够相互砥砺,具有很强的群体意识,并且在文学领域相互唱和,抒写情志,形成了一个关系非常密切的诗人群体。

第二节　南宋中兴时期激进官宦诗人的群体特征

一、以阳刚之气为核心的审美观念

孟子说"我善养吾浩然之气"①,以气来指人的道德与精神修养。宋玉称"悲哉秋之为气也"②,以气来指称自然界的一种节序氛围。曹丕称"文以气为主"③,以气来指称作家天生的禀赋与个性气质。朱熹说"形气既异,则其生而得乎天之理亦异"④,以气来指称道学家哲学体系中与形而上的理浑成一体的形而下的形质。可见,自先秦至两宋,气的内涵不断发展,丰富多样,成为自然、社会、哲学及文学等领域的重要范畴。对南宋中兴时期激进官宦诗人群体来说,气也是他们文学理论和文学创作活动中的重要范畴,成为孕育于特定时代和社会群体的一种审美规范,不过它却具有自己独特的内涵。主要表现于以下三个层面:

（一）作为一种政治哲学基础的天人之气

在君尊臣卑的传统社会,道学家抬出一个"道"或天理作为至高无上的精神权威,来规范君主之"势",力求均衡君臣权力、协调君臣关系,以实现他们致君行道的理想。⑤　就南宋中兴时期激进官宦诗人群体而言,他们在政治践履的过程中,事实上面临着与道学家同样的难题,那就是如何让君主认同并实施他们的政治见解和主张。他们没有像同时代道学诗人群体那样创立完整的理论体系,但也经常有自己的一套政治哲学,其基础就是会通四海的天人之气。

---

① 杨伯峻:《孟子译注》卷三《公孙丑章句上》,北京:中华书局,2010 年,第 56 页。
② 洪兴祖撰,白化文等点校:《楚辞补注》卷八《九辩章句第八》,北京:中华书局,1983 年,第 182 页。
③ 严可均校辑:《全上古三代秦汉三国六朝文·全三国文》卷八《论文》,北京:中华书局,1958 年,第 1098 页。
④ 朱熹:《晦庵先生朱文公文集》卷五○《答程正思》,朱杰人等主编:《朱子全书》第 22 册,第 2328 页。
⑤ 参见余英时:《朱熹的历史世界:宋代士大夫政治文化的研究》,北京:生活·读书·新知三联书店,2004 年,第 24—28 页。

绍兴三十二年(1162)十月,孝宗登基刚四个月,王十朋有上殿札子云:

> 国犹身也,强国与身者,气也。医者观身之气,而知其人之寿夭。识者观国之气,而知其世之兴衰。自古帝王图治天下,虽谋之以智,辨之以才,必以气为之主,然后大业乃济……臣谓养今日之气,莫如守;伸今日之气,莫如战;挫今日之气,莫如和……陛下应天受禅,天下罔不欢欣鼓舞,咸谓真主既出,恢复指日可期也。陛下宜亲御鞍马,如汉文帝慨然发愤,如唐宪宗抚巡六师,以作将士之气,以图进取之计……苟或复用和议,则军民解体,虽苟一时之安,而气已为之索矣……臣谓今日之计,战固未可轻,和决不可议,守以养气,俟时而伸,乘机而投而已。①

孝宗继位之初,王十朋即上札以"气"论修身与治国之道,他认为:强国与身者,均是气,治国者必须以气为之主,然后大业乃济;绍兴讲和,已经使国家气索,因此讲和最为挫今日之气;要养今日之气,则须积极防御;要伸今日之气,则莫如出战。针对国家实力与现状,王十朋主张决不可议和,亦不可轻战,而应当励精图治,以养其气,待国家强盛的时候俟时以战,恢复中原,以伸国家之气。

孝宗淳熙十四年(1187)七月,天大旱,杨万里有《旱暵应诏上疏》云:

> 天地之气,与人之气贯通而为一者也。是气也,常通而不隔,则为丰穰,为治安。一有隔而不通,则为水旱,为危乱。今岁之所以旱者,何也?……是必有戾气隔于其间也。然则孰为戾气?斯民叹息之声,此至微也,而足以闻于皇天;斯民愁恨之念,此至隐也,而足以达于上帝。此戾气之所从生,而天地之气所从隔也。②

杨万里认为宇宙间存在一种自然的天地之气,它与人之气贯通为一,这个气若常通而不隔,则为丰穰和治安,若一有隔而不通,则为水旱和危乱。在这里,杨万里抬出所谓天人之气,无非是要借天地这一绝对权威来说服和打动皇帝,规劝皇帝要以人为本,勤政爱民,励精图治,以实现强国富民的社会理想。

---

① 王十朋:《宋王忠文公文集》卷二《上殿札子三首》其二,《宋集珍本丛刊》第 43 册,第 770—771 页。
② 杨万里撰,辛更儒笺校:《杨万里集笺校》卷六二,第 2673 页。

无独有偶,尤袤亦于旱灾之际上疏,借天地之气以正人事,其论与杨万里所论如出一辙。《宋史》记载,孝宗朝尤袤除吏部郎官,累迁枢密院正兼左谕德,夏旱,诏求阙失,尤袤上封事云:"天地之气,宣通则和,壅遏则乖;人心舒畅则悦,抑郁则愤。催科峻急而农民怨;关征苛察而商旅怨;差注留滞,而士大夫有失职之怨……方今救荒之策,莫急于劝分,输纳既多,朝廷吝于推赏。乞诏有司检举行之。"①尤袤认为天地之气顺畅与否决定了国家人事的通和或乖逆,反过来说,国事人心是否通和,又决定了天地之气是否通塞,而作为治理国家的君主与人臣,则必须修政利民,才能永远保持天地之气与国家人事的通和。另如袁说友,亦有《论台谏当伸其气》云:"立国在乎台谏,而台谏之纪纲则在乎士大夫之气焉耳。气之所在,盖将肃风采,振纪纲。纪纲既振,则国之尊崇可以参天地而隆泰华矣。然而气也者,常患于易折,而所以养之者,实在上之人。是故激之则强,抑之则弱,厉之则锐,消之则钝。而强弱锐钝之间,倏然而不可测者,苟不深爱而曲存之,则委靡销铄之气殆无异于既痿之老,其安能正台纲而大国势哉?"②同样是以气来论治国为政之道。

(二) 作为一种主体精神的浩然壮气

鼓舞人才,砥砺士风,进而振兴国家,始终是南宋中兴时期激进官宦诗人群体共同的理想。因此,他们非常注重激扬士人主体精神领域的意气风范。如袁说友《论养士大夫气节》云:

> 盖士大夫之气节,养之则锐,挫之则慑,方其锐也,虽有斧钺之诛而不惧,方其慑也,虽诱以爵赏而不为。惟养之于无事之时,斯可用于有事之际。无事之时苟不先有以养之,欲其用于有事之时难矣。方今天下外无边鄙之忧,内无盗窃之虞,雨旸以时,仓廪以足,正天子养尊,士大夫养气之时也……养气以励风俗,当自朝廷始……气节既立,惰者必勤,私者必公,贪者必廉,怯者必勇。③

袁说友将养士大夫之气与治理国家结合起来,认为当自朝廷开始,养士大夫之气,如此才能保持国家常盛而不衰。

杨万里亦云:

---

①　脱脱等:《宋史》卷三八九《尤袤传》,第11924—11925页。
②　袁说友:《东塘集》卷八,《宋集珍本丛刊》第64册,北京:线装书局,2004年,第307页。
③　袁说友:《东塘集》卷八,《宋集珍本丛刊》第64册,第306—307页。

　　志为政,则气听乎志;气听乎志,浩然之气也。气为政,则志听乎气,志听乎气,未定方刚既衰之气也。血气之气盈则暴,虚则屈,道义之气塞乎天地矣……盖气外折,则心内悸。气外骛,则心内竞。①

　　杨万里对气与志的关系作了深入辨析,认为若以气听乎志,则为浩然之气,并主张当勤于养气。杨万里《虞丞相挽词三首》其三即称赞虞允文说"但令元气壮,患不塞尘开"②。《与虞彬甫右相书》又称:"窃观忠义忼慨之气,恢廓兼容之度,说者谓有寇平叔、范希文、张紫岩之风"③。《欧阳伯威脞辞集序》亦称:"方吾二人相识时,皆年少气锐……伯威之气,凛凛焉不减于昔,独其贫增焉耳。不以增于贫而减于气,如伯威者鲜乎哉"④。正因为杨万里注重养气自励,所以受到周必大的称赞,其《题杨廷秀浩斋记》说:"友人杨廷秀,学问文章独步斯世。至于立朝谔谔,知无不言,言无不尽,要当求之古人,真所谓浩然之气,至刚至大,以直养而无害,塞于天地之间"⑤。周必大极力称赞杨万里至刚至大的"浩然之气",不仅是对杨万里的肯定,其实亦可见周必大对气义之养的重视。

　　淳熙十五年(1188)五月,陆游撰《跋李庄简公家书》说,"李丈参政罢政归乡里时,某年二十矣。时时来访先君,剧谈终日,每言秦氏,必曰咸阳,愤切慨慷,形于色辞……其英伟刚毅之气,使人兴起。后四十年,偶读公家书,虽徙海表,气不少衰"⑥。陆游记述了南宋主张抗金的名臣李光不与秦桧共生的大节,赞扬其英伟刚毅、使人兴起的壮气。在《醉中作》诗中,陆游则自称:"晚途豪气未低摧,一饮犹能三百杯。烂烂目光方似电,駒駒鼻息忽如雷。"⑦《长歌行》诗云:"人生不作安期生,醉入东海骑长鲸;犹当出作李西平,手枭逆贼清旧京……平时一滴不入口,意气顿使千人惊。国仇未报壮士老,匣中宝剑夜有声。何当凯还宴将士,三更雪压飞狐城。"⑧《书愤》诗云:"早岁那知世事艰,中原北望气如山。楼船夜雪瓜洲渡,铁马秋风大散关。"⑨可以看出,陆游不仅以气节许人,亦以壮气自许。

---

① 杨万里撰,辛更儒笺校:《杨万里集笺校》卷九二《庸言八》,第 3590—3591 页。
② 杨万里撰,辛更儒笺校:《杨万里集笺校》卷六,第 371 页。
③ 杨万里撰,辛更儒笺校:《杨万里集笺校》卷六三,第 2732 页。
④ 杨万里撰,辛更儒笺校:《杨万里集笺校》卷七七,第 3173 页。
⑤ 周必大:《庐陵周益国文忠公集》卷一九,《宋集珍本丛刊》第 51 册,第 265 页。
⑥ 陆游:《陆游集·渭南文集》卷二七,第 2241—2242 页。
⑦ 陆游著,钱仲联校注:《剑南诗稿校注》卷四,第 356 页。
⑧ 陆游著,钱仲联校注:《剑南诗稿校注》卷五,第 467 页。
⑨ 陆游著,钱仲联校注:《剑南诗稿校注》卷一七,第 1346 页。

楼钥也有《跋李庄简公与其婿曹纯老帖》称:"盛哉,本朝诸公! 如忠宣之德度,元城之劲节,东坡先生英特之气……庄简公流窜濒死,重以爱子之戚,尤所难堪。家书中言议振发,略不少贬,其气何如哉!"①楼钥盛赞本朝北宋名臣刘安世、苏轼等人的英特之气,对于南宋初期坚决反对和议而为秦桧排斥流放的名臣李光的慷慨激壮之气,更是倾慕不已。楼钥还有《沿檄柯山归别张特秀》诗曰:"我昔志学年,侍亲宦西安……是时气相高,辨论俱澜翻。"②《彭子复临海县斋》诗称:"乾道癸巳冬,此邦我经行。郁攸气未殄,千家真赤城。来访临海令,瓦砾纷纵横。翘然二尺高,问是戒石铭……我无荐贤柄,直书气填膺。"③均是以气自许,可见其慷慨激壮的情怀。

崔敦礼《张魏公像赞》则称:"堂堂魏公,千古之英。名震天下,如雷如霆……忠许国而有为,躬任重而不惊,凛凛乎清中原吞强敌之气,历九死而不变,其孰知公之忠精。"④对南宋名臣张浚历九死而不变的精忠壮气同样给予高度赞扬。此外,如王十朋称胡铨:"秦氏以国事仇,非和也,三纲五常之道灭矣,何足以语《春秋》? 当时士大夫能力争者无几,惟胡君邦衡慨上请剑之书,至今读之,令人增气。"⑤周必大亦称胡铨:"凛然英气,尚父是匹。"⑥范成大《登西楼》:"少年豪气合摧锋,青鬓朱颜万事慵。"⑦杨冠卿《壬寅仲冬晦日同吴监丞游延祥宫延祥盖和静所居也》:"危亭倚高寒,意气干青云。"⑧王阮称张孝祥"气吞虹蜺"⑨。王质《退之序》自称"少而为学问文章……才未练,不足以当世故,而气已盛,志已高"⑩。如上所述,都可见南宋中兴时期激进官宦诗人注重主体浩然壮气之养的群体特征。

(三) 作为一种诗歌美学风范的阳刚之气

南宋中兴时期激进官宦诗人群体将作家主体之气与诗歌创作呈现出来的美学风范密切联系在一起。在这一方面,他们亦多有论述。乾道五年(1169)十月,王十朋为蔡君谟文集作《蔡端明文集序》云:

---

① 楼钥:《攻媿集》卷七三,第984页。

② 楼钥:《攻媿集》卷一,第19页。

③ 楼钥:《攻媿集》卷一,第20页。

④ 崔敦礼:《宫教集》卷一二,《宋集珍本丛刊》第56册,第473页。

⑤ 王十朋:《宋王忠文公文集》卷二四《跋王金判植诗》,《宋集珍本丛刊》第44册,第155页。

⑥ 周必大:《庐陵周益国文忠公集》卷四五《又求胡忠简公赞》,《宋集珍本丛刊》第51册,第480页。

⑦ 范成大:《范石湖集·石湖居士诗集》卷一,第3页。

⑧ 杨冠卿:《客亭类稿》卷一二,《影印文渊阁四库全书》第1165册,第527页。

⑨ 岳珂撰,吴企明点校:《桯史》卷一《王义丰诗》,第7页。

⑩ 王质:《雪山集》卷五,第45页。

　　　文以气为主,非天下之刚者莫能之。古今能文之士非不多,而能杰然自名于世者亡几,非文不足也,无刚气以主之也。孟子以浩然充塞天地之气,而发为七篇仁义之书;韩子以忠犯逆鳞勇叱三军之气,而发为日光玉洁表里六经之文。故孟子辟杨墨之功不在禹下,而韩子抵排异端攘斥佛老之功又不在孟子下,皆气使之然也……窃谓文以气为主,而公之诗文实出于气之刚。入则为謇谔之臣,出则为神明之政,无非是气之所寓。学之者宜先涵养吾胸中之浩然,则发而为文章事业,庶几无愧于公云。①

　　所谓"文以气为主",本是曹丕提出的一个文论观念。就字面而言,王十朋似乎仅是承袭曹丕之说,但若深考王十朋所论,则可以发现与曹丕之说甚有差别。曹丕"文以气为主"中的"气",主要是创作主体天生的一种禀赋气质。而王十朋所论之"气",则主要是创作主体后天形成的一种具有阳刚之美的精神风范。王十朋这种文学观念是极有代表性的,可以说是南宋中兴时期激进官宦诗人对于自先秦以来以气论文的传统理论的一种推进,具有独特的时代内涵。

　　周必大亦是一位代表,其《王元渤洋右史文集序》云:

　　　文章以学为车,以气为驭。车不攻,积中固败矣。气不盛,吾何以行之哉……挟之以刚大之气,行之乎忠信之途。仕可屈,身不可屈。食可缓,道不可缓。如是者积有年,浩浩乎胸中,滔滔乎笔端矣。②

　　周必大认为主体之气盛,则诗歌文章亦盛,也就是说惟有"浩浩乎胸中",才能"滔滔乎笔端"。而这个气,正是一种行之忠信之途的"刚大之气"。

　　陆游在这方面的论述尤多。庆元六年(1200)四月,陆游作《方德亨诗集序》说:"诗岂易言哉,才得之天,而气者我之所自养。有才矣,气不足以御之,淫于富贵,移于贫贱,得不偿失,荣不盖愧,诗由此出,而欲追古人之逸驾,讵可得哉?"③陆游认为诗和主体之气具有深刻的联系,并提出养气御诗的观点。其《上辛给事书》亦说:"前辈以文知人,非必巨篇大笔,苦心致力

---

① 王十朋:《宋王忠文公文集》卷一二,《宋集珍本丛刊》第 44 册,第 53 页。
② 周必大:《庐陵周益国文忠公集》卷二〇,《宋集珍本丛刊》第 51 册,第 278 页。
③ 陆游:《陆游集·渭南文集》卷一四,第 2104 页。

之词也……贤者之所养,动天地,开金石,其胸中之妙,充实洋溢,而后发见于外,气全力余,中正闳博,是岂可容一毫之伪于其间哉"①,也是谈养气以充诗文的问题。开禧元年(1205)九月,陆游又为傅崧卿作《傅给事外制集序》云:

> 某闻文以气为主,出处无愧,气乃不挠,韩柳之不敌,世所知也。公自政和讫绍兴,阅世变多矣,白首一节,不少屈于权贵,不附时论以苟登用。每言虏,言畔臣,必愤然扼腕裂眦,有不与俱生之意……一时士气,为之振起。②

陆游明确强调"文以气为主",并以"气"为标准品评诗文,所论与王十朋如出一辙。这个"气",亦非曹丕所论之禀赋气质,而是后天历练的一种慷慨激壮的阳刚正气。

此外,如杨万里《石湖先生大资参政范公文集序》称赞范成大:"公之诗文,非能工也,不能不工耳。公风神英迈,意气倾倒,拔新领异之谈,登峰造极之理,萧然如晋、宋间人物。他人戛戛吃吃而不能出诸口者,公曛呻噫欠之间,猝然谈笑而道之。则其诗文之工,岂十日一水、五日一石之谓也哉?"③楼钥《送刘德修少卿潼川漕》云:"一生忧国心,千古敢言气。气足充所学,文能行其意。"④均是以雄浑激壮的刚正之气为诗歌创作的美学典范。

南宋中兴时期,激进官宦诗人群体之所以能在政治领域、作家主体的精神领域、诗歌创作的文学领域等多个层面上都以气贯之,提出天地之气、浩然之气、阳刚之气等重要范畴,进一步从诗歌理论与实践两个层面推动和丰富中国文学的理论宝库,是与他们特定的时代及其主体的政治立场、价值取向、精神品格等密切相关的。如乾道六年(1170)陆游入蜀之际,撰《入蜀记》记载沿途所见所闻:至京口,"两日间,阅往来渡者,无虑千人,大抵多军人也"⑤;近鄂州,"居民及泊舟甚多,然大抵皆军人也"⑥;至鄂州,"市邑雄富,列肆繁错,城外南市亦数里,虽钱塘、建康不能过,隐然一大都会也"⑦;

---

① 陆游:《陆游集·渭南文集》卷一三,第2087页。
② 陆游:《陆游集·渭南文集》卷一五,第2112页。
③ 杨万里撰,辛更儒笺校:《杨万里集笺校》卷八二,第3296—3297页。
④ 楼钥:《攻媿集》卷二,第33页。
⑤ 陆游著,蒋方校注:《入蜀记校注》卷一,武汉:湖北人民出版社,2004年,第45页。
⑥ 陆游著,蒋方校注:《入蜀记校注》卷四,第149页。
⑦ 陆游著,蒋方校注:《入蜀记校注》卷四,第150页。

至武昌，"观大军教习水战。大舰七百艘，皆长二三十丈，上设城壁楼橹，旗帜精明，金鼓鞺鞳，破巨浪往来，捷如飞翔，观者数万人，实天下之壮观也"①。若将陆游所记串联起来，即可以透过历史时空，看到南宋中兴时期市井雄富繁荣的盛况，感受到当时"金鼓鞺鞳"、积极备战的特定气氛。陆游《入蜀记》所描绘的，乃是一幅中兴时代的壮观图景。而中兴时期激进官宦诗人群体在文学领域所提倡的以阳刚之气为核心的诗歌美学风范，正是滋生于这样的土壤之中，它源于国家中兴的气象和士人主体慷慨激壮的精神意气，具有独特时代内涵与文学史意义。

二、爱国忧时的共同主题

南宋中兴时期，在政治领域最为进取、最富活力的就是一群激进官宦诗人。在宋室南渡的耻辱背景、生灵涂炭的巨大灾难和中原一直未能恢复的时势之下，他们怀着爱国忧时的赤子之心，北伐雪耻、收复中原成为他们为之奋斗的理想。同时，他们秉持以人为本的观念，对于社会民瘼非常关心。在文学创作领域，激进官宦诗人群体也强烈地表达着这种爱国忧时的共同主题。

（一）对于中原未复的忧患

王十朋是南宋中兴之初的爱国名臣，尝说自己"爱君忧国，出于天性"②。这在其诗歌中亦有表现。孝宗隆兴元年（1163）王十朋支持张浚北伐失败后，于六月十九日罢职归家，作《去国》云："去国常忧国，还家未有家。君恩报无所，含愧出京华。"③王十朋虽因北伐受挫而离朝，但"去国"不忘"忧国"，可见其一贯的忧时情怀。

杨万里亦以爱君忧国著称。他有《得亲老家问二首》，其二云："济世吾无策，迎亲仕屡惊。乾坤裂未补，簪笏达何荣？"④表达对宋朝国土分裂的焦虑。隆兴元年（1163）张浚北伐失败，孝宗下罪己诏，杨万里作《读罪己诏》三首，其二云："乱起吾降日，吾将强仕年。中原仍梦里，南纪且愁边。陛下非常主，群公莫自贤。金台尚未筑，乃至羡强燕？"⑤对张浚北伐的失败和"中原仍梦里"的局势表示万分的忧愁，也希望南宋君臣同心协力，共思强

---

① 陆游著，蒋方校注：《入蜀记校注》卷四，第 152 页。
② 王十朋：《宋王忠文公文集》卷二《轮对札子三首》其一，《宋集珍本丛刊》第 43 册，第767 页。
③ 王十朋：《宋王忠文公文集》卷四〇，《宋集珍本丛刊》第 44 册，第 306 页。
④ 杨万里撰，辛更儒笺校：《杨万里集笺校》卷一，第 24 页。
⑤ 杨万里撰，辛更儒笺校：《杨万里集笺校》卷一，第 62 页。

国之策。另如《忧患感叹》其二："老去情怀已不胜,愁边灾患更相仍。胸中莫著伤心事,东处销时西处生。"①《登楚州城》："望中白处日争明,个是淮河冻作冰。此去中原三里许,一条玉带界天横。"②《初入淮河四绝句》其一:"船离洪泽岸头沙,入到淮河意不佳。何必桑乾方是远?中流以北即天涯。"③均表现了对中原陆沉的悲慨和忧虑。

陆游一生念念不忘恢复中原,忧时之心至死不渝。他有《太息》诗云:"太息重太息,吾行无终极。冰霜迫残岁,鸟兽号落日……白头乡万里,堕此虎豹宅。道边新食人,膏血染草棘。平生铁石心,忘家思报国。即今冒九死,家国两无益。中原久丧乱,志士泪横臆。切勿轻书生,上马能击贼。"④陆游说自己之所以忧愁不已,原因是目睹了路人被食的社会惨象和中原丧乱的现实情势。即使到了垂暮之年,陆游仍然常有新亭之泣。如《闻虏乱次前辈韵》云:"中原昔丧乱,犲虎厌人肉。辇金输虏庭,耳目久习熟。不知贪残性,传噬何日足。至今磊落人,泪尽以血续。后生志抚薄,谁办新亭哭。艺祖有圣谟,呜呼宁忍读。"⑤《示儿》云:"死去元知万事空,但悲不见九州同。王师北定中原日,家祭无忘告乃翁。"⑥这首绝笔之作更是人所熟知,成为陆游毕生爱国精神的典型概括和总结。

范成大尝称赞孝宗"不忘北向,以雪宗庙大耻,可谓有志矣"⑦。洪迈使金,他亦尝赋诗送之,称:"北土未干遗老泪,西陵应望孝孙朝"⑧,表示对中原尚未恢复的忧患。乾道八年(1172)范成大自吴赴广西帅任,经衡州,赋《合江亭》诗云:"毡毳昔乱华,车马隔中州……安知千载后,但泣新亭因。我题石鼓诗,愿言续《春秋》。"⑨抒写了以中原华夏为正统的《春秋》之义,在新亭对泣的历史记忆中,蕴含着对中原分裂的感慨。淳熙十二年(1185),知平江府丘崈移守会稽,范成大赋诗送之,称:"胸奇百炼当活国,君岂独私吴与越。鹤鸣樟桥猿夜啼,匈奴未灭家何为"⑩,则以慷慨报国的

---

① 杨万里撰,辛更儒笺校:《杨万里集笺校》卷一四,第 720 页。

② 杨万里撰,辛更儒笺校:《杨万里集笺校》卷二七,第 1401 页。

③ 杨万里撰,辛更儒笺校:《杨万里集笺校》卷二七,第 1403 页。

④ 陆游著,钱仲联校注:《剑南诗稿校注》卷三,第 247 页。

⑤ 陆游著,钱仲联校注:《剑南诗稿校注》卷五七,第 3320 页。

⑥ 陆游著,钱仲联校注:《剑南诗稿校注》卷八五,第 4542 页。

⑦ 杨士奇等编:《历代名臣奏议》卷一八三《去邪》,《影印文渊阁四库全书》第 438 册,第 279—280 页。

⑧ 范成大:《范石湖集·石湖居士诗集》卷八《送洪景卢内翰使虏二首》其二,第 102 页。

⑨ 范成大:《范石湖集·石湖居士诗集》卷一三,第 169 页。

⑩ 范成大:《范石湖集·石湖居士诗集》卷二六《吴歈一首送丘宗卿自平江移会稽》,第 360 页。

精神相勉励。淳熙十六年(1189)友人袁说友尝赋《游金焦二山至汲江亭用前韵》,称"欲把边尘聊一洗,只今更吸大江流"①。范成大次韵和之,有《次韵袁起岩提刑游金、焦二山二首》,其一称"别有英雄怀古意,他年击楫誓中流"②。袁说友还有《送周可大守通州》云:"不堪北首瞻神京,抵掌不平中屡鸣。"③范成大亦有《次韵朱严州从李徽州乞牡丹三首》,其一云:"莫对溪山话京洛,碧云西北涨黄埃。"④从中都可看出南宋中兴时期激进官宦诗人念念不忘中原的情怀。

赵善括也是一位爱国忧时的志士。其《过金陵有感和韵》云:"五马渡江思典午,祖龙谩凿秦淮浦。未登三代盛明时,曾是六朝文物祖。中兴事业由忧勤,风流千载还芬熏。谢安王导亦可罪,至今遂使南北分。"⑤自东晋之后,世之论谢安者,必盛称其淝水大败入侵之敌的功劳,世之论王导者,亦必赞其新亭之泣的忠诚。而赵善括则秉持着规恢中原的信念,由此对谢安、王导等人进行了批判,认为他们虽一有淝水却敌之功,一有新亭泣国之诚,却终不过只是消极防御,安于一隅,没有恢复中原的志向,终使国土析崩、南北分裂,因而他们不仅无功,反而"可罪"。其中,可以说饱含着赵善括对"中兴事业"的"忧勤"之心。

此外,如李流谦《金陵二首》其二:"江城迭鼓晚停挝,游子翩翩念岁华。水底乾坤浮日夜,沙边鸥鹭老烟霞。渔人能说陈隋事,燕子犹寻王谢家。南北自分仍自合,不应全殢后庭花。"⑥亦是通过对历史的追忆,感叹分裂,缅怀故土,表现热爱家国的时代情感和现实主题。另如张孝祥《读中兴碑》:"北望神皋双泪落,秖今何人老文学。"⑦喻良能《有感二首》其一:"再有淮南乱,纷纷几战场……何时洗兵甲,四海重耕桑。"⑧这些诗作,均表达了对中原未能恢复的深沉忧患,可见作者爱国忧时的共同情怀。

(二) 对于民瘼的关怀

诚如虞俦所说,"大抵爱君忧国者,必有切直之论。而嗜进苟得者,必

---

① 袁说友:《东塘集》卷四,《宋集珍本丛刊》第 64 册,第 264 页。
② 范成大:《范石湖集·石湖居士诗集》卷二九,第 402 页。
③ 袁说友:《东塘集》卷二,《宋集珍本丛刊》第 64 册,第 243 页。
④ 范成大:《范石湖集·石湖居士诗集》卷六,第 75 页。
⑤ 赵善括:《应斋杂著》卷五,《影印文渊阁四库全书》第 1159 册,第 49 页。
⑥ 李流谦:《澹斋集》卷六,《宋集珍本丛刊》第 46 册,第 347 页。
⑦ 张孝祥著,徐鹏校点:《于湖居士文集》卷二,第 8 页。
⑧ 喻良能:《香山集》卷六,《宋集珍本丛刊》第 56 册,第 116 页。

多诐谀之辞"①。南宋中兴时期激进官宦诗人群体不仅在政治活动中言切论直，而且在诗歌创作中也表现出直书无隐的特色，其中一个重要方面就是对于民瘼的关怀。

北宋靖康之难以后，"北方人口的南迁断断续续持续了一个半世纪，若以移民不同的背景作为划分时期的标准的话，约可分靖康之难、南宋金对峙、南宋蒙古（元）对峙三个时期"②。即使是在南宋中兴时期，流民也是困扰社会的一个重要问题。中兴诗人张孝祥即在诗歌中深刻揭示了这一社会问题，其《和沈教授子寿赋雪三首》其三云："天公作剧已三白，刮面东风利如铁。只今斗米钱数百，更说流民心欲折。边人打围涂塘北，烟火穹庐一江隔。陛下宵衣甚焦劳，微臣私忧长郁结。尔曹忍冻不足说，我辈何时立奇节。"③此诗描写了大量流民缺衣少食、寒苦无依的生存状态，并对流民表示深切的同情。

如果说张孝祥揭示的是金人入侵导致的流民问题，那么王阮的诗则反映了自高宗至孝宗以来由于地方官员政事不修和农民偷惰而形成的饥民与灾荒问题。孝宗乾道七年（1171）王阮游宦潭州，遇年荒民饥，作《代胡仓进圣德惠民诗一首》：

> 习此民成懒，加之吏不虔。力耕终苟且，劝课或迁延。绿野田多旷，潢池恶未悛。曷尝修稼政，但见饰宾筵……忆昨初行日，萧然亦可怜。饿羸皆偃仆，疾疫更牵缠。讵止家徒壁，多遗屋数椽。葛根殚旧食，竹米继新馐。略救朝昏急，终非肺腑便。声音中改变，形质外羸孱。气薾胸排骨，神昏眼露圈。步攲身欲仆，头褪发俱卷。妇馁心成疾，儿啼口坠涎。乱花生目睫，炎火亢喉咽。袅袅浑无力，昏昏只欲眠。尽挛持未手，顿削负薪肩。象貌已成鬼，号呼几乱蝉。④

王阮描写了由于吏民养成了不勤于耕种而且铺张浪费的陋习，所以遇到灾荒之年即出现饿殍满野的惨象，抒发了忧世悯农的感情。王阮还有《遇流民有感一首》："行尽江南处处山，无钱归去买山闲。自怜不在施为

---

①　虞俦：《尊白堂集》卷六《乞宣示殿试考官务求切直之论札子》，《宋集珍本丛刊》第63册，第524页。

②　吴松弟：《北方移民与南宋社会变迁》，台北：文津出版社，1993年，第11页。

③　张孝祥著，徐鹏校点：《于湖居士文集》卷二，第15页。

④　王阮：《义丰集》，《影印文渊阁四库全书》第1154册，第540—541页。

地,空对流民数汗颜"①,则表达了一个正直官吏因无力救民于水火的惭愧之情。

尤袤游宦期间,一贯"问民疾苦",以至于"积忧成疾","民诵其善政不绝口"②。"问民疾苦"事实上也是尤袤诗歌的一个主题。如其《次韵德翁苦雨》云:"十年江国水如淫,怕见三秋雨作霖。可念田家妨卒岁,须烦风伯荡层阴。禾头昨夜忧生耳,木德何时却守心。兀坐书窗诗作祟,寒虫呜咽伴愁吟。"③在秋收季节,尤袤为阴雨连绵,妨害田家收获而忧愁不已。又如其《雪》诗:"睡觉不知雪,但惊窗户明。飞花厚一尺,和月照三更。草木浅深白,丘塍高下平。饥民莫咨怨,第一念边兵。"④则是写寒冬飞雪之际对于"饥民"与"边兵"的关切,可见其触处感发的忧民之心。

范成大一生历仕四方,兴利除害,关心民瘼,施政爱民。如乾道年间他知处州,在任上倡行义役,以助役者,并息民争。处州多山田,灌溉引水不便,范成大率众修筑渠堰,躬往劳工,堰成,父老欢呼。及其帅广西,又变盐法,裁官府强取之数,以宽郡县百姓。淳熙初,范成大除四川制置使、知成都府,入蜀途中,凿修三峡山路,人以为便。帅蜀期间,范成大除了造器甲、练士兵、督守边郡之外,专意恤民,裁剪税赋,深为蜀人称道。⑤ 从早年到晚年,范成大亦留下了许多表现民生疾苦的诗作。如淳熙元年(1174)他帅广西之际,夏秋遇旱,赋《晓出北郊》:"新渠厘涓流,坏陂方怒号。遝畂病瘠土,不肯昏作劳。灭裂复灭裂,晚秧如牛毛。空余朝气白,浮浮湿弓刀。官称劝农使,临风首频搔"⑥,抒忧旱悯农之意。后甘雨来至,他又赋诗志喜。⑦ 范成大帅蜀期间,亦有诗感慨"锦城乐事知多少,忧旱忧霖蹙尽眉"⑧。晚年退居石湖期间,范成大更是写下大量诗歌,描写吴中风土人情,反映百姓生活艰辛,堪称中兴诗坛的典范。

袁说友也是一位勤政爱民的诗人。其《十月雪四白》诗云:"夜来风絮鸣觚棱,纷纷消息何频仍。不堪十月已四白,岂暇一岁夸三登。祁寒未必小

---

① 王阮:《义丰集》,《影印文渊阁四库全书》第 1154 册,第 563 页。
② 脱脱等:《宋史》卷三八九《尤袤传》,第 11929 页。
③ 尤袤:《梁溪遗稿》卷一,《影印文渊阁四库全书》第 1149 册,第 512 页。
④ 尤袤:《梁溪遗稿》卷一,《影印文渊阁四库全书》第 1149 册,第 513 页。
⑤ 参见周必大:《庐陵周益国文忠公集》卷六二《资政殿大学士赠银青光禄大夫范公成大神道碑》,《宋集珍本丛刊》第 51 册,第 605—611 页。
⑥ 范成大:《范石湖集·石湖居士诗集》卷一四,第 182 页。
⑦ 范成大:《范石湖集·石湖居士诗集》卷一四《甘雨应祈三绝》,第 182 页。
⑧ 范成大:《范石湖集·石湖居士诗集》卷一七《秋老,四境雨已沛然,晚坐筹边楼,方议祈晴,楼下忽有东界农民数十人,诉山田却要雨,须长吏致祷,感之作诗》,第 237 页。

民怨,哭雪政恐樵夫憎。穷阎冷市籴贵谷,破灶湿苇烧层冰。寒窗又冻诗翁笔,清夜谁怜贫妇织。人言宜瑞不宜多,官放论钱不论日。请君高吟祈碧苍,愿天今夕开扶桑。寄语龙公且相恤,忍待明年莫仓卒。"①写连续降雪之际对百姓饥寒的担忧。其《连雨》云:"但觉天公真有意,不知民力已潜纾。田家是处均膏泽,两岸欢吟使者车。"②又写出了对田家久旱遇雨的喜悦,可见其无论忧喜都系于天下百姓的襟怀。

另如楼钥《送王正言守永嘉》:"苍生㴸㴸生鱼头,聚落随波迹如扫。今年二麦连野秀,田家扶犁事秔稻……哀哉千里方更生,县官租钱酒力晓。纵民自恐上不足,诛取何怜下无告。邦储邦本孰轻重,肯使疲民困征扰。君不见岩岩千古阳道州,政拙催科自书考。"③诗人在送别友人之际,勉励友人以天下"苍生"为重,也表达了对饱受催科困扰的"疲民"的怜悯之情。其《题申之寄示春郊画轴》亦云:"闲人忧国无他策,但愿好雨成丰年。"④在寄给自己外甥即南宋著名词人卢祖皋的诗中,楼钥同样表达了对于民瘼的忧患。总之,南宋中兴时期激进官宦诗人群体不仅强烈表达了对于中原未能恢复的忧患,也多方面关切当时社会的民生疾苦,体现出深广的忧患意识。

三、慷慨激越的艺术世界

南宋中兴时期激进官宦诗人群体为恢复中原、再造盛世的理想而奔走,同时游于艺途,以诗歌纪事抒怀,开拓出一个慷慨激越的艺术世界。其内涵主要包括以下三个层面:

(一) 锐意功业的生活世界

激进官宦诗人要实现中兴的理想,积极进取,建功立业是唯一的途径。而锐意功业的生活世界,正是其艺术世界的一个基本层面。如杨万里称"某生好为治乱之学,力探之而非不幽也,洞观之而非不白也"⑤,表达其致力国家治乱的志向。又说:"言有事于无事之时,不害其为忠也;言无事于有事之时,其为奸也"⑥,表明其立朝为政直言敢谏的个性。杨万里一生,也如其所言,鞠躬尽瘁,死而后已。如淳熙十四年(1187)孝宗令太子参决庶务,杨万里上书孝宗表示反对,说:"是政也,是权也,可以出于一,而不可出

---

①　袁说友:《东塘集》卷二,《宋集珍本丛刊》第64册,第244页。
②　袁说友:《东塘集》卷四,《宋集珍本丛刊》第64册,第261页。
③　楼钥:《攻媿集》卷一,第6页。
④　楼钥:《攻媿集》卷四,第71页。
⑤　杨万里撰,辛更儒笺校:《杨万里集笺校》卷六四《上史侍郎书》,第2770页。
⑥　杨万里撰,辛更儒笺校:《杨万里集笺校》卷六二《上寿皇论天变地震书》,第2659页。

于二者也。出于一,则治则安则存;出于二,则乱则危则亡……臣一介小臣,预国大议,自知言出于口,戮及于身。然使臣杀一身以利国家,臣之愿也"①。同时他又上书太子,直言"国不堪贰,君不可以代匮……天无二日,民无二王"②。从中可见杨万里为国家而不顾个人安危得失的政治风节。杨万里任地方官之际,也勤于政事。如淳熙中他提举广东常平茶盐,"盗沈师犯南粤,帅师往平之",孝宗不禁称赞他有"仁者之勇"③。杨万里亦有《平贼班师,明发潮州》诗记其事云:"不是潢池赤白囊,何缘杖屦到潮阳?官军已扫狐兔窟,归路莫孤山水乡。"④记事的同时,也表达了扫清一方贼寇的喜悦心情。

范成大为政之勤亦堪称典范,为人称道。他尝有《吴歈一首送丘宗卿自平江移会稽》诗自述说:"胸奇百炼当活国,君岂独私吴与越。鹤鸣樟桥猿夜啼,匈奴未灭家何为!功成他年归结屋,好在山花休斩竹。"⑤表达了为国立功的抱负。友人杨万里在《石湖先生大资参政范公文集序》中说范成大"以文学材气受知寿皇,自致大用。至杖汉节,使强虏,即其庭,伏穹庐不肯起,袖出私书切责之……其所立又有不凡者矣"⑥。范成大帅成都之际,陆游为其幕属,也有《范待制诗集序》记述,"成都地大人众,事已十倍他镇,而四道大抵皆带蛮夷,且北控秦陇,所以临制捍防,一失其宜,皆足致变故于呼吸顾盼之间。以是幕府率穷日夜力,理文书,应期会,而故时巨公大人,亦或不得少休。及公之至也,定规模,信命令,弛利惠农,选将治兵。未数月,声震四境"⑦。

周必大乃中兴名臣,有《送陆先生圣修府赴春闱》诗云:"送君南浦惨离情,握手依依数去程……好把嘉谋献丹宸,中兴天子急升平。"⑧在送别友人之际,周必大以献嘉谋于魏阙、开中兴之升平的功业相期许,事实上这也是周必大一贯的志向。陆游《周益公文集序》即称:"公在位久,崇论宏议,丰功伟绩,见于朝廷,传之夷狄者,何可胜数"⑨,可谓是对周必大一生锐意中

① 杨万里撰,辛更儒笺校:《杨万里集笺校》卷六二《上寿皇论东宫参决书》,第2689—2691页。
② 杨万里撰,辛更儒笺校:《杨万里集笺校》卷六二《上皇太子书》,第2705—2706页。
③ 脱脱等:《宋史》卷四三三《杨万里传》,第12864页。
④ 杨万里撰,辛更儒笺校:《杨万里集笺校》卷一八,第896页。
⑤ 范成大:《范石湖集·石湖居士诗集》卷二六,第360页。
⑥ 杨万里撰,辛更儒笺校:《杨万里集笺校》卷八二,第3296页。
⑦ 陆游:《陆游集·渭南文集》卷一四,第2098页。
⑧ 周必大:《庐陵周益国文忠公集》卷一,《宋集珍本丛刊》第51册,第146页。
⑨ 陆游:《陆游集·渭南文集》卷一五,第2113页。

兴功业的极好概括。

楼钥也锐意进取，很有政声。他尝撰《击楫誓清中原赋》云："国仇未雪，壮夫请行。击长楫以前渡，誓中原之复清……振起江南，益大中兴之烈。扫清冀朔，遂成再造之功。"[①]又有《赋蒋生若水番马图》诗云："我行燕冀颇见之，狼帽乌靴乃其俗。勿云恃勇不知义，要以赤心置其腹。呜呼！安得壮士健马咸作使，坐令戎虏为臣仆。"[②]其赋与诗，不仅表达了恢复中原、再造中兴的愿望，也是其致力功业的政治生涯的自我写照。史载，光宗嗣位，召对，楼钥奏曰："人主初政，当先立其大者，至大莫如恢复。然当先强主志，进君德。"其他缴奏也都言论切直，"无所回避"，以至光宗说："楼舍人朕亦惮之"[③]。真德秀《攻媿先生楼公集序》称楼钥："嘉定初，起为内相，俄辅大政"[④]。楼钥当政之际，不仅以恢复为立政之要，又具有直言不讳的精神，成为南宋中兴后期政坛的重要人物。

此外，如张孝祥《诸公分韵蹑冒顿之区落焚老上之龙庭得老庭字》："横槊能赋诗，下马具檄草。忠义乃天赋，勋名要时早。"[⑤]陆游《示儿》："吾儿从旁论治乱，每使老子喜欲狂。"[⑥]尤袤《送吴待制帅襄阳二首》其二："努力功名归报国，莫思山月与林钟。"[⑦]杨冠卿《暮景》其二："看镜恍如失，功名定何时？"[⑧]《久客倦游归憩僧坊有怀蓬居梵竺卿寂光常不轻》："志士长肮脏，曲钩封公侯。"[⑨]王质《别张君玉二首》其一："他日中原公事了，磨崖千丈要丰碑。"[⑩]《赠刘遂良》："胡湾此际谈三命，淝水何时战一场。"[⑪]从以上诸诗都可见他们对成就中兴之功的强烈渴望。诚如赵善括《郭都统启》所说："某幼固读书，长尝学剑，虽奋身于笔砚，盖有意于功名。"[⑫]"读书"、"学剑"及成就"功名"，可以说是南宋中兴时期激进官宦诗人群体锐意功业的生活世界的典型概括。

---

① 楼钥：《攻媿集》卷八〇，第1080页。
② 楼钥：《攻媿集》卷四，第70页。
③ 脱脱等：《宋史》卷三九五《楼钥传》，第12046页。
④ 真德秀：《西山先生真文忠公文集》卷二七，上海：商务印书馆，1937年，第483页。
⑤ 张孝祥著，徐鹏校点：《于湖居士文集》卷三，第18页。
⑥ 陆游著，钱仲联校注：《剑南诗稿校注》卷二二，第1663页。
⑦ 尤袤：《梁溪遗稿》卷一，《影印文渊阁四库全书》第1149册，第514页。
⑧ 杨冠卿：《客亭类稿》卷一一，《影印文渊阁四库全书》第1165册，第518页。
⑨ 杨冠卿：《客亭类稿》卷一一，《影印文渊阁四库全书》第1165册，第519页。
⑩ 王质：《雪山集》卷一四，第175页。
⑪ 王质：《雪山集》卷一四，第177页。
⑫ 赵善括：《应斋杂著》卷二，《影印文渊阁四库全书》第1159册，第22—23页。

（二）豪迈悲壮的心灵世界

郑师尹称陆游："若夫发乎情性，充乎天地，见乎事业，忠愤感激，忧思深远，一念不忘君"①。在南宋中兴时期，激进官宦诗人以其对于时势的群体自觉，怀着满腔热血与豪情，始终为国家中兴的事业而锐意进取。但客观地说，即使是在南宋中兴时期，以宋朝的政治、经济与军事实力，仍不足以挥师北上，一举收复故土，而只能与金人对峙抗衡。加之，南宋中兴时期朝中仍有一股主和势力阻抑北伐。因此，陆游"诸公尚守和亲策，志士虚捐少壮年"的诗句②，成为中兴时代的缩影，激进官宦诗人主观的理想与客观的时势亦形成了巨大冲突，在其内心产生强烈的震撼：一方面是壮志豪情的激荡，一方面则是英雄失路的悲愤，二者交织在一起，便形成了激进官宦诗人群体豪迈而又悲壮的复杂心灵世界。

其一，豪情与壮怀。如王十朋《题一览亭》诗云：

> 危亭顶鄂渚，欲上初不敢。肩舆蹑峥嵘，眼界惊坎窞。青山缭江湖，烟雨抹浓淡。千帆破沧浪，万里照菡萏。大泽胸可吞，秀色手宜揽。形势控上游，天险卦佯坎。登临迫吹帽，秋声在葭菼。御杯情有欣，怀古意多感。两雄孙与刘，壮志鲸鹏噉。赤壁走阿瞒，功业炳铅椠。黄鹤去何之，灵竹色犹惨。楼余庾公兴，洲遗正平憾。北望旧中原，激裂壮士胆。何由登太山，一快天下览。③

王十朋登临漕台后山一览亭，面临长江天险，目睹淮南大泽，面前是千帆破浪，万里昭然，锦绣的山河尽在眼底。在一派万象峥嵘的景象中，诗人缅怀三国时期孙刘联合抗曹、逐鹿中原的历史旧事，又联想到国家分裂的现实，胸中不禁激起了恢复中原故土、尽兴登览祖国河山的壮怀豪情。又如其《送子尚如浙西》："会须徒步谒天子，慨然一吐胸中略。请缨缚渠壮士志，庶使平时语无怍。"④《乐清僧寮有过客钱之翰题二绝有伤时之叹因次其韵》其二："功名谁复汉嫖姚，壮士逢时岂惮劳。半夜飞来看宝剑，此身端许掷鸿毛。"⑤均可见王十朋为国家大业而慷慨请缨的壮怀。

又如陆游，夜读兵书，百感俱来，因而赋诗云："平生万里心，执戈王前

---

① 陆游著，钱仲联校注：《剑南诗稿校注·序》。
② 陆游著，钱仲联校注：《剑南诗稿校注》卷一六《感愤》，第1238页。
③ 王十朋：《宋王忠文公文集》卷二六，《宋集珍本丛刊》第44册，第182页。
④ 王十朋：《宋王忠文公文集》卷二八，《宋集珍本丛刊》第44册，第195页。
⑤ 王十朋：《宋王忠文公文集》卷四二，《宋集珍本丛刊》第44册，第316页。

驱。战死士所有,耻复守妻孥。"①表达了万里驱驰、战死无悔的壮怀。他复有《夜读兵书》一首云:"八月风雨夕,千载孙吴书。老病虽惫甚,壮气颇有余。长缨果可请,上马不踌躇。岂惟鏖皋兰,直欲封狼居。万乘久巡狩,两京尽邱墟。此责在臣子,忧愧何时摅? 南郑筑坛场,隆中顾草庐。邂逅未可知,旄头方扫除。"②同样伏案研读兵书之夕,诗人的情怀激荡不已,虽然疲惫病老,却愿意请长缨,跨战马,恢复神京,可见其气之豪,其情之壮。

再如杨冠卿《塞上与郑将夜饮》其二:"几年京洛暗飞尘,老上龙庭恨未焚。安得君王倚天剑,提携直上决浮云。"③表达了提携长剑,英勇杀敌的心愿,情怀壮烈,豪气干云。蔡戡《南昌大阅》:"角声悲壮秋风里,旗影横斜晚照中……此身虽老心犹壮,自笑凭鞍矍铄翁。"④南昌守军操练之际,诗人也精神矍铄,壮心不已。袁说友亦有《阅兵给赉》云:"万甲冲风隆士气,一言挟纩荷君恩。颇惊霹雳烧残垒,更想蒙冲上海门。欲挽长江问豪杰,岂无击楫叹中原。"⑤诗人在阅兵之际,同样油然而生北取中原的壮怀。

其二,激愤与悲慨。南宋中兴时期,由于宋金客观实力对比的均衡,宋朝军队始终未能北上收复失地,激进官宦诗人的壮志豪情也最终落空,因此虽然时局和平,但他们的心灵深处却悲愤不已,难以平静。如陆游有《关山月》云:

> 和戎诏下十五年,将军不战空临边。朱门沉沉按歌舞,厩马肥死弓断弦。戍楼刁斗催落月,三十从军今白发。笛里谁知壮士心,沙头空照征人骨。中原干戈古亦闻,岂有逆胡传子孙。遗民忍死望恢复,几处今宵垂泪痕!⑥

诗人感叹宋金和戎之后,南宋将士空临边塞,战马肥死厩中,表达了壮士失志的悲愤。其《夜泊水村》亦云:

> 腰间羽箭久凋零,太息燕然未勒铭。老子犹堪绝大漠,诸君何至泣新亭。一身报国有万死,双鬓向人无再青。记取江湖泊船处,卧闻新雁

---

① 陆游著,钱仲联校注:《剑南诗稿校注》卷一《夜读兵书》,第 18 页。
② 陆游著,钱仲联校注:《剑南诗稿校注》卷二〇,第 1546 页。
③ 杨冠卿:《客亭类稿》卷一三,《影印文渊阁四库全书》第 1165 册,第 539 页。
④ 蔡戡:《定斋集》卷一八,《影印文渊阁四库全书》第 1157 册,第 746 页。
⑤ 袁说友:《东塘集》卷五,《宋集珍本丛刊》第 64 册,第 273—274 页。
⑥ 陆游著,钱仲联校注:《剑南诗稿校注》卷八,第 623 页。

落寒汀。①

如果说前一首诗是从大处着眼,写一代志士壮怀湮灭的不幸,此诗则主要是从个人遭际出发,写自己报国无门的悲慨。又如《书愤》其一:"白发萧萧卧泽中,秖凭天地鉴孤忠。阨穷苏武餐毡久,忧愤张巡嚼齿空。细雨春芜上林苑,颓垣夜月洛阳宫。壮心未与年俱老,死去犹能作鬼雄";其二:"镜里流年两鬓残,寸心自许尚如丹。衰迟罢试戎衣窄,悲愤犹争宝剑寒。远戍十年临的博,壮图万里战皋兰。关河自古无穷事,谁料如今袖手看"②。诗人首先写自己虽然白发萧萧,却孤忠可鉴;接着以苏武和张巡二位忠烈之臣的典故进一步表白自己壮心未老,始终怀着为国征战、收复山河的豪情;然而最终却只能虚度流年,袖手于功名。全诗忠愤激烈,感人至深。方回即论:"悲壮感慨,不当徒以虚语视之。"③

其他激进官宦诗人也如此。如杨冠卿《塞上与郑将夜饮》其一:"白发将军夜枕戈,楼兰未斩奈愁何。挑灯看剑泪如洗,那听萧萧易水歌。"④诗人以枕戈待旦的"白发将军"这一意象,与"楼兰未斩"的无奈结局作映照,渲染出一种悲剧性的气氛,又以"挑灯"、"看剑"和"泪如洗"等一连串的动作,表现出壮怀落空的悲愤,最后以荆轲的典故作结,进一步强化悲情的氛围。全诗短短28个字,却写出了诗人内心激荡不已的愤慨情绪。又如赵善括《世事二首》其一:"世事今如此,惟堪一笑哗。空持冲斗剑,安得上天槎。远信凭飞翼,流年付落花。平戎须大度,何必顾纤瑕。"⑤诗人虽有中兴的理想,却无奈事与愿违,空度流年。"空持冲斗剑,安得上天槎",正是作者壮怀难伸的苦闷与激愤呐喊。另如蔡戡《游金山》:"千里江淮穷远目,十年尘土愧初心。何人为击中流楫,北望神州泪满襟。"⑥崔敦礼《龟山》:"当年王气拥神州,衮衮朝宗此地由……病眼不堪重北望,西风挥泪下扁舟。"⑦均可见作者内心感念故国和壮怀难伸的悲愤之情。

(三) 慷慨激越的诗歌世界

诚如杨万里《自跋江西道院集,戏答客问》所云:"新诗犹作《江西集》,

---

① 陆游著,钱仲联校注:《剑南诗稿校注》卷一四,第 1136 页。

② 陆游著,钱仲联校注:《剑南诗稿校注》卷三五,第 2312—2313 页。

③ 方回选评,李庆甲集评校点:《瀛奎律髓汇评》卷三二《书愤》诗之评,第 1372 页。

④ 杨冠卿:《客亭类稿》卷一三,《影印文渊阁四库全书》第 1165 册,第 539 页。

⑤ 赵善括:《应斋杂著》卷五,《影印文渊阁四库全书》第 1159 册,第 53 页。

⑥ 蔡戡:《定斋集》卷一九,《影印文渊阁四库全书》第 1157 册,第 753 页。

⑦ 崔敦礼:《宫教集》卷二,《宋集珍本丛刊》第 56 册,379 页。

为带筠州刺史衔……若问个中何所有？一腔热血和诗裁。"①南宋中兴时期激进官宦诗人群体矢志于中原的恢复与国家的中兴，以其激荡不已的壮怀豪情和一腔热血熔铸成诗歌，建构出一个慷慨激越的文学世界。这个独特的文学世界，正是激进官宦诗人锐意功业的生活世界与豪迈悲壮的心灵世界的反映，具有特定时代内涵。如杨万里《跋丘宗卿侍郎见赠使北诗一轴》：

> 太行界天二千里，清晨跳入寒窗底。黄河动地万蛰雷，却与太行相趁来。青崖颠狂白波怒，老夫惊倒立不住。乃是丘迟出塞归，赠我大轴《出塞诗》。手持汉节娅秋月，弓挂天山鸣积雪。过故东京到北京，泪滴禾黍枯不生。誓取胡头为饮器，尽与遗民解艵髻。诗中哀怨诉阿谁？河水呜咽山风悲。中原万象听驱使，总随诗句归行李。君不见晋人王右军，龙跳虎卧笔有神？何曾哦得一句子，自哦自写传世人。君不见唐人杜子美，万草千花句何绮？祇以诗传字不传，却羡别人云落纸。莫道丘迟一轴诗，此诗此字绝世奇。再三莫遣鬼神知，鬼神知了偷却伊。②

此诗虽名为跋丘宗卿诗，却以自身曾入淮河的经历展开丰富的联想，从自然万象写到山河呜咽、民不聊生的"中原万象"，随着意象空间的拓展，作品的内涵亦随之纵向延伸，表现出杨万里内心感念中原、寄意恢复的慷慨情怀。这是一个想象和虚拟的文学世界，却也是真实生活经历的反映与心灵情感的律动。

陆游曾自称"早岁志远游，万里携孤剑"③，其诗歌作品更是一个金戈铁马的世界。如《观大散关图有感》云："上马击狂夫，下马草军书。二十抱此志，五十犹癯儒。大散陈仓间，山川郁盘纡。劲气钟义士，可与共壮图。"④诗歌描绘了一个"上马击狂夫，下马草军书"驰骋于宋金前线的壮士形象，意气纵横，精神勃发。又有《金错刀行》云："黄金错刀白玉装，夜穿窗扉出光芒。丈夫五十功未立，提刀独立顾八荒。京华结交尽奇士，意气相期共生死。千年史策耻无名，一片丹心报天子。"⑤诗歌也塑造了一位提携金错刀、身穿白玉装、结交奇士、顾立八荒的豪侠之士的形象，极富感染力。陆游诗

---

① 杨万里撰，辛更儒笺校：《杨万里集笺校》卷二六，第1373—1374页。
② 杨万里撰，辛更儒笺校：《杨万里集笺校》卷三〇，第1564页。
③ 陆游著，钱仲联校注：《剑南诗稿校注》卷八一《远游二十韵》，第4351页。
④ 陆游著，钱仲联校注：《剑南诗稿校注》卷四，第357页。
⑤ 陆游著，钱仲联校注：《剑南诗稿校注》卷四，第361页。

还常常以梦的形式,表达自己愿慷慨杀敌于边关疆场的强烈渴望。如《秋思》说"慨然此夕江湖梦,犹绕天山古战场"①。再如《九月十六日夜梦驻军河外遣使招降诸城觉而有作》:

> 杀气昏昏横塞上,东并黄河开玉帐。昼飞羽檄下列城,夜脱貂裘抚降将。将军枥上汗血马,猛士腰间虎文帐。阶前白刃明如霜,门外长戟森相向。朔风卷地吹急雪,转盼玉花深一丈。谁言铁衣冷彻骨,感义怀恩如挟纩。腥臊窟穴一洗空,太行北岳元无恙。更呼斗酒作长歌,要遣天山健儿唱。②

关于梦这一意象与现实世界及主体心灵的关系,王十朋有一段精当的论述,其《梦庵记》说:"梦者,诚之所形也。高宗形于得贤,仲尼形于见圣,庄周形于化蝶,扬雄形于吐凤,范式形于葬友。梦之小大虽不同,其为诚之所形则一也……心之所念者果何事,梦之所见者果何物耶"③。王十朋指出梦乃"诚之所形",心之所念者为何事,梦之所见者即为何物。日本学者浜田正秀亦认为,"梦是贮存着的记忆形象的复苏","按照弗洛伊德的解释,当意识睡眠会模糊的时候,平时被压抑着的无意识就胡乱闯进意识的领域里来,显现出来的便是梦"④。正如王十朋、弗洛伊德、浜田正秀等人所言,陆游梦诗中杀气昏昏的边塞、纷飞的羽檄、将军枥上的汗血马、猛士腰间的虎文帐、明如霜雪的白刃等意象和伏敌招降的景象,事实上均是陆游边关生活体验的写照和杀敌擒贼、誓复中原的内心之诚的反映。陆游笔下慷慨激越的诗歌世界,正源于其心灵深处难以抑制的报国情怀。

员兴宗在孝宗初期为太学教授,乾道四年(1168)擢为校书郎兼国史编修官,后迁著作佐郎兼实录院检讨官。他不仅是一位"讲学之家",也是一位敢于"毅然抗论,指陈时弊"⑤的士大夫,著有《九华集》《辨言》《采石战胜录》等。其《歌两淮》长诗,则以文学的手法、史诗的笔触,描绘了抗金名臣虞允文于长江采石大败金主完颜亮而建立奇功的生动图景,诗云:

---

① 陆游著,钱仲联校注:《剑南诗稿校注》卷二三,第1690页。
② 陆游著,钱仲联校注:《剑南诗稿校注》卷四,第344页。
③ 王十朋:《宋王忠文公文集》卷一四,《宋集珍本丛刊》第44册,第71页。
④ 〔日〕浜田正秀著,陈秋峰、杨国华译:《文艺学概论》,北京:中国戏剧出版社,1985年,第33页。
⑤ 永瑢等:《四库全书总目》卷一六〇《九华集提要》,第1378页。

君不见北风吹淮风浪黑，铁马千群凝一色。当时庙论孰经济，将相无言潜动魄。或云南纪当何忧，今代诸葛身姓刘。陛下唤取守淮甸，彼有胜算踰干矛。登时诏语从天坠，汜为先锋锜制置。并遣健士付阿权，等是两淮兵马地。岂期将溃兵川流，翻手忽忽无十州。前时冠剑错准拟，此事吐口贻人羞。幸哉天祸不终极，至尊避殿忧思集。枢臣督战侍臣谋，上则倚公参赞职。征鞍此日去皇皇，所过骑士多赢伤。不见何人出声鼓意气，但见十十五五坐路傍。公趣下马询众语，众共来前致辞苦。平时节使驱为奴，逐逐无聊战无主。而今侧身堕两失，官骑已亡难再得。诚令军政日月悬，我有微躯人不惜。公闻瑟缩涕潜然，汝曹寄命真可怜。朝今清明万乘圣，权已殒死家南迁。若等是行能奋死，朝建勋名暮朱紫。官今付我诰如山，节使察使皆在此。军家闻此逐蹄轮，喜气酣酣如遇春。当时战死身昧昧，今日分付当其人。兵官来见同听命，适有时张王戴盛。分麾列伍摆布毕，髣髴平戎万全阵。斯须望敌来何多，千里断岸皆遮遝。天低野旷笳鼓咽，众寡不敌将奈何。是时仲冬日建丑，（自注：初八。）群雄争先莫肯后。濯缨刑马震天地，焰焰兵威古无有。旋见飞台天样齐，黄盖团团傍赤旗。指挥渡河在顷刻，我默战义人安知。公呼时俊腾口说，汝每四方闻胆决。只今战态作儿女，便恐汝名从此歇。长啸激俊挥戈回，万斧并下声如雷。十舟先粉百舟败，连艟接舰成飞埃。嗟敌初来何草草，一夕崩摧如电扫。命踰破竹青离离，血溃江流红杲杲。明朝北阵更奔波，坐料强敌成蹉跎。（自注：十一月初九日。）堤防更藉盛新力，为我往护杨林河。运去一朝同覆水，敌再渡江终送死。射人射将数不彻，何况更问舟中指。移时巉天送哭喧，弃舟而遁舟自焚。公命火攻列火伞，船焦樯烂无逃门。敌愁惊心疑鹤唳，十步回头九堕泪。又疑官军尾其众，清野数州无食地。众残北顾心悠悠，金亮更欲抵死留。放言京口少备者，曷若举兵由润州。大将显忠来是日，执杖升阶光照席。公先劳苦甚生平，遂借百舟如过鹢。迤逦仲冬日十二，旅食无烟寝无寐。公来督府见相公，便及瓜洲防拓事。督视推公胆有余，此事岂忍他人徂。昨来兵试威万万，别遣诸将无乃迂。公仍禀命侵星过，或传铁骑金山破。淮西万姓舍惟烟，淮东居民泪潜堕。公摆吴艟异水嬉，势压海浸倾天维。一见使敌无可奈，再见使敌心胃悲。敌亡傲兀犹不悟，尚呼达官招万户。岁云暮矣无北归，我所思兮决南渡。达官再拜乞徐徐，波浪驾天千文余。比前采石三倍恶，主其急我吾其鱼。金亮尚嫉忠言丑，快剑垂垂拟其首。只今速渡汝得活，不尔爱身身在否。万户相顾归相言，慓悍难容血面论。北人项领不易保，如此郎主何足存。此夜疏星江泪湿，敌将一一弯弓入。御寨三重侍卫郎，对面公然如不识。帐中方嬖花不如，帐外忽飞金仆姑。投哀赊死身困苦，软语不类平时粗。骨肉披离头万里，魂飞却作他乡鬼。杀气漫天烟草迷，不归州绝风尘起。（自注：北归敌讹为不归州。）君不见昔日秦魏之兵扼上流，阿坚阿瞒皆老谋。淝水血腥赤壁溃，两豪一蹶泯默至死休。况我中都往颇促，千古丧师无此酷。沉冤万众衔已久，合沓天心宜下烛。三十年飞战马尘，支吾多用豪杰人。但传凶势时未减，不见度外加经纶。须信更生无尽福，高价属公勋誉逐。不费两淮千斛水，一洗万古乾坤辱。近来分陕从天阙，悬解西民愁百结。三军鼎鼎礼意浓，七兵堂堂恩数绝。行并咸秦脉络通，更遣诸将图山东。为君再赋洗兵马，下客敢继唐诗翁。①

　　员兴宗《歌两淮》诗，详细描述了在金人大军压境的危难形势下，虞允文动员和督率两淮疲惫将溃之士，重整旗鼓，以一当百，以少胜多，击溃完颜亮大军于采石以及完颜亮溃败后为部下射杀的全过程。关于虞允文采石大捷的历史事件，南宋时颇多记述，如员兴宗另撰有《采石战胜录》②，还有李心传《建炎以来系年要录》③、蔡驹《采石瓜洲毙亮记》④、佚名《采石毙亮记》⑤、佚名《煬王江上录》⑥等。陶晋生先生《金海陵帝的伐宋与采石战役的考实》一书，对此亦有深入考证。⑦ 员兴宗诗，与上述笔记、史书、专著等记载考述的史事如出一辙。而相比来看，员兴宗诗的描写似又更为具体可感，形象鲜明，堪称南宋中兴诗坛乃至整个宋代诗歌史上少有的长篇叙事佳构。这是一个文学艺术的世界，更是南宋抗金史上重要时刻的典型记录和慷慨激越的时代精神的集中反映。

---

① 员兴宗：《九华集》卷二，《宋集珍本丛刊》第56册，第198—199页。
② 员兴宗撰，赵维国整理：《采石战胜录》，上海师范大学古籍整理研究所编：《全宋笔记》第6编，第3册，郑州：大象出版社，2013年，第255—264页。
③ 李心传：《建炎以来系年要录》卷一九四，第3259—3265页。
④ 蔡驹撰，赵维国整理：《采石瓜洲毙亮记》，上海师范大学古籍整理研究所编：《全宋笔记》第6编，第3册，第265—281页。
⑤ 佚名撰，赵维国整理：《采石毙亮记》，上海师范大学古籍整理研究所编：《全宋笔记》第6编，第3册，第283—292页。
⑥ 佚名撰，赵维国整理：《煬王江上录》，上海师范大学古籍整理研究所编：《全宋笔记》第6编，第3册，第293—301页。
⑦ 陶晋生：《金海陵帝的伐宋与采石战役的考实》，台北：台湾大学文学院，1963年。

第三章　保守官宦诗人群体

　　高宗以"清静"为国是,务偏安之事实。这对孝、光、宁三朝也产生了深刻影响。在南宋中兴时期,就在一批激进官宦慷慨奔走,致力国家恢复事业的同时,朝野又始终有一批倾向偏安的保守官宦,主张继续沿袭高宗以来息兵议和的"清静"政策。① 在这些保守官宦中,有些是中兴诗坛的重要诗人,他们不仅在政治立场、人生哲学上具有共同倾向,其诗歌创作也具有许多相同特征,形成了南宋中兴诗坛上一个不可忽视的保守官宦诗人群体,代表人物为王之望、史浩、姜特立等。本章拟从南宋中兴时期的保守政治与保守官宦诗人群体的形成、南宋中兴时期保守官宦诗人的群体特征等方面,对保守官宦诗人群体展开讨论。

第一节　南宋中兴时期的保守政治与
保守官宦诗人群体的形成

　　要研究南宋中兴时期保守官宦诗人群体的诗歌创作,探讨中兴时期的保守政治与保守官宦诗人群体的形成是一个必要的前提。

一、南宋中兴时期的保守政治

　　南宋中兴时期朝廷始终未能恢复中原故土,而只能与金人划淮而治,这不仅有宋金国力和军事政治实力均衡的客观因素,还有一个不可忽视的因

---

① 高宗时期一直执行和强调以"清静"治天下的政策。如绍兴十一年(1141)高宗谓宰执曰:"治天下当以清静镇之。若妄作生事,乃乱天下,非治天下也。昔人有言:'省官不如省事,省事不如清心。'朕当躬行此语。"又顾谓秦桧曰:"边事既息,可以弭兵。卿为相,亦当效曹参之清静也。"(李心传:《建炎以来系年要录》卷一四二,第2287页)绍兴十二年(1142)高宗谓大臣曰:"天下幸已无事,惟虑士大夫妄作议论,扰朝廷耳。治天下当以清净为本,若各安分不扰,朕之志也。"(李心传:《建炎以来系年要录》卷一四七,第2359页)绍兴十五年(1145)高宗又曰:"休兵以来,上下渐觉富贵。大抵治道贵清净,人君不生事,则天下自然受福。"秦桧迎合曰:"舜无为而治,陛下得之矣。"(李心传:《建炎以来系年要录》卷一五四,第2480页)绍兴二十八年(1158)高宗复谓宰执曰:"朕惟治道贵清净,故恬淡寡欲,清心省事。"(李心传:《建炎以来系年要录》卷一八〇,第2988页)在南宋前期特定的历史背景下,高宗与秦桧等人倡导的所谓"清静"政策,事实上并非黄老道家的无为而治,而是压制抗金恢复言论、主张苟且和偏安的托辞。

素,就是南宋中兴时代存在的保守政治。诸多文献史事显示,南宋中兴时期几位君主如孝宗、光宗和宁宗,都不同程度地受到高宗朝保守政治的影响,这是南宋中兴时期政治史上不可忽略的现象,也成为中兴时期保守官宦诗人群体出现的重要社会政治基础。柳立言先生尝专门讨论高宗对孝宗人生及其政治的影响①,下面拟从高宗时期开始,就高宗至孝宗、光宗、宁宗诸朝君主的保守政治略作考述和梳理。

1. 高宗时期

靖康之难中,徽宗、钦宗为金人掳掠北去。宋室南渡后,作为徽宗之子、钦宗之弟的高宗,一边面临的是洗雪国耻的民族大义和恢复中原、迎还二帝的抗金呼声,一边则是独揽皇权、安坐帝位的诱惑,可以说在很大程度上正是由于后者,促使高宗未能义无反顾地举兵北伐。②建炎四年(1130)秦桧入见高宗,"自言杀监己者奔舟来归。朝士多疑之者。而宰相范宗尹、同知枢密院李回与桧善,力荐其忠。乃命先见宰执于政事堂。翼日,引对。桧言:'如欲天下无事,须是南自南,北自北。'遂建议讲和"③。宋室南渡之初,就在高宗进退两难之际,秦桧自金国逃归,建议讲和,这一建议正合高宗之意,以致高宗感叹:"桧朴忠过人,朕得之喜而不寐"④。于是高宗、秦桧君臣一拍即合,遂定长期和议之计。

不少史家论及南宋初期忍辱苟安的保守政局,往往以秦桧首进和议之言而以之为罪魁祸首,事实上这是受到了某些史籍为帝王及尊者讳的误导,南宋主和息兵保守政策的真正策划者实肇始于高宗。我们通过高宗自己的话即可看出其中的玄机。绍兴十一年(1141)十月高宗"谓大臣曰:'人主之权,在乎独断'"⑤。秦桧卒后次年,即绍兴二十六年(1156),高宗又曰:

　　　　朕惟偃兵息民,帝王之盛德;讲信修睦,古今之大利。是以断自朕

---

① 参见柳立言:《南宋政治初探——高宗阴影下的孝宗》,《中研院历史语言研究所集刊》第57本,1986年,第3页。

② 刘子健先生深入分析了南宋初期的政局与高宗的心理,提出:高宗为什么往往会接受金人的屈辱条件,特别是与自身尊荣攸关的附庸地位?他一点都不顾虑儒家关于体统、荣誉、自尊的价值观吗?为什么屡屡在宋朝刚刚取得一大胜、若干小胜,反攻的前景正趋光明的时候反而钟爱和平?他难道不怕和议会引起广泛的不满?刘子健先生揭示:问题的核心是安全,安全对高宗的意义非同寻常,作为皇帝,他挣扎了十余年,经历了一连串的艰险逃亡和死里逃生之后,再也没有什么比帝位的安全更重要了。参见刘子健著,赵冬梅译:《中国转向内在——两宋之际的文化内向》,南京:江苏人民出版社,2001年,第88—91页。

③ 李心传:《建炎以来系年要录》卷三九,第733—734页。

④ 李心传:《建炎以来系年要录》卷三九,第734页。

⑤ 李心传:《建炎以来系年要录》卷一四二,第2279页。

志,决讲和之策。故相秦桧,但能赞朕而已,岂以其存亡而有渝定议耶?近者无知之辈,遂以为尽出于桧,不知悉由朕衷。乃鼓唱浮言,以惑众听。至有伪造诏命,召用旧臣,献章公车,妄议边事,朕实骇之。①

高宗明确表示自己独断人主之权的立场,又说讲和之策"断自朕志",秦桧不过只能帮衬而已。既然讲和之策实出于高宗之意,那么这种政策就具有一定的稳定性,而不会轻易随着宰执的更换而发生变化。李心传《建炎以来系年要录》即描述秦桧卒后的政治状况说:

> 一桧虽死,百桧尚存……沈该、万俟卨、汤思退、魏良臣即桧之党也。沈该、万俟卨本桧之鹰犬也。思退本桧之客,以文衡私取桧之子孙者也。良臣即桧往来于金定和议者也。桧之身虽死,而桧之心未尝不存。②

诚如费孝通先生所论,"官僚是皇帝的工具,工具只能行使政权而没有政权"③。高宗时期之所以出现"一桧虽死,百桧尚存"的局面,归根结底,原因在于高宗的意图及其终极皇权。秦桧卒后,与其说是秦桧余党把持朝政,不如说是高宗在利用投其所好的官宦执行其一贯的保守政治,高宗朝苟和偏安的基本国策并未因秦桧之卒而有丝毫改变。

2. 孝宗时期

孝宗是南宋中兴时期在位时间最久,也是最为锐意进取的一位君主。不过值得注意的是,孝宗事实上又深受高宗影响。可以说,孝宗亲政与太上皇政治、积极进取与保守政策等复杂的矛盾与纠葛,成为贯穿孝宗朝政治的一个重要特征。

孝宗并非高宗亲子,而是太祖七世孙,赵偁子,建炎元年(1127)生于秀州,初名伯琮。建炎三年(1129)高宗独子元懿太子赵旉薨,高宗无后。绍兴二年(1132)高宗选六岁的孝宗育于宫中,赐名瑗,绍兴十二年(1142)封普安郡王,绍兴三十年(1160)立为皇子,进封建王,绍兴三十二年(1162)五月立为皇太子,改名昚,六月高宗禅位于孝宗。④ 宋代自太宗替代太祖,至南渡之主高宗,共历九朝皇帝,均系太宗一系,孝宗立,皇位重回太祖一脉。

---

① 李心传:《建炎以来系年要录》卷一七二,第 2827 页。
② 李心传:《建炎以来系年要录》卷一七二,第 2828 页。
③ 费孝通:《费孝通选集》,天津:天津人民出版社,1988 年,第 130 页。
④ 脱脱等:《宋史》卷三三《孝宗纪一》,第 615—617 页。

　　孝宗自幼在高宗身边长大,却非高宗亲子,因而对高宗一向存在敬畏之心。即使是在高宗禅位于孝宗之后,孝宗仍然对高宗畏惧有加。这一点我们通过留正对孝宗受禅即位之际的描述即可见一斑。留正称,"窃观寿皇之初受禅也,压于慈训,不得已而践尊位。侧立拱手于黼扆之侧,已坐复兴,不敢遽即南面……谦畏之心,出于真诚"①。留正生动地描绘出孝宗面对高宗时一贯诚惶诚恐的姿态。孝宗自少即形成对高宗的这种姿态,并非仅仅具有生活化的意义,而是深刻地影响了孝宗一朝的政局。孝宗在受禅之后,立即诏告天下,明其志云:"凡今者发政施仁之目,皆得之问安侍膳之余。"②意思是说,自己即位后,凡国家大政,必先恭请高宗而后布施。如此一来,可想而知,虽然孝宗身为皇帝,但举凡大事却并不能任意而行,而是仍然要受到太上皇高宗的钳制。留正即说:

　　　　寿皇(孝宗)初政,虽不能不少变于绍兴,然其大要,则未尝不以遵奉太上(高宗)德意为说。且曰:"凡今者发政施仁之目,皆得之问安侍膳之余。"此寿皇所以能继高宗之大业也乎!③

　　留正说孝宗能继高宗之大业,含义非常隐晦,自有他作为臣子的苦衷,事实上是在感叹孝宗深受高宗主和保守思想的影响而难以施展手脚。因此,孝宗在位之初,虽有意于励精图治,却进退维谷,政局一度非常混乱。我们通过王质上孝宗《论和战守疏》即可看出梗概,其疏云:

　　　　陛下即位以来,慨然起乘时有为之志。而陈康伯、叶义问、汪澈在廷,陛下皆不以为才,于是先逐义问,次逐澈,独徘徊于康伯,不遽黜逐,而意终鄙之。遂决意用史浩,而浩亦不称陛下意。于是决用张浚,而浚又无成。于是决用汤思退。今思退专任国政,又且数月,臣度其终无益于陛下。夫宰相之任一不称,则陛下之意一沮。前日康伯持陛下以和。和不成,浚持陛下以战。战不验,浚又持陛下以守。守既困,思退又持陛下以和……今陛下之心志未定,规模未立。或告陛下金弱且亡,而吾兵甚振,陛下则勃然有勒燕然之志。或告陛下吾力不足恃,而金人且来,陛下即委然有盟平凉之心。或告陛下吾不可进,金不可入,陛下又

――――――――――

① 李心传:《建炎以来系年要录》卷二○○,第3384页。
② 李心传:《建炎以来系年要录》卷二○○,第3385页。
③ 李心传:《建炎以来系年要录》卷二○○,第3385—3386页。

蹇然有指鸿沟之意。①

孝宗初年之所以和战不定，规模不立，除了现实情势使然，一个重要原因即是迫于一贯主和的高宗的威慑，使孝宗进取的心志不定。宋人罗大经即说："孝宗初年，恢复之志甚锐，而卒不得逞者，非特当时谋臣猛将凋丧略尽，财屈兵弱未可展布，亦以德寿（高宗）圣志主于安静，不思违也"②。叶绍翁《四朝闻见录》亦记载："上（孝宗）每侍光尧（高宗），必力陈恢复大计以取旨。光尧至曰：'大哥，俟老者百岁后，尔却议之。'上自此不敢复言。"③由此可见高宗的保守倾向对孝宗初期政治的重要影响。

即使是到了孝宗朝中后期，孝宗仍然深受高宗安静保守政策的影响。如淳熙四年（1177）孝宗作《和史浩曲宴澄碧殿诗》，即反映出其保守的一面。其诗云："治道贵清静，圣言有深旨。谁歌元首明，自得股肱喜。跻民期仁寿，距肯中道止……东都会诸侯，宣王昔于是。期尔馨嘉谋，使我勋业起。"④孝宗诗称"治道贵清静，圣言有深旨"。如前揭，"治道贵清静"之语出自高宗，在中原板荡、国耻未雪的南宋前期，这事实上是一种息事宁人、不图进取的苟安政策，而孝宗牢记这一"圣言"深旨，毫无疑问，所谓圣言乃高宗之言。"治道贵清静"不仅出于高宗之口，亦为南宋最为进取的中兴之主孝宗道出，这确实是值得深思的。从中，可见高宗政治对于孝宗的深刻影响。孝宗统治时期，高宗的政治思想确实仍在一定程度上顽固地延续。不过，孝宗作品中也念念不忘中兴的"勋业"，又可见孝宗的矛盾心态与情感挣扎，这是符合孝宗实际情况的。

费孝通先生论，"儒家所注重的'孝'道，其实是维持社会安定的手段，孝的解释是'无违'，那就是承认长老权力。长老代表传统，遵守传统也就可以无违于父之教"⑤。孝宗之所以谥庙号为"孝"，正是因他自始至终对于高宗的敬畏以及对高宗保守政策某种程度的"无违"。《宋史》即说，宋之庙号，若"孝宗之为'孝'，其无愧焉"⑥。宋人陈傅良更指出，"高宗崎岖百战，抚定江左，将以讨贼，而沮于议和。孝宗忧勤十闰，经营富强，将以雪耻，

---

① 王质：《雪山集》卷一，第1—2页。
② 罗大经撰，王瑞来点校：《鹤林玉露》丙编卷四《中兴讲和》，第302页。
③ 叶绍翁撰，沈锡麟、冯惠民点校：《四朝闻见录》乙集《孝宗恢复》，北京：中华书局，1989年，第58页。
④ 北京大学古文献研究所编：《全宋诗》卷二三三七，第43册，第26865—26866页。
⑤ 费孝通：《费孝通选集》，第122页。
⑥ 脱脱等：《宋史》卷三五《孝宗纪三》，第692页。

而屈于孝养"①。陈傅良所论,是极富见地的。高宗卒于淳熙十四年(1187)冬,一年多后孝宗便禅位于光宗,可以说,高宗晚年几乎伴随孝宗一朝,而高宗在世的日子里,孝宗虽有恢复中原之志,却几乎不曾有过从容践履恢复的机会。

3. 光宗时期

淳熙十六年(1189)孝宗禅位于其子赵惇,是为光宗。光宗在位只有短短五年时间,几乎无所建树,其年号为"绍熙",昭示"绍"孝宗"淳熙"之政的意图,已显示出他不意革新求变的倾向。事实上,若要作一个客观评价的话,光宗统治时间虽然很短,但其负面影响却不小,不仅连淳熙之政都未能绍述好,反而成为南宋政治由盛转衰的起点。南宋自孝宗之后,政治走向衰弊的一个重要因素即是韩侂胄等外戚干政。而外戚猖獗的重要条件之一是君主重视外族或惧内,而开惧内先河的南宋君主正是光宗。需要指出的是,光宗的惧内以及光宗朝政治趋向衰弊,与高宗亦有着不可分割的渊源。据《宋史》光宗慈懿李皇后传记载:

> 李皇后,安阳人,庆远军节度使、赠太尉道之中女……道帅湖北,闻道士皇甫坦善相人,乃出诸女拜坦。坦见后,惊不敢受拜,曰:"此女当母天下。"坦言于高宗,遂聘为恭王妃,封荣国夫人,进逝国夫人。乾道四年(1168),生嘉王。七年(1171),立为皇太子妃。性妒悍……黄贵妃有宠,因帝亲郊,宿斋宫,后杀之,以暴卒闻。是夕风雨大作,黄坛烛尽灭,不能成礼。帝疾由是益增剧,不视朝,政事多决于后矣。后益骄奢,封三代为王,家庙逾制,卫兵多于太庙。后归谒家庙,推恩亲属二十六人、使臣一百七十二人,下至李氏门客,亦奏补官。中兴以来未有也。②

由上述记载,可见李皇后入宫,乃高宗一手操纵包办的结果。高宗之所以要促成这一桩婚事,主要还是出于政治原因,因为高宗渡江之初,飘摇无定,势单力孤,诸大帅往往各自为政,因而高宗急需尽快站稳脚跟,李皇后之父在当时乃镇于一方的重要军政人物,高宗为稳固自己的统治和地位,采取了以联姻结盟的策略。而性情妒悍的李皇后,在光宗朝擅宠专断,骄纵外戚,干预朝政,其举措为南宋中兴以来所未有。光宗本来即有心疾,在李皇

---

① 陈傅良:《止斋先生文集》卷二八《经筵孟子讲义》,《四部丛刊初编》本。
② 脱脱等:《宋史》卷二四三《光宗慈懿李皇后传》,第8653—8654页。

后趁光宗离宫之际谋杀了光宗宠妃黄贵妃之后,光宗心疾加剧,其后常常精神恍惚,愈加不理朝政,朝廷近习于是肆意结党固盟,阻塞正路,因循苟且,国家恢复的大计日渐渺茫。

诚如邓广铭先生所论,"孝宗对于高宗,惟敬惟谨地服侍了一生,而光宗对于孝宗,却正正与此相反"①。到光宗朝后期,由于李皇后干预,光宗甚至连定期朝见太上皇孝宗的礼仪都屡屡取消。这在光宗朝是一件引人注目的大事,引起了朝廷上下大臣的高度关注,正直之臣纷纷上章力谏。《宋史》光宗本纪记载,绍熙四年(1193)九月:

> 帝将朝重华宫,皇后止帝,中书舍人陈傅良引裾力谏,不听。戊子,著作郎沈有开、秘书郎彭龟年、礼部侍郎倪思等咸上疏,请朝重华宫……壬子,秘书省官请朝重华宫,疏三上,不报……戊午,太学生汪安仁等二百一十八人上书,请朝重华,皆不报……庚申,帝将朝重华宫,复以疾不果。丞相以下上疏自劾,请罢政;彭龟年请逐陈源以谢天下,皆不报。②

可见,虽然大臣奏议纷纷,但光宗一直不为所动。这中间,李皇后起到了关键的作用。绍熙五年(1194)五月彭龟年有《论车驾久不过宫无以举记注职守疏》云:"臣窃见近日,群臣请陛下过宫者,不止一人。或将顺,或正救,或解释其疑,亦不止一说。言语忿激,引类亵慢,殆不可恕。而陛下受之,曾无难色。一入内庭,其意即异。果何为而然哉?是必有误陛下者也。"③通过光宗"一入内庭,其意即异"的表现,可见所谓误光宗者,正是权倾后宫而威慑朝廷的李皇后。光宗不朝孝宗重华宫,与李皇后放纵外戚一样,具有非常消极的政治后果。孝宗虽然深受高宗影响而存在一定的保守倾向,但与高宗的一个根本区别在于,孝宗的本心是锐意进取与力主恢复的。而光宗走上了与孝宗分裂的道路,也就意味着光宗实际上背离了孝宗根本的进取路线,从而走回到高宗那样因循苟且的老路。楼钥即称光宗"意主安静之说,因循寝怠,而用度赐予过多,忠鲠之士相踵去国"④。主张"安静",本是高宗力倡的政策。其后,孝宗尚能挣扎于"安静"和"勋业"之间。而至光宗,则又力主"安静"之说。可以说,光宗所谓"绍熙",绍述的不

---

①　邓广铭:《陈龙川传》,北京:生活・读书・新知三联书店,2007年,第154页。
②　脱脱等:《宋史》卷三六《光宗纪》,第706—707页。
③　彭龟年:《止堂集》卷四,上海:商务印书馆,1935年,第47页。
④　楼钥:《攻媿集》卷九九《端明殿学士致仕赠资政殿学士黄公墓志铭》,第1386—1387页。

是孝宗锐意进取的一面,而是扩大了高宗以来的保守倾向,其所绍述的,事实上是高宗。从高宗出于政治利益而操纵光宗婚姻,到李皇后擅宠弄权,再到光宗走上与孝宗分裂的道路,正是南宋政治重新一步步走向保守、出现危机的过程。

4. 宁宗时期

宁宗朝政局与高宗同样深有渊源。宁宗赵扩乃光宗第二子,于乾道四年(1168)十月为李皇后所生,绍熙元年(1190)立为储嗣。绍熙五年(1194)六月孝宗卒,光宗以疾不能临政,在韩侂胄与赵汝愚的扶持下,宁宗即位。宁宗登基不久,言路即"皆侂胄之党"①。韩侂胄之所以能在宁宗朝迅速崛起,当追溯到南宋第一任皇帝高宗。韩侂胄之父韩诚,娶高宗宪圣慈烈皇后之妹。韩诚正是依靠与高宗的这一层联姻关系而发迹,仕至宝宁军承宣使。其后,韩侂胄又以父任入官。韩侂胄与赵汝愚立宁宗后,即欲排斥赵汝愚。庆元元年(1195)韩侂胄引李沐为右正言,李沐尝有求于赵汝愚而不果,对赵汝愚怀恨在心,于是立即上奏,论赵汝愚以同姓居相位,将不利于社稷,赵汝愚被罢相,韩侂胄于是独掌大权。② 韩侂胄之所以能如此,主要有两个原因:其一,宁宗与其父光宗的一个共同特点是性情较为懦弱,因而任由韩侂胄擅弄朝政。其二,韩侂胄权源实来自于高宗一脉,而高宗与宪圣慈烈皇后的威严,不仅仅慑服了孝宗,连宁宗也深为其所慑。关于这一点,我们通过绍熙五年(1194)宪圣慈烈皇后拥立宁宗之事即可见一斑。叶绍翁《四朝闻见录》记载:

> 嘉王(赵扩)闻命,惊惶欲走,宪圣已令知阁门事韩侂胄掖持,使不得出。嘉王连称:"告大妈妈,臣做不得,做不得。"宪圣命侂胄:"取黄袍来,我自与他著。"王遂掣侂胄肘环殿柱。宪圣叱王立侍,因责王以"我见你公公(高宗),又见你大爹爹(孝宗),见你爷(光宗),今又却见你。"言讫,泣数行下。侂胄从旁力以天命为劝。王知宪圣圣意坚且怒,遂衣黄袍,丞拜不知数,口中犹微道"做不得"。侂胄遂掖王出宫,唤百官班,宣谕宿内前诸军以嘉王嗣皇帝已即位,且草贺。欢声如雷,人心始安。③

---

① 脱脱等:《宋史》卷四七四《韩侂胄传》,第 13772 页。
② 参见佚名编,汝企和点校:《续编两朝纲目备要》卷四,北京:中华书局,1995 年,第 59—60 页。
③ 叶绍翁撰,沈锡麟、冯惠民点校:《四朝闻见录》甲集《宪圣拥立》,第 12 页。

通过上述记载,一方面可见宁宗难当大事的性格,另一方面可以看出高宗宪圣慈烈皇后与其侄韩侂胄在宁宗一朝的势力。虽然高宗已卒,但宁宗朝对于高宗保守政治的远绍于此已可见端倪。

以上之所以要深入考述自高宗至孝宗、光宗、宁宗诸朝君主政治一脉相承的保守因素,是因为在中国传统社会中,正常情况下,最高权源始终来自皇帝,皇帝的政治取向,对于朝野士大夫和一般士人的影响之大是不言而喻的。南宋中兴时期文人士大夫中存在的保守势力,正是这样自上而下地滋生起来。

二、保守官宦诗人群体的形成

淳熙十四年(1187)叶适有《上殿札子》说,"二陵之仇未报,故疆之半未复,此一大事者,天下之公愤,臣子之深责……今环视诸臣,前者后者,迭进迭退,其知此事本而可以反覆论议者谁乎?其抱此志意而可以策励期望者谁乎?"①。叶适这一段话,揭示出南宋中兴时期朝野内外一大批比较保守的官宦不能矢志洗雪国耻、锐意恢复故疆的政治状况。其中,有些是中兴诗坛的重要诗人,形成一个不可忽视的保守官宦诗人群体。下面就其代表性作家略作考述。

1. 高宗至孝宗初期保守官宦诗人代表王之望

王之望乃高宗绍兴八年(1138)进士。《宋史》称王之望"有文艺干略,当秦桧时,落落不合,或谓其有守。绍兴末年,力附和议,与思退相表里,专以割地啖敌为得计"②。可见王之望虽然早年在高宗朝与秦桧不合,为人肯定,但至绍兴末年,在宋金关系及恢复中原问题上,即与汤思退相表里,力主息兵和议,开始成为保守官宦的代表。他有《汉光武晋穆帝御戎是非策》提出对金策略:

> 矧得中国玉帛子女以乱其志,虑上有惑志,下有争心,外无强敌,内多功臣,士马疲于战斗,仇雠聚于心腹,不过数年,内变必起,我以全制其后,可以万全……其济与否,视天之如何,吾不敢取必焉可也。③

王之望引证历史,结合现实,最终得出的结论是不可与金人决战,而应

---

① 叶适著,刘公纯等点校:《叶适集·水心别集》卷一五,第830—833页。
② 脱脱等:《宋史》卷三七二《王之望传》,第11539页。
③ 王之望:《汉滨集》卷一四,《影印文渊阁四库全书》第1139册,第850—851页。

该以"中国玉帛子女以乱其志",这可谓是忍耻事仇;认为"其济与否,视天之如何",则完全是不务人力、消极被动、听天由命的苟安之论。这些,与激进官宦群体注重人事的励精图治和不可忍耻事仇的慷慨激愤相比,确不可同日而语。

至孝宗隆兴初,南宋士气正旺,王之望依然"雅不欲战",并称"窃观天意,南北之形已成,未易相兼,我之不可绝淮而北,犹敌之不可越江而南也",时"(汤)思退主和议,(张)浚主恢复,之望言似善,实阴为思退地"①。也正因王之望的保守言论及其举措,他招来朝野不满。隆兴二年(1164)十一月,"太学生张观等七十二人上书,请斩汤思退、王之望、尹穑","而用陈康伯、胡铨等,以济大计"。次月宋廷"以金人且退,诏督府择利击之",王之望仍然"执不可",始终未改变与金求和的立场,朝廷遂罢王之望参知政事。②

2. 孝宗中后期保守官宦诗人代表史浩

史浩为高宗绍兴十五年(1145)进士,在高宗朝历官太学正、国子博士、建王府教授等职。在绍兴中孝宗尚为普安郡王和建王时,史浩乃是孝宗的老师。在孝宗被立为皇子及登上帝位的过程中,史浩多方谋划,起到了重要作用。因而至孝宗在位期间,史浩两拜右相。《宋史·职官志》即称"自建炎至嘉泰,宰相特拜者六人","吕颐浩、张浚、虞允文皆以勋,史浩以旧"③。史浩任相后,在用人上颇能"推毂善类,宽厚不争"④。如陆游、薛叔似、杨简、陆九渊、石宗昭、陈谦、叶适、袁燮、赵静之、张子智等皆尝为史浩所推荐。但是,在和、战、守等对金策略上,史浩始终主张防守,而多方阻止张浚等人北伐。《建炎以来系年要录》称"(张)浚所规画,(史)浩必沮挠"⑤。《宋史》亦称"张浚宣抚江淮,将图恢复,浩与之异议"⑥。史浩主守的策略与孝宗、张浚等人锐意用兵的志向是相左的。为此,史浩与张浚多次廷争,私下亦多有书信商榷,但均未达成一致意见。隆兴元年(1163)张浚征得孝宗同意,绕开时为枢密使的史浩,运用李显忠、邵宏渊举兵北伐,于是史浩求去,自此离朝12年。淳熙初,孝宗起用史浩为少保、观文殿大学士、醴泉观使兼侍读。淳熙五年(1178)史浩复为右丞相。史浩这一次起用,事实上与孝宗

---

① 脱脱等:《宋史》卷三七二《王之望传》,第11538—11539页。
② 脱脱等:《宋史》卷三三《孝宗纪一》,第628—629页。
③ 脱脱等:《宋史》卷一六六,第3947页。
④ 永瑢等:《四库全书总目》卷一五九《鄮峰真隐漫录提要》,第1366页。
⑤ 李心传:《建炎以来系年要录》卷二○○,第3394页。
⑥ 脱脱等:《宋史》卷三九六《史浩传》,第12066页。

此期的政治取向关系密切,因为张浚北伐失利后,朝中保守势力抬头,加上太上皇高宗的幕后干政,孝宗此期也倾向于保守,而史浩一贯主守,其主张正符合孝宗此时的政策和心态。

史浩在政治上的保守倾向,还可通过他与孝宗朝另一位保守官宦王淮的关系略作考察。李心传《建炎以来朝野杂记》记载,"中兴宰相二十九人,自秦申王外,在位踰三年者八人而已。王鲁公(淮)淳熙八年(1181)相,十五年(1188)罢,凡七年"①。王淮在孝宗朝为相前后七年,在中兴宰相中时间是最久的。王淮的政治取向与史浩相近,而与孝宗初期名臣张浚、虞允文等人相左。杨万里尝论孝宗任相云:

> 其图任相臣,在初元时则有若魏国张公浚,在中年时则有若雍国虞公允文,皆骏发扬厉,誓清中原。人咸谓君臣投分,一何契也！至其季年则不然,乃选于众而举鲁国王公(淮)。公之为人貌不襮,其刚劲不显,其方呐呐恂恂,言徐色夷,以春迟冬温之气,当风行雷厉之威。人又谓君臣异趋,又何暌也！②

据此明显可以看出,王淮个性不同于张浚、虞允文等激进官宦,其政治倾向亦与誓复中原的张浚、虞允文等人大相异趣,完全失去了骏发扬厉的进取之势,而是一副典型的保守姿态。淳熙九年(1182)王淮在相位之际,朱熹即有《上宰相书》正面批评王淮说:"天下之事有缓急之势,朝廷之政有缓急之宜。当缓而急,则繁细苛察,无以存大体,而朝廷之气为之不舒;当急而缓,则怠慢废弛,无以赴事几,而天下之事日入于坏……自受任以来,夙夜忧叹……而乃奏请诸事多见抑却,幸而从者,又率稽缓后时,无益于事。而其甚者,则又漠然无所可否,若堕深井之中。至其又甚者,则遂至于按劾不行,反遭伤中。"③通过朱熹在王淮任期间从政的切身感受及其对王淮的批评,可见王淮等人不思进取的保守作风。

史浩与王淮关系非同一般。史浩虽比王淮早入相,但王淮先卒,王淮卒后,史浩有《祭王季海丞相文》云:"念我生平,与公友善。题名雁塔,猥预联

① 李心传撰,徐规点校:《建炎以来朝野杂记》甲集卷九《中兴宰相久任者》,北京:中华书局,2000年,第172页。
② 杨万里撰,辛更儒笺校:《杨万里集笺校》卷一二〇《宋故少师大观左丞相鲁国王公神道碑》,第4637页。
③ 朱熹:《晦庵先生朱文公文集》卷二六,朱杰人等主编:《朱子全书》第21册,第1175—1176页。

镢……矧吾幼女,得婿贤郎。既事契之绸缪,故恩情之款密。"①通过史浩祭文,可知王淮之子娶史浩幼女,史浩与王淮乃儿女亲家,二人关系之亲密自不待言。孝宗朝两大宰执史浩、王淮竟然联姻结盟,当时保守官宦势力之大、关系之稳固亦可以想见。正因为有了这样一层姻亲关系,所以对王淮这样一位为朱熹等人严厉责备的保守官宦,史浩却予以极力称赞,其《王季海丞相挽辞》云:"宝历隆兴记,张罗猎巨公。斗南人杰用,塞北马群空。紫橐论思绩,黄扉造化功。只今收实效,四海畅淳风。"②史浩与王淮相近的政治倾向于此亦可见。《宋史》曾不无批判地说:"史浩宅心平恕,而不能相其君恢复之谋。王淮为伪学之禁,毒痛善类。"③这可以说是对孝宗中后期两位保守之相史浩、王淮比较恰当的历史评判。

至清代,四库馆臣还专门将南宋中兴时期王之望、史浩等保守官宦的代表放到一起进行讨论和比较,可谓富有眼光,颇具意味。《四库全书总目》论,"考宋南渡之初,自当以北取中原为务。然惟岳、韩诸将可冀图功。张浚狠愎迂疏,但急于立功以固位,实非可倚以恢复之人……之望之沮浚,不可不谓之知人……其斟酌时势以立言,与史浩意颇相近,亦不可谓之不知时务。特其朋比小人,附和权幸,与浩之出于老成忠荩者不同。又汤思退所主者乃六国赂秦之计,与浩之主于持重俟衅者亦复迥异"④。清四库馆臣之论,似是一分为二,也可谓充满矛盾,而无论如何,都首先肯定了宋室南渡至中兴之际"自当以北取中原为务"。四库馆臣随后又从孝宗君臣北伐失败的历史结果出发进行立论,认为王之望、史浩之主和保守"亦不可谓之不知时务"。事实上,后一论断多少有些事后立论、以成败论是非的牵强。自宋至今,尽管在南宋战、守、和等对金策略孰是孰非的问题上始终都有争议,但是,在那个"自当以北取中原为务"的特定历史时代,失去进取中原之志的保守官宦,与前仆后继、锐意恢复的激进官宦群体相比,不能说不是失却了某种应有的时代精神。

3. 光宗、宁宗时期保守官宦的代表姜特立

据《宋史》记载,姜特立在孝宗淳熙中累迁福建路兵马副都监,时海贼姜大獠寇泉南,姜特立擒之,为帅臣赵汝愚荐于朝,"召见,献所为诗百篇",除阁门舍人,命充太子宫左右春坊,兼皇孙平阳王伴读,由是得幸于太子。太子即位,是为光宗,姜特立除知阁门事,"以春坊旧人用事,恃恩无所忌

---

① 史浩:《鄮峰真隐漫录》卷四三,《宋集珍本丛刊》第43册,第222页。
② 史浩:《鄮峰真隐漫录》卷四,《宋集珍本丛刊》第42册,第792页。
③ 脱脱等:《宋史》卷三九六,第12081页。
④ 永瑢等:《四库全书总目》卷一五八《汉滨集提要》,第1364页。

惮",以至于名臣留正言:"臣与特立势难两立。"①姜特立发迹于孝宗朝,随光宗即位而迅速蒙恩崛起。《宋史·职官志》称:"绍兴中曹勋、韩公裔,乾道中曾觌,嘉泰中姜特立、谯令雍,皆以攀附恩泽,亦累官至焉,非常制也"②。姜特立既以近习起家,遂仗恃皇恩,耽于安逸与荣华。至宁宗朝韩侂胄崛起后,姜特立又竭力奉迎。如庆元五年(1199)韩侂胄加少师,封平原郡王,于是大肆修筑私宅园林,号为南园,一些大臣责斥其铺张,而姜特立却为了固宠谋身,极尽诌谀之能事,进《平原郡王南园诗二十一首》,赞誉南园景致的华美和韩侂胄的功德。③

姜特立作为一位保守官宦,其心态在其《特立夜直读荆公客至当饮酒篇感而有赋》中亦尽显无遗,其诗云:

> 客至当饮酒,客去合如何。人生无根蒂,何必客经过。有客固当饮,无客当自歌。有客与无客,颓然同一科。昔人秉烛游,正尔畏蹉跎。粤余生多艰,一官剧奔波。读书四十年,铁砚空研磨。粝食岂有肉,菜羹或无薤。一衣递单夹,折制屡舛讹。六十始小遇,鬓毛已双皤。屈指从心年,光阴苦无多。酒虽非所嗜,不饮思不佳。一盏助朝气,三杯养天和。放浪风月夕,留连四时花。以此毕吾生,无愧亦无嗟。寻诗百岁后,有酒如倾河。一滴不入唇,谁见此颜酡。作诗广前贤,闻者且勿呵。④

这首诗作于姜特立晚年,他自称是读了王安石诗歌有感而作。王安石原诗如何呢?我们可以作一个比较。今王安石文集中有《客至当饮酒二首》,其一云:"结屋在墙阴,闭门读诗书。怀我平生友,山水异秦吴。杖藜出柴荆,岂无马与车?穷通适异趣,谈笑不相愉。岂复求古人,浩荡与之俱。客至当饮酒,日月无根株。"其二云:"天提两轮光,环我屋角走。自从红颜时,照我至白首。累累地上土,往往平生友。少年所种树,磥砢行复朽。古人有真意,独在无好丑。冥冥谁与论,客至当饮酒。"⑤可以看出,王安石《客至当饮酒》诗抒发的是对远方友人真挚的怀念之情,表达的是渴望与友人

① 脱脱等:《宋史》卷四七〇《姜特立传》,第 13695 页。
② 脱脱等:《宋史》卷一六六,第 3947 页。
③ 姜特立:《梅山续稿》卷一三,《宋集珍本丛刊》第 48 册,第 124—126 页。
④ 姜特立:《梅山续稿》卷二,《宋集珍本丛刊》第 48 册,第 58—59 页。
⑤ 王安石撰,李壁注,李之亮补笺:《王荆公诗注补笺》卷一六,成都:巴蜀书社,2002 年,第 303—304 页。

重逢而畅怀于诗酒的雅趣。而姜特立诗则叙述了他"读书四十年"、"六十始小遇"的追逐功名的经历,进而描述了自己"有客固当饮,无客当自歌。有客与无客,颓然同一科"的生活,最后表达了"放浪风月夕,留连四时花。以此毕吾生,无愧亦无嗟"的耽于富贵的人生取向。相比之下,品格情趣可谓高下立见,其不思进取的保守官宦心态堪称典型。

由于资料限制,以上考述并不全面,但亦可看出,南宋中兴诗坛确实存在着一个不容忽视的保守官宦诗人群体。在南宋中兴时期,之所以形成这样一个保守官宦诗人群体,有其深刻的历史背景。除前文考述当时君主和朝野士大夫中广泛存在的保守政治因素之外,还有一点值得注意,就是在当时君主和保守官宦之间,彼此不仅不遮掩自己安于逸乐的倾向,反而常常上下沟通,互为屏障。如前揭孝宗在与史浩的唱和诗中说"治道贵清静,圣言有深旨",向臣子直接传达和交流遵奉高宗"清静"政策的心得。而史浩则在《跋御制曲宴澄碧殿诗》中称赞孝宗"是诗之作,其功用不既大矣乎?中兴跂可俟也",并且"谨奉圣旨,勒之乐石,垂训万代"①。我们还可再引一例加以说明。周密《齐东野语》记载:

> 孝宗一日内宴,史(浩)与曾觌皆预焉。酒酣,一内人以帕子从曾乞词。时德寿宫有内人与掌果子者交涉,方付有司治之。觌因谢不敢曰:"独不闻德寿宫有公事乎?"遂已。它日,史偶为(陆)务观道之,务观以告张焘子宫。张时在政府,翼日奏:"陛下新嗣服,岂宜与臣下燕狎如此。"上愧问曰:"卿得之谁?"曰:"臣得之陆游,游得之史浩。"上由是恶(陆)游,未几去国。②

这段记载,其多大程度的真实性或许还有待进一步考证,但恐也并非空穴来风。通过孝宗与史浩、曾觌等人宫廷燕狎及陆游因外泄其事而遭贬去国的记载,我们依然可以看到南宋中兴之君与保守官宦上下贯通、苟安放逸的一面。

王夫之《宋论》云:"汤思退可逐而未逐;尹穑、王之望可窜而未窜;史浩可戒之以正,而听其浮沉"③。王夫之所论,深刻揭示出南宋中兴时期君主姑息包容于上,而保守官宦群体安于浮沉、前踵后继于下的社会政治生态。

---

① 史浩:《鄮峰真隐漫录》卷三六,《宋集珍本丛刊》第43册,第179页。
② 周密撰,张茂鹏点校:《齐东野语》卷一一《陆务观得罪》,北京:中华书局,1983年,第199—200页。
③ 王夫之:《宋论》,北京:中华书局,1964年,第204页。

可以说,南宋中兴时期保守官宦诗人群体的出现,实为其时代的必然。

第二节　南宋中兴时期保守官宦诗人的群体特征

一、以诗娱情的创作观念

南宋中兴时期保守官宦诗人群体安于和金人划淮而治的现状,因此在政治活动中也不像激进官宦诗人那样锐意进取,在生活上则常常耽于承平。在某种意义上说,文学即是人学。正因为他们这种比较保守的政治与人生姿态,他们在文学创作中,也往往将文学视为一种娱情遣怀之具。如王之望《书白氏长庆集》云:

> 我爱乐天文,平易更精切。笔端应有口,心事无不说。游戏供日用,工巧疑天设。述情悉毫厘,辩理穷曲折。如我本欲言,挽我开齿颊。如人病瘖哑,代我传喉舌。驽骀拟举步,骏足过如瞥。弱弧未及弯,强弩已穿札。抚才初自愧,适意还深惬。读尽一编诗,胸怀消百结。①

从中可见,王之望喜爱白居易诗,不仅是由于白居易诗歌平易精切,尤为重要的是,王之望认为白诗在工巧天设的同时,能够"游戏供日用","代我传喉舌"。而王之望所谓传其"喉舌"的作品,正是那种安逸之余娱情遣怀的创作。

姜特立与王之望的创作观念如出一辙。其《适斋先生续乐天达哉行因继其后》云:"月散官中粟,不蓄俸余钱。性复喜宾客,日日罗盘筵。万事不挂眼,尚为诗所缠。山上列花木,山下疏清泉。终日自逍遥,濠上乐亦全。起予者谁欤,三诵达哉篇。"②姜特立描绘了其自在富足的生活状态,进而谈到在这种"万事不挂眼"的生活中从事诗歌创作的乐趣,在姜特立看来,诗歌创作纯粹是一种生活情趣的点缀。这一点,其《得句》、《闲吟》等诗说得也很明白。如《得句》:"得句胜于得好官,平生事业蠹鱼间。近来世味尤如蜡,唯有吟诗不奈闲。"③《闲吟》:"天公靳惜是虚名,怪我吟诗笔不停。莫把文章觑天巧,只将浑沌养余龄。"④可见,"吟诗"得句,表达"蠹鱼"之闲,

---

① 王之望:《汉滨集》卷一,《影印文渊阁四库全书》第1139册,第667—668页。
② 姜特立:《梅山续稿》卷九,《宋集珍本丛刊》第48册,第101页。
③ 姜特立:《梅山续稿》卷二,《宋集珍本丛刊》第48册,第57页。
④ 姜特立:《梅山续稿》卷九,《宋集珍本丛刊》第48册,第101页。

在浑浑沌沌之中安养"余龄",正是姜特立诗歌创作的动因。姜特立《甲辰岁以诗一编进孝宗圣语且许其清新骤蒙擢用暇日感孟襄阳事聊赋数语》即说:"我诗虽不工,骑马入帝阍。饱暖自兹始,永怀明主恩"①。《老衰畏寒晨起婢辈炽炭红熘满室身心俱泰喜而有赋》又云:"严晨一炉火,爱重如兼金。既已暖我躯,且复豫我心。因思孟东野,曲身长苦吟。何如贵公子,得意椒房深。"②孟郊苦吟作诗,只为求工,而姜特立对此极不以为然,认为曲身苦吟,怎能比得上得意于椒房的贵胄歌酒风流的闲吟呢? 即使到了暮年,姜特立也是一贯地秉持这种以诗娱情遣怀的创作观念,如《暮年即事》云:"八十衰翁如小儿,爱餐梨栗作儿嬉。有时淡饮三杯酒,无事闲吟两首诗。"③可见其终身不变的创作旨趣。

史浩也表达了同样以诗娱兴遣怀的观点。其《送王嘉叟编修倅洪州》云:"作诗以遣怀,把酒以适意。随处是道场,其乐叵思议。"④正因如此,史浩受到激进官宦诗人代表王十朋的激烈批判。王十朋有《与直讲史侍郎》,致书史浩云:

> 郎中直讲,以正人端士居师友之职,宜以经术正其心,以古今治乱兴亡之迹为之劝戒,养成器业以副一人付托之意。如作诗一事,乃书生气习,于道德亡补,姑可置之。旧日篇章,尤不宜播之于外,恐为人所议。⑤

考王十朋一生,创作诗歌近30卷,感怀现实,言志述怀,强烈地表达着爱国忧时的主题。王十朋所谓"作诗一事,乃书生气习,于道德亡补,姑可置之",并非真的是说当废诗不作。他之所以批判史浩,事实上不在于"作诗一事"本身,而在于史浩所作之诗。王十朋告诫史浩诗歌"不宜播之于外,恐为人所议",原因亦当从史浩诗作中去寻找。综观史浩诗歌,主要是抒写其台阁之臣的生活情趣,而几乎看不到像激进官宦诗人作品中所表现的中兴时代的历史风云与矢志复国的慷慨豪情。由此,王十朋为何要批评史浩作诗之事,便已不言自明,在他看来,史浩不仅在政治上阻抑北伐,安守一隅,在文学创作中也不能"以古今治乱兴亡之迹为之劝戒"。因此,王十

---

① 姜特立:《梅山续稿》卷九,《宋集珍本丛刊》第48册,第99页。
② 姜特立:《梅山续稿》卷九,《宋集珍本丛刊》第48册,第100页。
③ 姜特立:《梅山续稿》卷一六,《宋集珍本丛刊》第48册,第141页。
④ 史浩:《鄮峰真隐漫录》卷二,《宋集珍本丛刊》第42册,第772页。
⑤ 王十朋:《宋王忠文公文集》卷二二,《宋集珍本丛刊》第44册,第141页。

朋一方面在政治上激烈地批判史浩,另一方面还要从文学上对史浩进行严厉斥责。而王十朋与史浩在文学领域的直接交锋,尤具典型意义,让我们仿佛回到历史现场,看到激进官宦诗人与保守官宦诗人之间,并非仅仅是政见不同,其人生心态、文学观念与实际创作倾向也迥然异趣。

二、抒写承平的诗歌主题

南宋中兴时期保守官宦诗人群体在政治上主张息兵议和,在生活中安于所谓的清静与承平。这种政治立场和生活观念亦渗透到文学创作领域,其重要表现就是保守官宦诗人群体抒写承平的诗歌主题。王之望在《上宰相书》中的一段话即典型地反映出保守官宦诗人群体诗歌创作的这种主题取向,他说:

> 某闻善论诗者,不专取其文词,必观其志而听其音……治世所感,其气和。乱世所感,其气厉。是以善观诗者,于音志之外又观其气焉……某晚学无师,顾尝知好义,少年虽游场屋,亦时时为之而不得其门,后蒙拔擢,处渊源之地,稍得以潜心诂训,已而出试小垒,实古二千石之秩。追思前此兵火逃生,流离饥寒之苦,乃得复见清时,与万物同游于和气中,欣欣然,愉愉然,进有尺寸之望,退无沟壑之忧。间为词章,以歌颂太平,如蛙鸣蚓号,不足闻于当世。今老矣,志犹在也,抑不知击壤而谣畎亩之乐乎? 将乐职而为宣布之咏乎? 其亦形容功德而鸣国家之盛乎? ……今圣君哲相在上,风化方隆,某又尝以文字见收,玷师儒之选,则感于治世,而鸣其和。①

在故疆未复、国耻未雪的南宋,像王十朋、陆游、杨万里、范成大等许多激进官宦诗人,均不忘国耻与家仇,为了国家大义慷慨奔走,立志恢复,爱国忧时成为他们诗歌创作的重要主题。而王之望却主张息兵议和,忍耻含垢,在文学创作中也主张"与万物同游于和气中,欣欣然,愉愉然,进有尺寸之望,退无沟壑之忧。间为词章,以歌颂太平"。应当说,这与那个需要有志之士励精图治的时代是逆向而行的,不过,它却道出了当时保守官宦诗人诗歌创作的主题取向。如王之望《次韵陈庭藻赴天申燕诗二首》其二:

> 中兴盛事须记述,乐府宜得张文昌。感寓诸孙今列宿,诗鸣省户为

---

① 王之望:《汉滨集》卷九,《影印文渊阁四库全书》第 1139 册,第 776—777 页。

时祥。每逢朝家有庆瑞,辄以篇咏赓休光。腐儒白首谬通籍,博士一经惭后苍。敢陪诗人论风雅,只与渔父歌沧浪。升平颂声还大手,白傅才力兼诸长。①

王之望称自己"每逢朝家有庆瑞,辄以篇咏赓休光",可谓完全沉浸在一片"升平颂声"之中。

描写中兴时代的清平也是史浩诗歌的突出主题。如淳熙四年(1177)九月史浩赴孝宗澄碧殿宴,孝宗谓此会不可以无纪,于是史浩作《进锡宴澄碧殿诗》:

> 季秋中澣日,淳熙隆四禩。朝回揽辔间,中使俄传旨。少须日转申,宣召陪宴喜……中途敞金扉,恍若蓬壶里。群山拥苍壁,四顾环弱水。山既日夕佳,水亦湛无滓。冰帘映绮疏,琼殿中央峙。澄碧曜宸奎,神龙争守视。舞蹈上丹墀,天威不违咫。奏觞祈万寿,时蒙一启齿。余波丐鼠腹,酒行不知几。徘徊下瑶席,缓步烦玉趾。从游至清激,锡坐谈名理。泉声韵瑟琴,一洗筝笛耳。皇云万几暇,观书每来此。论道及帝王,直欲齐其轨。尧舜禹汤文,前身无乃是。臣言匪献谀,道实由心起。既然明是心,要在力行尔。登桥釂余罍,饮兴未容已。金莲引双烛,再拜离阶戺。玉音宠谕臣,此会宜有纪。归途感恩荣,占写忘骪骳。②

史浩诗详细叙述了自己奉旨入宫路途中经山历水的见闻,描写了入宫后赴宴、观舞、行酒、论道以及谢恩离宫的完整经过,生动逼真地展现了一位台阁官宦的宫廷生活及其表现升平、歌功颂德的创作心态。

为了进一步考察史浩等保守官宦诗人诗歌创作的主题特色,我们可以拿激进官宦诗人代表人物周必大稍后的次韵之作与史浩作品进行比较。史浩诗作于淳熙四年(1177)九月,同年十一月周必大有感于史浩与孝宗的唱和之作,依韵创作《恭和御制赐史浩古诗》一首:

> 煌煌唐太宗,勋业在所喜。寇攘既扫除,蛮貊毕至止。循良布郡邑,惠政宽狱市。忠贤俨班联,切谏枇浮靡。关辅罗府兵,岩穴聘奇士。

① 王之望:《汉滨集》卷一,《影印文渊阁四库全书》第1139册,第672页。
② 史浩:《鄮峰真隐漫录》卷二,《宋集珍本丛刊》第42册,第775页。

民生覆盂安,国势泰山倚。皇心期过之,风下九万里。忠厚培本根,文物粲华蕊。淳熙视正观,何啻相表里。属车尚涛江,列障隔淮水。蠢兹獯鬻氏,作我太清滓。坐令营屯众,久费糇粮峙。中原厌狼贪,诸将空虎视。安得贯骼楛,来贡尺有咫。六合混一家,耕桑盛生齿。愿言讲治道,先务当有几。欲仁斯仁至,患在未举趾。而况前史中,遗事可寻理。卫英爪与牙,王魏目兼耳。处中赖房杜,虚受忘彼此。不闻国异政,但见车同轨。孰云古道难,佥曰今王是。寸阴圣所兢,盛德日方起。舞干格三苗,其效七旬耳。轲称仁无敌,传谓礼可已。东鳀及北狄,会见朝玉阤。①

比较一下周必大与史浩的次韵作品,可以看出明显的不同:史浩诗主要表现自己蒙恩入宫的经历与自得之情,丝毫未以内忧外患为意;而周必大诗则盛赞唐太宗扫除寇攘的历史勋业,进而以现实"民生"与"国势"为念,向孝宗直言"中原厌狼贪,诸将空虎视"的时局,鼓励孝宗重用忠正之臣,建立扫除北狄的功业。通过周必大与史浩同一背景、同一诗韵作品的具体比较,史浩等保守官宦诗人诗歌创作的主题取向及其与同时代激进官宦诗人创作之间的差别跃然纸上。

又如史浩《次韵马圆中郎中游甘露寺》:"试凭古刹俯江城,追思孙权共孔明。三国有人成底事,六朝何代不交兵。中原天子今恢复,北塞胡儿始削平。附翼攀鳞真际会,小臣亦解说功名。"②史浩首先追述"六朝何代不交兵"的历史纷乱,进而感叹"中原天子今恢复,北塞胡儿始削平"的皇威和自己"附翼攀鳞"的"际会"。事实上,终史浩之世,真实的现实应该说是"中原天子未恢复"、"北塞胡儿未削平",史浩诗作不过是粉饰升平而已。而史浩追求的所谓"功名",亦不过是攀龙附凤的恩荣。在史浩文集中,此类作品甚多,兹不赘举。

姜特立以光宗潜邸旧人发迹,其诗亦多咏太平。如《恭和御制玉津园诗》:"辇路云开雨脚疏,君王游乐万几余。沧波不尽烟中景,清唱忽来江上渔。此日丹青须立本,何人词赋似相如。小臣赓载无他语,但咏山河壮帝居。"③姜特立在诗中以词臣司马相如自比,描写君王游乐。其中"小臣赓载无他语,但咏山河壮帝居"一联,可谓是其近臣生活及其诗歌主题的典型概

---

① 周必大:《庐陵周益国文忠公集》卷六,《宋集珍本丛刊》第51册,第184页。
② 史浩:《鄮峰真隐漫录》卷四,《宋集珍本丛刊》第42册,第789页。
③ 姜特立:《梅山续稿》卷一,《宋集珍本丛刊》第48册,第48页。

括。由上可见,在南宋中兴时期保守官宦诗人的作品中,对于承平的描绘和恣意于山林诗酒的游乐,是一个重要主题,这也成为其诗歌创作的普遍特色。

三、赋闲自适的艺术世界

南宋中兴时期保守官宦诗人群体在政治上采取消极保守的策略,秉持明哲保身的人生哲学,视诗歌为纯粹娱情遣怀的工具,在作品中极力抒写个人的富贵、闲适与逸乐,建构了一个赋闲自适的艺术世界。主要有以下三个层面的内涵。

（一）富贵逸乐的生活世界

保守官宦诗人群体在生活中的一个突出特点就是极力追求个人的功名富贵与人生逸乐。如王之望,秉持着一种"福至自福至,祸来贵先图"①的观念。在《送贾可封随郭帅还西城三十韵》中又说"致身富贵真未晚,唾手功名不难取"②。可见其对于富贵与功名的趋慕之心。又如姜特立,有《送陈寺丞得请补外归乡》说:"京华正是热官地,公独胡为起归意?"③在激进官宦诗人或道学诗人的作品中,送别友人之际,我们看到的往往是对于国家恢复事业或者道义的相互砥砺,而姜特立在友人补外离京之际,却奉劝友人不要放弃京都这片"热官"之地。另如其《忧患中作》:"万缘互起灭,谁能久欢娱。欢娱既不久,悲恨常与俱……一醉了生死,岂复念区区。小儿玩造物,造物亦戏渠。举世忧其忧,放浪乐有余。"④《月俸至》:"禄厚君恩重,才疏德性迂。入门随手散,不作守钱愚。"⑤《送光生崇元读书》:"但把文章博科第,便成陆地作神仙。"⑥均表白了其热衷追求世间富贵的心态,反映了其放浪于歌酒欢娱的生活。

正因为保守官宦诗人秉持着"举世忧其忧,放浪乐有余"的人生哲学,所以他们在生活中极力营构个人生活的乐园,纵情醉心于其中。如史浩,在家乡修建四明洞天。其《真隐园铭》云:

予生赋鱼鸟之性,虽服先训,出从宦游,而江湖山薮之思未尝间,故

---

① 王之望:《汉滨集》卷一《杂诗四首》其一,《影印文渊阁四库全书》第1139册,第665页。
② 王之望:《汉滨集》卷一,《影印文渊阁四库全书》第1139册,第672页。
③ 姜特立:《梅山续稿》卷一,《宋集珍本丛刊》第48册,第50页。
④ 姜特立:《梅山续稿》卷一一,《宋集珍本丛刊》第48册,第113页。
⑤ 姜特立:《梅山续稿》卷一六,《宋集珍本丛刊》第48册,第140页。
⑥ 姜特立:《梅山续稿》卷一六,《宋集珍本丛刊》第48册,第142页。

随所寓处,号曰真隐。太上皇帝知之,赐以宸翰,百拜跪受,即有志辟芳园,揭扁榜以对,扬休命萍梗,南北未遑也。已而际会龙飞,两承相乏。丐闲得请,今上皇帝燕饯内殿,亲洒宸章,光其归路,赐西湖一曲,以成其志,斥白金万两,以竟其役。而皇太子又大书"四明洞天",并以珠玉妙作为贶,于是始得累石为山,引泉为池,取皮陆四明山九咏,仿佛其亭榭,动植之形容,而园遂落成。又即园之左,建大阁以藏两宫墨宝,琅函层上,金碧交相,翊以龙神,见者知敬……俾竟其身,无有乐事。铭曰:真隐名园,地偏境胜。既曰洞天,贵在清净。蔼蔼游人,仰睇奎文。必恭敬止,实为尊君。仙真是明,毋糇腥秽。子孙傥贤,呵禁敢废。咨尔攒峰,列岳之灵。守护亿载,勿寒斯盟。①

史浩详细叙述了自己身蒙几代君主恩宠及其在家乡四明以"白金万两"修建真隐园的经历,描述了四明洞天华贵的布设、清静的环境及其置身其中乐享天年的富贵。楼钥即曾感叹:"四明衣冠之族,绍兴以来,莫盛于史氏"②。在史浩文集中,如《东湖游山》《雪夜行舟骂鬼》《次韵孙季和东湖二诗》《因见父老云东湖九百九十顷七十二溪故有是作》《次韵郑郎中作四明谢遗尘九题走笔不工》《与东湖寿老》等许多诗作,都是描绘其居于四明洞天的逸乐生活。

(二)　悠闲自适的心灵世界

在南宋中兴时期,激进官宦诗人群体为国家和民族的大义相互砥砺,四方奔走,慷慨忠愤。而保守官宦诗人群体则与之形成鲜明的对照,他们对沦陷的中原国土熟视无睹,安于半壁山河,基本失去积极进取的理想和精神。他们的诗歌作品也呈现出一个与激进官宦诗人截然不同的悠闲自适的心灵世界。如史浩《次韵沈泽夫逍遥歌》云:

在昔蒙庄有至言,万物逍遥天地间。大鹏斥鷃异禀赋,随性奚假人防闲……吹嘘呼吸勤吐纳,导引致寿先熊经。后枯正藉一溉力,且使既老身康宁。向上更须观一著,一之所起犹未形。从渠海岱自更貌,何止一阅三千龄。守一还期守真一,真一诚通能事毕。吾之所取进乎技,解牛中得养生术。③

---

① 史浩:《鄮峰真隐漫录》卷四〇,《宋集珍本丛刊》第43册,第205页。
② 楼钥:《攻媿集》卷一〇五《朝请大夫史君墓志铭》,第1474页。
③ 史浩:《鄮峰真隐漫录》卷一,《宋集珍本丛刊》第42册,第768—769页。

　　史浩托意庄子《庖丁解牛》与《逍遥游》之主旨,表明了逍遥于尘世之外、悠游于闲适之中的思想和心态。

　　姜特立更为典型,其文集中有数十首咏闲之作。通过这些作品,我们可以看到他心灵的表白。如《题共闲亭五首》其三:"杨叶屡穿非是妙,庖刀未缺更须藏。何人识得闲三昧,袖手急流滋味长。"①《老去》:"老去光阴日日悭,更无大药驻朱颜。近来学得长生诀,十二时中总放闲。"②《闲吟》:"老去无心思世事,静中有业爱闲吟。有时看水看山处,举世何人会此心。"③《咏闲》:"一年闲有十年功,十岁如将百岁同。此去得闲犹未已,向前日月尽壶中。"④《偶赋》:"不织不耕日,无忧无恼身。旷哉天地德,养此最闲人。"⑤任何一位作家,其作品的语义和意象均是其内在心灵的影射和外化。由姜特立大量以"闲"为表现中心的诗歌作品,可见其处闲自适的心态,有时甚至可以说是百无聊赖。可以说,南宋中兴时期保守官宦诗人群体,从根本上失去了在政治上积极进取的热情,因而,安时处顺、赋闲自适成为他们普遍的心灵状态。

　　(三) 雍容旷达的诗歌世界

　　南宋中兴时期保守官宦诗人多是朝廷高官,且备受皇帝优待,他们显赫的社会地位、安时处顺的人生哲学、悠闲自适的思想心态表现在文学创作中,使其作品呈现出一种雍容旷达的艺术品格。如王之望,在高宗时期累迁太府少卿,在孝宗朝官至参知政事,可谓位尊朝野,诗歌作品也雍容富瞻。周必大《王参政文集序》即称王之望"酷嗜吟咏,词赡而理到。尝游大峨,赋长韵与客赓和,至六七篇,下语如珠之走盘,用韵如射之破的"⑥。考王之望《登大峨绝顶睹圆相佛光成长句二十韵》等记大峨之游的诸篇诗作,今俱存其集中,确实具有雍容富丽的特色。又如《移竹》:

　　　　借宅开小轩,自移一丛竹。悠然北窗下,意色都不俗。晴影终日幽,风声杪秋肃。最怜疏雨过,会有白云宿。深培畏不寿,静对殊未足……要收山林趣,密置轩槛曲。西峰谩多奇,吾方倦退瞩。⑦

---

①　姜特立:《梅山续稿》卷一,《宋集珍本丛刊》第48册,第51页。
②　姜特立:《梅山续稿》卷四,《宋集珍本丛刊》第48册,第69页。
③　姜特立:《梅山续稿》卷八,《宋集珍本丛刊》第48册,第93页。
④　姜特立:《梅山续稿》卷九,《宋集珍本丛刊》第48册,第99—100页。
⑤　姜特立:《梅山续稿》卷九,《宋集珍本丛刊》第48册,第101页。
⑥　周必大:《庐陵周益国文忠公集》卷五三,《宋集珍本丛刊》第51册,第542页。
⑦　王之望:《汉滨集》卷一,《影印文渊阁四库全书》第1139册,第668页。

王之望此诗以小轩、丛竹、北窗、晴影、疏雨、白云、风声等清新婉丽的意象,描绘了一隅幽静的小轩,表现了悠然自得的情怀。再如《题真符道中山寺》:"江路南风涨白沙,镫驴来憩梵王家。片云忽作萧萧雨,梦断僧窗日未斜。"①此诗描写其野游遇雨,小憩山寺的所见所感。诗歌着力描写萧萧细雨过后更显柔和的一片暖日,淡淡映照在寺院的僧窗之上,意象疏朗,情怀舒展,表现了虽然历经风雨却闲适自然的心态,全诗意境与作者心境融合无间,雍容不迫。

史浩诗也时常如此,如其《次韵游西湖》:

> 官闲到休日,清浅寻幽香。金风度林麓,野艇生微凉。竹阁寄登览,孤岑水中央。拂石辨奇迹,哦诗味遗芳。归来笔不停,醉墨翻淋浪。他时三贤亭,合著君在旁。只恐作霖雨,幽梦通商王。②

史浩自述其官闲之际寻幽览胜的经历,并描写了览胜归来后醉墨哦诗的生活,在他眼中,花草散发出来的是怡人的幽香,甚至连穿过林间的轻风也变成了"金风"。诗中以幽香、金风、林麓、野艇、竹阁、孤岑、奇迹、遗芳、醉墨、霖雨、幽梦等意象,营造出一派雍容富丽的氛围。

如果说王之望、史浩诗显示出一派雍容之气,姜特立诗则极力表现其旷达。如《冬夜不寐》说:"宵柝迢迢警睡魔,静思甘分老林坡……不起妄心思世事,只将闲意养天和。时人休说长生术,学著长生事转多"③。《又赋如山》写:"如山堂上好登临,罗列堂前紫翠岑。万古烟霞供坐啸,四时风月伴闲吟。海鸥心性沧洲远,野鹿精神草树深。却笑井蛙并辙鲋,只知缺甃与蹄涔"④。这些诗作,都表现了作者放意于自然的旷达情怀。方回即曾评论姜特立《冬夜不寐》诗中"不起妄心思世事,只将闲意养天和"两句,认为"俱旷达"⑤。

---

① 王之望:《汉滨集》卷二,《影印文渊阁四库全书》第1139册,第689页。
② 史浩:《鄮峰真隐漫录》卷一,《宋集珍本丛刊》第42册,第770页。
③ 姜特立:《梅山续稿》卷九,《宋集珍本丛刊》第48册,第101—102页。
④ 姜特立:《梅山续稿》卷一二,《宋集珍本丛刊》第48册,第117页。
⑤ 方回选评,李庆甲集评校点:《瀛奎律髓汇评》卷一五《冬夜不寐》诗之评,第562页。

第四章 江湖诗人群体

江湖文化的发展勃兴,是南宋历史上的一个重要现象。① 在南宋文学史上,江湖诗人与江湖诗派的出现,同样是一个引人瞩目的现象,学界已进行了富有成果的探讨。② 而关于南宋江湖诗派产生和延续的时间,学界则持说不一。③ 一般认为江湖诗人作为一个群体或流派出现于南宋后期,主要活动时间是在南宋尤、杨、范、陆等中兴四大家之后,直至南宋末期。因而,一直以来学界基本上是将江湖诗派作为中兴四大家之后的一个文学流派来进行研究的。而事实上,由于特定社会文化背景,与中兴四大家同时,已出现了一批重要江湖诗人,成为建构南宋中兴诗坛的一支重要力量,他们主要有章甫、陈造、刘过、姜夔、刘植、刘翰、刘仙伦、李泳、张良臣、葛天民等。本章拟从南宋中兴时期社会文化与江湖诗人群体的形成、南宋中兴时期江湖诗人的群体特征等方面,对江湖诗人群体展开讨论。

第一节 南宋中兴时期社会文化与
江湖诗人群体的形成

关于江湖诗派形成的背景,学界以往主要是以整个南宋江湖诗派为对象,就南宋尤其是南宋后期的社会、文学以及陈起等个人的因素进行讨论。然而,在南宋中兴时期,一群重要的江湖诗人已经活跃于诗坛。诚如法国学者丹纳所言,我们可以定下一条规则:要了解一件艺术品,一个艺术家,一群

---

① 关于江湖文化的渊源及其内涵,赵晓岚《姜夔与南宋文化》(北京:学苑出版社,2001 年)、刘平《近代江湖文化研究论纲》(《文史哲》2004 年第 2 期)等均作了探讨。

② 参见叶帮义、胡传志:《20 世纪 80 年代以来的江湖诗派研究》,《阴山学刊》2004 年第 1 期。

③ 费君清先生认为江湖诗派的形成可以追溯到宋室南渡之初,鼎盛时期在庆元、嘉定、宝庆之间,一直延续到南宋末期,时间长达百年(费君清:《〈永乐大典〉中发现的江湖集资料论析》,《杭州大学学报》1988 年第 1 期);梁守中先生认为江湖诗派是承接永嘉四灵之后出现的一个流派(梁守中:《江湖诗派与江湖派诗》,《中山大学学报》1989 年第 2 期);张继定先生认为江湖诗派形成于南宋中期光宗、宁宗期间,延续至南宋后期(张继定:《论南宋江湖派的形成和界定》,《浙江师大学报》1994 年第 1 期);张宏生先生认为江湖诗派的形成应以嘉定二年(1209)划线,以《江湖集》的出现为主要标志,至此南宋四大家俱已谢世,并以刘克庄为领袖人物,将江湖诗派的时间下限划在南宋末期(张宏生:《江湖诗派研究》,北京:中华书局,1995 年,第 23 页)。

艺术家,必须正确地设想他们所属时代的精神和风俗概况,这是艺术品最后的解释,也是决定一切的基本原因。① 要对南宋中兴时期江湖诗人群体的文学活动与诗歌创作进行系统研究,首先须以南宋中兴时期为中心,对此期江湖诗人群体形成的社会文化基础及其群体活动重新进行更为切近的考察。

一、南宋中兴时期江湖诗人产生的社会文化基础

南宋中兴时期江湖诗人群体产生的社会文化基础,是一个颇为复杂的问题,涉及社会文化诸多方面。

（一）南渡之后的社会流动

宋室南渡之后,失去半壁江山,与金人划淮而治,社会空间结构发生了剧烈变化。随之,社会流动在宋代历史上尤为剧烈。主要有以下表现:

其一,北方移民随着故国沦丧而失去家园,流离失所。在宋代历史上,由于特定社会背景,一共出现了三次移民,分别在靖康之难、南宋金对峙、南宋蒙元对峙三个时期。② 而首次大规模的移民活动即是在靖康之难前后。宋人庄绰《鸡肋编》称"建炎之后,江、浙、湖、湘、闽、广,西北流寓之人遍满"③。中兴诗人吕祖谦亦感慨"近来南国冢,半是北人坟"④。庄绰和吕祖谦所言,正是自宋室南渡至南宋中兴时期北方士民大量流落南方的社会状况的宏观概括。楼钥则通过一位具体士人的流离过程描述了这种社会状况,其《送刘晋父监岳》诗云:

> 济南刘夫子,生来逢百罹。乃翁负长才,宦游至京西。时当建炎间,寇盗纷不齐。转徙入湘广,一家屡阽危。五羊买海舟,万里向鲒埼。舟破投永嘉,有如鸟择栖……行年六十二,霜髯照庞眉。慨然念防墓,千里来海涯。⑤

楼钥诗中的刘晋父正是靖康之难后大批士人辗转流落命运的典型反映。南宋著名诗人吕本中和曾几,即曾在靖康之难后辗转流寓。韩元吉《两贤堂记》记载,"上饶郡,灵山连延,秀拔森耸……绍兴中,故中书舍人吕

---

① 〔法〕丹纳著,傅雷译:《艺术哲学》,合肥:安徽文艺出版社,1998年,第46页。
② 参见吴松弟:《北方移民与南宋社会变迁》,台北:文津出版社,1993年,第11页。
③ 庄绰撰,萧鲁阳点校:《鸡肋编》卷上,北京:中华书局,1983年,第36页。
④ 吕祖谦:《吕东莱文集》卷一一《王通直挽章》,第262页。
⑤ 楼钥:《攻媿集》卷二,第29页。

公居仁尝寓于寺……后数年,故礼部侍郎文清曾公吉甫,复来居之……夫自中原隔绝,士大夫违其乡居,类多寄迹浮图之宇"①。吕本中、曾几并非江湖诗人,但其经历亦可说明当时大批士人流离失所的状况。

其二,由于社会的剧烈变迁,名宦故家沦落。宋室南渡之后,许多名宦故家纷纷沦落。如韩淲《涧泉日记》记载,"蔡迨,字肩吾,许昌人,蔡文忠公齐之孙,流落川蜀。先公典铨日,以文卷来访,先公奇之,既荐之,又作《鼎说》以送之。议论从容,有故家典则,为桂阳令以殁。其子武子亦俊爽好文,今漂流在荆湘间"②。蔡迨乃文忠公蔡齐之孙,家世败落之后流落川蜀,以文干谒韩淲之父韩元吉而被韩元吉荐举,重新入仕。但其子的命运就没有蔡迨那么幸运了,虽亦俊爽好文,却仍然漂流在荆湘之间。蔡氏家族从蔡齐到蔡迨,再到蔡武子,一步步沦落,后世终于飘零江湖。《涧泉日记》又记载,"庞谦孺,字祐甫,先公友也。自号白苹老人,善骚雅,高甚。陆沈选调,穷困至死。微佞佛,作莲社。故相庞籍之孙"③。庞谦孺乃故相庞籍之孙,其遭际经历与蔡迨和蔡武子如出一辙。不只是男性,故家女性后代也往往四方流落,甚至有流落为倡者。陈造《记黄倡》云:"黄倡名真,真本皇甫氏……壬寅岁(1182)五月二十七日,予借郡妓饮客,倡且来,颇称丽……徐询之,倡父谨,字公度,曾为金州大将,俄知横州,以事得遣去,去而卒,妻子失身乃尔。"④由此可见宋室南渡前后社会流动的剧烈。

其三,土地争夺和兼并加剧,一些士民因此失去土地,浮游江湖。宋室南渡之后,大量移民南迁,江淮一带的士民也随军南下避难。如绍兴十年(1140)岳飞军队自河南境内南撤,当地士民"从而南者如市"⑤。在宋金对峙期间,仍有大量归正人自北来归。绍兴三十二年(1162)高宗即感叹:"中原士民不忘祖宗之德,归正者不绝"⑥。而且,南宋中兴时期,由于社会经济的恢复和发展,人口自然增长率也很大,人口密度大大超过从前,社会上的土地更为紧张,因而土地争夺和兼并加剧,一些人失去土地,不得不浮游江湖,以谋生计。南宋中兴诗人陈藻的经历即是一个典型例证,其《送方孺春赴仙游簿序》云:

---

① 韩元吉:《南涧甲乙稿》卷一五,第291—292页。
② 韩淲:《涧泉日记》卷中,第15页。
③ 韩淲:《涧泉日记》卷中,第15页。
④ 陈造:《江湖长翁文集》卷二二,《宋集珍本丛刊》第60册,第577页。
⑤ 脱脱等:《宋史》卷三六五《岳飞传》,第11391页。
⑥ 李心传:《建炎以来系年要录》卷一九九,第3375页。

濒海之民有曾姓者,聘林为妇。林幼依于伯母何,何收其地利而婢使之。及壮,受曾银百两,帛二十端,诺其归也以厚装。曾以书抵何,速鬻林田,吾欲得钱耳。仆以钱十万买其田三亩有奇,余田售之他人。曾之聘币,何既奄有之,鬻田之金,何又盗其半。曾诉何于县,何赂吏以免。恐曾不胜,无以得曾赂,夺仆田而畀之。呜呼……民奸吏猾,抑何其甚。①

通过陈藻买田而又被人夺回、丧金失土的不幸遭际,可以看出南宋中期地方上强势力量与官府相互勾结、争夺土地的社会状况。刘克庄《乐轩集序》亦称陈藻"侨居福清县之横塘,开门授徒,仅足自给,至浮游江湖,崎岖岭海,积锱得百千。归买田数亩,辄为人夺去。士之穷无过于此矣"②。陈藻本来依靠教学授徒和游历江湖而积钱买田,后来田地为人夺走,不得不再次流落江湖。虽然陈藻并未在传统江湖诗派之列,但通过陈藻的遭遇,可以看出当时地方上土地争夺的状况和一些士民因此步入江湖的历程。

（二）中兴时期的科举积弊

自隋唐科举制度确立以来,科举便成为士人入仕的重要途径。至宋代,统治者吸取唐末五代以来武人割据、政权更迭、世道纷乱的历史教训,秉持"以文明化成天下"③的治国方略,进一步扩大了科举的规模。史载真宗"亲试举人","临轩三日无倦色"④。宋代统治者欲以科举得士之心可谓迫切。因此在宋代,以读书科举来入仕就逐渐成为士人最主要的进身之途,尤其是对于寒士阶层,陈造《扬州进士题名记序》即说"科举取士,肇于汉,详于唐,我朝莫盛焉,公卿大夫不由是而进,歉如也"⑤。由于统治者的大力提倡,科举的规模在宋代快速发展,寒士阶层以科举而进身富贵之途者比比皆是。然而,科举制度发展至南宋中兴时期,已出现了严重的积弊,带来不少社会问题。主要有两个方面的表现:

其一,由于统治者的极力提倡和科举入仕的吸引,越来越多的士人希望凭借科举发迹,社会上走读书入仕之路的人越来越多,尽管朝廷在尽量扩大录取名额,但名额毕竟有限,这就造成了大量士人最终被排挤在仕途之外的

---

①　陈藻:《乐轩集》卷五,《影印文渊阁四库全书》第1152册,第75—76页。

②　刘克庄:《后村先生大全集》卷九五,《四部丛刊初编》本。

③　周必大:《庐陵周益国文忠公集》卷五五《文苑英华序》,《宋集珍本丛刊》第51册,第555页。

④　马端临:《文献通考》卷三〇《选举考三》,北京:中华书局,1986年,第286页。

⑤　陈造:《江湖长翁文集》卷二三,《宋集珍本丛刊》第60册,第589—590页。

现象。这种情况在南宋中兴时期尤为严重。如曾丰《送布衣罗以宁上书不报归乡序》云：

> 淳熙十有五年（1188）秋，丰城布衣罗氏子以宁投匦上书，三上而三不报，浩然归……方今取士之法，自廷对而赐第者千之九，自舍选而释褐者十之一，自囊封而授官者率千百不一二，故上而禄于朝，次而禄于州县，大抵有常之士也。不羁之士虽间出焉，求其稍能自致美官者，始有邓酢，次吴曾，又次戴之邵之徒十数人耳。夫今天下无事，朝廷之上惟簿书狱讼是务，虽庸夫高枕而有余，至于边烽猝警，羽檄交驰，虽圣人茧足而不给，况区区有常之士哉。以宁挟不羁之才，乃于庸夫高枕有余之时出售其说，三上而三不报，无怪也。①

通过孝宗淳熙年间布衣罗以宁的遭际，可见在主要是以科举这一方式为取士途径的时代，士人一旦科举失利，或遇上科场黑暗，或者朝廷限制取士名额，便很少能有机会致身仕途，一些人不得不流落于江湖。洪适《复解额申省状》即指出："今既解额顿窄，又附试他郡，惮远不能尽行，致令荐送数损，无以激劝……诸州解额，每十三人解一人。今湖北诸郡，并是十五人以下解发一名"②。据洪适统计，可见南宋中兴时期诸州解试的平均发解额远不足十分之一的比例，某些地区还更少。王十朋《送表叔贾元范赴省试》诗序甚至说："吾邑士风委靡不振，自舍法罢，四阅科举，群试有司，无占名者"③。王十朋乡里连续四届科举没有占名之人，可见当时科举落选人数之众。黄宽重先生也以福州为例，对南宋中兴时期科举人数和录取情况作了统计和推算，指出：从北宋到南宋，士人的数量急剧增加，其增速率甚至可以用膨胀来形容。以福州为例，乾道元年（1165）福州解发额当为 62 人，参加解试的人为 17000 余人，次年录取进士 52 人；淳熙元年（1174）参加解试者增为 2 万人，录取进士 42 人；录取率均在 1% 以下。④　由此可见，在南宋中兴时期，有超过 99% 的士人被排挤在仕宦大门之外。

即使是在少数有幸中举的士人中，也由于参考人数过多而致伪劣充斥，真正的才学之士常常遭到黜落。周必大《论发解考校之弊》即说："士之求试于有司者日益众……有工声律者未必通经，习经术者未必能赋，或学殖不

---

① 曾丰：《搏斋先生缘督集》卷一七，《宋集珍本丛刊》第 65 册，第 161—162 页。
② 洪适：《盘洲文集》卷五一，《宋集珍本丛刊》第 45 册，第 344—345 页。
③ 王十朋：《宋王忠文公文集》卷二八，《宋集珍本丛刊》第 44 册，第 195 页。
④ 黄宽重：《从中央与地方关系互动看宋代基层社会演变》，《历史研究》2005 年第 4 期。

丰,懵于文体,或久去场屋,忘其旧业。命题发策,往往颠倒事实,背违义理。故当校艺之际,则平凡者收,优异者斥,至使真才实能抑郁而不伸"①。周必大所论,揭示出由于当时科考人数膨胀,出现"真才实能抑郁而不伸"的状况。

其二,由于科场的黑暗和考试制度被破坏,大量实学之士不能入选。在北宋时期,为了防止科场作弊,采取了一些积极措施,如"糊名誊录而考之,使主司莫知为何方之人,谁氏之子,不得有所憎爱薄厚于其间"②。然而至北宋后期,糊名、誊录等制度开始遭到破坏。至南宋中兴时期,科场腐败越来越严重。孝宗淳熙五年(1178)二月,知贡举范成大等揭露:"比年试院多有计嘱拆换卷子之弊,谓如甲知乙之程文优长,即拆离乙文换缀甲家状之后,其卷首虽有礼部压缝墨印,缘其印狭长,往往可以裁去重粘。"③这是对糊名制度的严重破坏。这一时期甚至还出现了捉刀代笔的现象,性质非常恶劣。周必大《论科举代笔》称:"科举之害,莫切于代笔……其间富民乃或捐厚利以假手主司,但知据文考校,往往叨预荐送,遂使实学之士返遭黜落,前后条令虽曰详备,然棘闱既辟,旅进动以千计,为巡捕者纵欲禁止,势不能也"④。由此可见南宋中兴时期科场的黑暗,使得许多有识之士难以进身。

南宋中兴时期一些士人也以其亲身经历揭露了科场弊端。如陈藻《送刘叔嘉赴太学试序》称:"士之试也志于得,词之作者志于是,果哉近岁之为场屋也。赋黄帝以云纪,曰纪事取焉,曰纪官黜之矣;赋上圣垂仁义之统,曰统一取焉,曰统绪黜之矣。圣人祖干纲以流化,则曰运与权。悲乎哉! 随时去取,所主又多端也"⑤。著名江湖诗人刘过《从军乐》诗云:"儿时鼓箧走京国,渐老一第犹未叨。自嗟赋命如纸薄,始信从军古云乐。"⑥表达了自己终身未能如愿一第的酸楚心情。而其中的原因,刘过也有深刻揭露,其《独醒赋》说:"今公子富贵出于襁褓,《诗》《书》起于门阀,颉颃六馆,世袭科甲,游戏官初"⑦。《与许从道书》又说:"他人读书,句读犹未通,把笔为文章,模越窜窃,粗晓声病,即取高第,为时达官。足下试于乡,于湖南、江东、两浙,仅能一再中,而姓名上礼部辄报罢。某亦自借湖南之次,寂寞无闻"⑧。

① 周必大:《庐陵周益国文忠公集》卷一三六,《宋集珍本丛刊》第 52 册,第 409 页。
② 欧阳修著,李逸安点校:《欧阳修全集》卷一一三《论逐路取人札子》,北京:中华书局,2001年,第 1716 页。
③ 徐松:《宋会要辑稿》选举五之四,北京:中华书局,1957 年,第 4314 页。
④ 周必大:《庐陵周益国文忠公集》卷一三六,《宋集珍本丛刊》第 52 册,第 406—407 页。
⑤ 陈藻:《乐轩集》卷五,《影印文渊阁四库全书》第 1152 册,第 76 页。
⑥ 刘过:《龙洲集》卷一,上海:上海古籍出版社,1978 年,第 3 页。
⑦ 刘过:《龙洲集》卷一二,第 126 页。
⑧ 刘过:《龙洲集》卷一二,第 121 页。

通过陈藻、刘过等人的遭遇和揭露的事实,可见南宋中兴时期科举积弊的严重,这是此期江湖诗人群体产生的一个重要直接原因。

（三）盛世背后的冗官充塞

宋代统治者鉴于唐末五代以来方镇割据、武人肆虐的教训,大量扩充文官机构来进行国家治理,维护中央集权。宋太祖即称"宰相须用读书人"①,又对宰相赵普说:"五代方镇残虐,民受其祸,朕令选儒臣干事者百余,分治大藩,纵皆贪浊,亦未及武臣一人也"②。宋太祖不惜官冗而腐化,也要大量择用文臣。正是由于治理国家的客观需要和开国者这种崇文抑武的指导思想③,宋朝历代都加大科举取士的力度。张希清先生曾对宋代取士进行过考证和统计,指出总计起来两宋通过科举共取士 115427 人,平均每年取士 361 人,年均数是唐代的 5 倍,约为元代的 30 倍,约为明代的 4 倍,约为清代的 3.4 倍,宋代科举取士之多,的确空前绝后。④

宋代还简化了由进士中第到入仕的过程。在唐代,士人中第后只是取得了做官资格,并不直接授官,还须参加吏部的考试,吏部以身、言、书、判等标准进行严格考核,合格后方能授官。⑤ 与唐代不同的是,宋代自太祖、太宗起,即取消了吏部考试,士人一旦进士及第,即由皇帝分等次赐官,直接走上仕途。⑥ 洪迈即感慨:"自太平兴国以来,以科举罗天下士,士之策名前列者,或不十年而至公辅"⑦。宋代士人入仕后,待遇也极丰厚。据考证,宋代无论大官小官,与汉代相比,俸禄有近 10 倍之增,与唐代相比,也有 2 至 6 倍之增。⑧ 赵翼《廿二史札记》甚至称宋代是"竭民以养冗官"⑨。由于这种取士和养官制度,宋代逐步发展起了庞大的政府文官机构,冗官现象也为历代之最。王曾瑜先生指出,"宋朝的冗官,是一个十分突出而严重的社会问题。宋朝官僚机构庞大臃肿,办事效率甚低,是众所周知的史实。但是,即

① 李焘:《续资治通鉴长编》卷七,太祖乾德四年(966)五月乙亥条,北京:中华书局,1995 年,第 171 页。
② 李焘:《续资治通鉴长编》卷一三,太祖开宝五年(972)十二月是岁条,第 293 页。
③ 有关宋代崇文抑武现象的研究,可参看黄宽重《中国历史上武人地位的转变:以宋代为例》(载黄宽重《南宋军政与文献探索》(台北:新文丰出版公司,1990 年,第 387—399 页)、陈峰《武士的悲哀:北宋崇文抑武现象研究》(北京:人民出版社,2011 年)等。
④ 张希清:《论宋代科举取士之多与冗官问题》,《北京大学学报》1987 年第 5 期。
⑤ 参见欧阳修、宋祁:《新唐书》卷四五《选举制下》,北京:中华书局,1975 年,第 1171—1172 页。
⑥ 参见马端临:《文献通考》卷三〇《选举考三》,第 285—286 页。
⑦ 洪迈撰,孔凡礼点校:《容斋随笔》卷九《高科得人》,北京:中华书局,2005 年,第 120 页。
⑧ 彭信威:《中国货币史》,上海:上海人民出版社,1965 年,第 468 页。
⑨ 赵翼著,王树民校正:《廿二史札记校正》卷二五,北京:中华书局,1984 年,第 537 页。

使是如此臃肿和庞大的官僚机构,仍不能使全体官员充分就职……'员多阙少之患'愈益加剧……南宋的冗官,看来更胜于北宋"①。

在南宋中兴时期,随着社会重新繁荣,入仕官吏逐年增加,冗官现象异常突出。孝宗乾道七年(1171)王十朋除太子詹事,有《除太子詹事上殿札子三首》讨论时事,其二指出"官冗之患,莫如今日"②。淳熙二年(1175)周必大上《论任官理财训兵三事》札子说:"今日之要务,莫先于任官,而患其甚冗……官冗久矣,而今为甚……进士以艺,任子以世,杂流以岁月,固未尝考其贤与不贤能与不能也……今分职有限,而入流无穷,一官阙则十数人守之"③。周必大又有《论选人举状》说:"荐举选人之弊,莫甚于今日。盖缘阙少员多,十年仅成一任,幸而得一二,荐章比至……是以巧于经营者千歧百辙,安于平进者终身陆沉,有位则苦人干求,居官则务相倾夺,其弊殆有不可胜言者"④。韩元吉《送邹德章序》亦称"今天下之吏,三倍于其缺"⑤。可见南宋中兴时期冗官现象之严重,这种情况造成的结果自然是"巧于经营者千歧百辙,安于平进者终身陆沉"。

（四）底层士人的求仕之途

北宋时期朝廷逐渐建立了一套完善的取士制度体系,士人基本上是由科举而入仕,随后依照年限、资历等进行磨勘,从而加官进爵。而在宋室南渡之后,士大夫大量流落,主要有两种情况。一种情况是许多士大夫为金人掠走。如《建炎以来系年要录》记载,"中原士大夫为宗维所掠,聚之云中。至者无以自活,往往乞食于路。宗维见之,畏其众也。驱三千余人坑之城外"⑥。金人一次就坑杀宋朝士大夫三千余人,可谓惨绝人寰。另一种情况是大量士人南下避难。《建炎以来系年要录》记载,"敌骑之南牧也,士大夫皆避地"⑦。因此,正如胡寅所说,南宋一时之间"典章文物,一切扫地"⑧。因此,南宋朝廷出现的一个奇特情况便是,一方面是冗官不减⑨,另一方面是

①　王曾瑜:《宋朝阶级结构》(增订版),北京:中国人民大学出版社,2009年,第228—230页。
②　王十朋:《宋王忠文公文集》卷四,《宋集珍本丛刊》第43册,第794页。
③　周必大:《庐陵周益国文忠公集》卷一三七,《宋集珍本丛刊》第52册,第414页。
④　周必大:《庐陵周益国文忠公集》卷一三八,《宋集珍本丛刊》第52册,第417页。
⑤　韩元吉:《南涧甲乙稿》卷一四,第271页。
⑥　李心传:《建炎以来系年要录》卷四〇,第744页。
⑦　李心传:《建炎以来系年要录》卷三七,第705页。
⑧　李心传:《建炎以来系年要录》卷二七,第536页。
⑨　如绍兴五年(1135)谢祖信言:"今日之患,官冗最为大弊……今官冗之弊,视元祐为百倍;而版图陷没,视元祐才十之四;州郡困匮,黎元凋瘵,视元祐无十之一"(李心传:《建炎以来系年要录》卷九一,第1521页)。

士人大量流失,真正的实学之士仍然极为缺乏。为了拨乱反正,再图中兴,南宋朝廷在科举取士和保持正常的磨勘制度之外,开始注意招揽地方散失的人才和社会底层有才学的布衣之士。如建炎二年(1128)朝廷"诏举草茅才德之士"①。建炎四年(1130)高宗云:"使有豪杰之士,虽自布衣擢为辅相,可也"②。绍兴二年(1132)陈与义上奏说:"今之士大夫,虽更数年夷狄盗贼之祸,而流落湮晦,散在诸路,尚多有之……若使诸郡,每一季或半年,以里居不仕及流寓之人并列姓名爵里以闻,则披籍一览,可以尽知矣",朝廷遂"诏诸路州军如所陈开具尚书省"③。绍兴七年(1137)宋棐"请诏中外臣僚,采访勇力权略之士,不时荐举,以备采择。从之"④。

南宋自高宗朝起,确实陆续招揽了不少社会底层的士人。兹以李心传《建炎以来系年要录》为据,统计示例如下:

表4-1　高宗时期社会底层士人擢用赐封示例表

时间	人物	史　事	资料出处
绍兴二年 (1132)	太学生许煮	许煮"上书论事,上召对,命为迪功郎"。	《建炎以来系年要录》卷五三,第933页
绍兴二年 (1132)	黄州布衣吴伸	上书论国事有功,"遂以伸为将仕郎"。	《建炎以来系年要录》卷六一,第1043—1044页
绍兴三年 (1133)	河南布衣朱敦儒	因参知政事席益、吏部侍郎直学士院陈与义荐举,"特补右迪功郎"。	《建炎以来系年要录》卷六八,第1154页
绍兴三年 (1133)	布衣李杞	胡蒙言布衣李杞之贤于朝,朝廷补李杞为右迪功郎。	《建炎以来系年要录》卷六八,第1157页
绍兴四年 (1134)	衢州布衣江衮	谢克家言衢州布衣江衮之才于朝,"遂命为右迪功郎"。	《建炎以来系年要录》卷七五,第1238页
绍兴四年 (1134)	布衣王蘋	吴江守臣孙佑言布衣王蘋素行高洁,有忧时爱君之心,朝廷召王蘋入对,"补官"。	《建炎以来系年要录》卷八三,第1361页
绍兴五年 (1135)	布衣陈得一	朝廷诏布衣陈得一就秘书省,别造新历。	《建炎以来系年要录》卷八五,第1393页
绍兴六年 (1136)	建州布衣胡宪	特赐进士出身,添差建州州学教授。	《建炎以来系年要录》卷一〇五,第1711页

---

① 李心传:《建炎以来系年要录》卷一三,第286页。
② 李心传:《建炎以来系年要录》卷三四,第668页。
③ 李心传:《建炎以来系年要录》卷六〇,第1031页。
④ 李心传:《建炎以来系年要录》卷一一一,第1792页。

时间	人物	史　　事	资料出处
绍兴七年 (1137)	衢州布衣 柴宗愈	献《中兴圣统》,谓夏少康、汉光武 可为标准;周宣王、汉宣帝、晋元帝、 唐元宗、宪宗可为鉴戒。后省奏其 言有补,故录之。	《建炎以来系年要录》卷 一一九,第1925页
绍兴十一年 (1141)	布衣吴曾	献所著《左氏发挥》,"特补右迪功 郎"。	《建炎以来系年要录》卷 一四〇,第2256页
绍兴十二年 (1142)	汉州布衣 陈靖	献《中兴统论》于朝,"给事中程克 俊等五人共荐之","特补右迪功 郎"。	《建炎以来系年要录》卷 一四五,第2327页
绍兴十八年 (1148)	布衣郑樵	召布衣郑樵为右迪功郎,以经筵官 秦熺等言其学术。	《建炎以来系年要录》卷 一五七,第2550页

　　当然,也有些士人,虽上言朝廷,但朝廷并未授其官职。如绍兴三年(1133)布衣李汉英上书言"国家之弊,在用柔太过,故敌得逞"。这与高宗主张和议的策略是相忤的,因而高宗以李汉英"所言狂易",不予授官。① 但是总体来说,朝廷确实在科举之外给士人别开了一条入仕的途径,并且招揽了一些英才。如周必大《跋韩子苍与曾公衮钱逊叔诸人倡和诗》即说:"子苍诸贤往往不由科举而进,一时如程致道、吕居仁、曾吉甫、朱希真皆是"②。南宋朝廷的这种政策及少数士人"不由科举而进"的这些前车之鉴,对社会底层士人的诱惑是相当大的。因而自南宋初期至中兴时期,以干谒权贵或上书论事于朝廷来谋取一官半职,便成为一些科举不第或流落于社会底层士人心目中的一条入仕之途,这是南宋中兴时期一批士人游谒江湖的重要原因之一。

　　在南宋中兴时期,一些士大夫认为朝廷以科举延揽人才的力度不够,因而继续上章奏请荐引社会上的实学之士。如周必大认为"国家数路取人,科举之外,多英才"③。袁说友则连续上《举逸隐状》、《举遗逸实材状》等,建议朝廷荐举下层人才。如其《举遗逸实材状》云:

　　　　国家取士之道,条约最密,沿隋唐之旧制,以进士为首,迄于今日,
　　大抵先辞华而略行实,要未能尽无遗材之叹……苟一郡得一实材,则终

---

① 李心传:《建炎以来系年要录》卷七〇,第1178页。

② 周必大:《庐陵周益国文忠公集》卷四八,《宋集珍本丛刊》第51册,第505页。

③ 周必大:《庐陵周益国文忠公集》卷四八《又跋韩子苍与曾公衮钱逊叔诸人倡和诗》,《宋集珍本丛刊》第51册,第505页。

岁之间可得数百人。或僻远小郡无人可荐,及他郡偶未有人,皆毋强以必举。将见实材辈出,萃于朝廷。缓急之时,足以立事,诚为国之大务也。惟陛下深切留意而亟行之,天下幸甚。①

在此情况下,南宋中兴时期社会底层的一些寒士也确实将游谒显贵或上书朝廷作为入仕的一个途径。如韩淲《涧泉日记》记载,"史伯强,蜀人,豪于诗酒,议论激烈,有战国气象,只身往来江湖间。上书不偶……尝以一诗寄先公,先公虽不识面,亦尝致书谢之"②。韩淲所记的蜀士史伯强,即是一位先后上书朝廷和干谒其父韩元吉的江湖游士。再如著名江湖诗人刘过,即是抱着"指点中原百城在,功名逼人有机会"③的心态游历江湖,"欲以英雄之士,乘其机会之秋"④,希望能够走上仕途,取得功名,一展壮志。

二、江湖诗人群体的形成

在上文所述社会文化背景下,南宋中兴时期出现了一批重要的江湖诗人。总体来看,其人数及彼此之间交游唱和的密切程度虽然比不上南宋后期的江湖诗人,但也确实形成了一个具有内在联系的诗人群体。

(一) 南宋中兴时期的江湖诗人

由于文献资料所限,关于南宋江湖诗派的界定、江湖诗人身份的确定及其人数的统计,成为一个较复杂的问题,学界也在不断进行相关文献资料的搜求和整理。

传统上,学者界定江湖诗派成员,主要是以陈起编刻的《江湖集》为依据,由于陈起原刻不见,因而多以四库全书本《江湖小集》、《江湖后集》为标准。如梁昆即以四库全书本《江湖小集》、《江湖后集》为依据,将其中所收全部诗人统列为江湖诗派成员,定为 109 家。⑤ 张瑞君也认为是否有诗载于《江湖》诸集是鉴别"江湖派"的标准,因而经过对诸种文献资料的考证,除去洪迈,补入永嘉四灵、孙季蕃、岳珂、曾极、张端义等人,开出一个 119 人的江湖派名单。⑥ 胡益民则认为,由于宋版《江湖》诸集久佚,诸集中究竟收

---

① 袁说友:《东塘集》卷一二,《宋集珍本丛刊》第 64 册,第 365—366 页。
② 韩淲:《涧泉日记》卷中,第 16 页。
③ 刘过:《龙洲集》卷二《嘉泰开乐日,殿岩泾原郭季端邀游凤山,自来美堂而上湖亭、海观、梅坡、石林,无不历览,最后登冲天楼,下介亭,观骑射胡舞,赋诗而归》,第 10 页。
④ 刘过:《龙洲集》卷一二《贺庐帅程徽猷鹏飞》,第 120 页。
⑤ 参见梁昆:《宋诗派别论》,长沙:商务印书馆,1938 年,第 145—150 页。
⑥ 参见张瑞君:《〈江湖集〉、〈江湖前后续集〉的刊行及江湖派的鉴定》,《文献》1990 年第 1 期。

入了哪些诗人的作品已无从确证,能否以有诗见于《江湖》诸集来鉴定江湖派乃是一个尚待深入研究的问题,据目前所能见到的材料,起码有 35 人以上可补入这个"名单",因而又补入周师成、方惟深、晁公武、林洪、李泳、赵与时、邵持正、卢祖皋等 35 人。① 其后,刘毅强也通过对《永乐大典》的考察指出,以江湖命名的诗集丛刊十分复杂,其中未被《江湖小集》、《江湖后集》收录的诗人至少有 38 家,《江湖集》丛刊所收人数当不少于 149 家。② 张宏生以今存诸江湖集为主要依据,以社会地位、活动时间、收录情况、唱酬情况、传统看法五条标准,对 181 位诗人进行考证,排除了 32 位,另有 11 位因生平不详,姑存而不论,初步确定了江湖诗派成员 138 位。③ 相对而言,张宏生《江湖诗派研究》在学界研究的基础上,对诸江湖集进行了系统考察,对江湖诗派成员确定了较为完整的判别标准,重新进行筛选和判断,结论也较全面准确。因此本书以张宏生先生著作所确定的江湖诗派成员为基础,将主要生活在南宋中兴时期的江湖诗派成员录出,作为南宋中兴时期江湖诗人群体的成员。

此外,由于江湖丛刊诸集散佚,其中收录的许多诗人今天已不得而知,因而迄今为止江湖诗派成员的搜集工作尚未结束。而且,江湖诗派与江湖诗人也非相同的概念,有些人虽然传统上被列入江湖诸集,但非江湖诗人;有些人虽然未入传统江湖诗派,但根据其生平和诗歌创作情况来看,又确实属于当时的江湖诗人。在南宋中兴时期,即有一些诗人未列入传统的江湖诗派,但据考证,他们又确实是江湖诗人,如章甫、史伯强、庞谦孺等,他们自然也是本书考察的对象。据此,南宋中兴时期主要有以下江湖诗人:

1. 刘过(1154—1206)。字改之,吉州太和人,自号龙洲道人,有《龙洲道人诗集》十五卷。④

2. 刘植。字成道,永嘉人,孝宗淳熙元年(1174)进士,尝知建安,有《渔屋集》。⑤

3. 刘翰。字武子,长沙人,游于张孝祥、范成大之门,诗名日著,但久客江湖,终无所成,有《小山集》一卷。⑥

---

① 胡益民:《关于江湖派的鉴别标准与江湖诗人名单》,《江淮论坛》1990 年第 5 期。
② 参见刘毅强:《〈江湖集〉丛刊所收诗人补考》,《华东师大学报》1991 年第 3 期。
③ 参见张宏生:《江湖诗派研究》,北京:中华书局,1995 年,第 271—322 页。
④ 参见祝尚书:《宋人别集叙录》卷二三,北京:中华书局,1999 年,第 1159—1162 页。
⑤ 参见陈起编:《江湖后集》卷一四,《影印文渊阁四库全书》第 1357 册,第 899 页。
⑥ 参见祝尚书:《宋人别集叙录》卷三〇,第 1533 页。

4. 刘仙伦。一名儗,字叔儗,号招山,庐陵人,有《招山小集》一卷。①

5. 李泳。字子永,号兰泽,庐陵人,孝宗淳熙中尝为溧水令,又为阬冶司干官,与兄李洪、弟李浙等合著《李氏华萼集》。②

6. 张良臣。字武子,一字汉卿,号雪窗,孝宗隆兴元年(1163)进士,官止监左藏库,有《雪窗小集》一卷。③

7. 来梓。字子仪,与周必大为布衣交,周必大任枢使之际尝馆之。④

8. 陈造(1133—1203)。字唐卿,高邮人,孝宗淳熙二年(1175)进士,后弃官,置身江湖,号"江湖长翁",有《江湖长翁文集》四十卷。⑤

9. 郑克己。字仁叔,青田人,孝宗淳熙中进士,仕至福建提刑司干官。⑥

10. 赵善扛(1141—?)。字文鼎,号解林居士,太宗第四子商王赵元份六世孙。⑦

11. 姜夔(1155?—1209?)。字尧章,号白石道人,鄱阳人,尝以进《大乐议》得免解,终身未第,有《白石道人诗集》一卷。⑧

12. 葛天民。字无怀,山阴人,曾祝发为僧,更名义铦,字朴翁,其后仍返初服,居杭州西湖,有《无怀小集》一卷。⑨

13. 章甫。字冠之,自号易足居士,鄱阳人,有《自鸣集》六卷。⑩

14. 史伯强。蜀人,豪于诗酒,议论激烈,有战国气象,上书不果,放浪江湖,尝以诗谒韩元吉。⑪

（二） 江湖诗人的关系网络与群体形成

方回云:"'江湖'游士,多以星命相卜,挟中朝尺书,奔走阃台郡县糊口耳。庆元、嘉定以来,乃有诗人为谒客者,龙洲刘过改之之徒……相率成风,至不务举子业。"⑫后世文学史往往沿用此论,将南宋江湖诗人群体出现的时间定在庆元、嘉定之后。事实上,方回的这个论断多少有些率意而发,并未深考,其不确之处有二:其一,南宋江湖诗人开始结伴游谒江湖的时间并

---

① 参见祝尚书:《宋人别集叙录》卷三〇,第 1528 页。

② 参见厉鹗:《宋诗纪事》卷五六,上海:上海古籍出版社,1983 年,第 1421 页。

③ 参见祝尚书:《宋人别集叙录》卷三〇,第 1532 页。

④ 参见叶绍翁撰,沈锡麟、冯惠民点校:《四朝闻见录》丙集《来子仪》,第 93—94 页。

⑤ 参见祝尚书:《宋人别集叙录》卷二一,第 1035—1036 页。

⑥ 参见陈思编,陈世隆补:《两宋名贤小集》卷一七〇,《宋集珍本丛刊》第 102 册,第 212 页。

⑦ 参见唐圭璋编:《全宋词》,北京:中华书局,1965 年,第 1978 页。

⑧ 参见祝尚书:《宋人别集叙录》卷三〇,第 1489—1493 页。

⑨ 参见祝尚书:《宋人别集叙录》卷三〇,第 1527 页。

⑩ 参见祝尚书:《宋人别集叙录》卷二三,第 1130—1131 页。

⑪ 参见韩淲:《涧泉日记》卷中,第 16 页。

⑫ 方回选评,李庆甲集评校点:《瀛奎律髓汇评》卷二〇《寄寻梅》诗之评,第 840 页。

非庆元、嘉定之后,而应当往前追溯;其二,南宋江湖诗人并非不务举子业,而大多是极力从事科举却往往不能中第。如果结合前揭对南宋中兴时期社会文化背景和此期江湖诗人的考察,并对南宋中兴诗坛进行全面系统的观察,即可发现,在南宋中兴时期不仅已经出现了一批重要的江湖诗人,而且他们彼此之间有时结伴而游,往来唱和,具有特定的内在联系。由于他们大多身份卑微,较少历史记载,因而很难较完整地考察其群体活动,但是根据各种零散文献资料,我们仍然能够勾勒出他们主要的关系网络,可以看到他们文学交游唱和与群体形成的基本面貌。

1. 刘过与姜夔

刘过与姜夔是南宋中兴时期两位重要的江湖诗人,而二人也彼此惺惺相惜,并有诗文往来。今存刘过文集中有《雨寒寄姜尧章》诗云:

一冬无此寒,十日不得出。闭门坐如钩,老去万感入。冶游亦余事,况乃灯火毕。独怜镜湖春,一一各秀发。枝条缀芳蕤,惨悴变仓卒。凡草何足云,谁吊梅柳屈?东城有佳士,词笔最华逸。持此往问之,雨溅袍袴湿。蛮笺定送似,来时诗思涩。醉字作蛇鸦,行草倩苏十。①

在阴雨连绵、寒甚于冬的春季,刘过冒雨拜访同寓一城的游士姜夔。刘过不仅称姜夔为"佳士",而且称赞姜夔"词笔最华逸"。对于性格狂放不羁的刘过而言,如此毫无保留地称赞一个人,还属少见。不仅如此,刘过还殷勤地向姜夔请教诗作,哪怕是在寒春中"雨溅袍袴湿"也在所不惜,从中可见刘过与姜夔关系之善。值得注意的是,在宋人心目中,中兴江湖诗人刘过与姜夔已经齐名于时。如宋末江湖诗人乐雷发尝有《题许介之誉文堂》诗感叹:"姜夔刘过竟何依,空向江湖老布衣。"②首次将刘过与姜夔并举,可以说富有创见,具有独特认识意义。

2. 刘过与刘仙伦

刘过与刘仙伦均为江西庐陵人,关系非常密切,在孝宗淳熙年间即以诗齐名江湖。如张端义《贵耳集》云:"庐陵刘过,字改之……刘仙伦,亦以诗名。淳熙间有'庐陵二刘'。"③岳珂《桯史》记载,"庐陵在淳熙间,先后有二士,其一曰刘改之,余及识之,尝书之矣。旧岁在里中,与张漕仲隆栋之子似

---

① 刘过:《龙洲集》卷三,第17—18页。
② 乐雷发撰,萧文注:《雪矶丛稿》,长沙:岳麓书社,1986年,第64—65页。
③ 张端义:《贵耳集》卷上,上海:商务印书馆,1937年,第17—18页。

仲游,因言刘叔儗诗句。叔儗名儗,才豪甚,其诗往往不肯入格律……大概皆一轨辙,新警峭拔,足洗尘腐而空之矣。独以伤露筋骨,盖与改之为一流人物云。叔儗后亦终韦布,诗多散轶不传"①。陈思编,陈世隆补的《两宋名贤小集》亦称:"刘仙伦,一名儗,字叔儗,庐陵人,诗名闻海内,先后与刘过并称"②。考刘过有《赠刘叔儗招山》诗:

> 不醉何劳饮,无诗底用吟?百年为客老,一念爱乡心。草露青原泪,烟波白鹭心。班超归未得,想见旧家林。③

刘过在赠给刘仙伦的诗中,表达了与同乡友人同样客老江湖的悲怀。刘过与刘仙伦二人,都是终身布衣,经历相似,而且均才豪气壮,性情相投,诗歌风格也极为相似,又彼此交游唱和,因而一时齐名于诗坛。

3. 陈造与姜夔

陈造与姜夔情趣相投,为知心之交,多有诗歌往来唱和。如陈造有《次姜尧章赠诗卷中韵》五首,其二云:

> 诗传侯王家,翰墨到省寺。姜郎粲然文,群蚩见孔翠。论交辱见予,卢马果同异。念君聚百指,一饱仰台馈。我亦多病过,忍口严酒戒。终胜柳柳州,吐水赋解祟。④

陈造称许姜夔诗传王侯的声名及其粲然文墨,并以"论交辱见予,卢马果同异"肯定二人的交情。陈造又有《次姜尧章饯徐南卿韵二首》,其一说:"姜郎未仕不求田,倚赖生涯九万笺。稛载珠玑肯分我,北关当有合肥船";其二说:"风调心期契钥同,谁教社燕辟秋鸿。莫年孤陋仍漂泊,可得斯人慰眼中"⑤。在前一首诗中,陈造记录了姜夔以文游谒江湖的生活。而在后一首诗中,陈造首先申述自己与姜夔"风调心期契钥同"的知心之交,进而感叹自己"莫年孤陋仍漂泊"的相似遭际,同时以能得到姜夔这样的友人而感到欣慰,可见二人之间深厚的交谊。从中,也能感受到他们对其江湖诗人身份某种程度的自我认同。

---

① 岳珂撰,吴企明点校:《桯史》卷六《快目楼题诗》,第71—72页。
② 陈思编,陈世隆补:《两宋名贤小集》卷二八三,《宋集珍本丛刊》第103册,第116页。
③ 刘过:《龙洲集》卷七,第55页。
④ 陈造:《江湖长翁文集》卷六,《宋集珍本丛刊》第60册,第376页。
⑤ 陈造:《江湖长翁文集》卷二〇,《宋集珍本丛刊》第60册,第555页。

4.陈造与葛天民

陈造与葛天民关系甚善,相互之间多有交游唱和。如陈造《西林访铦师》云:

> 天将宿雨净春空,却著湖山鼓吹中。载酒言辞藉花伴,运斤来看斫泥工。前身师定参寥子,拙宦吾今张长公。俛首人间皆长物,未妨分餉北窗风。①

葛天民曾经一度祝发为僧,更名义铦,字朴翁,其后仍返初服,隐居钱塘。陈造所谓铦师,即是葛天民。陈造在诗中叙述了自己在雨后初晴的春日载酒游访葛天民的过程及其愉快心情。陈造还有《次铦朴翁韵四首》,其二说:“闻为诗魔掩贝多,辞源衮衮倒洪河。遥知传诵日千纸,淇上高唐无善歌”,其三说:“婪酣贵宦鲛绡帐,颙颙功名泊浪沙。谁似朴翁随分过,曹溪水煮赵州茶”②,则分别对葛天民的诗名及其自得的生活表达了倾羡之情,可见二人情趣之相投。

5.姜夔与葛天民

姜夔与葛天民相交甚深,交游唱和之作尤多。如姜夔有《夏日寄朴翁朴翁时在灵隐》、《次朴翁游兰亭韵》、《乍凉寄朴翁》、《寿朴翁》、《武康丞宅同朴翁咏牵牛》、《朴翁悼牵牛甚奇余亦作》、《同朴翁过净林广福院》等与葛天民交游唱和的诗作。葛天民则有《清明日访白石不值》、《重访白石》、《六月一日同姜白石泛湖》等与姜夔交游唱和的作品。二人经常相互游访,如葛天民《重访白石》云:

> 长安惟白石,与我最相关。每到难逢面,翻思懒下山。欲归愁路远,小住待君还。尽日看幽桂,无人似我闲。③

葛天民诗开篇即称“长安惟白石,与我最相关”,表明自己与姜夔关系之善,进而叙述自己每每访姜夔而不遇的愁闷。如果遇上姜夔不在,葛天民有时甚至会就近“小住”下来,以等待姜夔的归来,可见二人关系确实非同一般。葛天民又有《六月一日同姜白石泛湖》云:

---

① 陈造:《江湖长翁文集》卷一五,《宋集珍本丛刊》第60册,第489页。
② 陈造:《江湖长翁文集》卷二〇,《宋集珍本丛刊》第60册,第555页。
③ 陈思编,陈世隆补:《两宋名贤小集》卷二八五,《宋集珍本丛刊》第103册,第129页。

六月西湖带雨山,小舟终日傍鸥间。风烟如许关情甚,宾主相推下语难。几点送君归大雅,一凉今夜满长安。江湖远思知多少,归去风前冬倚阑。①

葛天民此诗,则叙述了自己与姜夔终日荡舟同游西湖并共同赋诗的雅兴。姜夔对葛天民也常常是恋恋不舍。如其《夏日寄朴翁,朴翁时在灵隐》云:

风吹松树枝,怀我松间友。云从北山来,令我屡回首。山云夜夜起,山雨侵人衣。遥知竹窗里,自吟新雨诗。②

姜夔与葛天民分别后,以诗抒发自己对友人殷切的思念之情,并且想象此时此刻友人同样在窗前吟诗的情景。二人相知之深,于此亦可见一斑。

以上对南宋中兴时期重要江湖诗人的关系网络作了具体考述,可见他们之间情趣相投,具有密切的文学交往,形成了一个内在联系紧密的诗人群体。不仅如此,作为一个特殊的文学群体,他们还常常结伴出游,群起创作,甚至将其作品结集,确实体现出群体性的特色。如周密《浩然斋雅谈》记载:

庆元丙辰冬,姜尧章与俞商卿、铦朴翁、张平甫自封禺同载诣梁溪,道吴淞。既归,各得诗词若干解,钞为一卷,命之曰《载雪录》。其自叙云:"予自武康与商卿、朴翁同载至南溪,道出苕、霅、吴淞,天寒野迥,仰见雁鹜飞下玉鉴中,诗兴横发,嘲哈吟讽,造次出语便工,而朴翁尤敏不可敌。未浃日得七十余解,复有伽语小词,随事一笑。大要三人鼎立,朴翁似曹孟德,据诗社出奇无穷。商卿似江东,多奇秀英妙之士。独予椎鲁不武,虽自谓汉家子孙,然不敢与二豪抗也。"……古律、绝句、赞颂、偈、联句、词曲、纪梦,凡一百五十三,多集中所无者。③

通过周密的记载,可见姜夔、葛天民等人于庆元二年(1196)冬结伴远游梁溪,期间相互次韵唱和,几日之内共同创作诗词达150余首,并抄为一

---

① 陈思编,陈世隆补:《两宋名贤小集》卷二八五,《宋集珍本丛刊》第103册,第136页。
② 姜夔:《白石道人诗集》卷上,第2页。
③ 周密:《浩然斋雅谈》卷中,第25—26页。

卷,命为《载雪录》,这成为南宋江湖诗人较早的诗文结集,具有特定文学史意义。姜夔文集中亦有此记录,可资印证。如其《浣溪纱》词序称:"丙辰(1196)腊,与俞商卿、铦朴翁同寓新安溪庄舍。得腊花韵甚,赋二首"①。《庆宫春》词序又云:

> 绍熙辛亥(1191)除夕,予别石湖归吴兴……后五年(1196)冬,复与俞商卿、张平甫、铦朴翁自封禺同载诣梁溪。道经吴松,山寒天迥,雪浪四合,中夕相呼步垂虹,星斗下垂,错杂渔火,朔吹凛凛,卮酒不能支,朴翁以衾自缠,犹相与行吟,因赋此阕,盖过旬涂稿乃定。朴翁咎予无益,然意所耽,不能自已也。平甫、商卿、朴翁皆工于诗,所出奇诡,予亦强追逐之。此行既归,各得五十余解。②

姜夔《浣溪纱》、《庆宫春》二词之序所记与周密记载均合。根据上述记载,可以生动地看到南宋中兴时期江湖诗人群体游历江湖并"相与行吟"的真实面貌。

姜夔还有《同朴翁过净林广福院》称:"四人松下共盘桓,笔砚花壶石上安。今日兴怀同此味,老仙留字在屋颜"③。周密《武林旧事》"净林广福院"条亦记载:"开府杨庆祖坟庵,土人呼为上杨庵,有松关南泉芳桂亭。姜白石与铦朴翁等三人来游,诗云:'四人松下共盘桓,笔砚花壶石上安。今昔兴怀同此味,老仙留字在屋颜。'后为演福寺,遂废。"④这二则关于姜夔与葛天民等人同游净林广福院的资料,同样是南宋中兴时期江湖诗人群体结伴出游并共同从事文学创作活动的典型记录。

《四库全书总目》叙录南宋诗人陈棣《蒙隐集》云:"棣诗乃于南渡之初,已先导宋季江湖之派。"⑤如果说宋室南渡至南宋中兴时期的社会文化生态是中兴时期江湖诗人群体产生的历史准备的话,那么,宋室南渡之初的陈棣等人,则以其先导南宋江湖诗风的诗歌创作而为中兴时期江湖诗人群体的出现作好了文学上的准备。通过上文考述,可以断定,在南宋中兴时期,刘过、姜夔、陈造、刘仙伦、葛天民、章甫等人,已经形成了一个具有密切内在联系的江湖诗人群体,成为建构南宋中兴诗坛的一支重要力量。

---

① 姜夔:《白石道人歌曲》卷二,上海:商务印书馆,1937年,第33页。
② 姜夔:《白石道人歌曲》卷三,第36—37页。
③ 姜夔:《白石道人诗集·集外诗》,第29页。
④ 周密:《武林旧事》卷五,北京:中华书局,1991年,第100页。
⑤ 永瑢等:《四库全书总目》卷一五九《蒙隐集提要》,第1372页。

第二节　南宋中兴时期江湖诗人的群体特征

一、名士与谒客的双重气格

南宋中兴时期江湖诗人是一个身份较为特殊的群体,他们大多富有才艺,具有传统儒家入世的理想,希望在仕途中施展抱负。但是由于社会历史与个人的种种原因,他们中大多未能通过科举进入仕途,因此不得不投身江湖,游谒权门,以期谋取一官半职。也有少数人虽有薄宦在身,却往往难以施展才学,因而干脆投身江湖。总体来说,他们既不同于身处庙堂的官宦阶层,也不同于社会上纯粹的农、工、商阶层,其基本身份属性仍然是士人,而且很多是一时名士,因他们往往没有固定职业和资金来源,所以只能过着客食江湖的生活。因此,江湖诗人往往具有名士与谒客的双重身份属性,也正是由于其复杂的身份属性及其反差巨大的两极生活体验,他们的诗作也体现出名士与谒客的双重气格。

（一）名士气象

南宋中兴时期江湖诗人多以才艺或诗声驰名江湖,他们或与一时名流交游唱和,或受到名公巨卿的赏识。因而,他们虽然是一群游寓江湖的士人,却不乏名士气象,这不仅表现在他们的生活中,也表现在其创作之中。

如姜夔,颇有名士风度。周密曾记录了姜夔的一篇自叙,即详尽具体地说明了这一问题,具有典型意义。周密《齐东野语》录《姜尧章自叙》云:

> 某早孤不振,幸不坠先人之绪业,少日奔走,凡世之所谓名公钜儒,皆尝受其知矣。内翰梁公于某为乡曲,爱其诗似唐人,谓长短句妙天下。枢使郑公爱其文,使坐上为之,因击节称赏。参政范公以为翰墨人品,皆似晋、宋之雅士。待制杨公以为于文无所不工,甚似陆天随,于是为忘年友。复州萧公,世所谓千岩先生者也,以为四十年作诗,始得此友。待制朱公既爱其文,又爱其深于礼乐。丞相京公不特称其礼乐之书,又爱其骈俪之文。丞相谢公爱其乐书,使次子来谒焉。稼轩辛公,深服其长短句如二卿。孙公从之,胡氏应期,江陵杨公,南州张公,金陵吴公,及吴德夫、项平甫、徐子渊、曾幼度、商翚仲、王晦叔、易彦章之徒,皆当世俊士,不可悉数。或爱其人,或爱其诗,或爱其文,或爱其字,或折节交之。若东州之士则楼公大防、叶公正则,则尤所赏激者。嗟乎!四海之内,知己者不为少矣,而未有能振之于窭困无聊之地者……同时

黄白石景说之言曰："造物者不欲以富贵浼尧章,使之声名焜耀于无穷,此意甚厚。"又杨伯子长孺之言曰："先君在朝列时,薄海英才,云次鳞集,亦不少矣!而布衣中得一人焉,曰姜尧章。"呜呼!尧章一布衣耳,乃得盛名于天壤间。①

　　通过姜夔自叙,可见如范成大、杨万里、萧德藻、朱熹、京镗、辛弃疾、吴德夫、项平甫、徐子渊、曾幼度、商羿仲、王晦叔、易彦章、楼钥、叶适等一时名公,或爱其人,或爱其诗,或爱其文,或爱其字,或折节交之,连姜夔自己都不禁感叹:"尧章一布衣耳,乃得盛名于天壤间"。

　　姜夔不仅在生活中具有名士风流,其诗歌也有同样的气象。如杨万里有《送姜夔尧章谒石湖先生》诗,称姜夔:"钓璜英气横白蜺,欻唾珠玉皆新诗。江山愁诉莺为泣,鬼神露索天泄机。彭蠡波心弄明月,诗星入肠肺肝裂。吐作春风百种花,吹散灊湖数峰雪"②。著名诗人杨万里对姜夔及其作品的"钓璜英气"赞不绝口,这与前述姜夔自叙可以相互印证。宋人陈郁称姜夔:"气貌若不胜衣,而笔力足以扛百斛之鼎。家无立锥而一饭未尝无食客,图史翰墨之藏充栋汗牛,襟期洒落如晋宋间人,意到语工,不期于高远而自高远"③。陆友仁认为:"近世以笔墨为事者,无如姜尧章、赵子固二公,人品高,故所录皆绝俗"④。方回亦称姜夔:"当时甚得诗名,几于亚萧、尤、杨、陆、范者"⑤。如上,都反映出时人及后世对姜夔其人及其诗作名士品流的认可。

　　刘过不仅是一位名士,也是一位志士、狂士。他在《多景楼醉歌》诗中说:"丈夫生有四方志,东欲入海西入秦。安能龌龊守一隅,白头章句浙与闽?醉游太白呼峨岷,奇材剑客结楚荆"⑥。其《谒郭马帅》云:"过也久沦落,狂名诸公知。然亦壮心胆,志慕鞭四夷。脱靴奴将军,举扇障元规……起视匣中剑,依旧光陆离。有恩或可报,一死所不辞!"⑦这些作品,均典型反映了刘过志在四方、策马边陲的壮怀浩气和以志士自许的英雄意气。

　　刘过不仅以志士和狂士自许,同时又广交一时名流。像张孝祥、周必

①　周密撰,张茂鹏点校:《齐东野语》卷一二,第211—212页。
②　杨万里撰,辛更儒笺校:《杨万里集笺校》卷二二,第1119页。
③　陈郁:《藏一话腴》,吴文治主编:《宋诗话全编》第9册,第8807页。
④　陆友仁:《研北杂志》卷下,北京:中华书局,1991年,第181页。
⑤　方回选评,李庆甲集评校点:《瀛奎律髓汇评》卷三六《送朝天集归杨诚斋》诗之评,第1437页。
⑥　刘过:《龙洲集》卷一,第1页。
⑦　刘过:《龙洲集》卷三,第18页。

大、陆游、杨万里、陈傅良、辛弃疾、陈亮等,均曾与刘过有交游或唱和。如刘过《上张紫微真仙》说:"真仙元是昔于湖,今在高楼何处居?霏玉不容陪伟论,拨灰犹为作行书"①,叙述其与前辈张孝祥交往的情景。其《放翁坐上》则说"如何放浪形骸外,尽乞江湖作醉乡"②,可见刘过乃是陆游的座上宾客。刘过还曾以诗投赠周必大,有《寄周益公》云:"心虽怀益国,梦亦畏江西。"③又有许多干谒杨万里的作品,如《投诚斋》其一:"省斋去国艮斋老,不独宣尼叹乏才。试数诸公有名者,庐陵那得两诚斋?"④刘过与辛弃疾也相交甚深,如他的《呈稼轩》其五云:"书生不愿黄金印,十万提兵去战场。只欲稼轩一题品,春风侠骨死犹香。"⑤刘过虽为江湖游士和狂士,但与当时一些著名道学家也有来往。如其《九日寄陈君举舍人》云:"病身几千百,佳节又重阳……元龙楼百尺,犹得慰行藏。"⑥写出了与道学家陈傅良的交谊。其《书高塘庵屋》又云:"峥嵘晦翁字,突兀大参碑……伤心前辈尽,问道欲从谁?"⑦则对道学家朱熹表达了深切的悼念之情。这些,都体现出刘过开放的文化心态和跻身名流的气度。

刘过的名士风度与诗品,在当时也得到人们广泛的肯定。如许从道《东阳游戏序》称刘过"好言今古治乱盛衰之变","每见则气益豪,诗益振,文益古。盖其所得于天者,富贵不足以累其心,故能驱役山川,戏弄人物,剧谈痛饮,遗世自贤"⑧。陈亮称刘过:"刘郎才如万乘器,落漠轮囷难自致……会须斫取契丹首,金印牙旗归故乡"⑨。岳珂《桯史》亦称"庐陵刘改之过以诗鸣江西"⑩。

再如张良臣,以蹇驴破帽游于名公之门,而才艺诗声颇著于当时。嘉泰元年(1201)周必大作《张良臣雪窗集序》说:"襄邑张良臣字武子……日从魏南夫、史直翁二丞相游……方二公荐士如林,君芒鞋藤杖,日与高僧逸人往来莲社间,不复以名宦为意。淳熙末始管库行都,则又蹇驴破帽,苦其心志于灞桥风雪中。朝士稍稍知而爱之……昼锻夕炼,自苦于吟咏,欲效陈无

---

① 刘过:《龙洲集》卷五,第32页。
② 刘过:《龙洲集》卷五,第37页。
③ 刘过:《龙洲集》卷七,第54页。
④ 刘过:《龙洲集》卷八,第69页。
⑤ 刘过:《龙洲集》卷八,第68页。
⑥ 刘过:《龙洲集》卷七,第57页。
⑦ 刘过:《龙洲集》卷七,第61页。
⑧ 刘过:《龙洲集》附录一,第134页。
⑨ 刘过:《龙洲集》附录一,第132页。
⑩ 岳珂撰,吴企明点校:《桯史》卷二《刘改之诗词》,第22页。

己之简古,吕居仁之淡泊,至于古赋乐曲,又将推而上之,忘其心力之艰勤"①。周必大的这段描述比较具有代表性,很好地概括出了江湖诗人张良臣的名士气象。

(二)谒客品格

江湖诗人品流繁杂,游寓江湖的具体原因不一,但说到底基本不出以下几类:一是生活所迫,谋食四方;二是求人荐引,谋取一官半职;三是不合于时,因而放迹江湖。其中又以前两种因素居多。他们虽然多是以才艺见称于时的名士,但由于要求援于权门显宦或寄食于亲戚友朋,因而有时不能不在社会上为五斗米而折腰。而且,他们毕竟大多没有政治地位,缺少真正施展才能的机会,虽然每以名士或志士自许,但事实上往往多少有些流于浮夸。此外,由于生活上没有保障,甚至贫寒流离,他们时常表现出得过且过的处世心态,时而举家食粥,时而挥金如土,表现出某种浪子特性。由于上述原因,南宋中兴时期江湖诗人往往在生活与创作中表现出独特的谒客品格。

如刘过,一生游历江湖,常常过着"万里寒风一布袍,持将诗句谒英豪"②,"指点武昌在何许?买船又谒吴侯去"③的谒客生活。在其文集中,今存大量干谒之作,有一些表现出志士气概。如《呈陈总领》其四:"暮年志气耻雕丧,广长场中吊名将。愿持上方三寸铁,细剖赤心告今上。"④《上金陵章侍郎》其一:"风行魏蜀三分国,浪静江淮万里天……便当击楫中流誓,莫使鞭为祖逖先。"⑤然而有很多时候,刘过所表现的却是为谒求功名富贵而折腰的姿态及醉心于荣华的心态。如《郭帅遗蕨羹》:"书生穷无食肉相,老不能官犹崛强。一杯紫蕨江西羹,万户封侯犹未当……此生只愿吃此羹,坐看将军勋业成。"⑥《上刘和州》其二云:"场经古战心欲折,客老诸侯饥更驱。"⑦《初伏阙上书得旨还乡上杨守秘书》其二:"访旧须俱白,过家心欲摧。故乡非不好,不是锦衣回。"⑧刘过甚至还曾是权相韩侂胄的座上之客,有《代寿韩平原》五首,其一云:"衣钵登庸复旧毡,文王尚父赵平原。自从庆历到今日,只说开禧初改元。朝辟东斋广东阁,夜看南极照南园。九霞觞

① 周必大:《庐陵周益国文忠公集》卷五四,《宋集珍本丛刊》第51册,第548—549页。
② 刘过:《龙洲集》卷四《寿建康太尉》,第23页。
③ 刘过:《龙洲集》卷二《上谯江州》,第11页。
④ 刘过:《龙洲集》卷二,第7—8页。
⑤ 刘过:《龙洲集》卷四,第24页。
⑥ 刘过:《龙洲集》卷二,第12页。
⑦ 刘过:《龙洲集》卷四,第28页。
⑧ 刘过:《龙洲集》卷七,第54页。

举先旬浃,却领千官寿帝垣。"其二云:"际会风云振古难,十年袖手且旁观。要令邻敌尊裴度,必向东山起谢安。一品千龄灵寿杖,五公四世进贤冠。功成裂地封留了,却趁赤松盟未寒。"①刘过将韩侂胄比作辅佐文王的尚父和建立盖世功勋的谢安等人,确实是誉之过当,堪称谄谀之辞。

对于干谒所得钱财,刘过又往往肆意挥霍,尽情放纵。岳珂《桯史》记载:

> 刘改之过以诗鸣江西,厄于韦布,放浪荆、楚,客食诸侯间……时辛稼轩弃疾帅越,闻其名,遣介招之。适以事不及行,作书归辂者。因效辛体《沁园春》一词,并缄往……辛得之大喜,致馈数百千,竟邀之去。馆燕弥月,酬唱蕈蕈,皆似之,逾喜。垂别,赒之千缗,曰:"以是为求田资。"改之归,竟荡于酒,不问也。②

叶绍翁《四朝闻见录》也称刘过"素号挥喝"③。周密《浩然斋雅谈》又记载,"刘过改之尝游富沙,与友人吴仲平饮于吴所欢吴盼儿家。尝赋词赠之,所谓:'云一窝,玉一梭,淡淡衫儿薄薄罗,轻颦双黛蛾。'盼遂属意改之。吴愤甚,挟刃刺之,误伤其妓,遂悉系有司"④。刘过因一女子与友人发生纠纷,且被人诉讼,可见其生活中放荡不羁的一面,有时甚至是不检点。《四库全书总目》论刘过云:

> 韩侂胄尝欲官之,使金国,而轻率漏言,卒以穷死。盖亦陈亮之流,而跅弛更甚者也。当其叩阍上书,请光宗过宫,颇得抗直声,然其时在廷诸臣已交章论奏,非廊庙不言,待于草野言之者,何必屋上架屋,为此哓哓,特巧于博名耳。又屡陈恢复大计,谓中原可不战而取,更不过附合时局,大言以幸功名。北伐之役,后竟何如耶……其诗文亦多粗豪抗厉,不甚协于雅音。⑤

四库馆臣对刘过其人其文的批评,可以说不无道理。

姜夔素以雅士见称,但也不免有江湖谒客的趋利之心和浮夸之举。据

---

① 刘过:《龙洲集》卷四,第22页。
② 岳珂撰,吴企明点校:《桯史》卷二《刘改之诗词》,第22—23页。
③ 叶绍翁撰,沈锡麟、冯惠民点校:《四朝闻见录》乙集《函韩首》,第76页。
④ 周密:《浩然斋雅谈》卷下,第39页。
⑤ 永瑢等:《四库全书总目》卷一六二《龙洲集提要》,第1391页。

王应麟《玉海》记载,庆元元年(1195)五月,"布衣姜夔进鼓瑟制度乐书三卷,送太常看详"①。《宋史·乐志》亦记载,"中兴六七十载之间,士多叹乐典之久坠,类欲搜讲古制,以补遗轶。于是,姜夔乃进《大乐议》于朝"②。可见姜夔曾于宁宗朝初年进乐书于朝,不过这些记载还比较粗略,尚不能见其详情。张仲文《白獭髓》记载:

> 庆元间,有士人姜夔上书乞正奉常雅乐,京仲远承祖主此议,送斯人赴太常,同寺官校正。斯人诣寺,与寺官列坐,召乐师赍出大乐,首见锦瑟,姜君问曰:"此是何乐?"众官已有谩文之叹,正乐不识乐器。斯人又令乐师曰:"语云鼓瑟希,未闻弹之众。"官咸笑而散去。其议遂寝。至今,其书流行于世,但据文而言耳。③

通过这一段更富细节的记载,可见一向被认为擅长音律的姜夔,事实上对于朝廷乐制多少有些纸上谈兵。陆友仁《研北杂志》又记载,"姜尧章从奉常议乐,以弹瑟之语不合,归番阳。过吴,见陆务观,谈其事。务观曰:'何不忆二十五弦弹夜月之诗乎?'尧章闻之,不觉自失"④。这个记载正好可以与张仲文《白獭髓》的记载相互印证。姜夔虽然进乐书于朝,但事实上连朝廷弹瑟奏乐的人数都不甚清楚,难怪当众受到众官嘲笑。而从姜夔听到陆游提醒后"不觉自失"的反应,可见姜夔多么希望此番谒于朝廷能有所收获,但终因不通朝廷乐制而告吹。

不仅如此,姜夔偶尔还会做出因干谒显贵而歪曲史实之事。戴表元《送张叔夏西游序》称:"钱塘故多大人长者,叔夏之先世高曾祖父,皆钟鸣鼎食,江湖高才词客姜夔尧章、孙季蕃花翁之徒,往往出入馆穀其门,千金之装,列驷之聘,谈笑得之"⑤。戴表元所称张叔夏乃张炎,为张镃曾孙。而在南宋中兴诗坛,姜夔是张镃的座上常客。如姜夔有《坐上和约斋》诗称"箜篌莫停手,拼却断肠回"⑥。张镃号约斋。姜夔诗题中所谓"约斋",即是张镃。通过姜夔诗,可见姜夔与张镃的密切交往以及姜夔狂欢纵饮于张镃宅

① 王应麟:《玉海》卷一〇五,南京:江苏古籍出版社、上海:上海书店,1987年,第1934页。
② 脱脱等:《宋史》卷一三一,第3050页。
③ 张仲文:《白獭髓》,陶宗仪等编:《说郛三种》(宛委山堂本)卷三八,上海:上海古籍出版社,1988年,第1729页。
④ 陆友仁:《研北杂志》卷下,第130—131页。
⑤ 戴表元:《剡源集》卷一三,上海:商务印书馆,1935年,第201页。
⑥ 姜夔:《白石道人诗集》卷下,第15页。

园的情景。戴表元所记,正是姜夔等江湖诗人出入张镃之门而每每获取重金的史事。正因为姜夔与张镃的这层关系,姜夔为张镃曾祖张俊作传。楼钥《跋姜尧章所编张循王遗事》称:"尧章慕循王大功,而惜其细行小节人罕知者,矻矻然访问而得此"①。可见,姜夔曾为张俊编《张循王遗事》,目的是以广其名。事实上在南宋历史上,张俊并非是一位多么值得赞美的人物,尤其是其晚年,与秦桧勾结,苟和偏安,由此受到高宗赏识,终身安享富贵。在秦桧谋害岳飞的过程中,张俊也无正义立场,坐观岳飞遭到屠戮。姜夔为张俊这样一位人物作传,当不仅仅是出于他和张俊曾孙张镃之间的友情,在某种程度上恐怕也是为了投张镃所好,因为他在家世显赫富贵的张镃那里能够"千金之装,列驷之聘,谈笑得之"。

就姜夔诗歌创作来看,每以清挺劲拔而受人称赞,但在其作品中,同样有失去气格之作。如《寄上张参政》云:"姑苏台下梅花树,应为调羹故早开。燕寝休夸香雾重,鸳行却望衮衣来。前时甲第仍垂柳,今度沙堤已种槐。应念无枝夜飞鹊,月寒风劲羽毛摧。"②这样乞怜于人的干谒之作,与姜夔那些意度高远的诗歌相比,所表现出来的精神气格是截然不同的。

此外,如章甫《上黄漕》:"汉初曲逆未侯日,穷巷席门谁见收。"③张良臣《偶题》:"谁家池馆静萧萧,斜倚朱门不敢敲。"④这类作品,均可以看出他们作为江湖谒客的特定心态与品格。江湖诗人的谒客面貌,有时连他们自己都感到厌恶。如章甫《秋雨未已客怀不佳夜诵少陵遣兴诗至生涯能几何常在羁旅中三复增感每字赋一诗》其三云:"饥寒傍人门,面目自可憎。"⑤这种自我体认,犹如一幅自画像,正是江湖诗人谒客面貌的典型写照。

二、忧讽时政的创作主题

南宋中兴时期江湖诗人虽然大多远离庙堂,游寓江湖,但他们并非游离于政治之外的一个士人群体。相反,他们中很多人之所以游历江湖,一个重要原因就是希望得到权门显宦的荐引而进入仕途。因此,他们对于时政是关切的,这一点与道学诗人群体和激进官宦诗人群体相同。但是,由于他们大多毕竟不是现实政治的直接参与者,而基本上被排除在政治权力之外,其

① 楼钥:《攻媿集》卷七一,第958页。
② 姜夔:《白石道人诗集》卷下,第16页。
③ 北京大学古文献研究所编:《全宋诗》卷二五一六,第47册,第29080页。
④ 陈思编、陈世隆补:《两宋名贤小集》卷三〇六,《宋集珍本丛刊》第103册,第299页。
⑤ 北京大学古文献研究所编:《全宋诗》卷二五一二,第47册,第29031页。

对现实政治的立场和心态又与在位的士大夫有所不同,他们在忧怀时势的同时往往又多了一份旁观者的无奈和讥讽。这正是南宋中兴时期江湖诗人创作主题的一个鲜明特征。

如刘过,对朝政时局和恢复中原的大业均非常关切。周密《齐东野语》记载:

> (绍熙)五年(1194)正月,寿皇(孝宗)始不豫。上(光宗)以疾,不能问安……当是时,诸公引裾恸哭,朝士日相聚于道宫佛寺集议,百司皂隶,造谤讹传,学舍草茅,争相伏阙。刘过改之一书,至有"生灵涂炭,社稷丘墟"之语。且有诗云:"从教血染长安市,一枕清风卧钓矶。"①

通过刘过言辞激切的伏阙上书及其诗作,可见他虽为一介布衣,但对朝政和时局的忧虑不亚于许多朝中大臣。对于迟迟不能恢复的中原故土,刘过更是耿耿于怀。如《夜思中原》:"中原邈邈路何长,文物衣冠天一方。独有孤臣挥血泪,更无奇杰叫天阊。关河夜月冰霜重,宫殿春风草木荒。犹耿孤忠思报主,插天剑气夜光芒。"②《题高远亭》:"胡尘只隔淮河在,谁为长驱一扫空!"③这些情辞慷慨的诗句,都表现出刘过忧思中原故土的深沉情怀。

然而,刘过毕竟是一位流落江湖的布衣诗人,被排斥在政治权力之外的处境和怀才不遇的遭际,令他对于当时社会中的不平现象满怀激愤。如《送友人得馆游南康》:"半世光阴旋蚁磨,百年举子上鱼竿。世间多少不平事,尽向庐山静处看?"④表达了对于世间不平之事的强烈不满。对于当时某些尸位素餐的当政者,刘过更是极尽批判和讽刺。如《瓜州歌》:"今年城保寨,明年城瓜州。寇来不能御,贼去欲自囚……甲兵洗黄河,境土尽白沟。天子弃不取,区区乃人谋。金帛输东南,礼事昆夷优。参差女墙月,深夜照敌楼。泊船运河口,颇为执事羞。"⑤刘过诗揭露了南宋统治者在南渡之初四处逃窜、苟且偷安的现实,又批判后来高宗君臣不能抓住金主完颜亮毙于军中的大好机会而乘胜追击,以致丧失时势,依然纳贡金人,弃半壁江山于

---

① 周密撰,张茂鹏点校:《齐东野语》卷三《绍熙内禅》,第38页。
② 刘过:《龙洲集》卷五,第39—40页。
③ 刘过:《龙洲集》卷六,第41页。
④ 刘过:《龙洲集》卷五,第33页。
⑤ 刘过:《龙洲集》卷一,第2页。

不顾,最后以"颇为执事羞"的强烈讽刺和感慨结束全篇,可见其对于时政的深切忧愤。另如《望幸金陵》:"怀哉金陵古帝藩,千船泊兮万马屯。西湖真水真山好,吾君亦岂忘中原?"①对统治者饰太平于一隅予以讥刺。《悲淮南》:"淮民穷到骨,忍复椎其肌? 不知铁钱禁,作俑者为谁? 行商断来路,清野多流离……悲哉淮南民,持此将安之?"②对统治者不问淮南百姓疾苦的行径予以质问,并对淮南民众的饥寒流离表示同情。

姜夔也是一位伤时忧民的有识之士。他有《悼石湖三首》,其二云:"安得公长健,那知事转新。酸风忧国泪,高冢卧麒麟。"③对中兴名臣范成大勤政忧国的精神表示认同和赞扬。姜夔虽然终身为布衣,不能亲自造福百姓,但对于百姓仍然满怀关切。嘉泰二年(1202),陈与义之孙陈巩宰仁和县,修葺安敬堂,求文于姜夔,姜夔作《安敬堂记》云:

> 古之为政者先民事,后之为政者办官事而已……今县吏困于簿书期会、讼狱赋敛之间,于农桑教化之务凡民事之切者或置不问……今明天子垂意字民之选,褒表其尤,以风四方,偏州下邑,固有遐遗,况其近在毂下者乎? 于今世所谓能吏者,且犹选择不弃,况如古所谓循吏者乎? 陈君勉之,无谓古今殊时,而以余言为迂也。④

姜夔批判了当时一些地方州县官吏弃民事而不问的时弊,勉励陈巩以历史上的循吏为榜样,勤政爱民。姜夔这种讽喻时政、忧世悯农的思想在其诗词作品中均有表现。如其《扬州慢》词,是众所周知的爱国伤时的名篇。庆元三年(1197)姜夔作《丁巳七月望湖上书事》:

> 是夜太史奏月蚀,三家各自矜算术。或云七分或食既,或云食昼不在夕。上令御史登吴山,下视海门监月出。年来历失无人修,三家之说谁为优。乍如破镜光炯炯,渐若小儿初食饼。时方下令严禁铜,破镜何为来海东。天边有饼不可食,闻说饥民满淮北。⑤

---

① 刘过:《龙洲集》卷一,第4页。
② 刘过:《龙洲集》卷三,第19页。
③ 姜夔:《白石道人诗集》卷下,第16页。
④ 潜说友:《咸淳临安志》卷五四,《宋元方志丛刊》第4册,北京:中华书局,1990年,第3833页。
⑤ 姜夔:《白石道人诗集》卷上,第11页。

　　姜夔此诗,以极富戏剧性的笔墨,对统治者但知纸上谈兵却不能解决淮北饥民的实际困难予以揭露和讽刺。

　　章甫多年游历江淮一带,对这里官府压榨百姓的行径和百姓生存的艰难多有揭露与批判。如《分蝗食》:

　　　　田园政尔无多子,连岁旱荒饥欲死。今年何幸风雨时,岂意蝗虫乃如此。麦秋飞从淮北过,遗子满野何其多。扑灭焚瘗能几何,羽翼已长如飞蛾。天公生尔为民害,尔如不食焉逃罪。老夫寒饥悲恼缠,分而食之天或怜。①

《悯农》:

　　　　前村后村水车声,咿咿轧轧终夜鸣。皇天不雨四十日,高田何止龟兆出。田家眼穿望早禾,早禾不熟奈饥何。今年神祠祷不应,沽酒买牛空费多。天公高居民父母,有耳应闻下民语。乞我滂沱半朝雨,免遭县吏鞭笞苦。②

　　上述诗作,揭示了百姓所遭受的饥寒虫旱等各种灾难,对于不知悯农,但知鞭笞百姓的官吏进行了批判。又如《次韩中父送行韵》:"百里未容君疾驱,朝廷用才当不拘。"③则对朝廷压抑人才表示不满。

　　江湖诗人陈造尝有薄宦,后弃官而去,但始终关怀时事。如其《草鞋夹》诗云:"神州久望望,庙算仡复复。区区计自保,胶柱难为曲。客行宁贾胡,小泊遂信宿。抚事空三叹,为儒惭碌碌。"④对统治者满足于划淮而治的苟安行为进行了批判。陈造每到一地,于登山临水之际总要探江山之奥,指时政之失,陈规恢之道,其《上下驿矶》《泊府口》《采石渡》等诗歌,都是此类作品。另外,如张良臣《失题》:"柳暗旗亭不忍看,临江愁杀晋衣冠。伤心明月扬州路,十里珠帘蕙草寒。"⑤葛天民《送薛子舒》:"南渡今何似,中流欲济船。虽凭人击楫,要若水行川。"⑥亦是江湖诗人忧讽时政的代表之作。

————————
　①　北京大学古文献研究所编:《全宋诗》卷二五一四,第47册,第29052—29053页。
　②　北京大学古文献研究所编:《全宋诗》卷二五一四,第47册,第29053页。
　③　北京大学古文献研究所编:《全宋诗》卷二五一三,第47册,第29042页。
　④　陈造:《江湖长翁文集》卷三,《宋集珍本丛刊》第60册,第341页。
　⑤　陈思编,陈世隆补:《两宋名贤小集》卷三〇六,《宋集珍本丛刊》第103册,第298页。
　⑥　陈思编,陈世隆补:《两宋名贤小集》卷二八五,《宋集珍本丛刊》第103册,第135页。

三、偃蹇寒困的艺术世界

南宋中兴时期江湖诗人群体的特定生存状态与生活体验,决定了其相应的创作心态与诗歌风貌,他们在文学领域建构了一个偃蹇寒困的艺术世界。主要有以下三个层面的内涵:

（一）漂泊游寓的生活世界

南宋中兴时期江湖诗人大多没有官职和政治地位,在生活上缺乏保障,过着游寓江湖的生活,其艺术世界的第一个层面,即是漂泊游寓的生活世界。如刘过,自少至老,始终游寓不定,最终客死异乡。其《独醒赋》自称:"少而桑蓬,有志四方。东上会稽,南窥衡湘,西登岷峨之颠,北游烂漫乎荆扬。悠悠风尘,随举子以自鸣。上皇帝之书,客诸侯之门。发《鸿宝》之秘藏,瑰乎雄辞而伟文。得不逾于一言,放之如万马之骏奔。半生江湖,流落龃龉"①。刘过此赋,集中概括了自己半生流落江湖、奔走四方的生活状况。蒋正子《山房随笔》则细致描述了刘过游谒江湖的具体情景:

> 辛稼轩帅浙东时,晦庵、南轩任仓宪使,刘改之欲见辛,不纳。二公为之地云:"某日公燕,至后筵便坐,君可来,门者不纳,但喧争之,必可入。"既而改之如所教,门外果喧哗,辛问故,门者以告,辛怒甚。二公因言:"改之,豪杰也,善赋诗,可试纳之。"改之至,长揖,公问:"能诗乎?"曰:"能。"时方进羊腰肾羹,辛命赋之,改之对:"寒甚,欲乞卮酒。"酒罢,乞韵。时饮酒手颤,余沥流于怀,因以流字为韵。即吟云:"拔毫已付管城子,烂首曾封关内侯。死后不知身外物,也随樽酒伴风流。"辛大喜,命共尝此羹。终席而去,厚馈焉……稼轩守京口时,大雪,率僚佐登多景楼。改之敝衣曳履而前,辛令赋雪,以难字为韵。即吟云:"功名有分平吴易,贫贱无交访戴难。"自此莫逆云。②

通过蒋正子所记,刘过衣衫褴褛、审时度势而游谒名公之门的情景跃然纸上,栩栩如生。其中所记刘过赋羊腰肾羹诗,有"烂首曾封关内侯"之句,乃是化用西汉末年更始帝刘玄的典故:西汉末天下大乱,皇室后裔刘玄称帝,但他放纵属下,生杀自恣,以致群小膳夫皆滥授官爵,当时长安流传说:

---

① 刘过:《龙洲集》卷一二,第125页。
② 蒋正子:《山房随笔》,北京:中华书局,1991年,第1页。

"灶下养,中郎将。烂羊胃,骑都尉。烂羊头,关内侯。"①刘过运用这个典故,表达了希望依附辛弃疾之意。而诗歌最后"也随樽酒伴风流"一句,则是进一步明确表示追随辛弃疾的意愿。可以看出,刘过这次谒见辛弃疾,他身上的江湖谒客气息依然非常浓重,其以"流"字为韵赋诗的卑琐寒酸情景也令人心酸。

刘过的其他许多诗作也深刻反映了其游寓江湖的生活。如《登清凉台寺》:"江南江北许多山,到处登临得凭栏。老木渐丹霜有信,怒涛冲岸水生寒。倦游半世乌三匝,往事千年指一弹。落日正西催上马,依依回首问长安。"②写尽无枝可依的悲凉与焦虑。又如《谒江华曾百里》其二:"鬓发已皤非故我,依然破帽老骑驴。江边游子断肠句,汉殿逐臣流涕书。"③《谒金陵武帅李桑时叩殿帅为易宪章求书碑》其二:"挦虎屠龙两未成,萧然华发一书生。狂踪潦倒初无定,老气峥嵘自不平。"④均描写了刘过鬓发斑白却仍然游寓江湖的生活境况。

又如姜夔,有《昔游诗》自序说,"夔蚤岁孤贫,再走川陆"⑤,叙述自己长期游谒于群公之门的经历。其《出北关》诗亦云:"年年人去国,夜夜月窥楼。传语城中客,功名半是愁。"⑥描述其为了求取人生功名而年年背井离乡的生活。《除夜自石湖归苕溪》其五:"三生定是陆天随,只向吴松作客归。已拼新年舟上过,倩人和雪洗征衣。"⑦写新年佳节之际仍然客游江湖,与家人远别。《临安旅邸答苏虞叟》:"垂杨风雨小楼寒,宋玉秋词不忍看。万里青山无处隐,可怜投老客长安。"⑧则是写垂老之年的客游与漂泊生活。

再如章甫,年少"多从于湖(张孝祥)交游,豪放飘荡,不受拘羁"⑨。章甫一生,主要辗转游寓于江淮一带,这在其作品中多有反映。如《赠叶伯永》:"忆昨辛巳秋,张帆过仪真。别君适荆楚,寤寐怀故人。狂寇初败盟,道路多纷纭……嗟予漫奔走,万里长酸辛。"⑩描述了其流寓江淮之间的仓皇生活。《送冯圆仲入蜀》:"十年江湖游,复识水之性。东西因地形,圆折

① 范晔撰,李贤等注:《后汉书》卷一一《刘玄传》,北京:中华书局,1965 年,第 471 页。
② 刘过:《龙洲集》卷六,第 43—44 页。
③ 刘过:《龙洲集》卷四,第 29 页。
④ 刘过:《龙洲集》卷四,第 26 页。
⑤ 姜夔:《白石道人诗集》卷上,第 5 页。
⑥ 姜夔:《白石道人诗集》卷下,第 15 页。
⑦ 姜夔:《白石道人诗集》卷下,第 21 页。
⑧ 姜夔:《白石道人诗集》卷下,第 21 页。
⑨ 张端义:《贵耳集》卷中,第 38—39 页。
⑩ 北京大学古文献研究所编:《全宋诗》卷二五一二,第 47 册,第 29038 页。

初无定。"①通过切身感受,以"东西因地形,圆折初无定"的水作比喻,形容其漂泊无定的江湖生活,非常形象真切。

另如郑克己《过大浪滩》:"异乡人易老,行路古来难。玉露晨初湿,天河夜不干。飘流双鬓白,未有一枝安。"②《飘转》:"飘转未归客,风帆不夜舟……林鸦栖未稳,飞乱北山头。"③刘仙伦《寄朱济仲》:"家在三千里,人来天尽头。角声连夜月,草色带边秋。妻子仍多病,音书缺寄邮。归心与寒雁,先已过瓜州。"④均是江湖诗人漂泊游寓生活的自我写照。

　　(二)困顿悲苦的心灵世界

南宋中兴时期江湖诗人群体艺术世界的第二个层面,是他们困顿悲苦的心灵世界。姜夔堪称一个典型。姜夔是一位富有才艺的江湖游士,在音律、书法、诗词等领域均有造诣,为人所推。而且,他还有一颗恢复中原的赤子之心和一种时而流露的英雄意气。如《昔游诗》其十一称:"濠梁四无山,坡陁亘长野。吾披紫茸毡,纵饮面无赭。自矜意气豪,敢骑雪中马……徘徊望神州,沈叹英雄寡"⑤。姜夔虽然遍游江湖,广谒名公,但除了才名远扬及获得一些钱物馈赠之外,并未真正找到一条入仕的途径和生活的出路。至庆元年间,姜夔上乐书于朝,终于获得一次入朝献艺的机会,又因未能通晓朝廷乐制而当众遭人讥笑,结果一无所成。失去这一次珍贵的机会,对姜夔心灵上的打击无疑是巨大的。庆元四年(1198)姜夔作《戊午春帖子》说:"晴窗日夜拟雕虫,惆怅明时不易逢。二十五弦人不识,澹黄杨柳舞春风"⑥,直抒胸臆,表达了"明时不易逢"的惆怅之情。像姜夔这样一位雅士,如此直露的表白在其作品中着实少见,可见其饱经流寓而始终不遇之后困顿悲苦的心境。诗中"二十五弦人不识,淡黄杨柳舞春风"之句,似是在感叹自己的才华不为人识,又似是为自己在宫廷弦乐问题上的疏忽而悔恨,可见诗人内心挥之不去的感伤。姜夔还有《书乞米帖后》说:"银钩铁画太师字,从人乞米亦可怜。五仓空虚胃神哭,竟日悄悄无炊烟……人生不食浪自苦,独不见子桑鼓琴十日雨"⑦,亦写出了其生活上的潦倒困顿及心灵体验。

① 北京大学古文献研究所编:《全宋诗》卷二五一二,第47册,第29028页。
② 陈思编、陈世隆补:《两宋名贤小集》卷一七〇,《宋集珍本丛刊》第102册,第212页。
③ 陈思编、陈世隆补:《两宋名贤小集》卷一七〇,《宋集珍本丛刊》第102册,第213页。
④ 陈思编、陈世隆补:《两宋名贤小集》卷二八三,《宋集珍本丛刊》第103册,第121页。
⑤ 姜夔:《白石道人诗集》卷上,第8页。
⑥ 姜夔:《白石道人诗集》卷下,第26页。
⑦ 姜夔:《白石道人诗集》卷上,第12页。

　　刘过也是一位少负不羁之才的江湖名士,怒骂嬉笑皆成文章,然而有志不遇,赍恨而没。刘过有《下第》云:"荡荡天门叫不应,起寻归路叹南行。新亭未必非周顗,宣室终须召贾生。振海潮声春汹涌,插天剑气夜峥嵘。伤心故国三千里,才是余杭第一程。"①《上周少保》其二云:"早被儒冠误,依稀老更侵。科名数行泪,歧路一生心。"②从中均可见其困于科场的无奈和悲苦心态。中兴理想,马上功名,人生富贵,与自身落魄遭遇之间的巨大反差,又造成了刘过心中强烈的情感激荡。如其《题润州多景楼》云:"烟尘茫茫路渺渺,神京不见双泪流……我今四海行将遍,东历苏杭西汉沔。第一江山最上头,天下无人独登览。楼高思远愁绪多,楼乎楼乎奈汝何!"③《寄程鹏飞》云:"科举未为暮年计,途穷不忍向人言。男儿慷慨头当断,未有人施可报恩。"④这些作品,均交织着对于家国与个人不幸的忧患,可见刘过作为一位江湖士人困顿愤懑的心灵呼喊。

　　另如章甫《秋雨未已客怀不佳夜诵少陵遣兴诗至生涯能几何常在羁旅中三复增感每字赋一诗》其八:"贫穷束缚人,智慧无所施。文籍纷满前,不救寒与饥。"⑤郑克己《青衫》:"青衫著破禁中罗,楚泽吴江几度过……欲买田园归海上,此身无奈客愁何。"⑥张良臣《书情奉寄蒋弋阳公》:"崎岖造化久,败屦常决踵。从来万里意,不料乘崄恐。"⑦通过这些作品,都可见南宋中兴时期江湖诗人贫穷潦倒的生存状态及其困顿凄苦的心灵状态。

　　(三) 偃蹇清寒的诗歌世界

　　文学作品是创作主体生活世界与心灵世界的反映。南宋中兴时期江湖诗人喜欢选择一些清寒萧森的意象来表现自己漂泊贫寒的生活体验,或是塑造一些凄苦无助的艺术形象,以寄托自己迷惘失落的情绪,抒发欲进无门的困顿和无奈。因此,南宋中兴时期江湖诗人群体建构了一个偃蹇清寒的诗歌世界。

　　姜夔创作了十几首《昔游诗》,表现早年客游江湖的生活经历。其六云:

---

① 刘过:《龙洲集》卷六,第50页。
② 刘过:《龙洲集》卷七,第53页。
③ 刘过:《龙洲集》卷二,第6页。
④ 刘过:《龙洲集》卷五,第34—35页。
⑤ 北京大学古文献研究所编:《全宋诗》卷二五一二,第47册,第29032页。
⑥ 陈思编,陈世隆补:《两宋名贤小集》卷一七〇,《宋集珍本丛刊》第102册,第213页。
⑦ 陈思编,陈世隆补:《两宋名贤小集》卷三〇六,《宋集珍本丛刊》第103册,第298页。

　　天寒白马渡，落日山阳村。是时无霜雪，万里风奔奔。外狨吹已透，内纩冰不温。吹马马欲倒，吹笠任飞翻。不见行路人，但见草木蕃。忽看野烧起，大焰烧乾坤。声如震雷震，势若江湖吞。虎豹走散乱，麋鹿不足言。夜投野店宿，无壁亦无门。此行值三厄，幸得躯命存。明发见老姊，斗酒为招魂。①

白马渡在汉川县界。姜夔诗歌以寒天、落日、奔风、野烧、虎豹、野店等意象，营造了一个令人惊悚的阴冷萧森的江湖世界，从中可见作者漂泊流寓的艰辛生活与偃蹇寒困的心境。又如《乌夜啼》：

　　老乌栖栖飞且号，晨来枝上啄楮桃。楮桃已空楮叶死，犹啄枯枝觅虫蚁。老乌赋分何其贫，未啼已被邻公嗔。吁嗟老乌不自知，墙头屋上纷成群。吴中贵游重鹦鹉，千金远致能言语。花底红绦郑袖擎，盘中碧果秦宫取。天生灵物得人怜，过者须来鹦鹉边。老乌事事无足录，人间犹传夜啼曲。②

　　姜夔在此诗中，塑造了一个欲栖无枝、欲食难觅的"老乌"形象。这艺传人间然而寄食无依的"老乌"，正是姜夔的自我写照。全诗笔调凄楚，托意深远。另如姜夔《筝筿引》："长安买歌舞，半是良家妇。主人虽爱怜，贱妾那久住。缘贫来卖身，不缘触夫怒。日日登高楼，怅望宫南树。"③《古乐府》其二："甚欲逐郎行，畏人笑无媒。日日东风起，西家桃李开。"④均塑造了一个幽独寒苦的闺中女子形象，寄托着诗人欲进无媒的人生感触。
　　章甫多年游寓江淮。其《早凉》诗云："江头雨过凉风早，落叶纷纷费人扫。钩帘日暮无所为，把酒悠然送归鸟。佳人可望不可亲，草根唧唧秋虫吟。家本江南客江北，须发新添数茎白。"⑤此诗以凉风、落叶、日暮、归鸟、草根、秋虫、白发等意象，描绘了衰飒清寒的江湖暮秋景象，表现了垂老而萧瑟无依的客愁。又如《十二月朔巢县道中》："瘦马从摇兀，行装更寂寥。老来宁浪出，此去有佳招。岁暮风霜苦，山长馆舍遥。儿曹应念我，今日是生

①　姜夔：《白石道人诗集》卷上，第6页。
②　姜夔：《白石道人诗集》卷上，第10页。
③　姜夔：《白石道人诗集》卷上，第3页。
④　姜夔：《白石道人诗集》卷上，第4页。
⑤　北京大学古文献研究所编：《全宋诗》卷二五一三，第47册，第29047页。

朝。"①诗歌以瘦马、暮岁、风霜、山馆等意象,寥寥几笔,有如速写,描绘出山村野店的孤寂凄清,塑造了一位客寓他乡的江湖士人形象,表达了作者的流离之苦。

此外,如郑克己《忆别》:"人情皆念旧,客路不如家。野草连天阔,重山抱日斜。寄书无过雁,愁眼眩飞鸦。"②陈造《客中》:"多夜淮濒梦,言归未有期。愁禁客舍雨,寒过杏花时。"③刘仙伦《西林留题》:"路入康庐西复西,翠烟生处著招提……禅房夜卧衣裳冷,梦破钟声落月低。"④刘植《过彭泽》:"春风三亩宅,落日数家村……颓然孤垄在,寒菊绕松根。"⑤这些作品均以客、愁、寒、冷等意象,营造出一种零落荒凉的诗歌意境,这正是江湖诗人群体偃蹇流寓的生活境况与寒苦困顿的心灵状态的反映,具有特定社会文化内涵与审美意蕴。

①　北京大学古文献研究所编:《全宋诗》卷二五一五,第 47 册,第 29066 页。
②　陈思编,陈世隆补:《两宋名贤小集》卷一七〇,《宋集珍本丛刊》第 102 册,第 213 页。
③　陈造:《江湖长翁文集》卷一一,《宋集珍本丛刊》第 60 册,第 432 页。
④　陈思编,陈世隆补:《两宋名贤小集》卷二八三,《宋集珍本丛刊》第 103 册,第 117 页。
⑤　陈起编:《江湖后集》卷一四,《影印文渊阁四库全书》第 1357 册,第 899 页。

中编：演进论

　　南宋诗歌的中兴,不仅是北宋到南宋文学自身传承与演变的结果,还与宋室南渡后近百年间社会文化变迁、诗学理论转型、士林风貌新变等因素密切相关。本编主要从历时性角度,对南宋中兴诗坛的师承与文学史演进、南宋中兴时期政治文化生态与诗坛代变、南宋中兴时期诗学理论的转型、南宋中兴时期士风新变与诗歌题材的开拓等问题进行考察,进一步揭示宋诗自南渡到中兴演进代变的历程及其历史文化动因。

第五章　南宋中兴诗坛的师承
与文学史演进

师承活动是传承人类文明、推动社会发展的重要途径。从文学的角度观之,它又是文学史演进中的一个重要环节。然而就目前研究而言,除少量对个体作家的师承进行考论的文章之外①,很少有专文从整体上考察某一时期文坛的师承。本章拟从南宋中兴诗坛师承的三个系统、师承对南宋中兴诗坛的影响、南宋中兴诗人对师承的突破与超越等方面,就南宋中兴诗坛的师承与文学史演进问题展开讨论。研究这一问题,不仅能更好地认识南宋中兴诗坛的文学面貌,也有助于我们更为深入地认识宋诗自南渡走向中兴的过程。

第一节　南宋中兴诗坛师承的三个系统

文学艺术作为文化的有机部分,它的运行以及文学史的演进并非孤立封闭的现象,而是既有文学的因素,亦有非文学的因素。因此,考察诗坛的师承就不能仅从文学内部着手,而须从当时学术、政治与文学等各个角度进行通盘的考虑。大体而言,南宋中兴诗坛的师承可以归纳为以下三个系统。

一、学术型师承

自西汉公孙弘"开出一条纳师儒入官僚的道路"②,儒家学者与官僚便开始集于一身,自此,道统向皇权屈服。正因如此,宋代学者一直认为道统自孟子、曾子以后便失其传,至北宋周敦颐、张载、二程诸子方再承其绪,至南宋朱熹则集道学之大成。两宋之际,随着政治的沉浮,王学逐渐衰落。南宋初期,虽然权相秦桧斥洛学而尊王学,但正如陈亮所言,"渡江以来,天下

---

① 如:白寿彝《朱熹的师承》(《文哲月刊》1936年1卷8期)、张继定《戴复古师承陆游考》(《浙江师大学报》1999年第2期)、邱鸣皋《陆游师从曾几新论》(《文学遗产》2002年第2期)、程继红《辛弃疾师承述考》(《南昌大学学报》2002年第4期)、刘成国《关于王安石的师承与后裔》(《河北学刊》2003年第4期)等。

② 费孝通:《费孝通选集》,天津:天津人民出版社,1988年,第150页。

之士始各出其所能,虽更秦氏之尚同,能同其谀而不能同其说也"①,道学始终在曲折中不断发展。因此可以说自两宋之际二程弟子的道学南传至南宋中期朱熹等人生活的时代,道学逐渐成为儒家学术的主流,亦成为宋代学术文化中一个独特的现象,南宋中兴诗坛许多诗人的师承即出此一脉。兹列表示例如下:

表 5-1　南宋中兴诗坛学术型师承示例表

中兴诗人	师　承	中兴诗人	师　承
韩元吉	尹焞　张九成	林亦之	林光朝
薛季宣	袁溉	尤袤	喻樗
朱熹	朱松　刘子翚　胡宪　李侗	谢谔	郭雍
张栻	胡宏	陈傅良	郑伯熊　薛季宣
吕祖谦	林之奇　胡宪　韩元吉	陈亮	吕祖谦
魏掞之	胡宪	叶适	吕祖谦　陈傅良
刘珙	刘子翚	王阮	朱熹

　　据上表可见,南宋中兴诗坛的学术型师承系统,基本上是以二程道学南传的诸弟子杨时、谢良佐、游酢、尹焞、袁溉等以及私淑二程的胡安国为主干而延伸扩展。张栻称:"昔者窃闻之,二程先生兄弟唱明道学于河南,东南之士受业于门,见推高弟有三人焉,曰上蔡谢公(良佐)、龟山杨公(时),而游公(酢)其一也……至若胡公(安国),虽不及河南之门,然与游公及谢、杨二君子游,而讲其说,自得之奥在于《春秋》"②。可见,南宋中兴诗坛的学术型师承事实上主要是传承二程之学。

　　如朱熹记述其师李侗:"闻郡人罗仲素先生(从彦)得河洛之学于龟山杨文靖公(时)之门,遂往学焉……熹先君子吏部府君(朱松)亦从罗公(从彦)问学,与先生(李侗)为同门友,雅敬重焉……熹愚不肖,蒙被教育不为不久,听其言、观其行而服膺焉。"③可见朱熹出于杨时、罗从彦、李侗、朱松一脉,而朱熹又传其学于中兴诗人王阮。《四库全书总目》称"(王)阮少谒

---

① 陈亮著,邓广铭点校:《陈亮集》(增订本)卷二四《送王仲德序》,第 270 页。
② 张栻:《新刊南轩先生文集》卷一一《建宁府学游胡二公祠堂记》,《宋集珍本丛刊》第 60 册,第 83 页。
③ 朱熹:《晦庵先生朱文公文集》卷九七《延平先生李公行状》,朱杰人等主编:《朱子全书》第 25 册,第 4517—4520 页。

朱子于考亭,朱子知南康时,阮又从游"①。

　　道学家张栻亦可以说与朱熹具有同一师承渊源。张栻从胡宏"问河南程氏学。先生一见,知其大器,即以所闻孔门论仁亲切之指告之"②。胡宏学术得其父胡安国之传,而胡安国私淑二程,并与杨时、谢良佐以师友交游。

　　道学家韩元吉师承程门高足尹焞。淳熙中韩元吉作《书和靖先生手书石刻后》称:"追思拜先生于道山时,遂四十一寒暑矣,抚卷慨然"③。韩元吉之子韩淲亦称:"尹焞字彦明,号和靖先生,伊川程氏之高弟也。在道山时,先公尝拜之"④。而韩元吉又是吕祖谦的岳父和老师。吕祖谦则再传其学于陈亮、叶适等人。

　　薛季宣师承袁溉。吕祖谦为薛季宣作《薛常州墓志铭》云:"年十七,起从妻父荆南帅孙汝翼辟书写机宜文字。荆州善袁溉道洁,虚郡斋迎致之,公遂委己师焉。道洁及登河南程夫子之门。"⑤薛季宣从袁溉学,而袁溉出于二程之门。薛季宣又传其学于陈傅良。陈傅良尝称自己"往时从常州先生薛士龙学,每见抄书,动十百卷……心叹服之"⑥,可见陈傅良对其师薛季宣之敬服。

二、政治型师承

　　在先秦时期,士是古代贵族中最低的一个阶层,与庶人相衔接。至孔子,则开始努力为其灌输一种"士志于道"的理想主义精神,于是士逐渐成为中国传统社会政治文化的主体。如前所述,对文学产生影响的,不仅有文学内部的诸因素,还有一些非文学的因素,政治即是其中的一个重要因素。活跃于宋室南渡之初的官僚群体,在特殊的时代背景下,以其独特的政治地位而对南宋中兴诗坛产生影响。当然,有些官僚同时也是学者或诗人,但仍然可以根据他们的主要生平活动、基本身份属性、文学创作情况,尤其是他们与诗坛产生关联的方式等来进行综合考察,从而对他们作出政治型的划分。现将与中兴诗坛有密切师承关系者列表示例如下:

①　永瑢等:《四库全书总目》卷一五九《义丰集提要》,第1374页。
②　朱熹:《晦庵先生朱文公文集》卷八九《右文殿修撰张公神道碑》,朱杰人等主编:《朱子全书》第24册,第4131页。
③　韩元吉:《南涧甲乙稿》卷一六,第324页。
④　韩淲:《涧泉日记》卷中,第14页。
⑤　吕祖谦:《吕东莱文集》卷七,第170页。
⑥　陈傅良:《止斋先生文集》卷四二《跋徐夫人手写佛经》,《四部丛刊初编》本。

表5-2　南宋中兴诗坛政治型师承示例表

中兴诗人	师　承	中兴诗人	师　承
周麟之	张　守	张　栻	张　浚
韩元吉	叶梦得　刘一止	张　杓	张　浚
王十朋	王之望	吴松年	张　浚
杨万里	王庭珪　刘才邵　胡铨　张浚	吕祖谦	汪应辰　芮煜
胡　泳	胡　铨	陈　亮	周　葵
尤　袤	汪应辰	王　质	虞允文

　　宋室南渡之初,高宗在金人的追赶下沿海逃窜,后来由于韩世忠、刘光世、张俊等各地勤王之师的抵抗而获得喘息机会,于是落脚于临安。随着局势渐趋稳定,高宗便开始重用自金国逃回的秦桧,二人一拍即合,开始执行"专与金人解仇议和"[1]的政策。面对国耻未雪、故土未复的情势,朝野许多官僚为之慷慨奔走,与以权相秦桧为代表的官僚集团激烈抗争。南宋中兴诗坛政治型师承系统中,除王之望政治上较为保守外,刘一止、王庭珪、胡铨、张浚、虞允文、汪应辰、芮煜等皆是一时主张抗金的名臣,他们相互之间亦大多交往密切,南宋中兴诗坛的许多著名诗人早年便游走于其门。

　　如杨万里曾先后师承王庭珪、胡铨、张浚等多人。杨万里《卢溪先生文集序》称:"先生王氏,讳廷珪,字民瞻……某尝侍先生之杖屦,闻先生之诲言"[2]。《跋张魏公答忠简胡公书十二纸》又称:"绍兴季年,紫岩(张浚)谪居于永,澹庵(胡铨)谪居于衡,二先生皆年六十矣。此书还往,无一语不相勉以天人之学,无一念不相忧以国家之虑也。万里时丞零陵,一日并得二师"[3]。

　　除杨万里外,张栻、张杓兄弟得张浚家学之传,吴松年亦出张浚之门。杨万里《知漳州监承吴公墓志铭》记载,"公讳松年,字公叔,永嘉人……丞相魏国张公居长沙,望重四海,名士辏集,独伟视公。每见必促席,语移日,且勉之曰:'君不必苦心属文,当为有用之学。'且与其子敬夫游。公自是尽弃其学而学焉。魏公再相,荐公于朝"[4]。吴松年尽弃其学而学于张浚,张浚也勉励吴松年不必苦心于文,而当倾心于有用之学,并荐举吴松年入朝。

---

　　① 李心传:《建炎以来系年要录》卷三九,第735页。
　　② 杨万里撰,辛更儒笺校:《杨万里集笺校》卷八〇,第3242页。
　　③ 杨万里撰,辛更儒笺校:《杨万里集笺校》卷一〇〇,第3820页。
　　④ 杨万里撰,辛更儒笺校:《杨万里集笺校》卷一二五,第4864—4865页。

　　胡铨之子胡泳亦得胡铨之家学。周必大《承务郎胡君泳墓志铭》记载，"初，秦氏揭二公及赵丞相(鼎)姓名于格天阁。赵丞相前薨，至是，先生(胡铨)赋诗，有'阁下大书三姓在，海南惟见两翁还'之句，君(胡泳)口不绝吟。先生曰：'孺子可教。'因授以句法"①。从胡铨授胡泳以句法的前因后果，可见胡铨对其子胡泳政事与文学的期许。

　　吕祖谦不仅自得吕氏家学之传，又曾师承汪应辰、芮煜等人。吕祖谦《端明汪公挽章》其二述其早年师承汪应辰的经历说："论交从父祖，受教自儿童。"②芮煜不仅是吕祖谦的岳父，也是吕祖谦的老师。吕祖谦《祭酒芮公既没四年门人吕某始以十诗哭之》其八云："相对蹙然如重客，无人信道是门生。"③

　　韩元吉师承叶梦得、刘一止等人。韩元吉有《祭叶少保文》云："某早以大父之契，登公之门。无尺寸之长，而猥蒙国士之待。有通家之旧，而不翅子弟之亲。训诱之谊，敢或不遵。"④刘一止卒后，韩元吉亦为其作行状云："予兄弟久从公游，荷公之爱为深。"⑤

　　王质师承曾经取得采石大捷的名相虞允文。王质有《枢密宣抚相公乐府序》云："大观四年(1110)十一月戊子二日丙寅，实生仁寿虞公于蜀。乾道四年(1168)戊子，是日己未，门人汶阳王质依仿古乐府歌词以为公之生日之献。"⑥又有《与虞宣机书》致书虞允文说："某乍去恩门……泣涕如雨，若非恩义相关，岂复滞情如此"⑦。可见虞允文、王质师生之间的深厚情谊。

三、文学型师承

　　在宋室南渡之初，还有一个对南宋中兴诗坛产生深刻影响的文学型师承系统。与学术型师承系统和政治型师承系统相比，这些人生平主要活动领域不在于学术，亦不在于政治，而是文学。他们主要以文学知名于当时和后世，与南宋中兴诗坛产生关联的方式亦主要在于文学活动而不是学术或政治活动。因而，本书对他们作出不同于学术型和政治型师承的划分。现将他们与南宋中兴诗坛的师承关系列表示例如下：

---

①　周必大：《庐陵周益国文忠公集》卷三二，《宋集珍本丛刊》第51册，第383页。
②　吕祖谦：《吕东莱文集》卷一一，第265页。
③　吕祖谦：《吕东莱文集》卷一一，第258页。
④　韩元吉：《南涧甲乙稿》卷一八，第363页。
⑤　韩元吉：《南涧甲乙稿》卷二二《敷文阁直学士左朝奉郎致仕刘公行状》，第472页。
⑥　王质：《雪山集》卷五，第41页。
⑦　王质：《雪山集》卷八，第91页。

表 5-3　南宋中兴诗坛文学型师承示例表

中兴诗人	师　承	中兴诗人	师　承
曾季狸	吕本中　徐俯	陆　游	曾　几
晁公庆	吕本中	王　阮	张孝祥
范顾言	吕本中	章　甫	张孝祥
庞祐甫	吕本中	姜　夔	萧德藻
韩元吉	曾几　叶梦得	黄岩老	萧德藻
萧德藻	曾　几	曾　思	曾　纮

由上表可见,南宋中兴诗坛的文学型师承以吕本中、曾几一脉为主。

吕本中字居仁,吕好问之子,出身于元祐世家,曾从著名道学家杨时、游酢、尹焞等游,可谓甚有学术渊源。同时,吕本中生活于两宋之际,其时江西诗学盛行,而吕本中得黄陈诗法。吕本中虽然学术与文学双修,但事实上在当时及后世主要以诗文著名,并且主要也是其诗学对南宋中兴诗坛产生了较为深远的影响。陆游即称吕本中"诗文,汪洋闳肆,兼备众体,间出新意,愈奇而愈浑厚,震耀耳目,而不失高古,一时学士宗焉"①。如曾几、曾季狸、晁公庆、范顾言、庞祐甫等皆得吕本中诗学之传。周必大《题吕紫薇与晁仲石诗》称:"仲石讳公庆,绍兴初,与范顾言、曾裘父同学诗于吕紫薇"②。方回云:"居仁诗专主乎活。曾茶山与之同年,生于元丰七年(1084)甲子,过江时各年未五十。居仁先有诗名,茶山倡和求印可,而居仁教以诗法,故茶山以传陆放翁。"③在师承吕本中的诸人当中,曾几与吕本中同年,为南宋前期著名诗人,尚且要寻求吕本中之印可,请教其诗法,确可见吕本中执当时诗坛牛耳之地位和影响。

曾几作为南渡诗坛名家,韩元吉、萧德藻、陆游等人又出其门。韩元吉《祭曾吉甫待制文》云:"南渡衣冠,流离抢攘。有赫一门,兄弟相望……公实其季,发为文章。粲然一时,珪璧琳琅。曾未试之,白玉之堂。徒昌于诗,韶钧锵锵……我初拜公,灵山之阳。"④韩元吉非常推许曾几一门的节义和诗文,也叙述了自己拜会曾几的经过。宋张端义又称:"萧千岩亦师茶山"⑤。萧千岩即萧德藻。萧德藻还进一步授诗法于著名江湖诗人姜夔和

---

① 陆游:《陆游集·渭南文集》卷一四《吕居仁集序》,第2102页。
② 周必大:《庐陵周益国文忠公集》卷四七,《宋集珍本丛刊》第51册,第501页。
③ 方回选评,李庆甲集评校点:《瀛奎律髓汇评》卷二〇《江梅》诗之评,第824页。
④ 韩元吉:《南涧甲乙稿》卷一八,第363—364页。
⑤ 张端义:《贵耳集》卷上,第15页。

黄岩老。罗大经称："姜尧章学诗于萧千岩,琢句精工……时黄岩老亦号白石,亦学诗于千岩,诗亦工,时人号'双白石'"①。

除吕本中、曾几之外,张孝祥也是对中兴诗坛产生重要影响的诗人,王阮曾从张孝祥学诗。岳珂《桯史》称："王阮者,德安人,仕至抚州守,尝从张紫微学诗"②。与韩元吉、陆游关系均善的诗人章甫亦以弟子与门客身份从张孝祥游。章甫《陪韩子云吊张安国舍人墓》称："曩以门下故,获登君子堂。招呼连屋居,此意讵可忘"③,表达了对其师张孝祥深切的缅怀之情。

以上从整体上对南宋中兴诗坛的师承渊源作了三种类型的区分和论述。值得注意的是,对于中兴诗坛的具体诗人而言,他们的师承往往又具有多元性的特点,即某一诗人的师承往往不止一人或不止一种类型。如朱熹得其父朱松之学,又师承刘子翚、胡宪、李侗等,基本上是学术型。杨万里先后师承王庭珪、刘才邵、胡铨、张浚,主要是政治型。韩元吉师承尹焞、张九成、刘一止、曾几、叶梦得等人,渊源颇为复杂。因而若就南宋中兴诗坛的某个作家而论,则需具体考察。

第二节　师承对南宋中兴诗坛的影响

早在先秦时期孔子即曰"三人行,必有我师焉"④,可谓开好学尊师风气之先。宋儒重拾孔孟道统,在以儒立国的政治文化环境中,在学术、政治、文学等各个领域均进一步发展了尊师重教的传统。如吕祖谦在其家范中明确规定了尊师的学规："旧所从师,岁时往来,道路相遇,无废旧礼。"⑤朱熹《书画像自警》称"佩先师之格言,奉前烈之余矩"⑥。陈傅良《教授李梦符惠宣圣画像用韵奉酬》云："一艺必有师,尚论襄与夔。一国必有师,尚论管与伊。信知师道尊,分与君父夷。"⑦张浚更是具有敢为王者师的气度,尝进言孝宗说"人主以务学为先",而孝宗以帝王之尊,亦甚许其言,竦然曰："当

① 罗大经撰,王瑞来点校:《鹤林玉露》丙编卷二《姜白石》,第267页。
② 岳珂撰,吴企明点校:《桯史》卷一《王义丰诗》,第7页。
③ 北京大学古文献研究所编:《全宋诗》卷二五一二,第47册,第29036页。
④ 杨伯峻:《论语译注》,北京:中华书局,1980年,第72页。
⑤ 吕祖谦:《吕东莱文集》卷一〇《学规》,第247页。
⑥ 朱熹:《晦庵先生朱文公文集》卷八五,朱杰人等主编:《朱子全书》第24册,第4005页。
⑦ 陈傅良:《止斋先生文集》卷四,《四部丛刊初编》本。

不忘公言。"①南宋中兴名臣周必大,"尝问陆放翁以作诗之法"②。类似事例,不胜枚举。正是在这样尊崇师道、服膺师教的时代风气下,师承更具有其特殊的作用,彰显出其深刻的影响。就南宋中兴诗坛的师承而言,主要有以下三个方面的影响。

一、影响南宋中兴诗人的政治学术取向

南宋前期,以秦桧等人为代表的主和保守势力大部分时间都在对政治、学术包括文学实行压制和打击。谯定、杨时、胡安国、尹焞等道学家群体虽一度先后入朝为君主进讲正心诚意之学,但均为时不久即罢止。绍兴七年(1137)"陈公辅请禁伊川学"③。同时,坚决主张抗金复国的张浚、胡铨、王庭珪等人也被长期排挤于政治权力的边缘。但是,无论是政治还是学术,都在艰难的抗争中逐步发展着。朱熹称"爰自国家南渡以来,乃有丞相魏国张忠献公倡明大义,以断国论,侍读南阳胡文定公诵说遗经,以开圣学"④,即分别指出张浚、胡安国对南宋政治与学术建构的开创之功。一时学术型师承系统中的杨时、谢良佐、张九成、尹焞、胡宪、胡宏、谯定、罗从彦、刘子翚、李侗、朱松等,以及政治型师承系统中的王庭珪、胡铨、虞允文、汪应辰、张守、芮煜等人均属于反对求和苟安、主张修学励政以图恢复中原的阵营。他们不仅在学术上奖掖后进,也在政治上积极扶持提拔其弟子门人,使南宋中兴诗人群体能够在学术上取得更快的发展,亦使他们尽早进入政治中心,积极地从政干政。而师承出于此系统并活跃于南宋中兴诗坛的许多著名诗人如朱熹、张栻、吕祖谦、韩元吉、杨万里等人,毕生在政治学术上都深得其师承先辈之熏染,他们不仅服膺师教,而且终身践履师承之学,在学术、政治上成为其师门的同盟军,前后呼应,相互声援。

如杨万里曾师承胡铨,在仕履之初即践行其师胡铨之学。杨万里有《与胡澹庵书》云:"某以四月二十六日受职,今且踰月矣。上官见容,吏民见信者,不曰自澹庵门下来乎? 始至之日,深念为邑者,生平之所病,欲试行其所学……于是治民以不治,理财以不理。"⑤杨万里又曾求师张浚,"浚勉

---

① 杨万里撰,辛更儒笺校:《杨万里集笺校》卷一一五《张魏公传》,第4416—4417页。
② 方回选评,李庆甲集评校点:《瀛奎律髓汇评》卷二四《送龚鼎臣谏议移守青州》诗之评,第1083页。
③ 李心传:《建炎以来系年要录》卷一一一,第1802页。
④ 朱熹:《晦庵先生朱文公文集》卷七六《张南轩文集序》,朱杰人等主编:《朱子全书》第24册,第3660页。
⑤ 杨万里撰,辛更儒笺校:《杨万里集笺校》卷六五,第2779页。

以正心诚意之学,万里服其教终身,乃名读书之室曰'诚斋'。浚入相,荐之朝"①。杨万里不仅得张浚之学,而且以张浚之荐入朝。同时杨万里在政治上又是张浚有力的支援者。孝宗淳熙末年,高宗卒,尚未葬,有朝臣不俟集议,配飨独以吕颐浩等姓名上,杨万里上疏驳其议,力言张浚当预。杨万里无论身在朝野,都直言敢谏,忧国爱民,可谓深得胡铨、张浚之风。他曾上疏荐举朱熹、袁枢等60人于朝,多为一时佳士,后均次第擢用。孝宗称赞他有"仁者之勇"②。至晚年,值韩侂胄擅权,杨万里竟忧愤成疾,家人知其忧国,凡时政之事皆隐瞒不告,由此可见杨万里的忧国之忧,一如其诸师。

王质师承虞允文,深受虞允文积极抗金的政治践履的感染。王质《祭虞丞相文》云:"采石之危,危于泚水。泚距长江,尚隔千里。岐亮之锐,锐于苻坚。秉帜登坛,刑马告天。维公之功,功于安石……功在太常,名在四方。"③王质甚为膺服虞允文在采石大败金主完颜亮的盖世奇功,并表达了对虞允文沉痛的悼念之情。而虞允文在宣抚川蜀之际,曾将王质招致幕下,师生二人一起,颇有政治建树。王质《与虞宣机书》称:"在出世界法则为报佛恩,在世间法则为报国恩。不独是学人身分上事,自是尊宿性命上事。学人委命以求师,先觉捐躯以求嗣……某于恩门委身投诚,如须弥山永无退转,如恒河沙永无穷竭"④。可见虞允文、王质师生二人的深厚情谊及其一脉相承的报国情怀。

陈亮少出周葵之门,在太学期间又得吕祖谦之教。叶适《陈同甫王道甫墓志铭》称:"亮字同甫,童幼时,周参政葵请为上客。朝士白事,参政必指令揖同甫,因得交一时豪俊,尽其论议"⑤。可以说陈亮日后之所以在学术和政治上有所作为,离不开其师周葵的引荐和栽培。

另如朱熹、张栻、吕祖谦、韩元吉等人,也毕生尊崇师道,针对时弊,以道学之发扬光大为己任,朱熹、张栻、吕祖谦三人更是一时齐名,成为学术大宗,世谓之"三君子"⑥。总之,从杨万里、王质、陈亮、朱熹、张栻、吕祖谦、韩元吉等人身上,我们可以看到师承对于南宋中兴诗人政治学术取向的深刻影响。尤其重要的是,中兴诗人在政治上的取向与活动,在学术上的旨趣与造诣,又成为他们文学风貌形成的重要因素,也是南宋中兴诗坛发展繁荣的

---

① 脱脱等:《宋史》卷四三三《杨万里传》,第12863页。
② 脱脱等:《宋史》卷四三三《杨万里传》,第12864页。
③ 王质:《雪山集》卷一一,第129页。
④ 王质:《雪山集》卷八,第91—92页。
⑤ 叶适著,刘公纯等点校:《叶适集·水心文集》卷二四,第482—483页。
⑥ 陈亮著,邓广铭点校:《陈亮集》(增订本)卷二五《信州永丰县社坛记》,第276页。

重要基础。

二、影响南宋中兴诗人的人格精神

师承不仅是政治、学术传承的重要方式与途径,在"师"与"承"的双向互动关系中,师辈还会对承者的人格精神产生深刻影响。

如吕祖谦,自幼即秉承家学,得中原文献之传。《宋史》称,吕祖谦"少卞急。一日,诵孔子言'躬自厚而薄责于人',忽觉平时忿懥涣然冰释"①。事实上,与其说吕祖谦性情的变化得益于孔子之言,毋宁说是因其家学师承之熏染。稍稍年长之后,吕祖谦又从林之奇、汪应辰、胡宪游,性情更趋平和,一时众望所归。韩淲即说,汪应辰"讲论最为平正,有任重之意。伯恭得于汪为多"②。朱熹则总结说"学如伯恭方是能变化气质"③。在南宋中兴时期,朱熹与陈亮之间展开了激烈的论争,即一直是吕祖谦从中调和。陈亮《与辛幼安殿撰》称:"四海所系望者,东序惟元晦(朱熹),西序惟公(辛弃疾)与子师(韩子师)耳。又觉戛戛然若不相入,甚思无个伯恭(吕祖谦)在中间搅就也"④。可见,吕祖谦卒后,陈亮还非常怀念当日吕祖谦在自己和朱熹之间的调和之功。

又如章甫,少从张孝祥游,张孝祥性情豪放俊逸,章甫可以说亦深有其师之风。淳熙中韩元吉撰《易足堂记》,称章甫"殚其产以治舟,竭其力以聚粮,没岁穷年"而游,"借是以推天下之事"⑤。从章甫身上,仿佛可以看到其师张孝祥壮游四方的作风。前文揭示张端义即称章甫多从张孝祥交游,豪放飘荡,不受拘羁。章甫《次郭遏龄所携张安国诗韵》亦云:"早作诸公客,过门竞挽留。忧时心尚壮,怀旧涕难收。"⑥章甫四海游历以推天下之事的感时忧国精神及其豪宕放纵的性情气质,与张孝祥可谓一脉相承。

再如陆游,幼承家学,其父与李光、赵鼎等人为友,"每言及时事,往往愤切兴叹"⑦。陆游慷慨豪壮的精神气格,与幼时的耳濡目染息息相关。陆游的另一位老师曾几即有诗称:"陆子家风有自来,胸中所患却多才。学如大令仓盛笔,文似若耶溪转雷。襟抱极知非世俗,簿书那解作氛埃。集贤旧

---

① 脱脱等:《宋史》卷四三四《吕祖谦传》,第 12874 页。
② 韩淲:《涧泉日记》卷中,第 19 页。
③ 脱脱等:《宋史》卷四三四《吕祖谦传》,第 12874 页。
④ 陈亮著,邓广铭点校:《陈亮集》(增订本)卷二九,第 381—382 页。
⑤ 韩元吉:《南涧甲乙稿》卷一六,第 304—305 页。
⑥ 北京大学古文献研究所编:《全宋诗》卷二五一五,第 47 册,第 29074 页。
⑦ 陆游撰,李剑雄、刘德权点校:《老学庵笔记》卷一,北京:中华书局,1979 年,第 10 页。

体君拈出,诗卷从今盥水开"①,指出家学师承对陆游的影响。同时,曾几对陆游也是循循善诱,其人格风范对陆游影响甚深。如曾几《陆务观读道书名其斋口玉笈》云:"自生民以来,未有夫子盛。六经更百代,略不赌疵病……吾皇汉孝文,恭己民自定。愿君益沈涵,持以奉仁圣。"②对陆游的期许之意溢于言表。陆游又有《跋曾文清公奏议稿》称:"绍兴末,贼亮入塞,时茶山先生居会稽禹迹精舍,某自敕局罢归,略无三日不进见,见必闻忧国之言。先生时年过七十,聚族百口,未尝以为忧,忧国而已"③。曾几《雪中陆务观数来问讯用其韵奉赠》亦云:"江湖迥不见飞禽,陆子殷勤有使临。问我居家谁暖眼,为言忧国只寒心。官军渡口战复战,贼垒淮壖深又深。坐看天威扫除了,一壶相贺小丛林。"④从中,可见曾几、陆游师生二人的密切交往和忧国精神的神交默契。

三、影响南宋中兴诗人的诗歌艺术

南宋中兴诗人的诗歌艺术是在南渡诗坛的基础上发展起来的,在这一过程中,师承发挥了重要作用。

如杨万里,世人论其诗歌艺术,多言其早年诗学江西,并指出其后来走出江西而向轻快奇特独标一时的诗学转变,这当然是不易之论。但是如何突破传统视域,真正深入文学的历史过程,更为切近地观察杨万里的诗学历程,当是更富吸引力的议题,而师承正是进入杨万里诗学历程的一把钥匙。杨万里《杉溪集后序》称自己"生十有七年,始得进拜泸溪(王庭珪)而师"⑤。又有《卢溪先生文集序》记述其师王庭珪"尝见曹子方,得诗法"⑥。王应麟《困学纪闻》称,"愚谓有两曹辅,其一字子方,与苏黄游"⑦。可知王庭珪师承的曹子方即是与苏黄交游的曹辅。据张耒《柯山集》中"同文唱和诗",知字子方之曹辅又与张耒、晁补之、蔡肇等人唱和。⑧ 可见王庭珪之师曹辅与苏轼及苏门诸君子交游唱和甚密,盖其诗近于苏黄一路。王庭珪得曹辅诗法,杨万里则师事王庭珪,并盛推其人其诗,可见杨万里之诗学江西,

①　曾几:《茶山集》卷五《陆务观效孔方四舅氏体倒用二舅氏题云门草堂韵某亦依韵》,上海:商务印书馆,1937 年,第 49—50 页。
②　曾几:《茶山集》卷一,第 9 页。
③　陆游:《陆游集·渭南文集》卷三〇,第 2279 页。
④　曾几:《茶山集》卷五,第 49 页。
⑤　杨万里撰,辛更儒笺校:《杨万里集笺校》卷八三,第 3351 页。
⑥　杨万里撰,辛更儒笺校:《杨万里集笺校》卷八〇,第 3242 页。
⑦　王应麟:《困学纪闻》卷一五,济南:山东友谊出版社,1992 年,第 848 页。
⑧　张耒:《柯山集》卷二七,上海:商务印书馆,1935 年,第 325—332 页。

自有具体的师承渊源，而绝非空穴来风。周必大《跋王民瞻杨廷秀与安福彭雄飞诗》即称“卢溪王公主庐陵文盟者六十年，继之者今诚斋杨监廷秀也”①。

杨万里又有《澹庵先生文集序》记其师胡铨说：“先生之文肖其为人……其为诗，盖自诋斥时宰，谪寘岭海，愁狖酸骨，饥蛟血牙，风呻雨喟，涛谲波诡，有非人间世之所堪耐者。宜芥于心而反昌其诗，视李、杜夜郎、夔子之音益加恢奇”②。胡铨的政治风节、其诗的“恢奇”特色对杨万里及其诗歌艺术也无不润溉甚深。元代郑玉在《胡孟成文集序》中极力推许南宋中兴四大家中“杨诚斋之奇特、陆放翁之雄大、范石湖之整齐、尤遂初之和平”③。从胡铨之“恢奇”，到杨万里之“奇特”，其内在气质和神韵可谓一脉相承。由此可见，中兴诗坛大家杨万里，事实上受到了其诸位老师诗学的深刻影响。

再如朱熹，世人每论其得刘子翚、胡宪、刘勉之、李侗等人道学之传，也注意到其作为道学家的诗歌艺术风貌，对其诗学理论的批评研究更是成果丰硕，但是朱熹本身诗歌艺术形成的轨迹及其成因如何呢？我们仍然得从朱熹的师承说起。朱熹的第一位老师，即其父朱松。朱熹尝为其父撰行状，称朱松“少长，游学校，为举子文，即清新洒落，无当时陈腐卑弱之气。及去场屋，始放意为诗文，其诗初亦不事雕饰，而天然秀发，格力闲暇，超然有出尘之趣，远近传诵”，其后“玩心于义理之微，而放意于尘垢之外，有以自乐澹如也”，晚年则“非有故不徒作，乃其文气则更为平缓，而诗律亦益闲肆”④。朱松始从著名道学家杨时门人为《大学》、《中庸》之学，虽然玩心于义理之微，同时也极喜赋诗属文，朱熹在《外大父祝公遗事》中即称朱松“卒以文学致大名”⑤，这在两宋之际重道轻文的道学家及其门人弟子中是非常难能可贵的。朱松少即有诗名，而终身爱之，至老虽不苟作，但仍然不因道而废文，有《韦斋集》十二卷，其中诗歌六卷。对于朱松的创作，无论是其早年“天然秀发，格力闲暇，超然有出尘之趣”的诗篇，还是“文气则更为平缓，而诗律亦益闲肆”的晚年之作，朱熹均非常推赏。朱熹毕生极为服膺其父之教，从他的叙述中我们可以看出他自幼即生活在一个推重道学又喜诗文

① 周必大：《庐陵周益国文忠公集》卷一八，《宋集珍本丛刊》第51册，第259页。

② 杨万里撰，辛更儒笺校：《杨万里集笺校》卷八二，第3319页。

③ 郑玉：《师山遗文》卷一，《影印文渊阁四库全书》第1217册，第68页。

④ 朱熹：《晦庵先生朱文公文集》卷九七《皇考左承议郎守尚书吏部员外郎兼史馆校勘累赠通议大夫朱公行状》，朱杰人等主编：《朱子全书》第25册，第4506—4514页。

⑤ 朱熹：《晦庵先生朱文公文集》卷九八，朱杰人等主编：《朱子全书》第25册，第4572页。

的家庭,这对日后朱熹在道学和文学两个领域的发展具有非常深远的影响。朱熹虽然后来成为南宋中兴时期道学的集大成者,但一生亦喜好诗文,现存诗歌仍有一千多首,可谓蔚为大观,其诗出尘避俗的人生旨趣与平澹天然的艺术风格,均有其父之风。

又如陆游,非常服膺其师曾几及其诗文。他有《别曾学士》云:

> 儿时闻公名,谓在千载前。稍长诵公文,杂之韩杜编。夜辄梦见公,皎若月在天,起坐三叹息,欲见亡繇缘。忽闻高轩过,欢喜忘食眠,袖书拜辕下,此意私自怜……他时得公心,敢不知所传。①

陆游诗歌艺术也深得曾几三昧。宋人陈鹄称,"余谓陆务观尝学诗于曾文清公,有赠赵教授诗云:'忆昔茶山听说诗,亲从夜半得元机。律令合时方贴妥,工夫深处却平夷。每愁老死无人付,不谓穷荒有此奇。世间有恨知多少,未得从君谒老师。'亦以合律为工"②。曾几诗歌极为工律,陆游诗歌不仅豪宕慷慨之气荡人心魄,亦以律熟见长,方回即每每称赞陆游诗"律熟"的特点③,可见曾几对陆游诗歌艺术的深刻影响。

以上从政治学术、人格精神、诗歌艺术三个层面论述了师承对于南宋中兴诗坛的影响。事实上这三个方面既各自独立又密不可分,因为一个时期整体的政治学术风貌、作家个体的政治学术取向与人格精神都会对文学创作产生深刻影响。例如就一代之诗学来说,宋代"以文字为诗,以才学为诗,以议论为诗"④的特色,正是宋人在推崇文治、学术发达的政治文化背景下逞才使气,对唐诗进行反拨而逐渐形成的。就宋诗的阶段性发展来说,北宋元祐学禁之后独特的政治学术生态和士人精神品格孕育出的以高洁避俗为趣尚的文学风貌,与前期庆历革新之际追求雄豪奇峭而归于平淡隽永,以及熙丰盛世崇尚清旷、追求理趣和学力的诗风也大异其趣。⑤ 至宋室南渡之际,道学的南传与发展、政治的逐步稳定以及抗金复国的时势,又构成了特定的政治文化生态,塑造出独特的士人精神品格。因此无论是学术型、政

---

① 陆游著,钱仲联校注:《剑南诗稿校注》卷一,第1页。
② 陈鹄:《西塘集耆旧续闻》卷五,上海:商务印书馆,1936年,第29页。
③ 参见方回《晚春感事》诗之评(方回选评,李庆甲集评校点:《瀛奎律髓汇评》卷一〇,第383页);《北斋书志示儿辈》诗之评(方回选评,李庆甲集评校点:《瀛奎律髓汇评》卷一一,第403页);《作雪寒甚有赋》诗之评(方回选评,李庆甲集评校点:《瀛奎律髓汇评》卷二一,第898页)。
④ 严羽著,郭绍虞校释:《沧浪诗话校释》,北京:人民文学出版社,2000年,第26页。
⑤ 参见张毅:《宋代文学思想史》,北京:中华书局,1995年,第144—150页。

治型还是文学型师承,对南宋中兴诗坛特定文学风貌的形成均具有不可忽视的意义。

第三节　南宋中兴诗人对师承的突破与超越

宋人尊师重学,同时又富于怀疑和创新的精神。如叶适《送戴许蔡仍王汶序》称"夫力学莫如求师,无师莫如师心","三士之归,求其心而已,无师非所患也"①。叶适肯定了师承的重要性,同时认为绝不应该拘泥于师承,甚至说即使没有老师也非其所患。叶适当然并非背离师道,而是典型地道出了宋人贵于自得、敢于创新的精神。南宋中兴诗人正是本着这种积极进取的精神,在师承前辈的基础上进一步开拓,才创造出了诗坛"中兴"的局面,促使宋诗在元祐诗学高峰之后走向第二个高峰。

一、中兴四大家的多元诗风与新的艺术典范的确立

杨万里《进退格,寄功父、姜尧章》诗称:"尤萧范陆四诗翁,此后谁当第一功? 新拜南湖为上将,更推白石作先锋"②,首以尤袤、萧德藻、范成大、陆游四家并称,南宋中兴四大家之说肇始于此。在这里,杨万里出于自谦,并未自许为四大家之一。至宋元之际方回称"乾淳间诗巨擘称尤、杨、范、陆"③,后世遂沿袭此说。当然这里并非要讨论中兴四大家的座次之辨,重要的是以他们为代表的中兴诗人突破师承、确立新的艺术典范的文学史意义。

如杨万里,师从王庭珪,王庭珪从曹辅得苏黄诗学,而杨万里对王庭珪的政治风节及其诗学均甚为膺服,因而我们可以为杨万里早年诗学江西找到具体的师承依据。但更应该看到,杨万里之所以成为中兴四大家之一,是因为他富于变化和创新的精神。杨万里诗歌有《江湖集》七卷、《荆溪集》五卷、《西归集》二卷、《南海集》四卷、《朝天集》六卷、《江西道院集》二卷、《朝天续集》四卷、《江东集》五卷、《退休集》七卷。方回指出:"杨诚斋诗一官一集,每一集必一变"④。杨万里《诚斋南海诗集序》亦自称:

　　予生好为诗。初好之,既而厌之。至绍兴壬午(1162),予诗始变,

---

① 叶适著,刘公纯等点校:《叶适集·水心文集》卷一二,第217—218页。
② 杨万里撰,辛更儒笺校:《杨万里集笺校》卷四一《进退格,寄功父、姜尧章》,第2190页。
③ 方回选评,李庆甲集评校点:《瀛奎律髓汇评》卷一《鄂州南楼》诗之评,第43页。
④ 方回选评,李庆甲集评校点:《瀛奎律髓汇评》卷一《过扬子江》诗之评,第44页。

予乃喜。既而又厌之,至乾道庚寅(1170),予诗又变。至淳熙丁酉(1177),予诗又变。是时假守毗陵,后三年予落南,初为常平使者,复持宪节。自庚子(1180)至壬寅(1182),有诗四百首。如《竹枝歌》等篇,每举似友人尤延之,延之必击节,以为有刘梦得之味,予未敢信也……延之尝云予诗每变每进。①

孝宗淳熙十四年(1187)四月杨万里作《诚斋荆溪集序》,叙述他学诗的苦恼和超越师承之后的喜悦:

> 予之诗,始学江西诸君子,既又学后山五字律,既又学半山老人七字绝句,晚乃学绝句于唐人。学之愈力,作之愈寡。尝与林谦之屡叹之……戊戌三朝时节,赐告少公事。是日即作诗,忽若有寤。于是辞谢唐人,及王、陈、江西诸君子皆不敢学,而后欣如也。试令儿辈操笔,予口占数首,则浏浏焉,无复前日之轧轧矣。自此每过午,吏散庭空,即携一便面,步后园,登古城,采撷杞菊,攀翻花竹。万象毕来,献予诗材。盖麾之不去,前者未雠而后者已迫,涣然未觉作诗之难也,盖诗人之病去体将有日矣。②

由杨万里序,可见孝宗淳熙中杨万里终于由师承江西转而突破江西,超越师承,以自然万象为师,走向灵境的顿悟。

再如陆游,师承著名诗人曾几,而同时,他又是一个非常注重自得和创新的诗人。陆游尝为刘应时《颐庵居士集》撰序,称"文章之妙,在有自得处,而诗其尤者也"③。他又批判时人因循模仿的创作弊病说:

> 今人解杜诗,但寻出处,不知少陵之意,初不如是。且如《岳阳楼诗》:"昔闻洞庭水,今上岳阳楼。吴楚东南坼,乾坤日夜浮。亲朋无一字,老病有孤舟。戎马关山北,凭轩涕泗流。"此岂可以出处求哉?纵使字字寻得出处,去少陵之意益远矣。盖后人元不知杜诗所以妙绝古今者在何处,但以一字亦有出处为工。如《西昆酬倡集》中诗,何曾有一字无出处者,便以为追配少陵,可乎?且今人作诗,亦未尝无出处,渠

---

① 杨万里撰,辛更儒笺校:《杨万里集笺校》卷八〇,第3263—3264页。
② 杨万里撰,辛更儒笺校:《杨万里集笺校》卷八〇,第3260页。
③ 刘应时:《颐庵居士集·序》,上海:商务印书馆,1937年,第1页。

自不知,若为之笺注,亦字字有出处,但不妨其为恶诗耳。①

陆游的诗歌创作可以说践履了其创新主张。方回即说,"读茶山诗如冠冕佩玉,有司马立朝之意。用'江西'格,参老杜法,而未尝粗做大卖。陆放翁出其门,而其诗自在中唐、晚唐之间。不主'江西',间或用一、二格,富也、豪也、对偶也、哀感也,皆茶山之所无"②。又称陆游"少师曾茶山,或谓青出于蓝,然茶山格高,放翁律熟;茶山专祖山谷,放翁兼入盛唐"③。方回指出陆游师承曾几江西诗学而又不专主江西,以其豪宕奔放的激情、娴熟的格律、清俊敷腴的艺术风格而突破师承,这是非常中肯的。魏庆之《诗人玉屑》亦云:

> 陆放翁诗本于茶山。故赵仲白题曾文清公诗集云:"清于月出初三夜,澹似汤烹第一泉。咄咄逼人门弟子,剑南已见一灯传。"剑南谓放翁也。然茶山之学亦出于韩子苍。三家句律大概相似,至放翁则加豪矣。④

魏庆之所论,一如方回,均指出陆游诗歌比之曾几而"加豪"的特色。叶绍翁亦称陆游"学诗于茶山曾文清公,其后冰寒于水"⑤。方回所谓"青出于蓝",叶绍翁所谓"冰寒于水",均道出了陆游超越师承的诗学建树。

中兴四大家不仅自己在创作中力求创新,还努力打破旧的诗学格局,积极树立新的诗学典范。如尤袤称:"近世人士,喜宗江西。温润有如范致能者乎,痛快有如杨廷秀者乎,高古如萧东夫,俊逸如陆务观,是皆自出机轴,岂有可观者,又奚以江西为?"⑥杨万里则称:"近世之诗人,若范石湖之清新,尤梁溪之平淡,陆放翁之敷腴,萧千岩之工致,皆予之所畏者"⑦。尤袤、杨万里所言,恰好概括出中兴四大诗人自觉的创新精神、诗歌风格的新变及其树立新的艺术典范的意识,这正是南宋中兴诗坛超越师承、走向中兴的重要标志之一。

---

① 陆游撰,李剑雄、刘德权点校:《老学庵笔记》卷七,第95页。
② 方回选评,李庆甲集评校点:《瀛奎律髓汇评》卷一六《长至日述怀兼寄十七兄》诗之评,第604页。
③ 方回选评,李庆甲集评校点:《瀛奎律髓汇评》卷二三《登东山》诗之评,第1006页。
④ 魏庆之编,王仲闻校勘:《诗人玉屑》卷一九,上海:古典文学出版社,1958年,第417页。
⑤ 叶绍翁撰,沈锡麟、冯惠民点校:《四朝闻见录》乙集《陆放翁》,第65页。
⑥ 姜夔:《白石道人诗集》自叙一,第1页。
⑦ 杨万里撰,辛更儒笺校:《杨万里集笺校》卷八一《千岩摘稿序》,第3281页。

二、道学诗人讴吟情性和以道学倡其诗的双向开拓

南宋中兴时期,在道学逐渐占据学术中心地带的同时,道学诗人群体一边反拨道学先贤的诗文观念,重新肯定诗文创作传统的抒情特性,一边又自觉地将道学引入文学领域,进一步加强了道学向文学的渗透,推动了文学的新变。

在南宋中兴时期之前,大多道学家认为作文害道,故而极端轻视文学创作,虽然亦有不少文学作品传世,但常常有理无文,流于说教。至南宋中兴时期,道学诗人群体始有意识地矫正这一倾向。如林亦之,师承林光朝,而林光朝传二程弟子尹焞、杨时等人之学。尽管为程门后学,但林亦之对师辈轻视文学的倾向非常不满。林亦之《伊川子程子论》云:

> 尧、舜、禹、汤、文、武、周公、仲尼之道,吾于程子不敢有毫厘异同之论。然伊川之门谓学文为害道,似其说未必然也。盖自有天地以来,文章学问并行而不相悖。周公、仲尼,其兼之者乎。自是而后,分为两途,谈道者以子思、孟轲为宗,论文者以屈原、宋玉为本。此周公仲尼之道所以晦而不明、阙而不全者也……是古之知道者,未尝不精于文也。苟工于文章,而不知学问,则大道根源必闇然无所识;通于学问,而不知文章,则古人句读亦不能无窒碍,是皆未可以谈六经也。故太史迁、司马相如、扬子云、韩愈之徒,文非不工也,而道德之奥茫昧无所见,其不可以谈六经也明矣。程子以学文为害道,则于六经渊源虽极其至,而鼓吹天地,讴吟情性,又将何所托也? 是安得谓之集大成者乎? 故六经句读亦不能无窒碍也。孟轲氏以来,千有余年,乃得一程子,惜夫耻于论文,故六经事业,亦或有阙而未备者,信乎此道之难也。学者欲无愧于六经,无惭于周公仲尼,则学问固为大本,而文章亦不得为末技也。①

林亦之盛推伊川先生程颐之道学,然而又极力反对伊川"谓学文为害道"之论,主张"文"、"道"并行,甚至主张"讴吟情性"。林亦之此文,明确针对伊川之门谓学文为害道之说,极富战斗性,堪称反映南宋中兴时期道学诗人群体文学观念演进的代表之作。

林亦之不仅从理论上批判道学先贤的文学观念,还注重在实际创作中践履其文学主张。考林亦之诗歌创作,即明显表现出"讴吟情性"的特征,

---

① 林亦之:《网山集》卷三,《宋集珍本丛刊》第62册,第86页。

有许多作品,抒发偃蹇穷愁的遭际与心态,真挚动人,可见林亦之诗文理论
与其诗学一以贯之的精神。如其《秋日题》:"漠漠骚骚如卷砂,当门枯木见
巢鸦。秋林最怕风吹尽,一直愁心无树遮。"①林亦之终身布衣,穷蹇而卒。
此诗即通过描写秋天外在自然世界的萧瑟之态,表现诗人内心寒苦、蜷缩、
卑怯的心态,堪称"讴吟情性"的典范之作。又如《奉酬稚春梅花行》:"西湖
一带何苍茫,娟娟数枝临水傍。上有幽人眉骨横,终日对花情意生。花如秋
月照芭蕉,人似春风吹野苗。人与花枝自与亲,一篇至今吟如新。"②从中亦
可见作者的诗人性情及其作品强烈的抒情特征,这正是林亦之诗歌对其道
学先师的突破之处。

　　早在北宋时期,道学就已经在周敦颐、张载、二程诸子的努力下形成规
模,虽亦有不少追随者,但其最大问题就是,由于王学兴盛,道学其实尚处于
学术的边缘地带,北宋道学诸子的学说均未为君主所接受,朱熹即感叹二程
之学"真可谓理到之言,惜乎其未有以闻于陛下者"③。而至朱熹、张栻、吕
祖谦等人,他们针对时政缺失与南渡以来道德沦丧的士风流弊,抱着拯救道
德人心和建立合理人间秩序的理想,进一步剔除道学诸子及其诸师学说中
夹杂的释氏成分,进一步完成了道学对于释道二教的吸纳,从而更加巩固了
道学的学术地位。陆游《跋朱氏易传》即说朱熹"尊程氏至矣,然其为说亦
已大异,读者当自知之"④。

　　在道学进占学术中心地带的同时,南宋中兴时期道学诗人也推进了道
学对文学的渗透。如朱熹师承刘子翚、胡宪、刘勉之、李侗等人,得其父朱松
之教亦甚多,在道学上可谓继承诸师学术精髓,但是更值得关注的是其学术
与文学的创新。在朱熹诸师之中,朱松与刘子翚较喜诗文。朱松诗歌气格
高远幽洁,刘子翚古诗风格高秀,朱松与刘子翚诗歌相同的高洁气格对朱熹
影响甚深。朱熹不仅称许其父朱松的诗歌,又在《书屏山先生文集后》中称
刘子翚"精微之学,静退之风,形于文墨"⑤。刘子翚与南渡之际江西诗派的
代表诗人吕本中、曾几等人有交游唱和,今其集中尚有《吕居仁惠建昌纸
被》、《居仁报李季言论养生之益》、《寄茶与曾吉甫》等诗作。刘子翚《读韩
子苍吕居仁近诗》云:"诗人零落叹才难,二妙风流压建安。已见词锋推晋

---

① 林亦之:《网山集》卷一,《宋集珍本丛刊》第62册,第74页。
② 林亦之:《网山集》卷一,《宋集珍本丛刊》第62册,第68页。
③ 朱熹:《晦庵先生朱文公文集》卷一一《戊申封事》,朱杰人等主编:《朱子全书》第20册,第
　　611—612页。
④ 陆游:《陆游集·渭南文集》卷二九,第2264页。
⑤ 朱熹:《晦庵先生朱文公文集》卷八一,朱杰人等主编:《朱子全书》第24册,第3825页。

楚,定应臭味等芝兰。鸿轩意气惭交吕,凤跃声华敢望韩。"①可见刘子翚对
南渡之际江西诗派代表诗人吕本中等人及其诗歌的膜拜之情。刘子翚自己
的诗歌创作亦有江西之风。《四库全书总目》称刘子翚"古诗风格高秀,不
袭陈因。惟七言近体,宗派颇杂江西。盖子翚尝与吕本中游,故格律时复似
之也"②。朱熹则在继承二师的基础上,以自然雅正的风格矫正了刘子翚诗
中的江西习气,这在当时江西诗风笼罩诗坛的情况下是非常难能可贵的。

孝宗淳熙八年(1181)春,尤袤作《朱逢年诗集序》云:"先生有兄曰韦
斋,白首郎潜,不究大用,人以为恨。其诗凌厉高古,有建安七子之风。韦斋
之子南康使君(朱熹),今又以道学倡其诗,源远而流长,信矣哉。"③尤袤序
中所谓朱逢年,乃朱松之弟朱槔。尤袤肯定了朱松诗学对朱熹的深远影响,
但更值得注意的是,尤袤说朱熹"今又以道学倡其诗",敏锐地把握住了南
宋中兴诗坛道学诗人的诗学新变。方回《孟衡湖诗集序》云:

> 聚奎以来,昆体盛行,而欧梅革之。爰及黄陈,始宗老杜,而议者署
> 为江西派。过江而后,吕居仁、陈去非、曾吉父皆黄陈出也。淳熙中,陆
> 务观出于曾吉父,而与尤延之乃俱似王介甫。惟杨万里、萧东夫深造江
> 西。范至能、韩无咎、张武子自成一家。朱元晦续圣贤之绪,诗尤粹密,
> 不意学禁息而时好乖。④

方回也指出朱熹以圣贤之学入诗及其"诗尤粹密"的文学特色。四库
馆臣亦引《农田余话》说:"宋南渡后,文体破碎,诗体卑弱。惟范石湖、陆放
翁为平正。至晦庵诸子,始欲一变时习,模仿古作,故有神头鬼面之论。时
人渐染既久,莫之或改"⑤。据四库馆臣考证,《农田余话》二卷,"旧本题明
长谷真逸撰,不著名氏……其人生于元末而下"⑥。可见,南宋中兴诗坛在
范成大、陆游等人精思独造、锐意创新之际,朱熹等道学家亦"欲一变时
习",以复古为创新,为诗歌注入道的学理和道学家的心性涵养之功,力矫
宋南渡后"文体破碎,诗体卑弱"的弊病,一时影响甚著。

南宋中兴时期道学家不仅有大量诗歌创作,而且群体唱和,如朱熹、张

---

① 刘子翚:《屏山集》卷一八,《宋集珍本丛刊》第42册,北京:线装书局,2004年,第321页。
② 永瑢等:《四库全书总目》卷一五七《屏山集提要》,第1355页。
③ 尤袤:《梁溪遗稿》卷二,《影印文渊阁四库全书》第1149册,第528页。
④ 方回:《桐江续集》卷三一,《影印文渊阁四库全书》第1193册,第643页。
⑤ 永瑢等:《四库全书总目》卷一六四《文山集提要》,第1407页。
⑥ 永瑢等:《四库全书总目》卷一四三《农田余话提要》,第1281页。

栻、林用中等人于乾道三年（1167）同游南岳，几日之内唱和之作即达一百多首，结为《南岳唱酬集》。正是在林亦之、朱熹、张栻、韩元吉等许多人的共同努力下，道学诗人群体逐步发展壮大，成为南宋中兴诗坛的重要一脉，而它们讴吟情性和以道学倡其诗的双向开拓，为中兴诗坛注入了新的活力。

三、江湖诗人姜夔的独造创新

前述杨万里《进退格，寄功父、姜尧章》诗云："尤萧范陆四诗翁，此后谁当第一功？ 新拜南湖为上将，更推白石作先锋。"杨万里将姜夔与张镃并称，认为姜夔是紧追尤萧范陆四诗翁的诗坛"先锋"，可以说不为无见，因为姜夔也是南宋中兴诗坛锐意创新、超越师承的领军人物之一。

姜夔尝论诗说，"近过梁溪，见尤延之先生，问余诗自谁氏。余对以异时泛阅众作，已而病其驳如也。三薰三沐，师黄太史氏，居数年，一语噤不敢吐，始大悟学即病，顾不若无所学之为得，虽黄诗亦偃然高阁矣"①。姜夔初学江西诗法，然而在不断的学习中，终于悟到"学即病"的道理，因而即使是江西宗师黄庭坚的诗歌也弃而不学，将其束之高阁。姜夔曾与黄岩老一起师承萧德藻，萧德藻从曾几得江西诗学，又有所创新，以高古工致见称，但仍未尽脱江西诗学险僻晦涩之弊。正因为姜夔曾师承萧德藻，因而时人论姜夔诗歌，每以其得萧德藻诗学之传相推许。但是姜夔并不如此认为，他更重视自己的独造创新。姜夔云：

> 余识千岩于潇湘之上，东来识诚斋、石湖，尝试论兹事，而诸公咸谓其与我合也。岂见其合者而遗其不合者耶？ 抑不合乃可以为合耶？ 抑亦欲俎豆余于作者之间，而姑谓其合耶？ 不然，何其合者众也。余又自唔曰："余之诗，余之诗耳。穷居而野处，用是陶写寂寞则可，必欲其步武作者，以钓能诗声？ 不惟不可，亦不敢。"②

世人多论姜夔与其师萧德藻诗学之"合"处，但姜夔不仅强调自己与萧德藻的"不合"之处，还反复申述不愿步武其师的立场。

那么，姜夔如何突破师承而创新呢？ 我们看姜夔论述诗歌创作的一段话：

---

① 姜夔：《白石道人诗集》自叙一，第1页。
② 姜夔：《白石道人诗集》自叙一，第1页。

作者求与古人合,不若求与古人异。求与古人异,不若求与古人合而不能不合,不求与古人异而不能不异。彼惟有见乎诗也,故向也求与古人合,今也求与古人异。及其无见乎诗已,故不求与古人合而不能不合,不求与古人异而不能不异。其来如风,其止如雨,如印印泥,如水在器,其苏子所谓不能不为者乎。余之诗,盖未能进乎此也。未进乎此,则不当自附于作者之列。悉取旧作,秉畀炎火,俟其庶几于不能不为而后录之。或曰不可。物以蜕而化,不以蜕而累,以其有蜕,是以有化。君于诗将化矣。其可以旧作自为累乎?①

　　姜夔首先指出"作者求与古人合,不若求与古人异",强调要有艺术创新的精神,进而以"其来如风,其止如雨,如印印泥,如水在器,其苏子所谓不能不为者"的兴会感发作为诗歌创作的灵感之源。姜夔所谓"苏子"指苏洵。苏洵《仲兄字文甫说》引《易》中"涣"卦所谓"风行水上涣"来论文,认为"此亦天下之至文也",并说"然而此二物者,岂有求乎文哉? 无意乎相求,不期而相遭,而文生焉。是其为文也,非水之文也,非风之文也。二物者,非能为文,而不能不为文也,物之相使,而文出于其间也,故此天下之至文也"②。苏洵论文强调"风行水上涣",事实上是以风行水成文为喻,阐述文学创作活动中兴会感发、天人凑泊的问题,追求条达通畅的文风。姜夔则进一步将苏氏文论引入诗学,主要即是针对江西诗学僻峭与生硬的弊端,倡导以自然达情为宗旨,追求自然通畅的艺术风格。姜夔《送朝天续集归诚斋·时在金陵》诗称:"翰墨场中老斲轮,真能一笔扫千军。年年花月无闲日,处处山川怕见君。箭在的中非尔力,风行水上自成文"③,推许杨万里诗歌"风行水上自成文"的风格。由此可见,姜夔确实是自觉地引苏氏文论入诗,以"风行水上涣"为诗学理论,力矫江西诗学的晦涩之弊。

　　除了强调自然条畅之外,姜夔还讲究艺术创作的骨气。如姜夔《续书谱》云:

　　艺之至,未始不与精神通……假令众妙攸归,务存骨气。骨气存矣,道润加之,亦犹枝干萧疏,凌霜雪而弥劲,花叶鲜茂,与云日而相辉。如其骨力偏多,道丽盖少,则枯槎架险,巨石当路,虽妍媚云阙,而体质

---

①　姜夔:《白石道人诗集》自叙二,第1—2页。
②　苏洵:《嘉祐集》卷一四,上海:商务印书馆,1937年,第144—145页。
③　姜夔:《白石道人诗集》卷下,第16页。

存焉。若遒丽居优,骨气将劣,譬夫芳林落叶,空照灼而无依,兰沼漂萍,徒青翠而奚托。①

姜夔认为"艺之至,未始不与精神通",在人的"精神"与"艺"之间建立起一种内在的联系。又认为书法之要当"务存骨气",又应该以"遒润加之",还要处理好程度,"骨力偏多"与"遒丽居优"均非艺之极致。这里,姜夔虽然是以书法为例泛论艺术,但也是包括诗歌创作的道理在内的。

正因为姜夔既讲究通畅自然,又讲究"精神"和"骨气",并且注意处理"骨力"与"遒丽"的关系,因此姜夔的诗歌创作具有劲健清挺的艺术风格。姜夔诗歌主要书写其作为江湖诗人以"游"为核心的生存方式与生命体验,写其行吟、行游、游赏、游访、游谒、壮游、神游等。有时写行游之艰险,有时写游赏之雅致;有时写流落之悲慨,有时写行吟之乐趣;有时写游谒之无奈,有时写游访之逸兴;有时写壮游之意气,有时写神游之逡巡。姜夔写其游历所见所闻的物与景,则有时苍莽,有时秀丽,有时浩渺,有时峭拔,有时清幽,有时奇异,有时朴野多趣,有时凶险萧森,不一而足,诗歌艺术变化通脱,与专意于"脱胎换骨"之说的江西末学迥然异趣。杨万里即称姜夔:"钓璜英气横白蜺,欬唾珠玉皆新诗。江山愁诉莺为泣,鬼神露索天泄机。"②肯定了姜夔惊泣鬼神的笔力和诗风。陈郁则称"白石姜尧章,奇声逸响,率多天然,自成一家,不随近体"③。王士禛称姜夔"于诗亦能深造自得……正以不深染江西派为佳"④。《四库全书总目》亦称姜夔"其学盖以精思独造为宗","今观其诗,运思精密,而风格高秀,诚有拔于宋人之外者,傲视诸家,有以也"⑤。这些评论,均肯定姜夔诗歌深造自得、独成一家的特色与地位。

综上所述,我们可以得出如下认识:师承是影响文学史发展的重要因素。南宋中兴诗坛的师承可以归纳为学术型、政治型、文学型三个系统,它们从政治学术、人格精神、诗歌艺术等层面对南宋中兴诗坛产生了深刻影响。南宋中兴诗人在继承师学的基础上,又以积极进取的精神超越了师承,树立了新的诗歌艺术典范,创造了宋诗"中兴"的局面,推动了文学史的演进。

---

① 姜夔:《续书谱》,上海:商务印书馆,1936年,第6—7页。
② 杨万里撰,辛更儒笺校:《杨万里集笺校》卷二二《送姜夔尧章谒石湖先生》,第1119页。
③ 陈郁:《藏一话腴》,吴文治主编:《宋诗话全编》第9册,第8817页。
④ 王士禛撰,湛之点校:《香祖笔记》卷五,上海:上海古籍出版社,1982年,第90页。
⑤ 永瑢等:《四库全书总目》卷一六二《白石诗集提要》,第1392页。

第六章　南宋中兴时期政治文化
生态与诗坛代变

自孔门立四科以来,在以儒家士人为政治文化和文学主体的传统社会,文学与政治文化便结下了不解之缘。在士文化高度发展的宋代社会,文学与政治文化生态的关系自始至终都尤为密切,学界已就此进行了富有成果的探讨。① 诚如学者所论,"世界上不存在一成不变的文化总体结构。尤其是社会政治结构、物质生活方式和文化思潮形态发生震荡、转折,或者另开新局面的时候,文化范式就会在各种力量的作用下发生或迟或早、或大或小的转型。转型释放出新的创造力,以新的范式展示着结构性的文化生态互动"②。高宗时期,和议国策与君相集权、轻文取向与文化专制成为政治文化生态的基本特征。孝宗之治,促使政治文化生态发生重要变化,也成为南宋诗歌中兴的重要因素。本章拟通过爬梳文献史实,就南宋中兴时期政治文化生态与诗坛代变问题展开讨论。

第一节　高宗时期的政治文化生态

高宗时期是南宋社会经济与政治文化发展的起点,同样,南宋中兴诗坛也是在南渡诗坛的基础上发展起来的。要考察中兴诗坛的发展演变,需要以南渡诗坛作为参照的坐标。因此,本节拟对高宗时期的政治文化生态与诗坛风貌略作探讨。

一、和议国策与君相集权

徽宗宣和七年(1125)宋金联合灭辽,随后金人大举南侵。钦宗靖康二年(1127)四月金人掳掠徽、钦二帝,北宋覆亡。同年五月,徽宗第九子康王赵构在南京(今河南商丘)即位,是为高宗,重建宋政权,改元建炎。众所周知,终高宗一朝,南宋基本对金策略便是寻求与金人和议,偏安一隅,历来也

---

① 如庆振轩《两宋党争与文学》(兰州:敦煌文艺出版社,1993 年)、萧庆伟《北宋新旧党争与文学》(北京:人民文学出版社,2001 年)、沈松勤《北宋文人与党争》(北京:人民出版社,1998 年)、《南宋文人与党争》(北京:人民出版社,2005 年)等。
② 杨义:《从文化原我到文化通观》,《文学评论》2003 年第 4 期。

往往把秦桧与高宗联系在一起,认为他们是主张和议的主要人物,这当然是不易之论。然而如果我们系统深入地追溯高宗时期的历史轨迹,就会发现,事实上自建炎元年(1127)起,高宗就已开始任用一些阻抑抗金的人物为宰执,酝酿和议政策。

建炎元年(1127)高宗即位之初,先后任用李纲和黄潜善二人为宰相。李纲主张抗金,然而李纲之所以被任相,是有其特定背景的,因为当时金人势盛,而李纲德高望重,是抗金的中坚人物,为了高宗政权的稳固,确实需要一位能够起到中流砥柱作用的宰执支撑大局。尽管如此,李纲仍然于任相不久即遭罢免,"在相位凡七十五日"①。高宗任用的另一位宰相黄潜善,"本王黼门人"②。王黼乃北宋权相蔡京党羽,为人奸佞。③ 黄潜善任相后,一方面多用王黼亲党,一方面力倡和议,主张高宗为避敌而巡幸东南,并且竭力排斥打击主张抗金的大臣和士人。如建炎元年(1127)朝廷去李纲而换任汪伯彦之际,太学生陈东上疏,言宰执黄潜善、汪伯彦不可任,李纲不可去,且请高宗还汴京,治兵亲征,迎请二帝,其言甚为切直,前后上章三次。同时,欧阳澈亦上书,极力诋斥执政者。因此,黄潜善"密启诛澈,并以及东",于是朝廷下令"斩太学生陈东、抚州进士欧阳澈于都市"④。就是在这一年,徽宗在被金人俘虏北去的路途中,还曾再三叮咛随从北上的曹勋"如见康王,第奏有清中原之策,悉举行之,毋以我为念",又言"艺祖有誓约,藏之太庙:'誓不杀大臣及言事官。'违者不祥"⑤。同年曹勋自燕山遁归,面奏业已登基的高宗。然而高宗仍然违背祖宗家法,不仅未采纳"清中原之策",甚至还开了杀戒。⑥ 于此,高宗一朝的政治取向已经奠定了基调。

建炎二年(1128)高宗任黄潜善、汪伯彦为相。当时李纲已罢,朝廷主张抗金的主要人物为宗泽,适逢河北都统制王彦聚兵太行山,号八字军,约与宗泽共同举兵抗金。黄潜善等人忌怕宗泽成功,从中阻挠,宗泽忧愤成疾,背上疽发,临卒之际悲叹"出师未捷身先死,长使英雄泪满襟",且"连呼

---

① 李心传:《建炎以来系年要录》卷八,第203页。
② 李心传:《建炎以来系年要录》卷一六,第337页。
③ 参见脱脱等:《宋史》卷四七〇《王黼传》,第13681—13684页。
④ 李心传:《建炎以来系年要录》卷八,第206页。
⑤ 李心传:《建炎以来系年要录》卷四,第113—114页。
⑥ 邓小南先生尝系统深入地研究赵宋"祖宗家法"问题,即揭示,在宋代,对于"祖宗之法"有缓进的调整,也有激进的更革;有严肃恳切的发掘借鉴,也有风诡云谲中的阳奉阴违,"祖宗之法"究竟是被尊崇、利用还是违背,主要生发于现实的需要和事变的压力。参见邓小南:《祖宗之法:北宋前期政治述略》,北京:生活·读书·新知三联书店,2006年,第532页。

'过河'者三","死之日,都人为之号恸"①。此时,还有一位后来对南宋政局产生深刻影响的人物初露头角,即时任侍御史的张浚。张浚本为黄潜善所荐引,但也由于积极讲论用兵之策,主张修治军备,因此转而为黄潜善所嫉恶,改为尚书礼部侍郎。斥去李纲、宗泽等抗金中坚之后,黄潜善、汪伯彦也为朝臣劾罢,高宗又连续换任朱胜非、吕颐浩、杜充、范宗尹等人为相,但均为时甚短,没有什么作为。

建炎四年(1130)冬十月秦桧自金逃归南方,入朝进见高宗,这成为南宋和议国策与君相集权政治走向明朗化的真正转折。秦桧曾与徽宗、钦宗一道为金人掳掠北去,及归宋,时任宰相的范宗尹和同知枢密院李回因与秦桧关系甚善,力荐其忠,秦桧遂得以面见高宗。引对之日,秦桧说:"如欲天下无事,须是南自南,北自北"②,明确建议讲和。秦桧所言,正合高宗之意,高宗遂定和议之计。南渡之初,宋朝还奉行且守且和的政策,专与金人解仇议和,实自秦桧始。秦桧初试礼部尚书,很快便与吕颐浩等人并相,得到高宗重用。

秦桧第一次任相时间并不长。绍兴二年(1132)朝臣弹劾秦桧植党营私,排斥异己,秦桧落职。绍兴四年(1132)赵鼎入相,赵鼎"素重伊川程颐之学。元祐党籍子孙,多所擢用。去赃吏,进正人,时号为贤相"③。次年,张浚入相。赵鼎与张浚并相之际,南宋政局取得明显转机,涌现出一些重要抗金将领,如刘光世、韩世忠、杨沂中、岳飞、王燮等人,部下兵数近20万人,而当初太祖、太宗平定诸国取天下之际也不过有兵十几万。客观而言,以赵鼎、张浚的作为以及众大将军势而言,这一时期南宋即使不能挥师北上,一举夺回失去的国土,至少也完全可以与金人抗衡。

然而,正是由于这一时期南宋诸大将兵势过盛,在朝廷看来,又产生了另外一个威胁朝廷的严峻问题。《文献通考》兵制考云:"高宗开元帅府于南京,初募兵近万人,王旅寡弱,至招溃卒、收群盗以补之……建炎之后,诸大将之兵浸增,遂各以精锐雄视海内……惟张、韩、岳三军为盛。"④《建炎以来系年要录》亦云:"自祖宗世,陕西、河东、北三路,皆以文臣为经略使,领大兵……自渡江以来,沿边之兵,尽归诸大将,帅臣反出其下。"⑤可见此时高宗直辖的军队与诸大将军队力量对比的巨大反差,实际上,朝廷已不能抑

---

① 李心传:《建炎以来系年要录》卷一六,第336页。
② 李心传:《建炎以来系年要录》卷三九,第734页。
③ 李心传:《建炎以来系年要录》卷八六,第1413页。
④ 马端临:《文献通考》卷一五四,第1343页。
⑤ 李心传:《建炎以来系年要录》卷一一二,第1814—1815页。

制各个藩镇。加之,南宋初期又出现了两次后果严重的兵变。第一次是建炎三年(1129)御营都副统制苗傅、刘正彦等起兵叛乱,逼高宗退位,必欲扶持钦宗皇子即位,高宗不得不宣布退位,建炎三年(1129)三月十一日改元明受。后来韩世忠、张浚、吕颐浩等大臣起兵勤王,始平定叛乱。此次,高宗险遭杀身之祸。① 第二次是绍兴七年(1137)淮西左护军副都统制郦琼叛乱,杀兵部尚书吕祉,率所部4万人渡淮,投降于伪齐刘豫。② 如上所述,都极大地触动了宋代统治者最敏感的神经,也即担心再次出现唐末五代那样武人割据的局面,可以说,高宗和朝中一些大臣产生了不亚于金人南侵的深刻危机感。绍兴八年(1138)高宗谕大臣曰:"今日诸将之兵,已患难于分合,末大必折,尾大不掉,古人所戒。"③同年监察御史张戒入对,亦言诸将兵权太重,建议分诸将之势,集权于朝廷。就在这样的背景下,秦桧再次崛起。

　　绍兴八年(1138)秦桧除尚书右仆射、同中书门下平章事兼枢密使。秦桧再次上台后,"力劝上屈己议和",而赵鼎认为不可,不久赵鼎罢相,秦桧独相。④ 至此,秦桧也已摸准高宗对于武人惊惧反感的心态和息兵求和的意愿,因而坚决推行和议之策,并且公然告诫朝士:"大抵立朝,须优游委曲,乃能有济。"⑤绍兴十一年(1141)范同献计于秦桧,请除诸大将枢府之职而罢其兵权,为秦桧采纳。于是秦桧密奏于高宗,以柘皋之捷召韩世忠、张俊、岳飞并赴京城,论功行赏。当时张俊与秦桧意合,故力赞议和,首纳所统之兵。韩世忠起初不以和议为然,后来惧怕秦桧阴谋,于是力求闲退,自此杜门谢客,绝口不言兵。而岳飞则被赐死于大理寺狱中。由此,天下兵柄,尽归朝廷。同年,宋金订立绍兴和议。也正是在绍兴十一年(1141),高宗曰"人主之权,在乎独断"⑥,明确地表达了集权和独裁的思想。高宗还称"治天下当以清静镇之"⑦,戒谕大臣自此不要妄论兵事,谨守和约。而秦桧则进为太师,开始了长达16年的宰相专权。秦桧用事,每除台谏,必以其耳目,"每荐执政,必选世无名誉、柔佞易制者,不使预事,备员书姓名而已。百官不敢谒执政,州县亦不敢通书问"⑧。

　　绍兴二十五年(1155)秦桧卒。秦桧卒后,高宗曰:"偃兵息民,帝王之

<hr>

① 李心传:《建炎以来系年要录》卷二二,第414—476页。
② 李心传:《建炎以来系年要录》卷一一三,第1826—1833页。
③ 李心传:《建炎以来系年要录》卷一一八,第1904页。
④ 李心传:《建炎以来系年要录》卷一二二,第1974页。
⑤ 李心传:《建炎以来系年要录》卷一二三,第1981页。
⑥ 李心传:《建炎以来系年要录》卷一四二,第2279页。
⑦ 李心传:《建炎以来系年要录》卷一四二,第2287页。
⑧ 李心传:《建炎以来系年要录》卷一五二,第2459页。

盛德。讲信修睦,古今之大利。是以断自朕志,决讲和之策。故相秦桧,但能赞朕而已。岂以其存亡而有渝定议耶? 近者无知之辈,遂以为尽出于桧,不知悉由朕衷。"①通过高宗这一段话,基本可以为和议国策究竟是出于秦桧还是出于高宗的历史争议画上句号,也可以了解到秦桧卒后高宗朝仍然延续和议与集权政治之原委。其后,沈该、万俟卨、汤思退、魏良臣等人,既可以说是秦桧余党,也可以说不过是高宗的棋子而已。也正因此,虽然高宗朝后期张浚再起,但始终难以根本改变高宗以和议与集权为中心的基本政治格局。约半个世纪之后,也即宁宗嘉泰元年(1201),陆游尝赋《追感往事》云:"诸公可叹善谋身,误国当时岂一秦。不望夷吾出江左,新亭对泣亦无人!"②堪称是对南渡历史的恰当评判。

二、轻文取向与文化专制

宋室南渡之初,社会混乱,兵连祸结,群盗蜂起,乱臣僭立,不仅江淮一带被焚荡一空,而且宋朝士民与秘阁图书被掠而北去者不计其数,"河南、陕西士人各罢乱政,学业荒废"③,经济与文化均遭到严重破坏,确如胡寅所称"典章文物,一切扫地"④。徽、钦二帝和高宗之母显仁皇后韦氏被金人掳掠北去之后,高宗亦在金人的追击下一路逃窜,直到避难海上才获得喘息之机,逐渐稳定局势。就高宗而言,在这样的特定背景之下,安全、稳定以及如何收拢人心成为尤为迫切的课题,而再也不能像其父徽宗那样沉溺于安逸享乐和诗词文艺之中。

高宗在其统治的整个时期,尤其是初期,出于整顿乱世的目的,注重的是实用和实学之士。如绍兴四年(1134)高宗谓辅臣曰:"大抵儒者,能达世务,乃为有用"⑤。绍兴七年(1137)高宗诏中外臣僚采访勇力权略之士,不时荐举,以备择用。⑥ 直到绍兴三十一年(1161)高宗与宰执论人材,仍然说"人材当用实可济事者"⑦。可见高宗对能达世务和具备勇力权略之谋的实用型人才的重视。《宋史》汪应辰本传记载:"绍兴五年(1135),进士第一人,年甫十八……旧进士第一人赐以御诗,及是,特书《中庸篇》以赐。"⑧在

---

① 李心传:《建炎以来系年要录》卷一七二,第 2827 页。
② 陆游著,钱仲联校注:《剑南诗稿校注》卷四五,第 2781 页。
③ 李心传:《建炎以来系年要录》卷一三三,第 2139 页。
④ 胡寅:《斐然集》卷一六《上皇帝万言书》,《影印文渊阁四库全书》第 1137 册,第 489 页。
⑤ 李心传:《建炎以来系年要录》卷八三,第 1361 页。
⑥ 李心传:《建炎以来系年要录》卷一一一,第 1792 页。
⑦ 李心传:《建炎以来系年要录》卷一八八,第 3152 页。
⑧ 脱脱等:《宋史》卷三八七《汪应辰传》,第 11876 页。

北宋,皇帝对中进士者赐以御诗,以示褒奖之意。① 而自高宗绍兴五年
(1135)起,则改为书《中庸篇》以赐。由这一转变,也可见高宗注重实学的
取向。而在各种学术经典之中,高宗尤为重视的是《春秋》之学。绍兴五年
(1135)高宗诏侍讲朱震、范冲专讲《春秋左氏传》。绍兴七年(1137)高宗
曰:"朕喜《春秋》之学……早朝退省,阅臣僚上殿章疏。食后,读《春秋》、
《史记》。晚食后,阅内外章奏。夜读《尚书》,率以二鼓。"②绍兴十二年
(1142)高宗又曰:"为君不知《春秋》,昧为君之道;为臣不知《春秋》,昧为
臣之道。"③高宗之所以如此热衷于《春秋》,事实上还是与当时特定的社会
背景和高宗的处境密切相关,主要有两个方面:一是当时高宗和朝廷大臣都
面临着北上抗金、迎还徽钦二帝的历史任务,无论如何,从传统社会尤为重
视的人伦道德上说,高宗在其父徽宗和其兄钦宗均还在世而且有可能为金
人遣送南归的时候,其帝位始终是岌岌可危的。二是当时国家分裂,人心涣
散,朝廷威信存在严重的危机。而《春秋》之学的主旨就是尊王攘夷,这正
符合高宗此时此境之所需,因此高宗以近乎酷爱的姿态来推行《春秋》之
学,这一表面现象的掩盖之下,事实上是其为了达到笼络人心、稳定统治的
真正目的。

　　正因为特定的时代背景以及高宗潜心于实用和政术的取向,高宗对于
文学艺术是非常轻视的,甚至是排斥。不仅是高宗,朝廷的许多大臣也秉持
相同的立场。建炎元年(1127)高宗初即位,即谕曰"朕今不用文华之
士"④,表明了排斥文学及文学之士的立场。仅以李心传《建炎以来系年
要录》来看,关于高宗君臣轻视文学的言行的记载就非常多,兹统计示例
如下:

表6-1　高宗君臣轻文言行统计示例表

时　间	史　事	资料出处
建炎四年 (1130)	通直郎万俟咏者,工小词,尝为大晟府制撰得官。至是因所亲携书入禁中,乞进官二等。高宗览而掷之。	《建炎以来系年要录》卷三四,第657页

① 如太宗太平兴国二年(977)春正月丙寅,"礼部上所试合格人名……凡五百人,皆先赐绿
　袍靴笏,赐宴开宝寺,上自为诗二章赐之"(李焘:《续资治通鉴长编》卷一八,第393页)。
② 李心传:《建炎以来系年要录》卷一一五,第1857页。
③ 李心传:《建炎以来系年要录》卷一四七,第2379页。
④ 李心传:《建炎以来系年要录》卷五,第151页。

时　间	史　事	资料出处
绍兴二年 （1132）	高宗策试诸路类试奏名进士，张九成与凌景夏同试，吕颐浩以凌景夏文词实胜张九成，欲以凌景夏为第一，而高宗曰："九成对策，文虽不甚工，然上自朕躬，下逮百执事之人，无所回避。擢真首选，谁谓不然？"遂擢张九成为第一。	《建炎以来系年要录》卷五二，第922—924页
绍兴二年 （1132）	朝奉郎江汉，当初以本乐府撰词曲得官，是时除通判郴州，言者以为不可，罢之。	《建炎以来系年要录》卷五三，第933页
绍兴二年 （1132）	吕颐浩以燕懿王元孙赵令畤读书能文，元祐间，苏轼尝力荐，因此荐举赵令畤于高宗，但高宗曰："令畤昔尝事宦官谭稹，清议不容，不当复齿士大夫之列。"因此赵令畤未能因文以进。	《建炎以来系年要录》卷五三，第940页
绍兴二年 （1132）	胡安国入对，言："今方思济艰难，岂宜耽玩文采？莫若潜心圣人之经。"高宗称善。	《建炎以来系年要录》卷五六，第978—979页
绍兴四年 （1134）	高宗曰："数年以来，庙堂玩习虚文，而不明实效。"	《建炎以来系年要录》卷八二，第1344页
绍兴七年 （1137）	高宗曰："文学政事，自是两科。诗赋止是文词，策论则须通之古今。所贵于学者，修身齐家治国以治天下。专取文词，亦复何用？"	《建炎以来系年要录》卷一一三，第1832页
绍兴十六年 （1146）	高宗曰："当日行诗赋，为士人不读史。今若尚用诗赋，士人不读经。大抵读书当以经义为先。"	《建炎以来系年要录》卷一五五，第2519页
绍兴二十六年 （1156）	沈该进呈蜀中人材，高宗曰："蜀人多能文。然士人当以德行为先，文章乃其余事。"	《建炎以来系年要录》卷一七一，第2805页

据上表，可见终高宗一朝，高宗君臣始终存在轻文取向。在皇权至上的传统社会，往往是君行于上，臣效于下，而社会上的士人亦步趋之，由此也可以想见当时社会上下普遍比较轻视文学的价值取向。除了轻视文学之外，高宗更是推行了一系列的文化专制政策。高宗时期文化专制的范围之广，又是宋朝历代中极其突出的，囊括政治、学术、文学甚至音乐等各个领域。

其一，政治禁忌。《宋史》论曰："徽宗失国之由，非若晋惠之愚、孙皓之暴，亦非有曹、马之篡夺，特恃其私智小慧，用心一偏，疏斥正士，狎近奸谀。于是蔡京以儇薄巧佞之资，济其骄奢淫佚之志。溺信虚无，崇饰游观，困竭民力。君臣逸豫，相为诞谩，怠弃国政，日行无稽……自古人君玩物而丧志，纵欲而败度，鲜不亡者，徽宗甚焉。"①这一段评价，可以说是对北宋后期徽

---

①　脱脱等：《宋史》卷二二《徽宗纪四》，第418页。

宗朝政局的高度概括,也是对北宋灭亡原因的恰当总结。①　宋室南渡之后,高宗君臣本应该深刻反思前代的积弊,给予历史一个客观的评价,以便真正总结经验教训。然而,面对前朝败亡的历史,或许是出于为王者讳的原因,高宗及一些大臣很少公允地评价当负首要责任的徽宗的过失,却将主要责任推卸到了以王安石为主的大臣及其所推行的改革变法。因此高宗君臣不仅对王安石进行了一系列的追贬,更不许任何人再言改革变法。如绍兴元年(1131)高宗"言王安石之罪,在行新法"②。绍兴十四年(1144)高宗复谓大臣曰"祖宗之法,思虑已精审,讲究已详备,不必改作,天下自治"。秦桧曰:"天下本无事,宜遵成宪为善。"高宗又称"小人喜更法"③。正因为高宗君臣这种讳言改革、因循陈法的主导思想的禁锢,高宗时期的政治除了致力朝廷集权和社会稳定之外,堪称了无生气。

　　其二,学禁。与政治立场相一致,高宗君臣首先禁止的是王安石学术。绍兴五年(1135)高宗曰:"安石之学,杂以伯道,取商鞅富国强兵。今日之祸,人徒知蔡京、王黼之罪,而不知天下之乱,生于安石。"④高宗以为,王安石推行变法,实为天下祸乱之源,其根基即是其杂以霸道的功利之学。因此,朝廷上下一时无人敢谈论王安石之学。与王安石学术水火不容的二程学术,在高宗时期也曾遭到朝廷禁压。绍兴六年(1136)朝廷痛革王安石之学后,左司谏陈公辅进言:"在朝廷之臣,不能上体圣明,又复辄以私意取程颐之说,谓之伊川学,相率而从之。是以趋时竞进,饰诈沽名之徒,翕然胥效,倡为大言。"⑤陈公辅请禁伊川之学,于是南宋又首度开始道学之禁。绍兴七年(1137)吏部侍郎吕祉在建康闻禁伊川学,亦上奏说:"号为伊川之学者,类非有守之士。考其素行,盖小人之所不为"⑥,因此建议出榜诸路州县学舍,使学者皆尊传统经学,朝廷采纳了吕祉的建议。朝廷还对传播伊川之学的士大夫进行打击。如绍兴七年(1137)右宣教郎李处廉因为雕伊川集板并印造散发与人而为朝廷治罪,流放新州编管。⑦　在秦桧任相时期,二程学术更是饱受压制。吕祖谦为陆九龄作墓志铭称,"秦丞相当国,场屋无道

---

① 关于北宋后期君主徽宗的人生与政治历程,详可参看:"Patricia Buckley Ebrey",*Emperor Huizong*,Cambridge,Massacbusetts:Harvard University Press,2014.

② 李心传:《建炎以来系年要录》卷四六,第 831 页。

③ 李心传:《建炎以来系年要录》卷一五二,第 2449 页。

④ 李心传:《建炎以来系年要录》卷八七,第 1449 页。

⑤ 李心传:《建炎以来系年要录》卷一〇七,第 1747—1748 页。

⑥ 李心传:《建炎以来系年要录》卷一〇八,第 1760 页。

⑦ 李心传:《建炎以来系年要录》卷一〇八,第 1852 页。

程氏学者"①。《宋史》张孝祥本传记载,绍兴二十四年(1154)廷试,"时策问师友渊源,秦埙与曹冠皆力攻程氏专门之学"②。可见从朝廷到地方,甚者是科场,程氏之学均遭到打击。

虽然高宗朝的学禁并非十分严酷,绍兴二十六年(1156)高宗还有所谓"赵鼎主程颐,秦桧尚安石,诚为偏曲"之说③,似乎既不主张也不是太反对王安石和二程学术,但事实上这不过是秦桧卒后高宗笼络人心的一种说法。总体而言,高宗时期无论是二程之学还是王安石之学,均处于较为压抑的状态。

其三,文禁。与政治学术氛围密切相关的,是高宗朝持续不断的文禁。现仍以李心传《建炎以来系年要录》所载为据,统计示例如下:

表6-2　高宗朝文禁统计示例表

时　间	史　事	资料出处
绍兴四年 (1134)	高宗论王安石之奸。范冲对曰:"诗人多作《明妃曲》,以失身为无穷之恨,至于安石为《明妃曲》,则曰:'汉恩自浅胡自深,人生乐在相知心。'然则刘豫不是罪过也。今之背君父之恩,投拜而为盗贼者,皆合于安石之意,此所谓坏天下人心术。"高宗曰:"安石至今犹封王,岂可尚存王爵?"因此取消了王安石的爵位。	《建炎以来系年要录》卷七九,第1289—1290页
绍兴八年 (1138)	吕本中任中书舍人。侍御史萧振向高宗奏言:"本中外示朴野,中藏险巇,父好问,受张邦昌伪命,本中有诗云'受禅碑中无姓名',其意盖欲证父自明尔。"因此吕本中遭罢。	《建炎以来系年要录》卷一二二,第1977—1978页
绍兴十二年 (1142)	殿中侍御史胡汝明论左通议大夫王庶寄居德安之际"讥讪朝政之语,形于诗篇"。因此朝廷罢王庶之职。	《建炎以来系年要录》卷一四五,第2331页
绍兴十二年 (1142)	秦桧"取其罢相以来一时诏旨,与夫斥逐其门人章疏,或奏对之语,稍及于己者,悉更易焚弃"。	《建炎以来系年要录》卷一四七,第2381—2382页
绍兴十三年 (1143)	驾部员外郎王言恭奏于朝,言左从事郎郑厚"尝著书,号《艺圃折衷》,其言有诋孟轲者"。朝廷"诏建州毁板,其已传播者皆焚之"。	《建炎以来系年要录》卷一四九,第2394页
绍兴十四年 (1144)	秦桧奏乞禁野史,高宗曰"此尤为害事",准奏。	《建炎以来系年要录》卷一五一,第2433页

---

①　吕祖谦:《吕东莱文集》卷八《陆先生墓志铭》,第195页。
②　脱脱等:《宋史》卷三八九《张孝祥传》,第11942页。
③　李心传:《建炎以来系年要录》卷一七三,第2847页。

续表

时　间	史　事	资料出处
绍兴十四年（1144）	知藤州周谋者，诱李光唱和，"其间言及秦桧和议，有讽刺者，积得数篇，密献于桧。桧怒，令言者论之"。	《建炎以来系年要录》卷一五二，第 2456 页
绍兴十五年（1145）	浙东安抚司干办公事司马伋"言建安近刊行一书曰《司马温公记闻》，其间颇关前朝故事"，朝廷"诏委建州守臣将不合开板文字尽行毁弃"。	《建炎以来系年要录》卷一五四，第 2477 页
绍兴十七年（1147）	言者论会稽士大夫家藏野史，以谤时政。于是李光家藏书万余卷，其家皆焚之。	《建炎以来系年要录》卷一五六，第 2548 页
绍兴十八年（1148）	赵鼎、李光"皆在海南"。胡铨赋词云："欲驾巾车归去，有豺狼当辙。"右承议郎知新州张棣即奏胡铨"毁谤当途，语言不逊，公然怨望朝廷，鼓唱前说，犹要惑众，殊无忌惮"。于是胡铨亦送海南编管。	《建炎以来系年要录》卷一五八，第 2571 页
绍兴十九年（1149）	胡铨遭贬之际，王庭珪为衡州茶陵县丞，以诗送之，有曰："痴儿不了公家事，男子要为天下奇。"胡铨乡人欧阳安永告之，以为谤讪朝政。王庭珪因此遭勒停，送辰州编管。	《建炎以来系年要录》卷一五九，第 2586 页
绍兴二十四年（1154）	右正言王珉上奏朝廷，言故龙图阁学士程瑀"取先圣问答之书肆为臆说"，洪兴祖"则为文以冠其首"，魏安行"则镂板以广其传"，"望特降睿旨将见今镂版，速行毁弃"，"或其它州军有刊行异说书籍，元不曾申取朝廷指挥者，亦乞毁弃"。朝廷从之，魏安行送钦州编管，洪兴祖送昭州编管。	《建炎以来系年要录》卷一六七，第 2736 — 2737 页
绍兴二十五年（1155）	左奉议郎沈长卿与左从政郎芮晔同赋牡丹诗，芮晔有"今作尘埃奔走人"之句，为邻舍人所告，以为讥议和议，沈长卿与芮晔皆除名。	《建炎以来系年要录》卷一六八，第 2743 页
绍兴二十五年（1155）	言者论忠训郎王世雄"讥讪朝政，及作诗有指斥语"，故王世雄特贷命追毁出身，除名勒停，决脊杖二十，不刺面，配邕州牢城收管。	《建炎以来系年要录》卷一六八，第 2753 页
绍兴二十五年（1155）	和州州学教授卢傅霖作《雪诗》，有云："寒乡只愿春来早，暖日暄风尽荡摩。"右朝散郎通判州事范洵"按其怨望，遂罢傅霖"。	《建炎以来系年要录》卷一七〇，第 2782 页
绍兴二十九年（1159）	言者论私文异教，或伤国体，漏泄事机，鼓动愚俗，乞行禁止。朝廷遂"诏州县书坊，非经国子监看详文字，毋得擅行刊印"。	《建炎以来系年要录》卷一八二，第 3037 页

　　事实上高宗朝的文禁，在相关文集、笔记等各种文献资料中还有很多，兹不赘举。仅据上表，已可见高宗时期，从朝廷到地方，自始至终都对诗文创作与文集的版刻与传播控制极严，尤其是绍兴十一年（1141）宋金和议之

后。高宗朝的文禁,甚至连早已卒于九泉之下的王安石都未放过,可见其甚。

如果说上面还只是史实层面的考察,那么下面两则材料则反映出当时社会上士人内心深处的畏祸心态。《建炎以来系年要录》记载,绍兴二十五年(1155):

> (秦熺)游茅山,因留诗华阳观,有"家山福地古云魁,一日三峰秀气回"之句,留守宋贶即镌版揭于梁间。熺再来,见牌侧有白字隐然,提梯视之,乃曰:"富贵而骄是罪魁,朱颜绿鬓几时回?"诘其所自,了不可得。贶与道流皆惧。①

因无名氏针对秦熺的一句讽刺诗,不仅是建康留守宋贶,连方外之流都人人自危,惊惧失措,可见当时文禁之下的社会心态。另如薛季宣《书先右史遗编》云:

> 初,先君下世,当秦相桧柄国,伯父司封为君行状,虽书法不隐,于事不敢加详。先兄集录遗书,惧为家族之祸,故如《议和札子》、《诮岳相飞书》之类,皆别匦藏贮,有待而出。②

据薛季宣记载,其父下世之际,正值秦桧任相,薛季宣伯父为薛季宣的父亲作行状,连生平都不敢详述。而薛季宣之兄为其父集录遗书,有关涉时局或政事的篇目,亦皆别行藏贮。其中原因,薛季宣已经说得非常清楚,就是"惧为家族之祸"。事实上,这也是一代文人士子的心声。

其四,音乐禁忌。高宗朝的文化专制,还涉及音乐艺术领域。建炎元年(1127)"诏以二圣未还,郡县官毋得用乐"③。这一禁忌一直延续至绍兴十二年(1142)宋金和议及高宗母韦氏还南宋。此后,朝廷始诏中外臣民,自今并许用乐。④ 到绍兴十四年(1144)朝廷"复置教坊,凡乐工四百十六人"⑤。表面上看,乐禁解除,但其真正目的主要是为了让臣民歌功颂德,事实上仍是一种变相的专制。

---

① 李心传:《建炎以来系年要录》卷一六八,第2745—2746页。
② 薛季宣:《艮斋先生薛常州浪语集》卷三三,《宋集珍本丛刊》第61册,第493页。
③ 李心传:《建炎以来系年要录》卷五,第163页。
④ 李心传:《建炎以来系年要录》卷一四七,第2359页。
⑤ 李心传:《建炎以来系年要录》卷一五一,第2426页。

综上所述,高宗朝文化专制的范围是非常广泛的。黄宽重先生尝探讨高宗朝秦桧与文字狱的问题,指出"较和议、杀岳飞影响更深远的,就是秦桧以朋党排除异己,藉文字狱扼杀士气"①。高宗秦桧君臣长期推行的文禁,不仅深刻影响了大量文人士大夫的生活与命运,也无疑直接影响了士人的心态与创作。同时,政治、学术与音乐等显然也是与文学共生互动并且对文学产生影响的因素。正是各种综合的因素,构成了文学生存与发展的历史语境。因此,由高宗朝在政治、学术、音乐与文学等各个领域的专制政策,可见这一时期文学生存环境的恶劣。

第二节　孝宗之治与中兴诗坛的代变

绍兴三十二年(1162)六月高宗禅位于孝宗,南宋从此开始了长达 28年的孝宗之治。孝宗作为开创中兴之治的君主,不仅在政治文化上多有建树,在文学上也颇有作为,对诗坛产生了不可忽视的影响,成为推动宋诗走向中兴、发生代变的重要因素。本节即拟从宋孝宗与诗坛的关系这一特定角度入手,对南宋中兴诗坛的发展演进展开讨论,并从中揭示一些带有规律性的问题。

一、王道郅隆:孝宗之治与中兴诗坛主体精神的再造

宋孝宗在位 28 年,先后建元隆兴、乾道和淳熙。"隆兴"初意"务隆绍兴之政",及草制,则"合建隆、绍兴之义"②,可看出孝宗登基后远绍太祖,着意开创新统之志。他在位期间,施政方针发生重要变化,对文学的生存环境和作为诗坛主体的文人士大夫的精神面貌产生了深刻影响。

一是励精图治,锐意恢复。宋室南渡后高宗长期安于半壁江山。孝宗则表现出不同的政治取向,即位次月就"追复岳飞元官,以礼改葬"③。隆兴元年(1163)以张浚为枢密使,出师伐金,惜败于符离,在军事失利的情况下,不得不在隆兴二年(1164)与金签订和议。④ 不过孝宗并未失恢复中原之志,就在议和期间,以抗金名臣虞允文同知枢密院事,乾道二年(1166)表

---

① 黄宽重:《秦桧与文字狱》,载黄宽重:《宋史丛论》,台北:新文丰出版公司,1993 年,第42—43 页。
② 李心传撰,徐规点校:《建炎以来朝野杂记》甲集卷三《年号》,第 92 页。
③ 脱脱等:《宋史》卷三三《孝宗纪一》,第 618 页。
④ 脱脱等:《宋史》卷三三《孝宗纪一》,第 621—630 页。

彰南渡以来"十三处战功"①,可见其不忘进取的意向。淳熙四年(1177)孝宗诏"自今内外诸军岁一阅试","沿江诸军岁再席水战"②;并批判"士大夫讳言恢复,不知其家有田百亩,内五六十亩为人所强占,亦投牒理索否"③?淳熙六年(1179)对大臣言"朕不忘恢复者,欲混一四海"④,道出毕生志愿。就宰辅集团来看,孝宗朝入为执政者47人⑤,其中有主守者,如史浩、梁克家、王淮等;有主和者,如汤思退、王之望、周葵等;但更多主张恢复之士,如张浚、陈俊卿、虞允文、叶颙、叶衡、赵雄、王炎、范成大等。孝宗终未实现恢复之业,客观地看,主要还是因宋、金实力的均衡。如淳熙十三年(1186)金世宗"闻宋军自来教习不辍",即诫宰臣"勿谓天下既安而无豫防之心",并令以时训练。⑥ 可见孝宗时期金方也是秣马厉兵,和不忘战。元代史臣即指出,孝宗"值金世宗之立,金国平治,无衅可乘"⑦。但孝宗朝锐意恢复的精神气象,仍是孝宗之治有别于高宗的重要方面。

　　二是君臣交修,不禁言路。高宗认为"人主之权,在乎独断"⑧,在位期间言路堵塞,文禁严酷,魏了翁称"自戊午(1138)和戎,胡忠简以言语得罪,十有八年之间,窜逐者相望"⑨。但孝宗与此不同,他在潜邸时即善纳谏言,登基后"不以言咎臣下"⑩,主张"君臣之间,正要更相儆戒","庶几君臣交修"⑪。因此孝宗朝很少有人因论政或诗文创作而获罪。如乾道七年(1171)近习张说除签书枢密院事,时为中书舍人的范成大不草制,侍讲张栻亦"极言其不可,且诣宰相,质责之语甚切,宰相惭愤不堪",而孝宗"独不以为忤",罢张说。⑫ 淳熙五年(1178)陈亮诣阙上书,陈进取之计,孝宗欲官之,然陈亮辞归,与邑之狂士饮,醉中戏言犯上,被告入大理狱,孝宗得知后

① 李心传撰,徐规点校:《建炎以来朝野杂记》甲集卷一九《十三处战功》,第449—450页。
② 脱脱等:《宋史》卷三四《孝宗纪二》,第662页。
③ 不著撰人:《皇宋中兴两朝圣政》卷五五,第2076页。
④ 不著撰人:《皇宋中兴两朝圣政》卷五七,第2157页。
⑤ 参见徐自明撰,王瑞来校补:《宋宰辅编年录校补》卷一七、卷一八,北京:中华书局,1986年,第1147—1266页;王德毅:《宋孝宗及其时代》,《宋史研究集》第10辑,1978年,第245—302页;诸葛忆兵:《宋代宰辅制度研究》附录《宰辅拜罢表》,北京:中国社会科学出版社,2000年,第287—347页。
⑥ 脱脱等:《金史》卷八《世宗纪下》,北京:中华书局,1975年,第195页。
⑦ 脱脱等:《宋史》卷三五《孝宗纪三》,第692页。
⑧ 李心传:《建炎以来系年要录》卷一四二,第2279页。
⑨ 魏了翁:《鹤山先生大全文集》卷六二《跋张忠献公所与张忠简阃三帖》,《四部丛刊初编》本。
⑩ 叶适著,刘公纯等点校:《叶适集·水心文集》卷二三《兵部尚书蔡公墓志铭》,第444页。
⑪ 不著撰人:《皇宋中兴两朝圣政》卷五〇,第1880—1881页。
⑫ 不著撰人:《皇宋中兴两朝圣政》卷五〇,第1868页。

说："秀才醉后妄言，何罪之有！"陈亮得免。① 淳熙六年（1179）春辛弃疾以湖北转运副使改湖南运副，赋《摸鱼儿》，"词意殊怨"，罗大经称："使在汉唐时，宁不贾种豆种桃之祸哉！愚闻寿皇见此词，颇不悦。然终不加罪，可谓至德也。"② 亲历高宗、孝宗两朝的胡铨，隆兴元年（1163）在史馆，赋诗感慨"君侧无谗人，发口不须婉"③，堪称是孝宗朝言路解禁的政治文化生态的极好写照。

三是戒除朋党，学术兼容。学者指出，党争是两宋政治史的主要表现形态，作为北宋党争的延续，南宋党争也与南宋政权共时并生，表现为长期不息的宋金和战之争、道学与反道学之争。④ 从长时段角度看，历史有时确表现为某种连续的结构性演进，但也需看到不同时期的差异、变化甚至断裂，重视可引发创新的能指事件。⑤ 高宗朝，秦桧党同伐异，士大夫"死于其手者甚多"⑥，"奄奄然不复有生气"⑦。孝宗即位后，注重戒除朋党政治，认为"朋党不难破。不必问其人，但是是非非，惟理之所在而已"⑧；并以史为鉴，指出"唐之牛李，其党相攻四十余年不解，皆缘主听不明"，强调"朝廷所用，止论其人贤否如何，不可有党"⑨。淳熙五年（1178）五月，孝宗与史浩、范成大、赵雄、王淮等朝臣持续数日讨论朋党之弊，君臣对党争之害形成一致认识。⑩ 因此在孝宗朝，和战及学术之争虽仍然激烈，却从未酿成严酷的党祸，这正是孝宗之治的重要成就。

在学术上，孝宗朝也发生了显著变化。南宋初，在靖康覆国的反思中，高宗认为"天下之乱，生于安石"⑪，排斥王安石学术，元祐学禁销解，高宗甚

---

① 脱脱等：《宋史》卷四三六《陈亮传》，第 12940—12941 页。

② 罗大经撰，王瑞来点校：《鹤林玉露》甲编卷一《辛幼安词》，第 12 页。

③ 隆兴元年春胡铨与王十朋同为国史院编修官，王十朋有《馆中三月晦日闻莺胡邦衡有诗用东坡酴醾韵有君侧无谗人发口不须婉句某次韵》诗记录胡铨此语（参见李文泽：《王十朋诗文系年》，吴洪泽、尹波：《宋人年谱丛刊》第 8 册，第 5217 页）。胡铨文集散佚甚多，原诗已佚，今《全宋诗》据王十朋诗题收录此句（北京大学古文献研究所：《全宋诗》卷一九三四，第 34 册，第 21592 页）。

④ 参见沈松勤：《南宋文人与党争·引论》，北京：人民出版社，2005 年，第 3—5 页。

⑤ 参见〔法〕弗朗索瓦·多斯著，马胜利译：《碎片化的历史学：从〈年鉴〉到"新史学"》，北京：北京大学出版社，2008 年，第 217—242 页。

⑥ 李心传：《建炎以来系年要录》卷一六九，第 2762 页。

⑦ 黄榦：《黄勉斋先生文集》卷一《与辛稼轩侍郎书》，第 4 页。

⑧ 不著撰人：《皇宋中兴两朝圣政》卷五二，第 1941 页。

⑨ 不著撰人：《皇宋中兴两朝圣政》卷五四，第 2013 页。

⑩ 参见史浩：《鄮峰真隐漫录》卷一〇《论朋党记所得圣语》，《宋集珍本丛刊》第 43 册，第 28—29 页。

⑪ 李心传：《建炎以来系年要录》卷八七，第 1449 页。

至称其"最爱元祐"①。但由于秦桧、张浚、赵鼎等人的政治交争,元祐学术
一脉的二程之学仍然遭受打击,绍兴六年(1136)陈公辅请禁伊洛之学。②
王学与洛学虽并未被彻底封杀,但此期学术也在激烈的党争与政治高压中
失去了活力。③ 孝宗登基后消弭学禁,并对儒释道各家采取开放包容的态
度。淳熙八年(1181)孝宗撰《原道辨》称"以佛修心,以道养生,以儒治
世"④,可见其融合三教的取向。他还竭力阻止士大夫由学术挑起纷争。史
载"乾道、淳熙间,程氏学稍振,忌之者目为道学,将攻之",但孝宗认为"道
学岂不美之名",事即化解。⑤ 又如林栗与朱熹论学不合,弹劾朱熹"本无学
术,徒窃张载、程颐绪余","其伪不可掩",然孝宗指出"林栗言似过"⑥。在
这样的导向下,一时学者及各学派往往能求同存异,良性发展,史称"朱子
同时,如吕祖谦、陈傅良、叶适,皆以同志之交,各持异议"⑦。因此孝宗朝
"师儒辈出,若南轩张公、象山陆公、晦庵朱公、东莱吕公,皆以斯文自任"⑧,
学术文化重新焕发出活力,再度发展繁荣。

　　孝宗之治开创了新的政治文化局面,也获得时人及后世极高的评价。
宁宗庆元六年(1200),已74岁高龄的杨万里不无眷恋地说:"孝宗之季年,
王道郅隆之时也","如唐之正观、开元,如本朝之庆历、元祐"⑨。方回称
"夏、商、周,前三代也。汉、唐、宋,后三代也。汉七制,唐三宗,当以宋太
祖、仁宗、孝宗为宋三宗,共汉唐十贤主表而出之"⑩。孝宗时代政治文化的
活力,不仅为文学创造了新的生存环境,也再造了作为诗坛主体的一代文人
士大夫的精神面貌,成为宋诗走向中兴不可忽视的因素。

二、英杰表著:孝宗的重文措施与中兴诗坛的新老交替

　　如刘克庄所言,"孝宗留意人材,当时小大之臣多出亲擢"⑪。孝宗对南

---

① 李心传:《建炎以来系年要录》卷七九,第1289页。
② 李心传:《建炎以来系年要录》卷一〇七,第1747—1748页。
③ 参见高纪春:《赵鼎集团的瓦解与洛学之禁》,《中国史研究》1997年第3期;何俊:《南宋儒学建构》,上海:上海人民出版社,2004年,第1—23页。
④ 宋孝宗:《原道辨》,曾枣庄、刘琳主编:《全宋文》卷五二七九,第236册,第297页。
⑤ 脱脱等:《宋史》卷三八九《尤袤传》,第11929页。
⑥ 脱脱等:《宋史》卷四二九《朱熹传》,第12758页。
⑦ 永瑢等:《四库全书总目》卷一五《诗序提要》,第119页。
⑧ 孙应时:《烛湖集·序》,《影印文渊阁四库全书》第1166册,第523页。
⑨ 杨万里撰,辛更儒笺校:《杨万里集笺校》卷七六《静庵记》,第3141页。
⑩ 方回:《续古今考》卷一〇《附罗氏致鹿与女考》,《影印文渊阁四库全书》第853册,第269页。
⑪ 刘克庄:《后村先生大全集》卷一〇三《孝宗宸翰十五》,《四部丛刊初编》本。

宋中兴诗坛又一意义深远的贡献,是他采取了一系列重文措施,擢用大量文学人才,并对士人从事文学活动给予鼓励和支持。主要表现在三个方面。

其一,召还擢用高宗朝贬斥的文臣。孝宗即位后,痛惜高宗朝文人士大夫的贬斥流落,于是采取了一个重要举措,即"号召逐客"①,"搜访诗人"②,召还擢用了不少高宗朝贬斥的文臣,如王庭珪、辛次膺、胡铨、洪适、汪应辰等。王庭珪绍兴中以诗送因斥和议而被贬的胡铨,坐流辰州,孝宗即位后召为国子监主簿、直敷文阁,"平生工诗,至是格力雄健,兴寄高远"③。辛次膺绍兴中为右正言,以斥和议出为湖南提刑,寻奉祠,孝宗即位后召为御史中丞,拜参知政事,"晚再立朝,謇谔尤著"④。胡铨绍兴八年(1138)在枢密院编修官任,上疏斥和议,被除名,孝宗即位后召为秘书少监、国史院编修官、工部侍郎等,以直谅为孝宗所重。⑤洪适绍兴中因父皓忤秦桧,被论罢,秦桧死,积官总领淮东军马钱粮,孝宗即位后召为中书舍人、翰林学士,拜参知政事兼枢密使。⑥汪应辰绍兴九年(1139)为秘书省正字,亦因斥和议被贬,"流落岭峤十有七年",孝宗即位后召为礼部尚书,兼翰林学士并侍读,在朝"多革弊事"⑦。孝宗还曾召长期被秦桧排斥的著名诗人曾几,时曾几已年近八十,"屡请老",遂"擢其子逮为浙西提刑以便养"⑧。孝宗时期被召还朝的文人旧臣的活动往往为研究者忽略,事实上他们在孝宗朝仍然相当活跃,对当时士风、政治及文学的影响值得关注。

其二,拔擢重用一批以文学见称的中坚和新进。代表人物有洪迈、陆游、范成大、周必大、尤袤、杨万里、张孝祥、蔡幼学等。洪迈在高宗朝官至起居舍人,孝宗即位后拜中书舍人,擢翰林学士,"以博洽受知孝宗"⑨。陆游绍兴中应试遭秦桧黜落,孝宗即位后特赐进士出身,历枢密院编修官,通判建康、夔州,除成都安抚司参议官、知严州等,孝宗赞其"笔力回斡甚善,非他人可及"⑩。陆游亦叹其科名"不试而与,尤为异恩"⑪。范成大绍兴中为

---

① 脱脱等:《宋史》卷三七四《胡铨传》,第 11584 页。
② 不著撰人:《皇宋中兴两朝圣政》卷四九,第 1849 页。
③ 周必大:《庐陵周益国文忠公集》卷二九《左承奉郎直敷文阁主管台州崇道观王公廷珪行状》,《宋集珍本丛刊》第 51 册,第 353—354 页。
④ 脱脱等:《宋史》卷三八三《辛次膺传》并论,第 11800—11805 页。
⑤ 脱脱等:《宋史》卷三七四《胡铨传》,第 11579—11590 页。
⑥ 脱脱等:《宋史》卷三七三《洪适传》,第 11562—11565 页。
⑦ 脱脱等:《宋史》卷三八七《汪应辰传》,第 11876—11882 页。
⑧ 脱脱等:《宋史》卷三八二《曾几传》,第 11769 页。
⑨ 脱脱等:《宋史》卷三七三《洪迈传》,第 11570—11574 页。
⑩ 脱脱等:《宋史》卷三九五《陆游传》,第 12057—12059 页。
⑪ 陆游:《陆游集·渭南文集》卷五《辞免赐出身状》,第 2011 页。

徽州司户参军,孝宗乾道六年(1170)假资政殿大学士使金,除中书舍人,淳熙中除四川制置使,拜参知政事,杨万里称其"以文学材气受知寿皇,自致大用"①。周必大绍兴中为太学录、监察御史等,孝宗朝除中书舍人、翰林学士等,进参知政事、枢密使,拜右丞相,以"能文"和"刚正"为孝宗器重。②尤袤绍兴中尝为泰兴令,孝宗朝召为大宗正丞、太子侍读等,"以文字受知",擢权中书舍人兼直学士院,"一时制册,人服其雅正"③。杨万里绍兴中历赣州司户、零陵丞,孝宗朝召为国子博士,提举广东常平茶盐,除直秘阁、秘书少监等,"为人刚而褊","精于诗",孝宗"爱其才"④。张孝祥绍兴中历签书镇东军节度判官、权中书舍人等,孝宗即位后除中书舍人、直学士院,不幸早逝,"孝宗惜之,有用才不尽之叹"⑤。蔡幼学乾道中在太学,文名为孝宗所闻,"因策士将置首列",为张说所沮,得下第,教授广德军,调潭州,数年后终为孝宗召回,除勅令所删定官。⑥ 朱熹也曾以诗才为孝宗所召。隆兴、乾道间孝宗求诗人,胡铨进《荐贤录》,"晦翁亦以能诗荐"⑦,孝宗召见,然朱熹以丁内艰辞。⑧ 此外,孝宗朝一些佞幸之臣如曾觌、龙大渊等,也以文学才艺为孝宗宠幸,"其读书作文,不减儒生,应制燕闲,未可轻视"⑨。当然也有一些文人,孝宗虽有意擢用,却为佞幸阻抑。如乾道八年(1172)孝宗选谏官,左丞相虞允文"以李彦颖、林光朝、王质对,三人皆鲠亮,又以文学推重于时,故荐之",但为曾觌所阻。⑩ 不过这种情况实为少数,吕中即谓"孝宗之英明,尘翳终不能以淬太清","乾淳君子之多,稂莠终不能以害嘉禾"⑪。

其三,鼓励士人从事文学创作与编撰活动。宋初沿唐制,进士考试以诗赋为主,神宗熙宁时改经义而罢诗赋,哲宗元祐间诗赋、经义兼用,绍圣中又

① 杨万里撰,辛更儒笺校:《杨万里集笺校》卷八二《石湖先生大资参政范公文集序》,第3296页。
② 脱脱等:《宋史》卷三九一《周必大传》,第11965—11972页。
③ 脱脱等:《宋史》卷三八九《尤袤传》,第11923—11930页。
④ 脱脱等:《宋史》卷四三三《杨万里传》,第12863—12870页。
⑤ 脱脱等:《宋史》卷三八九《张孝祥传》,第11942—11944页。
⑥ 脱脱等:《宋史》卷四三四《蔡幼学传》,第12895—12899页。
⑦ 张端义:《贵耳集》卷中,第28页。
⑧ 脱脱等:《宋史》卷四二九《朱熹传》,第12753页。
⑨ 张端义:《贵耳集》卷下,第45页。
⑩ 脱脱等:《宋史》卷三八三《虞允文传》,第11799页。
⑪ 不著撰人:《皇宋中兴两朝圣政》卷五六,第2122页。

罢诗赋而用经义,百余年间诗赋经义孰优孰劣争论不断。① 对此孝宗立场较公允,淳熙六年(1179)尝御制《科场取士之道论》称:"诗赋经义,学者皆能为之,又何足以分重轻乎?"②与之相应,孝宗不仅擢用大量文人儒士,还鼓励他们积极从事文学活动。如孝宗初践祚,周必大以起居郎直前奏事,孝宗说:"朕旧见卿文,其以近作进。"寻以周必大权中书舍人。③ 淳熙十三年(1186)陆游知严州,陛辞,孝宗谕曰:"严陵山水胜处,职事之暇,可以赋咏自适。"④陆游感慨"勉以属文,实临遣守臣之未有"⑤。又,淳熙中书肆有《圣宋文海》,孝宗即命吕祖谦铨择以成一代之书,祖谦遂"崇雅黜浮,类为百五十卷",孝宗赐名《皇朝文鉴》,擢祖谦直秘阁。⑥ 淳熙十四年(1187)洪迈为翰林学士,孝宗读到宫人自书坊买进的《容斋随笔》,值洪迈侍燕,孝宗赞其书"煞有好议论",洪迈退而慨叹"书生遭遇,可谓至荣"⑦。另洪迈在翰林日,孝宗语以"宫中无事,则编唐人绝句以自娱,今已得六百余首",洪迈称其数尚不止此,孝宗即让洪迈编集,洪迈搜阅逾年,成《万首唐人绝句》以进,孝宗"固知不迨所对数,然颇嘉其敏赡,亦转秩赐金帛"⑧。洪迈所编虽失于杂凑,"多有本朝人诗"⑨,但于此亦可见孝宗鼓励文学的倾向。

宋人论"自古养才如养木,木虽坚劲耐岁寒,要亦以培植而成","乾、淳间培植而成者众"⑩,孝宗"在御二十八年,寓内之士可谓遭时矣"⑪。正因孝宗的重文举措,孝宗朝"海内英杰,森布表著"⑫,一时得人为南宋之盛。韩淲指出"乾道、淳熙以来,明经张栻、吕祖谦;直言胡铨、王龟龄;吏治王佐、方滋、张杓;典章洪迈、周必大;讨论李焘;文词赵彦端、毛开;辩博陈亮、叶适;书法张孝祥、范成大;道学陆子静、朱熹"⑬。诗坛更是人才辈出,清人

---

① 参见祝尚书:《宋代科举与文学》第二章《宋代进士科的考试》,北京:中华书局,2008 年,第 43—65 页。

② 宋孝宗:《科场取士之道论》,曾枣庄、刘琳主编:《全宋文》卷五二七九,第 236 册,第 295—296 页。

③ 脱脱等:《宋史》卷三九一《周必大传》,第 11965 页。

④ 脱脱等:《宋史》卷三九五《陆游传》,第 12058 页。

⑤ 陆游:《陆游集·渭南文集》卷一《严州到任谢表》,第 1977 页。

⑥ 脱脱等:《宋史》卷四三四《吕祖谦传》,第 12874 页。

⑦ 洪迈撰,孔凡礼点校:《容斋随笔·续笔》卷一,第 219 页。

⑧ 叶绍翁撰,沈锡麟、冯惠民点校:《四朝闻见录》乙集《洪景卢编唐人绝句》,第 79—80 页。

⑨ 陈振孙撰,徐小蛮、顾美华点校:《直斋书录解题》卷一五,第 450 页。

⑩ 吴子良:《方岩王公文集序》,林民表编:《赤城集》卷一七,《影印文渊阁四库全书》第 1356 册,第 765 页。

⑪ 陈傅良:《止斋先生文集》卷三九《云章阁记》,《四部丛刊初编》本。

⑫ 杨万里撰,辛更儒笺校:《杨万里集笺校》卷八三《应斋杂著序》,第 3339 页。

⑬ 韩淲:《涧泉日记》卷中,第 20 页。

储大文称："建炎光复,绍兴更化……诗学日绌。比其季年,士乃复稍稍开口议论,而徽国朱文公、吕成公、王梅溪、范石湖、周平园、陆放翁、洪景卢容斋、杨诚斋、萧千岩、尤延之、罗春伯以暨辛稼轩、工顺伯、薛季宣、郑渔仲景望、陈止斋、龙川、刘改之、僧宗杲辈,才彦始郁奋而出,号为文章中兴,诗律尤振"①。特别是尤、杨、范、陆四大家,被称为"乾淳间诗巨擘"②。南宋中兴诗坛的主力阵容,在孝宗朝成功完成了新老过渡与交替,这是诗坛中兴的必要条件。

三、风动四方:孝宗的文学趣尚与中兴诗坛的唱和反响

孝宗幼育宫中,受高宗严格调教,又得范冲、朱震、史浩等授业之师诲导,成为一位富有学养和才艺的君主,不仅"留心经术,无所不涉"③,而且"天纵圣能,游艺超绝"④,诗词文都有创作。今《全宋文》收其各体文章79卷。《全宋词》录词一首。就诗而言,两宋共18位君主,除北宋英宗及南宋末两位幼主外,其他都有诗存世,而孝宗乃是其中的佼佼者。据文献记载来看,孝宗作诗颇多,但多有散佚,今《全宋诗》收诗一卷,计38首,3断句。

孝宗对文学有独到见解与鲜明倾向。他尝比较宋、金之文,指出北方之文豪放,其弊在粗,南方之文缜密,其弊在弱。⑤ 其论可谓高屋建瓴。而在南渡以来的"崇苏热"中⑥,孝宗实为极重要的一位人物。乾道九年(1173)孝宗赠苏轼太师,并御制《苏轼文集赞》,称苏轼为"一代文章之宗"⑦。乾道中仿苏轼《赤壁赋》作《春赋》,从中可看出孝宗赞天地化育的帝王用心,其观自然之理的洒脱之气、行云流水式的语言风格,颇有苏轼文赋之妙。⑧

孝宗诗歌体式多样,今存诗作中五、七言律诗、绝句、古体都有。题材则主要有三类:一是题画咏物诗;二是写景抒怀诗;三是赐赠唱和诗。孝宗题画咏物诗共十几首,值得注意的是《题张曲江像》:"鹿入深宫花解愁,牛登

① 储大文:《存研楼文集》卷一一《碧鲜斋诗集序》,《影印文渊阁四库全书》第1327册,第226页。

② 方回选评,李庆甲集评校点:《瀛奎律髓汇评》卷一《鄂州南楼》诗之评,第43页。

③ 赵葵:《行营杂录》,《丛书集成新编》第87册,台北:新文丰出版股份有限公司,1985年,第20页。

④ 范成大:《御书石湖二大字跋》,曾枣庄、刘琳主编:《全宋文》卷四九八三,第224册,第370页。

⑤ 不著撰人:《皇宋中兴两朝圣政》卷五八,第2191页。

⑥ 参见沈松勤:《宋室南渡后的"崇苏热"与词学命运》,《文学评论》2005年第2期。

⑦ 宋孝宗:《苏轼文集赞》,曾枣庄、刘琳主编:《全宋文》卷五二七九,第236册,第299页。

⑧ 宋孝宗:《春赋》,曾枣庄、刘琳主编:《全宋文》卷五二〇六,第234册,第2—3页。

高鼎铄伤休。当时若听履霜语,岂到峨嵋山尽头。"①张曲江即张九龄,乃唐开元政坛与文坛领袖,尝因安禄山讨奚、契丹失败,奏请玄宗诛之,玄宗未采纳,后来终于爆发安史之乱,玄宗奔蜀,唐王朝也由此走向衰落。孝宗诗赞扬张九龄立朝謇谔直谏的风节,并讽谕盛唐帝王不听谏言的下场,颇耐人寻味。

孝宗写景抒怀诗只存数首,却最见其胸怀志向。如绍兴三十一年(1161)完颜亮南侵,孝宗时在潜邸,扈从高宗至建康视师,赋七绝《题金山》云:"屹然山立枕中流,弹压东南二百州。狂虏来临须破胆,何劳平地战貔貅。"②其诗"辞壮而旨深,已包不战而屈人兵之意"③。另如即位后创作的《新晴有感》:"春风归草木,晓日丽山河。物滞欣逢泰,时丰自此多。神州应未远,当继沛中歌。"④《新秋雨过述怀》:"雨声乱秋声,驱暑逾南海。凉月倍清辉,细云变文彩。长空肃无限,远山青不改。沉吟感素商,凄清鸣万籁。平生雄武心,览镜朱颜在。岂惜常忧勤,规恢须广大。"⑤清人陈焯论:"宋南渡令主,惟一孝宗,其见诸歌吟者,雄紧清厉,气概岸然,虽上抑于德寿,下沮于金人,而厥志为可尚矣"⑥。

孝宗与文臣评鉴诗文的活动及其赐赠唱和诗,则尤可见其与诗坛的密切关系。孝宗喜与文臣谈诗论文。如隆兴元年(1163)五月胡铨在经筵,有《经筵玉音问答》记载,一日晚侍宴孝宗,"上谓予曰:'卿向在海南时,为诗必多。'予答曰:'臣向居岭海时,日率作诗十数首。初任福州金判,以诗词唱和得罪,故迁新州。及居新州,又以此获遣,复徙吉阳军。甚矣,诗词能祸人也如此。今既蒙录用,静思二十年前,为之堕泪!'上答曰:'桑田变为大海,大海变为桑田,古宇今宙多少更易,此事非特卿堕泪,朕亦不知几扰泪矣!'"⑦如此推心置腹的君臣论诗场景,在史上实属少见。孝宗还曾与胡铨论当代诗人,杨万里《胡公行状》记载:

上在讲筵,谓公曰:"卿之学术,士所甚服。"因及此曰:"文士如苏

---

① 北京大学古文献研究所编:《全宋诗》卷二三三七,第43册,第26870页。
② 北京大学古文献研究所编:《全宋诗》卷二三三七,第43册,第26864页。
③ 陈岩肖:《庚溪诗话》卷上,丁福保辑:《历代诗话续编》,北京:中华书局,1983年,第164页。
④ 北京大学古文献研究所编:《全宋诗》卷二三三七,第43册,第26864页。
⑤ 北京大学古文献研究所编:《全宋诗》卷二三三七,第43册,第26865页。
⑥ 陈焯编:《宋元诗会》卷一,《故宫珍本丛刊》第633册,海口:海南出版社,2000年,第143页。
⑦ 胡铨:《澹庵文集》卷二,《影印文渊阁四库全书》第1137册,第29页。

轼、黄庭坚者谁欤?”对曰:“未见其人。”“诗人如张耒、陈师道者,谁欤?”对曰:“太上时,如陈与义、吕本中,皆宗师道者。”上曰:“如韩驹、徐俯,皆有诗名,卿可广访其人。”退而乃荐王廷珪、朱熹、杨万里、周必正、弟镐、犹子昌龄、籍云。①

又,淳熙中孝宗御华文阁,问周必大“今代诗人,亦有如唐李太白者乎”,周必大“以放翁对,由是人竞呼为‘小太白’”②。孝宗与周必大所论为陆游。陆游诗在当时广为流传,而其“小太白”之号竟与孝宗有如此渊源。淳熙十四年(1187)洪迈在翰林,是年高宗卒,次年二月孝宗“御制太上挽诗五首。先是洪迈入直,上令中使持草示之,且谕令须有所改定。内一篇云:‘重华愧有虞。居然惭菲质,正尔绍皇图。’迈以‘愧’与‘惭’相似,拟改作‘居然将菲质’。上从之”③。孝宗所撰高宗挽诗,今《全宋诗》中俱存,正是君臣共同改定后的文字。④

孝宗引起诗坛更大反响的,是其与文臣的大量唱和活动。早在潜邸之际,孝宗就多有诗歌创作,一些潜邸之臣如史浩、王十朋等也往往与之唱和。楼钥称:“见普安郡王(孝宗)倡和,动盈卷轴。王圣性高迈,学问夙成,篇章璀璨,属联尤工,其间理趣精深,非若文士徒为华藻而已”⑤。孝宗登基后,与朝臣继续唱和不辍。如乾道八年(1172)左丞相虞允文出为四川宣抚使,陛辞,孝宗“谕以进取之方”,“酌酒赋诗以遣之”⑥。孝宗诗尚存,即《送虞丞相抚蜀》:“一德如公岂合闲,聊分西面欲忧宽。不辞论道虚台席,暂假宣威筑将坛。风教已兴三蜀静,干戈载戢万方安。归来尚想终霖雨,未许乡人衣锦看。”⑦对虞允文优礼、期许之意甚笃。洪迈跋之,谓其“制作之懿,播之诗章”,“盖与舜元首之歌、汤之盘铭、汉高沛中所作相为表里”⑧。李心传赞“其恩数之盛,自渡江以来,宰相去国所未有”⑨。

① 杨万里撰,辛更儒笺校:《杨万里集笺校》卷一一八,第4505页。
② 毛晋:《隐湖题跋·跋剑南诗稿》,国家图书馆编:《国家图书馆藏古籍题跋丛刊》第1册,北京:北京图书馆出版社,2002年,第552页。
③ 周必大:《庐陵周益国文忠公集》卷一七二《思陵录》,《宋集珍本丛刊》第52册,第709页。
④ 北京大学古文献研究所编:《全宋诗》卷二三三七,第43册,第26865页。
⑤ 楼钥:《攻媿集》卷五六《清芬堂记》,第774页。
⑥ 脱脱等:《宋史》卷三八三《虞允文传》,第11799页。
⑦ 北京大学古文献研究所编:《全宋诗》卷二三三七,第43册,第26866页。
⑧ 王应麟:《玉海》卷三〇《乾道赐虞允文诗》,第591页。
⑨ 李心传撰,徐规点校:《建炎以来朝野杂记》乙集卷一二《虞丞相去国恩数之盛》,第691页。

孝宗朝君臣唱和的高峰期是淳熙年间。王应麟《玉海》记载：

> 淳熙元年(1174)九月十八日,(孝宗)幸玉津,宴射,赋七言诗赐曾怀以下,与宴者皆和。二年(1175)五月十日,制诗赐进士詹骙。三年(1176)六月一日,制诗书扇赐集撰张子仁。四年(1177)三月一日,制《众妙堂诗》赐淮东提举吴琚。十月一日,制诗赐少保史浩,浩以旧学锡宴内苑,命宿于玉堂,翌日有诗来上,因俯同其韵赐之……十一月壬寅,召学士周必大至清华阁,上曰:"朕和浩诗,卿可和以进。"赐诗本并茶墨。进和篇云:"淳熙视正观,何啻相表里。"五年(1178)十月,史浩除少傅,赐第城中,出御制《长春花诗》,酬和至再,示眷留之意。六年(1179)六月四日,又赐张子仁诗。八年(1181)八月十一日,又赐浩诗。浩丐归,于其行锡宴以赐之。十一年(1184)四月二十五日,又制诗饯浩行。①
>
> 十二年(1185)三月二十六日,车驾宿戒幸玉津园,命下,大雨。将晓,有晴意,已而天宇豁然。洪迈进诗歌咏。四月四日,扈从景灵宫,赐圣制云:"比幸玉津园,纵观春事,适霁色可喜,卿有诗来上,因俯同其韵。"②

明人田汝成也记载:"淳熙中,孝宗及皇太子朝上皇于德寿宫,置酒赋诗为乐,从臣皆和"③。可见诗文唱和已成为孝宗朝君臣交流和娱乐的重要方式。

在孝宗君臣的唱和中,参与人数最多的一次是在淳熙五年(1178)九月。是月十二日孝宗幸秘书省,翌日出七律《秋日幸秘书省近体诗》赐丞相史浩以下,表达右文立场和望治之意。宰执以下纷纷唱和,有史浩、王淮、赵雄、钱良臣、郑藻、曾觌、张津、周必大、韩彦古、程大昌、萧燧、王希吕、夏执中、谢廓然、芮辉、吴渊、齐庆胄、刘孝韪、赵磻老、陈骙、郑丙、李椿、胡坚常、戴几先、赵公硕、陈岘、施师点、李木、阎苍舒、韩元龙、江溥、高爂、张坚、京镗、徐诩、余端礼、韦璞、黄洽、谢师稷、杨文昺、杨文皞、张镃、杨文昌、吴璇、袁说友、木待问、赵介、宇文子震、葛邲、朱时敏、吕祖谦、胡晋臣、李巘、詹骙、郑锷、赵彦中、韩梴、高文虎、王克勤等59人,共得诗76首、颂1首。

---

① 王应麟:《玉海》卷三〇《淳熙宴射诗、赐张子仁史浩诗》,第591—592页。
② 王应麟:《玉海》卷三〇《淳熙玉津喜晴诗》,第592页。
③ 田汝成:《西湖游览志余》卷二《帝王都会》,上海:上海古籍出版社,1980年,第21页。

十月"朝廷降付本省,编类成册,藏于秘阁"①。今史浩、周必大、吕祖谦等人的文集中,孝宗诗及一些跋语都有保存。自古"治朝必隆文学侍从之职……帝王临幸词苑,自唐已然,至宋尤盛"②,而孝宗朝如此大规模的君臣馆阁唱和,在宋代历史上可谓空前绝后。方回《瀛奎律髓》选孝宗此诗,并论:"自建炎丁未(1127)至庚戌(1130),阅四年,无非寇贼充斥之日。自绍兴辛亥(1131)至壬午(1162)三十二年,梗以奸相秦桧者十七年。天下学士大夫切齿于忘雠议和之事,贬逐相望……至阜陵立,历隆兴、乾道以至淳熙,始可谓之升平。故取孝宗此诗,以见当时稽古右文、礼贤下士之盛"③。

值得一提的是,孝宗今存《阮郎归》词一首,题为"选德殿作和赵志忠"④,可见词也是孝宗君臣的唱和之具,且公然走上朝堂,反映出孝宗推尊词体的观念。嘉定八年(1215)岳珂得孝宗此词,赞曰:"《春赋》之作,八荒是同。谈词寄情,则其余功"⑤。总之,诚如宋人所论,"渡江以来,文脉与国脉同其寿……自孝宗为《苏文忠公文集》御制一赞,谓忠言谠论,不顾一身利害。洋洋圣谟,风动四方,于是人文大兴"⑥。孝宗的文学趣尚及其诗文唱和活动,在宋代文学史上堪称盛事,极大促进了文人创作的热情,成为宋诗中兴的重要动因。

四、中兴气象:孝宗的推动倡导与中兴诗坛的诗学新变

刘勰谓"文变染乎世情,兴废系乎时序"⑦。叶适称"文之废兴,与治消长,亦岂细故哉"⑧。孝宗开创了新的政治文化局面,采取一系列重文措施,培植众多文学人才,本人又雅好文学,亲自从事诗文评论与创作,参与大量唱和活动,对中兴诗坛产生了深刻影响,推动诗学出现新的气象。

其一是中兴诗坛普遍崇尚刚大之气的审美观念。孝宗登基次年建元隆

---

① 陈骙、佚名撰,张富祥点校:《南宋馆阁录·续录》卷五《撰述·进诗》、卷六《故实》,北京:中华书局,1998年,第211—212、221—222页。

② 鄂尔泰、张廷玉等:《词林典故》卷一,《影印文渊阁四库全书》第599册,第444页。

③ 方回选评,李庆甲集评校点:《瀛奎律髓汇评》卷五《秋日临幸秘书省因成近体诗一首赐丞相史浩以下》诗之评,第227页。

④ 唐圭璋编:《全宋词》,第1633页。

⑤ 岳珂:《宝真斋法书赞》卷三,《影印文渊阁四库全书》第813册,第596页。

⑥ 吴潜:《履斋遗稿》卷三《魏鹤山文集后序》,《影印文渊阁四库全书》第1178册,第419页。

⑦ 刘勰著,周振甫注:《文心雕龙注释·时序第四十五》,北京:人民文学出版社,2002年,第479页。

⑧ 叶适著,刘公纯等点校:《叶适集·水心文集》卷二九《题陈寿老文集后》,第609页。

兴,仅二年即改元乾道,宋人释《易》,谓乾为天、为阳、为刚①,可见其以阳刚之道重整乾坤的理想。这种观念也体现在其文艺思想中。乾道九年(1173)孝宗有《苏轼赠太师制》称"苏轼养其气以刚大"②。又有《苏轼文集赞》云:

> 成一代之文章,必能立天下之大节;立天下之大节,非其气足以高天下者,未之能焉。孔子曰:"临大节而不可夺,君子人欤。"孟子曰:"我善养吾浩然之气。以直养而无害,则塞乎天地之间。"养存之于身谓之气,见之于事谓之节。节也,气也,合而言之,道也。以是成文,刚而无馁,故能参天地之化,开盛衰之运。③

曹丕提出文以气为主,刘勰倡导气以实志,文气之说遂成为古代文论中极重要的哲学美学范畴。④ 孝宗以苏轼为典范,德艺兼容,推许诗文创作中的刚大气象,其论引起中兴诗人的共鸣。如淳熙十五年(1188)陆游进《上殿札子》称:"臣伏读御制《苏轼赞》……陛下之言,典谟也。轼死且九十年,学士大夫徒知尊诵其文,而未有知其文之妙在于气高天下者。今陛下独表而出之,岂惟轼死且不朽,所以遗学者顾不厚哉"⑤。通过当时诗坛巨擘陆游与孝宗关于文气之论的直接对话,可见时人对孝宗诗文观念的认同与接受。

刚大之气也成为中兴诗人普遍崇尚的美学风范。如乾道中王十朋论:"文以气为主,非天下之刚者莫能之。古今能文之士非不多,而能杰然自名于世者亡几,非文不足也,无刚气以主之也"⑥。朱熹《王梅溪文集序》称王十朋诗"浑厚质直,恳恻条畅,如其为人","盖其所禀于天者,纯乎阳德刚明之气"⑦。周必大《王元渤洋右史文集序》认为"文章以学为车,以气为驭","挟之以刚大之气,行之乎忠信之途","如是者积有年,浩浩乎胸中,滔滔乎

---

① 参见铁爱花:《宋代士人阶层女性研究》第一章《阴阳学说与宋儒理想的性别秩序》,北京:人民出版社,2011年,第38—85页。

② 宋孝宗:《苏轼赠太师制》,曾枣庄、刘琳主编:《全宋文》卷五二四六,第235册,第161页。

③ 宋孝宗:《苏轼文集赞》,曾枣庄、刘琳主编:《全宋文》卷五二七九,第236册,第299页。

④ 参见侯文宜:《文气说辨——从郭绍虞〈文气的辨析〉的局限说起》,《文学评论》2010年第5期。

⑤ 陆游:《陆游集·渭南文集》卷四,第2002页。

⑥ 王十朋:《宋王忠文公文集》卷一二《蔡端明文集序》,《宋集珍本丛刊》第44册,第53页。

⑦ 朱熹:《晦庵先生朱文公文集》卷七五,朱杰人等主编:《朱子全书》第24册,第3642页。

笔端矣"①。孝宗赞范成大"气宇不群"②,杨万里亦称其"风神英迈,意气倾倒"③,也都指范成大及其诗文的英毅刚正之气。乾道六年(1170)丘崈、杨万里等除国子博士,范成大为告词,同样称赞丘崈"行艺杰出,气养以刚"④。另如王阮称张孝祥诗"气吞虹蜺"⑤。许从道称刘过"每见则气益壮,诗益振"⑥。孝宗及中兴诗人推许的刚大之气,是一种贯穿主体精神情志及其诗文的刚大正直气象。就文学的传承而言,这种气象当然并非无源之水,在靖康覆国的巨大冲击中,如李纲、陈与义等某些南渡诗人,于"汴京板荡以后,感时抚事,慷慨激越,寄托遥深,乃往往突过古人"⑦。但在高宗以"清静"为国是⑧,务偏安之事实的南宋前期,文人士大夫的这股正直刚大之气是被深深压抑的,唯有到孝宗朝才完全被激发了出来,得以真正发扬光大。缪钺先生指出"唐诗之美在情辞,故丰腴;宋诗之美在气骨,故瘦劲"⑨,道出唐宋诗美学风貌之大较。事实上若进一步考察,至南宋中兴诗坛,宋诗之美确乎仍在气骨,但已难概言曰瘦劲,还尤具一种雄浑刚大、慷慨壮美的气象,这在胡铨、王十朋、陆游、杨万里、范成大、张孝祥、王质、刘过等人的诗中都有突出表现。而中兴诗坛崇尚刚大之气的群体观念,正是这种美学风貌形成的理论基础,其中孝宗的培植倡导之功不可埋没。

　　其二是中兴诗坛强烈的忧患意识与规恢意慨。孝宗勤政忧国,锐志恢

---

① 周必大:《庐陵周益国文忠公集》卷二〇,《宋集珍本丛刊》第51册,第278页。
② 周必大:《庐陵周益国文忠公集》卷六二《资政殿大学士赠银青光禄大夫范公成大神道碑》,《宋集珍本丛刊》第51册,第606页。
③ 杨万里撰,辛更儒笺校:《杨万里集笺校》卷八二《石湖先生大资参政范公文集序》,第3296页。
④ 杨万里撰,辛更儒笺校:《杨万里集笺校》卷一三三《国子博士告词》,第5119页。
⑤ 岳珂撰,吴企明点校:《桯史》卷一《王义丰诗》,第7页。
⑥ 许从道:《东阳游戏序》,曾枣庄、刘琳主编:《全宋文》卷六六九八,第294册,第198—199页。
⑦ 永瑢等:《四库全书总目》卷一五六《简斋集提要》,第1349页。
⑧ 南宋前期,高宗始终主张以"清静"为国是。如绍兴十一年(1141)高宗谓宰执曰:"治天下当以清静镇之。若妄作生事,乃乱天下,非治天下也。昔人有言:'省官不如省事,省事不如清心。'朕当躬行此语。"又对秦桧说:"边事既息,可以弭兵。卿为相,亦当效曹参之清静也。"(李心传:《建炎以来系年要录》卷一四二,第2287页)绍兴十二年(1142)高宗谓大臣曰:"天下幸已无事,惟虑士大夫妄作议论,扰朝廷耳。治天下当以清净为本,若各安分不扰,朕之志也。"(李心传:《建炎以来系年要录》卷一四七,第2359页)绍兴十五年(1145)高宗又曰:"休兵以来,上下渐觉富贵。大抵治道贵清净,人君不生事,则天下自然受福。"秦桧迎合曰:"舜无为而治,陛下得之矣。"(李心传:《建炎以来系年要录》卷一五四,第2480页)可以看出,高宗倡导的所谓"清静"政策,事实上是压制士大夫抗金恢复言论、主张苟和偏安的托辞。
⑨ 缪钺:《诗词散论·论宋诗》,上海:上海古籍出版社,1982年,第36页。

复,诗作也屡有表现,赢得文人士大夫好评。朱熹赞:"孝宗是甚次第英武!"①陈岩肖论孝宗"践阼以来,未尝一日暂忘中兴之图,每形于诗辞。如《新秋雨过述怀》……如《春晴有感》……观此则规恢之志大矣"②。可贵的是,孝宗亦嘉赏诗坛爱国忧时、寄意恢复的创作。如乾道六年(1170)陆游入蜀,八年(1172)入南郑为四川宣抚使王炎幕僚数月,淳熙初为成都安抚司参议官,转辗数年间迎来诗歌创作高峰。史载陆游"宦剑南,作为歌诗,皆寄意恢复。书肆流传,或得之以御孝宗。上乙其处而趣之"③。陆游剑南诗为孝宗称赏,特诏其东归,提举福建常平茶事,成为诗坛佳话,周必大即有诗称"汉皇亲召贾生还,京路争看北海贤"④。

　　鉴于国土分裂的现实,加上孝宗在政治与文学上的推波助澜,中兴诗坛表现出强烈的忧患意识与规恢意慨。这在官宦诗人群体中表现得尤为突出。如王十朋,孝宗即位后,"见上英锐,每见必陈恢复之计"⑤。喻良能赞王十朋:"先生一饭不忘主,诗句端如杜少陵。敬读新编二百首,凛然风采照隆兴"⑥。王质乾道中入四川宣抚使虞允文幕,次韵虞允文诗云:"愁边悲有泪,幽燧冷无烟。"⑦及王炎宣抚四川,又上诗云:"指日恢中土,何时过故乡?"⑧周必大乾道中与张孝祥唱和:"共惟中兴主,志扫伊吾北。"⑨淳熙中次胡铨韵:"赤县尚多沦异域,潢池犹自扰齐人。公如不为苍生起,风俗何由使再淳。"⑩范成大乾道六年(1170)使金,赋七十二首绝句,多有感慨神州分裂之作。陆游淳熙十四年(1187)刻成《剑南诗稿》,其诗"忠愤感激,忧思深远"⑪。杨万里淳熙十六年(1189)为接伴金国贺正旦使,赋《初入淮河四绝句》等十多首忧国伤时的诗作,成为其创作的一个高潮。⑫另如道学家韩

① 黎靖德编,王星贤点校:《朱子语类》卷一二七,第3060页。
② 陈岩肖:《庚溪诗话》卷上,丁福保辑:《历代诗话续编》,北京:中华书局,1983年,第164页。
③ 叶绍翁撰,沈锡麟、冯惠民点校:《四朝闻见录》乙集《陆放翁》,第65页。
④ 周必大:《庐陵周益国文忠公集》卷七《送陆务观赴七闽提举常平茶事》四首其一,《宋集珍本丛刊》第51册,第185页。
⑤ 脱脱等:《宋史》卷三八七《王十朋传》,第11885页。
⑥ 喻良能:《香山集》卷一六《读侍御去国集次韵卷首赴召》,《宋集珍本丛刊》第56册,第182—183页。
⑦ 王质:《雪山集》卷一三《次虞枢密九日登高韵》,第159页。
⑧ 王质:《雪山集》卷一三《上王公明寿四首》其二,第160页。
⑨ 周必大:《庐陵周益国文忠公集》卷四《次韵张安国二首》其一,《宋集珍本丛刊》第51册,第167页。
⑩ 周必大:《庐陵周益国文忠公集》卷六《次胡邦衡韵》,《宋集珍本丛刊》第51册,第179页。
⑪ 陆游著,钱仲联校注:《剑南诗稿校注·序》。
⑫ 参见胡传志:《论杨万里接送金使诗》,《文学遗产》2010年第4期。

元吉、朱熹等，也在不少诗作中表达了规恢中原的愿望。

中兴诗坛还出现了一批江湖诗人，如刘过、刘仙伦、姜夔、陈造、刘翰、章甫等。他们也常抱着"欲以英雄之士，乘其机会之秋"①的心态游谒江湖，不乏忧国之作。如刘过淳熙十一年（1184）入临安应试落第，遂壮游江淮，有《盱眙行》云："功名邂逅未可知，生身毕竟要何为……何不夜投将军扉，劝上征鞍鞭四夷？"②直至卒前一年，即开禧元年（1205），他还尝题诗镇江多景楼云："烟尘茫茫路渺渺，神京不见双泪流。"③又如刘仙伦，淳熙中有《张漕仲隆快目楼》诗云："远水拍天迷钓艇，西风万里袭貂裘。眼前不著淮山碍，望到中原天际头。"岳飞孙岳甫"读而壮之"④。中兴时期江湖诗人的忧国情怀与规恢意气，成为诗坛的又一强音。

其三是中兴诗坛诗歌艺术的开拓创新。孝宗访擢诗人，鼓励创作，常与文臣评鉴诗文，切磋唱和，这种风气对中兴诗人致力艺术的开拓具有不可忽视的推动意义。就诗体而言，中兴诗坛律诗、绝句及古诗皆取得显著成就。在律诗创作上，如陆游、尤袤、杨万里、范成大、朱熹、姜特立等都值得称道。陆游学诗于曾几，曾几诗律工稳，陆游更是格律娴熟，方回称"放翁诗万首，佳句无数。少师曾茶山，或谓青出于蓝，然茶山格高，放翁律熟"⑤。又如尤袤七律《次韵德翁苦雨》："十年江国水如淫，怕见三秋雨作霖。可念田家妨卒岁，须烦风伯荡层阴。禾头昨夜忧生耳，木德何时却守心。兀坐书窗诗作祟，寒虫鸣咽伴愁吟。"论者谓："苦雨谁不能和？'禾头生耳'，本是俗语，忽用'木德守心'为对，则奇之又奇，前无古人"，"尤遂初押韵用事，神妙如此"⑥。朱熹乾道初访张栻于长沙，赋五律《登定王台》，"用事命意，定格下字，悉如律令，杂老杜、后山集中可也"⑦。

范成大与杨万里堪称绝句"双璧"。范成大早期创作"追溯苏、黄遗法"⑧，乾道、淳熙间受孝宗重用，先后出使金国，帅广西、四川，节义凛然，政绩卓著，诗歌也自成家数。乾道六年（1170）范成大创作72首使金绝句，成为中兴诗坛绝句的扛鼎之作。淳熙中他归石湖数年，又写成七绝《四时田园杂兴》60首，描绘吴中风物，哀民生多艰，"曲尽田家况味"，"于陶、柳、

①　刘过：《龙洲集》卷一二《贺庐帅程徽猷鹏飞》，第120页。
②　刘过：《龙洲集》卷一，第2页。
③　刘过：《龙洲集》卷二《题润州多景楼》，第6页。
④　岳珂撰，吴企明点校：《桯史》卷六《快目楼题诗》，第71页。
⑤　方回选评，李庆甲集评校点：《瀛奎律髓汇评》卷二三《登东山》诗之评，第1006页。
⑥　方回选评，李庆甲集评校点：《瀛奎律髓汇评》卷一七《次韵德翁苦雨》诗之评，第704页。
⑦　方回选评，李庆甲集评校点：《瀛奎律髓汇评》卷一《登定王台》诗之评，第19页。
⑧　永瑢等：《四库全书总目》卷一六〇《石湖诗集提要》，第1380页。

王、储之外别设樊篱"①,使魏晋以来的田园诗迈上新的高度。杨万里以"诚斋体"闻名,其创作主要在孝宗朝,诗体主要为绝句,特别是七绝,是其创造"诚斋体"时最钟情的诗体,诗体成熟则主要在淳熙四年(1177)到九年(1182)之间。② 至淳熙十六年(1189),杨万里接伴金使期间又创作著名的《初入淮河四绝句》,与范成大使金绝句可谓相映生辉。

中兴诗人的古诗创作也极有收获。如陆游乾道、淳熙间游宦蜀中,创作《观大散关图有感》、《金错刀行》、《长歌行》、《关山月》等数十首古诗,慷慨悲壮,意气纵横,多为名篇佳唱。杨万里亦长于古体,如淳熙六年(1179)其族弟杨廷弼与罗惠卿游里中石人峰遇虎,他赋七古《纪罗杨二子游南岭石人峰》,周必大跋称:"诚斋大篇钜章,七步而成,一字不改,皆扫千军、倒三峡、穿天心、透月窟之语。至于状物姿态,写人情意,则铺叙纤悉,曲尽其妙……石人峰长韵,读之如身履羊肠,耳闻班寅,心胆震悸,毛发森耸。诗能动人,一至是耶!"③范成大淳熙十六年(1189)冬归石湖,往来田家,"采其语各赋一诗,以识土风"④,号《腊月村田乐府十首》,成为中兴诗坛古体诗的重要作品。中兴诗人张镃也擅长古诗创作,其《千叶黄梅歌呈王梦得张以道》、《前有一尊酒行》等古诗,描述京都繁华及其富贵生活,又抒发人生苦闷与报效君王的豪情,一唱三叹,堪为佳作。⑤

就艺术风格而言,中兴诗坛亦创新独造,树立了新的多元诗歌艺术典范。尤袤称:"温润有如范致能者乎,痛快有如杨廷秀者乎,高古如萧东夫,俊逸如陆务观,是皆自出机轴"⑥。杨万里则称"范石湖之清新、尤梁溪之平淡、陆放翁之敷腴、萧千岩之工致"⑦。方回论:"乾、淳以来称尤杨范陆,而萧千岩东夫、姜梅山邦杰、张南湖功父亦相伯仲……千岩格高而意苦。梅山律熟而语新。南湖……诗不尚丽,亦不务工"⑧。可见在中兴诗坛,尤袤之平淡婉雅、萧德藻之高古工致、杨万里之飞动奇妙、范成大之温润清新、陆游

---

① 宋长白:《柳亭诗话》卷二二《田园》,《丛书集成续编》第157册,上海:上海书店出版社,1994年,第476页。

② 参见莫砺锋:《论杨万里诗风的转变过程》,《求索》2001年第4期(又载莫砺锋:《唐宋诗论稿》,沈阳:辽海出版社,2001年,第494—513页)。

③ 周必大:《庐陵周益国文忠公集》卷四九《跋杨廷秀石人峰长篇》,《宋集珍本丛刊》第51册,第515页。

④ 范成大:《范石湖集·石湖居士诗集》卷三〇,第409页。

⑤ 参见曾维刚:《张镃年谱·前言》,北京:人民出版社,2010年,第18—20页。

⑥ 姜夔:《白石道人诗集》自叙一,第1页。

⑦ 杨万里撰,辛更儒笺校:《杨万里集笺校》卷八一《千岩摘稿序》,第3281页。

⑧ 方回:《桐江续集》卷八《读张功父南湖集序》,《影印文渊阁四库全书》第1193册,第302页。

之敷腴俊逸、姜特立之律熟语新、张镃之清新萧散，均能各成一家。另如周必大"诗格澹雅"①，姜夔诗"运思精密，而风格高秀"②。同时孝宗提倡道学，"伊洛之学行于世，至乾道、淳熙间盛矣"③，道学诗人的创作也空前活跃。特别是朱熹，淳熙八年(1181)尤袤称其"今又以道学倡其诗"④。方回也称"朱元晦续圣贤之绪，诗尤粹密"⑤，"高古清劲，尽扫余子"⑥。四库馆臣指出"宋南渡后，文体破碎，诗体卑弱"，"至晦庵诸子，始欲一变时习，模仿古作"，"时人渐染既久，莫之或改"⑦。

五、归纳与延伸观察

上文从宋孝宗与诗坛关系的角度对南宋中兴诗坛进行了讨论，现就相关认识略作归纳：

其一，南宋诗歌的中兴，既是文学自身传承与演变的结果，也与宋室南渡后近百年间社会文化变迁密切相关，孝宗之治即是其中一个重要因素。值得注意的是，君主政治绝非抽象空泛的背景，它对文学的影响有一个具体鲜活的过程，需要回到历史现场，进行较为细致的考察。本章通过爬梳文献史实，揭示出孝宗与中兴诗坛关系的具体剖面，主要有四个层面：(1)孝宗励精图治，锐意恢复，君臣交修，不禁言路，戒除朋党，学术兼容，开创了政治文化的新局面，再造了作为诗坛主体的一代文人士大夫的精神面貌。(2)孝宗采取了一系列重文措施，如召还擢用高宗朝遭贬斥的文臣，拔擢重用一批以文学见称的中坚和新进，鼓励士人从事文学创作与编撰活动，一时得人为南宋之盛，诗坛更是人才辈出，成功完成了主力阵容的新老过渡与交替。(3)孝宗富有学养和才艺，雅好文学，常与文臣评鉴诗文，赐赠唱和，其文学趣尚及其诗文唱和活动，极大促进了文人创作的热情。(4)孝宗崇尚诗文的刚大之气，具有强烈的忧患意识与规恢意慨，推动诗人致力艺术的开拓，促使中兴诗坛出现新的诗学气象。

---

① 吴之振、吕留良、吴自牧选，管庭芬、蒋光煦补：《宋诗钞·省斋集钞》，北京：中华书局，1986年，第1612页。
② 永瑢等：《四库全书总目》卷一六二《白石诗集提要》，第1392页。
③ 周密撰，张茂鹏点校：《齐东野语》卷一一《道学》，第202页。
④ 尤袤：《梁溪遗稿》卷二《朱逢年诗集序》，《影印文渊阁四库全书》第1149册，第528页。
⑤ 方回：《桐江续集》卷三一《孟衡湖诗集序》，《影印文渊阁四库全书》第1193册，第643页。
⑥ 方回：《桐江续集》卷三二《送罗寿可诗序》，《影印文渊阁四库全书》第1193册，第662页。
⑦ 永瑢等：《四库全书总目》卷一六四《文山集提要》，第1407页。

　　其二,进一步延伸观察,可以发现"与士大夫治天下"①的宋代君主不仅引导天水一朝走向文治,与两宋文学盛衰亦始终具有密切关联:太祖至哲宗百余年的文治与文学涵养,造就了元祐前后的诗学之盛。徽宗至高宗前后与皇权政治腐化相伴的激烈党争、政治高压与严酷文禁,导致文运衰蔽,诗学不振。② 孝宗的中兴之治及其诸多重文措施,促进诗歌再次发展繁荣。中兴诗坛历时约半个世纪,真正的活跃期、高峰期就在孝宗乾道、淳熙的二十多年间,此期尤、杨、范、陆等中兴诗人诗风臻于成熟,创作力旺盛,大量代表性作品也应运而生。而光宗和宁宗前期约二十年,可看作中兴诗坛的后半期,也是乾、淳诗风的延续期。③ 随着韩侂胄、史弥远等权相出现及庆元党禁的爆发,政治文化生态再次恶化,诗坛也不可避免地开始走向衰落。上述两个驼峰形的宋诗演进史说明:宋诗发展虽不依附于君主政治,但诚如宋人所论,"文之废兴,与治消长","文脉与国脉同其寿",君主政治对宋诗发展的影响也绝不可忽视,值得深入讨论。孝宗与南宋中兴诗坛的关系,就是一个具有典型意义的范例。诸多史实也说明:孝宗稽古右文、礼贤下士之盛,特别是正面影响诗坛之深,堪为两宋君主之翘楚。

---

① 神宗朝宰相文彦博语。见李焘:《续资治通鉴长编》卷二二一,神宗熙宁四年(1071)三月戊子条,第5370页。

② 王曾瑜先生尝撰《北宋晚期政治简论——从腐败走向灭亡》(原载《中国史研究》1994年第4期;收入王曾瑜《丝毫编》,保定:河北大学出版社,2009年,第135—145页);《秦桧独相期间"柔佞易制"的执政群——兼论时势造小丑,小丑造时势的历史哲学》(原载《燕京学报》新11期;收入王曾瑜《丝毫编》,第327—381页);《天人感应与宋高宗、秦桧"饰太平于一隅"》(原载《蒙文通先生诞辰110周年纪念文集》,北京:线装书局,2005年;收入王曾瑜《丝毫编》,第382—386页)等文,较为系统地论述了徽宗至高宗时期政治的腐败问题。

③ 南宋咸淳元年(1265)正月宋度宗改元,诏谕群臣曰:"因念我朝,以贤立国,自咸平作兴培植以来,大者光明俊伟,小者靖共岂弟,数世流行,邦家尊安……逮至孝皇,尤为笃意,由乾道及淳熙,彬彬辈出,号为极盛,不惟在上者为人物之依归,而在下者又为儒学之表倡,正人正道,相为彪炳,虽绍熙、庆元、嘉定间犹用之不尽,又皆此时涵养之功,治象于此可以概见。"(潜说友:《咸淳临安志》卷四,《宋元方志丛刊》第4册,第3392页)宋度宗这段话,从宋朝人才兴替的角度指出了孝宗乾、淳时期的文化极盛及其对此后光宗、宁宗两朝产生的延续效应。

第七章　南宋中兴时期诗学理论的转型

在宋代诗学史上,北宋初期是唐风一统天下,至南宋初期,又是江西诗学独占鳌头。然而由于北宋覆亡与宋室南渡的沧桑巨变,加之江西诗学已是流弊丛生,南渡时期一些诗人积极提倡新的创作思想和理论,尤其是追尊老杜和提倡"活法",南渡诗坛也因此形成了一些新的面貌。不过,南渡时期无论是诗学思想还是实际创作,均仍然存在很大的局限。到孝宗时期,中兴诗人在继承"活法"理论的同时,又以更为阔大的气象,进一步提倡以"万象"为诗,要求诗歌创作回归现实和自然。诗学理论的群体转型,为诗坛中兴奠定了基础。本章拟从南渡诗学的变异及其局限、中兴时期诗学理论之"破"与"立"等方面,就南宋中兴时期诗学理论的转型问题展开讨论。

第一节　南渡诗学的变异及其局限

宋室南渡之后,诗学理论和诗歌创作在继承北宋的同时,也随着天翻地覆的社会巨变而产生变异,并获得重要发展。

一、"远诣老杜",提倡"活法":南渡诗学的变异

刘克庄称"元祐后,诗人迭起,一种则波澜富而句律疏;一种则煅炼精而情性远。要之不出苏、黄二体而已"①。刘克庄的概括是较为准确的,指出了北宋元祐之后诗学的两种主要趋向。然而宋室南渡之后,随着时代的剧变,诗坛也在继承北宋诗学的同时,发生了一些明显的变异。② 南渡诗学的这种变异,主要体现在两个方面:一是一些诗人转而追尊老杜,自觉学习杜甫爱国忧民的精神及其诗歌艺术进行创作;二是一些诗人沿着江西诗派的路子继续开拓,又从内部进行反驳,试图盘活时已流弊丛生的江西诗学。

需要指出的是,从唐至宋,学习杜甫的诗人很多,其中就包括江西诗派

---

① 刘克庄撰,王秀梅点校:《后村诗话·前集》卷二,北京:中华书局,1983年,第26页。
② 钱志熙先生曾对"诗学"一词丰富复杂的传统内涵进行了系统的历时态考察,指出"依照诗学的传统内涵来说,整个诗歌创作本身就是整体地体现为诗学","一代之创作风气,亦即一代之诗学"(参见钱志熙:《黄庭坚诗学体系研究》,北京:北京大学出版社,2003年,第1—11页)。本书所谓诗学,亦取此义。

领袖黄庭坚。但南渡诗人学杜,与黄庭坚及其他诗人既有相同之处,又有重要区别,不可不辨。钱锺书先生即论:"自唐以来,钦佩杜甫的人很多,而大吹大擂地向他学习的恐怕以黄庭坚为最早。他对杜诗的哪一点最醉心呢?他说:'老杜作诗,退之作文,无一字无来处;盖后人读书少,故谓韩杜自作此语耳。古之能为文章者,真能陶冶万物,虽取古人之陈言入于翰墨,如灵丹一粒,点铁成金也'。在他的许多关于诗文的议论里,这一段话最起影响,最足以解释他自己的风格,也算得江西诗派的纲领……元稹赏识杜诗的白描直说,不用古典成语:'怜渠直道当时语,不著心源傍古人'。"①可见,杜甫以后,学之者很多,但同为学杜,所取的方面则常有不同,有取其白描平易者,如元稹;有取其读书用典者,如黄庭坚。而靖康之难后,国家的残破、社会的混乱、诗人自身的流离遭际,催生了诗学的变异,"宋代诗人遭遇到天崩地塌的大变动,在流离颠沛之中,才深切体会杜甫诗里所写安史之乱的境界,起了国破家亡、天涯沦落的同感","身经离乱的宋人对杜甫发生了一种心心相印的新关系"②,一些诗人尊崇杜甫的爱国精神与诗史精神,从杜甫爱国忧民的精神及其诗歌创作中汲取人生与创作的体悟,或感慨时代与个人的苦难,或抒发收复中原的慷慨情怀,为南渡诗坛注入了新的时代意蕴与诗学内涵。

南渡诗人陈与义,与黄庭坚、陈师道一起被方回推许为继杜甫之后古今诗人的典范。方回称"古今诗人当以老杜、山谷、后山、简斋四家为一祖三宗,余可预配飨者有数焉"③。宋室南渡后,陈与义经历辗转逃难,后官至参知政事,屡屡向高宗陈述治国之计。在此过程中,陈与义的诗歌创作思想也发生了转变。如他逃难之初有《发商水道中》诗说:"商水西门语,东风动柳枝。年华入危涕,世事本前期。草草檀公策,茫茫杜老诗。"④又有《正月十二日自房州城遇虏至奔入南山十五日抵回谷张家》诗说:"避虏连三年,行半天四维。我非洛豪士,不畏穷谷饥。但恨平生意,轻了少陵诗。"⑤这些作品,都明确反映出陈与义此期开始尤为推重杜甫的诗学取向。《四库全书总目》云:

靖康以后,北宋诗人,凋零殆尽。惟与义为文章宿老,岿然独存。

————————

①　钱锺书:《宋诗选注》,北京:人民文学出版社,1989 年,第 96 页。

②　钱锺书:《宋诗选注》,第 131 页。

③　方回选评,李庆甲集评校点:《瀛奎律髓汇评》卷二六《清明》诗之评,第 1149 页。

④　陈与义著,吴书荫、金德厚点校:《陈与义集》卷一四,北京:中华书局,1982 年,第 222 页。

⑤　陈与义著,吴书荫、金德厚点校:《陈与义集》卷一七,第 274 页。

其诗虽源出豫章,而天分绝高,工于变化。风格遒上,思力沈挚,能卓然自辟蹊径……至于湖南流落之余,汴京板荡以后,感时抚事,慷慨激越,寄托遥深,乃往往突过古人。①

陈与义诗学黄庭坚,具有格高力沉的风格,南渡之后,进一步推尊杜诗,变而感慨时事,寄托遥深,其悲壮激越之气又远过黄庭坚等人。如其《伤春》:

庙堂无策可平戎,坐使甘泉照夕烽。初怪上都闻战马,岂知穷海看飞龙。孤臣霜发三千丈,每岁烟花一万重。稍喜长沙向延阁,疲兵敢犯犬羊锋。②

这首诗作于建炎四年(1130)。此前一年金兵攻破建康、临安、越州,高宗逃至明州,又逃亡海上,金兵破明州,从海上追击高宗,高宗遂逃至温州。金人一方面追赶高宗,另一方面继续侵吞中原,建炎四年(1130)春攻潭州(今湖南长沙),并围城,南宋守臣直龙图阁向子諲率领军民固守,数日后金兵破城,向子諲率众突围而出。金人破城后,掠城数日,屠城而去。当时陈与义正流离于湖南,听说这件事后,写下此诗。诗中多处融化典实和前人名句:"甘泉照夕烽"化用汉代故事;"飞龙"借用《易经》成辞暗喻高宗;"霜发三千丈"化用李白《秋浦歌》中"白发三千丈,缘愁似个长";"烟花一万重"暗合杜甫《伤春五首》中"关塞三千里,烟花一万重";末句仿用杜甫《诸将》中"稍喜临边王相国,肯销金甲事春农"。全诗有江西诗派的影子,又突破了江西诗风,风格雄浑沉郁,忧愤深广,在技巧和用意上均继承了杜甫诗歌的风韵,达到了新的高度,纪昀就赞扬说"此首真有杜意"③。陈与义流落湖南之际,还作有《再登岳阳楼感慨赋诗》:

岳阳壮观天下传,楼阴背日堤绵绵。草木相连南服内,江湖异态栏干前。乾坤万事集双鬓,臣子一谪今五年。欲题文字弔古昔,风壮浪涌心茫然。④

---

①　永瑢等:《四库全书总目》卷一五六《简斋集提要》,第1349页。
②　陈与义著,吴书荫、金德厚点校:《陈与义集》卷二六,第408页。
③　方回选评,李庆甲集评校点:《瀛奎律髓汇评》卷三二《伤春》诗之评,第1369页。
④　陈与义著,吴书荫、金德厚点校:《陈与义集》卷一九,第305—306页。

陈与义此诗前四句写洞庭湖雄阔壮丽的景致,后四句骤然收拢,集中描绘他作为一位迁谪诗人在阔大苍茫的宇宙之中依楼凭吊的自我形象,风壮浪涌的江湖世界与诗人内心忧国思家、感叹流离的感情潮水激荡共鸣,极富艺术感染力。方回论,"简斋登岳阳楼凡三诗,又有《巴丘书事》一诗,皆悲壮激烈……如:'乾坤万事集双鬓,臣子一谪今五年。'近逼山谷,远诣老杜"①。考陈与义如上两诗及其他作品,确可谓"远诣老杜",能得杜诗风神。

南渡名臣李纲一生尽忠报国,志气不衰。他对杜甫诗歌甚为推崇,有《五哀诗》其五称杜甫"平生忠义心,多向诗中剖。忧国与爱君,诵说不离口"②。绍兴二年(1132)李纲赴长沙,作《初入潭州二首》,其二云:

> 昔年假道过长沙,烟雨蒙蒙十万家。栋宇只今皆瓦砾,生灵多少委泥沙!寸心报国浑忘老,四路宣风静不哗。只愿吾皇假年月,直从襄汉定中华。③

诗人以长沙为例,描写了南渡初期社会残破、生灵涂炭的状况,表现了自己老当益壮的慷慨志节。绍兴八年(1138),李纲归江西,又作《再和赵正之都运观水战三首》,其二说:"肃将宸指蠲民瘼,力挽恩波活辙鳞。北伐正须猷克壮,中兴方与物为春"④。时李纲虽早已不在相位,却仍然极力抒写"北伐"的壮志和"中兴"的理想。《四库全书总目》称李纲"人品经济,炳然史册","即以其诗文而言,亦雄深雅健,磊落光明,非寻常文士所及"⑤。就李纲诗歌来看,虽然没有陈与义那样寄托遥深,但也感念离乱,忠君爱民,具有雄健之风。

吕本中是南渡时期重要诗人⑥,亦崇尚杜甫诗学。他在《东莱吕紫微诗话》中曾评论晁冲之及时人诗学,称"众人方学山谷诗时,晁叔用冲之独专学老杜诗"⑦。通过他对一反时俗、"专学老杜诗"的晁冲之的赞赏,可见其

---

① 方回选评,李庆甲集评校点:《瀛奎律髓汇评》卷一《登岳阳楼》诗之评,第41页。
② 李纲著,王瑞明点校:《李纲全集》卷一九,第248页。
③ 李纲著,王瑞明点校:《李纲全集》卷二九,第391页。
④ 李纲著,王瑞明点校:《李纲全集》卷三二,第421页。
⑤ 永瑢等:《四库全书总目》卷一五六《梁溪集提要》,第1345页。
⑥ 张鸣先生即指出,在宋诗发展史上,吕本中是一个值得重视的诗人,他在两宋之交的诗风演变过程中起过重要的作用。参见张鸣:《吕本中与南宋初期诗风演变》,《文史知识》1994年第4期。
⑦ 吕本中:《东莱吕紫微诗话》,上海:商务印书馆,1939年,第2页。

推重杜甫的诗学思想。而吕本中的诗歌，在南渡之后也陡然一变，写下大量反映社会战乱和个人流离的作品，具有杜甫的诗史精神。如《兵乱寓小巷中作》描写："城北杀人声彻天，城南放火夜烧船。江湖梦断不得往，问君此住何因缘。窜身穷巷米如玉，翁寻湿薪煴爨粥。明日开门雪到檐，隔墙更听邻家哭"①。《寺居即事三首》其三说："中原是何处，敢道几时回。一夏无书读，经时畏贼来"②。这些作品，不仅描写了兵荒马乱之中广大百姓的生存状态，也记录了一代南渡士人经历战乱之际惊惶不安、不知所往的处境与迷惘心态，有杜甫《三吏》、《三别》之风。

南渡道学家刘子翚亦有类似的诗学思想与创作。如其《望京谣》说："双銮北狩淹归毂，寂寞梁园春草绿……夕烽明处望千门，孤臣只欲吞声哭"③。《谕俗十二首》其一描写："故园丧乱余，归来复何有。邻人虽喜在，忧悴成老叟。为言寇来时，白刃穿田亩。惊忙不知路，夜踏人尸走。屋庐成飞烟，囊橐无暇取……东家红巾郎，长大好身手。荒荒战场中，头白骨先朽"④。《横秋阁》说："登临岂不佳，寒色见远空。未忘天下忧，胡尘起西风"⑤。刘子翚本来深染江西诗风⑥，但南渡后的诗歌与其前期诗作迥异，也是北宋苏黄与江西诗学的异调。

南渡诗人在"远诣老杜"的同时，又从江西诗学内部进行反拨和变异，倡导以"活法"为诗，试图盘活时已流弊丛生的江西诗学。这方面以吕本中、曾几等人为代表。关于这一现象，学界讨论较多，但还有两个问题需要注意，值得进一步讨论：一是以"活法"论诗并非始自南渡时期吕本中等人，吕本中等人只是进一步发展并大力倡导了这一诗论；二是"活法"并非仅仅是一种文学观念，其发生与发展，事实上涉及宋代政治、学术、文化等诸多层面，源于特定时代某种整体的历史语境。要更为深入地理解宋人"活法"理论的丰富内涵，还需拓宽眼界，深入追溯宋人的思维世界，考察"活法"理论形成与发展的复杂历史谱系。

就传世文献来看，早在北宋中前期，"活法"诗论即已为仁宗朝名臣胡宿提出。胡宿在七言律诗《又和前人》中说："作者傍边好见闻，速来就汝作

①　吕本中：《东莱先生诗集》卷一一，《四部丛刊续编》本，上海：商务印书馆，1934年。
②　吕本中：《东莱先生诗集》卷一二，《四部丛刊续编》本。
③　刘子翚：《屏山集》卷一一，《宋集珍本丛刊》第42册，第267页。
④　刘子翚：《屏山集》卷一二，《宋集珍本丛刊》第42册，第274—275页。
⑤　刘子翚：《屏山集》卷一三，《宋集珍本丛刊》第42册，第282页。
⑥　如清四库馆臣论，刘子翚"古诗风格高秀，不袭陈因。惟七言近体，宗派颇杂江西。盖子翚尝与吕本中游，故格律时复似之也"（永瑢等：《四库全书总目》卷一五七《屏山集提要》，第1355页）。

比邻。诗中活法无多子,眼里知音有几人。尔许精奇花灿笔,岂容尘俗海翻银。老夫幸有千机锦,尚欠江头一浣新。"①胡宿字武平,常州晋陵人,仁宗天圣二年(1024)进士,历官两浙转运使,召修起居注,知制诰,由翰林学士拜枢密副使,以太子少保致仕,卒谥文恭,有《文恭集》,《宋史》有传。《宋史》论:"胡宿学通天人之奥,考其立朝大节,皆磊落,为良执政。"②清四库馆臣亦称:"宿立朝以廉直著,而学问亦极该博。当时文格未变,尚沿四六骈偶之习,而宿于是体尤工。所为朝廷大制作,典重赡丽,追踪六朝。其五七言律诗,波澜壮阔,声律铿訇,亦可仿佛盛唐遗响"③。结合胡宿诗论、实际创作及相关评论,可以看出他步武唐风、追求自然浑成的诗学观念与创作实践。而他所倡导的"诗中活法",也成为其后提倡"活法"的南渡诗人诗学理论的先声,具有独特文学史意义。

就宋室南渡以降"活法"诗论的发展来看,还具有值得注意的特定历史语境。祝尚书先生指出,宋室南渡后王氏"新学"衰落,诗学得到恢复,由词科出身或学习词科的人也开始作诗,然而他们素不娴此道,此前深受骈语影响,只好将组缀经史的惯技移入诗法,那当然只有"死法"了,所以吕本中高倡"活法"与之对抗。吕本中所谓"活法",即作诗既要遵循规矩,又不能拘于规矩,有法而无定法。据研究,其"活法"论源于禅宗,云门宗缘密禅师就讨论过"死句"、"活句"的问题,大意是意在言内为死句,意在言外方是活句。北宋后期不少诗人以禅喻诗,将禅宗"悟入"的思维方式引入诗法,而吕氏家学,大率在于儒禅之间,故他的"活法"论有着深厚的佛学渊源。④ 可以看出,宋室南渡后不仅当时盛行的佛教禅宗是"活法"诗论进一步发展的源头活水,一些深受哲宗绍圣以来词科影响的诗人以四六技法入诗的风气也成为刺激"活法"诗论倡行的反面背景。除此之外,值得注意的还有自北宋到南宋巨大时代变局中,一些文人士大夫形成的特定思维方式与政治文化心态。如南渡著名学者胡宏,曾在与彪德美的书信中探讨孔子、孟子论周礼的异同,指出"孟子之言,有激而云耳,当以活法观",而不当"以死法观之"⑤。胡宏讨论儒家经典,亦标举所谓"活法"、"死法"之论。他的意思大概是说,虽然孔子和孟子同为儒家先贤宗师,解释同一经义,但也可能会有出入,对二者言论不可刻舟求剑,而应注意孟子在不同历史语境中的"有激

① 胡宿:《文恭集》卷五,上海:商务印书馆,1935 年,第 55 页。
② 脱脱等:《宋史》卷三一八《胡宿传》论,第 10372 页。
③ 永瑢等:《四库全书总目》卷一五二《文恭集提要》,第 1310 页。
④ 祝尚书:《吕本中"活法"诗论针对性探微》,《中山大学学报》2011 年第 4 期。
⑤ 胡宏:《五峰集》卷二《与彪德美》,《影印文渊阁四库全书》第 1137 册,第 141 页。

而云",注意其因时、因人、因事而产生的思想变化。由上可见,在宋室南渡前后,"活法"实在并非仅仅是一种诗论,而是涉及宗教、学术、政治文化及文学等各个层面,构成一个时代思维方式、观看世界的范式与整体历史语境的一种理论话语。我们也唯有放宽研究范围,整合一个时代的各类文献,贯通文史,深入寻绎,多层次地考察当时的整体历史语境,才能更加全面深入地理解这个时代"活法"诗论的历史发生、发展脉络、文化内涵与文学意义。①

正是在如上时代土壤和历史语境之中,吕本中、曾几等一批南渡诗人在文学领域旗帜鲜明地大力提倡"活法"理论。吕本中是首当其冲的一个核心人物,他在多种场合反复倡导"活法"之论。最重要的一篇文献即其《夏均父集序》:

> 学诗当识活法。所谓活法者,规矩备具而能出于规矩之外,变化不测而亦不背于规矩也。是道也,盖有定法而无定法,而无定法而有定法。知是者,则可以与语活法矣。谢元晖有言:"好诗流转圆美如弹丸。"此真活法也。②

吕本中的这一段经典诗论,被宋代不同的人引录,见于不同的文献。除了刘克庄《后村先生大全集》之外,也见于南宋光宗时人王正德所撰《余师录》,只是某些文字略有不同。③ 这段文字,堪称是吕本中标举"活法"诗论的纲领性文献。其实除此之外,吕本中还在其他诗文中有很多类似表述。如他有《外弟赵才仲数以书来论诗因作此答之》诗称:"胸中尘埃去,渐喜诗语活。孰知一杯水,已见千里豁。初如弹丸转,忽若秋兔脱。旁观不知妙,

---

① 田晓菲在研究中国早期中古时代与近代行旅写作的著作中指出:"观看世界"是一件很复杂的事。早期中古时代首次发展出了一系列观看世界的范式,对后代产生了深远的影响。本书旨在打破学界本身存在的很多界限和框框,还会把出现在同一历史时期,但是通常被分置于文学、历史和宗教研究领域的各种材料放在一起进行读析,因为原始文本的生产并不是发生在一个被割裂划分得整整齐齐的空间里。简言之,本书关注的是我称之为"文化再现形式"的写作,试图整理出这些写作中所蕴含的观看世界的范式。我采取的方法是把各种不同的文本放在它们的历史语境里面进行细读(参见田晓菲:《神游:早期中古时代与十九世纪中国的行旅写作·引言》,北京:生活·读书·新知三联书店,2015 年,第 1—11 页)。田氏的研究与拙著考察的时代及主旨迥异,但其宏阔而细致的研究视角、方法与思路无疑是富有启发性的。
② 刘克庄:《后村先生大全集》卷九五《江西诗派·吕紫微》引录,《四部丛刊初编》本。
③ 王正德:《余师录》卷三《吕居仁》,上海:商务印书馆,1939 年,第 41 页。

可爱不可夺"①。吕本中描述了自己理想的诗歌,就是"初如弹丸转,忽若秋兔脱",流转通脱,自然高妙。又如其《别后寄舍弟三十韵》说:"惟昔交朋聚,相期文字盟。笔头传活法,胸次即圆成。"②其《大雪不出寄阳翟宁陵》还说:"文章有活法,得与前古并。默念智与成,犹能愈吾病。"③这些,都充分反映出吕本中对"活法"理论的倡导,可谓不遗余力。

就吕本中的实际诗歌创作来看,他也确实有一些作品实现了其论诗主张。如《春日即事二首》其二:"病起多情白日迟,强来庭下探花期。雪消池馆初春后,人倚栏干欲暮时。乱蝶狂蜂俱有意,兔葵燕麦自无知。池边垂柳腰支活,折尽长条为寄谁。"④全诗清新活泼,流利婉转,自然春色的意态及诗人对它的眷恋之情跃然纸上。又如《别夜》:"薄酒残灯欲别情,暗萤依草不能明。悬知先入他年话,一夜蛙声连雨声。"⑤亦自然清新,流而不滞。方回即论吕本中"诗宗'江西'而主于自然,号弹丸法"⑥。清四库馆臣也称吕本中"诗法出于黄庭坚。尝作《江西宗派图》,列陈师道以下二十五人,而以己殿其末。其《紫微诗话》及《童蒙训》论诗之语,皆具有精诣。敖陶孙诗评称其诗如'散圣安禅,自能奇逸'"⑦。

曾几亦为江西诗派追随者,"诗学山谷,往往逼真"⑧。他还尝求诗法于吕本中,是"活法"诗论的响应者,其《读吕居仁旧诗有怀其人作诗寄之》说:

　　学诗如参禅,慎勿参死句。纵横无不可,乃在欢喜处。又如学仙子,辛苦终不遇。忽然毛骨换,正用口诀故。居仁说活法,大意欲人悟。常言古作者,一一从此路。岂惟如是说,实亦造佳处。其圆如金弹,所向若脱兔。风吹春空云,顷刻多态度。锵然奏琴筑,间以八珍具。人谁无口耳,宁不起欣慕。一编落吾手,贪读不能去。尝疑君胸中,食饮但风露。经年阙亲近,方寸满尘雾。足音何时来,招唤亦云屡。贱子当为君,移家七闽住。⑨

---

① 吕本中:《东莱先生诗集》卷三,《四部丛刊续编》本。
② 吕本中:《东莱先生诗集》卷六,《四部丛刊续编》本。
③ 吕本中:《东莱先生诗集》卷七,《四部丛刊续编》本。
④ 吕本中:《东莱先生诗集》卷一,《四部丛刊续编》本。
⑤ 吕本中:《东莱先生诗集》卷六,《四部丛刊续编》本。
⑥ 方回选评,李庆甲集评校点:《瀛奎律髓汇评》卷四《海陵杂兴》诗之评,第180页。
⑦ 永瑢等:《四库全书总目》卷一五八《东莱诗集提要》,第1360页。
⑧ 方回选评,李庆甲集评校点:《瀛奎律髓汇评》卷一六《岁尽》诗之评,第609页。
⑨ 北京大学古文献研究所编:《全宋诗》卷一六六〇,第29册,第18594页。

　　这首诗堪称反映曾几诗歌理论的代表作品。通过其中"学诗如参禅，慎勿参死句……居仁说活法，大意欲人悟"等语，可见曾几对吕本中"活法"诗论的领会与进一步阐释。而且曾几还评论说"岂惟如是说，实亦造佳处。其圆如金弹，所向若脱兔"，也非常肯定吕本中具有清新圆转之风的实际创作。就曾几的诗歌来看，他在力学黄庭坚清峭诗风的同时也有所变化，其诗具有工丽自然的特色。如《苏秀道中自七月二十五日夜大雨三日秋苗以苏喜而有作》："一夕骄阳转作霖，梦回凉冷润衣襟。不愁屋漏床床湿，且喜溪流岸岸深。千里稻花应秀色，五更桐叶最佳音。无田似我犹欣舞，何况田间望岁心。"①此诗对仗精工，又生动自然，虽然"屋漏床床湿"，诗人却"不愁"，反倒希望雨下得更大一些，轻松欢快的喜雨之情中洋溢着博大深厚的忧时悯农情怀。全诗可谓有声有色，又情蕴深厚。另如其《三衢道中》："梅子黄时日日晴，小溪泛尽却山行。绿阴不减来时路，添得黄鹂四五声。"②亦轻快自然，意象明丽，堪称突破江西诗学的佳作。

　　此外，著名南渡作家张元幹也曾讨论"活法"问题，绍兴二十四年（1154）撰《亦乐居士文集序》说："前辈尝云：'诗句当法子美，其他述作无出退之。''韩、杜门庭，风行水上，自然成文，俱名活法。金声玉振，正如吾夫子集大成。'盖确论也"③。张元幹强调"风行水上，自然成文"，即是"活法"，并将"活法"实践的历史谱系追溯到杜甫和韩愈，这种以复古为创新的诗学观念，在当时无疑是具有现实意义的。绍兴二十七年（1157）他又在《跋苏诏君赠王道士诗后》中说："文章盖自造化窟中来，元气融结，胸次古今，谓之活法。所以血脉贯穿，首尾俱应。如常山蛇势，又如风行水上，自然成文。又如优人作戏，出场要须留笑，退思有味。非独为文，凡涉世建立，同一关键"④。可见，"活法"理论在张元幹这里也不仅仅限于诗歌，还拓展到为文甚至为人的一切领域，这也印证了前文揭示宋人"活法"之论具有的丰富内涵。

　　总之，就文学方面来看，南渡诗人对于北宋苏黄诗学既有继承，又有变异和超越，进一步推动了宋代文学的发展。

二、囿于江西：南渡诗学的局限

　　由于特定历史时代、文学背景以及作家个人等因素，南渡诗学也存在不

---

① 曾几:《茶山集》卷五，第50页。
② 曾几:《茶山集》卷八，第98页。
③ 张元幹:《芦川归来集》卷九，《影印文渊阁四库全书》1136册，第653页。
④ 张元幹:《芦川归来集》卷九，《影印文渊阁四库全书》1136册，第662页。

可避免的局限和不足,并未能完全走出江西诗学的桎梏,即使是像吕本中和曾几这样的一代名家也不能例外。

曾几尝称"诗鸣一代属山谷"①,推黄庭坚为一代诗坛盟主,可见其诗学旨趣。正因为他受黄庭坚和江西诗学影响很深,所以也不免为黄庭坚"夺胎换骨"等一套诗法所累。按照黄庭坚的说法,"诗意无穷,而人之才有限。以有限之才,追无穷之意,虽少陵、渊明,不得工也。然不易其意而造其语,谓之换骨法;规模其意形容之,谓之夺胎法"②。事实上,所谓"夺胎",就是套用、模仿前人诗作的构思或者意境;而所谓"换骨",就是点化前人诗作中现成的意象、词句以为己诗。如曾几五律《郡中迎怀玉山应真请雨得之未沾足》:

> 悯雨连三月,为霖抵万金。小垂开士手,足慰老农心。果欲千仓积,犹须一尺深。病夫浑不寝,危坐听佳音。③

全诗显然是套用杜甫《春望》诗的构思,表达虽然不胜衰老贫病,却仍念念不忘忧虑国事的情怀,是谓"夺胎"。其中"悯雨连三月,为霖抵万金……病夫浑不寝,危坐听佳音",直接化用杜诗"烽火连三月,家书抵万金……白首搔更短,浑欲不胜簪"之语,是谓"换骨"。曾几此诗,虽然也能有为而发,写出己意,但毕竟模仿的痕迹太过明显,不免有抄袭之嫌。方回尝持肯定态度评论此诗说,"'千仓'、'一尺'对偶工。此乃熟读杜诗,用其句,换一二字,声响便不同也"。而纪昀则不然,称"此种议论,深误后生。盗句换字,即为善学老杜乎"? 查慎行也称"起二句亦杜诗口滑"。冯班甚至说,"起句抄杜,可鄙"④。

再看曾几五律《闻寇至初去柳州》:

> 剥啄谁敲户,仓皇客抱衾。只看人似蚁,共道贼如林。两岸论千里,扁舟抵万金。病夫桑下恋,万一有佳音。⑤

---

① 曾几:《茶山集》卷三《肇庆守郑子礼以李北海石室碑见寄辄次山谷老人韵为谢》,第24页。
② 吴曾:《能改斋漫录》卷一〇《诗有夺胎换骨诗有三偷》引录,上海:上海古籍出版社,1979年,第296页;又见魏庆之编,王仲闻校勘:《诗人玉屑》卷八《夺胎换骨》,第190页。
③ 曾几:《茶山集》卷四,第30页。
④ 方回选评,李庆甲集评校点:《瀛奎律髓汇评》卷一七《郡中迎怀玉山应真请雨未沾足》诗之评,第682页。
⑤ 曾几:《茶山集》卷四,第39页。

　　此诗一如前述那首《郡中迎怀玉山应真请雨得之未沾足》,仍然是"夺"杜甫《春望》诗之"胎",套用其构思,写自己尽管衰病不堪,但非常关切乱离时势,盼望得到兵息时平的佳音。其中"两岸论千里,扁舟抵万金"一联,可以说是再次"换"杜甫诗句"烽火连三月,家书抵万金"之"骨"。这两首诗均是取前人诗材,以江西诗学"夺胎换骨"之法,成所谓"点铁成金"之笔。曾几固然写出了自己的时代感受及其伤时忧国的情怀,绝非无病呻吟,但同时也须看到,二诗同样取杜甫《春望》一诗的立意构思及诗句意象,则有雷同与才短之嫌,也难怪查慎行称曾几写诗"亦杜诗口滑"。因为,既然取诗材于故纸,又用同一法度,就难免有捉襟见肘的拘谨,难以达到运笔自如、气象万千的创作境界。

　　吕本中有时也有同样的问题。如其《读陶元亮传》其二:"我爱陶彭泽,不求弦上声。琴中如有趣,曾遣几人听。"①考苏轼有《题沈君琴》:"若言琴上有琴声,放在匣中何不鸣? 若言声在指头上,何不于君指上听?"②吕本中《读陶元亮传》显然系点化苏轼诗琴指和鸣之意及其词句意象,表达对陶渊明的倾慕之情。又如吕本中《广陵道中寒食日》其一:"风雨属连春事休,碧鳞三尺荐行舟。短墙不见桃花面,付与长江自在流。"③此诗则是点化唐人崔护《题都城南庄》:"去年今日此门中,人面桃花相映红。人面不知何处在,桃花依旧笑春风。"④吕本中诗想要表达的也是一种时序流转不回的生命体验与内心惆怅,而且点化崔护诗句的痕迹非常明显。以上吕本中二诗,均是运用江西诗派所谓"夺胎换骨"的不二法门。如此创作,若偶尔为之,尚有点铁成金、化腐朽为神奇的效果,但若连篇累牍,则会显得缺乏个性才情和艺术创造性,读之也会索然无味。

　　吕本中和曾几这样的南渡诗坛名家尚且如此,其他诗人也就可以想见,此处不再赘述。之所以形成这种情况,除了文学发展演变本身的因素之外,与南渡诗人过于谨守江西诗派钻入故纸、闭门觅句的创作方法亦密切相关。如吕本中《探梅呈汪信民》称"剩摩枵腹搜奇句,去恼城南得定人"⑤。《上元夜招沈宗师不至闻已赴郡会作二绝戏之》其一称"灯火满城公不来,为公

---

①　吕本中:《东莱先生诗集》卷一,《四部丛刊续编》本。
②　王文诰辑注,孔凡礼点校:《苏轼诗集》卷四七,北京:中华书局,1982 年,第 2535 页。
③　吕本中:《东莱先生诗集》卷二,《四部丛刊续编》本。
④　彭定求等编:《全唐诗》卷三六八,北京:中华书局,1960 年,第 4148 页。
⑤　吕本中:《东莱先生诗集》卷二,《四部丛刊续编》本。

雕句洗尘埃"①。《读旧诗有感》称"剩搅饥肠供好句,为君常占一生穷"②。曾几《即事》也说"隐几读书长竟夕,闭门觅句可忘年"③。南渡诗人一边在理论上提倡"活法",一边又在实际创作中闭门苦吟,自然难以达到流转圆美的通脱境界。那么,诗人们为什么会闭门觅句,在"隐几"和故纸中穷思冥搜? 如果我们追溯回顾前文所揭示高宗时期的政治文化生态,即可发现,这一时期的严酷党争、君相集权、文化专制形成的特定历史语境及身处其中的士人普遍畏祸的收敛心态当是其深层原因。

第二节　中兴时期诗学理论之"破"与"立"

吕本中曾作《江西宗派图》,称赞北宋后期诗人黄庭坚"自出机杼,别成一家,清新奇巧,是其所长",又列陈师道等 25 人,"以为法嗣,谓其源流皆出豫章"④。虽然吕本中所论有失于率意和偏颇之处,但总体而言,基本勾勒出了自北宋后期至宋室南渡之际诗学的主要走向。宋室南渡后,虽然高宗朝诗人遭遇了亡国之耻和社会动乱,诗学有所变异和开拓,但仍然未能彻底走出江西诗学的拘囿。这不仅有文学发展本身的因素,与高宗时期政治、学术、文化与文学的多种禁锢及总体士风的萎靡也密切相关。绍兴二十二年(1152)张九成谪居南安军,"或问九成曰:'近日士大夫气殊不振,曾无一言及天下事者,岂皆无人材耶?'九成曰:'大抵人材在上之人作成,若摧抑之,则此气亦索'"⑤。若干年后黄榦有书信与辛弃疾讨论国家大计及士大夫风气,亦说:"江左人物,素号怯懦,秦氏和议,又从而销靡之,士大夫至是奄奄然不复有生气矣。语文章者多虚浮,谈道德者多拘滞。求一人焉,足以持一道之印,寄百里之命,已不复可得,况敢望其相与冒霜露,犯锋镝,以立不世之大功乎"⑥。可以说,江西诗派那种从故纸中寻求诗材而远离广阔社会现实的一套创作方法与诗学理论,乃是北宋后期至高宗时期党争激烈、文化专制、文禁严密的政治文化生态下许多诗人的必然选择。

① 吕本中:《东莱先生诗集》卷二,《四部丛刊续编》本。
② 吕本中:《东莱先生诗集》卷六,《四部丛刊续编》本。
③ 曾几:《茶山集》卷六,第 70 页。
④ 胡仔纂集,廖德明校点:《苕溪渔隐丛话》前集卷四八,北京:人民文学出版社,1962 年,第 327—328 页。
⑤ 李心传:《建炎以来系年要录》卷一六三,第 2660—2661 页。
⑥ 黄榦:《黄勉斋先生文集》卷一《与辛稼轩侍郎书》,第 4 页。

有鉴于此,至南宋中兴时期,在新的历史时代,中兴诗人普遍对江西诗学进行反拨和改造。

一、批判江西:中兴时期诗学理论之"破"

诚如杨万里晚年所说,"中兴以来,宋德盛在乾道。何盛乎乾道也? 主德日新于上,治化日隆于下,人物日盛于朝,民气日熙于野。当时不自知也,由今望之,信如何哉"①。孝宗即位以后,励精图治,开创了中兴的局面,南宋日益出现国势兴隆的景象。顺应治道清明、大有可为的时代,中兴诗人也开始群起反拨产生于特定时代并已流弊丛生的江西诗学。

中兴诗人杨万里堪称反驳江西诗学的旗手。淳熙十五年(1188)九月杨万里作《诚斋江湖集序》,回忆说:"予少作有诗千余篇,至绍兴壬午(1162)七月皆焚之,大概江西体也"②。为了戒除江西诗学习气,杨万里竟将其作于高宗时期的千余篇江西体诗作付之一炬。值得玩味的是,杨万里焚烧其千余篇江西体诗作的时间,是在绍兴三十二年(1162)七月,时正值中兴之君孝宗登基甫一月。这既可以说是某种历史的巧合,也可以说是高宗、孝宗交替之际文学领域同样辞旧迎新、走向中兴的一种预兆和宣言。杨万里还有《陈晞颜和简斋诗集序》云:

　　大抵夷则逊,险则竞,此文人之奇也,亦文人之病也,而诗人此病为尤焉。惟其病之尤,故其奇之尤……然奇则奇矣,而诗人至于犯风雪,忘饥渴,竭一生之心思,以与古人争险以出奇,则亦可怜矣。然则险愈竞,诗愈奇。诗愈奇,病愈痼矣。③

针对江西诗派殚思极虑、追求奇险的艺术取向,杨万里明确指出"险愈竞,诗愈奇。诗愈奇,病愈痼",可谓是从诗学层面对江西诗派的当头棒喝。

中兴名臣王十朋与其友人喻良能,也在孝宗之初讨论江西诗学问题。乾道元年(1165)王十朋除敷文阁待制④,在此期间作《读东坡诗》,序称:"学江西诗者谓苏不如黄,又言韩、欧二公诗乃押韵文耳。予虽不晓诗,不

---

① 杨万里撰,辛更儒笺校:《杨万里集笺校》卷六八《与建康帅丘宗卿侍郎书》,第 2902—2903 页。

② 杨万里撰,辛更儒笺校:《杨万里集笺校》卷八〇,第 3257 页。

③ 杨万里撰,辛更儒笺校:《杨万里集笺校》卷七九,第 3216 页。

④ 参见徐炯文编,李泽校点:《梅溪王忠文公年谱》,吴洪泽、尹波主编:《宋人年谱丛刊》第 8 册,第 5198 页。

敢以其说为然。因读坡诗,感而有作"。其诗云:

> 东坡文章冠天下,日月争光薄风雅。谁分宗派故谤伤,蚍蜉撼树不自量。堂堂天人欧阳子,引鞭逊避门下士。天昌斯文大才出,先生弟子俱第一。天人诗如李谪仙,此论最公谁不然……浑然天成无斧凿,二百年来无此作。谁与争先惟大苏,谪仙退之非过呼……日光玉洁一退之,亦言能文不能诗。碑淮颂圣十琴操,生民清庙离骚词。春容大篇骋豪怪,韵到窘束尤瑰奇……净扫书斋拂尘几,瓣香敬为三夫子。①

针对"学江西诗者"推尊黄庭坚而贬抑苏轼、韩愈、欧阳修的论调,王十朋表达了与他们截然相反的观点。王十朋对"浑然天成"的苏轼诗、"豪怪"与"瑰奇"兼具的韩愈诗均予肯定和赞赏,并表明自己瓣香苏轼、韩愈、欧阳修"三夫子"的诗学取向。

王十朋友人喻良能,读到王十朋《读东坡诗》,作《次韵王待制读东坡诗兼述韩欧之美一首》,与王十朋交流诗学心得:

> 文章端与时高下,列国有风周有雅。建安气质混不伤,齐梁纷纷堪斗量。先唐诗人子韩子,落笔洗空千古士。篇章杼轴自己出,正派犹能传六一。作诗余事真诗仙,骑麟被发何翩然。韵宽泛押入傍近,窄韵宜搜期押尽。钩章棘句未多郊,古风新题宁数稹。五季诗流喜穿凿,蝉噪蛙鸣嗟众作。皇朝天人欧与苏,星凤初见人惊呼。醉翁句法到胜处,纤余条畅今古无。铺张扬厉词藻挨,雅称金泥兼玉检。一篇妙绝庐山高,几首清新写郁陶。造化机缄富状彙,岂独文星南斗避。如何妄评味短长,自古群儿喜嘲议。雪堂羁穷如牧之,得非天欲昌其诗。平生古律三千首,无愧清风白雪词。才如太白更无敌,文似子长兼爱奇。江西宗派不足进,自郊以下曾无讥。流传海内皆珠玉,到处逢人俱愿学。不须酬唱说西昆,宋有欧苏唐有韩。二文邈乎其杖几,一编且诵苏夫子。②

可以看出,喻良能与王十朋在文学上同声相求,表达了相同的看法,认为"江西宗派不足进",而推许韩愈、欧阳修、苏轼三家诗。事实上,他们都是以复古为创新,希望摆脱江西诗学禁锢,开创出新的诗风。

---

① 王十朋:《宋王忠文公文集》卷三一,《宋集珍本丛刊》第44册,第222页。
② 喻良能:《香山集》卷三,《宋集珍本丛刊》第56册,第98页。

中兴四大诗人之一尤袤,亦尝与江湖诗人姜夔讨论诗学。尤袤称:"近世人士,喜宗江西。温润有如范致能者乎,痛快有如杨廷秀者乎,高古如萧东夫,俊逸如陆务观,是皆自出机轴,岂有可观者,又奚以江西为?"姜夔亦表示赞同,并自述:"异时泛阅众作,已而病其驳如也。三薰三沐,师黄太史氏,居数年,一语噤不敢吐,始大悟学即病,顾不若无所学之为得,虽黄诗亦偃然高阁矣"①。尤袤与姜夔的共识是"学即病",江西诗学不值得宗法。因此,即使是江西宗师黄庭坚的诗歌,姜夔也弃而不学。

针对"宋南渡后,文体破碎,诗体卑弱"的状况,中兴时期朱熹等道学家同样有所反思,"始欲一变时习,模仿古作",而"时人渐染既久,莫之或改"②。另外,中兴诗人曾丰有诗称,"浩劫以来无限诗,牢笼收拾若为齐。未离声病即为韵,犹涉色尘皆是题。三代后为非濮上,百年前岂有江西。子其高出诸公右,恐太高时少放低"③,也是态度鲜明地对江西诗学之弊进行了批判。可以看出,在南宋中兴时期,批判江西诗学流弊的声音已形成一股洪流,走出江西诗学也成为诗坛一些重要作家的共识和群体自觉,这些都预示着一个时代诗学的转捩。

二、倡行"活法",走向"万象":中兴诗人的群体选择

正如陆游为刘应时《颐庵居士集》撰写序言所说,"文章之妙,在有自得处,而诗其尤者也"④。南宋中兴诗人在诗学上不仅有"破",更有"立",不仅有延续,更有开创,确可谓是深造自得,形成了具有时代特色的诗学思想与理论。

首先应当看到,南宋中兴时期一些重要诗人汲取了南渡时期江西诗派吕本中等人"活法"诗论的有益营养,并进一步倡导践行这一诗学理论。杨万里就是一个代表。宁宗庆元年间,俞成撰《萤雪丛说》称:"文章一技,要自有活法。若胶古人之陈迹而不能点化其句语,此乃谓之死法。死法专祖蹈袭,则不能生于吾言之外;活法夺胎换骨,则不能毙于吾言之内。毙吾言者生吾言也,故为活法……吕居仁尝序江西宗派诗,若言'灵均自得之,忽然有入,然后惟意所出,万变不穷,是名活法'。杨万里又从而序之,若曰'学者属文,当悟活法。所谓活法者,要当优游厌饫'。是皆有得

---

① 姜夔:《白石道人诗集》自叙一,第 1 页。
② 永瑢等:《四库全书总目》卷一六四《文山集提要》,第 1407 页。
③ 曾丰:《搏斋先生缘督集》卷一二《吾宗翔叔学诗知方矣与之商榷以勉之蹈大方焉》,《宋集珍本丛刊》第 65 册,第 117 页。
④ 刘应时:《颐庵居士集·序》,第 1 页。

于活法也"①。通过《萤雪丛说》的记述，可见从南渡诗人吕本中，到中兴诗人杨万里、俞成等，"活法"诗论一直是诗人讨论的一个重要话题，构成一个未曾间断的诗学脉络。

中兴诗人张镃尝写诗赠曾几之子曾逮，称"共推掌学文清手，突过谈兵杜牧才……诗章活法从公了，要使诸方听若雷"②，对曾几倡导活法予以赞赏。张镃也非常称许杨万里，认为杨万里是活法悟诗的典范。他有《杨秘监为余言，初不识谭德称，国正，因陆务观书，方知为西蜀名士，继得秘监与国正唱和诗，因次韵呈教》称："亦犹雕琢用功深，自发诗中平淡意。更思绝处悟一回，方知迷梦唤醒来。今谁得此微妙法，诚斋四集新板开"③。又有《携杨秘监诗一编登舟，因成二绝》其二："造化精神无尽期，跳腾踔厉即时追。目前言句知多少，罕有先生活法诗"④。从中，也可看到张镃自身追求"活法"的诗学观念。

中兴诗人曾季狸，字裘父，乃曾巩之弟曾宰的曾孙，尝"从吕居仁、徐师川游"，"乾淳间名公多敬畏之"⑤。曾季狸有《艇斋诗话》说："后山论诗，说换骨。东湖论诗，说中的。东莱论诗，说活法。子苍论诗，说饱参。入处虽不同，然其实皆一关捩，要知非悟入不可"⑥。曾季狸所论，乃南渡诗人陈师道、徐俯、吕本中、韩驹等人的"活法"诗论，从中也同样可见其对"活法"诗论的认同。另如张孝祥，也在《题杨梦锡客亭类稿后》中评论杨冠卿："为文有活法，拘泥者窒之，则能今而不能古。梦锡之文，从昔不胶于俗，纵横运转如盘中丸，未始以一律拘，要其终亦不出于盘。盖其束发事远游，周览天下山川之胜，以作其气；所与交者，又皆当世知名士，文章安得不美耶？"⑦如上所述，都反映出自南渡以降"活法"理论一脉相承的发展，也可看到中兴诗人对这一理论的倡行和实践。

钱锺书先生尝论吕本中"活法"理论，称"意思是要诗人又不破坏规矩，又能够变化不测"，达到一种"规律和自由的统一"⑧。从理论上说，这种追求"规律和自由的统一"的诗论自然不无道理。但也须看到，就其发生的历

---

① 俞成：《萤雪丛说》卷上，陶宗仪等编：《说郛三种》（宛委山堂本），上海：上海古籍出版社，1988年，第713页。
② 张镃：《南湖集》卷六《呈曾仲躬侍郎》，上海：商务印书馆，1936年，第94页。
③ 张镃：《南湖集》卷三，第42页。
④ 张镃：《南湖集》卷七，第129页。
⑤ 陈振孙撰，徐小蛮、顾美华点校：《直斋书录解题》卷一八，第537页。
⑥ 曾季狸：《艇斋诗话》，上海：商务印书馆，1936年，第13页。
⑦ 张孝祥著，徐鹏校点：《于湖居士文集》卷二八，第281页。
⑧ 钱锺书：《宋诗选注》，北京：人民文学出版社，1989年，第161页。

史语境及吕氏本意而言,它事实上还主要是一种针对诗歌创作遣词用句、章法结构的技术层面的理论。蒋寅先生即指出,"死法与活法的关系实际上构成了中国诗学对技巧的基本观念"①。明乎此,也就能够理解,为何学者有时会疑惑一个问题,即为何吕氏提出如此富有生命力的"活法"理论,而其实际创作成就却又难属上乘。因为,就吕氏"活法"论的本意、内涵及其针对性来看,他所说的仍主要是一种"故纸"中的诗学。也正因此,吕本中"活法"理论对后世,特别是对南宋中兴诗坛的实践指导意义绝不可夸大。

那么,要理解南宋中兴诗坛的诗学之演进,就应该走进这个时代特定的社会现实与历史语境,寻找更贴近这个时代的诗学话语,那就是"万象"。南宋中兴诗人,除了进一步倡行"活法"这样一种偏重于技术性的诗学话语之外,同时又以一种更具气魄的群体自觉,极力倡导"以万象为诗"。这种诗学话语,一个尤为根本之处,就是摆脱了江西诗学从"故纸"中寻求诗材的创作方法,强调的乃是回归"现实"和"自然"。南宋中兴诗人以"万象"为诗的群体选择,无疑是一种更具意义的诗学回归。也正因此,南宋中兴诗坛才逐渐从根本上荡涤了江西诗学的余弊,诗坛也进一步被激活,从而一步步走向中兴。

杨万里堪称一个典范。淳熙十四年(1187)杨万里作《诚斋荆溪集序》,回忆说,"予之诗,始学江西诸君子,既又学后山五字律,既又学半山老人七字绝句,晚乃学绝句于唐人。学之愈力,作之愈寡。尝与林谦之屡叹之",至淳熙五年(1178),"忽若有寤。于是辞谢唐人,及王、陈、江西诸君子皆不敢学",而后"万象毕来,献予诗材","涣然未觉作诗之难"②。在新的时代,在新的诗学感悟之中,杨万里终于走向现实和自然,以"万象"为"诗材",完成了其创作思想与诗学历程上最具意义的突破。淳熙六年(1179)至淳熙九年(1182),杨万里宦于广东,历任广东常平茶盐、提典刑狱等职。期间曾有平定"闽盗"入境之功,后以母丧离职,经过更为丰富的人生阅历,其眼界心胸更为阔大,此期诗作编入《南海集》。其中《正月十二日,游东坡白鹤峰故居。其北思无邪斋,真迹犹存》诗云:"不知天公爱佳句,曲与诗人为地头。诗人眼底高四海,万象不足供诗愁。"③在此,杨万里再次标举"四海"、"万象"乃创作之源,甚者说"四海"与"万象"皆"不足供诗愁"。杨万里还

---

① 蒋寅:《至法无法——古典诗学对技巧的终极观念》,《古典诗学的现代诠释》,北京:中华书局,2003年,第123页。
② 杨万里撰,辛更儒笺校:《杨万里集笺校》卷八〇,第3260页。
③ 杨万里撰,辛更儒笺校:《杨万里集笺校》卷一八,第911—912页。

有《云龙歌调陆务观》说："诗家不愁吟不彻,只愁天地无风月。"①《寒食雨中同舍人约游天竺,得十六绝句,呈陆务观》其九说:"城里哦诗枉断髭,山中物物是诗题。"②《下横山滩头望金华山》说:"闭门觅句非诗法,只是征行自有诗。"③从中可见杨万里广阔的题材取向和丰富的灵感来源,而回归现实和自然,既是一种诗学理论的升华,也是一种创作实践的提升。刘克庄即称"今人不能道语,被诚斋道尽"④。钱锺书先生亦指出,杨万里当然推崇江西派吕本中提出来的"活法",但是还不仅如此,根据他的实践以及"万象毕来"等话来看,可以说他努力要跟事物——主要是自然界——重新建立嫡亲母子的骨肉关系,要恢复耳目观感的天真状态。⑤

以万象为诗,让诗歌创作回归现实和自然,堪称是中兴诗人群体的自觉。淳熙三年(1176)尤袤建乐山堂,有诗云:"群山供笑傲,万象皆奔走。"⑥淳熙六年(1179)周必大有《兵部王仲行尚书惠诗叙近日直舍隔壁论诗说棋之戏次韵为谢尚书近录旧诗一篇为赠故并及之》云:"诗可弄万象,棋能消百忧。"⑦淳熙十三年(1186)范成大有《寄题永新张教授无尽藏》云:"削平丘垤孤峰峻,撤去藩篱万象宽。快诵老坡秋望赋,大千风月一毫端。"⑧史浩《赠天童英书记》云:"感物赋万象,如镜悬太虚。"⑨《次韵鲍以道天童育王道中吴体》云:"春供万象富远目,响答两地纷啼禽。"⑩员兴宗《诸公饮海棠下因赋韦陶体二首》其一云:"万象悬悲端,归卧山之阿。"⑪王质《登张安国右司官舍后阁》云:"参差万象罗双目,奔走文场供约束。"⑫如上所述,中兴诗人不约而同地倡导以"万象"为诗,反映出他们在诗学思想与创作方法上的一种共同倾向,那就是顺应中兴的时代,诗歌创作也要走向广阔的社会生活。这也正是陆游在《示子遹》中所说:"我初学诗日,但欲工藻绘;中年始少悟,渐若窥宏大……汝果欲学诗,工夫在诗外"⑬,《题庐陵萧

---

① 杨万里撰,辛更儒笺校:《杨万里集笺校》卷一九,第999—1000页。
② 杨万里撰,辛更儒笺校:《杨万里集笺校》卷二〇,第1008页。
③ 杨万里撰,辛更儒笺校:《杨万里集笺校》卷二六,第1356页。
④ 刘克庄:《后村先生大全集》卷一七四《诗话·前集》,《四部丛刊初编》本。
⑤ 钱锺书:《宋诗选注》,第161页。
⑥ 尤袤:《梁溪遗稿》卷一《乐山堂》,《影印文渊阁四库全书》第1149册,第511页。
⑦ 周必大:《庐陵周益国文忠公集》卷七,《宋集珍本丛刊》第51册,第187页。
⑧ 范成大:《范石湖集·石湖居士诗集》卷二六,第367页。
⑨ 史浩:《鄮峰真隐漫录》卷一,《宋集珍本丛刊》第42册,第769页。
⑩ 史浩:《鄮峰真隐漫录》卷一,《宋集珍本丛刊》第42册,第766页。
⑪ 员兴宗:《九华集》卷一,《宋集珍本丛刊》第56册,第191页。
⑫ 王质:《雪山集》卷一二,第145页。
⑬ 陆游著,钱仲联校注:《剑南诗稿校注》卷七八,第4263页。

彦毓秀才诗卷后》所说:"法不孤生自古同,痴人乃欲镂虚空。君诗妙处吾能识,正在山程水驿中"①。正因中兴诗人本着这种新的文学观念与创作方法,中兴诗坛的创作风貌也发生了群体性的突破。

以王十朋、王质、陆游、范成大、袁说友等中兴诗人为例,在孝宗之初,他们都怀着为国驱驰的理想,辗转游宦抗金前线蜀中,相似的人生经历,促使他们的诗歌发生了同样的转变。如王十朋乾道三年(1167)离夔州东归,沿长江三峡出蜀,经江陵,过洞庭,观岳阳楼,记录了沿途风土人物和所见所闻。其《洞庭湖》写道:"入笔波澜自今阔,胸中已有洞庭湖。"②《岳阳楼》又云:"后乐先忧记饱观,兹楼今始得凭栏。吐吞五水波涛阔,出纳三光境界宽。黄帝乐声喧广宙,湘君山影浸晴澜。江山何独助张说,收拾清诗上笔端。"③其诗写洞庭湖与岳阳楼,想象瑰奇,对仗工整,意象雄浑,境界阔大,确可谓得江山之助,写出了南宋中兴时期积极进取的一代士人特有的意气和胸襟。

王质乾道三年(1167)应虞允文之辟西行入蜀,三年后东归,撰《西征丛纪序》云:

> 丁亥(1167),余西征,自兴国至于利……戊子(1168),自利至于成都……己丑(1169),余东下,自利至兴国……是役也,宣抚虞公辟而西,制置晁公檄而东。事既,是岁又西,自兴国至于成都……至庚寅(1170)二月之五,得百有六日始达。司废,是岁又东,自成都至于兴国……是役也,晁公檄而西,晁公去,解而东。此再役本末也,竟四百有一日,万七千三百十有五里,其所经见博矣。州无巨于成都,汉次之。无秀于眉,阆次之。县无美于新繁。镇无集于蚕丛。关无险于剑门,饶风次之。市无翕于沙头,九支次之。楼无敞于成都之西楼,南定、岳阳次之。山无峻于房之外朝,鸡鸣、女娲次之。滩无难于汉初之峭门,石门、新滩次之。江无雄于大江。湖无广于洞庭。峡无伟于瞿唐。石无尊于滟滪。栈无危于朝天之龙洞。峰无妙于巫峡之神女。矶无猛于荆之高伏。溪无悍于堵阳之石口。庙无宏于江渎。寺无袤于大慈。见异无特于凤凰山之龙。访古无邈于成都之石室。画无老于汉殿之人物。碑无丰于学官之石经。遨游无夥于浣花。贸易无繁于药市。树无大于

---

① 陆游著,钱仲联校注:《剑南诗稿校注》卷五〇,第3021页。
② 王十朋:《宋王忠文公文集》卷四六,《宋集珍本丛刊》第44册,第360页。
③ 王十朋:《宋王忠文公文集》卷三七,《宋集珍本丛刊》第44册,第282页。

下岩之槐。花无茂于汉阴之山茶。兽无奇于郢之乌鹿。乌无珍于夔之花蜂。所见之杰者如此，推此类具言之，则亦有不可胜数者矣。余之悲歌，舒惨丰悴，皆可以追见，而耳目所增益，心志所开广，自知之而弗能言之。是纪也，事系日，日系月，月系年，如先儒式，而其文又随事系之，诗一百三十有九，词五十有一，记十，序六，铭二，他文皆非相关者弗载。自古经行天下，其著者惟司马子长、杜子美为广，其文若诗，皆宏伟洪博称之，岂不有所助哉！余所历非浅鲜矣，顾未见有所超者。所谓降才之殊非耶。虽然，其亦异夫昔矣。①

　　王质叙述了他应虞允文之辟西行入蜀，此后三年多的时间里两次往返行役于江南西路的兴国军与蜀中的利州、成都之间，行程近二万里的丰富经历和广泛见闻。王质称自己"耳目所增益，心志所开广"，"不可胜数"，此期创作的"诗一百三十有九，词五十有一，记十，序六，铭二"，均发生了"其亦异夫昔矣"的巨大变化。王质称这种趋向于"宏伟洪博"的诗学变化，主要即得益于自己"经行天下"的江山之助。考王质此期诗歌创作，确如其所言，有感时忧国的慷慨意气，又有志取中原的豪情壮怀，还有行役江湖、人生多艰的沉郁悲慨，其诗意象，或雄阔苍茫，或清新幽邃，或瑰奇萧森。例如他离蜀途中作《晚泊东流》："山高树多日出迟，食时雾露且雾霏。马蹄已踏两邮舍，人家渐夹双竹扉。冬青匝路野蜂乱，荞麦满园山鹊飞。明朝大江送吾去，万里天风吹客衣。"②此诗描写了峡路特有的景致、行役的艰辛与离家的客怀，而"明朝大江送吾去，万里天风吹客衣"一联，笔力雄健，意境阔大，襟怀沉郁，表现了诗人慷慨驱驰的情怀，透露着一股清壮之气，这也是中兴诗人特有的一种精神气韵。

　　孝宗淳熙初年范成大帅蜀，与陆游同在蜀中。陆游有《春愁》诗，范成大赋《陆务观作春愁曲悲甚，作诗反之》："东风本是繁华主，天地元无著愁处……病翁老矣痴复顽，风前一笑春无边"③，诗歌意象开阔，表现出诗人洒落的胸襟与乐观自信的情怀。袁说友亦尝帅蜀，期间作七古《登嘉州万景楼》云：

　　我行大江西，胜概数追逐。南楼岳阳上，雄绝快心目。今到西南第

① 王质：《雪山集》卷五，第42—43页。
② 王质：《雪山集》卷一四，第169页。
③ 范成大：《范石湖集·石湖居士诗集》卷一七，第246页。

一楼,嗟哉余子真碌碌。岩层嶂迭匝天外,蒲净葭丛蘸江曲。三峨之雪晚在望,九顶之云暗相矗。縈纡拱揖俨左右,吞吐澎湃环山腹。弥弥漭漭三万顷,何止江郊供远瞩。俯观大象欲堕地,仰摘星辰几可掬。一天万景不可状,尽付此楼归约束。危栏徙倚纳清观,蹁跹意已追鸿鹄。仙官五千九百到,我亦悠然立于独。雾收江际天接水,日动山尖光漾木。倚楼拍手叫青天,一笑江横送飞鹜。①

　　此诗紧扣"万景"这一诗题,极为生动地表现出万景楼变化万端的景象,意象飞动,境界雄奇。《四库全书总目》称赞袁说友:"五七言古体,则格调清新,意境开拓,置之石湖、剑南集中,淄渑未易辨别"②,可谓是中的之论。

　　此外,如淳熙中杨万里游宦广东,期间作《南海东庙浴日亭》:"南海端为四海魁,扶桑绝境信奇哉! 日从若木梢头转,潮到占城国里回。最爱五更红浪沸,忽吹万里紫霞开。天公管领诗人眼,银汉星槎借一来。"③赵善括作《纪游》:"桃花李花红更白,不觉东风扫踪迹。深山绿暗新树密,悬崖倒挂春空碧。泉声泻出万霹雳,长虹飞过三百尺……下瞰群峰五顽石,回首一笑天地窄。"④均是意象清新而奇伟、笔力充沛而气壮的佳作。

　　总之,"万象"这一范畴,已成为南宋中兴时期诗学话语中的"关键词"。杨万里曾称赵善括诗"皆感物而发,触兴而作,使古今百家、万象景物皆不能役我而役于我"⑤,正道出了中兴诗人以"万象"为诗的群体选择及其诗歌呈现出的总体精神气象,这是一种中兴的气象,源于南宋中兴这样一个特定的时代。而从南渡到中兴诗坛,这一转变是在孝宗时期完成的。最后,我们可以引用孝宗淳熙二年(1175)周必大所作的一联诗句作为总结:"南渡衣冠坠,俄然气象还。"⑥

---

①　袁说友:《东塘集》卷二,《宋集珍本丛刊》第64册,第240页。
②　永瑢等:《四库全书总目》卷一五九《东塘集提要》,第1374页。
③　杨万里撰,辛更儒笺校:《杨万里集笺校》卷一八,第918页。
④　赵善括:《应斋杂著》卷五,《影印文渊阁四库全书》第1159册,第49页。
⑤　杨万里撰,辛更儒笺校:《杨万里集笺校》卷八三《应斋杂著序》,第3340页。
⑥　周必大:《庐陵周益国文忠公集》卷六《凌阁学景夏挽诗二首》其一,《宋集珍本丛刊》第51册,第180页。

第八章　南宋中兴时期士风新变
与诗歌题材的开拓

南宋高宗到孝宗朝,政治文化生态发生重要演变,士林精神风貌也产生了显著变化,自孝宗至宁宗前期约半个世纪,社会文化出现中兴的局面。如丹纳所说,每个形势产生一种精神状态,接着产生一批与精神状态相适应的艺术品,客观形势与精神状态的更新一定能引起艺术的更新。① 高宗至中兴时期政治文化生态与士风的变化,对诗歌创作产生了深远影响。其中一个重要表现即体现在诗歌题材方面。本章拟从高宗时期士林生态与诗歌题材、中兴时期士风新变与使北诗歌题材等方面,就南宋中兴时期士风新变与诗歌题材的开拓问题展开讨论。

第一节　贬谪与奔竞:高宗时期士林生态与诗歌题材

高宗时期的和议国策与君相集权、轻文取向与文化专制,成为此期政治文化的基本特征。而生活在这个时代的士人,也由此面临着人生的抉择:一方面是励精图治、恢复中原的义不容辞的历史责任;一方面是因循苟且、谨守半壁江山和为屈辱的时代歌功颂德。士人不同的人生取向,必然决定其不同的命运,同时也决定了其文学创作的基本面貌。高宗时期,在士林的抉择与分流中,出现两个明显的趋向:一是贬谪,一是奔竞。相应地,在高宗时期诗坛上也出现了贬谪与奔竞这两种截然不同的文学主题,反映出特定时期士风与诗风的两种主要走向。

一、贬谪之作

魏了翁称,"自戊午(1138)和戎,胡忠简以言语得罪,十有八年之间,窜逐者相望"②。李心传《建炎以来系年要录》记载,秦桧擅权期间"日使士人歌诵太平、中兴圣政之美,故言路绝矣。士人稍有政声名誉者,必斥逐

---

① 〔法〕丹纳著,傅雷译:《艺术哲学》,合肥:安徽文艺出版社,1998年,第102—103页。
② 魏了翁:《鹤山先生大全文集》卷六二《跋张忠献公所与张忠简阃三帖》,《四部丛刊初编》本。

之"①。事实上,在南宋高宗一朝,士人因主张抗金、抵制和议或立身正直而遭到贬谪斥逐,并非始于绍兴戊午(1138)秦桧再相,早在建炎初年黄潜善任相之际便已启其端。而其中遭到贬谪或放逐的,许多都是朝中主张抗金的中流砥柱和志节之士,同时又是南渡诗坛的重要诗人。兹统计示例如下:

表8-1　高宗朝贬谪诗人统计示例表

时　间	人　物	史　　事	资料出处
建炎元年 (1127)	李　纲 向子諲	李纲罢相,直龙图阁江淮发运副使向子諲不久亦罢,因"子諲为李纲所喜,故黄潜善斥之"。	《建炎以来系年要录》卷九,第214页
绍兴二年 (1132)	李　光	吕颐浩论江南东路安抚大使兼知建康府李光与李纲"结成党与,牢不可破","上以为然"。因此李光落职。	《建炎以来系年要录》卷五八,第1014页
绍兴八年 (1138)	吕本中	哲宗实录成,赵鼎迁仆射,中书舍人兼直学士院吕本中草制,有曰:"合晋、楚之成,不若尊王而贱霸;散牛、李之党,未如明是以去非。"秦桧大怒,指使御史萧振劾罢之。	《宋史》卷三七六,第11637页
绍兴八年 (1138)	胡　铨 范如圭 曾　开	赵鼎罢相,秦桧赞高宗决策通和,"枢密院编修官胡铨上疏乞斩桧,校书郎范如圭以书责桧曲学背师,忘仇辱国,礼部侍郎曾开抗声引古谊以折桧,相继贬逐"。	《宋史》卷三八二,第11775页
绍兴八年 (1138)	曾　几	曾几之兄曾开为礼部侍郎,"与秦桧力争和议,桧怒,开去,几亦罢"。	《宋史》卷三八二,第11767页
绍兴十二年 (1142)	李弥逊	秦桧"乘金兵既败,收诸路兵,复通和好,追仇向者尽言之臣,嗾言者论(李)弥逊与赵鼎、王庶、曾开四人同沮和议。于是弥逊落职"。	《宋史》卷三八二,第11776页
绍兴十三年 (1143)	张九成	右司谏詹大方言:"顷者鼓唱浮言,(张)九成实为之首,径山僧宗杲从而和之。今宗杲已远窜,为之首者,岂可置而不问? 望罢九成宫观,投之远方,以为倾邪者之戒。"因此罢张九成奉议郎之职,令南安军居住。	《建炎以来系年要录》卷一四九,第2393—2394页
绍兴十五年 (1145)	黄公度	侍御史汪勃弹劾黄公度"欲为赵鼎游说,阴怀向背"。朝廷遂罢黄公度秘书省正字之职。	《建炎以来系年要录》卷一五四,第2491页

①　李心传:《建炎以来系年要录》卷一六九,第2772页。

时间	人物	史　事	资料出处
绍兴十六年 （1146）	游　操	御史中丞何若论权尚书礼部侍郎游操"尝阿附赵鼎。鼎既贬逐，操犹书问不绝"。游操被罢职。	《建炎以来系年要录》卷一五五，第2520页
绍兴十六年 （1146）	朱敦儒	右谏议大夫汪勃论朱敦儒"专立异论，与李光交通，望特赐处分"。朝廷罢朱敦儒两浙东路提点刑狱之职。	《建炎以来系年要录》卷一五五，第2520页
绍兴十九年 （1149）	胡　宁	秦桧得知胡寅生活贫困，赠以白金，而胡寅报书曰："愿公修政任贤，勿替初志，尊王攘狄，以开后功。"秦桧以为讥己，始怒之。侍御史曹筠即奏胡宁兄胡寅阿附赵鼎，胡宁由此受到牵连，被免尚书祠部员外郎，充夔州路安抚司参议。	《建炎以来系年要录》卷一六〇，第2601页
绍兴二十五年 （1155）	李孟津	侍御史董德元论李光之子李孟津之罪，"孟津令绍兴府羁管。李光之得罪也，其弟宽亦被罗织，除名勒停。长子孟传、中子孟醇皆徙行死贬所。仲子孟坚以私史事对狱，掠治百余日，除名编管。孟津其季子也，至是亦抵罪，田园居第，悉皆籍没，一家残破"。	《建炎以来系年要录》卷一六八，第2747页
绍兴二十五年 （1155）	张　浚	张浚谪居永州，秦桧"犹忌浚，故俾（张）柄与汪召锡共察之"。	《建炎以来系年要录》卷一六九，第2762页

　　上表所列遭到贬谪的人物中，如李纲、向子諲、李光、吕本中、胡铨、曾几、李弥逊、黄公度、朱敦儒等，均是高宗时期重要诗人。当然，高宗时期因各种原因而被贬谪的诗人远不止这些，但仅此已足可看出当时贬谪诗人之众。正因为出现众多贬谪诗人，贬谪文学成为高宗时期诗坛的一个重要主题。方回云：

　　　　迁客流人之作，唐诗中多有之。伯奇摈，屈原放，处人伦之不幸也。或实有咎责而献靖省循，或非其罪而安之若命。①

　　方回道出了中国文学史上诗经和楚辞这两大贬谪文学的源头，并指出迁客流人之作以唐诗中尤多。事实上，高宗朝虽然只有短短三十九年，但贬谪文学也蔚为大观，并且表现出鲜明的时代特色。

---

① 方回选评，李庆甲集评校点：《瀛奎律髓汇评》卷四三，第1537页。

首先,高宗朝贬谪诗人能够相互砥砺和安慰,表现出一种为国家民族大义和个人气节而义无反顾的气概。

建炎元年(1127)李纲罢相,向子諲也由于李纲所喜而遭黄潜善贬斥。建炎四年(1130)李纲自南海归来,途中作《闻长沙军变向伯恭能弹治》云:"我归自南得之传,颇欣祖生先着鞭……洒扫海内清戈鋋,使我衰病安庐田。"①虽然刚遭远贬,但李纲在诗中表达了与向子諲相互勉励,立志扫清中原的情怀,毫无摧颓之气。绍兴二年(1132),吕颐浩论李光与李纲相互结党,因此李光亦落职。绍兴四年(1134)李纲作《奉寄李泰发端明》云:"一别东吴不记年,饱经忧患各林泉……越溪闽岭无多地,步月看云只黯然。"②表达了与同样饱经忧患的友人李光的相互慰藉之情。

在秦桧力主和议之际,汪应辰尝上疏奏和议之非,《宋史》记载:

> 秦桧大不悦,出通判建州,遂请祠以归。寓居常山之永年院,蓬蒿满径,一室萧然,饘粥不继,人不堪其忧,处之裕如也……张九成谪邵州,交游皆绝,应辰时通问。及其丧父,言者犹攻之,而应辰不远千里往吊,人皆危之……丞相赵鼎死朱崖,扶丧过郡,应辰为文祭之……其子借三兵以归,道出衢州,章杰为守,希桧意,指应辰为阿附,为死党,符移讯鞫,编搜行橐,求祭文不可得……流落岭峤十有七年。③

汪应辰遭到贬谪而流落岭南之际,虽然粥食不继,却"处之裕如",并且常常与当时贬谪邵州的张九成书信沟通,还为贬死朱崖的丞相赵鼎作祭文,以至于险遭秦桧等人再次迫害,但汪应辰仍然处之泰然。而赵鼎贬谪朱崖之际,同样表现出慷慨气节。陆游《老学庵笔记》称,赵鼎"谪朱崖,病呕,自书铭旌云:'身骑箕尾归天上,气作山河壮本朝'"④。

曾几和李光也相互砥砺。秦桧贬赵鼎、李光、胡铨后,赵鼎不幸先卒,李光、胡铨皆生还。曾几有《闻李泰发参政得旨自便将归以诗迓之》赠李光云:"苦遭前政堕危机,二十余年咏式微。天上谪仙皆欲杀,海滨大老竟来归。故园松菊犹存否,旧日人民果是非。最小郎君今弱冠,别时闻道不胜衣。"⑤表达了对李光贬谪归来的欣喜之情。李光卒后,曾几又有《挽李泰发

---

① 李纲著,王瑞明点校:《李纲全集》卷二五,第329页。
② 李纲著,王瑞明点校:《李纲全集》卷三一,第409页。
③ 脱脱等:《宋史》卷三八七《汪应辰传》,第11877—11882页。
④ 陆游撰,李剑雄、刘德权点校:《老学庵笔记》卷一,第2页。
⑤ 曾几:《茶山集》卷五,第53—54页。

参政三首》,其一云:"公昔遭前政,忠精不少衰。立谈廷争地,上疏里居时。意气南山在,名声北斗垂。"其三云:"道义曾无间,因依遂有连……不令成此段,泣涕问苍天。"①曾几称赞李光虽遭远谪,但忠精和意气不衰,可见二人以道义相交的笃厚情谊。

绍兴八年(1138)秦桧力主和议,时胡铨为编修官,上书乞斩王伦、秦桧等人,秦桧大怒,请高宗下诏将其除名,编管昭州,结果由于朝臣挽救,朝廷就以胡铨监广州盐仓,改签书威武军判官。绍兴十一年(1141)宋金正式签订和议,次年谏官罗汝楫即弹劾胡铨非议和议,朝廷诏将其除名,编管新州。时正值宋金刚刚签订和议,秦桧又开始专政,士大夫害怕受到牵连,竟没人敢和胡铨交谈。岳珂《桯史》即称"胡忠简铨既上乞斩秦桧,掇新州之祸,直声振天壤。一时士大夫畏罪箝舌,莫敢与立谈"②。就在此时,王庭珪却不惧危险,赋诗为胡铨送行,有《送胡邦衡之新州贬所二首》,其一说:"囊封初上九重关,是日清都虎豹闲。百辟动容观奏牍,几人回首愧朝班。名高北斗星辰上,身堕南州瘴海间。不待他年公议出,汉廷行召贾生还。"其二称:"大厦元非一木支,欲将独力拄倾危。痴儿不了公家事,男子要为天下奇。当日奸谀皆胆落,平生忠义只心知。端能饱吃新州饭,在处江山足护持。"③王庭珪同情胡铨身堕瘴乡的遭遇,高度赞扬胡铨反对和议、痛斥奸谀的忠义之气。数年后,王庭珪被人告发,被除名,编管辰州,秦桧死后,方许自便。胡铨与王庭珪前仆后继、相互砥砺的精神,确可谓书写了"男子要为天下奇"的一段传奇,二人也由此结下了一生的情谊。④ 由上所述,可见高宗时期贬谪诗人并未被打击所摧折的精神风貌。

其次,高宗朝贬谪诗人也抒写远贬的生活与黯然心态,但悲而不颓,不

---

① 曾几:《茶山集》卷四,第43—44页。
② 岳珂撰,吴企明点校:《桯史》卷一二《王卢溪送胡忠简》,第133页。
③ 王庭珪:《卢溪先生文集》卷一三,《宋集珍本丛刊》第34册,第580页。
④ 绍兴年间王庭珪冒死以诗送别胡铨,二人声气相求、相互砥砺,直至孝宗朝,还有值得注意的交往和情缘。据记载,乾道年间孝宗痛惜高宗朝文人士大夫的贬斥流落,于是号召逐客,搜访诗人,胡铨遂有《荐贤录》上于孝宗,推荐15人,"以王庭珪为首"(张端义:《贵耳集》卷中,第28页)。胡铨这次推荐的,事实上还有南宋大儒朱熹、著名诗人杨万里。而在名士云集的《荐贤录》中,胡铨以王庭珪为首,其原因,除了王庭珪较年长之外,恐怕还与二人在高宗朝结下的生死情谊密切相关。胡铨推荐之后,孝宗召见了王庭珪,称他"粹然耆儒,凛有直节",君臣"一见语合",王庭珪除国子监主簿、直敷文阁。当时,王庭珪已年过八十,"平生工诗,至是格力雄健,兴寄高远"(周必大:《庐陵周益国文忠公集》卷二九《左承奉郎直敷文阁主管台州崇道观王公廷珪行状》,《宋集珍本丛刊》第51册,第353—354页)。从高宗朝到孝宗朝,首尾数十年间,胡铨与王庭珪前仆后继,惺惺相惜,确实令人称道。

失志士之操。

建炎元年(1127)秋李纲罢相后,作《九日与申伯叔易小饮》说:"自哂三朝为逐客,常于九日旅殊方。十年往返成何事? 赢得萧萧满鬓霜"①。《秋夜有怀二首》其一说:"草木又摇落,关河方阻深。龙庭空入梦,雁足不传音。黄伞游何处? 苍生思至今。娟娟江汉月,空照逐臣心"②。这些作品,均抒发了作者贬逐之际的黯然情怀。但是,李纲的精神并未就此而摧颓。建炎四年(1130)清明,李纲自序其诗云:

> 建炎改元之秋,丐罢机政,其冬谪居武昌,明年移澧浦,又明年迁海外。自江湖涉岭海,皆骚人放逐之乡,与魑魅荒绝,非人所居之地,郁悒无聊,则复赖诗句摅忧娱悲,以自陶写。③

李纲远谪之际反而更加创作不辍,以诗歌的形式摅忧娱悲,陶写情怀,创作了大量的贬谪作品,在南渡诗人中尤为突出。如《和渊明〈贫士〉诗七首》其六:"自我去廊庙,远举如飞蓬。殉道敢怀禄,谋身殊未工。空余耿耿心,不惭楚两龚。幸然诸季贤,意气与我同。"④可见作者忠耿与意气依旧,并且以处境及情怀相同的贤士自我宽慰。

绍兴十二年(1142)秦桧指使言者论李弥逊与赵鼎、王庶、曾开四人同沮和议,于是李弥逊落职,"十余年间不通时相书,不请磨勘,不乞任子,不序封爵,以终其身",然而李弥逊却"常忧国,无怨怼意"⑤。同时李弥逊还能在山野林泉、友人交往和文学创作中进行自我情感的舒解。如《初到连江和林公烨先辈》:"投老身名信陆沉,欲将白发寄遥岑。赋诗未敢施彭泽,抱瓮真堪友汉阴。江面飞桥夸壮丽,山腰卧石闾幽深。公才清绝参奇观,慰我长年去国心。"⑥楼钥《筠溪文集序》即评论李弥逊:"外补,去国之际,犹拳拳以立国待夷狄之大计为言……哦诗自娱,笔力愈伟"⑦。

曾几因其兄曾开与秦桧力争和议,与曾开一道同遭贬逐,但曾几与曾开等人仍然保持着高风亮节。《宋史》论曰:"秦桧主和,甘心屈己……曾几积

---

① 李纲著,王瑞明点校:《李纲全集》卷一七,第217页。
② 李纲著,王瑞明点校:《李纲全集》卷二〇,第260页。
③ 李纲著,王瑞明点校:《李纲全集》卷一七,第213页。
④ 李纲著,王瑞明点校:《李纲全集》卷二〇,第267页。
⑤ 脱脱等:《宋史》卷三八二《李弥逊传》,第11776页。
⑥ 李弥逊:《筠溪集》卷一六,《影印文渊阁四库全书》第1130册,第742页。
⑦ 楼钥:《攻媿集》卷五二,第715页。

学洁行,风节凛凛……弥逊、曾开同沮和议,废绌以没,无怨怼心,所谓临大节而不可夺者欤!"①曾几尝有《玩鸥亭》诗云:"晚遭忌刻泛湘水,众为不乐公欣欢。白鸥无数没浩荡,相亲相近俄相安。"②曾几此诗,即写自己虽遭遇贬谪,但能够寄身山林,自我安顿其身心。

楼钥《跋李庄简公与其壻曹纯老帖》论:"韩文公潮州表,柳河东囚山,刘宾客谪九年,文愈奇而气愈下。盛哉,本朝诸公……庄简公流窜濒死,重以爱子之戚,尤所难堪。家书中言议振发……其气何如哉!"③诚如楼钥所言,唐代韩愈、柳宗元、刘禹锡等人被贬谪后"文愈奇而气愈下",而南渡士人李光等人被贬谪后则是"言议振发,略不少贬"。如果说,我们从唐代贬谪诗人身上看到的是文士特质,那么南渡时期贬谪诗人则更显志士本色。

二、奔竞之风

高宗时期虽然涌现出不少志节之士,但也有一大批士人或是出于谋取爵禄,或是出于安身远祸,因此迎合时好,为朝廷和当权者歌功颂德,形成一股持续不衰的奔竞之风。这一风气也影响到文学领域,催生了大量奔竞之作。

早在宋室南渡之初,许多正直士大夫即已经指出了这种士风之弊。如建炎二年(1128)宗泽上疏说,"今之士大夫,志气每下,议论卑陋。上者不过持禄保宠,下者不过便文自营"④。绍兴五年(1135)李纲论,"近年士风尤薄,随时好恶,以取士资;不顾国体,惟欲进身;不核事实,惟欲伤人;大骂则大进,小诋则小迁;翕訾成风"⑤。同年,赵鼎为尚书左仆射,"尊程颐之学,一时学者,皆聚于朝。然鼎不及见颐,故有伪称伊川门人以求进者,亦蒙擢用"⑥。可见,有些士人为了一己之利,可谓无所不行。

尤其是在绍兴十一年(1141)宋金签订和议和秦桧专相之后,高宗君臣为了粉饰升平,在推行文禁的同时,又为歌功颂德的文学创作大开方便之门。如绍兴十二年(1142)左朝散郎黄达如建议:"太后回銮,梓宫还阙,兹为盛事。望宣付史馆,仍令词臣作为歌诗,荐之郊庙。然后褒功罚罪,大明

① 脱脱等:《宋史》卷三八二,第11778页。
② 曾几:《茶山集》卷三,第27页。
③ 楼钥:《攻媿集》卷七三,第984页。
④ 李心传:《建炎以来系年要录》卷一四,第299页。
⑤ 李心传:《建炎以来系年要录》卷八七,第1454页。
⑥ 李心传:《建炎以来系年要录》卷八八,第1477页。

黜陟",高宗采纳其建议,朝廷由此广采歌诗,润饰太平。① 绍兴二十二年
(1152)高宗又谓大臣曰:"近有士人投献诗赋之类,其间文理可采者,可取
旨与免文解。"②正是在这样的背景下,绍兴和议后奔竞之风一时臻至极盛。
沈松勤先生曾对绍兴和议期间的文丐奔竞作了深入论述。③ 兹据李心传
《建炎以来系年要录》略作考述示例如下:

表8-2　高宗朝奔竞事迹统计示例表

时间	史　事	资料出处
绍兴十二年 (1142)	朝廷诏士人进献赋颂,"献赋颂者千余人,而文理可采者近四百人"。	《建炎以来系年要录》卷一四七,第 2367 页
绍兴十二年 (1142)	高宗御射殿,引正奏名进士唱名,陈诚之策言:"汉高祖解平城而归,饰女子以配单于……光武卑辞厚币,以礼匈奴之使……盖帝王之度量,兼爱中外之民,不忍争寻常以毙吾之赤子也"。陈诚之因迎合屈己议和的一番策论,被朝廷策为第二。	《建炎以来系年要录》卷一四五,第 2320—2321 页
绍兴十三年 (1143)	曾因降敌失官的王仲嶷献《绍兴圣德颂》于朝,遂复显谟阁待制致仕。	《建炎以来系年要录》卷一五〇,第 2415 页
绍兴十七年 (1147)	婺州进士施谔进《中兴颂》、《行都赋》各一首,《绍兴雅》十篇,"诏永免文解"。	《建炎以来系年要录》卷一五六,第 2547 页
绍兴十八年 (1148)	敷文阁待制张嵲"献《绍兴中兴复古诗》,诏嘉奖"。	《建炎以来系年要录》卷一五八,第 2562 页
绍兴二十一年 (1151)	秦桧生辰,大理少卿李如冈"为百韵诗以献",秦桧喜,命李如冈权尚书吏部侍郎。	《建炎以来系年要录》卷一六二,第 2629 页
绍兴二十三年 (1153)	左承议郎王之望"自荆门代归,献启于太师秦桧,历叙劳绩,每句疏解其下,凡数千言。又上少保秦熺书,颂其德合于坤之六二,熺喜"。遂命王之望提举荆湖南路常平茶盐公事。	《建炎以来系年要录》卷一六五,第 2697 页
绍兴二十五年 (1155)	知静江府吕愿中以静江府有驿名秦城,"约宾寮共赋《秦城王气诗》,以侈其事",朝廷遂诏吕愿中赴行在奏事。	《建炎以来系年要录》卷一六八,第 2744 页

除上表统计示例之外,宋人文集、笔记等文献中还有许多反映和记载。
如南渡诗人周紫芝《太仓稊米集》中,歌功颂德之作俯拾皆是,清四库馆臣

---

① 李心传:《建炎以来系年要录》卷一四七,第 2364 页。
② 李心传:《建炎以来系年要录》卷一六三,第 2652 页。
③ 沈松勤:《从高压政治到"文丐奔竞"——论"绍兴和议"期间的文学生态》,《文学遗产》
2003 年第 3 期。

论之尤详:

> 《太仓稊米集》七十卷。宋周紫芝撰。紫芝字少隐,宣城人。绍兴
> 中登第。历官枢密院编修官,出知兴国军。自号竹坡居士。是集乐府
> 诗四十三卷,文二十七卷。前载唐文若、陈天麟及紫芝自序。集中《闷
> 题》一首注云"壬戌岁始得官,时年六十一"。是紫芝通籍馆阁,业已暮
> 年,可以无所干乞。而集中有《时宰生日乐府四首》,又《时宰生日乐府
> 三首》,又《时宰生日乐府七首》,又《时宰生日诗三十绝句》,又《时宰
> 生日五言古诗六首》,皆为秦桧而作。《秦少保生日七言古诗二首》,
> 《秦观文生日七言排律三十韵》,皆为秦熺而作。又《大宋中兴颂》一篇
> 亦归美于桧,称为元臣良弼。与张嵲《绍兴复古颂》,用意相类。殊为
> 老而无耻,贻玷汗青。①

周紫芝为绍兴进士,仕于高宗朝,陈振孙《直斋书录解题》、《宋史·艺
文志》等均记载其《太仓稊米集》七十卷。据四库馆臣的考证和评述,可见
周紫芝在高宗朝秦桧专政期间,写下大量谀颂秦桧及朝廷的诗文作品。考
周紫芝文集中为秦桧所撰《时宰生日乐府四首》,尚有多达数百字的长篇自
序称:

> 岁十有二月二十有五日,太师魏国公之寿日也。凡缙绅大夫之在
> 有位者,莫不相与作为歌诗,以纪盛德而归成功。篇什之富,烂然如云,
> 至于汗牛充宇,不可纪极。所以祈赞寿龄,无所不至,猗欤盛哉,昔未有
> 也。某绵陋不才,加以门薄而地寒,人微而器窳,如瓦釜囊瓢,宜在草
> 野。虽欲挽而致之,与鼎俎笾豆之器杂然前陈于郊社燕享之间,有所不
> 可。而钧播之下,万化斡旋,根荄飞走,并用无遗。前者拔自笔库,置之
> 省闼,俾司吏牍以主其藏,虽未得与鼎俎笾豆之器杂然前陈,固已不在
> 草野间矣。感激之私,无以自发,方且含茹吻颊之间而不得吐。会都人
> 士夫奔走为寿,得不呈露鄙素,为下俚之辞,尾贺客而前,以谒钧庭之下
> 乎?乃作乐府四章,再拜而献。倘欲被之金石,流之管弦,与一代之乐
> 谐和韶濩,则有所不敢。至若附魏晋以还曹刘诸人残音余韵,流传后
> 来,则又非其人也。譬如茂林时鸟,感动至和,而振翮一鸣,盖有不知其
> 所以然而然者。仰惟真人出御大宝,由中兴以来,每遇是日,必即大第,

赐湛恩之燕,赐钧天之乐,所以宠异师臣以示旌功报德之意。考诸旧牒,所未前闻,乃作《御燕曲》。朝庭修两国之好,结百年之盟,休兵息战,使各保其骨肉父子之亲,公之阴德,岁所全活,不可以巨万计。天下休休乎日向于安平泰定之域,系公德是赖,乃作《班师行》。时方偃武,文教诞敷,民和年丰,国足财阜。礼之坠者复振,乐之废者更新,百度彰明,万邦悦附。实我周公迈衡之政,乃作《升平谣》。四方无虞,五兵不试,国肃以清,民庶以宁。当是时也,家被更生之赐,人怀欲报之心。皇天无私,仁者必寿,此天之所以归德于公也,乃作《祈年歌》。窃惟公之洪猷茂烈,度越旷世,虽盈编溢册,不能具载。而质之四诗,亦可概见。后之贤者,闻而悦之,将欲鼓之舞之,长言而永歌之,庶几或有取于斯焉。谨序。①

周紫芝自序,不仅反映出他不遗余力为秦桧及朝廷歌功颂德的姿态,还揭示了绍兴年间每当秦桧生日之际,"都人士夫奔走为寿","凡缙绅大夫之在有位者,莫不相与作为歌诗,以纪盛德而归成功",而"篇什之富,烂然如云,至于汗牛充宇,不可纪极",并且"祈赞寿龄,无所不至"。可以说,周紫芝这篇谀颂秦桧生日而作的自序极具典型意义,深刻揭示出那个时代文人士大夫群体或迫于高压或发自内心而奔竞权门、谀颂升平的普遍风气。

又如陆游《老学庵笔记》记载:

秦会之有十客:曹冠以教其孙为门客,王会以妇弟为亲客,郭知运以离婚为逐客,吴益以爱婿为娇客,施全以割刃为刺客,李季以设醮奏章为羽客,某人以治产为庄客,丁禩以出入其家为狎客,曹泳以献计取林一飞还作子为说客。初止有此九客耳。秦既死,葬于建康,有蜀人史叔夜者,怀鸡絮,号恸墓前,其家大喜,因厚遗之,遂为吊客,足十客之数。②

陆游《老学庵笔记》所记,与周紫芝《时宰生日乐府四首》自序堪称可以互为补充,相互印证。陆游也详细具体地披露了秦桧门下形形色色的奔竞之客,乃至于在秦桧故去之后,还有人为之奔竞不止,可谓穷形尽相,入骨三分。

———————

① 周紫芝:《太仓稊米集》卷二五,《影印文渊阁四库全书》第1141册,第168—170页。
② 陆游撰,李剑雄、刘德权点校:《老学庵笔记》卷三,第31页。

当然,高宗时期的奔竞之士和奔竞之作远远不止这些,但由此已可看出高宗时期士人奔竞风气之盛。显然,因奔竞而催生的诗文作品大多了无真情实感,失去此期多数贬谪诗人身上表现出来的那种慷慨大义和应有的血性,不过我们也藉此可以看到南渡初期丰富复杂的士人心态,看到政治文化生态对于文学的深刻影响,因此它们同样具有特定历史文化内涵与认识意义。

第二节　使北之作:中兴时期士风新变与诗歌题材的开拓

南宋中兴时期,政治文化生态与士风发生新的变化,对中兴诗坛产生了深远影响,其中一个重要方面即表现在中兴时期使北诗歌题材的开拓。南宋士人北上出使金朝的活动及其使北文学,始自南渡初期,至中兴时期,随着使北诗歌创作的勃兴,使北诗成为一种突出的文学题材,以其丰富深厚的时代内涵与新的艺术特质展示了此期特定的社会文化生态与文学形态,具有独特历史与文学史意义。近年来有关南宋士人的使北活动与创作受到学界愈来愈多的关注[1],但目前学者还较少结合宋室南渡后近百年间政治文化与士风演变,考察南宋士人使北活动及其创作的发展历程与代际性变化。因此本节试图文史结合,从历时性角度,就南宋中兴时期士风新变与使北诗歌题材的开拓问题展开较为系统的探讨,以期从一个特定角度拓展我们对南宋中兴诗坛发展演进的历史面貌及其内在动因的认识。

一、南宋初期士人使北活动及诗歌创作

两宋先后与辽、西夏、金、大理、蒙元等毗邻,大部分时间里与周边政权都是和平相处状态,存在往来交聘或朝贡,即使在战争的年代,也不时有使

---

① 相关研究成果,著作如赵永春《金宋关系史》(北京:人民出版社,2005 年)、胡传志《宋金文学的交融与演进》(北京:北京大学出版社,2013 年)、李辉《宋金交聘制度研究(1127—1234)》(上海:上海古籍出版社,2014 年)等;论文主要有:景宏业《范成大出使金国所作诗艺术蠡测》(《晋阳学刊》1997 年第 6 期)、胡传志《论南宋使金文人的创作》(《文学遗产》2003 年第 5 期)、张高评《南宋使金诗与边塞诗之转折》(载莫砺锋主编《第二届宋代文学国际研讨会论文集》,南京:江苏教育出版社,2003 年,第 395—443 页)、沈如泉《宋人洪迈使金事迹考论》(《史学月刊》2006 年第 7 期)、张荣东《宋人使金诗考》(《北方论丛》2006 年第 4 期)、吴河清《论曹勋的使金诗》(《文学遗产》2007 年第 5 期)、李静《洪皓使金与词的创作、传播》(《北京大学学报》2008 年第 4 期)、刘春霞《朱弁使金诗初探》(《西华师范大学学报》2008 年第 5 期)、刘珺珺《许及之北征组诗中地理信息的诗学解读》(《中国典籍与文化》2011 年第 4 期)等。

节交往。① 其中南宋士人的使金活动与文学创作受到学者较多关注,特别如洪皓、曹勋、范成大等人。然而若要更加系统深入地了解南宋士人使北活动的历史变化及使北诗歌题材的发展演进,则须转换视角,进行更为细致的历时性考察。

有关南宋初期高宗朝三十多年间的宋金交聘活动,比较集中的文献记载主要见于脱脱等《金史·交聘表》。李心传《建炎以来系年要录》、徐梦莘《三朝北盟会编》、脱脱等《宋史》、徐松《宋会要辑稿》亦有较多记载。还有一些宋人文集、笔记等保存有相关资料。《金史·交聘表》中有些交聘活动使副姓名未有记载,并缺略一些史事。李辉《宋金交聘制度研究(1127—1234)》在其基础上予以考证,列《南宋国信使表》,补充了不少使副姓名和一些史事。② 宋朝使节按其活动主要有两类:礼仪使和泛使。礼仪使承担常规的往来交聘,又称"常使"③,具体活动如贺正旦、贺金主生辰、告哀、献君主遗留物、报谢、吊祭、贺登位、报即位等。泛使又称专使,乃非常时期派出的使节,往往承担特殊使命,如通问、通谢、祈请等。据文献记载,高宗朝礼仪使、泛使活动都很多,包括谋求议和,祈请河南失地及赵宋皇室寝陵地,祈请徽宗、钦宗及高宗母韦氏归宋等重要活动。可以看出,在政治上南宋是完全处于下风的。

就高宗及使北士人心态与精神风貌来看,亦少有振作之举。重点表现在三个方面:其一,南宋遣人使北之际,君主忍辱苟和,务求偏安。如绍兴十一年(1141)宋金议和,曹勋使金,临行,高宗涕泗横流,请曹勋央求金主,"使父兄子母如初,则此恩当子孙千万年不忘"④。次年金策高宗为宋帝,以徽宗等三丧及高宗母韦氏归宋,南宋称臣纳贡。其二,南宋士人往往不愿或不敢担当使北之任。如建炎元年(1127)宋廷欲遣徐秉哲充大金通问使,

---

① 如陶晋生先生指出,在北宋一百六十多年中,宋辽和平期间共一百二十余年,大部分时间里宋辽都是有使节往来的兄弟之邦(陶晋生:《宋辽关系史研究》,台北:联经出版事业公司,1984年,第23—38页)。赵永春亦指出,宋金关系史是中国民族关系史中的重要组成部分,宋金关系的主流,不是战争和对立,而是和平相处,无论战争还是和平,双方的政治、经济、文化交流都没有中断(赵永春:《金宋关系史·绪论》,北京:人民出版社,2005年,第1—9页)。而关于宋代朝贡关系问题,详可参看李云泉《万邦来朝:朝贡制度史论》(北京:新华出版社,2014年)、黄纯艳《宋代朝贡体系研究》(北京:商务印书馆,2014年)等。
② 李辉:《宋金交聘制度研究(1127—1234)》,上海:上海古籍出版社,2014年,第168—181页。
③ 李心传撰,徐规点校:《建炎以来朝野杂记》乙集卷一二《奉使入北境车子数》,第700页。
④ 李心传:《建炎以来系年要录》卷一四二,第2291页。

"秉哲不受"①。绍兴三年（1133）宋遣参知政事席益使金，席益"以母老辞"②。绍兴三十一年（1161）完颜亮为侵宋，欲自中都迁都开封，宋廷不知虚实，议遣称贺使，同知枢密院事周麟之尝于绍兴二十九年（1159）以翰林学士使金告韦太后哀，遂请行。③ 即将出使之际，忽闻金将大举南侵，"麟之大恐"，"卒辞之"④。其三，南宋使臣面见金人，常唯唯诺诺，或惊惧怯懦，辱没国体。如绍兴二十一年（1151）巫伋使金，乞修奉寝陵、迎请钦宗及本朝称皇帝等事，金主拒绝，巫伋不敢争辩，"唯唯而退"⑤。绍兴三十一年（1161）完颜亮欲迁都，宋遣徐哲、张抡使金称贺，二人至盱眙，见金翰林侍讲学士韩汝嘉，会谈中徐哲"战灼无语"，张抡也战战兢兢。⑥ 要之，高宗朝不仅是君主怯懦，许多士人对使金亦可谓谈虎色变。《宋史》即论，"建炎、绍兴之际，凡使金者，如探虎口，能全节而归，若朱弁、张邵、洪皓其庶几乎"⑦。究其原因，当源自多个方面，如高宗时期宋金实力的客观差距、宋廷一贯妥协偏安的政策、靖康以来许多士人畏惧金人的心理、南渡初期不少使臣被金羁押扣留的事实等。⑧ 可以说，除洪皓等个别使臣气节为世所称⑨，高宗时期使北士人普遍缺乏图强自振的精神与慷慨豪情，士风是比较萎靡的。

不过南宋使北文学创作则始于高宗时期。此期使北士人，有些是其使北活动激发了时人创作，如韩肖胄、胡松年等。⑩ 有些则是其自身就有使北创作，如朱弁、洪皓、张邵、曹勋、周麟之等。南宋初朱弁、洪皓、张邵先后使

---

① 李心传：《建炎以来系年要录》卷六，第 141—142 页。
② 李心传：《建炎以来系年要录》卷七一，第 1196 页。
③ 李心传：《建炎以来系年要录》卷一八九，第 3167 页。
④ 李心传：《建炎以来系年要录》卷一九〇，第 3174—3186 页。
⑤ 徐梦莘：《三朝北盟会编》卷二一九，上海：上海古籍出版社，1987 年，第 1574 页。
⑥ 李心传：《建炎以来系年要录》卷一九一，第 3202—3203 页。
⑦ 脱脱等：《宋史》卷三七三，第 11574 页。
⑧ 如建炎元年（1127）朱弁使金被扣，绍兴十三年（1143）始归；建炎二年（1128）宇文虚中使金被扣，绍兴十六年（1146）在金被杀；建炎三年（1129）洪皓、张邵先后使金被扣，均至绍兴十三年（1143）始归。参见胡传志：《宋金文学的交融与演进》附录《宋金文学交融简表》，北京：北京大学出版社，2013 年，第 341 页。
⑨ 建炎三年（1129）洪皓使金被扣，留金 15 年，始终不屈，归宋后高宗赞扬他"忠贯日月，志不忘君，虽苏武不能过"（脱脱等：《宋史》卷三七三《洪皓传》，第 11560—11561 页）。清四库馆臣亦称"皓大节凛然，照映今古"（永瑢等：《四库全书总目》卷一五七《鄱阳集提要》，第 1353 页）。
⑩ 绍兴三年（1133）韩肖胄、胡松年等使金，李清照有《上枢密韩公工部尚书胡公》诗说："子孙南渡今几年，漂流遂与流人伍。欲将血泪寄山河，去洒东山一抔土。"表达对时局的看法和对中原故土的眷念（李清照著，徐培均笺注：《李清照集笺注》卷二，上海：上海古籍出版社，2002 年，第 222 页）。

金被扣,期间都有诗歌创作。朱弁结有《聘游集》,后失传。洪皓《鄱阳集》中也收录很多在北方所作诗文。他们的作品表达了羁留的愁苦、对宋的思念与守望,不过在金宋的流布都有限。① 洪适又记载,"《轺轩唱和集》三卷,绍兴癸亥六月庚戌,先君及张公邵、朱公弁自燕还,途中相倡酬者"②。绍兴十三年(1143)使金还宋的洪皓、朱弁、张邵在归途中相互唱和,结为《轺轩唱和集》,今已不传,但这是南宋多位士人使北诗歌的合集,具有特定意义。

曹勋尤其值得重视。绍兴十一年(1141)宋金和议,曹勋使金,发现自燕山向北,被金掳掠的宋人在诸部落中三居其二,闻南使过,每每泣下,曹勋深受感动,创作《入塞》、《出塞》二诗,成为其使北诗中的代表作。《入塞》云:"妾在靖康初,胡尘蒙京师。城陷撞军入,掠去随胡儿。忽闻南使过,羞顶殺羊皮。立向最高处,图见汉官仪。数日望回骑,荐致临风悲。"③史载靖康中金人"掠致宋国男、妇不下二十万"④。曹勋诗聚焦于蒙受苦难极深的宋人妻女这一特定对象,细腻传神地表现了被掳女子的耻辱遭遇与故国之思,朴实真切,凄怨伤感,堪称史笔。钱锺书《宋诗选注》收录上述二诗,指出曹勋使北诗第一个写出了一种"惭愤哀痛交揽在一起"的新的诗境。⑤ 总之,南宋初期使北士人能全节而归者少,使北诗人及作品有限,影响也不大,所以此期使北诗歌在文学史上虽有开创之功和特定时代意义,却还未成为南渡诗坛的突出题材。

二、南宋中兴时期士人使北活动与重要使北诗人

宋孝宗登基前后,宋金关系与局势发生了急剧变化。绍兴三十一年(1161)完颜亮亲率大军南下侵宋,不料在长江采石被虞允文督兵击败,完颜亮逃至扬州,被部下射杀,金人退回北方。次年高宗禅位于孝宗。隆兴元年(1163)孝宗命张浚为枢密使,出师伐金,却败于符离。在军事失利的情况下,宋廷于隆兴二年(1164)与金签订和议。但孝宗并未失恢复之志,在位念念不忘进取中原。不过终孝宗之世,包括光宗、宁宗朝,南宋一直未能实现恢复之业。客观地看,主要还是因宋金实力的均衡,《宋史》即论,孝宗"值金世宗之立,金国平治,无衅可乘"⑥。

---

① 参见胡传志:《宋金文学的交融与演进》,北京:北京大学出版社,2013 年,第 26—30 页。

② 洪适:《盘洲文集》卷六二《题〈轺轩唱和集〉》,《宋集珍本丛刊》第 45 册,第 411 页。

③ 曹勋:《松隐文集》卷七,《宋集珍本丛刊》第 41 册,第 501 页。

④ 确庵、耐庵编,崔文印笺证:《靖康稗史笺证》之六引《燕人麈》,北京:中华书局,1988 年,第 199 页。

⑤ 钱锺书:《宋诗选注》,第 141 页。

⑥ 脱脱等《宋史》卷三五《孝宗纪三》,第 692 页。

自孝宗初年宋金和议后，双方全面恢复各种交聘活动。兹据《金史·交聘表》，将有姓名记载的南宋中兴时期使节与重要交聘活动进行统计①，列为下表：

表8-3　《金史·交聘表》所见南宋孝宗、光宗及宁宗前期使节与重要活动统计表

时间	南宋使节	重要活动
宋孝宗朝	洪迈、张抡（绍兴三十二年，1162）；胡昉（隆兴元年，1163）；王之望（隆兴二年，1164）；魏杞、康湑、洪适、龙大渊、李若川、曾觌（乾道元年，1165）；方滋、王抃、王曬、魏仲昌（乾道二年，1166）；薛良朋、张说、梁克家、赵应熊（乾道三年，1167）；唐琢、宋钧、王沆（乾道四年，1168）；郑闻、董诚、胡元质、宋直温（乾道五年，1169）；汪大猷、曾觌、司马伋、马定远、范成大、康湑（乾道六年，1170）；吕正己、辛坚之、赵雄、赵伯骕（乾道七年，1171）；莫濛、孙显祖、翟绂、俎士粲、姚宪、曾觌（乾道八年，1172）；冯樽、龙云、韩元吉、郑兴裔（乾道九年，1173）；留正、张蘱、韩彦直、刘炎、张子颜、刘宓（淳熙元年，1174）；蔡洸、赵益（淳熙二年，1175）；谢廓然、黄夷行、张宗元、谢纯孝、汤邦彦、陈雷（淳熙三年，1176）；阎苍舒、李可久、张子正、赵士葆（淳熙四年，1177）；钱良臣、延玺、赵思、郑槐（淳熙五年，1178）；宇文价、赵蒒、钱冲之、刘咨（淳熙六年，1179）；陈岘、孔昇、傅淇、王公弼（淳熙七年，1180）；叶宏、张诏、盖经、裴良能（淳熙八年，1181）；王蔺、刘敬、贾选、郑兴裔（淳熙十年，1183）；余端礼、王德显、陈居仁、贺锡来（淳熙十一年，1184）；王信、吴环（淳熙十二年，1185）；章森、吴曦（淳熙十三年，1186）；李巘、赵多才、张淑春、谢卓然、韦璞、姜特立（淳熙十四年，1187）；万钟、赵不违、颜师鲁、高震、胡晋臣、郑康孙、京镗、刘端仁（淳熙十五年，1188）；郑侨、张时修、葛廷瑞、赵不慢、罗点、谯熙载、沈揆、韩侂胄、谢深甫、赵昂（淳熙十六年，1189）	隆兴元年（1163）五月，宋人破宿州。是月志宁复取宿州，渡淮。宋使胡昉以汤思退与忠义书，称侄国。 隆兴二年（1164），徒单克宁败宋兵，克楚州。宋周葵、王之望与忠义书，约世为侄国，和议始定。 乾道六年（1170），宋祈请使资政殿大学士范成大、崇信军节度使康湑至，求免起立接受国书，诏不许。 淳熙元年（1174）九月，宋试工部尚书张子颜、明州观察使刘宓为报聘使，仍求免起立接书，诏不许。 淳熙十一年（1184）三月，宋试吏部尚书陈居仁、随州观察使贺锡来贺万春节。十一月甲午，诏上京地远天寒，行人跋涉艰苦，来岁宋国正旦、生日并不须遣使。 淳熙十四年（1187）十月，宋前主殂。十二月壬午，宋敷文阁学士韦璞、鄂州观察使姜特立来告哀。 淳熙十六年（1189）正月，宋显谟阁学士郑侨、广州观察使张时修等贺正旦。上大渐，宋正旦使遣还。甲辰，遣大理卿王元德等报哀于宋。五月，宋遣罗点、谯熙载来报嗣位。

① 《金史·交聘表》有关宋金交聘记载上存在的疏略，多在金世宗以前，即主要是宋高宗时期，其他时期相对详细。就南宋中兴时期（孝宗、光宗及宁宗前期）而言，可补的宋金交聘史事有十余条［参见李辉：《宋金交聘制度研究（1127—1234）》，上海：上海古籍出版社，2014年，第141—167页］。因此这里仍据《金史·交聘表》展开统计。

续表

时间	南宋使节	重要活动
宋光宗朝	郭德麟、蔡锡、丘崈、蔡必胜(绍熙元年,1190);苏山、刘询、宋之端、宋嗣祖、赵巙、田皋(绍熙二年,1191);黄申、张宗益、钱之望、杨大节(绍熙三年,1192);郑汝谐、谯令雍、许及之、蒋介(绍熙四年,1193);倪思、王知新、梁总、戴勋、薛叔似、谢渊、林湜、游恭、郑湜、范仲任(绍熙五年,1194)	绍熙五年(1194)六月,宋前主昚殂。七月甲子,宋主禅位于子扩。九月壬申,宋显谟阁学士薛叔似、广州观察使谢渊来告哀。
宋宁宗朝前期	曾三复、林季友、郭正己、汪义端、韩侂胄(庆元元年,1195);黄艾、柳正一、吴宗旦、张卓(庆元二年,1196);张贵谟、郭倪、赵介、朱龟年、卫泾、陈奕(庆元三年,1197);曾炎、郑挺、赵介、朱龟年、汤硕、李汝翼、杨王休、李安礼(庆元四年,1198);马觉、郑盖、李大性、金汤楫(庆元五年,1199);朱致知、李师挚、赵善义、历仲详、吴旰、林大可、李寅仲、张良显(庆元六年,1200);林桷、王康成、丁常任、郭俠、虞俦、张仲舒、俞烈、李言、陈宗召、窦夔(嘉泰元年,1201);李景和、陈有功、赵不艰、黄卓然(嘉泰二年,1202);鲁宜、王处久、刘甲、郭倬(嘉泰三年,1203);张孝曾、林伯成、张嗣古、陈渙(嘉泰四年,1204);邓友龙、皇甫斌、李壁、林仲虎(开禧元年,1205);陈景俊、吴琯、林拱、宋显、陈璧(开禧二年,1206);方信孺(开禧三年,1207);王柟、许奕、吴衡、邹应龙、李谦(嘉定元年,1208)	开禧元年(1205)三月,唐州获宋谍,言韩侂胄屯兵鄂州,将谋北侵。闰八月辛巳,宋试吏部尚书李壁、广州观察使林仲虎贺天寿节。 开禧二年(1206)四月,金诏诸道兵伐宋。十一月,宋主密谕丘崈,使归罪韩侂胄,将乞盟。密遣忠训郎林拱持书乞和于仆散揆。 开禧三年(1207)二月,宋方信孺诣行省,以书乞和。 嘉定元年(1208)闰四月,宋函韩侂胄、苏师旦首,赎淮南故地。宋请改叔侄为伯侄,增岁币至三十万。六月,宋试礼部尚书许奕、福州观察使吴衡奉誓书通谢。

　　据上表可见,南宋中兴时期约半个世纪,宋朝使北之士数量众多,仅表中有姓名记载的就有 200 人次以上,乃是一个非常庞大的群体,其中很多是为人所知的历史人物。在此期绝大部分时间里,宋金之间都是稳定的和平相处状态,双方使节往来更加络绎不绝。而无论是从交聘活动次数还是使节数量来看,常规的礼仪使都是最多的。此期又发生了两次大规模的宋朝北伐与宋金和议,即孝宗初期张浚北伐与"隆兴和议"、宁宗前期韩侂胄北伐与"嘉定和议",还有宋金之间在政治上的长期博弈,因此南宋泛使的数量也很多,他们与宋金外交、和战等军政问题密切相关的交聘活动,在历史与文学史上都有重要影响。

　　与南宋初期相比,南宋中兴时期宋金交聘双方都发生了一些新的变化。就金朝来看,与宋朝使节切身相关的变化主要有二:一是不再扣留宋使,二是对宋使待遇更加宽厚。如孝宗淳熙十一年(1184)金世宗诏:"上京地远天寒,行人跋涉艰苦",宋朝来岁不须遣使贺正旦及生辰。① 这种情况在宋金交聘史上是极少见的。又如宁宗嘉泰四年(1204)宋试吏部尚书张孝曾等至金贺正旦,回至庆都县,张孝曾卒,金章宗诏赙赠绢、布,差馆伴使张云护送还南宋。② 宋朝使节路途亡故而金朝为其护丧以归,此前也无先例。这些情况与南宋中兴时期宋金关系缓和及双方军事、政治实力趋于均衡的客观变化是相关的,对改变南宋士人畏惧金人的现象具有一定意义。就南宋来看,如留正所说"隆兴之初士气激昂"③,中兴之君孝宗励精图治,锐意恢复,逐渐开创新的政治文化局面,也再造了中兴时代文人士大夫的精神面貌。④ 在宋金关系走向中,南宋开始占据更多主动。而在宋金交聘活动中,南宋中兴时期使北士人往往能够全身归来,总体来看,士林精神风貌也变得更加振作和激昂。具体而言,主要表现在如下方面:

其一,在南宋中兴时期的宋金交聘中,孝宗君臣一改高宗时的忍辱姿态,为更定"受书礼"展开不懈斗争。孝宗北伐失败后宋金签订"隆兴和议",与"绍兴和议"相比,主要有两个变化:一是宋金关系由君臣改为叔侄,宋朝地位提高;二是宋给金的"岁贡"改称"岁币",由原来银绢各25万两匹减少为各20万两匹。南宋外交取得重要成果,但仍居屈从地位,也未改变高宗以来屈辱的"受书礼",即宋朝皇帝要起立接受金朝国书。⑤ 因此孝宗君臣围绕受书礼在两条战线上展开了斗争。一是在宋廷与金使的斗争。⑥二是使北士人在金廷的斗争。如乾道六年(1170)范成大使金,向金世宗进国书,求寝陵,继而不顾礼仪规定,递上私信,求免宋朝皇帝起立接受国书,他慷慨陈辞,几遭杀身之祸,但不为所屈,全节而归。⑦ 同年宋翰林学士赵雄又使金,"止奉迁陵寝及正受书仪",赵雄"既见金主,争辨数四。其臣屡

---

① 脱脱等:《金史》卷六一《交聘表中》,第1444页。
② 脱脱等:《金史》卷六二《交聘表下》,第1473页。
③ 不著撰人:《皇宋中兴两朝圣政》卷五三,第1995页。
④ 参见曾维刚:《宋孝宗与南宋中兴诗坛》,《文学遗产》2013年第6期。
⑤ 参见赵永春:《金宋关系史·绪论》,北京:人民出版社,2005年,第3页。
⑥ 如乾道元年(1165)金遣完颜仲、杨伯雄等使宋报问,孝宗不下榻接受金朝国书,双方辩论十余日不决,宋参知政事虞允文与完颜仲等"交论榻前,辞色甚厉",孝宗甚至欲扣金使,后因太上皇高宗出面,才未扣金使(施国祁:《金史详校》卷六,《丛书集成新编》第7册,台北:新文丰出版股份有限公司,1985年,第79页)。乾道九年(1173)金遣完颜璋为贺宋正旦使,孝宗遣太子接受金朝国书,完颜璋不从,孝宗即遣人至馆强夺了国书,完颜璋返金,难以复命,险些被杀(脱脱等:《金史》卷六五《完颜璋传》,第1552页)。
⑦ 详见王德毅:《范石湖先生年谱》,吴洪泽、尹波主编:《宋人年谱丛刊》第9册,第5774—5778页;于北山:《范成大年谱》,上海:上海古籍出版社,2006年,第131—148页。

喝起,雄辞益力",结果仍未改变受书礼,但其气节为人赞叹,金人谓之"龙斗"①。此后,南宋使北士人依然前仆后继。如乾道八年(1172)姚宪等"使金贺上尊号,附请受书之事"②。淳熙元年(1174)张子颜等使金求更定受书礼。③ 虽然孝宗与中兴使北士人要求更定受书礼始终都未成功,但其斗争精神值得肯定。④

其二,南宋中兴士人利用使北机会,积极侦探形势,以图恢复中原。如乾道八年(1172)韩元吉使金。⑤ 有《书〈朔行日记〉后》称:"异时使者率畏风埃,避嫌疑,紧闭车内,一语不敢接,岂古之所谓觇国者哉?故自渡淮,凡所以觇敌者,日夜不敢忘。虽驻车乞浆,下马盥手,遇小儿妇女,率以言挑之,又使亲故之从行者,反覆私焉,往往遂得其情,然后知中原之人,怨敌者故在,而每恨吾人之不能举也。归因为圣主言……愿思所以图之……上深以为然"⑥。韩元吉使金期间细心侦探金国形势,力主孝宗伺机而图。又如许及之,绍熙四年(1193)使金。⑦ 行至河南商丘,他访知当地"实有戍兵三千人",便记录下来,并作《宿南京》诗:"虚说营屯五万兵,凄凉无复旧南京。中天王气终当复,千古封疆只宋城"⑧,盼望有机会收复宋城。相比此前"使者率畏风埃,避嫌疑",中兴使北士人不惧艰险的精神与恢复志向可谓难能可贵。

其三,南宋中兴士人使北之际,还能与金人进行各种文化较量。如淳熙七年(1181)张诏使金,金人持所绘身着北地之服的徽宗、钦宗画像至馆,欲行羞辱,张诏"尝识列圣御容,心知其试己也,即向之再拜",称其"龙凤之姿,天日之表,疑北朝祖宗",机智还击了金人,"孝宗闻而大喜之"⑨。淳熙

---

① 脱脱等:《宋史》卷三九六《赵雄传》,第 12073 页。
② 脱脱等:《宋史》卷三四《孝宗纪二》,第 653 页。
③ 脱脱等:《金史》卷六一《交聘表中》,第 1433 页。
④ 值得指出的是,孝宗君臣除了在更定"受书礼"上与金展开不懈斗争外,在其他涉及国体的相关问题上也进行了斗争。如隆兴元年(1163)南宋伐金失利,次年与金议和,命魏杞为通问使,孝宗面谕:"今遣使,一正名,二退师,三减岁币,四不发归附人。"魏杞北行至盱眙,遇金大将拥兵欲闯江淮,并相胁迫,欲观国书,魏杞拒之。魏杞至燕京,在金廷慷慨陈词,指出南宋才杰奋起,人人有敌忾意,金朝君臣环听悚然。金馆伴使以宋国书称"大宋",胁其去"大"字,魏杞亦拒之,"卒正敌国礼","不发归正人北还"。魏杞使金归来,孝宗"慰藉甚渥"。元代史臣也称赞"魏杞奉使知尊国体"。参见脱脱等:《宋史》卷三八五《魏杞传》并论,第 11832、11846 页。
⑤ 脱脱等:《宋史》卷三四《孝宗纪二》,第 654 页。
⑥ 韩元吉:《南涧甲乙稿》卷一六,第 322 页。
⑦ 脱脱等:《宋史》卷三六《光宗纪》,第 705 页。
⑧ 许及之:《涉斋集》卷一六,《宋集珍本丛刊》第 61 册,第 116 页。
⑨ 李心传撰,徐规点校:《建炎以来朝野杂记》乙集卷一二《张诏使虏骤用》,第 698 页。

十四年(1187)宋高宗卒,金遣使吊祭,次年宋遣京镗等使金报谢,"北人循例赐宴",京镗因高宗丧礼,"辞乐,北人不从,相持凡十日",期间金人曾露刃相向,但京镗义正辞严,金"竟撤乐"。京镗力折金人,孝宗极为赞赏,说:"镗此节可嘉。寻常人多言节义,须遇事乃见。"①周必大也称赞"京镗奇节"②。杨万里记述了京镗"以必死抗之"的使金事迹,称"天下忠臣义士闻其风而说之"③。再如开禧元年(1205)李壁使金,金馆伴使论"东坡作文,爱用佛书中语",李壁当即讽刺说:"曾记赤壁词云:'谈笑间,狂虏灰飞烟灭。'"北使默然无语。④ 陈寅恪先生尝论,"华夏民族之文化,历数千载之演进,造极于赵宋之世"⑤。在两宋历史上,无论局势如何,宋朝士人面对辽金时,确实往往表现出一种文化上的自信。南宋中兴时期使北士人与金人在文化上的较量,即典型体现出这种情怀与精神风貌。

如上所述,南宋中兴时期一些使北士人心怀国家民族的大义和恢复中原的情怀,慷慨成行,展示出新的士风。同时,他们也将使北经历及其复杂多样的见识与感情形诸诗文,一时涌现出不少重要使北诗人。代表人物有洪迈、王之望、洪适、楼钥、范成大、韩元吉、姜特立、京镗、许及之、虞俦、李壁等。洪迈绍兴三十二年(1162)四月使北贺金世宗登位⑥,七月归宋,时孝宗已即位,因此他可以说是中兴时期首位较著名的使北文人。其文集散佚,今《全宋诗》录其使北诗1首。王之望隆兴元年(1163)使北。是年南宋北伐失利,遣王之望等为通问使,与金议和。⑦ 今其《汉滨集》存使北诗1首。洪适隆兴二年(1164)使北。宋金和议后,洪适"首为贺生辰使"⑧。今其《盘洲文集》存使北诗34首。楼钥乾道五年(1169)为仲舅吏部尚书汪大猷所辟使北贺正旦。⑨ 有《北行日录》。今其《攻媿集》存使北诗9首。范成大乾道六年(1170)使北,祈请寝陵,并请更定受书礼,气节显著。有《揽辔录》。今其《石湖诗集》存使北绝句72首。韩元吉乾道八年(1172)使北贺

① 李心传撰,徐规点校:《建炎以来朝野杂记》乙集卷一二《京仲远将命执礼》,第698页。
② 脱脱等:《宋史》卷三九四《京镗传》,第12037页。
③ 杨万里撰,辛更儒笺校:《杨万里集笺校》卷一二三《宋故太保大观文左丞相魏国公赠太师谥文忠京公墓志铭》,第4759—4760页。
④ 张端义:《贵耳集》卷下,第51页。
⑤ 陈寅恪〈邓广铭《宋史职官志考证》序〉,《金明馆丛稿二编》,北京:生活·读书·新知三联书店,2001年,第277页。
⑥ 脱脱等:《宋史》卷三七三《洪迈传》,第11570—11571页。
⑦ 脱脱等:《宋史》卷三三《孝宗纪一》,第625页。
⑧ 脱脱等:《宋史》卷三七三《洪适传》,第11563—11564页。
⑨ 楼钥:《攻媿集》卷一一一《北行日录》上,第1569页。

金主生辰。有《朔行日记》,已佚。今其《南涧甲乙稿》存使北诗 7 首。姜特立淳熙十四年(1187)使北告高宗哀。① 今其《梅山续稿》存使北诗 5 首。京镗淳熙十五年(1188)使北,因高宗丧礼冒死抵制金人宴乐,孝宗称其"为国家增气"②。今《全宋诗》录其使北诗 2 首。许及之绍熙四年(1193)使北贺金主生辰。③ 今其《涉斋集》存使北诗 57 首,《全宋诗》补录 3 首,共计 60 首。虞俦庆元六年(1200)使北。是年光宗卒,金遣使吊祭,宋遣虞俦等报谢。④ 他有《使北回上殿札子》,建议朝廷重视两淮农耕,以备边需。⑤ 今其《尊白堂集》存使北诗 6 首。李壁开禧元年(1205)使北贺金主生辰。其《雁湖集》已佚,今《全宋诗》录其使北诗 2 首。

三、南宋中兴时期使北诗歌题材的开拓

南宋中兴时期,使北士人构成一个数量庞大的队伍,其中有很多重要诗人,形成一个令人瞩目的使北诗人群体,现存使北诗歌超过 200 首。他们在使北期间,或慷慨陈辞,大义凛然,或侦探形势,以图恢复,或游览河山,眷怀故国,或私下周访,抚慰遗民。在新的时代,他们图强自振、慷慨豪迈的群体精神已与南渡使北士人大不相同。其意蕴丰富深刻、极具时代特色的使北诗歌,也成为中兴时期诗歌题材的重要开拓。具体来看,主要表现在如下方面:

其一,表现对国土分裂、神州陆沉的感慨。南宋中兴时期发生了整个南宋唯有的两次主动北伐,却都失败。这无疑给时人特别是亲历中原的使北士人尤为强烈的冲击,他们不仅会更清醒地认识到国土分裂的无奈事实,也会更深刻地感到恢复中原的不易。这种认识与感慨成为中兴使北诗歌的突出内容,像洪适、楼钥、范成大、韩元吉、姜特立、许及之、虞俦、李壁的诗作都有集中表现。如隆兴二年(1164)洪适假翰林学士使北,时南宋刚刚北伐失利,其《使虏道中次韵会亭》诗描写了云烟落日中的旧宋故垒和孤村父老,并悲愤地感慨:"分裂时云久,澄清敌未吞。春光满花柳,天道竟何言"⑥。楼钥待次温州教授之际被辟使北,时居下僚,但也极具使命感,其《泗州道

---

① 脱脱等:《金史》卷六一《交聘表中》,第 1447 页。
② 脱脱等:《宋史》卷三九四《京镗传》,第 12036—12037 页。
③ 脱脱等:《宋史》卷三六《光宗纪》,第 705 页。
④ 脱脱等:《宋史》卷三七《宁宗纪一》,第 727—728 页。
⑤ 虞俦:《尊白堂集》卷六,《宋集珍本丛刊》第 63 册,第 525 页。
⑥ 洪适:《盘洲文集》卷五,《宋集珍本丛刊》第 45 册,第 82 页。

中》描写"行役过周地,官仪泣汉民",并感叹"中原陆沈久,任责岂无人"①。范成大更有近十首此类诗作,如《双庙》说:"大梁襟带洪河险,谁遣神州陆地沉?"②姜特立为人不足称道,但使北之际也哀叹"中原旧事成新恨"③。与中兴前期相比,越到中兴后期,随着时日迁延而恢复无期,使北诗人似乎少了一些激愤与问责,而更多一些无奈和凄凉。如宁宗朝虞俦《回至南京闻杜鹃》称"伤心满目旧山川"④。李壁《使金诗》称"如此山河落人手,西风残照懒回头"⑤。总之,南宋中兴使北诗人的此类作品,与同期未曾使北的其他爱国诗人作品若合符契,相互呼应,共奏出一个时代的心声。而相比之下,亲历故国的使北诗人作品更有现场之感,从而具有独特历史意义。

其二,描写故国景象和中原遗民,表达黍离之悲。南宋中兴时期使北士人基本出生或成长于宋室南渡以后,故国景象和中原遗民对他们来说是陌生的,但又无不牵动他们的神经,因使北而游历故国,接触遗民,自然极易触动其情感,并写下这方面的作品。范成大《揽辔录》就记述了汴京等地的残破景象及风俗变化,而尤其打动人心者则是描写遗民的笔墨。⑥ 其诗亦然。如《州桥》:"州桥南北是天街,父老年年等驾回。忍泪失声询使者:'几时真有六军来?'"⑦《翠楼》:"连袵成帷迓汉官,翠楼沽酒满城欢。白头翁媪相扶拜:'垂老从今几度看!'"⑧均写出了赵宋遗民无尽的守望之情。韩元吉《望灵寿致拜祖茔》也说"殷懃父老如相识,只问天兵早晚来"⑨。楼钥《灵壁道中》描写:"古汴微流绝,余民尚孑遗……膏腴满荆棘,伤甚黍离离"⑩。至光宗朝,许及之的此类诗歌尤多,如《入泗州》、《灵壁坝》、《陈留道中》、《朝歌城》、《羑里城》、《赵故城》、《过龙德宫》、《过赵州石桥》、《归途感河南父老语》、《避雨渔阳太守庙》等。像《陈留道中》:"道左流民形似鬼,能无百里为分忧。"⑪《过龙德宫》:"秋光更向墙头发,似与行人溅泪痕。"⑫写

---

① 楼钥:《攻媿集》卷七,第110页。
② 范成大:《范石湖集·石湖居士诗集》卷一二,第146页。
③ 姜特立:《梅山续稿》卷一《使北》,《宋集珍本丛刊》第48册,第52页。
④ 虞俦:《尊白堂集》卷四,《宋集珍本丛刊》第63册,第479页。
⑤ 北京大学古文献研究所编:《全宋诗》卷二七四四,第52册,第32310页。
⑥ 参见范成大:《揽辔录》,范成大撰,孔凡礼点校:《范成大笔记六种》,北京:中华书局,2002年,第11—13页。
⑦ 范成大:《范石湖集·石湖居士诗集》卷一二,第147页。
⑧ 范成大:《范石湖集·石湖居士诗集》卷一二,第150页。
⑨ 韩元吉:《南涧甲乙稿》卷六,第97页。
⑩ 楼钥:《攻媿集》卷七,第111页。
⑪ 许及之:《涉斋集》卷一七,《宋集珍本丛刊》第61册,第119页。
⑫ 许及之:《涉斋集》卷一七,《宋集珍本丛刊》第61册,第120页。

得尤其忧伤凄绝。南宋中兴时期,使北士人有机会深入中原,并用诗歌表现亲身见闻,其诗作比陆游等未到北方的诗人书写故国和遗民的作品更有真实感和写实性①,具有独特认识意义与文学价值。

其三,表现恢复中原的理想和慷慨驱驰的壮怀。南宋中兴时期两次北伐,虽然失利,但不可否认此期乃是南宋历史上最为进取的时代。中兴之君孝宗即曾有《新晴有感》诗抒发"神州应未远,当继沛中歌"的远大抱负。②一些使北士人也有同样的自觉。如楼钥在光宗初上奏说:"人主初政,当先立其大者。至大莫如恢复"③。中兴使北士人也在诗歌中抒写这种理想和怀抱。如韩元吉使北,冒险侦探金国形势,以图恢复,并有《狼山》诗说:"他年刻石题车马,会遣山前属汉家"④,表达规恢情怀。范成大使北请求更定受书礼,险遭杀身之祸,赋《会同馆》诗说:"万里孤臣致命秋,此身何止一沤浮! 提携汉节同生死,休问牦羊解乳不"⑤,表现了仗义死节的决心。许及之使北期间也常触处感发,如《入淮》:"好在关河旧,期来日月新。片云无可翳,岂待净妖尘。"⑥《光武庙》:"思汉民心今戴宋,密祈兴运早中天。"⑦即便是政治上较保守的王之望、姜特立,使北之际也有壮气。王之望《出疆次副使淮阴舟行》称:"奋身徇主忧,图国忘私计"⑧。姜特立《使北》称:"圣主若图恢复计,直须神武取榆关"⑨。可见南宋中兴使北士人虽个性有异、品行不同,但在恢复中原的理想和慷慨报国的情怀上却很一致,展现出值得肯定的群体特征与锐意进取的时代精神。

其四,表现使北行程的艰辛。据史记载,金朝例在九月遣使贺宋孝宗生辰,而孝宗生日在十月二十二日;又例在十一月遣使贺宋正旦。可见南宋都城杭州与金都燕京之间有一个多月行程,往返则需三个月左右。正如洪适所说"觉来屈指数修程,历遍中原长短亭"⑩,南宋士人使金无疑是非常艰苦的行程,有人甚至死于途中。南宋中兴时期的使北诗歌,在某种意义上承袭

①　胡传志先生尝专门探讨陆游诗中失真的北方。参见胡传志:《宋金文学的交融与演进》,北京:北京大学出版社,2013 年,第 142—159 页。

②　北京大学古文献研究所编:《全宋诗》卷二三三七,第 43 册,第 26864 页。

③　脱脱等:《宋史》卷三九五《楼钥传》,第 12046 页。

④　韩元吉:《南涧甲乙稿》卷六,第 97 页。

⑤　范成大:《范石湖集·石湖居士诗集》卷一二,第 158 页。

⑥　许及之:《涉斋集》卷六,《宋集珍本丛刊》第 61 册,第 38 页。

⑦　许及之:《涉斋集》卷一七,《宋集珍本丛刊》第 61 册,第 122 页。

⑧　王之望:《汉滨集》卷一,《影印文渊阁四库全书》第 1139 册,第 671 页。

⑨　姜特立:《梅山续稿》卷一,《宋集珍本丛刊》第 48 册,第 53 页。

⑩　洪适:《盘洲文集》卷五《次韵保州闻角》,《宋集珍本丛刊》第 45 册,第 83 页。

了北宋使辽诗人描写出使行程的传统①,对使北行程的艰辛也多有反映,而又具有新的时空特征。如洪适《次韵早行》称:"凤驾星光动,徐行雾气迷。塞鸿翻月去,边马向风嘶。析静谯门晓,轮敧沙路低"②;《次韵车中倦吟二首》其二称:"叱驭宁辞历险难,投戈且幸迳遐安。毡车轩簸长危坐,恰似舟行八节滩"③,都描写了行走陆路的艰难。而许及之《渡江》:"扬子江头渡晓风,一舟掀舞浪花中。江神似恨频将币,不许和戎出汉宫。"④《漳河》:"出郭安阳漾碧波,黄流汩汩泛漳河。河滨饮水令人瘿,岸石其如腹疾何。"⑤则写出了跋涉水路的险恶。范成大使北诗对此亦多有表现。如他至河北,有《邯郸道》描写道路险峻。⑥ 至涿北燕南之间,有《灰洞》描写这段路程冈高路狭、尘土遮目的情形。⑦ 当然,南宋中兴使北士人在表现行程艰辛的同时,事实上也展现出他们战胜困难的勇气和精神。

其五,思索历史兴亡的教训,表达强国与和平的愿望。在中国历史上,北宋长期未能收复燕云之地,南宋更失去了中原,成为宋齐梁陈之后的又一个"南北朝"时期,也是各民族冲突与融合的特定阶段。在北宋使辽诗中,已可见有关历史问题与国家兴亡的思考。⑧ 对肩负国家使命的中兴使北士人来说,除了面对新的现实政治问题,思索历史发展的兴亡大势、古今王朝的成败得失、历史人物的功过是非,也是其应有之义,而且有了新的内容,情

---

① 如北宋仁宗至和二年(1055)欧阳修使辽,有《奉使道中作三首》其三:"客梦方在家,角声已催晓。忽忽行人起,共怨角声早。马蹄终日践冰霜,未到思回空断肠。少贪梦里还家乐,早起前山路正长。"(欧阳修著,李逸安点校:《欧阳修全集》卷五四,第769页)神宗时期苏颂两度使辽,作《前使辽诗》、《后使辽诗》数十首,有多首诗作描写使途辛劳,如《初至广平纪事言怀呈同事阁侍》:"双节同来朔漠边,三冬行尽雪霜天。朝飧膻酪几分饱,夜拥貂狐数数眠。光景不停如转毂,归心难遏似流烟。须将薄宦同羁旅,奔走何时是息肩?"《山路连日冲冒风雨颇觉行役之难》:"却到深山岁已残,西风连日作晴寒。尘埃季子貂裘敝,憔悴休文革带宽。往复七旬人意急,崎岖千险马行难。三关犹有燕山隔,安得陵空纵羽翰。"(苏颂著,王同策等点校:《苏魏公文集》卷一三,北京:中华书局,1988年,第174、176页)
② 洪适:《盘洲文集》卷五,《宋集珍本丛刊》第45册,第83页。
③ 洪适:《盘洲文集》卷五,《宋集珍本丛刊》第45册,第82页。
④ 许及之:《涉斋集》卷一六,《宋集珍本丛刊》第61册,第116页。
⑤ 许及之:《涉斋集》卷一七,《宋集珍本丛刊》第61册,第121页。
⑥ 范成大:《范石湖集·石湖居士诗集》卷一二,第151页。
⑦ 范成大:《范石湖集·石湖居士诗集》卷一二,第156页。
⑧ 如哲宗元祐四年(1089)苏辙使辽,有《奉使契丹二十八首》,其中的《燕山》:"割弃何人斯?腥臊久不澣。哀哉汉唐余,左衽今已半。玉帛非足云,子女罹蹂践。区区用戎索,久尔縻郡县。从来帝王师,要在侮亡乱。攻坚甚攻玉,乘瑕易冰泮。中原但常治,敌势要自变。会当挽天河,洗此生百万。"(苏辙著,陈宏天、高秀芳点校:《苏辙集·栾城集》卷一六,北京:中华书局,1990年,第319—320页)

怀更为深沉强烈。他们使北途中每到一地,往往会以诗描写重要战场遗迹,或感怀历史人物的德业成败。范成大堪称典型,其《虞姬墓》、《宿州》、《雷万春墓》、《双庙》、《睢水》、《伊尹墓》、《留侯庙》、《羑里城》、《文王庙》、《讲武城》、《蔺相如墓》、《光武庙》等皆是此类作品。其次是许及之,作品如《望商山》、《赵故城》、《涿州》、《淮阴县》、《文王庙》、《光武庙》、《曹操冢》等。他们有时也会直接针对宋朝历史。如姜特立《使北》说:"略无险阻蔽皇居,底事当时醉寐如。若使贾生参国论,便应咽死更无书"①,揭示北宋积弱昏蔽而亡国。许及之《灵壁道傍石》称"花石纲成国蠹盈,贼臣卖国果连城"②,批判徽宗君臣沉溺花石纲而误国。鉴于靖康以来国土分裂、生灵涂炭的历史与现实,他们还在诗中表达了互为因果的强国与和平愿望。如范成大《李固渡》说"向来天数亦人谋"③。洪适《次韵初入东京二首》其一说"蓄锐乘机先自治,莫令武库五兵销"④。《过縠熟》又指出"遗民久厌腥膻苦"⑤;《次韵梁门》写出了"时平且得无争战"的渴望。⑥ 如上诗作,不仅反映了南宋中兴使北士人对历史兴亡的思索,也表现了他们自治图强、争取和平的愿望,具有特定思想内涵与时代意义。

诚如学者所论,一部中国古代史,就是我国各民族共同缔造祖国的历史,也是各民族间互相融合发展的历史。⑦ 在宋代历史上,宋与辽、金、蒙元等政权的关系史、交聘史,几乎是贯穿两宋的一个主题。两宋士人因出使辽、金而产生的使北诗歌,也成为宋代文学中富有历史意蕴与时代特色的诗歌题材。但学界有关这一议题的研究还有待深入,不仅是相关历史事实、政治制度与文学之间的关系发掘不足,也很少从历时性角度考察其发展变化。本节集中考察了宋室南渡至中兴近百年间南宋士人使北活动的历史面貌与其精神风貌的变化,并在此基础上探讨南宋中兴时期使北诗歌题材的开拓及其表现。

进一步观察,早在北宋时期,与宋辽交聘密切相关的使北诗歌创作就已成为重要的文学现象。对此钱锺书先生有较为深入的观察,他指出:北宋时期一些诗人如欧阳修、韩琦、苏颂、王安石、刘敞、苏辙、彭汝砺等都有出使的

①　姜特立:《梅山续稿》卷一,《宋集珍本丛刊》第48册,第53页。
②　许及之:《涉斋集》卷一七,《宋集珍本丛刊》第61册,第119页。
③　范成大:《范石湖集·石湖居士诗集》卷一二,第149页。
④　洪适:《盘洲文集》卷五,《宋集珍本丛刊》第45册,第82页。
⑤　洪适:《盘洲文集》卷五,《宋集珍本丛刊》第45册,第82页。
⑥　洪适:《盘洲文集》卷五,《宋集珍本丛刊》第45册,第83页。
⑦　胡昭曦、邹重华主编:《宋蒙(元)关系史》,成都:四川大学出版社,1992年,第471页。

诗。北宋对辽低头,却还没有屈膝。这些作家的诗作,都不外乎想念家乡,描摹北地风物,或者嗤笑辽人的起居服食不文明,诗里的政治内容比较贫薄。五代时期中原王朝的那笔陈年宿账北宋人当然引为缺憾,不过并未觉得耻辱。靖康之变后,南宋跟金不像北宋跟辽那样,不是"兄弟",而是"父子"、"叔侄",金人给整个宋朝的奇耻大辱以及给各个宋人的深创巨痛,这些使者都记得牢牢切切,从而形成一种惭愤哀痛交换的新的诗境。① 王水照先生亦揭示,北宋使辽诗是宋诗中的一个特殊类别,表现了使臣们不满宋辽现状、屈从这一现状、又为它开脱的诸种心态,从而使他们诗中弥漫着一种隐痛情绪,与唐代边塞诗相比较,它缺乏慷慨之音,少有凛然之气,是一种克制、平和、舒缓的格调,终于未能成为一个独立的题材流派而为世人所注目。② 自北宋到宋室南渡,由于历史的剧变,宋人的使北诗发生了重要变化,即政治内容与时代关怀的增强。然而在南渡时期,使北诗虽有开创,但使北诗人和诗作有限,使北诗还未成为文学史上的显著题材。

至南宋中兴时期,虽然两次北伐都未成功,但南宋中兴君臣励精图治,始终未放弃恢复中原的理想。在更加频繁的宋金交聘中,一些南宋使北士人展现出图强自振的精神风貌。与之相应,使北诗歌出现若干新的变化:一是使北士人及使北诗人的队伍更加壮大,如洪迈、王之望、洪适、楼钥、范成大、韩元吉、姜特立、京镗、许及之、虞俦、李壁等,很多都是南宋中兴诗坛的重要作家。二是使北诗歌作品的数量更多,出现不少名篇佳作,如范成大的72首使金绝句,堪称文学史上的经典,其他作家也有不少优秀作品。三是使北诗歌思想内容更加丰富深刻,如表现对国土分裂、神州陆沉的感慨;描写故国景象和中原遗民,表达黍离之悲;表现恢复中原的理想和慷慨驱驰的壮怀;表现使北行程的艰辛;思索历史兴亡的教训,表达强国与和平的愿望。这些多是北宋及南渡时期使北诗中较少表现的新的内容,体现出南宋中兴时期使北诗人对国家与民族、历史与现实的深切关怀和思考,使北诗歌也因此成为南宋中兴时期诗歌题材的重要开拓,具有鲜明历史时代特色和独特文学史意义。

---

① 钱锺书:《宋诗选注》,第 140—141 页。
② 王水照:《论北宋使辽诗的两个问题》,《山西师大学报》1992 年第 2 期。关于此问题,诸葛忆兵《论北宋使辽诗》(《暨南学报》2006 年第 3 期)亦有相关讨论。

下编：个体论

在上编的论述中,我们从群体角度对南宋中兴诗坛进行了整体考察,事实上,南宋中兴时期的许多重要诗人,不仅有其群体性特征,也极具个性,他们共同建构了南宋中兴诗坛异彩纷呈的局面。本编对南宋中兴诗坛上一些较有代表性的诗人进行个体研究,以进一步深化我们对此期诗坛丰富多元的诗学面貌的认识。

第九章　道学大宗的个性：
韩元吉、朱熹和张栻

第一节　道学高流韩元吉

韩元吉(1118—1187)字无咎,号南涧,乃北宋名臣韩维玄孙,得中原文献之传,又师承尹焞、张九成等著名道学家,可谓学有渊源,是南宋中兴时期富有特色的一位道学家,也是中兴诗坛的一位重要作家。然而自宋以后,韩元吉及其文集就备受冷落。《四库全书总目》云:

> 元吉本文献世家。据其跋尹焞手迹,自称门人,则距程子仅再传。又与朱子最善,尝举以自代,其状今载集中。故其学问渊源,颇为醇正。其他以诗文倡和者,如叶梦得、张浚、曾几、曾丰、陈岩肖、龚颐正、章甫、陈亮、陆游、赵蕃诸人,皆当代胜流。故文章矩矱,亦具有师承。其婿吕祖谦,为世名儒。其子名淲字仲止者,亦清苦自持,以诗名于宋季,盖有出矣……集本七十卷,又自编其词为《焦尾集》一卷。《文献通考》并著录。岁久散佚。今从《永乐大典》所载,总裒为诗七卷、词一卷、文十四卷。统观全集,诗体文格,均有欧苏之遗,不在南宋诸人下。而湮没不传,殆不可解。①

20世纪80年代以后,始有学者就韩元吉生平及其创作进行专文探讨,但研究主要集中于韩元吉生平考订与词作的分析。② 事实上,韩元吉本有

---

① 永瑢等:《四库全书总目》卷一六〇《南涧甲乙稿提要》,第1383页。
② 如:孙望、常国武主编《宋代文学史》(北京:人民文学出版社,1996年),对韩元吉生平及其词作进行了论述;李德辉《试论南宋词人韩元吉及其词》(《贵州社会科学》1998年第5期),就韩元吉生平概况、词作、著述作了论述;童向飞《韩元吉仕历系年考辨——兼补〈宋史翼·韩元吉列传〉》(《南京化工大学学报》2000年第2期),对韩元吉仕历经历作了考辨;韩酉山《韩元吉若干事迹补正》(《文学遗产》2001年第4期),就韩元吉的里贯家世、流寓信州的时间、是否任过信州幕僚与南剑州主簿等问题作了考辨,补正了《宋代文学史》关于韩元吉介绍的一些缺失,并对韩元吉的生平著述作了考述;韩酉山《南涧词漫谈》(《江淮论坛》2002年第1期),对韩元吉词的基本内容及其艺术风格作了探讨。

文集七十卷,后散佚,今存文集《南涧甲乙稿》二十二卷,乃清四库馆臣从《永乐大典》中辑出。就现存诗文来看,仍有古近体诗共 600 余首,词 80 余首①,诗歌数量远在词作之上,成就亦不在词之下,并且具有鲜明个性特色。宋人黄升即称韩元吉"文献、政事、文学为一代冠冕"②。方回称韩元吉诗"自成一家"③,"亦与尤、杨、范、陆相伯仲"④。但目前为止,有关韩元吉诗歌创作的研究还很不足。本节拟从其忧国情怀及其诗歌表现、以清为美的人生旨趣与诗歌意境、平和与狂放之间的艺术张力等方面,对道学高流韩元吉展开讨论。

一、忧国情怀及其诗歌表现

韩元吉是南宋中兴时期富有特色的一位道学家,注重外王践履,责求实务。乾道九年(1173),韩元吉有《癸巳五月进故事》说:

> 自周衰,道学不传,士之号为儒者,徒能诵说陈言,而不达当世之务,故听其语若可行,责其实则罔效。且复自处于优闲畏懦之地,以苟幸世之富贵,所以动见厌弃,儒者之名,殆为此辈污之也……今中国之所以未操胜算者,正在人材太弱,士大夫虚名有余,而实用不足,其弊皆由儒者,无以自振……人材众多,要皆有用,而养其资力,俾无忘进之心,责其实效,俾无避事之意,庶几虚名之患消,将有真儒为时而出。⑤

韩元吉利用给孝宗进讲故事的机会,讨论学者士大夫名实风节及国家兴亡问题。他首先结合历史,批判"徒能诵说陈言,而不达当世之务"的腐儒,对那些冒"儒者"之虚名而"苟幸世之富贵"者更是痛恨有加,进而针对现实,揭示当下国家"人材太弱"的根本问题,最后表明推崇"养其资力"、"责其实效"的"真儒"的观点。应该说,作为一位道学型的士大夫,韩元吉是极有代表性的,余英时先生就曾根据对于"内圣"与"外王"不同程度的偏重将道学家分成两型,认为朱熹恰是第一种形象的原型,韩元吉则是第二型

---

① 韩元吉今存诗文,除《南涧甲乙稿》之外,栾贵明辑诗文 8 篇,韩酉山辑诗文 7 篇,吴伯宛辑词 16 首,孔凡礼辑词 2 首。合计起来,韩元吉今存诗歌 602 首、词 82 首。参见韩酉山:《韩元吉若干事迹补正》,《文学遗产》2001 年第 4 期。

② 黄升:《花庵词选·中兴以来绝妙词选》卷三,北京:中华书局,1958 年,第 216 页。

③ 方回:《桐江续集》卷三一《孟衡湖诗集序》,《影印文渊阁四库全书》第 1193 册,第 643 页。

④ 方回选评,李庆甲集评校点:《瀛奎律髓汇评》卷二○《红梅》诗之评,第 829 页。

⑤ 韩元吉:《南涧甲乙稿》卷一一,第 196—197 页。

的代表。①

也正因此,韩元吉一贯忧怀国事。其中一个突出表现,就是在宋金鼎立的特定时代,他始终不忘外患,主张积极备战,以为国家长久之计。如他有《上张同知书》称,"今日之患,外患也……日夜以图之,假以数年,吾之事力既振,何往而不利"②。淳熙三年(1176)韩元吉有《丙申五月进故事》上于孝宗,称赞前代明君唐太宗对突厥的策略,说"帝虽能忍,而其志不可一日忘敌"③,事实上这显然也是在提醒孝宗励精图治,勿忘金人之祸。他又有《论淮甸札子》云:"中原未得,则淮甸吾之藩篱也。淮甸不固,大江岂可备御……自和好之兴,不许驻兵淮上,故移江左,令诸将狃于宴安者二十年。惟知江左屯驻之便,未有肯过江而戍者,朝廷安可不为之计哉?"④宋金之间长期划淮而治,因此江淮一带作为长江的外屏成为宋朝边防前线,地理位置非常重要,但当时朝廷和边防将士徒知恃江以为险,恃和而苟安,放松边防。韩元吉对此深感焦虑,因此上奏朝廷,建议加强江淮防御。韩元吉还有《十月末乞备御白札子》、《上执政论千秋涧起夫札子》、《与执政论千秋涧事宜札子》等,均是具体探讨边防措施的奏札。韩元吉时时以敌国将要败盟为戒,在《上枢府札子》中建议"诏书,明示远近,俾军民士大夫晓然预知国事,然后同心协虑,共济事机"⑤,希望军民一心,共虑国事。

韩元吉不仅忧怀外患边防,亦时时以民事为怀。如其《浦城县刻漏记》称"夫为政之道,贵不欺于民"⑥。又尝有《答朱元晦书》称"江左苦旱,早晚稻皆损,岁事殊可虑也"⑦。从中,都可见韩元吉对民生疾苦的关切。

韩元吉这种对于国计民生的忧患意识,也贯穿在他的诗歌创作之中。如其《至日建德道中》:"佳节又看当警急,劳生底用较悲欢。腐儒忧国成千虑,强敌窥人讵一端。梦想淮南风雪里,可无消息报平安。"⑧诗歌表达了对强敌窥伺的忧虑,企盼能够传来淮南平安的消息。"腐儒忧国成千虑",可以说是韩元吉一生忧国情怀的自我写照。又如其《寄赵德庄以过去生中作弟兄为韵七首》其四:"筑城始议戍,寓兵复言攻。二年大江南,兵戈在目

---

① 参见余英时:《朱熹的历史世界:宋代士大夫政治文化的研究》,北京:生活·读书·新知三联书店,2004 年,第 400—408 页。
② 韩元吉:《南涧甲乙稿》卷一三,第 240 页。
③ 韩元吉:《南涧甲乙稿》卷一一,第 199 页。
④ 韩元吉:《南涧甲乙稿》卷一〇,第 176 页。
⑤ 韩元吉:《南涧甲乙稿》卷一〇,第 182 页。
⑥ 韩元吉:《南涧甲乙稿》卷一五,第 279 页。
⑦ 韩元吉:《南涧甲乙稿》卷一三,第 251 页。
⑧ 韩元吉:《南涧甲乙稿》卷四,第 58—59 页。

中。忧时亦千虑,惟子与我同。诣阙请长缨,终军本儿童。"①赵德庄乃赵彦端,字德庄,为韩元吉友人。韩元吉《直宝文阁赵公墓志铭》称自己"与德庄游盖三十年,在朝廷同曹,在外同事,犹兄弟也"②。韩元吉与赵彦端不仅私人感情甚为笃厚,还能同以边疆戎事为忧,亦可谓难能可贵。另如其《送许侍郎知宣州》:"中原未复敌未灭,政成请公须著鞭。"③《玩鞭亭》:"边兵已重朝士轻,中原有路何由行。柙中虎兕不可制,江左夷吾浪得名。"④均可见韩元吉对于中原未复和神州分裂的焦虑情怀。

韩元吉不仅与友人互相勉励,在与友人的交往唱和中表现出对于国家大计的关怀,还像著名中兴爱国诗人陆游一样,常常在与家人亲族的相处和交往中流露出忧国情怀。如其《清旷亭送子云得有字》云:

　　欢期苦难逢,离别乃易久。天涯老兄弟,况复亲白首。田园固不足,功名亦何有。今年送兄行,正尔作太守。池阳古名郡,地控大江口。舟来武昌鱼,车载桑落酒。登临得齐山,端不负重九。公余亦堪乐,尚有此客否。天威动江淮,狂寇行授首。努力幸驰驱,腰看印如斗。⑤

子云乃韩元吉从兄。韩元吉诗歌感叹兄弟之间彼此游宦天涯,聚少离多,抒发了短暂相逢的欢乐和离别之际的愁怀,表达了对江淮边事的忧虑,希望兄弟努力驰驱,扫平敌寇,博取功名。又如其《次韵子云送儿女至昭亭见寄》:"壮士志中原,边尘暗幽并。拟蹑冒顿居,端谋渭南耕。"⑥也是此类作品。另如《浤赴贵池簿》:"四十才生子,今年亦效官。国恩期共报,世路觉尤难。"⑦此诗中所谓"浤",乃韩元吉之子韩浤。韩元吉送别儿子之际,也是以国事相期,确实值得赞叹。

韩元吉关怀民生的思想也在诗歌创作中有所反映。如《送谅弟丞邵阳》:"文史差无负,田园慨未余。常存爱民意,门户有权舆。"⑧抒发其爱民之心。《永丰行》云:"却忆吴中初夏时,畚锸去决田湖围。鸡惊上篱犬上

---

① 韩元吉:《南涧甲乙稿》卷一,第18页。
② 韩元吉:《南涧甲乙稿》卷二一,第426—427页。
③ 韩元吉:《南涧甲乙稿》卷二,第33页。
④ 韩元吉:《南涧甲乙稿》卷二,第30页。
⑤ 韩元吉:《南涧甲乙稿》卷一,第20页。
⑥ 韩元吉:《南涧甲乙稿》卷一,第22页。
⑦ 韩元吉:《南涧甲乙稿》卷三,第42页。
⑧ 韩元吉:《南涧甲乙稿》卷三,第42页。

屋,水至不得携妻儿。无田赴水均一死,善政养民那得尔。"①此类诗歌,则与同期中兴诗人范成大描写吴中田园及农事的许多诗作相同,表达了对吴中百姓田地不足而又饱受水灾困扰的忧虑。如上抒写国计民生的诗作,都反映出韩元吉深广的忧患意识。

二、以清为美的人生旨趣与诗歌意境

韩元吉久在地方和朝廷任职,为官清廉,颇有政声,他也常以耻于奔竞、绝于流俗的清廉自许。他有《送李平叔序》云:

今之士,咸耻于任州县之职。夫州县非所耻也,其与民甚近且亲。苟尽心焉,天下之利病,与夫人情之真伪,无不若睨诸掌……世之所谓名公卿,其详明练达,才无所不可用,卓然能有所为者,未有不自历州县也。而今之士耻焉,何哉? ……趋竞之风日益长。②

韩元吉对士人贪慕舒适和荣华的奔竞之风给予了深刻批判。其《上辛中丞书》又自述:"某也北方之鄙人,守家世之训,不忍自同于流俗"③,表达了不竞于流俗的志趣。孝宗淳熙二年(1175)韩元吉作《比园艮泉铭》云:"凤阳鹤之麓,有坑而伏。堂之麓,圃之腹,斯瀵而沃。束于淳,润于谷,可用而足。清如官,美如俗,是为建人之福。"④此年韩元吉知建宁府,他在铭中不仅赞扬了比园艮泉之清冽,亦寄托了自己如艮泉一样清廉惠民的理想和美政愿望。其《送元修归广东》诗亦称:"十年门户苦凋零,屈指天涯几弟兄。羁旅可堪怀世事,典型谁与振家声。惊心朔岸秋风急,极目南溟瘴雾横。好过贪泉未应酌,少年游宦要冰清。"⑤诗中所说的元修,乃韩元吉兄弟韩元修。韩元吉在羁旅游宦之际,以"游宦要冰清"与兄弟相互砥砺,表明其以"清"为追求的人生旨趣。

与这种绝于流俗、以清为美的人生旨趣相一致,韩元吉在其诗歌作品中,创造出了一种幽婉清和的美学意境。主要体现在以下三个层面:

其一,以清为美的诗学追求。韩元吉《答金元鼎喜雨》诗云:"几日云阴合又开,良田秋近起黄埃。一觞未致灵祠祷,半夜先欣好雨来。政拙自知容

---

① 韩元吉:《南涧甲乙稿》卷二,第 29 页。
② 韩元吉:《南涧甲乙稿》卷一四,第 269—270 页。
③ 韩元吉:《南涧甲乙稿》卷一二,第 229 页。
④ 韩元吉:《南涧甲乙稿》卷一八,第 355 页。
⑤ 韩元吉:《南涧甲乙稿》卷五,第 73 页。

我懒,诗清要是得君催。不妨咳唾皆珠玉,渐喜新凉入酒杯。"①韩元吉明确以"清"来称述自己诗歌创作的特色,并且以能达到此境而感到喜悦。他还以清为标准来评论友人的诗作。如《次韵吴明可与史致道会饮牛渚》诗云:"烟外笛声谁送晚,水边花影自迎春。风流三百年无此,况有清诗句法新。"②韩元吉不仅描写了江边清丽的景致,而且夸赞友人的"清诗"和生新的句法。其《送沈千里教授邵阳》诗亦云:"縠纹江畔得君诗,俊逸清新字字奇。"③同样是称赞友人字字神奇、俊逸清新的诗歌创作。可以看出,以清为美不仅是韩元吉的人生理想,亦成为韩元吉在诗歌创作中自觉追求的审美境界。

其二,清美之景的追寻和表现。由于以清为美的人生与文学趣尚,韩元吉在日常生活中常常捕捉清幽之景,并且形之于诗作。如其《寒岩分韵得水字》:

> 青山如幽人,不肯住城市。客从城市来,一见消吝鄙。平时与周旋,况复非俗士。我初见南山,秀色纷可喜。谓言官尘埃,洗涤端在此。经时未一至,引望若千里。昨朝得休暇,佳兴难自已。秋原丽新晴,景物为清美。独游已不恶,更约二三子。初从洞壑危,稍入岩石倚。白云随杖藜,苍烟生屐齿。主翁亦好事,结茅修竹底。庭空百无有,屈曲但流水。客来了不问,花草自红紫。④

韩元吉此诗写其政事闲暇之际,与两三友人同游南山的经过,诗歌描绘出秋原新晴、景物清美的佳境,又以洞壑、岩石、白云、苍烟、修竹、空庭、流水、花草等意象表现幽清绝尘的山中世界及其脱俗的情怀。又如《避暑灵泉分韵得水字》:

> 空山百无有,翠阜映清泚。幽泉俯伴月,盎盎真石髓。坐久得清凉,山餠还屡耻。一杯乐所遇,静胜有真理。谁能走悬箔,赭门趁朝市。⑤

---

① 韩元吉:《南涧甲乙稿》卷五,第75页。
② 韩元吉:《南涧甲乙稿》卷五,第80页。
③ 韩元吉:《南涧甲乙稿》卷五,第72页。
④ 韩元吉:《南涧甲乙稿》卷一,第11页。
⑤ 韩元吉:《南涧甲乙稿》卷一,第9页。

诗歌着意描绘了群壑空寂、翠峰清泚、幽泉伴月、宁静清凉的山中景致,表现出作者闲淡萧散的襟怀。另如《朱元晦清湍亭》:

> 青山足佳游,远睇欲无路。稍寻绝涧入,始辨云间树。泉声若招客,倚杖得夷步。惊湍泻乱石,激激有清趣。风微鸟唼幽,日彻鱼影聚。居然鱼鸟乐,正欠幽人住。野僧岂忘机,作亭以兹故。因君赋新诗,我亦梦其处。①

此诗中所谓朱元晦,乃是著名道学家朱熹,为韩元吉好友。孝宗淳熙三年(1176)韩元吉尝荐举朱熹,称:"方今奔竞成俗,熹之廉退,所宜奖擢。臣实不如,举以自代"②。因此,朝廷召朱熹为秘书省校书郎。不过朱熹表示"二十年来自甘退藏,以求己志。所愿欲者,不过修身守道,以终余年"③,辞去了朝廷之召。虽然韩元吉与朱熹在仕途出处进退问题上取向有所不同,还为此在往来书信中展开了论辩,但二人仍然堪称挚友,在为人与为文上都互相欣赏。如韩元吉尝有《送朱元晦》诗说:"诋诃百事推圣学,请复国仇施一怒"④,可见其对朱熹的期许。朱熹对韩元吉也非常叹赏,尝得韩元吉文集,一夜与门人陈文蔚同看,"读至五更,尽卷。曰:'一生做诗,只有许多?'"⑤则亦见朱熹对韩元吉诗文不忍释卷的喜爱之情。上述韩元吉《朱元晦清湍亭》诗,即是集中描写友人朱熹清湍亭清幽脱俗的景致,其中"因君赋新诗,我亦梦其处"一联,又直抒胸臆,明确表达了自己对如此充满"清趣"之景致的无限向往之情。

韩元吉有时还携家人一道寻幽探胜。如《寒食前三日携家至丁山》:

> 春事已过半,豫怀风雨忧。苦无亲朋乐,自携儿女游。丁山峙城南,老稚载一舟。狭径登诘曲,轩窗居上头。退观接去鸟,俯视临清流。溪花正烂漫,堤柳绿且柔。杏霭烟云间,前瞻帝王州。田野乱棋布,山川莽相缪。病妻不能饮,取酒自劝酬。鲜妆谁家妇,造席为我讴。风光亦可醉,景物似见留。惜无百金资,买此林壑幽。岁月实易得,里间尚

---

① 韩元吉:《南涧甲乙稿》卷一,第 14 页。
② 韩元吉:《南涧甲乙稿》卷九《举朱熹自代状》,第 169 页。
③ 朱熹:《晦庵先生朱文公文集》卷二五《答韩尚书书》,朱杰人等主编:《朱子全书》第 21 册,第 1128 页。
④ 韩元吉:《南涧甲乙稿》卷二,第 33 页。
⑤ 陈文蔚:《克斋集》卷七《读诗杂记》,《影印文渊阁四库全书》第 1171 册,第 55 页。

沈浮。归来暮钟响,苹风动沧洲。①

　　韩元吉此诗写其携家人春游丁山的一日旅程。诗歌刻画了山中溪花烂漫、堤柳绿柔、烟云杳霭、林壑俱幽的境界和自己与家人仰观飞鸟、俯视清流的游赏之乐。及至诗人与家人一道归来,已经是暮钟回响的黄昏。全诗造景清绝,适意自然。另如《梵隆大师乞诗隆能琴阮为鼓数行》:"空斋了无事,鸣琴对清沚。游鱼应朱弦,万籁入流徵。"②《清明后一日同诸友湖上值雨》:"弱柳自随烟际绿,幽花还傍雨边明。嫩蒲碧水人家好,密竹疏松野寺清。烂醉一春才几日,可无佳景付诗情。"③《种竹》:"香苞吹尽翠成围,墙角萧萧一径微。已喜轩窗无俗韵,更怜风月有清辉。"④《灵隐冷泉》:"山涵水影两空明,水到山前五尺清。洞里臞仙应一笑,抱琴时为写寒声。"⑤这些诗作,均以"清"为核心意象,描写了清美之景,表现了诗人对清趣的追求。

　　其三,清和心境的陶冶和修养。韩元吉不仅表现自己对清美之境的喜好与对清美之趣的追寻,还常常在诗作中描写自己对于清虚平和心境的陶冶和修养。如《夜坐闻窗下水声》:

　　　　青灯又暗吹窗雨,流水长闻入夜声。玩世久忘荣辱累,定交谊尽死生情。翛然隐几焚香坐,不独心清境亦清。⑥

　　韩元吉此诗描写他在雨夜焚香独坐、静闻水声、荣辱皆忘、心境俱清的体验。又如其《春日书事五首》其二:"晓猿夜鹤寂无生,春至山禽百种鸣。步绕新泉聊洗耳,由来心与地俱清。"⑦诗歌刻画了春夜山中猿鹤的寂静、禽鸟的幽鸣,进而表现了自己清和的心境。另如《秋怀十首》其十:"闭户跏趺意已清,炉香烧尽一灯明。空庭叶落知多少,一任西风百种声。"⑧《夜宿玉虚宫小轩正对步虚峰道士云天宝三年有庆云见且山呼万岁始诏建黄帝祠封为仙都山敕书今亡》其一:"槛外风高霜月明,步虚山里步虚声。罢琴刻烛

----

① 韩元吉:《南涧甲乙稿》卷一,第8页。
② 韩元吉:《南涧甲乙稿》卷一,第7页。
③ 韩元吉:《南涧甲乙稿》卷四,第55页。
④ 韩元吉:《南涧甲乙稿》卷六,第108页。
⑤ 韩元吉:《南涧甲乙稿》卷六,第108页。
⑥ 韩元吉:《南涧甲乙稿》卷四,第52页。
⑦ 韩元吉:《南涧甲乙稿》卷六,第91页。
⑧ 韩元吉:《南涧甲乙稿》卷六,第93页。

初长夜,又得人间一梦清。"①均可见韩元吉以清为美的人生理想与诗学旨趣。

三、平和与狂放之间的艺术张力

韩元吉是南宋中兴时期一位重要的道学家,道学修养很深,其诗表现出平和清美的特色。同时,韩元吉又有一个较为与众不同的地方,即他是一位尤为注重外王践履的道学家,一生坚决主张恢复中原,具有浩然的壮气和坚忍不拔的志操。如淳熙十年(1183)五月韩元吉作《建宁府开元禅寺戒坛记》说:"天下之事,不患于人之不能为,而患在人之不肯为。使士大夫遇事而有坚忍不拔之志,则亦何功之不可成,何业之不可广也"②,可见韩元吉矢志于天下之事、士大夫之事的进取精神。其《孔明论》云:"君子之事君也,必将告其君以所欲为者,而济其君之所未为者。君以为然耶,吾将起而就之。其不然耶,吾将引而去之也。"③又可见韩元吉以身行道的决心。友人陆游尝赠《念奴娇》词于韩元吉,韩元吉有词次韵说:"离别经年,相逢犹健,底恨光阴速。壮怀浑在,浩然起舞相属。"④亦以浩然壮怀与陆游相互砥砺。可以说,清和与狂放这两种反差极大甚至是相悖的气质,在韩元吉身上得到了有机的统一。

韩元吉这种既有清和之美,又具豪壮狂放的气质反映在创作中,使其诗歌艺术呈现出一种包容清和与狂放两种风格的审美张力。挚友朱熹即称韩元吉诗文"做著尽和平,有中原之旧,无南方呧唶之音"⑤,指出韩元吉诗文清雅平和的特色。韩元吉《溪山堂次韵四首》其一亦云:"堂前松竹挺千军,堂外青山万马群。横策时来按文阵,要须笔力起风云。"⑥韩元吉描述了溪山堂前松竹宛如千军万马,而自己仿佛是点检军马的将军,随之笔锋一转,讨论诗文,认为"要须笔力起风云",从中,可见韩元吉豪壮狂放的英姿及其推重"笔力"的诗学观念。他还有诗称赞时人陈子象"诗就只应开顷刻,先生笔力起千钧"⑦。有《答陈亮书》称陈亮"学力既博,笔力健甚"⑧。有《高

①　韩元吉:《南涧甲乙稿》卷六,第99页。
②　韩元吉:《南涧甲乙稿》卷一五,第302页。
③　韩元吉:《南涧甲乙稿》卷一七,第345页。
④　韩元吉:《南涧甲乙稿》卷七,第121页。
⑤　黎靖德编,王星贤点校:《朱子语类》卷一三九,第3316页。
⑥　韩元吉:《南涧甲乙稿》卷六,第99页。
⑦　韩元吉:《南涧甲乙稿》卷五《次韵陈子象十月惠牡丹》,第81页。
⑧　韩元吉:《南涧甲乙稿》卷一三,第253页。

祖宫师文编序》称其高祖诗文"笔力雄健"①。可见,作诗论文推重雄健笔力乃是韩元吉的一贯特点。如果说朱熹指出了韩元吉诗歌清雅平和的一面,那么韩元吉自己则道出了其诗歌雄健狂放的另一面。这种反差和张力,成为韩元吉诗歌富有个性魅力的一个重要因素。

在韩元吉的诗歌创作中,可以说时见清雅平和,又常见雄健狂放,跳荡不拘,千姿百态。如《同叶梦锡赵德庄游牛首山》:"不辞扶病触春寒,及此新晴一日闲。云外经年见双阙,马头乘兴数前山。清泉细酌巉岩上,佛窟同探紫翠间。我亦无心话禅悦,衔花百鸟自飞还。"②韩元吉此诗写自己与友人游牛首山之际平和自在的心态,可见其情怀之澹雅。而《浙江观潮》绝句云:"江翻海涌势难平,鳌掷鹏骞自不停。端为君王洗兵马,参旗井钺万雷霆。"③此诗则笔力雄健,意象飞动,情怀豪壮。《过松江寄务观五首》其一云:"四海习凿齿,云间陆士龙。酒狂须一石,文好自三冬。"④《秋日杂咏六首》其一云:"客少无尘语,官闲省吏文。醉眠千幛日,危坐一窗云。"⑤均是写自己的狂放之态。《送温伯玉二首》其一称"壮年豪气在,途路莫兴嗟"⑥,则以"壮年豪气"与友人共勉。

韩元吉既有道学家的谨严平和,亦有狂士的放达情怀。如其《少稷劝饮每作色明远忽拂袖去戏呈》:"坐中幸免沐猴舞,且复周旋非贵人。人言劝饮无恶意,君胡作恶使客起。少陵亦遭田父肘,况我忘形友君子。从今勿劝亦勿辞,我欲眠时君自归。"⑦韩元吉认为与友人纵饮,当兴尽而罢。其中"我欲眠时君自归"之语,化用李白《山中与幽人对酌》"我醉欲眠卿且去,明朝有意抱琴来"⑧,可见其放达不羁。又如《七夕与孟婿约汤朝美率徐行中游鹤山》:"起携东床友,况得下榻翁。青蒲有杰客,放怀适相从。一招云中仙,共呼潭底龙……高谈剧霏屑,壮气吹长虹。可无樽酒绿,遂使老颊红。醉语或不省,啸歌亦春容。归欤兴难尽,月明照风松。"⑨通过此诗,可见韩元吉与其婿孟植等人清游鹤山之际气贯长虹的高谈剧论和醉语啸歌、兴尽而返的放纵之情。其《雪中以独钓寒江雪分韵得独字》亦云:"相过二三子,

① 韩元吉:《南涧甲乙稿》卷一四,第 261 页。
② 韩元吉:《南涧甲乙稿》卷四,第 58 页。
③ 韩元吉:《南涧甲乙稿》卷六,第 92 页。
④ 韩元吉:《南涧甲乙稿》卷三,第 40 页。
⑤ 韩元吉:《南涧甲乙稿》卷三,第 37 页。
⑥ 韩元吉:《南涧甲乙稿》卷三,第 41 页。
⑦ 韩元吉:《南涧甲乙稿》卷二,第 31 页。
⑧ 李白著,王琦注:《李太白全集》卷二三,北京:中华书局,1977 年,第 1074 页。
⑨ 韩元吉:《南涧甲乙稿》卷一,第 9 页。

共喜醅瓮熟。狂歌且暂醉,夜半还秉烛。"①也是写与友人狂歌醉游、夜半始还的情景。韩元吉又有《远游十首》,更是抒写了自己游仙的理想,如其七:"昆仑九万里,磅礴天地根。其下有玄圃,兹惟众仙门。翩然两白鹤,道我前飞翻。问津牵牛星,濯足洪河源。九关幸方辟,乘之游紫垣。"②作为一位道学家,韩元吉的玄想和放纵可谓异于众响、独具一格。

而尤其值得注意的是,韩元吉诗的意象、情怀还能在一首作品之内极尽放纵和跳宕。如《隆兴甲申岁闰月游焦山》:

> 荒村日晴雪犹积,系缆焦公山下石。江翻断崖石破碎,瘗鹤千年有遗迹。瘦藤百级跻上方,浮玉南北江中央。樯竿如林出烟浦,酒船远与帆低昂。老鸥盘风舞江面,杀气淮南望中见。神龙只合水底眠,为洗乾坤起雷电。观音岩前竹十寻,大士不死知此心。醉归更唤殷七七,剩种好花开鹤林。③

这首诗写于孝宗隆兴二年(1164)韩元吉游焦山之际。诗歌先是进入绵长悠远的历史时空,进而描绘焦山一带的长江上面烟波浩淼、帆影如林的情景。但是接下来,韩元吉并未继续描写如画的景致,而是笔锋陡转,以"老鸥"、"杀气"、"神龙"、"乾坤"、"雷电"等意象,营构出一片阴森肃杀的境界,并抒发了自己一洗乾坤的浩怀壮气。全诗节奏由缓而促,情绪由低而高,历史与现实交织,正如一片浩瀚平静的江面风云突起,笔力劲健,读来令人猛然为之神遏气塞。再如《溪山堂次韵》:

> 幽人谁与娱,作堂面溪湾。堂中有山色,朝暮来云间。正作杜老狂,颇异韩子奸。超然物外景,便觉非人寰。登临得退瞩,似破天壤悭。诗成隐几笑,溪山亦开颜。缭绕明镜中,参差峨髻鬟。苦无俗客语,但闻鸟间关。出门曳藜杖,赖有此往还。虚名两蜗角,自斗触与蛮。时平众贤聚,君胡得长闲。会从车骑出,勒石燕然山。正恐万里途,高辕不容攀。④

诗人本来写自己与友人的清游幽赏,抒发超然物外的情怀,而结尾二联

---

① 韩元吉:《南涧甲乙稿》卷一,第9页。
② 韩元吉:《南涧甲乙稿》卷一,第6页。
③ 韩元吉:《南涧甲乙稿》卷二,第36页。
④ 韩元吉:《南涧甲乙稿》卷一,第16页。

诗意突转,以勒石燕然、平戎杀敌的功业自警,笔力陡壮,可见其情感的跳宕和张力。

在韩元吉当世,与韩元吉及其子韩淲关系都甚为密切的诗人赵蕃有《别韩尚书》诗说:"南山之作险以壮,南溪之作闲以放。流风莫和况当家,南涧先生堪颔颐。"①赵蕃以"险以壮"和"闲以放"称许韩元吉诗,所言正是韩元吉诗融平和与狂放为一体、极富张力的艺术特色,可谓切中肯綮之论。

第二节　集道学大成的朱熹

朱熹(1130—1200)是宋代集大成的道学家,也是南宋中兴时期著名诗人。朱熹的文学创作,无论是就数量还是质量来说,在南宋道学诗人中都极为突出,而且其诗早在宋元时代即广为传播。如淳熙十一年(1184)朱熹创作《淳熙甲辰中春精舍闲居戏作武夷棹歌十首呈诸同游相与一笑》,以组诗形式抒写武夷佳景及其悠然情怀。据束景南先生考证,"朱熹《武夷棹歌》出,和者尤多,韩元吉为最早者"②。而据宋人姚勉记载,姚勉妻梅庄夫人邹氏"尤爱诵文公先生武夷山十咏,宛转高下其声以歌之"③。宋代道学家的诗歌为文人士大夫评论和传颂并不稀见,但在宋代,道学家的诗歌为妇人女子所喜爱并播之以歌,则可以说是少有的,尤可见朱熹诗歌在宋代传颂之广。至宋元之际,方回更是从文学批评的角度对朱熹诗歌创作多有褒扬。迄今为止,学界关于朱熹文学的研究也是南宋道学家中最为深入的。④ 不过,若将朱熹放到自汉魏至唐宋以来的文学流变及南宋中兴时期道学诗人群体的坐标中进行比照考察,则其诗歌创作的个性特色仍有值得进一步发掘和探讨之处。本节拟从其追步汉魏的生命意识、对陶渊明及其诗歌创作的体认与超越、以古为新的诗学选择等方面,对集道学大成的朱熹展开讨论。

---

① 赵蕃:《淳熙稿》卷五,上海:商务印书馆,1935 年,第 85 页。
② 束景南:《朱熹年谱长编》,上海:华东师范大学出版社,2001 年,第 788 页。
③ 姚勉:《雪坡舍人集》卷五〇《梅庄夫人墓志铭》,《宋集珍本丛刊》第 86 册,第 526 页。
④ 关于朱熹文学研究,代表性成果如:钱穆《朱子新学案》(台北:三民书局:1971 年。该书又见钱穆《钱宾四先生全集》,台北:联经出版事业公司,1998 年)、〔日〕申美子《朱子诗中的思想研究》(台北:文史哲出版社,1988 年)、〔韩〕李秀雄《朱熹与李退溪诗比较研究》(北京:北京大学出版社,1991 年)、莫砺锋《朱熹文学研究》(南京:南京大学出版社,2000 年)等著作和一些相关论文,详见前文学术史回顾部分。

一、追步汉魏的生命意识

朱熹常有退藏自守的思想倾向,并曾因此与一贯主张外王践履的友人韩元吉发生过关于内圣外王和出处进退的激烈争辩,但他对于道丧时危的忧虑,对于生命短暂坎坷而道义不竟的矛盾的思索却终其一生。可以说中国中古汉魏时期士人身上始觉醒的一种典型的生命意识[1],在朱熹思想及其诗歌创作中无比强烈地表现了出来,成为朱熹人生和文学艺术中极富特色的部分。

朱熹屡屡陈述自己对于道丧时危的忧患。如他在《答詹元善体仁》中说,“世衰道丧,俗学多歧,天理不明,人心颇僻,未有甚于此时者。熹窃不自知其浅陋,方以其所闻于师友者夙夜勉焉,而志力不强,未有攸济,是以乐闻贤者之风而有望于切磨之助”[2]。《到袁州二首》其二说:“道丧时危今日意,九原遗恨一时新。”[3]表现了对世道沦丧的深切关怀。又如《感事书怀十六韵》:“胡虏何年盛,神州遂陆沉……志士忧虞切,朝家预备深。”[4]《感事》:“闻说淮南路,胡尘满眼黄。弃躯惭国士,尝胆念君王。却敌非干橹,信威藉纪纲。丹心危欲折,竚立但彷徨。”[5]则是对金人势盛及江淮形势深表忧虑,为之心神摧折。

朱熹也强烈表达过其经世的理想。如其《奉酬子厚咏雪之作》自述:“念昔少小时,无事志四方。”[6]《感怀》说:“经济夙所尚,隐沦非素期。”[7]

---

[1]　在汉魏之际,随着社会文化发展,士人思想心态亦发生明显变化,其中一个重要方面,就是士人对于自我个体的觉醒和珍视,士人开始萌生出一种强烈的生命意识。关于此,学界已多有论述。如余英时先生认为,“论汉晋之际士大夫与其思想之变迁者,固不可不注意士之群体自觉,而其尤重要者则为个体之自觉,以其与新思潮之兴起最直接相关故也”,“士大夫之内心自觉复可征之于对个体自我之生命与精神之珍视”(余英时:《士与中国文化》,上海:上海人民出版社,2003年,第269—285页);罗宗强先生认为,“自建安以来,个性觉醒对于生命的珍惜的思潮”,发展到正始玄风时期,“更加哲理化了,也更加深化了”(罗宗强:《玄学与魏晋士人心态》,天津:南开大学出版社,2003年,第118页);李建中、高华平先生亦认为,“关于人生的思考,最沉重、最深刻的莫过于生死问题。在魏晋这个战乱频仍、命如草芥、名士不时惨遭横祸的动荡岁月里,人们更常常有一种朝不保夕的感觉,因此对生命的感受更为强烈”(李建中、高华平:《玄学与魏晋社会》,石家庄:河北人民出版社,2003年,第188页)。

[2]　朱熹:《晦庵先生朱文公文集》卷四六,朱杰人等主编:《朱子全书》第22册,第2134页。

[3]　朱熹:《晦庵先生朱文公文集》卷五,朱杰人等主编:《朱子全书》第20册,第392页。

[4]　朱熹:《晦庵先生朱文公文集》卷二,朱杰人等主编:《朱子全书》第20册,第288页。

[5]　朱熹:《晦庵先生朱文公文集》卷二,朱杰人等主编:《朱子全书》第20册,第289页。

[6]　朱熹:《晦庵先生朱文公文集》卷二,朱杰人等主编:《朱子全书》第20册,第281页。

[7]　朱熹:《晦庵先生朱文公文集》卷四,朱杰人等主编:《朱子全书》第20册,第358页。

《短句奉迎荆南幕府二首》其一说："宛洛何年向？奇功要一论。"①《送张彦辅赴阙》说："愿言中兴圣天子，修政攘夷从此始。深仁大义天与通，农桑万里长春风。朝纲清夷军律举，边屯不惊卧哮虎。一朝决策向中原，著鞭宁许他人先？"②从中，都可看到朱熹致君行道的理想。宋孝宗即曾称赞，"朱熹政事却有可观"③。

朱熹虽然以道自任，怀着致君行道的理想，然而纵观朱熹生活的时代及其人生历程，其行道之路却充满坎坷和辛酸。《宋史》称"熹登第五十年，仕于外者仅九考，立朝才四十日"④。这可以说是对朱熹怀道而不遇的一生的恰当概括。作为一位集大成的道学家，朱熹对天理永恒而生命短暂的道理是尤为彻悟的。也正因此，在对于天道绵长永恒但丧而不行的焦虑与思索中，朱熹激发出了一种强烈的生命意识。如其《感春赋》云：

> 触世途之幽险兮，揽余辔其安之？慨埋轮而絷马兮，指故山以为期。仰皇鉴之昭明兮，眷余衷其犹未替。抑重巽于既申兮，狗耕野之初志。自余之既还归兮，毕藏英而发春。潜林庐以静处兮，阒蓬户其无人。披尘编以三复兮，悟往哲之明训。嗒掩卷以忘言兮，纳遐情于方寸。朝吾屣履而歌商兮，夕又赓之以清琴。夫何千载之遥遥兮，乃独有会于余心。忽嘤鸣其悦豫兮，仰庭柯之葱蒨。悼芳月之既徂兮，思美人而不见。彼美人之修婔兮，超独处乎明光。结丹霞以为绥兮，佩明月而为珰。怅佳辰之不可再兮，怀德音之不可忘。乐吾之乐兮，诚不可以终极。忧子之忧兮，孰知吾心之永伤。⑤

朱熹继承了屈原《离骚》的传统，以香草美人之喻，寄寓君臣不能遇合的感慨，表达因世途幽险而不得不怀道退藏的怅惘，也抒发了佳辰不再、生命急促的焦虑和忧伤。这种对于生命的感怀，也成为朱熹诗歌创作的一个鲜明主题。如其《古意》：

> 兔丝附朴樕，佳木生高冈。弱蔓失所依，佳木徒苍苍。两美不同根，高下永相望。相望无穷期，相思谅徒为。同车在梦想，忽觉泪沾衣。

---

① 朱熹：《晦庵先生朱文公文集》卷四，朱杰人等主编：《朱子全书》第20册，第351页。
② 朱熹：《晦庵先生朱文公文集》卷四，朱杰人等主编：《朱子全书》第20册，第356页。
③ 脱脱等：《宋史》卷四二九《朱熹传》，第12756页。
④ 脱脱等：《宋史》卷四二九《朱熹传》，第12767页。
⑤ 朱熹：《晦庵先生朱文公文集》卷一，朱杰人等主编：《朱子全书》第20册，第222页。

不恨岁月道,但惜芳华姿。严霜萎百草,坐恐及兹时。盛年无再至,已矣不复疑。①

朱熹此诗,首先赞叹兔丝、朴樕等佳木相望相依的生命的美好,在对生命的感悟中,诗人不禁清泪沾衣。下面忽然笔锋一转,联想到严霜对百草美好生命的摧残,进而由百草的生命联想到人生,悲叹"盛年无再至,已矣不复疑"。诗人既是在感叹自然界百草生命的残败,又是在悲叹人生的挫折和生命的摧伤,由赞叹而至悲叹,甚有感染力。诗中所谓"不恨岁月道,但惜芳华姿"之语,可以说是朱熹生命意识的强烈流露。又如《远游篇》:

举坐且停酒,听我歌《远游》。远游何所至?咫尺视九州……为子奉尊酒,击铗歌慷慨。送子临大路,寒日为无光。悲风来远壑,执手空徊徨。问子何所之?行矣戒关梁。世路百险艰,出门始忧伤。东征忧旸谷,西游畏羊肠。南辕犯疠毒,北驾风裂裳。愿子驰坚车,蹑险摧其刚。峨峨既不支,琐琐谁能当?朝登南极道,暮宿临太行。睥睨即万里,超忽凌八荒。无为蹩躠者,终日守空堂!②

朱熹这首诗以玄想的方式写自己慷慨远游,然而由于"世路百险艰",因此诗人"出门始忧伤",举目四顾,四面八方均险恶难行。于是诗人幻想自己能驱驰坚车,驾凌八荒,但结果仍然是无为而返,归守空堂。全诗表达了一种世路凶险、四方之志难伸、令人神滞气塞的生命委顿与对重生的渴望。

另外,如《送刘旬甫之池阳省觐六十四丈遂如行在所上计》:"良玉怀贞操,芳兰含远馨。临歧一珍重,即此万里程。"③《奉酬丘子野表兄饮酒之句》:"古来穷庐士,岁暮多苦心。苦心亦何为,世路多崎嵚。"④《秋怀二首》其二:"端居兴方澹,沉默自成趣。羽觞欢独持,瑶琴谁与晤?空知玄思清,未惜年华度。美人殊不来,岁月恐迟暮。"⑤均是在绵长辽阔的时空思维中,以自然和生命的美好与世路的崎岖凶险、岁月的流逝不再并举,在极不和谐的强烈反差中表现自然和人生的挫折,流露出作者生命意识的觉醒与对生

① 朱熹:《晦庵先生朱文公文集》卷一,朱杰人等主编:《朱子全书》第20册,第228页。
② 朱熹:《晦庵先生朱文公文集》卷一,朱杰人等主编:《朱子全书》第20册,第224页。
③ 朱熹:《晦庵先生朱文公文集》卷一,朱杰人等主编:《朱子全书》第20册,第229页。
④ 朱熹:《晦庵先生朱文公文集》卷一,朱杰人等主编:《朱子全书》第20册,第227页。
⑤ 朱熹:《晦庵先生朱文公文集》卷二,朱杰人等主编:《朱子全书》第20册,第277页。

命的珍视之情,表现出朱熹这位集大成的道学家特有的深沉人生之思。

二、对陶渊明及其诗歌创作的体认与超越

陶渊明是中国中古著名诗人,无论是其人格还是诗歌,都对后世产生了深远影响。[①] 在宋代,陶渊明及其诗歌可以说是广为士人所接受,朱熹亦是其中重要的一家。而值得注意的是,朱熹对陶渊明的接受颇有与众不同的特色。朱熹对陶渊明的体认与接受,不仅仅在于学习,他还明确提出应当有所超越。这在陶渊明及其诗歌的接受史上,无疑是一个富有意义的推进。更为重要的是,这也是深入理解朱熹及其诗歌创作的一个角度。

首先看朱熹对陶渊明及其诗歌的认同、接受和学习。朱熹《陶公醉石归去来馆》诗云:

> 予生千载后,尚友千载前。每寻《高士传》,独叹渊明贤。及此逢醉石,谓言公所眠。况复岩壑古,缥缈藏风烟。仰看乔木阴,俯听横飞泉。景物自清绝,优游可忘年。结庐倚苍峭,举觞酹潺湲。临风一长啸,乱以《归来》篇。[②]

朱熹将陶渊明许为千载隔代之交,甚为推许陶渊明绝俗归耕的气节风姿。朱熹非常喜欢陶渊明诗歌创作中的诗意、诗境,有时还喜欢模拟化用陶渊明诗句,这些在朱熹本人的诗歌创作中均有表现。如其《题郑德辉悠然堂》:

> 高人结屋乱云边,直面群峰势接连。车马不来真避俗,箪瓢可乐便忘年。移筇绿幄成三径,回首黄尘自一川。认得渊明千古意,南山经雨更苍然。[③]

全诗化用陶渊明《饮酒》诗之语句、诗意,表现友人郑德辉悠然堂的绝

---

① 有关陶渊明影响与接受的相关研究,可参看袁行霈《陶渊明研究》(北京:北京大学出版社,1997 年)、钟优民《陶学发展史》(长春:吉林人民出版社,2000 年)、李剑锋《元前陶渊明接受史》(济南:齐鲁书社,2002 年)、卢佑诚《钱锺书的陶渊明接受史研究》(《皖西学院学报》2003 年第 1 期)、莫砺锋《颜延之〈陶征士诔并序〉在陶渊明接受史上的地位》(《学术月刊》2012 年第 1 期)、王建生《宋代陶渊明接受史上的别调》(《郑州大学学报》2013 年第 4 期)等。
② 朱熹:《晦庵先生朱文公文集》卷七,朱杰人等主编:《朱子全书》第 20 册,第 487 页。
③ 朱熹:《晦庵先生朱文公文集》卷四,朱杰人等主编:《朱子全书》第 20 册,第 352 页。

俗之趣。又如《寄题梅川溪堂》:"静有山水乐,而无车马喧。"①《再和刘抱一》:"久矣投装返旧墟,不将心事赋《闲居》。荷锄带月朝治秽,植杖临风夕挽蔬。"②《游密庵分韵赋诗得清字》:"误落尘中岁序惊,归来犹幸此身轻……个中有趣无人会,琴罢尊空月四更。"③《题霜杰集》:"平生尚友陶彭泽,未肯轻为折腰客。"④这些诗作中,都明显可见陶渊明诗的痕迹。清人李光地尝指出,"朱子每事议论都当行,一点不错。如诗表章陶靖节,文推《史》、《汉》、韩、柳之类"⑤。李光地所论,可以说是对朱熹崇陶学陶的一个很好概括。

但是,朱熹真正富有个性和特色的地方是他以集大成的道学造诣对陶渊明心境与诗境的自觉超越。陶渊明《归园田居》其一:"少无适俗韵,性本爱丘山。误落尘网中,一去三十年。羁鸟恋旧林,池鱼思故渊。开荒南野际,守拙归园田……久在樊笼里,复得返自然"⑥。陶渊明以挣脱尘世樊笼、归返山林田园和融于自然为至高之境。而朱熹《书事》诗云:

　　重门掩昼静,寂无人境喧。严程事云已,端居秋向残。超摇捐外虑,幽默与谁言? 即此自为乐,何用脱笼樊!⑦

朱熹此诗,明显是一反陶渊明《归园田居》诗意的有意之作。朱熹认为,只要能够正心诚意,体道自修,达至道境,则万念善而俗虑绝,此中自有乐趣,又何必一定要脱离世间樊笼呢? 这也可以说是朱熹以人之道心而超越陶渊明自然人心的一个宣言。从魏晋陶渊明自然哲学到朱熹集大成之道学,从陶渊明以自然为核心的价值观念到朱熹以道为核心的价值观念,从陶渊明浑融自然的诗境到朱熹经过道学沉潜的诗境,可以看出,朱熹、陶渊明二人在哲学观念、人生旨趣、诗歌意境等方面,均判若泾渭。

朱熹尝论:"盖天理者,此心之本然,循之则其心公而且正;人欲者,此心之疾疢,循之则其心私而且邪。公而正者逸而日休,私而邪者劳而日拙,

①　朱熹:《晦庵先生朱文公文集》卷二,朱杰人等主编:《朱子全书》第20册,第279页。
②　朱熹:《晦庵先生朱文公文集》卷二,朱杰人等主编:《朱子全书》第20册,第279页。
③　朱熹:《晦庵先生朱文公文集》卷八,朱杰人等主编:《朱子全书》第20册,第502页。
④　朱熹:《晦庵先生朱文公文集》卷一〇,朱杰人等主编:《朱子全书》第20册,第556页。
⑤　李光地著,陈祖武点校:《榕村语录》卷一九,第339页。
⑥　陶渊明著,逯钦立校注:《陶渊明集》卷二,北京:中华书局,1979年,第40页。
⑦　朱熹:《晦庵先生朱文公文集》卷一,朱杰人等主编:《朱子全书》第20册,第247页。

其效至于治乱安危有大相绝者,而其端特在夫一念之间而已。"①在朱熹看来,虽然人心惟危,道心惟微,但只要能够持是心之正,则自然超脱尘网俗虑。朱熹诗歌也多有这方面的陶写。如《忆斋中二首》其一:"高斋一远眺,西南见秋山。景翳夕阴起,竹密幽禽还。赏惬虑方融,理会心自闲。谁料今为客,寥落一窗间。"②《晨起对雨二首》其二:"守道无物役,安时且盘桓。翳然陶兹理,贫悴非所叹。"③《宿武夷观妙堂二首》其一:"闲来生道心,妄遣慕真境。"④朱熹虽然是抒写自得的情怀,但诗中所谓"理会心自闲"、"翳然陶兹理",事实上已经是饱为道学渗透之理。朱熹《读道书作六首》对此说得更为明白,如其一云:"岩居秉贞操,所慕在玄虚。清夜眠斋宇,终朝观道书。形忘气自冲,性达理不余。于道虽未庶,已超名迹拘。至乐在襟怀,山水非所娱。寄语狂驰子,营营竟焉如?"⑤朱熹认为只要"至乐在襟怀",则"山水非所娱",这与陶渊明以自然山水为身心寄托的思想及其诗歌表现确实是截然不同的。

要而言之,喜爱、学习陶渊明及其诗歌,是朱熹与宋代其他陶渊明接受者的相同之处。然而,以集道学之大成的学理造诣而自觉超越陶渊明的思想及其创作,则是朱熹别具一格的独特个性。当然,这里所说的朱熹对于陶渊明及其诗歌创作的"超越",并非是一种道德价值的优劣评判和诗歌艺术的高下之分,而是一种立足于学术取向的辨析和个人诗学特色的区分。

三、以古为新的诗学选择

方回《瀛奎律髓》称朱熹诗"用事命意,定格下字,悉如律令,杂老杜、后山集中可也"⑥。又称"文公诗深得后山三昧,而世人不识"⑦。方回认为朱熹诗歌用事命意,定格下字,悉如律令,可比唐人杜甫、宋人陈师道等江西诗祖和诗宗,这无疑是对朱熹诗歌艺术的肯定,然而并非朱熹诗学的全豹之

---

① 朱熹:《晦庵先生朱文公文集》卷一三《延和奏札二》,朱杰人等主编:《朱子全书》第20册,第639页。
② 朱熹:《晦庵先生朱文公文集》卷一,朱杰人等主编:《朱子全书》第20册,第247页。
③ 朱熹:《晦庵先生朱文公文集》卷一,朱杰人等主编:《朱子全书》第20册,第229页。
④ 朱熹:《晦庵先生朱文公文集》卷一,朱杰人等主编:《朱子全书》第20册,第230页。
⑤ 朱熹:《晦庵先生朱文公文集》卷一,朱杰人等主编:《朱子全书》第20册,第236页。
⑥ 方回选评,李庆甲集评校点:《瀛奎律髓汇评》卷一《登定王台》诗之评,第19页。
⑦ 方回选评,李庆甲集评校点:《瀛奎律髓汇评》卷一六《九日登天湖以菊花须插满头归分韵赋诗得归字》诗之评,第638页。

论。朱熹尝自称"余素不能作唐律"①。清人李光地《榕村语录》亦论,"宋人用韵多错,朱子虽古诗,亦不出本韵,却无破绽"②。李光地给予朱熹古诗创作及其艺术以高度肯定,应该说其论更能触及朱熹诗歌创作的实际。结合朱熹诗论及其诗歌创作进行综合考察,朱熹的诗学选择确实主要在于古诗,并能以古为新,在江西诗风流弊丛生之际有所创造,推动了诗歌艺术的发展。

朱熹作为一位学术宗师和文坛名家,留下了不少论述诗歌的文献,对于认识朱熹乃至南宋中兴时期的诗学观念具有重要意义。其中,有《答巩仲至》云:

> 古今之诗,凡有三变。盖自书传所记,虞夏以来,下及魏晋,自为一等。自晋宋间颜、谢以后,下及唐初,自为一等。自沈、宋以后,定著律诗,下及今日,又为一等。然自唐初以前,其为诗者固有高下,而法犹未变。至律诗出,而后诗之与法,始皆大变,以至今日,益巧益密,而无复古人之风矣。故尝妄欲抄取经史诸书所载韵语,下及《文选》汉魏古词,以尽乎郭景纯、陶渊明之所作,自为一编。③

在这篇书信中,朱熹认为古今之诗有三变,事实上也就是将古今诗分成了三等,其中最优的一等即是自书传所记虞夏以来下及魏晋的诗歌。朱熹不仅从理论上加以推崇,还亲自编撰经史诸书所载韵语,下及《文选》,以及郭景纯、陶渊明等人的诗作附于诗经、楚辞之后,作为诗学的根本准则。同时朱熹以批判的态度认为:至律诗出而诗法大变,此后益巧益密,而无复古人之风。据此,可见朱熹以复古为创新的诗学选择。

朱熹在一些具体诗学批评中,也常以古风为标准。其《跋病翁先生诗》论:

> 规模意态,全是学《文选》《乐府》诸篇,不杂近世俗体,故其气韵高古,而音节华畅,一时辈流少能及之……天下万事,皆有一定之法,学之者须循序而渐进。如学诗则且当以此等为法,庶几不失古人本分体制。向后若能成就变化,固未易量,然变亦大是难事。果然变而不失其正,则纵横妙用,何所不可? 不幸一失其正,却似反不若守古本旧法,以终

---

① 朱熹:《晦庵先生朱文公文集》卷九《和刘叔通怀游子蒙之韵》自注,朱杰人等主编:《朱子全书》第20册,第539页。
② 李光地著,陈祖武点校:《榕村语录》卷三〇,第547页。
③ 朱熹:《晦庵先生朱文公文集》六四,朱杰人等主编:《朱子全书》第23册,第3095页。

其身之为稳也。①

可以看出，朱熹盛推体近《文选》《乐府》的气韵高古且音节华畅的诗作，强调学诗当以古人体制入手而循序渐进，方为正确路数和方法。正因为秉持着这种诗学观念，朱熹作诗并不刻意追求工巧和辞藻。如其《次张彦辅韵》说："我穷诗未工，最觉貂难续。感君殷勤意，吟苦屡更烛。群公饶藻思，裂笺动盈束。历险正摧辀，争先俄击毂。低回欲引避，怅望曷归宿"②，即批判了一些涉险求难、专攻"藻思"之人，说明自己不为求工历险之俗体的观念。

在实际创作中，朱熹也常模拟古体，进行古诗创作。如《拟古八首》其一：

> 离离原上树，戢戢涧中蒲。娟娟东家子，郁郁方幽居。濯濯明月姿，靡靡朝华敷。昔为春兰芳，今为秋藤芜。寸心未销歇，托体思同车。

其四：

> 佳月朗秋夜，蟋蟀鸣空堂。大火西北流，河汉未渠央。野草不复滋，白露结为霜。梁燕起高飞，云雁亦南翔。念我同心子，音形阻一方。不念执手欢，隔我如参商。寓龙不为泽，画饼难充肠。金石徒自坚，虚名真可伤！③

前一首诗以春兰、秋芜等古朴意象，表达了高洁脱俗的襟怀。后一首诗通过对佳月、秋夜、蟋蟀、空堂、大火、河汉、野草、白露、梁燕、云雁等景物的描写，寄托了望月怀远的幽思。朱熹这一组诗，不仅语言素雅，意韵高古，而且意象华美，音节流畅，确有汉魏古诗之风。

另外，朱熹《濯足万里流》描写："褰裳缘碧涧，濯足憩清幽。却拂千岩石，聊乘万里流。氛埃随脱屣，步武欲横秋。极目沧江晚，烟波殊未休"④。《孤鹤思太清》描写："孤鹤悲秋晚，凌风绝太清。一为栖苑客，空有叫群声。

---

① 朱熹：《晦庵先生朱文公文集》八四，朱杰人等主编：《朱子全书》第24册，第3968页。
② 朱熹：《晦庵先生朱文公文集》卷二，朱杰人等主编：《朱子全书》第20册，第303页。
③ 朱熹：《晦庵先生朱文公文集》卷一，朱杰人等主编：《朱子全书》第20册，第225页。
④ 朱熹：《晦庵先生朱文公文集》卷一，朱杰人等主编：《朱子全书》第20册，第253页。

夭矫千年质,飘飘万里情。九皋无枉路,从遣碧云生"①。二诗也均以魏晋古诗的体制、超尘脱俗的意象,抒发了自己孤傲清高的情怀,气韵高古悲凉。其中《濯足万里流》一诗,诗题即出自西晋诗人左思著名的《咏史诗》八首其五"振衣千仞冈,濯足万里流"②。朱熹瓣香古诗的诗学旨趣,于此可见一斑。而在南宋中兴诗坛上,朱熹气韵高古、清绝脱俗的古诗创作也堪称独具一格。

第三节　与道进退的张栻

张栻(1133—1180)字敬夫,一字钦夫,号南轩,汉州绵竹人,师从胡宏,开创南轩学派,与朱熹、吕祖谦齐名,为东南三贤,陈亮称:"乾道间,东莱吕伯恭、新安朱元晦及荆州(张栻)鼎立,为一世学者宗师"③。其著作今存《南轩易说》三卷、《论语解》十卷、《孟子说》七卷、《南轩先生文集》四十四卷等。④ 长期以来,学界有关张栻的研究主要集中于其学术思想与学术活动。事实上张栻不仅为学术宗师,也可谓文如其人,还是南宋中兴诗坛上一位个性鲜明的重要道学诗人。本节拟从其与道进退的一生及其诗歌抒写、自然情性与文学表现、"淡乃其至"的人生境界与诗学追求等方面,对张栻及其诗歌创作展开讨论。

一、与道进退的一生及其诗歌抒写

张栻之父张浚为南宋高宗、孝宗朝名臣,一贯主张恢复中原,享有时誉,杨万里即称:"忠献魏国公张浚,身兼文武之全才,心传圣贤之绝学……捐躯许国,忠孝之节动天地而贯日月"⑤。在时人心目中,张浚是一位文武全才、精忠许国的英雄。张浚不仅具有建义定国之功,亦有诗歌创作。朱熹《跋张魏公诗》云:"'群凶用事人心去,大义重新天意回。解使中原无左衽,斯文千古未尘埃。'举大义以清中原,此张公平生心事也。观于此诗,可见其寝食之不忘。然竟不得遂其志,可胜叹哉!"⑥通过朱熹所举张浚诗歌,可

---

① 朱熹:《晦庵先生朱文公文集》卷一,朱杰人等主编:《朱子全书》第 20 册,第 253 页。
② 逯钦立辑校:《先秦汉魏晋南北朝诗·晋诗》卷七,北京:中华书局,1983 年,第 733 页。
③ 陈亮著,邓广铭点校:《陈亮集》(增订本)卷二九《与张定叟侍郎书》,第 383 页。
④ 参见祝尚书:《宋人别集叙录》卷二一,北京:中华书局,1999 年,第 1025—1035 页。
⑤ 杨万里撰,辛更儒笺校:《杨万里集笺校》卷六二《驳配飨不当疏》,第 2694 页。
⑥ 朱熹:《晦庵先生朱文公文集》卷八三,朱杰人等主编:《朱子全书》第 24 册,第 3938—3939 页。

见张浚寝食不忘恢复的情怀。

而无论是政事、学术还是文学,张浚对张栻一生的影响均是深刻的。张栻有《湘中馆饯定叟弟分韵得位字》诗称:"吾家德义尊,此岂在名位。勉哉嗣芬芳,停此宽别思。"①诗中所谓定叟,乃张杓,为张栻之弟。张栻非常自豪地以"吾家德义尊"与其弟共勉,表明要继承家学家风的志愿。张栻《平时兄弟间十三章章四句送定叟弟之官桂林》诗亦称:"鸣呼忠献公,典则垂后裔。遗言故在耳,夕惕当自厉。"②张栻送别张杓之际,以其父遗言典则相勉,并表达了要砥砺品节、继承父志的决心。

张栻也如其所言,一生始终践行德义,与道进退。一个重要表现就是,他毕生以道自任,在地方则勤政泽民,在朝廷则致君行道,将其学术进一步政治化,并努力向帝王推行,这不仅是张栻知行合一的突出品格,也为南宋中兴时期道学发展注入新的时代内涵。好友朱熹就称赞张栻,"其心未尝一日不在于朝廷,而汲汲然惟恐其道之终不行也"③。张栻毕生追求致君泽民的圣贤事业和恢复中原的事业。绍兴三十二年(1162)孝宗即位,张栻即上奏,向孝宗进讲格物致知、正心诚意的帝王之学:"陛下上念宗社之仇耻,下闵中原之涂炭,惕然于中,而思有以振之。臣谓此心之发,即天理之所存也。愿益加省察,而稽古亲贤以自辅,无使其或少息,则今日之功可以必成,而因循之弊可革矣。"孝宗"异其言,于是遂定君臣之契"④。然而,在追求致君泽民的圣贤事业和恢复事业的过程中,如果他认为行事的途径与方式不合于道,即使为了同样的目的,他却绝不苟同。乾道五年(1169)十二月张栻新除严州,"时宰相虞允文以恢复自任,且谓(张)栻素论常与己合,数遣人致意,栻不答。见上(孝宗),首言曰:'先王所以建功立事无不如志者,以其胸中之诚足以感格天下人之心也,陛下试深察之日用之间,念虑云为之际,亦有私意之发以害吾胸中之诚者乎?'"⑤张栻与虞允文在恢复中原的立场上相同,但在途径上却存在分野。在他看来,虞允文强调通过政治和事功的途径,这是不合于道的。他强调的是从人君正心诚意和感格天下人心做起,也就是内圣与外王的贯通,其间颇有王霸之争的意味,因此尽管虞允文数次致意招揽,但张栻不予理会,其与道进退的决心于此可见。

---

① 张栻:《新刊南轩先生文集》卷二,《宋集珍本丛刊》第60册,第27页。
② 张栻:《新刊南轩先生文集》卷二,《宋集珍本丛刊》第60册,第30页。
③ 朱熹:《晦庵先生朱文公文集》卷七八《江陵府曲江楼记》,朱杰人等主编:《朱子全书》第24册,第3749页。
④ 脱脱等:《宋史》卷四二九《张栻传》,第12770页。
⑤ 不著撰人:《皇宋中兴两朝圣政》卷四七,第1794页。

而对于道义的维护和对于权势的无畏,堪称张栻与道进退品格的又一表现。乾道七年(1171)近习张说除签书枢密院事,中书舍人范成大不草制,时张栻为侍讲,亦"夜草手疏,极言其不可,且诣宰相,质责之语甚切,宰相惭愤不堪",虽然孝宗"独不以为忤",罢张说,但因宰相阴梗,张栻次年便离开朝廷,出知袁州。① 进退由道,可谓是其人生的极好写照。

对于道的坚守和践履,出于张栻的自觉追求。他有《论语说序》指出:"本朝河南君子(二程)始以穷理居敬之方开示学者,使之有所循求,以入尧舜之道,于是道学之传复明于千载之下。然近岁以来,学者又失其旨,曰吾惟求所谓知而已,而于躬行则忽焉"②。又有《敬斋记》说:"致知所以明是心也,敬者所以持是心而勿失也"③。张栻所强调的持敬躬行,正是对于道的始终如一的内在坚持和外在贯彻。终其一生,诚如朱熹所说,"其学之所就,既足以名于一世,然察其心,盖未尝一日以是而自足……日反诸心,而验诸行事之实"④。周必大也称赞张栻,"道学人争说,躬行少似君……平生忠与敬,仿佛在斯文"⑤。早在北宋时期,邵雍、张载、二程等道学家对《大学》、《中庸》、《论语》、《孟子》等经典旨义的阐述已很深入,因此南宋道学家面临的任务就是如何将这些学术义理贯彻落实于生活日用和政治践履,而非一意于内圣沉潜,以致失去传统儒家的基本精神,也就是说,在知和行之间还有一个可待开拓阐释并付诸实践的空间。而张栻在这方面无疑作出了重要贡献,从而成为南宋中兴时期道学家的代表。

对于道的自觉坚守和践履,是张栻学术尤为突出的特色,这在其诗歌中亦有充分展现,其诗歌自然渗透着他这种以道自任、持敬躬行的精神品质。其《和吴伯承》诗云:"洋洋百世下,斯道岂陆沉……愿君勉勿倦,抱膝试长吟。"⑥不仅以"斯道"勉励友人,同时也是以"斯道"自励。《送刘枢密留守建康》云:"吾皇志经略,此地合绸缪。不应万全策,岁月空悠悠。先当植本根,次第施良筹。未闻欲外攘,而乃忽内修。"⑦表达了修道务本的观念和致君行道的情怀。《叶夷中屡以书求予记敬斋予往年尝为亲旧为记及铭矣今

① 不著撰人:《皇宋中兴两朝圣政》卷五〇,第1868页。
② 张栻:《新刊南轩先生文集》卷一四,《宋集珍本丛刊》第60册,第96页。
③ 张栻:《新刊南轩先生文集》卷一二,《宋集珍本丛刊》第60册,第87页。
④ 朱熹:《晦庵先生朱文公文集》卷七六《张南轩集序》,朱杰人等主编:《朱子全书》第24册,第3661页。
⑤ 周必大:《庐陵周益国文忠公集》卷四二《读张敬夫南轩集夜梦赋诗》,《宋集珍本丛刊》第51册,第466页。
⑥ 张栻:《新刊南轩先生文集》卷一,《宋集珍本丛刊》第60册,第21页。
⑦ 张栻:《新刊南轩先生文集》卷三,《宋集珍本丛刊》第60册,第33页。

独成两绝句寄之》其二云："向来屡着敬斋语,正恐多言意未明。今日报君惟一句,工夫端的贵躬行。"①则以诗阐发了躬行斯道的重要性。

张栻一生怀着修道务本、致君泽民的理想,以民为本是其中一个重要内容。他尝上书孝宗说:"夫欲复中原之地,先有以得中原之心,欲得中原之心,先有以得吾民之心。求所以得吾民之心者,岂有他哉? 不尽其力,不伤其财而已矣"②。这在其诗中亦有书写。如《道旁见获者》:"腰镰声相呼,十百南亩获。妇持黍浆馈,幼稚走雀跃。辛勤既百为,幸此岁不恶。王租敢不供,大室趣逋约。虽云粒米多,未办了升龠。姑宽目前饥,讵有卒岁乐。乐岁尚尔为,一歉更何托。书生独多忧,何以救民瘝?"③张栻此诗,正是其忧患民瘝与任道精神的典型表现。

二、自然情性与文学表现

所谓道贯万物,与社会领域中"汲汲然惟恐其道之终不行"内在相通而又表现不同,赋性冲和,钟情自然,乃是张栻鲜明个性品格的另一面,并对其诗文创作产生了深刻影响。张栻具有极度热爱自然山水的性情。他在《清明后七日与客同为水东之游翌朝赋此》诗中自述说:

> 平生山水癖,妙处只自知。夙约常寡味,邂逅惬心期。幅巾与藜杖,安步随所之……独与三四客,野服相追随。亭高俯空旷,洞古探瑰奇。悬崖隐日月,幽壑蟠蛟螭。洞水杂鸣佩,松风发清吹。兴来即倾酒,语到亦论诗。聊揩簿书眼,偿此闲暇时。所历固未厌,所感多余思。昔游木叶下,今兹绿阴肥。江山虽可识,岁月乃如驰。素餐岂不念,怀安敢云私。归来耿不寐,欹枕听晨鸡。④

张栻表明了自己夙兴夜寐,念念不忘自然山水之乐的志趣,即使是刚刚游山归来,仍然念兹在兹,难以成寐。"平生山水癖,妙处只自知",正是张栻一生沉潜山水几至成癖的自我写照。

张栻在《道中景物甚胜吟赏不暇因复作此》诗中又说:"支筇石壁听溪声,却看云山万叠新。总是诗情吟不彻,一时分付与吾人"⑤。张栻称,只要

① 张栻:《新刊南轩先生文集》卷六,《宋集珍本丛刊》第60册,第53页。
② 脱脱等:《宋史》卷四二九《张栻传》,第12771页。
③ 张栻:《新刊南轩先生文集》卷二,《宋集珍本丛刊》第60册,第26页。
④ 张栻:《新刊南轩先生文集》卷三,《宋集珍本丛刊》第60册,第34页。
⑤ 张栻:《新刊南轩先生文集》卷七,《宋集珍本丛刊》第60册,第60页。

有宜人的山水,自己便会"诗情"不辍。事实上也确实如此,自然山水在张栻诗文中表现得极为充分,这在南宋中兴诗坛道学诗人群体中是非常突出的。如乾道三年(1167)张栻与朱熹、林用中等人结伴游南岳,唱酬诗甚夥,达一百余首,归来后结为《南岳唱酬集》,张栻与朱熹均作有序文。而通过张栻与朱熹序文的比照,则可以看出二人旨趣的明显不同:朱熹序主要是记事论诗,而张栻序则主要是纪游写景。张栻《南岳唱酬序》云:

> 来往湖湘踰二纪,梦寐衡岳之胜……十有一月庚午,自潭城渡湘水。甲戌,过石滩,始望岳顶。忽云气四合,大雪纷集,须臾,深尺许。予三人者,饭道旁草舍,人酌一巨杯。上马行三十余里,投宿草衣岩。一时山川林壑之观,已觉胜绝……予三人联骑渡兴乐江,宿雾尽卷,诸峰玉立,心目顿快。遂饭黄心。易竹舆,由马迹桥登山。始皆荒岭弥望,已乃入大林壑,岩边时有积雪,甚快……予与二友姑息肩望祝融绝顶,褰裳径往,顶上有石,可坐数十人。时烟霭未尽澄彻,群峰峭立,远近异态,其外四望,渺然不知所极,如大瀛海环之,真奇观也。湘水环带山下,五折乃北去。寺僧指苍莽中云:"洞庭在焉。"晚归阁上,观晴霞横带千里。夜宿方丈,月照雪屋,寒光射人,泉声隔窗,泠然通夕,恍不知此身踞千峰之上也。①

张栻之序,文词通脱,简洁流畅,摹景状物,奇丽优美,充分表现出雪中南岳一日数境、摇曳多姿的奇异景观,简直就是一篇优美的游记散文。同时,张栻还创作了许多南岳纪游的诗歌,今尽载其集中。如《次韵元晦择之雪中见怀》:"昔者千里驾,共我风雪游。永言清绝景,只以好语酬。"②《和元晦晚霞》:"早来雪意遮空碧,晚喜晴霞散绮红。便可悬知明旦事,一轮明月快哉风。"③从中均可见张栻畅游山水、热爱自然的性情及其文学表现。

又如张栻在池州,有《游池州齐山》诗描写:

> 旧闻齐山胜,抱病来登临。苍然俯平湖,秀出几百寻。穹石天与巧,修篁近成林。高攀极巉岩,俯探穷窈深。爱此坚贞姿,摩挲会予心。忆行西湖岸,亦复多欹崟。颇恨人力胜,刻画时见侵。谁知丑石面,乃

---

① 张栻:《新刊南轩先生文集》卷一五,《宋集珍本丛刊》第60册,第100页。
② 张栻:《新刊南轩先生文集》卷二,《宋集珍本丛刊》第60册,第27页。
③ 张栻:《新刊南轩先生文集》卷七,《宋集珍本丛刊》第60册,第61页。

亦变孔壬。何如榛莽间,屹立长森森。天然抱幽独,妙质逢赏音。支筇到绝顶,孤亭指遥岑。樊川有留咏,兀坐一长吟。①

张栻抱病登临齐山,对比了齐山与西湖的景色差别,批判西湖景物伤于人力,而盛赞齐山的"妙质"和"天然",全诗不仅描绘了齐山苍秀幽深、浑成天巧的景致,也表达了对自然山水情有独钟的襟怀。另如《题城南书院三十四咏》其二:"新竹成林蕉叶青,隔篱深处有蝉鸣。晚凉更觉长堤静,自绕荷花待月明。"其五:"凌晨骑马路新凉,来挹湖边风露香。妙意此时谁共领,波间鸥鹭静相忘。"其三三:"四面红蕖镜绿波,晚凉奈此野情何。凭城更觉看山稳,入户还欣得月多。"②张栻以组诗形式多角度地描写了城南书院湖山环绕、明净幽妙之境,表达了趣在自然、澹然忘我的人生之乐。

三、"淡乃其至"的人生境界与诗学追求

张栻一生出入由道,又钟情自然,正因其真,乃造平淡。其《后杞菊赋》云:

> 张子为江陵之数月,时方中春,草木敷荣,经行郡圃,意有所欣,非花柳之是问,眷杞菊之青青,爰命采掇,付之庖人,汲清泉以细烹,屏五味而不亲,甘脆可口,蔚其芳馨。盖日为之加饭,而它物几不足以前陈。饭已扪腹,得意讴吟。客有问者曰:"异哉先生之嗜此也……有同于脱粟布被者乎?"张子笑而应之曰:"天壤之间,孰为正味? 厚或腊毒,淡乃其至。"③

张栻以餐饮为喻,表明了自己对于"淡乃其至"的人生境界的追求。张栻又有《李仁父寄伏苓酥赋长句谢之》,借养生灵药之喻,说明"当知至味本无味"的道理,同样表明了自己的平淡修身之志。④

张栻"淡乃其至"的人生意趣,也渗透到文学领域。如其《桂阳军学记》云:"学者当以立志为先……不为文采眩,不为利禄汩。"⑤明确主张学者当不眩于文采,不汩于利禄。因此,张栻往往在创作中以冲和的语言、平淡的

---

① 张栻:《新刊南轩先生文集》卷二,《宋集珍本丛刊》第60册,第28页。
② 张栻:《新刊南轩先生文集》卷六,《宋集珍本丛刊》第60册,第51—52页。
③ 张栻:《新刊南轩先生文集》卷一,《宋集珍本丛刊》第60册,第20页。
④ 张栻:《新刊南轩先生文集》卷一,《宋集珍本丛刊》第60册,第21页。
⑤ 张栻:《新刊南轩先生文集》卷九,《宋集珍本丛刊》第60册,第72页。

意象营造出一种淡雅的诗境。如《四月二十日与客来城南积潦方盛湖光恬
然如平时泛舟终日分韵得水字》:

> 泽国盛梅雨,涨潦弥两涘。常时侵溢患,乃复到城市。纳湖迫西
> 闉,冲突固其理。今年筑堤防,捷石细积累。艰辛迄崇成,龟鱼亦欢喜。
> 节宣有程度,盈缩无壅底。昨宵水没岸,民居例迁徙。走马来问讯,屹
> 若坚城垒。江涛从渺茫,湖光自清沚。小舟足游泳,新荷方蘬蘬。嘉我
> 二三客,共此风日美。相期寂寞滨,雅意淡如水。①

　　张栻此诗写自己与友人在城南的湖光山色之中泛舟终日的经历,诗歌
以欢喜的龟鱼、渺茫的江涛、清沚的湖光、游荡的小舟、蘬蘬的新荷等意象,
描绘出一幅至淡而至美、悠然平和的自然与生活图景,表现了自己"雅意淡
如水"的襟怀。同时,在平淡的笔墨中又可见张栻对于城市居民日常生活
的关切之情。又如《题城南书院三十四咏》其四:"新凉物物有精神,静倚书
窗听雨声。忽忆予棋元未解,强分天籁太粗生。"其八:"湖边小筑喜新成,
秋入西山照眼明。不是厌喧来觅静,四时光景本均平。"其十九:"化工生意
源源在,静处详观总不偏。飞絮满空春不尽,新荷贴水已田田。"②也均是以
日常生活中所见的景物营造诗歌意象,表现自己平淡的生活与冲和的心态。
　　值得注意的是,张栻"淡乃其至"的人生境界与诗学追求及其诗歌中的
这一份冲和平淡,当然并非出自天然,而是张栻以精深的道学造诣历练所
致,是一种道学心境的体验。张栻《若海运使移节广东赋诗赠别予每过若
海诸郎诵书于旁琅琅可喜为之重赋》其二称:"愿崇诗礼训,勿近利名
场"③。《某以四十字送详刑使君》称:"相期涵养力,且到古人间"④。《元
日》称:"人心天理初无欠,正本端原万善生"⑤。可见张栻非常重视对于
"心"的和平境界的涵养,这正是张栻人生与诗学追求的学理内涵。张栻之
所以要追求这种境界,是因为他认为只有达到平淡冲和的境界,才能体会到
"仁"心。其《生辰谢邵广文惠仁者寿赋》即称:"嗟予澹泊好,学植自穮
蓘……昭然隐微中,当念仁岂远"⑥。可以看出,张栻的"澹泊"之好,正是

①　张栻:《新刊南轩先生文集》卷三,《宋集珍本丛刊》第60册,第32页。
②　张栻:《新刊南轩先生文集》卷六,《宋集珍本丛刊》第60册,第51—52页。
③　张栻:《新刊南轩先生文集》卷五,《宋集珍本丛刊》第60册,第46页。
④　张栻:《新刊南轩先生文集》卷五,《宋集珍本丛刊》第60册,第46页。
⑤　张栻:《新刊南轩先生文集》卷七,《宋集珍本丛刊》第60册,第56页。
⑥　张栻:《新刊南轩先生文集》卷二,《宋集珍本丛刊》第60册,第31页。

出于对"仁"之境界永无止境的追求。

综上所述,若与同样以自然平淡为美学追求的陶渊明及其诗歌创作相比,我们便能够更为深刻地理解张栻笔下的平淡。二人的根本区别在于:陶渊明主要是通过远离官场,投身山林和田园,以人去适应外界"和谐"的自然,从而达到内心的平静和谐,可以说是一种由外而内的性情调适。张栻则并不刻意离开仕途功业和社会红尘,而是顺应天理,体察道心,以求得人心的中正和平,在内心"和平"的状态之下去观照外在的自然万物,故而可以说是一种由内而外的心性涵养,因而多了一种道学的学理支撑。不过,这种道学心性的涵养与表现,事实上乃是一种人为的修养功夫与道义践履,因此其诗歌又难以达到陶渊明那种真正天籁自然的境界,而往往要掺杂一些"理"与"学"的功夫和痕迹,在一定程度上说,也破坏了某种浑然天成的心境与诗境。二者虽然均推崇平淡冲和之境,但所建构的艺术世界往往形同而质异,具有不同意涵和韵味。

第十章　进取时代的强音:王十朋、陆游和范成大

第一节　前期代表:王十朋的凛然风采

王十朋(1112—1171)字龟龄,号梅溪,温州乐清(今浙江乐清)人,绍兴二十七年(1157)进士第一,孝宗时历任国史院编修、起居舍人、侍御使等职。陈振孙《直斋书录解题》著录王十朋《梅溪集》三十二卷、《续集》五卷。《四库全书总目》著录《梅溪集》五十四卷。王十朋虽然大部分时间在高宗朝度过,但其弹劾史浩、荐举张浚北伐等主要政治活动及其楚东诗社交游唱和等重要文学活动均是在孝宗朝。他不仅是孝宗初期政坛上的重要人物,也是南宋中兴诗坛前期锐意进取的激进官宦诗人的典型代表,其诗歌创作具有鲜明的个性特征。时人喻良能称王十朋:"先生一饭不忘主,诗句端如杜少陵。敬读新编二百首,凛然风采照隆兴。"①给予王十朋及其诗歌创作以极高的评价,并指出了王十朋在孝宗初期诗坛上的重要地位。然而目前为止,有关王十朋及其诗歌创作的研究还很不足。本节拟从其安贫固穷的气节与诗歌表现、忠愤耿直的气质与浑厚刚健的诗风、独特的和韩诗及其文化内涵等方面,对王十朋及其诗歌展开讨论。

一、安贫固穷的气节与诗歌表现

王十朋《四友堂记》记载:

> 家君燕坐乎四友堂,某侍侧。家君曰:"汝知吾此室之意乎? 吾言,汝书之。丈夫之于世,穷达之道不同,而其所乐一也……富贵有命,不可幸而致。甘心贫贱者,士之安于分而乐其生,吾之所当行也……彼有汲汲于富贵,戚戚于贫贱,奔走于势利之门,老死于忧乐之途者,吾不

---

① 喻良能:《香山集》卷一六《读侍御去国集次韵卷首赴召》,《宋集珍本丛刊》第56册,第182—183页。

为也。"语毕,某拜而记之。①

　　通过王十朋的记载,可见王十朋的父亲是一位安贫乐穷的守节之士。而王十朋自幼即深受其父家教影响,具有其父家风。如其《畎亩十首》其九说:"我岂不欲仕,时命不吾与。曷不枉尺求,权门正旁午。非道吾弗由,兹心已先许。愿言安贫贱,顺命为出处。"②王十朋中进士时已经46岁,在此之前屡试不第之际,他以诗歌的形式表达了自己安处贫贱、顺命自适的志操。

　　王十朋中进士之前,尝"聚徒梅溪"③,在家乡讲学。又多年就读于太学。于梅溪书馆讲学之际,他过着清贫自守的生活。其《记蛙》云:

　　　　予有鞋,布体而麻质,其弊甚,十趾不能以自藏。有蛙乘罅而入,蛰于鞋颊间,予不知也。会昏暮,如厕,而蛙忽鸣,俯而视地,无所见。既行而又鸣,予始疑之。既就几席而坐,足每动,则阁阁然有声,以指摸之,有蠢而动者,予愕然未能物色其类,呼童子灯之,脱鞋,而微露一爪,乃蛙也。命童子出之,跃而去。东郭先生衣弊履穿,贫甚矣,然未闻有蛙乘罅而蛰者,以是知予之贫,又过东郭一等。④

　　王十朋在梅溪书馆期间,由于鞋子破弊而洞穿,至有蛙入内而不觉。通过其记载,可见王十朋贫困之甚,令人心酸。王十朋也常常在诗歌中描写自己的这种饥贫之状。《林知常惠白酒六尊仍示酒法作十韵谢》:"老去生涯付杯酒,种秫辛勤三百亩。东皋遗法嗟失传,蜜汁薑浆不通口。迩来软饱经月无,岂有清欢对朋友。百钱强就村媪醉,终夜蔬肠作雷吼。"⑤《九日饮酒会趣堂者十九人老者与焉既醒念不可以无诗因用赠林知常韵示诸友》:"我似扬雄贫嗜酒,笔作耕犁纸为亩。辛勤耕植三十年,往往糟醨窄濡口。今年九日瓮盎空,谁馔先生荷诸友。衰颜迎醉生嫩红,馋腹随飡失饥吼。"⑥均是描写自己与家人穷困的生活境况。

　　王十朋在出仕之前,虽然贫寒不遇,但能够不事奔竞,安然处之。这在

----

① 王十朋:《宋王忠文公文集》卷一四,《宋集珍本丛刊》第44册,第67页。
② 王十朋:《宋王忠文公文集》卷二五,《宋集珍本丛刊》第44册,第164页。
③ 脱脱等:《宋史》卷三八七《王十朋传》,第11882页。
④ 王十朋:《宋王忠文公文集》卷二四,《宋集珍本丛刊》第44册,第162页。
⑤ 王十朋:《宋王忠文公文集》卷二八,《宋集珍本丛刊》第44册,第201页。
⑥ 王十朋:《宋王忠文公文集》卷二八,《宋集珍本丛刊》第44册,第201页。

其诗歌中亦有充分表现。《畎亩十首》其八：“兀兀窗下士，笔耕志良苦。黄卷对圣贤，慷慨深自许。一朝出干禄，得失战胸宇。曲意阿有司，谀言狗人主。贪荣无百年，贻谤有千古。丈夫宜自贵，清议重刀斧。”①表达了不愿意曲意逢迎、守志自贵的情怀。《再用前韵述怀并简诸友》：“丈夫未遇聊尔耳，肯向权门思炙手。净扫一室安吾贫，昼阅诗书夜星斗。休论生天与作佛，灵运甘居丈人后。吾侪慎勿慕富贵，鸣鼓定须攻冉有。但愿相从文字乐，交情合向穷中厚。”②诗中“净扫一室安吾贫”、“交情合向穷中厚”之语，正是王十朋生平操节的自我写照。

即使是在出仕之后，王十朋亦不为身谋，不计利禄。孝宗隆兴元年（1163）王十朋劾罢史浩，又荐举主张北伐的张浚，其后张浚北伐失利，朝中主和势力抬头，为平息纷议，王十朋主动自劾求去，以集英殿修撰知饶州。王十朋离京后，全家过着饥寒交困的生活。就在此期，王十朋作有《家食遇歉有饭不足之忧妻孥相勉以固穷因录其语》云：

> 渊明事高尚，瓶中缺储粟。鲁公凛名节，乞米给饘粥。广文富才名，官冷饭不足。少陵老风骚，橡栗拾山谷。嗟予何为者，处世真碌碌。谋生一何拙，瓶石无储蓄。三年两去国，囊橐罄水陆。还家索租苗，不了腊与伏。前秋遭飓风，摧折数间屋。今年丁大祲，破甑尘可掬。绝粮瘦百指，告籴走群仆。乡邻苟不拔，定恐填沟渎。家藏千卷书，父子忍饥读。一字不堪煮，何以充我腹。细君笑谓我，子命难食肉。去岁官台省，侥幸食君禄。有口不三缄，月奏知几牍。圣主倘不容，宁免远窜逐。归来固已幸，富贵非尔福。东皋二顷田，得雨尚可穀。子耕我当耘，固穷待秋熟。③

王十朋此诗，详尽具体地描写了全家人缺衣少食的生活状况。但是，即使是举家“有饭不足之忧”，王十朋仍然能够“固穷待秋熟”。而且，不仅是王十朋一人安贫自守，其妻孥亦能“相勉以固穷”。这种气节，令人不能不为之动容。

王士朋一生中，先后得到高宗、孝宗赏识，成为南宋前期朝廷重臣，但据《宋史》记载，王十朋卒后，其“二子犹布衣”④。可见，王十朋不谋私利、清

---

①　王十朋：《宋王忠文公文集》卷二五，《宋集珍本丛刊》第44册，第164页。
②　王十朋：《宋王忠文公文集》卷二八，《宋集珍本丛刊》第44册，第202页。
③　王十朋：《宋王忠文公文集》卷二六，《宋集珍本丛刊》第44册，第179页。
④　脱脱等：《宋史》卷三八七《王十朋传》，第11887页。

廉固穷的风节终其一生。

二、忠愤耿直的气质与浑厚刚健的诗风

王十朋尝撰《戏酬毛虞卿见和》诗,称自己"杜门不愿高轩过,聊学东山谢公卧。伤时泪泣鲛人珠,挥毫写㵽风雨驱。友生笑我为狂客,齐楚未须论失得。他年功业定如何,醉中细把君诗哦"①。王十朋不仅以"谈笑静胡沙"的东晋名相谢安自期,具有慷慨豪纵的情怀,又有"伤时泪泣鲛人珠"的沉郁忠愤,于激愤悲慨之中透露着雄健之气,毫无颓废之状。诗中所谓"挥毫写㵽风雨驱",正是王十朋忠愤耿直的性情气质及其浑厚刚健诗风的典型写照。这一点,也得到时人及后世认可。名儒朱熹曾撰《王梅溪文集序》,称王十朋:

> 平居无所嗜好,顾喜为诗,浑厚质直,恳恻条畅,如其为人。不为浮靡之文,论事取极己意,然其规模宏阔,骨骼开张,出入变化,俊伟神速,世之尽力于文字者,往往反不能及。其它片言半简,虽或出于脱口肆笔之余,亦无不以仁义忠孝为归,而皆出于肺腑之诚。然非有所勉强慕效而为之也,盖其所禀于天者,纯乎阳德刚明之气,是以其心光明正大,疏畅洞达,无有隐蔽,而见于事业文章者一皆如此。海内有志之士闻其名,诵其言,观其行,而得其心,无不敛衽心服。②

朱熹极力称许王十朋论事处世"无不以仁义忠孝为归,而皆出于肺腑之诚",为诗则"浑厚质直,恳恻条畅,如其为人",肯定了王十朋光明正大的心胸、阳德刚明的气质及其浑厚质直的诗风。《四库全书总目》亦称:"十朋立朝刚直,为当代伟人……今观全集,淳淳穆穆,有元祐之遗风。"③浑厚刚大,忠愤正直,诗如其人,确实是王十朋及其诗歌最为显著的特色。具体表现在如下三个方面。

其一,精忠报国的壮志与诗歌表现。绍兴二十七年(1157)王十朋作《民事堂》诗称:"它时上问苍生事,愿竭孤忠慷慨论"④。《观习水胜》诗又称:"异日捐躯宜报国,勿效水鸟为盗贼"⑤。绍兴三十二年(1162)六月十

---

① 王十朋:《宋王忠文公文集》卷二八,《宋集珍本丛刊》第 44 册,第 196—197 页。
② 朱熹:《晦庵先生朱文公文集》卷七五,朱杰人等主编:《朱子全书》第 24 册,第 3642 页。
③ 永瑢等:《四库全书总目》卷一五九《梅溪集提要》,第 1371 页。
④ 王十朋:《宋王忠文公文集》卷三五,《宋集珍本丛刊》第 44 册,第 262 页。
⑤ 王十朋:《宋王忠文公文集》卷二九,《宋集珍本丛刊》第 44 册,第 212 页。

一日,孝宗受禅,二十一日,孝宗即有旨以王十朋知严州。是年九月二十一日,王十朋应召赴京,作《赴召》诗云:"圣主龙飞才十日,微臣得郡古严陵。诏书又趣归天阙,愿竭孤忠赞中兴。"①在孝宗临政之初,王十朋就得到重用,他也表达了"愿竭孤忠赞中兴"的强烈愿望。隆兴年间,王十朋仕宦鄱阳之际,有《追和范文正公鄱阳郡斋即事》云:"未报君恩嗟老去,不逢人杰恨生迟。一尊坐对鄱江月,耿耿忠怀只自知。"②再次表达了自己一贯的忠怀。朱熹《王梅溪文集序》称王十朋"在朝廷则以犯颜纳谏为忠,仕州县则以勤事爱民为职。内外交修,不遗余力"③,对王十朋不遗余力报效国家的精忠给予了高度肯定。

其二,对金人与主和势力不共戴天的仇恨及其诗歌抒写。隆兴元年(1163)五月王十朋除侍御史,有《除侍御史上殿札子》称"靖康之祸,有不忍言者",又向孝宗表明"君父之仇不共戴天"的立场。④ 是年张浚北伐失败,王十朋上《自劾札子》,称自己:"独抱孤忠,每怀忧愤……闻丑虏乱华,中原陷没,未尝不痛心疾首,与虏有不共戴天之仇。及闻秦桧用事,辱国议和,臣常思食其肉以快天地神人之愤。"⑤王十朋向孝宗申言自己"独抱孤忠,每怀忧愤",说明对金人入侵和中原陷没感到痛心疾首,再次表示了与金人的"不共戴天之仇"。对辱国议和的秦桧等人,王十朋亦是恨不能"食其肉以快天地神人之愤",情辞异常激烈愤慨。这种情感在王十朋诗歌中有同样的表现。《畎亩十首》其四:"仲尼作春秋,垂训千万年。古者父母仇,义不共戴天。庄同父何在,乃与齐侯田。鲁国无臣子,君亲义茫然。齐纪不并立,诸儿得称贤。善恶不可掩,笔削至今传。"⑥《赠王吉老县尉》:"臣子大节孝与忠,父母仇雠天不同……君今枕戈志已伸,更须移孝为忠臣。他年当作傅介子,誓斩楼兰雪国耻。"⑦王十朋善恶分明及君父之仇不可共生的个性,在其作品中表现得淋漓尽致。

其三,浑厚刚健的诗歌艺术风格。王十朋有《杂说》云:"孟子曰:'生,我所欲,义重于生,舍生而取义可也。'呜呼!人之所甚畏者死也。义之所在,死有不足畏者。惟不畏死之人,可以成天下之大义,立天下之大节。"⑧

① 王十朋:《宋王忠文公文集》卷四四,《宋集珍本丛刊》第44册,第338页。
② 王十朋:《宋王忠文公文集》卷三六,《宋集珍本丛刊》第44册,第269页。
③ 朱熹:《晦庵先生朱文公文集》卷七五,朱杰人等主编:《朱子全书》第24册,第3643页。
④ 王十朋:《宋王忠文公文集》卷三,《宋集珍本丛刊》第43册,第777页。
⑤ 王十朋:《宋王忠文公文集》卷四,《宋集珍本丛刊》第43册,第788页。
⑥ 王十朋:《宋王忠文公文集》卷二五,《宋集珍本丛刊》第44册,第164页。
⑦ 王十朋:《宋王忠文公文集》卷二九,《宋集珍本丛刊》第44册,第213页。
⑧ 王十朋:《宋王忠文公文集》卷二四,《宋集珍本丛刊》第44册,第159页。

正因为王十朋具有忠愤耿直、阳明刚大、舍生取义、无所畏惧的个性气质,因此其诗歌往往以开阔雄健的意象,表现出浑厚刚健的风格,不见丝毫摧颓之气。如《伤时感怀》其一:"三万六千成掷梭,欢娱常少愁常多。干戈今日犹未定,书剑他年知若何。淡荡三秋冷时节,萧条万里空山河。伤时眼泪满襟血,更把少陵诗句哦。"其二:"帝乡五载乱离中,亿万苍生陷犬戎。二圣远征沙漠北,六龙遥渡浙江东。斩奸盍请朱云剑,射敌宜贯李广弓。借问秦庭谁恸哭,草茅无路献孤忠。"[①]王十朋在诗中以干戈、书剑、冷秋、山河、苍生、沙漠等意象,表现其孤愤精忠的襟怀,意象开阔,笔力雄健,情蕴慷慨激壮。乾道三年(1167)七月王十朋离夔州东归,一路沿长江三峡出蜀后,经江陵,过洞庭,登岳阳楼,记录了沿途风土人情与所见所闻。其中《岳阳楼》诗云:"后乐先忧记饱观,兹楼今始得凭栏。吐吞五水波涛阔,出纳三光境界宽。黄帝乐声喧广宙,湘君山影浸晴澜。江山何独助张说,收拾清诗上笔端。"[②]此诗思接千载,想象瑰奇,对仗工整,笔力劲健,典型体现了王十朋其人其诗的浑厚刚大之风。《登制胜楼》:"梁栋翚飞百尺楼,江山满目壮夔州。鸟穿云过白盐去,鱼透浪来清瀼游。控扼地临三峡险,朝宗水会百川流。古今制胜人何胜,天下奇才忠武侯。"[③]此诗亦同样满目江山,纵贯古今,壮观雄浑,风格遒劲。

　　汪应辰尝撰《题张魏公为王詹事作不欺室铭》,称王十朋"以刚毅正直称天下"[④]。喻良能《次韵王侍御题诗史堂》亦称赞王十朋:"欲识当年泣鬼神,诗皆绢妇与虀辛。洗空千古无凡马,称到于今有几人。"[⑤]可以说,刚毅正直,忠厚雄健,不仅是王十朋人格精神的写照,也是对其诗风的总结。

三、独特的和韩诗及其文化内涵

　　王十朋一生创作了大量次韵唱和韩愈诗歌的作品,在南宋中兴诗坛独树一帜。对于这一点,当时人已有足够注意。如朱熹《王梅溪文集序》称王十朋"自其布衣时,尝和韩诗数十百篇"[⑥]。王十朋和韩诗歌创作之肇始,当

---

① 王十朋:《宋王忠文公文集》卷三四,《宋集珍本丛刊》第44册,第249页。
② 王十朋:《宋王忠文公文集》卷三七,《宋集珍本丛刊》第44册,第282页。
③ 王十朋:《宋王忠文公文集》卷三七,《宋集珍本丛刊》第44册,第281页。
④ 汪应辰:《文定集》卷一二,上海:商务印书馆,1935年,第137页。
⑤ 喻良能:《香山集》卷一一,《宋集珍本丛刊》第56册,第146页。
⑥ 朱熹:《晦庵先生朱文公文集》卷七五,朱杰人等主编:《朱子全书》第24册,第3642页。

以绍兴十八年(1148)创作的《和秋怀十一首》为标志。① 考王十朋生平及其文集即可发现，事实上王十朋自早年布衣至其暮年，一直在坚持创作和韩诗，可谓是至老不辍。和韩诗不仅是王十朋诗歌创作中的一个重要现象，也是理解王十朋思想个性与诗歌艺术的一个重要维度。理解王十朋和韩诗，主要有以下三个层面：

其一，王十朋对韩愈及其诗的评论。王十朋非常称许韩愈的仁义精神。如《答毛唐卿虞卿借昌黎集》云：

> 予少不知学古难，学古直欲学到韩。奈何韩实不易学，恒觉昼夜心力殚。茫然故步亦已失，有类寿陵学邯郸。虽然予心未肯已，尚欲勉强求其端。跬步不休效驽马，千里未至空长叹……学文要须学韩子，此外众说徒曼曼。韩子皇皇慕仁义，力排佛老回狂澜。三百年来道益贵，太山北斗世仰观。我生于今望之远，时时开卷相欣欢。②

王十朋首先自述殚精竭虑学习韩愈的经历，进而说明"学文要须学韩子"的观点。王十朋所说的文，包括诗和文。接下来，王十朋盛赞韩愈"皇皇慕仁义"的精神。最后，通过"我生于今望之远，时时开卷相欣欢"，表达对韩愈诗文的喜爱。在南宋中兴诗人中，推许韩愈者有之，但明确以韩愈诗文为学习典范者，当以王十朋为最。这首诗，可以说是王十朋学习韩愈的一个宣言。

王十朋对韩愈的正直之德表示认同。其《郡斋旧有假山暇日命工葺之取石之嵌者縪置山顶汲水筩竹引而激之自顶而下有悬崖飞瀑之状予既以潇洒名斋因镌二字于石戏成古风》称："君不见晋公元勋兼盛德，绿野堂前罗涧石。又不见行行正直韩退之，汲井埋盆成小池。二公胸中有佳致，涧石盆池聊自戏。世间万事皆戏耳，何止兹山与兹水"③。又有《曾潮州到郡未几首修韩文公庙次建贡闱可谓知化本矣某因读韩公别赵子诗用韵以寄》说："韩公学孔子，不陋九夷居。诋佛讥君王，道大忠有余。南迁八千里，文墨

---

① 王十朋《和韩诗秋怀十一首》序云："丁卯(1147)季冬，赴省试临安。至明年暮春，侧翅东归。既至会稽，复还太学。时方首夏，草木敷荣，良苗怀新，游目原隰，与物助欣。至闰八月告归，复寻故道，云水已空，园林初落，凄然感触，不能自己。是月十有七日，言息其庐，定省之暇，亲戚乡里，日相过从，有诗酒之乐，恝然无复得失之在怀也。清夜兀坐，短檠自照，诵韩退之《秋怀诗》十有一章，欣若有晤，因追其韵，太山北斗，我实慕之。白雪阳春，和以巴词云"(王十朋：《宋王忠文公文集》卷二五，《宋集珍本丛刊》第44册，第167页)。

② 王十朋：《宋王忠文公文集》卷二八，《宋集珍本丛刊》第44册，第195—196页。

③ 王十朋：《宋王忠文公文集》卷三〇，《宋集珍本丛刊》第44册，第219页。

以自娱。至今潮阳人,比屋皆诗书。蓬茨得赵子,如获沧海珠。临行赠以言,恨不与之俱。德如昌黎公,圣人之徒与。比周孔孟轲,不道迁相如"①。从中,都可见王十朋对韩愈处身立朝之节的称许。

王十朋对韩愈诗歌豪宕雄健、瑰奇险怪、波澜壮阔的艺术风格尤为推崇。其《次韵嘉叟读和韩诗》云:

> 韩公生有唐,力欲拯颓挫。文兴八代衰,学求诸子过。佛老蔓中华,微公衽其左。余事以诗鸣,语险鬼胆破。波澜高驾天,捷敏剧飞筒。骑龙归帝旁,玉日人间堕……后公三百年,杖屦无从荷。世无六一翁,孰知珍古货。巴词拟阳春,僭窃罪宜坐。神交有吾宗,涉世同坎轲。学继青箱玉,诗高碧纱播。勉令添和篇,才薄知何奈。②

王十朋赞扬了韩愈的文与学,对韩愈惊天地、泣鬼神的诗歌艺术赞叹不已,并推许韩愈为其神交知己,表达了对韩愈诗歌的膜拜之情。其《读东坡诗》又云:

> 日光玉洁一退之,亦言能文不能诗。碑淮颂圣十琴操,生民清庙离骚词。春容大篇骋豪怪,韵到窘束尤瑰奇。韩子于诗盖余事,诗至韩子将何讥。文章定价如金玉,口为轻重专门学。向来学者尊西昆,诗无老杜文无韩。净扫书斋拂尘几,瓣香敬为三夫子。③

王十朋在评论苏轼与欧阳修诗歌后,盛推韩愈诗"豪怪"与"瑰奇"的特色,并再次表明了瓣香韩愈的立场。他还有《送喻叔奇尉广德序》称:"韩退之之留孟东野也,其诗有曰:'昔年因读李白杜甫诗,长恨二人不相从。吾与东野生并世,如何复蹑二子踪。'某初疑退之之言为夸,及观城南诸联句,豪健险怪,其笔力略相当,使李杜复生,未必不引避路鞭也"④。王十朋称赞韩愈诗歌"豪健险怪"的"笔力",甚至认为即使是李白、杜甫复生,亦当为之避路,可见王十朋对韩愈诗歌艺术确实推崇备至。

其二,王十朋和韩诗创作。王十朋一生创作了大量的和韩诗作,数量达百余首。王十朋《予向年少不自量因读韩诗辄和数篇未尝敢出以示人盖二

① 王十朋:《宋王忠文公文集》卷二七,《宋集珍本丛刊》第44册,第191页。
② 王十朋:《宋王忠文公文集》卷二六,《宋集珍本丛刊》第44册,第179—180页。
③ 王十朋:《宋王忠文公文集》卷三一,《宋集珍本丛刊》第44册,第222页。
④ 王十朋:《宋王忠文公文集》卷一二,《宋集珍本丛刊》第44册,第57—58页。

十年矣近因嘉叟见之不能自掩且赠以长篇蒙景卢继和用韵以谢》云：

> 少小思尚奇，熏风琴欲和。规模与时背，场屋屡摧挫。大道窥五
> 原，高论读二过……光余万丈长，照我一床卧。未终三百篇，正坐短檠
> 课。（自注：韩古律诗共三百余篇，初妄意欲尽和之，以方作举业，遂
> 止。）不敢示友朋，惧遭泥滓唾。①

　　王十朋诗题中提到的"嘉叟"乃王兴化，景卢乃洪迈。前揭王十朋绍兴
十八年（1148）开始和韩愈诗创作，而此诗题有"盖二十年"之语，可知王十
朋作此诗时间当在孝宗乾道之初，正是王十朋与王兴化、洪迈等人楚东诗社
交游唱和之后，约二十年间王十朋一直在进行和韩诗创作。据诗中自注，可
知王十朋尝欲和韩愈"古律诗共三百余篇"，可见其志之坚。其和韩诗歌，
也多能得韩愈诗之风旨。
　　韩愈出身贫寒，但不慕富贵，甚有操节。王十朋也是早年孤寒，却能蔑
视权贵，守志甚笃。而对于贫寒之状的描写与坚守操节的表现，正是王十朋
和韩诗的一项重要内容。如《和苦寒》诗云：

> 前日当孟冬，雷声震铜蟾。三日骤大雪，飞花眩观觇。逮此始踰
> 月，屡变寒与炎……齿牙战霜风，缩舌疑衔箝。架轴纷欲翻，谁能正牙
> 签。酒杯觉无力，瓶罄劳频添。貂裘尚不暖，况或无衣缣。兀坐拥黄
> 绸，腥作寒龟潜。气血粟肌体，涕唾冰须髯。红炉炽薪炭，旋觉寒星歼。
> 静思天壤间，万类何繁纤。路傍泣冻馁，海角愁废淹。羽毛有不庇，腥
> 血有不燖。岂堪当此时，可以吾身占。殷勤语妻子，汝勿多怨嫌。破被
> 尚襟絮，漏茅可添苫。人生苟知足，处此意亦恬。但愿王化行，东西俱
> 被渐。尧天日舒长，有目皆可瞻。寒生在陋巷，甘心事虀盐。何须傍人
> 门，炙手随奸险。②

　　王十朋此诗以大雪、严寒、霜风、涕唾、冰髯、冻馁、废淹、腥血、破被、漏
茅等意象，描写其偃蹇苦寒之状。虽然贫寒，但他不傍权门，不随奸险，甘处
陋巷，守穷自乐，其诗从意象、语言到情感，均逼似韩愈。再如《和韩诗秋怀
十一首》其二："草木无利名，时来自荣悴。人生异草木，百念起心地。困穷

---

① 王十朋：《宋王忠文公文集》卷二六，《宋集珍本丛刊》第44册，第180页。
② 王十朋：《宋王忠文公文集》卷二五，《宋集珍本丛刊》第44册，第170页。

斯感伤,利达或骄恣。一朝同物化,荣辱两何异。有酒且行乐,不必富与贵。"其三:"直道疾伊优,壮怀增靡曼。海上豕方牧,夜中牛屡饭。半生营一名,偃蹇未如愿。青铜忽自照,白发已堪叹。斥鷃适蓬蒿,大鹏抟九万。物情贵得所,奚用求自献。富贵似可喜,贫贱亦何怨。"①同样可见其感伤穷困的情怀与蔑视富贵的精神。

韩愈深情重义,对人生的生老病死非常敏感,其《祭十二郎文》,情致悱恻,成为文学史上的名篇,其诗亦多有这方面的表现。在这一点上,王十朋与韩愈也非常相似。王十朋尝撰《右止堂》铭说:"情之所钟,正在我辈,况于亲戚,又情之最。亲戚之话,苟不情,将乌乎用其情……四海之内皆兄弟,其为悦也尤大"②,可见其重情重义的个性,与韩愈如出一辙。这也是王十朋和韩诗的重要内容之一。如其《齿落用昌黎韵》:

> 我来饶与夔,三载堕两齿。悬知年非永,早悟仕当已。要须未落时,猛效二疏止。胡为一再落,不已良可耻。慨然怀古人,未有长不死。因思年方少,辈行多胜己。颜红齿牢洁,往往同逝水。吾衰况如许,宁复老彭比。览镜视颜色,今昨不相似。行年五十五,万事可休矣。功名与富贵,磨灭何足纪。但愿早还乡,俯育三百指。婚嫁毕儿女,松楸依怙恃。弟兄饮真率,故旧忘汝尔。齿牙任摇脱,肉食吾不视。有身久为患,无齿实堪喜。始忧笑韩公,可惜陋子美。未必伤我心,兹言闻柳子。③

这是乾道元年(1165)王十朋离开饶州入夔州之后创作的和韩诗歌,其诗既有对于容颜衰老、齿牙摇脱的人生老境的感叹,亦写出了有感于人生短暂而对儿女兄弟等亲情及天伦之乐的珍视。再如《和韩诗秋怀十一首》其一:"黄云万顷空,苹末凉风起。园林亦摇落,触目成疑似。人生过隙驹,朱颜何足恃。胡为向迷途,奔走不停轨。得失无荣辱,归来实堪喜。"④表现了不计得失荣辱,而以归依亲情为念的情怀。

王十朋具有如韩愈一样的仁义精神,这在其和韩诗中亦有深入表现。如其《和答柳柳州食虾蟆》诗序称:"虾蟆水虫也,不为人害,与蝗蝗之类不同……己巳仲夏,群居梅溪,诸友颇嗜此味,丐者争捕而致之。予惧其杀物

---

① 王十朋:《宋王忠文公文集》卷二五,《宋集珍本丛刊》第44册,第167—168页。
② 王十朋:《宋王忠文公文集》卷二四,《宋集珍本丛刊》第44册,第154页。
③ 王十朋:《宋王忠文公文集》卷二七,《宋集珍本丛刊》第44册,第185页。
④ 王十朋:《宋王忠文公文集》卷二五,《宋集珍本丛刊》第44册,第167页。

滋多,和韩诗以戒"。其诗云:

> 虫鱼千万族,一一异状貌。飞潜同一性,巨细何必校……杀物伤吾
> 仁,忍听声烨爆。况我儒衣冠,弦诵生乡校。彼亦呼子曰,有意欲吾效。
> 人虫各好生,奚用苦相挠。退之惮食蛇,得得释笼罩。子厚放鹧鸪,仁
> 心亦稍稍。胡为于此虫,未尽忘嗜乐。荐祠用枭鸱,陷穽诛虎豹。古人
> 岂妄杀,去害除不孝。愿留兹鼓吹,驻我寒溪棹。①

对于友人争食虫鱼的行为,王十朋先引韩愈"惮食蛇"以示劝诫,进而
表达了与韩愈相同的仁义立场。所谓"杀物伤吾仁",正是王十朋与韩愈一
脉相承的仁义精神在诗歌创作中的书写与表现。

其三,王十朋创作和韩诗动因及其文化内涵。王十朋之所以创作大量
和韩诗,其动因是多方面的。第一,王十朋与韩愈均处于相似的王朝中兴的
时代,具有再造中兴的理想与信念。王十朋有《次韵陈大监赴天申节宴》诗
称:"圣主仁心等南北,燧息边庭兵不宿。两阶干羽来远人,大度端能包濮
祝。万岁三呼诞弥月,四海千秋太平曲……贱臣逢时最侥幸,归美宁辞管城
秃。愿同韩愈颂元和,兼美武公歌绿竹"②。在此诗中,王十朋表现了企盼
国家太平的强烈愿望。诗中"愿同韩愈颂元和",正是王十朋与韩愈相似情
怀的自我认同与表白。又如其《和韩诗秋怀十一首》其八称"贤关蔼多士,
头角争轩轩……学为忠与孝,思践阳城言"③,也表达了以忠孝立身及报效
国家的愿望。第二,王十朋与韩愈具有相似的贫寒家世,王十朋也每每以韩
愈为精神上的榜样。如其《和符读书城南示孟甲孟乙》诗即称"我家素孤
寒,金玉苦无储……诗篇和韩公,座右宜书诸"④。第三,王十朋与韩愈有相
似的性情气质。韩愈个性慷慨忠愤,不畏强权。元和十四年(819)韩愈为
抵制唐宪宗迎佛骨之举,上表力谏,几遭杀身之祸,后幸得裴度等人疏救,方
以贬谪潮州而免。去潮州途中,韩愈有《左迁至蓝关示侄孙湘》诗说"欲为
圣明除弊事,肯将衰朽惜残年"⑤,表达了自己至老不衰兴利除弊的精神,亦
成为元和时代精神的重要标志。王十朋同样具有韩愈那种为国家利益不惜

---

① 王十朋:《宋王忠文公文集》卷二五,《宋集珍本丛刊》第44册,第172页。
② 王十朋:《宋王忠文公文集》卷二九,《宋集珍本丛刊》第44册,第209—210页。
③ 王十朋:《宋王忠文公文集》卷二五,《宋集珍本丛刊》第44册,第168页。
④ 王十朋:《宋王忠文公文集》卷二五,《宋集珍本丛刊》第44册,第169页。
⑤ 韩愈著,屈守元、常思春主编:《韩愈全集校注》,成都:四川大学出版社,1996年,第
759页。

肝脑涂地的精神,并对韩愈这种耿直忠愤的个性深表认同。如其《和永贞行》诗说:"君不见天为元和开号令,先遣恹人窃朝柄。奉天难平闲虎貔,奕客待诏来京师。口中班班谈治道,正观开元何足为。党与纷纷自标置,远借伊周供佞媚。望尘附火皆美官,怨修睚眦曾不难。梯媒爵位由货赂,斥逐朝士因杯盘。珣瑜卧第郢佑默,谁为唐室回狂澜……退之鲠直愤不胜,诗篇史笔两可征"①。王十朋在诗中对韩愈"鲠直愤不胜"的"诗篇史笔"给予了高度赞赏。

　　王十朋创作大量和韩诗,不仅极具个性,又具有深刻文化内涵。其和韩诗中表现出来的伤于世、感于义、甘于贫、壮于志的情感特征,事实上是南宋中兴时期时代精神与士风高扬的典型写照。如其《夜读书于民事堂意有所感和韩公县斋读书韵》云:"事业浩无穷,筋力愧不任。丈夫固有志,宁在官与金。"②《术者谓予命犯元辰故每仕辄已予笑曰有是哉戏作问答语》云:"退之宿直斗牛箕,声名谤毁常相随。死生穷达端有命,予知之矣当安之。"③王十朋一如韩愈,适逢中兴之世,又均出身寒门,起于刻苦自励,屡次失意之后方进士登第,随后供职朝廷,忠耿切直,不畏强权,忧国爱民。王十朋和韩诗及其涉及韩愈的相关作品,均在推许韩愈的同时表达了自己出处进退的立身大节和慷慨进取的豪情壮志。这不仅是认识王十朋思想个性、文学观念与诗歌创作的一个重要视角,也堪称南宋中兴诗坛的一种独特文学接受现象,乃是南宋中兴时期士风高扬的体现,折射出唐宋士大夫政治文化与文学的传承与演进,具有特定历史与文学史意义。

第二节　典范确立:陆游的当世接受

　　历史上典范作家及文学经典的产生,离不开特定时代读者群体的接受。尽管不同作家作品的接受过程往往不尽相同,但可以肯定的是,几乎每一位著名作家都有一部特定的接受史,其历史命运的沉浮,也反映出不同时代的文化精神与审美追求。陆游(1125—1210)为南宋伟大诗人,存诗近万首,其诗不仅思想内容宏富,时代特色鲜明,而且风格多样,艺术造诣极高,堪称中国文学史上的典范。目前,有关陆游生平思想的主体研究及诗文作品的

① 王十朋:《宋王忠文公文集》卷二八,《宋集珍本丛刊》第44册,第198—199页。
② 王十朋:《宋王忠文公文集》卷二六,《宋集珍本丛刊》第44册,第176页。
③ 王十朋:《宋王忠文公文集》卷三〇,《宋集珍本丛刊》第44册,第217页。

文本研究较为深入，但对其接受史的研究却很不足。① 例如，在陆游接受史上，他在世之际即已确立了典范地位，这不仅缘于其卓越的个人因素，也与其所处的特定时代及其当世第一读者群的接受密切相关②，但迄今为止，这一涉及陆游接受史是如何开创的重要问题还缺乏系统深入的研究。因此，本节拟深入南宋中兴时期的历史语境与文坛风会，从陆游当世的多元接受、陆游当世接受的效应、陆游当世接受的特点与历史文化意蕴等方面，就陆游的当世接受问题展开讨论，以期揭示陆游走向典范的历程，从一个特定角度拓展我们对南宋中兴时期文化精神与文学风貌的认识。

一、全面阐释：陆游当世的多元接受

在宋代，陆游堪称集士大夫、文人及学者等属性于一身的一个典型。作为其接受史上的第一批读者，当世接受群体对他也进行了全方位的阐释，构成一种多元的批评性接受形态。

（一）陆游才学的当世接受

陆游甚有家学渊源。其祖父陆佃少受业于王安石，通经学，有《埤雅》、《春秋后传》等著，父陆宰著有《春秋后传补遗》。陆氏家族极富藏书，而"陆氏书特全于放翁家"，绍兴十三年（1143）朝廷诏求天下遗书，陆宰上书一万三千余卷。③ 陆游自述"儿童之岁，遭罹多故，奔走避兵，得近文字最晚。年

---

① 有关陆游接受史，学界已进行了一些较有成果的探讨，如墙峻峰、张远林《陆游诗歌的效果史——兼论"中兴四大家"》（《江汉论坛》2007 年第 2 期）、张毅《回归历史情境来观察——从陆游接受史的角度理解钱锺书〈谈艺录〉的陆游批评成就》（《前沿》2010 年第 4 期）、刘扬忠《陆游及其诗词八百年来的影响和被接受简史——以清末至当代一百年为中心》（《绍兴文理学院学报》2011 年第 1 期）、焦宝《陆游词论与词的传播研究初探》（《绍兴文理学院学报》2011 年第 1 期）等，深具启发意义。但正如郑永晓《2007—2011 年陆游研究指数述略》（《中文学术前沿》第 5 辑，杭州：浙江大学出版社，2012 年）一文所指出，近年来关于陆游及其作品传播与接受的研究日益为学界所关注，但与陆游的崇高地位和巨大影响相比，学界对陆游影响与接受的研究力度还远远不够。

② 姚斯指出，作家作品的历史生命如果没有接受者的参与是不可思议的，第一个读者的理解将在一代又一代的接受之链上被充实和丰富（〔德〕H.R.姚斯、〔美〕R.C.霍拉勃著，周宁、金元浦译：《接受美学与接受理论》，沈阳：辽宁人民出版社，1987 年，第 24—25 页）。国内学者进一步指出，所谓第一读者，指以精辟独到的见解与阐释，为作家作品开创接受史、奠定接受基础甚至指引方向的特殊读者，而在特定条件下，一位作家的第一读者有时会以群体的形式表现出来，出现接受史中的"第一读者群"现象（参见陈文忠：《中国古典诗歌接受史研究》，合肥：安徽大学出版社，1998 年，第 62—64 页；尚永亮等：《中唐元和诗歌传播接受史的文化学考察》，武汉：武汉大学出版社，2010 年，第 199 页）。

③ 沈作宾修，施宿等纂：《嘉泰会稽志》卷一六，《宋元方志丛刊》第 7 册，第 7023 页。

几二十,始发愤欲为古学"①。绍兴二十三年(1153)陆游赴临安试,荐送第一,次年复试礼部亦名列前茅,以忤秦桧被黜落,然已足见其才学。他中年宦蜀,出蜀时"不载一物,尽买蜀书以归"②。即使在近老之岁,他仍注重学习时人新著,如淳熙十年(1183)寄朱熹诗称"有方为子换凡骨,来读晦庵新著书"③。晚年更以"老学"名庵,可谓终身嗜学不辍。④《宝庆会稽续志》称他"学问该贯,文辞超迈,酷喜为诗,其它志铭记序之文皆深造三昧,尤熟识先朝典故沿革、人物出处,以故声名振耀当世"⑤。《宋史》赞其"才气超逸","学广而望隆"⑥。陆游著述甚丰,除《剑南诗稿》、《渭南文集》、《入蜀记》、《老学庵笔记》等文集笔记广为流传,还撰有《南唐书》,在两宋数家同名著作中"尤简核有法"⑦,颇见史家之才。

　　陆游才学在当世即为人称许接受。这当首推南渡名宿曾几。绍兴十二年(1142)陆游从曾几游,绍兴二十五年(1155)前后读书于会稽若耶溪边云门草堂,曾几有诗称:"陆子家风有自来,胸中所患却多才。学如大令仓盛笔,文似若耶溪转雷"⑧,甚推其才学。孝宗登基后,注重奖掖人才,陆游才学也得到更广泛的认可。绍兴三十二年(1162)史浩知制诰,黄祖舜同知枢密院事,二人以"善词章,谙典故"荐举陆游,孝宗召见,称他"力学有闻,言论剀切",特赐进士出身。⑨ 是年周必大亦有《次韵务观迎驾》称"我辈犹簪笔,君才合面槐"⑩,赞其才华;后又有《寒岩升禅师塔铭》称"故人山阴陆务观,儒释并通"⑪,推其学养。隆兴、乾道间陆游通判镇江,与韩元吉、章甫交往,才学也为友人称颂。乾道元年(1165)他自镇江移官豫章,韩元吉有《送陆务观序》称"以务观之才,与其文章议论,颉颃于论思侍从之选,必有知其先后者"⑫;章甫有《别陆务观》称"才气如公端有几"⑬。淳熙中,孝宗尝论

①　陆游:《陆游集·渭南文集》卷一三《答刘主簿书》,第 2089 页。
②　沈作宾修,施宿等纂:《嘉泰会稽志》卷一六,《宋元方志丛刊》第 7 册,第 7023 页。
③　陆游著,钱仲联校注:《剑南诗稿校注》卷一四《寄题朱元晦武夷精舍》,第 1201 页。
④　参见陆游著,钱仲联校注:《剑南诗稿校注》卷三三《老学庵》,第 2201 页。
⑤　张淏:《宝庆会稽续志》卷五,《宋元方志丛刊》第 7 册,第 7151 页。
⑥　脱脱等:《宋史》卷三九五《陆游传》并论,第 12059—12063 页。
⑦　永瑢:《四库全书总目》卷六六《南唐书提要》,第 588 页。
⑧　曾几:《茶山集》卷五《陆务观效孔方四舅氏体倒用二舅氏题云门草堂韵某亦依韵》,第 49 页。
⑨　脱脱等:《宋史》卷三九五《陆游传》,第 12057 页。
⑩　周必大:《庐陵周益国文忠公集》卷二,《宋集珍本丛刊》第 51 册,第 156 页。
⑪　周必大:《庐陵周益国文忠公集》卷四〇,《宋集珍本丛刊》第 51 册,第 438 页。
⑫　韩元吉:《南涧甲乙稿》卷一四,第 278 页。
⑬　北京大学古文献研究所编:《全宋诗》卷二五一三,第 47 册,第 29043 页。

人才,中书舍人兼直学士院尤袤"荐陆游自代"①。在陆游才学的接受上,朱熹是值得注意的人物,淳熙十二年(1185)尝称"务观别纸笔札精妙,意寄高远"②;庆元五年(1199)又称放翁晚年"笔力愈精健。顷尝忧其迹太近、能太高,或为有力者所牵挽,不得全此晚节,计今决可免矣"③。朱子晚年已是学术宗师,他对陆游才学的肯定颇具影响。

(二)　陆游爱国之忱的当世接受

陆游生于宣和末,不久金人入侵,北宋覆亡。他自谓"儿时万死避胡兵"④,又称:"绍兴初,某甫成童,亲见当时士大夫,相与言及国事,或裂眦嚼齿,或流涕痛哭,人人自期以杀身翊戴王室"⑤。国家民族的耻痛与亲身经历的灾难,使他很早就形成爱国忧时的情怀和恢复中原的志向。乾道六年(1170)陆游入蜀,乾道八年(1172)赴南郑为四川宣抚使王炎幕僚,中年投身边地及军旅的生活,促使其爱国思想与文学创作达到新的高度。⑥ 如史所论,南宋中期"金国平治,无衅可乘"⑦,陆游至死也未见到中原恢复,但其《剑南诗稿》中大量爱国忧时的作品,代表了南宋爱国志士及中兴时代的强音。

陆游的爱国之忱也得到当世认可。在这方面,曾几仍是较早的人物。绍兴三十一年(1161)金主完颜亮南侵,时曾几居会稽,陆游屡往谒见,共论国事,曾几有《雪中陆务观数来问讯用其韵奉赠》称:"江湖迥不见飞禽,陆子殷勤有使临。问我居家谁暖眼,为言忧国只寒心"⑧,对其爱国情怀深表认同。隆兴元年(1163)张浚都督江淮,筹措北伐,时陆游在枢密院编修官任,力主恢复,不久除通判镇江,离开朝廷,但其爱国襟怀得到范成大、韩元吉等友人赞同。范成大《送陆务观编修监镇江郡归会稽待阙》称"高兴余飞动,孤忠有照临。浮云付舒卷,知子道根深"⑨;韩元吉《送陆务观得倅镇江还越》叹其"许国丹心惜未酬"⑩。淳熙十四年(1187)陆游编刻《剑南诗

---

①　脱脱等:《宋史》卷三八九《尤袤传》,第 11926 页。

②　朱熹:《晦庵先生朱文公文集》卷八二《跋周元翁帖》,朱杰人等主编:《朱子全书》第 24 册,第 3871 页。

③　朱熹:《晦庵先生朱文公文集》卷六四《答巩仲至》,朱杰人等主编:《朱子全书》第 23 册,第 3096 页。

④　陆游著,钱仲联校注:《剑南诗稿校注》卷六五《戏遣老怀》,第 3680 页。

⑤　陆游:《陆游集·渭南文集》卷三一《跋傅给事帖》,第 2290 页。

⑥　参见于北山:《陆游年谱》,上海:上海古籍出版社,2006 年,第 144—230 页。

⑦　脱脱等:《宋史》卷三五《孝宗纪三》,第 692 页。

⑧　曾几:《茶山集》卷五,第 49 页。

⑨　范成大:《范石湖集·石湖居士诗集》卷九,第 110 页。

⑩　韩元吉:《南涧甲乙稿》卷五,第 70 页。

稿》,门人郑师尹作序,称其"发乎情性,充乎天地,见乎事业,忠愤感激,忧思深远,一念不忘君"①。《鹤林玉露》亦称陆游"诗号《剑南集》,多豪丽语,言征伐恢复事。其《题侠客图》云:'赵魏胡尘十丈黄,遗民膏血饱豺狼。功名不遣斯人了,无奈和戎白面郎。'寿皇读之,为之太息"②。可见其爱国情怀不仅为师友门人称许,也深为中兴君主孝宗认同。

(三) 陆游诗歌艺术的当世接受

陆游年十二能诗文,"尤长于诗"③,临终前还在创作,可谓"生平精力尽于为诗"④。其诗始学曾几,法近江西,中年阅历渐广,尤其是乾道间入蜀游宦及赴南郑从戎后,思想观念达到新的境界,也深谙诗家三昧,诗歌慷慨深沉的爱国情感、雄奇奔放的艺术风格益加突出,诗风发生重要变化。方回称曾几诗:"用'江西'格,参老杜法,而未尝粗做大卖",陆放翁出其门,而其诗"不主'江西',间或用一、二格,富也、豪也、对偶也、哀感也,皆茶山之所无"⑤,又称:"放翁诗万首,佳句无数。少师曾茶山,或谓青出于蓝,然茶山格高,放翁律熟;茶山专祖山谷,放翁兼入盛唐"⑥,指出陆游以宏富的内容、娴熟的格律、豪放俊逸的气象风格而突破江西,超越师承,终成诗学大宗的建树。

陆游的诗歌艺术在当世就被广泛接受,奉为典范。不过有一个渐进的过程。陆游早年诗作已为曾几称赏,如绍兴二十七年(1157)曾几有《还守台州次陆务观赠行韵》称:"四海习凿齿,几年读书萤。新诗中律吕,虽美无人听。鸣声勿浪出,坐待轩皇伶"⑦,勉励他静待入仕机会,并赞其诗律之美。隆兴中周必大称"吾友陆务观,当今诗人之冠冕"⑧。但陆游诗得到更大认可还是在中年宦蜀之后。如淳熙初他在四川制置司参议官任,蜀帅范成大称"陆参议诗中第一"⑨。淳熙九年(1182)周必大称其剑南诗"高处不

① 陆游著,钱仲联校注:《剑南诗稿校注·序》。
② 罗大经撰,王瑞来点校:《鹤林玉露》甲编卷四《陆放翁》,第71页。
③ 脱脱等:《宋史》卷三九五《陆游传》,第12059页。
④ 永瑢等:《四库全书总目》卷一九八《放翁词提要》,第1817页。
⑤ 方回选评,李庆甲集评校点:《瀛奎律髓汇评》卷一六《长至日述怀兼寄十七兄》诗之评,第604页。
⑥ 方回选评,李庆甲集评校点:《瀛奎律髓汇评》卷二三《登东山》诗之评,第1006页。
⑦ 曾几:《茶山集》卷一,第3页。
⑧ 周必大:《庐陵周益国文忠公集》卷一六《跋苏子由和刘贡父省上示座客诗》,《宋集珍本丛刊》第51册,第231页。
⑨ 刘将孙:《养吾斋集》卷九《送临川二艾采诗序》,《影印文渊阁四库全书》第1199册,第85页。

减曹思王、李太白",后续诗作"精明之至,反造疏淡,诗家事业,殆无余蕴"①。淳熙十四年(1187)陆游在严州刻成《剑南诗稿》,尤迎来其诗接受高潮。是年冬张镃即有《觅放翁剑南诗集》称:"见说诗并赋,严陵已尽刊。未能亲去觅,犹喜借来看。纸上春云涌,灯前夜雨阑"②,非常赞赏其诗稿。姜特立有《陆严州惠剑外集》称:"不蹑江西篱下踪,远追李杜与翱翔。流传何止三千首,开阖无疑万丈光"③。淳熙十五年(1188)孝宗赞其"笔力回斡甚善,非他人可及"④。淳熙十六年(1189)朱熹论"放翁之诗,读之爽然。近代唯见此人为有诗人风致"⑤。罗大经指出朱子"于当世之诗,独取陆放翁"⑥。在陆诗接受中,杨万里、尤袤亦为重要人物。绍熙二年(1191)杨万里有《千岩摘稿序》称许:"范石湖之清新,尤梁溪之平淡,陆放翁之敷腴,萧千岩之工致"⑦;庆元六年(1200)又称范、尤、萧、陆为"近代风骚四诗将"⑧;嘉泰三年(1203)再次称许"尤萧范陆四诗翁"⑨。尤袤亦尝与姜夔论诗称,"温润有如范致能者乎,痛快有如杨廷秀者乎,高古如萧东夫,俊逸如陆务观,是皆自出机轴"⑩。杨万里以尤萧范陆为"四诗将"、"四诗翁",尤袤则以范杨萧陆四人齐名,开启了宋诗中兴四大家之说。其后方回进一步阐释,更为尤杨范陆四家。总之,无论是周必大、范成大、孝宗、朱熹等推陆游为诗中第一,还是杨万里、尤袤推其为四大家之一,在陆游诗典范化的过程中都具有重要意义。

二、深度影响：陆游当世接受的效应

当世读者群体的构成及其接受态度,是考察陆游典范确立过程的又一社会要素。南宋中兴时期的陆游接受群体,上有朝堂君主,中为诗坛文人,下及普通大众,形成一种多层次的接受格局,体现出陆游深度影响当世的效应。

---

① 周必大:《庐陵周益国文忠公集》卷一八七《书二·陆务观》,《宋集珍本丛刊》第53册,第1页。
② 张镃:《南湖集》卷四,第50页。
③ 姜特立:《梅山续稿》卷二,《宋集珍本丛刊》第48册,第167页。
④ 脱脱等:《宋史》卷三九五《陆游传》,第12058页。
⑤ 朱熹:《晦庵先生朱文公文集》卷五六《答徐载叔》,朱杰人等主编:《朱子全书》第23册,第2649页。朱熹此信系年,参见陈来:《朱子书信编年考证》(增订本),北京:生活·读书·新知三联书店,2007年,第304页。
⑥ 罗大经撰,王瑞来点校:《鹤林玉露》丙编卷五《周文陆诗》,第319页。
⑦ 杨万里撰,辛更儒笺校:《杨万里集笺校》卷八一,第3281页。
⑧ 杨万里撰,辛更儒笺校:《杨万里集笺校》卷三九《谢张功父送近诗集》,第2030页。
⑨ 杨万里撰,辛更儒笺校:《杨万里集笺校》卷四一《进退格,寄功父、姜尧章》,第2190页。
⑩ 姜夔:《白石道人诗集》自叙一,第1页。

（一）诗坛学习效法

对于典范作家，接受者往往并不仅是进行批评性的理解，其接受还能够转换为文学的生产，表现为从批评型接受到创作型接受的延伸。陆游当世，即有一批作家受其影响，学习效法其创作，如周必大、张镃、戴复古、苏泂等。

较早取法陆游的是周必大。绍兴三十年（1160）陆游除敕令所删定官，时周必大在朝，二人"得居连墙，日接嘉话"，"赋诗属文，颇极奇怪。淡交如水，久而不坏"①。周必大不仅推陆游为诗人之冠，还"尝问陆放翁以作诗之法"②。陆游诗作，或奇秀空灵，或清新雅淡，或雄健豪迈，或沉郁悲壮，风格多样。周必大虽也以"大哉横气机，寄此语清壮"③称赞陆诗的豪壮之风，但就实际创作来看，其诗"诗格澹雅"④，主要受到陆诗清新雅淡一面的影响。

张镃与陆游乾道中始交往。淳熙八年（1181）张镃通判临安，以诗千篇赠陆游，陆游称赏，自此往来益密，张镃也深受陆游影响。如淳熙十三年（1186）杨万里跋张镃《约斋诗乙稿》称："孤芳后山种，一瓣放翁香"⑤，指出其诗师法陆游的取向。杨简也有《张时可惠示甲乙稿》称"一篇一篇奇益奇，闲姿雅态云生岛。石泉竹月风萧萧，斗牛剑气秋空高。意度横出不可速，洒洒落落真诗豪"⑥。张镃与陆游文交密切之际，值陆游宦蜀之后，诗歌雄健豪迈的风格益为鲜明。考今张镃《南湖集》所存诸多豪宕放纵的诗篇，与陆游诗确有神似之处。⑦

戴复古"尝登陆游之门"⑧。其《读放翁先生剑南诗草》称："茶山衣钵放翁诗，南渡百年无此奇。入妙文章本平澹，等闲言语变瑰琦。三春花柳天裁剪，历代兴衰世转移。李杜陈黄题不尽，先生模写一无遗"⑨；又论诗称："曾向吟边问古人，诗家气象贵雄浑"、"飘零忧国杜陵老，感寓伤时陈子昂"⑩，

① 陆游：《陆游集·渭南文集》卷四一《祭周益公文》，第 2395—2396 页。
② 方回选评，李庆甲集评校点：《瀛奎律髓汇评》卷二四《送龚鼎臣谏议移守青州》诗之评，第 1083 页。
③ 周必大：《庐陵周益国文忠公集》卷二《陆务观病弥旬仆不知也佳篇谢邻里次韵自解》，《宋集珍本丛刊》第 51 册，第 154 页。
④ 吴之振、吕留良、吴自牧选，管庭芬、蒋光煦补：《宋诗钞·省斋集钞》，第 1612 页。
⑤ 杨万里撰，辛更儒笺校：《杨万里集笺校》卷二一《跋张功父通判直阁所惠约斋诗乙稿》，第 1076—1077 页。
⑥ 杨简：《慈湖遗书》卷六，《影印文渊阁四库全书》第 1156 册，第 675 页。
⑦ 参见曾维刚：《张镃〈南湖集〉成书考》，《文学遗产》2011 年第 5 期。
⑧ 永瑢等：《四库全书总目》卷一六一《石屏集提要》，第 1384 页。
⑨ 戴复古：《石屏诗集》卷五，《影印文渊阁四库全书》第 1165 册，第 628 页。
⑩ 戴复古：《石屏诗集》卷六《昭武太守王子文日与李贾严羽共观前辈一两家诗及晚唐诗因有论诗十绝子文见之谓无甚高论亦可作诗家小学须知》，《影印文渊阁四库全书》第 1165 册，第 656 页。

可见其深谙陆游诗学之旨。其诗如《频酌淮河水》："春风吹绿波，郁郁中原气。莫向北岸汲，中有英雄泪。"[1]《盱眙北望》："北望茫茫渺渺间，鸟飞不尽又飞还。难禁满目中原泪，莫上都梁第一山。"[2]慷慨悲壮之气，与陆游一脉相承。

苏泂乃山阴人，幼即受教于陆游，其《送陆放翁赴落致仕修史之命》称"弟子事先生，丱角以至斯"[3]。清四库馆臣论其"从学于游，诗法流传，渊源有自。故其所作皆能镵刻淬炼，自出清新，在江湖诗派之中可谓卓然特出"[4]。其诗除清新淬炼之外，还有些作品如《金错刀行》："丈夫意气岂儿女，事变亏成争一缕。拔天动地风雨来，环响刀鸣夜飞去。世间万事须乘时，古来失意多伤悲。呜呼！宝刀在手无能为，不知去后郁郁令人思。"[5]沉郁激壮之气，亦有陆诗风神。

由上可见，陆游自绍兴年间登上诗坛，历高、孝、光、宁数朝，续有作家取法其创作，既有朝堂之士，也有江湖诗人，不同作家受其影响又表现在不同的方面，如周必大得其雅淡，张镃得其豪放，戴复古得其慷慨悲壮，苏泂兼其清新淬炼和沉郁激壮，陆游对当世创作型接受群体的影响可谓广泛而深远。

（二）君主青睐激赏

陆游才学超逸，爱国忧时，诗学精深，尤得中兴之君孝宗赏识。孝宗登基之始，史浩、黄祖舜即以谙擅词章典故荐举陆游，孝宗赐其进士出身。陆游在高宗朝久摈科场，因此甚为感慨，叹其科名"不试而与，尤为异恩"[6]。乾道、淳熙间，陆游先后通判夔州，入南郑为王炎幕僚，到成都为四川制置司参议官，史称其"宦剑南，作为歌诗，皆寄意恢复。书肆流传，或得之以御孝宗。上乙其处而韪之"[7]。陆游剑南爱国诗篇为孝宗赏识，淳熙五年（1178）特诏其东归，提举福建常平茶事，成为诗坛佳话。周必大即有送陆游诗称："汉皇亲召贾生还，京路争看北海贤"[8]。淳熙十三年（1186）陆游知严州，陛辞，孝宗谕之："严陵山水胜处，职事之暇，可以赋咏自适。"[9]陆游称"勉

①　戴复古：《石屏诗集》卷一，《影印文渊阁四库全书》第1165册，第563页。
②　戴复古：《石屏诗集》卷六，《影印文渊阁四库全书》第1165册，第647页。
③　苏泂：《泠然斋诗集》卷一，《影印文渊阁四库全书》第1179册，第75页。
④　永瑢等：《四库全书总目》卷一六三《泠然斋集提要》，第1400页。
⑤　苏泂：《泠然斋诗集》卷二，《影印文渊阁四库全书》第1179册，第89页。
⑥　陆游：《陆游集·渭南文集》卷五《辞免赐出身状》，第2011页。
⑦　叶绍翁撰，沈锡麟、冯惠民点校：《四朝闻见录》乙集《陆放翁》，第65页。
⑧　周必大：《庐陵周益国文忠公集》卷七《送陆务观赴七闽提举常平茶事》四首其一，《宋集珍本丛刊》第51册，第185页。
⑨　脱脱等：《宋史》卷三九五《陆游传》，第12058页。

以属文,实临遣守臣之未有"①。又,淳熙中孝宗尝问周必大"今代诗人亦有如唐李太白者乎",必大以陆游对,"由是人竞呼为小太白"②。可以看出孝宗、陆游君臣的遇合,在淳熙间达到高峰。若论"诗能达人",孝宗朝陆游堪为一个代表。

　　值得注意的是,孝宗对陆游的接受并非单出自其对人才的青睐激赏,还与陆游积极致君行道的作为密切相关。如乾道中孝宗御制《苏轼文集赞》,颂扬苏轼立身为文的刚大之气,淳熙十五年(1188)陆游进《上殿札子》称,"轼死且九十年,学士大夫徒知尊诵其文,而未有知其文之妙在于气高天下者。今陛下独表而出之,岂惟轼死且不朽,所以遗学者顾不厚哉"③,对孝宗推尊苏轼、崇尚气节予以赞同。君臣间这种对于时势及时文认知的契合,正是孝宗接受陆游的内在动因。而一代君主的接受,对陆游得到时人更广泛的认同自然有推波助澜的效应。

　　(三) 大众争相传诵

　　陆游一生习业应举,游宦隐居,出入朝堂,涉历民间,足迹遍及越中、临安、镇江、蜀中、闽中、江西等多地,尝称"平生事业诗千首,残稿从教处处留"④,可见其诗在当时的广泛传播。因而还应将其置于更为深广的时空之中,考察他在当世普通大众中的接受状况。

　　乾道、淳熙年间陆游宦蜀,是其诗风成熟的时期,也是他获得诗坛更大认可的阶段。他在大众中的接受,亦与之同步。如淳熙元年(1174)他在成都作《春愁曲》,淳熙十年(1183)赋《后春愁曲》,有序回忆说,"予在成都作《春愁曲》,颇为人所传",诗又称:"六年成都擅豪华,黄金买断城中花。醉狂戏作《春愁曲》,素屏纨扇传千家"⑤。宋人黄升记载,"范至能、陆务观以东南文墨之彦,至能为蜀帅,务观在幕府,主宾唱酬短章大篇,人争传诵之"⑥。清人徐釚《词苑丛谈》也有同样的记载。⑦ 可见陆游诗深受蜀中大众喜爱,为人争相传诵。

　　临安是陆游政治与文学活动的又一重要空间。淳熙十三年(1186)陆游知严州,陛辞之际赋《临安春雨初霁》,诗有:"小楼一夜听春雨,深巷明朝

---

① 陆游:《陆游集·渭南文集》卷一《严州到任谢表》,第1977页。
② 毛晋:《隐湖题跋·跋剑南诗稿》,国家图书馆编:《国家图书馆藏古籍题跋丛刊》第1册,第552页。
③ 陆游:《陆游集·渭南文集》卷四,第2002页。
④ 陆游著,钱仲联校注:《剑南诗稿校注》卷一一《北窗哦诗因赋》,第904页。
⑤ 陆游著,钱仲联校注:《剑南诗稿校注》卷一五,第1200页。
⑥ 黄升:《花庵词选·中兴以来绝妙词选》卷二,第204页。
⑦ 徐釚撰,唐圭璋校注:《词苑丛谈》卷七,上海:上海古籍出版社,1981年,第130页。

卖杏花"①,颇清新可喜,刘克庄称,"传入禁中,思陵称赏,由是知名"②。陆游诗是否得到高宗称赏尚难考定,但为人所传当为不虚。戴表元亦记载,陆游在临安日,常与杨万里、姜夔等人会于城北张镃南湖园,"至辄欢饮浩歌,穷昼夜忘去","醉中唱酬诗或乐府词累累传都下,都下人门抄户诵,以为盛事"③。戴氏非专记陆游,但陆游无疑是其中的重要人物,据之可以想见其诗在都城大众间竞相传诵的盛况。

三、陆游当世接受的特点与历史文化意蕴

上文从不同层面考察了陆游的当世接受状况,现就其所表现出的历史时代特征、文化与文学意蕴略作检讨,主要有三个方面:

其一是陆游当世接受的时代性。历史上有个性的人物成为一个典型形象,源于时代精神的需要。④ 两宋时期高度文治下重视才学文艺的社会风气、持续深重的外族入侵的压力激发出的各个阶层的爱国情感,自然是陆游接受的历史动因和宏观背景。但还需作更切近的观察。南宋前期高宗长期推行和议政策,秦桧亦党同伐异,摧残正论,此期陆游崭露头角即遭压抑,其接受基本是在曾几等少数师友范围之内。孝宗即位后励精图治,锐意恢复,消弭党争与学禁,同时"号召逐客"⑤,"搜访诗人"⑥,注重奖掖人才,鼓励文学创作,开创了中兴之治。陆游才学、爱国之忱及诗歌艺术也在乾道、淳熙年间得到广泛认可。林景熙指出,"前辈评宋渡南后诗,以陆务观拟杜,意在寤寐不忘中原,与拜鹃心事,悲惋实同。夫同其所以诗之心,则亦同其诗"⑦。陆游及其诗歌传递了南宋中兴时代的心声,也因此获得当世接受认同,成为时代的典范。

其二是陆游当世接受的普遍性。就其批评性接受群体来看,如曾几、史浩、黄祖舜、孝宗、周必大、韩元吉、章甫、尤袤、朱熹等对其才学的接受,曾几、范成大、韩元吉、郑师尹、孝宗等对其爱国之忱的接受,曾几、周必大、杨万里、张镃、姜特立、孝宗、朱熹、尤袤、姜夔等对其诗歌艺术的接受,涵括当世君主、朝野政要、学术宗师、文坛名家以及江湖名士,堪称一个庞大的、极

① 陆游著,钱仲联校注:《剑南诗稿校注》卷一七,第1347页。
② 刘克庄撰,王秀梅点校:《后村诗话·前集》卷二,第30页。
③ 戴表元:《剡源集》卷一〇《牡丹燕席诗序》,第153页。
④ 〔德〕冈特·格里姆:《接受学研究概论》,刘小枫选编:《接受美学译文集》,北京:生活·读书·新知三联书店,1989年,第74页。
⑤ 脱脱等:《宋史》卷三七四《胡铨传》,第11584页。
⑥ 不著撰人:《皇宋中兴两朝圣政》卷四九,第1849页。
⑦ 林景熙:《霁山集》卷五《王修竹诗集序》,上海:商务印书馆,1935年,第115页。

具代表性的阵容,体现出陆游接受的普世性特征。就其接受的影响与效应而言,如周必大、张镃、戴复古、苏泂等对他的学习效法,孝宗对他的青睐激赏及由此而致的君臣遇合,蜀中、临安大众对他诗作的争相传诵,呈现出诗坛、朝堂、民间等宏阔时空中的多层次接受格局,体现了陆游对当世普遍而深刻的影响。

其三是陆游当世接受的导向性。当世读者群体对陆游的接受呈现为才学、爱国、诗艺并重的"三水分流"格局,深具时代特色,同时对后世陆游接受史也具有导向意义,体现出第一读者群的地位。南宋后期陈振孙称"游才甚高","诗为中兴之冠"①。刘克庄称"放翁记问足以贯通,力量足以驱使,才思足以发越,气魄足以陵暴。南渡而后,故当为一大宗"②。刘辰翁称"陆放翁诗万首,今日入关,明日出塞,渡河践华,皆如昔人想见狼居胥"③。祝洙称其父祝穆"朗吟陆放翁绝笔之诗曰:'王师北定中原日,家祭毋忘告乃翁。'堂堂忠愤之志,若合符节"④。可见南宋后期仍延续了陆游才学、爱国与诗艺接受的三分格局。但到元明清及近现代后,就出现主要突出其爱国与诗艺二方面的现象。⑤ 随着其才学接受的淡化,陆游的宋后接受逐渐形成志士、诗人"花开两朵"的局面。其间的传承与变异,也体现了不同时代文化精神的关联及差异。总之,陆游的当世接受,确立了其典范地位,开创了自宋以降数百年的陆游接受史,具有深远影响和文学史意义。

第三节　自成一家:范成大的诗学历程

范成大(1126—1193)字至能,高宗绍兴二十四年(1154)进士,在孝宗朝仕至参知政事,为南宋中兴名臣,乃中兴诗坛四大家之一。概因范成大彪炳史册的使金事迹与使金绝句、晚居吴中的独特经历与田园诗歌,以及他作为南宋中兴四大诗人之一的艺术造诣,历来研究重在对其生平思想、诗歌主题及艺术风格等方面进行讨论。事实上,与同期诗坛上"诗一官一集,每一集必一变"⑥的杨万里一样,范成大诗歌亦极富变化。周必大即称范成大

---

① 陈振孙撰,徐小蛮、顾美华点校:《直斋书录解题》卷一八,第 541 页。
② 刘克庄撰,王秀梅点校:《后村诗话·前集》卷二,第 31 页。
③ 刘辰翁:《须溪集》卷六《长沙李氏诗序》,《影印文渊阁四库全书》第 1186 册,第 520 页。
④ 祝穆撰,祝洙增订,施和金点校:《方舆胜览》附录《跋》,北京:中华书局,2003 年,第 1238 页。
⑤ 参见刘扬忠:《陆游及其诗词八百年来的影响和被接受简史——以清末至当代一百年为中心》,《绍兴文理学院学报》2011 年第 1 期。
⑥ 方回选评,李庆甲集评校点:《瀛奎律髓汇评》卷一《过扬子江》诗之评,第 44 页。

"尤工诗，大篇短章，传播四方。初效王筠，一官一集"①。楼钥亦称范成大"一官一集之传远，尚得垂身后之名"②。周必大和楼钥均指出范成大诗歌与杨万里同样"一官一集"的特征。然而迄今为止，虽有学者提出范成大生平与诗歌分期问题③，却未进行深入研究；也有学者对范成大早年或晚年事迹与创作进行考订研究④，却又限于某一阶段，较少系统考察其诗学历时性嬗变的轨迹，深入发掘其内在动因与关联。因此，本节拟从其早年经历与初学唐人、禅悦倾向与转学苏黄、辗转仕途与自成家数、晚年心态与艺术新境等方面，就范成大诗歌展开讨论，以期较为完整地展现范成大的诗学历程及其自成一家的特征。

一、早年经历与初学唐人

范成大出身书香之门。其父范雩为徽宗宣和六年（1124）进士，尝驰誉于太学，终左奉议郎、秘书郎。其母蔡氏乃北宋名臣蔡襄之孙女、文彦博外孙。范成大幼年聪慧，"在怀抱，已识屏间字"，其父范雩"力教之。年十二，遍读经史。十四能文词"⑤。少年时期的范成大，走着一般士子读书习文、追求仕进的道路，甚至也会为了仕进而迎合时好。绍兴十一年（1141）宋金签订和议，次年金以徽宗等三丧及高宗母韦氏归来，南宋称臣纳贡。南宋屈己议和，迎还太后，换来偏安，朝廷也开始走向政治文化专制的高峰。一方面是进一步加强集权。如就在宋金签订和议之年，高宗明确表示"人主之权，在乎独断"⑥。另一方面则是让臣民歌功颂德，粉饰太平。如韦太后还南宋后，朝廷始解除乐禁，诏中外臣民自今并许用乐。⑦ 在文学领域，亦有

---

① 周必大：《庐陵周益国文忠公集》卷六二《资政殿大学士赠银青光禄大夫范公成大神道碑》，《宋集珍本丛刊》第 51 册，第 611 页。
② 楼钥：《攻媿集》卷三八《范成大赠五官》，第 535 页。
③ 如周汝昌先生认为范成大一生约略可分为五个时期，而他的诗歌作品也可以据此分期（参见周汝昌：《范成大诗选·引言》，北京：人民文学出版社，1984 年，第 15 页）。Schmidt, J. D. "Stone Lake: The Poetry of Fan Chengda (1126–1193)" (Cambridge and New York: Cambridge University Press, 1992)译介和评论范成大诗歌，也涉及范成大生平与诗歌分期问题。
④ 如：孔凡礼《范成大早期事迹考》（《文学遗产》1983 年第 1 期）；青山宏《范成大受驗期の詩》[《漢学研究》（日本大学）33，1995 年]；林德龙《一个士大夫的进退出处：范成大晚年归居退闲生活与佛道思想》（《同济大学学报》2003 年第 1 期）；《范成大初年吟咏之清丽俊逸诗风与豪纵快意的生活》（《上海大学学报》2004 年第 2 期）；等等。
⑤ 周必大：《庐陵周益国文忠公集》卷六二《资政殿大学士赠银青光禄大夫范公成大神道碑》，《宋集珍本丛刊》第 51 册，第 605 页。
⑥ 李心传：《建炎以来系年要录》卷一四二，第 2279 页。
⑦ 李心传：《建炎以来系年要录》卷一四七，第 2359 页。

大规模的举措。《建炎以来系年要录》记载,绍兴十二年(1142)十一月"诏皇太后回銮,士人曾经奉迎起居,及献赋颂等,文理可采者,令后省看详申省取旨。时献赋颂者千余人,而文理可采者近四百人。大理正吴槔颂曰:'辅臣稽首,对扬圣志,惟断乃成,愿破群异。'有司奏为第一。左承议郎知真州张昌次之。诏有官人进一官,进士免文解一次。于是吴县范成大亦在数中。槔,江宁人。成大,雩子也"①。为了科举免文解一次,年仅17岁的范成大加入了绍兴年间歌功颂德的行列之中。

就在范成大献赋颂于朝廷的次年,也即绍兴十三年(1143)范成大18岁时,其父范雩突然亡故。此前其母已卒,至此范成大父母相继去世。② 范成大十几岁时生活中连续发生不幸变故,也改变了他的人生轨迹。父母双亡后,范成大力嫁二妹,居昆山十年,在荐严寺过着贫寒的读书生活。这一期间,范成大身体状况非常羸弱。他有《问天医赋》序自述说:"余幼而气弱,常慕同队儿之强壮,生十四年,大病濒死。至绍兴壬申,又十三年矣,疾痛痾瘰,无时不有"③。范成大早年体弱多病,连遭亲人之丧,承担生活的重负,对他的思想心态影响很深。此期范成大思想非常消沉,心态极为凄凉。

在此期间,范成大创作了很多反映其生活与心态的诗歌。如《病中夜坐》:"村巷秋春远,禅房夕磬深。饥蚊常绕鬓,暗鼠忽鸣琴。薄薄寒相中,稜稜瘦不禁。时成洛下咏,却似越人吟。"④范成大此诗,描写了自己恶劣的生活环境、窘困的处境与寂寞黯淡的心情。其《中秋卧病呈同社》也感叹:"卧病窘诗料,坐贫羞酒钱。琼楼与金阙,想像屋角边。如闻真率社,胜游若登仙。四者自难并,造物岂我偏"⑤。《病中夜坐呈致远》说:"万事心空痴已惯,百骸岁晚病相投。便当采药西山去,脚力蹒跚怕远游"⑥。《病中绝句八首》其一说:"空里情知不著花,逢场将病当生涯。蒲团软暖无时节,夜

---

① 李心传:《建炎以来系年要录》卷一四七,第2367页。
② 王德毅先生《范石湖先生年谱》根据周必大《资政殿大学士赠银青光禄大夫范公成大神道碑》记载,认为绍兴九年(1139)范成大丧母,绍兴十年(1140)丧父(参见王德毅:《范石湖先生年谱》,吴洪泽、尹波主编:《宋人年谱丛刊》第9册,第5754页)。但据孔凡礼先生《范成大早期事迹考》(《文学遗产》1983年第1期)一文考证,范成大之父范雩卒于绍兴十三年(1143)。于北山先生亦考证认为,周必大《资政殿大学士赠银青光禄大夫范公成大神道碑》关于范成大之父范雩卒年的记载有误,范雩当卒于绍兴十三年(参见于北山:《范成大年谱》,第18页)。孔凡礼、于北山论著考证甚详,资料确凿,范成大父范雩之卒年,当以其说为是。是年,范成大18岁,尚未成年。
③ 范成大:《范石湖集·石湖居士诗集》卷三四附《赋》,第448—449页。
④ 范成大:《范石湖集·石湖居士诗集》卷四,第42页。
⑤ 范成大:《范石湖集·石湖居士诗集》卷二,第24页。
⑥ 范成大:《范石湖集·石湖居士诗集》卷四,第40页。

听蚊雷晓听鸦";其三说:"石鼎飕飕夜煮汤,乱拖芝术斗温凉。化儿幻我知何用?祗与人间试药方";其四说:"病中心境两俱降,犹忆江湖白鸟双。一夜雨声鸣纸瓦,听成飞雪打船窗"①。《病中三偈》其一说:"扰扰随流无定期,波停浪息始应知。一尘不偶同归处,四海无亲独步时。苦相打通俱人妙,病缘才入更何疑。霜清木落千山露,笑杀东风叶满枝";其二说:"一交销取万黄金,将病求医在用心。化尽此身成药树,不妨栽得病根深";其三说:"莫把无言绝病根,病根深处是无言。丈夫解却维摩缚,八字轰开不二门"②。这些诗作,或写"卧病"、"坐贫"的困窘生活,或写"将病求医"的痛苦经历,或写万念俱灰的"病中心境",或写"四海无亲"的孤独凄凉,或写"扰扰随流"的无奈人生,可谓五味杂陈,充满辛酸,堪称范成大青年时期生存状态与心态的典型写照。

范成大在昆山萧寺读书期间,思想心态消沉,无论是生活还是创作,均不能积极地面对现实。绍兴二十一年(1151)他作有《除夜书怀》说:"鬓绿看看雪,心丹念念灰。有怀怜断雁,无思惜疏梅。絮厚眼生缬,蔬寒肠转雷。烛花红琐碎,香雾碧徘徊。昨梦书三箧,平生酒一杯。床头新历日,衣上旧尘埃。摇落何堪柳,纷纭各梦槐。隙光能几许,世事剧悠哉!岐路东西变,羲娥日夜催。头颅元自觉,怀抱故应开。踊跃金何意,青黄木自灾。身谋同斥鷃,政尔愿蒿莱"③。此诗在描写身世飘零的同时,又感叹世事如戏般虚妄。也正因此,范成大早年不意仕进,逃避现实。周必大《资政殿大学士赠银青光禄大夫范公成大神道碑》即称,范成大此期"无科举意。欲买山无赀,取唐人'只在此山中'之语,自号此山居士"④。可以看出,在逃避现实的同时,范成大也从前代唐人的思想与文学世界中找到了一些心灵的慰藉。此期范成大思想中明显具有趣尚唐人的一面,而其诗歌创作也往往取法唐人,创作了一些甚有唐人风韵的作品。

范成大早年对唐人的学习非常广泛。《四库全书总目》称他"初年吟咏,实沿溯中唐以下。观第三卷《夜宴曲》下注曰:'以下二首效李贺。'《乐神曲》下注曰:'以下四首效王建。'已明明言之。其它如《西江有单鹄行》、《河豚叹》,则杂长庆之体。《嘲里人新婚》诗、《春晚三首》、《隆师四图》诸作,则全为晚唐五代之音。其门径皆可覆案"⑤。可见范成大曾学习李贺、

① 范成大:《范石湖集·石湖居士诗集》卷四,第46页。
② 范成大:《范石湖集·石湖居士诗集》卷四,第47页。
③ 范成大:《范石湖集·石湖居士诗集》卷四,第44页。
④ 周必大:《庐陵周益国文忠公集》卷六二,《宋集珍本丛刊》第51册,第605页。
⑤ 永瑢等:《四库全书总目》卷一六〇《石湖诗集提要》,第1380页。

王建、元稹、白居易等多人，所学不主一端。如《西江有单鹄行》：

　　　西江有单鹄，讬身万里云。猥为稻粱谋，堕此鸥鹭群。朝游枫叶杪，暮宿芦花根。怀安浦溆暖，忘记云海宽。忽有孤征鸿，惊飞落江滨。眼明见黄鹄，邂近倾情真。羽毛虽不同，意气颇相亲。言鹄有六翮，何不高飞翻？水鸟不足群，朝暮徒嘲喧。相将乘风去，一上盘秋旻。渴饮颢露滋，饥吸晴霞暾。方知翅翎俊，可以凌埃尘。东风昨解冻，春光暖如薰。阳鸟当北乡，行止倏已分。怅欲相逐去，关山隔吴秦。两鸟竟分飞，鸣声动行人。岂不有岁晚，鸿当复来宾。但愁山海阔，岐路多纠纷。复来失故道，那得相知闻。鸿归有俦侣，鹄住长悲辛。①

　　清四库馆臣曾谓范成大此诗"杂长庆之体"。"长庆体"之称，始于宋人，是对唐代白居易、元稹诗体式风格的泛称，所指较为宽泛，包括律体、古体、歌行等，到清代以后，其内涵有所转变，主要指以元稹、白居易《长恨歌》、《琵琶行》、《连昌宫词》为代表的那种叙事风情婉转、语言摇荡多姿、平仄转韵的七言长篇歌行之专名。② 范成大《西江有单鹄行》诗即是采用五言古体的形式，写一只矢志"讬身万里云"的"单鹄"堕身于鸥鹭之群的挣扎与抗争，隐喻自己高远的志向与早年偃蹇多难的处境。全诗意象飞动，又充满悲慨之气，确实得唐代元白长庆体之风。范成大另有《续长恨歌七首》、《题开元天宝遗事四首》、《读唐太宗纪》等诗，亦为此体。

　　范成大尝作《荔枝赋》云："顾人间之流落，才千仓之一箪。饷江南之病客，索孤笑于罇端……谓客子其少留，纷擘绿而破丹。招玉环于东虚，御清空之双鸾。访长生之旧曲，有千载之遗叹。"③可见其早年对唐人故事与唐诗之钟情。范成大受唐诗影响较为深刻，即使是到了淳熙初年他宦游蜀中之际，仍在模拟学习唐人。如他入蜀途中，至秭归作《初入峡山效孟东野》："峡禽惟杜鹃，血吻日夜啼。峡马类黄狗，不能长鸣嘶。峡晓虎迹多，峡暮人迹稀。峡路如登天，猿鹤不敢梯。仆夫负嵎哭，我亦呻吟悲。悲吟不成章，聊赓《峡哀》诗。"④此诗明言"效孟东野"，意象奇诡苍古，森寒可怖，的确逼似孟郊之体。可以说，范成大与同期陆游、杨万里等人一道，成为南宋诗人学习中晚唐诗歌风气的重要开启者，在宋代诗学史上具有代表性意义。

---

① 范成大：《范石湖集·石湖居士诗集》卷一，第 1 页。
② 参见李中华、薛原：《"长庆体"考辨》，《光明日报》2005 年 2 月 25 日。
③ 范成大：《范石湖集·石湖居士诗集》卷三四附《赋》，第 456 页。
④ 范成大：《范石湖集·石湖居士诗集》卷一五，第 204—205 页。

二、禅悦倾向与转学苏黄

范成大从 18 岁时其父范雩亡故开始，经历了一段艰难的人生低谷，期间幸而得到其父挚友王葆的勉励与帮助。王葆乃徽宗宣和六年（1124）进士，与范成大父范雩为同年，在高宗朝历官宗正寺丞、司封郎中兼国子司业等，学行俱高，敢为直言正论，乃南渡至中兴时期名士。周必大记载，就在范成大心态消沉、无意科举之际，王葆"勉之曰：'子之先君期尔禄仕，志可违乎？'因课以举业。遂中绍兴二十四年（1154）进士第"①。范成大进士登第，由此开启新的人生。不久，范成大除徽州司户参军，于绍兴二十六年（1156）春抵任。期间作有《天平先陇道中，时将赴新安掾》诗云："霜桥冰涧净无尘，竹坞梅溪未放春。百叠海山乡梦熟，三年江路旅愁生。松楸永寄孤穷泪，泉石终收漫浪身。好住邻翁各安健，归来相访说情真。"②范成大在诗中叙述了自己结束混迹萧寺生活的感受。自此以后，范成大思想与诗学亦均出现新的变化，主要表现在两个方面：一是经历了人生的痛苦与历练，思想心态上表现出强烈的禅悦倾向，并在诗歌中多有表现；二是诗歌风格上不尚唐风的摇荡多姿，而以追求骨力为主。而从诗学渊源上来看，此期范成大的诗歌作品，无论是其强烈的禅悦倾向还是崇尚骨力的风格特征，事实上均是瓣香北宋诗人苏轼与黄庭坚。

其一，范成大的禅悦倾向及其诗歌表现。范成大早年长期寄身寺院，又多遭家庭不幸与生活磨难，因此对于人生多有彻悟。入仕之初，微薄的功名显然未能激发范成大强烈的进取之心。直至绍兴二十九年（1159）新任徽州知府洪适到职，范成大才有所转变。周必大《资政殿大学士赠银青光禄大夫范公成大神道碑》记载，"洪公博洽精明，每以讼牒付公，必问一牒几人，姓名云何。公由此究心熟吏事。洪公喜，日与公商榷古今"③。周必大《丞相洪文惠公适神道碑》又记载，"范文穆公成大来为户掾，一见知其远器，勉以吏事，暇则商榷著述。自是范公官业文笔高一世，每德公云"④。从周必大的反复记载可以看出，范成大入仕初期的确不热衷吏事。值得一提的是，早在范成大 15 岁时，其父范雩为诸王宫大小学教授，范成大随父在杭州。⑤

---

①　周必大：《庐陵周益国文忠公集》卷六二《资政殿大学士赠银青光禄大夫范公成大神道碑》，《宋集珍本丛刊》第 51 册，第 605 页。

②　范成大：《范石湖集·石湖居士诗集》卷五，第 57 页。

③　周必大：《庐陵周益国文忠公集》卷六二，《宋集珍本丛刊》第 51 册，第 605 页。

④　周必大：《庐陵周益国文忠公集》卷六七，《宋集珍本丛刊》第 51 册，第 654 页。

⑤　参见于北山：《范成大年谱》，第 14 页。

据范成大自述,此期他常往来于杭州佛日山中,与净慧寺举上人游。① 范成大早年与佛教禅门中人交往的经历,对其日后的人生心态与诗歌创作都产生了深刻影响。在入仕之初,范成大不热衷吏事,思想即以恬退清净为尚,表现出鲜明的禅悦倾向。宋人黄震早已注意到范成大这种思想倾向,并将其与苏轼相比,称他"喜佛老,善文章……往往似东坡"②。

范成大的这种禅悦倾向,在其仕宦徽州之际的诗歌创作中有较多表现。如《次韵宗伟、温伯》:

> 冉冉流光迫岁余,青林日夜向人疏。雨滋岩桂重堆粟,(自注:新安木犀,秋暮再花。)风折庭蕉又献书。遣客解兰思婉娩,先生弹铗厌清虚。一尘不立浑输我,即境心安是故庐。(自注:宗伟新议婚,温伯病起无聊,故有解兰、弹铗之语。)③

范成大此诗,以青林、岩桂、庭蕉等屹立于尘世而不染的意象,表明一种坚贞纯明的真如心性。其中"一尘不立浑输我,即境心安是故庐"之语,即是明显的禅悟体验与表达。又如《题漫斋壁》:

> 汉阴无械可容机,岁晚功名一衲衣。槁木闲身随念懒,浮云幻事转头非。三彭已罢庚申守,五鬼从教乙丑归。富贵神仙两俱累,此心安处是真依。④

此诗与上一首表现禅宗真如心性主旨有所不同,以汉阴、晚岁、衲衣、槁木、浮云、幻事等意象,表现了一种富贵如梦、人生虚幻的般若空观。他还有《晚集南楼》写道:"浪随儿女怨萍蓬,笑拍阑干万事空。宇宙勋名无骨相,江山得句有神功。掉头莫觑秋高鹗,留眼来宾日暮鸿。懒拙已成三昧解,此生还证一圆通"⑤。这首诗则在表现空幻观念的同时,描写了自己在参禅悟世过程中得到的心灵愉悦。要之,上述作品,或表现人生如梦、世事如幻的人生体认,或表现清净自安、顿入禅境的思想取向。这一点,与北宋诗人苏轼、黄庭坚是一脉相承的。周裕锴先生曾深入讨论了苏轼、黄庭坚诗歌创作

---

① 参见潜说友:《咸淳临安志》卷八一,《宋元方志丛刊》第 4 册,第 4112 页。
② 黄震:《黄氏日抄》卷六七,《影印文渊阁四库全书》第 708 册,第 635 页。
③ 范成大:《范石湖集·石湖居士诗集》卷六,第 69 页。
④ 范成大:《范石湖集·石湖居士诗集》卷六,第 77 页。
⑤ 范成大:《范石湖集·石湖居士诗集》卷六,第 70—71 页。

中表现出来的鲜明禅悦倾向，认为：苏轼、黄庭坚的禅学修养代表了宋代诗人参禅的两种类型。苏轼是用禅宗精神来弥合伦理本体与自己感性存在之间的分裂，意识到人生虚幻从而游戏人生。黄庭坚则自觉地把禅宗顿悟真如的修养方式移植到士大夫的儒学修养中去，执着追求自我道德人格的完善，并力图把日常现实生活中的感性存在楔入宇宙本体的建构之中，从而获得一种审美式的愉悦。这两种类型也关涉到他们的诗歌意象选择，甚至在一定程度上折射为两种不同的诗歌艺术风格。[1] 结合范成大诗歌来看，他事实上是兼容了苏轼、黄庭坚思想与创作中的两种不同取向，表现出其特定时期的思想心态与诗歌艺术取向，并形成一定自身特征。

其二，崇尚骨力的风格特征。《四库全书总目》论范成大诗："自官新安掾以后，骨力乃以渐而遒，盖追溯苏、黄遗法。"[2]明确概括出范成大此期诗歌骨力近于苏、黄的特色，所论甚有见地。如范成大《新安绝少红梅，惟倅厅特盛，通判朝议召幕僚赏之，坐皆有诗，亦赋古风一首》：

> 华灯收尽江梅落，别有横枝照林薄。天教阆苑染芳根，小住山城慰萧索。腾腾醉后酒红醺，淡淡妆成笑靥新。斟酌东君已倾倒，为渠都费十分春。别乘胸怀有风月，催唤清尊洗愁绝。花知主客得不凡，一夜光风融绛雪。楼头烟暝吹《单于》，花梢挂星光有无。归来境熟落春梦，梦入锁香红绮疏。[3]

范成大非常喜梅，其《范村梅谱》序称："梅，天下尤物，无问智贤、愚不肖，莫敢有异议。学圃之士，必先种梅，且不厌多。他花有无多少，皆不系重轻"[4]；《梅谱》后序又称："梅以韵胜，以格高，故以横斜疏瘦与老枝怪奇者为贵"[5]。可以看出，范成大之所以喜梅，是因为梅格高，韵胜。范成大新安梅诗，即以华灯、江梅、横枝、芳根、山城、清尊、高楼、烟暝、花梢、春梦等意象，烘托出新安山城梅花横枝照林的淡淡芳姿，骨力清奇。尤其是诗中"别乘胸怀有风月，催唤清尊洗愁绝"一联，令人自然想起黄庭坚吟咏水仙姿态的七古名篇《王充道送水仙花五十枝欣然会心为之作咏》："凌波仙子生尘

---

① 周裕锴：《梦幻与真如——苏、黄的禅悦倾向与其诗歌意象之关系》，《文学遗产》2001年第3期。

② 永瑢等：《四库全书总目》卷一六〇《石湖诗集提要》，第1380页。

③ 范成大：《范石湖集·石湖居士诗集》卷六，第73—74页。

④ 范成大：《范村梅谱·序》，范成大撰，孔凡礼点校：《范成大笔记六种》，第253页。

⑤ 范成大：《范村梅谱·后序》，范成大撰，孔凡礼点校：《范成大笔记六种》，第258页。

袜,水上轻盈步微月。是谁招此断肠魂,种作寒花寄愁绝。含香体素欲倾城,山樊是弟梅是兄。坐对真成被花恼,出门一笑大江横。"①黄庭坚诗用凌波的洛神来写水仙楚楚绝尘的姿态,确实得其神韵。纪昀尝撰《书黄山谷集后》,论黄庭坚"七言古诗,大抵离奇孤矫,骨瘦而韵逸,格高而力壮"②,可谓精当之论。相比而言,黄庭坚与范成大虽一写水仙,一写梅花,但其诗意象与神韵极为相似,从中可以看到范成大与黄庭坚诗歌一脉相承的崇尚骨力的风格特征。

另如范成大《晚步西园》:"料峭轻寒结晚阴,飞花院落怨春深。吹开红紫还吹落,一种东风两样心。"③《积雨蒸润,体中不佳,颇思故居之乐,戏书呈子文》:"门外泥深蘸马鞍,墨云未放四维宽。前山忽接后山暗,暑雨全如秋雨寒。梦里江湖三叹息,醉中天地一凭阑。斗升留滞休惆怅,枳棘从来著凤鸾。"④这些诗作,无论是意象还是情韵,均可以看出范成大取法苏轼、黄庭坚的诗学取向,体现出范成大诗歌骨力渐遒、趋向雄健的风格特征。

三、辗转仕途与自成家数

绍兴三十年(1160)冬,范成大离徽州司户参军任。绍兴三十二年(1162),范成大赴临安,监太平惠民和剂局。孝宗隆兴元年(1163),范成大为圣政所检讨官,兼敕令所编修官,与周必大、陆游、凌景夏等人同朝为官,这成为范成大在政治上真正崭露头角的开端。隆兴元年(1163)四月,周必大论近习曾觌、龙大渊,孝宗不听,周必大奉祠归庐陵,范成大为其送行。同年五月,陆游通判镇江,范成大亦为其送行。乾道元年(1165)正月,洪适使金,临行,范成大赋诗为其壮行。乾道三年(1167),范成大起知处州,在任上倡行义役,多有建树。乾道六年(1170),范成大迁起居郎,假资政殿大学士,充金国祈请国信使,出使金国。在金期间,范成大为改变受书礼,当廷与金主对垒,气节凛然,慷慨不屈,险遭杀身之祸,其节义震惊金人朝野,也甚为孝宗嘉赏,是年范成大除中书舍人。乾道七年(1171),范成大论罢近习张说,随后以集英殿修撰知静江府,兼广西经略安抚使,期间一度归于家乡吴中,筑石湖别业。乾道八年(1172)冬,范成大赴广西帅任,乾道九年

---

① 黄庭坚撰,任渊等注,刘尚荣校点:《黄庭坚诗集注》卷一五,北京:中华书局,2003 年,第 546 页。

② 纪昀:《纪文达公遗集》卷一一,《续修四库全书》第 1435 册,上海:上海古籍出版社,2002 年,第 406 页。

③ 范成大:《范石湖集·石湖居士诗集》卷五,第 59 页。

④ 范成大:《范石湖集·石湖居士诗集》卷五,第 61—62 页。

(1173)春抵达桂林,在任上待民以诚,建树甚多。淳熙元年(1174),范成大除四川制置使兼知成都府,淳熙二年(1175)六月抵达成都,在任上筹措边事,为政惠民,政绩卓著。淳熙四年(1177),范成大因病为孝宗趣召,离成都,归吴中。其后,又屡在朝中任职。可以说,孝宗隆兴、乾道与淳熙前期,是范成大一生中在政治上最为积极进取和最有作为的时期。而正是在这一段时间内,由于范成大辗转仕宦于朝中和地方,又屡陈大政,锐意政事,并且有出使金国的重要经历,其诗歌创作也随着人生阅历的丰富、交游的开阔和精神面貌的变化而发生了鲜明的转变。

从范成大的实际创作来看,辗转游宦时期无疑是其诗学历程中的一个高峰。首要的便是范成大乾道年间使金之际创作的72首绝句,乃是中兴时期绝句中的经典之作,既是乾淳时代士风高扬的表现,也是宋诗走向中兴的标志性成果。如《渡淮》:"船旗衮衮径长淮,汴口人看拨不开。昨夜南风浪如屋,果然双节下天来。"①《州桥》:"州桥南北是天街,父老年年等驾回。忍泪失声询使者:'几时真有六军来?'"②《李固渡》:"洪河万里界中州,倒卷银潢眙地流。列弩燔梁那可渡?向来天数亦人谋!"③《翠楼》:"连祍成帷迓汉官,翠楼沽酒满城欢。白头翁媪相扶拜:'垂老从今几度看!'"④《赵州石桥》:"石色如霜铁色新,洨河南北尚通津。不因再度皇华使,谁洗奚车塞马尘?"⑤《太行》:"西北浮云卷暮秋,太行南麓照封丘。横峰侧岭知多少,行到燕山翠未休。"⑥《燕宾馆》:"九日朝天种落欢,也将佳节劝杯盘。苦寒不似东篱下,雪满西山把菊看。"⑦《会同馆》:"万里孤臣致命秋,此身何止一沤浮!提携汉节同生死,休问羝羊解乳不。"⑧范成大使金途中所作的这些绝句,虽均为短章,却以组诗的形式,在宋金交聘的恢弘时空中,描写了那个时代的历史风云,记录了他为了国家慷慨驱驰的独特足迹,表现了其义无反顾的凛然气节,风格自然清隽,风神气骨均如其人。

范成大在地方游宦期间,也同样多有佳作。如乾道九年(1173)他出守桂林之际,作《乾道癸巳腊后二日,桂林大雪尺余,郡人云前此未省见也。郭季勇机宜赋古风为贺,次其韵》:

① 范成大:《范石湖集·石湖居士诗集》卷一二,第145页。
② 范成大:《范石湖集·石湖居士诗集》卷一二,第147页。
③ 范成大:《范石湖集·石湖居士诗集》卷一二,第149页。
④ 范成大:《范石湖集·石湖居士诗集》卷一二,第150页。
⑤ 范成大:《范石湖集·石湖居士诗集》卷一二,第153页。
⑥ 范成大:《范石湖集·石湖居士诗集》卷一二,第155页。
⑦ 范成大:《范石湖集·石湖居士诗集》卷一二,第157页。
⑧ 范成大:《范石湖集·石湖居士诗集》卷一二,第158页。

忆昔北征秋遇雪,穹庐苦寒不堪说。飞花如席暗燕然,把酒悲歌度佳节。胡儿馆客类西河,镝户不容浮蚁泄。当时已分餐毡苇,宁复梦游炎岭热。忽逐梅花行万里,又与故山轻话别。天公恐我愁瘴雾,十日号风吹石裂。同云乃肯度严关,一夜玉峰高巀嶭。老榕蓊密最先缟,穉竹枵虚时一折。须知桂海接蓬瀛,满目三山白银阙。不管楼高翠袖单,但嫌酒浅金杯凸。东郭先生履虽敝,诗情却斗冰壶洁。归捻冻髭搜好句,山馆青灯对明灭。为怜叶气到黄茅,何止森森松柏悦。丰年作守会饱暖,羁宦思归自愁绝。岂无菊径乐琴书,亦有秫田供麴糵。东冈雪后一犁春,谁在陂头忆调燮?①

此诗描写桂林边郡大雪苦寒,而意气勃发,一唱三叹。诗歌开篇即因大雪的激发,回忆了当年出使北方之际雪暗燕然的苦寒景象。进而抒写自己万里行役、历尽艰险的游宦经历。全诗在今与昔、南与北的宏阔时空交错中,既表现了昔日北征的慷慨悲歌与浪漫豪情,又抒写了感今念民的羁旅之思和忧国情怀。就其构思来看,从"忆昔北征秋遇雪",到"忽逐梅花行万里"、"东冈雪后一犁春",形成不同人生片段与画卷,意象雄阔而瑰丽,清奇而劲健,写出了驱驰万里、苦中作乐的豪迈情怀。此诗可谓风神俊迈,典型展现了范成大此期诗作意象遒丽而风骨隽伟的特征,在传统"羁宦思归"主题的诗歌创作中别具特色。

再如淳熙初范成大自桂林入蜀,途中作《劳畲耕》、《滟滪堆》、《入秭归界》等诗,一路描写峡农蜀景,刻画风土人情,意境森然隽伟,风格清峭质朴。方回《瀛奎律髓》即选录《入秭归界》诗,评论说,"淳熙二年乙未(1175),石湖自桂林移帅四川,年五十矣。入峡诸诗多佳者"②。淳熙三年(1176)范成大在蜀帅任,陆游时为成都府路安抚司参议官兼四川制置使司参议官。范成大自桂林入蜀之际,有诗百余篇,结为《西征小集》,蜀人相与传刻,范成大嘱陆游为序。陆游遂作《范待制诗集序》云:

> 石湖居士范公待制敷文阁来帅成都,兼制置成都、潼川、利、夔四道……及公之至也,定规模,信命令,驰利惠农,选将治兵。未数月,声震四境,岁复大登……或曰:"公之自桂林入蜀也,舟车鞍马之间,有诗

---

① 范成大:《范石湖集·石湖居士诗集》卷一四,第176页。
② 方回选评,李庆甲集评校点:《瀛奎律髓汇评》卷四《入秭归界》诗之评,第200页。

百余篇,号《西征小集》,尤隽伟。"①

　　陆游在赞颂范成大辗转游宦期间政绩的同时,也肯定了范成人此期诗歌尤其"隽伟"的特色。若干年后,至光宗朝,范成大自编全集成书,命其子范莘请好友杨万里作序。杨万里撰《石湖先生大资参政范公文集序》,亦回顾说:

> 初,公以文学材气受知寿皇,自致大用……公风神英迈,意气倾倒,拔新领异之谈,登峰造极之理,萧然如晋、宋间人物……至于大篇决流,短章敛芒,缛而不酿,缩而不窘。清新妩丽,奄有鲍、谢;奔逸隽伟,穷追太白。求其只字之陈陈,一唱之鸣鸣,而不可得也。今四海之内,诗人不过三四,而公皆过之无不及者。②

　　杨万里肯定了范成大在孝宗朝政事、文学与立身处世的风神意气,指出范成大诗远绍鲍谢,近追太白,清新妩丽,奔逸隽伟。《四库全书总目》也称范成大此期诗歌"约以婉峭,自为一家,伯仲于杨、陆之间,固亦宜也"③。事实上,所谓约以婉峭与清新隽伟,其所指异曲而同工,均说明了范成大此期作品清新遒丽而风骨完备的诗学新变。

　　范成大辗转游宦时期,诗歌创作之所以能够发生新变,以清新隽伟的风格而自成一家,与他此期特定的政治经历、生活阅历及其医国惠民的内在精神是密切相关的。如淳熙十三年(1186)范成大作《范村菊谱》序云:

> 山林好事者,或以菊比君子。其说以谓岁华晼晚,草木变衰,乃独烨然秀发,傲睨风露,此幽人逸士之操,虽寂寥荒寒,而味道之腴,不改其乐者也。神农书以菊为养性上药,能轻身延年,南阳人饮其潭水,皆寿百岁。使夫人者有为于当年,医国庇民,亦犹是而已。菊于君子之道,诚有臭味哉!④

　　范成大不仅认可菊正色独立、不伍众草的操节,尤其赞赏菊能"有为于当年,医国庇民"。事实上,这也正是范成大内修外治的精神品质的自我写

---

① 陆游:《陆游集·渭南文集》卷一四,第 2098 页。
② 杨万里撰,辛更儒笺校:《杨万里集笺校》卷八三,第 3296—3297 页。
③ 永瑢等:《四库全书总目》卷一六〇《石湖诗集提要》,第 1380 页。
④ 范成大:《范村菊谱·序》,范成大撰,孔凡礼点校:《范成大笔记六种》,第 269 页。

照。范成大诗歌清新隽伟的风骨,正源于这种"医国"情怀与有为于当世的内在精神。

四、晚年心态与艺术新境

淳熙四年(1177)范成大在蜀帅任上因病请祠,暂归吴中,旋即又被召入朝,淳熙五年(1178)正月以礼部尚书知贡举,三月兼直学士院,四月拜参知政事,兼权修国史日历,不久即为言者论罢,奉祠,再归吴郡。淳熙七年(1180)范成大起知明州,颇有兴利除弊之治。淳熙八年(1181),除端明殿学士,复改江南东路安抚使知建康府。淳熙十年(1183),因苦风眩上章请祠,归于石湖。淳熙十五年(1188),起知福州,再三请辞不允。淳熙十六年(1189)孝宗内禅,光宗即位,范成大以疾力请奉祠,归居吴中。绍熙三年(1192),范成大加资政殿大学士知太平州,数辞不允,遂赴任,其幼女随往,范成大到任不久,其女即因病夭折。绍熙四年(1193),范成大亦因病情加剧,疏请致仕,是年十二月卒。范成大晚年屡仕屡归,在吴中乡里居住时间较多。在此期间,其思想心态与诗歌创作也再次发生了新的变化,呈现出较为复杂的特征。

其一,恬退心态与诗风。范成大早期多年隐居萧寺的生活,平生与禅门中人多有交往的经历及其禅悦倾向①,对他的影响是深远的。经历了锐意功业、慷慨驱驰的壮年,到了晚年,范成大的思想心态复有归于恬退的倾向,这在他的诗歌中屡有表现。早在淳熙五年(1178),范成大罢参知政事,奉祠归吴郡,即有《晚归石湖》诗称,"和烟种竹聊医俗,带月闻蛙不在官。久矣此心恬不动,如今并与此身安"②,表达恬居之乐。淳熙十年(1183)他在知建康府任上,亦有《元日谒钟山宝公塔》诗云:"雪后江皋未放春,老来犹驾两朱轮。归心历历来时路,官事驱驱病里身。未暇鸡窠寻古佛,且防鹤帐怨山人。君看王谢墩边地,今古功名一窨尘"③,表达倦仕思归之意。他再度退居吴中后,友人赵蕃寄诗来,称,"风月沧浪自逐臣,烟波甫里亦遗民。未闻官号大学士,辞逊雍容得退身"④,正是描写范成大的归居恬退之趣。而范成大自身的此类诗作就更多。《十月二十六日三偈》其二:"有个安心法,无时不可行。只将今日事,随分了今生。"其三:"窗外尘尘事,窗中梦梦

---

① 于北山先生尝考察范成大与佛教禅门中人的交往,指出范成大平生多方外交,如慧举、范老、佛智禅师等,相知尤深。参见于北山:《范成大年谱》,第 401 页。

② 范成大:《范石湖集·石湖居士诗集》卷二〇,第 295 页。

③ 范成大:《范石湖集·石湖居士诗集》卷二二,第 317 页。

④ 赵蕃:《淳熙稿》卷一七《范参政自建康得资政宫祠,六诗寄呈》其五,第 368 页。

身。既知身是梦，一任事如尘。"①《丙午新正书怀十首》其一："不用桃符贴画鸡，身心安处是天倪。"②《寄题永新张教授无尽藏》："古来谁道四并难，对境心空著处安。要识见闻无尽藏，先除梦幻有为观。"③《题天平寿老方丈》："二十三年再入山，此山于我有前缘。时人不用怜衰病，天与丹房一线泉。"《再游天平，有怀旧事，且得卓庵之处，呈寿老》："访旧光阴二十年，残僧相对两依然……从今半座须分我，共说昏昏一觉禅。"④这些作品，均可见范成大晚年的恬退心态，诗风亦恬淡自然。

其二，乡里生活体验与生新活泼的风土田园诗。范成大晚年有很长时间退居石湖，对吴中乡里生活与风土人情非常熟悉，创作了许多生新活泼的风土田园诗，呈现出新的艺术特征。如《颜桥道中》："村村篱落总新修，处处田畴尽有秋。一段农家好风景，稻堆高出屋山头。"⑤《上沙舍舟》："村北村南打稻声，竹舆随处款柴荆。斜阳倒景天如醉，明日山行更好晴。"⑥两诗描写农家秋收，活泼生动，极富生活气息。淳熙十三年（1186）范成大在石湖创作《四时田园杂兴六十首》，更是文学史上的经典。他有序云："淳熙丙午，沉疴少纾，复至石湖旧隐，野外即事，辄书一绝，终岁得六十篇，号《四时田园杂兴》。"⑦这60首组诗，全为七言绝句，多角度、全方位地描写了吴中乡村农民从春到冬一年四季的劳动生活和乡土风情。淳熙十六年（1189）范成大又集中创作《腊月村田乐府十首》，序云：

　　余归石湖，往来田家，得岁暮十事，采其语各赋一诗，以识土风，号《村田乐府》。其一《冬舂行》：腊日舂米为一岁计，多聚杵臼，尽腊中毕事，藏之土瓦仓中，经年不坏，谓之冬舂米。其二《灯市行》：风俗尤竞上元，一月前已买灯，谓之灯市，价贵者数人聚博，胜则得之，喧盛不减灯市。其三《祭灶词》：腊月二十四夜祀灶，其说谓灶神翌日朝天，白一岁事，故前期祷之。其四《口数粥行》：二十五日煮赤豆作糜，暮夜阖家同飨，云能辟瘟气，虽远出未归者亦留贮口分，至襁褓小儿及僮仆皆预，故名口数粥；豆粥本正月望日祭门故事，流传为此。其五《爆竹行》：此

①　范成大：《范石湖集·石湖居士诗集》卷二五，第359页。
②　范成大：《范石湖集·石湖居士诗集》卷二六，第361页。
③　范成大：《范石湖集·石湖居士诗集》卷二六，第367页。
④　范成大：《范石湖集·石湖居士诗集》卷二八，第390页。
⑤　范成大：《范石湖集·石湖居士诗集》卷二九，第398页。
⑥　范成大：《范石湖集·石湖居士诗集》卷二九，第398页。
⑦　范成大：《范石湖集·石湖居士诗集》卷二七，第372页。

他郡所同,而吴中特盛,恶鬼盖畏此声;古以岁朝,而吴以二十五夜。其六《烧火盆行》:爆竹之夕,人家各又于门首燃薪满盆,无贫富皆尔,谓之相暖热。其七《照田蚕词》:与烧火盆同日,村落则以秃帚若麻蘴竹枝辈燃火炬,缚长竿之杪以照田,烂然遍野,以祈丝穀。其八《分岁词》:除夜祭其先竣事,长幼聚饮,祝颂而散,谓之分岁。其九《卖痴呆词》:分岁罢,小儿绕街呼叫云:"卖汝痴! 卖汝呆!"世传吴人多呆,故儿辈讳之,欲贾其余,益可笑。其十《打灰堆词》:除夜将晓,鸡且鸣,婢获持杖击粪壤致词,以祈利市,谓之打灰堆;此本彭蠡清洪君庙中如愿故事,惟吴下至今不废云。①

范成大这10首村田乐府,全是描写吴中风俗。其《上元纪吴中节物俳谐体三十二韵》也是此类代表作品。

其三,忧时情怀与讽喻诗风。范成大早年父母双亡,生活困窘,认识到社会与人生的艰难,已具有同情民瘼、忧时悯农的情怀。如他绍兴年间即作有《缲丝行》、《催租行》、《后催租行》等表现民生疾苦的优秀作品。《催租行》描写:"输租得钞官更催,踉蹡里正敲门来。手持文书杂嗔喜:'我亦来营醉归耳!'床头悭囊大如拳,扑破正有三百钱:'不堪与君成一醉,聊复偿君草鞋费。'"②《后催租行》描写:"老父田荒秋雨里,旧时高岸今江水。佣耕犹自抱长饥,的知无力输租米。自从乡官新上来,黄纸放尽白纸催。卖衣得钱都纳却,病骨虽寒聊免缚。去年衣尽到家口,大女临岐两分首。今年次女已行媒,亦复驱将换升斗。室中更有第三女,明年不怕催租苦!"③这些作品,都入木三分地描写了农民的疾苦及地方官吏对乡民的盘剥和欺压。范成大晚年屡仕屡归,有很长时间居于乡村田园,在抒写恬退心境与乡土风情的同时,并未一味陶醉于田园风光,而是更深刻地看到了垄亩之间的民生苦难,写下了大量讽喻诗作,诗风亦一变而为沉重冷峻。如《夜坐有感》:"静夜家家问户眠,满城风雨骤寒天。号呼卖卜谁家子,想欠明朝籴米钱。"④诗人在寒夜听到卖卜之人挨户号呼,不禁联想到卖卜人艰难的生活状况,因而揣测卖卜人是不是因为没有籴米之钱而不得不奔走于风雨之夜。《咏河市歌者》:"岂是从容唱《渭城》,个中当有不平鸣。可怜日晏忍饥面,强作春深

---

① 范成大:《范石湖集·石湖居士诗集》卷三〇,第409—410页。
② 范成大:《范石湖集·石湖居士诗集》卷三,第30—31页。
③ 范成大:《范石湖集·石湖居士诗集》卷五,第60页。
④ 范成大:《范石湖集·石湖居士诗集》卷二五,第358页。

求友声！"①描写了河市歌者饥寒的面容和强颜欢笑的无奈。《重阳后，半月天气温丽，忽变奇寒，晦日大雪，乡人御冬之计多未办》："南邻炭未买，北邻绵未装。敢论酒价涌，束薪逾桂芳。岂不解蚤计，善舞须袖长。频年田薄收，十家九空囊。被冻知不免，但恨太匆忙。今朝复何朝？晴色挂屋梁。人物各解严，儿童笑相将。熙如谷黍温，免作沟木僵。两邻报无恙，为汝歌慷慨。"②则描写了重阳后突然到来的奇寒天气中乡人来不及御冬的艰辛状况，并表达了为他们慷慨陈情的愿望。

尤其值得注意的是，前述范成大晚年创作的《四时田园杂兴六十首》，在集中描写吴中乡村生活与田园风光的同时，还深刻揭露了官民之间的紧张关系和农民遭受的沉重压迫，多有田家血汗与辛酸的记录，集中体现了范成大晚年诗学的成就与新变。也因此，其《四时田园杂兴》诗在宋代就获得广泛关注和好评。③ 至明代，吴宽撰《跋朱存复录范文穆公田园杂兴诗后》说："其诗六十首，凡村居景物摹写殆尽，虽老于犁锄间者或不能及，而感叹民隐之意时复寓焉"④。钱锺书先生更指出，范成大晚年所作的《四时田园杂兴》不但是其最为传诵、最有影响的诗篇，也算得中国古代田园诗的集大成，使脱离现实的田园诗有了泥土和血汗的气息，田园诗又获得了生命，扩大了境地，范成大就可以跟陶渊明相提并称，甚至比他后来居上。⑤ 还有学者从艺术渊源、诗体特征等方面，研究揭示范成大《四时田园杂兴》组诗的成就与特色。⑥ 要之，范成大晚年田园诗不仅是其自身诗学历程中的艺术新境，也使中国古代田园诗迈上了新的高度。

综上所述，范成大一生诗歌艺术的嬗变，是与其生活经历、思想心态以

---

① 范成大：《范石湖集·石湖居士诗集》卷二六，第 361 页。
② 范成大：《范石湖集·石湖居士诗集》卷二七，第 380 页。
③ 如宋人刘宰《书石湖诗卷后》记载："余与蜀李季允同为绍熙庚戌进士。庆元间，季允由校书郎还蜀，舟未具，小留仪真，余时为郡掾，无日不会。因问近时南士帅蜀谁贤，季允以范石湖对，余疑焉，细问之。季允言：'蜀之俗大抵好文，其后生往往知敬先达，先达之所是亦是之。范公以文鸣，其毫端之珠玉，纸上之云烟，蜀士大夫争宝之。又among为政平易近民，民有隐必伸，有谒必获，故其教易成，其政不严而治。'余闻而私识之。今观江君遂良所藏《春日田园杂兴》诗卷，其句律清新，字画遒劲，又熟习田家景物，益信季允之言不妄。"（刘宰：《漫塘集》卷二四，《影印文渊阁四库全书》第 1170 册，第 617—618 页）刘宰与李季允讨论范成大及其《四时田园杂兴》诗，事在宁宗庆元年间，时范成大刚去世不久。刘、李二人皆肯定了范成大"为政平易近民，民有隐必伸"的治绩与创作。
④ 吴宽：《家藏集》卷五一，《影印文渊阁四库全书》第 1255 册，第 467 页。
⑤ 钱锺书：《宋诗选注》，第 193—194 页。
⑥ 参见刘蔚：《论石湖田园杂兴体的艺术渊源——兼论其诗体特征及其影响》，《文学遗产》2013 年第 1 期。

及特定的社会时代与诗坛风会密切相关的。范成大从早年初学唐人,转学苏黄,到中年慷慨出使,辗转游宦,创作使金组诗,诗风清新隽伟,再到晚年创作独具特色的田园组诗,诗歌艺术出现新的变化,展现出其锐意开拓的艺术精神与丰富多元的诗学特征,在南宋中兴诗坛独树一帜,无愧于四大家之称。

第十一章　台阁与园林的咏唱：史浩、张镃

第一节　台阁诗人代表史浩

史浩（1106—1194）字直翁，鄞县（今浙江宁波）人，高宗绍兴十五年（1145）进士，在孝宗朝两为右相。史浩不仅是南宋中兴时期在政治上产生重要影响的人物，也颇富文学创作，是一位具有代表性的台阁诗人。陈振孙《直斋书录解题》、《宋史·艺文志》、《四库全书总目》及祝尚书《宋人别集叙录》等皆著录史浩文集《鄮峰真隐漫录》五十卷，文集乃其门人周铸所编。① 迄今为止，学界有关史浩的研究，主要是就史浩生平中的某些问题、关于史浩的历史评价及其词曲创作等进行考订和探讨②，而关于史浩的诗歌创作问题，还有待进一步发掘。本节拟从其台阁经历与诗歌题材取向、近臣心态与诗歌意象特征、江西诗学的接受与扬弃等方面，对史浩及其诗歌展开讨论。

一、台阁经历与诗歌题材取向

宋室南渡之初，高宗在动荡不定的时局中失去独子，由此无嗣，于是挑选了两位宗室子弟育于宫中，一名赵璩，封恩平郡王，一名赵瑗，封普安郡王。绍兴二十六年（1156）九月史浩迁太学正，绍兴二十九年（1159）六月以国子博士"为秘书郎，兼普安、恩平郡王府教授"③。在绍兴末年，史浩受到高宗信任，担任两位皇储候选人的老师，这成为他人生中的转折。《宋史》史浩本传记载：

> （史浩）转对，言："普安、恩平二王宜择其一以系天下望。"高宗颔之。翌日，（高宗）语大臣曰："浩有用才也。"除秘书省校书郎兼二王府教授。（绍兴）三十年（1160），普安郡王为皇子，进封建王，除浩权建王

---

① 参见祝尚书：《宋人别集叙录》卷一九，北京：中华书局，1999 年，第 909—910 页。
② 学界有关史浩的研究，详见前文学术史回顾部分。
③ 李心传：《建炎以来系年要录》卷一八二，第 3026 页。

府教授……孝宗受禅,遂以中书舍人迁翰林学士、知制诰……隆兴元年(1163),拜尚书右仆射……(淳熙)五年(1178),复为右丞相……(淳熙)十年(1183),请老,除太保致仕,封魏国公。晚治第鄞之西湖上,建阁奉两朝赐书,又作堂,上为书"明良庆会"名其阁、"旧学"名其堂。光宗御极,进太师。绍熙五年(1194)薨,年八十九,封会稽郡王。宁宗登极,赐谥文惠,御书"纯诚厚德元老之碑"赐焉。嘉定十四年(1221),追封越王,改谥忠定,配享孝宗庙庭。①

由上记载,可见史浩在绍兴末年担任普安、恩平郡王府教授期间,因建议高宗选立皇储,受到高宗赏识。当时史浩力推普安郡王,并为普安郡王出谋划策。普安郡王被立为皇子,进封建王后,史浩继续担任建王府教授,建王即后来的孝宗。在孝宗立为皇子、封建王和受禅登基的过程中,史浩也逐步受到重用。孝宗登基后,史浩在孝宗隆兴、淳熙年间两登台辅。到了光宗、宁宗朝,史浩仍然屡受封爵。可以说,在高、孝、光、宁四朝,无论是生前还是卒后,史浩都备受赵宋王室的厚待,成为南宋中兴时期少有的台阁宠臣。楼钥即称史浩"得君为最深"②。陆游称史浩"自少保六转而至太师,中间近三十年,福寿康宁,本朝一人而已"③。杨万里则从反面道出了史浩饱受皇帝优礼的际遇。淳熙十四年(1187)七月天大旱,杨万里有《旱暵应诏上疏》上奏孝宗说:"能节用而后能爱人,能不伤财而后能不害民……史浩之赐金,至以千计焉;夏侯恪之赐钱以买宅,至以万计焉。途之人皆曰:'此民之膏血也。'是二人者,何功而得此也?"④通过杨万里对史浩的批判,可见史浩在孝宗朝位尊赐重的状况。《宋史·职官志》亦称,"自建炎至嘉泰,宰相特拜者六人","吕颐浩、张浚、虞允文皆以勋,史浩以旧"⑤。

由于史浩蒙恩中兴数朝的生平际遇和优厚悠游的台阁生活经历,其诗歌创作的题材取向也具有鲜明特征,主要有以下三类:

其一是应制献纳的创作。因为史浩历任孝宗潜邸之际的老师和孝宗在位时期的台阁重臣,史浩与孝宗及其他皇室成员多有唱和,其中又以孝宗为最多。无论是孝宗为普安郡王、皇子、建王还是皇帝时期,史浩均有应制献纳或与孝宗次韵唱和的作品。在史浩文集中,有《和普安郡王桂子》、《和建

---

① 脱脱等:《宋史》卷三九六《史浩传》,第 12065—12069 页。
② 楼钥:《攻媿集》卷六三《代贺史丞相浩启》,第 848 页。
③ 陆游撰,李剑雄、刘德权点校:《老学庵笔记》卷八,第 101 页。
④ 杨万里撰,辛更儒笺校:《杨万里集笺校》卷六二,第 2677 页。
⑤ 脱脱等:《宋史》卷一六六,第 3947 页。

王雨中闻戒酒之什》《上建王生辰》四首、《上建王生辰(辛巳)》四首、《和建王明远楼》《和建王春晚园中赏玩》《和建王雪》《和建王颐真庵》《经筵读正说终篇恭进谢恩感遇诗》《上赐御制〈新秋过雨书怀〉诗且令属和》《恭和御制秋晚曲宴诗》《恭和御制长春花诗》《恭和御制翠寒堂诗》《恭和圣制秋日秘阁观图书宴群臣诗》等数十首献纳孝宗或与孝宗唱和的作品,又有《次韵恩平郡王丹桂》《次韵皇孙所和二诗》等一些与恩平郡王赵璩等皇族成员的次韵唱和之作。史浩这类题材的作品,大多是他在宫廷为献礼或应制而作,典型反映出史浩作为台阁之臣的生活与其诗歌题材取向。《上建王生辰四首》其一:"上帝昌我宋,高目视所以。天子亶聪明,亦既受多祉。庆泽渺梦图,班衣有元嗣。兹辰甫诞辰,想见龙颜喜。"①《恭和御制秋晓曲宴》:"清时睿泽浸函生,和气熏陶万宝成。乃即上林开特宴,更容广乐奏新声。奉觞剑履风云合,立仗旌旗日月明。兴国旧仪欣再讲,愿观混一致升平。"②均不脱歌颂升平、铺陈富贵的台阁之风。

其二是描绘山水胜景的创作。史浩尝说,"平生丘壑姿,肯愧谢康乐"③,表达自己对山水丘林之乐的酷爱之情。不管是早年在宫廷还是晚年退居四明并建构洞天,史浩均创作了大量描写山水悠游的作品,表现其闲适自在、寻幽览胜的生活。孝宗尚为建王时,史浩与孝宗次韵唱和,作《和建王明远楼》:

> 天阙移楼观,来供帝子亲。明光扶日域,远势接星津。瑞霭常濛润,清风每拂尘。图书惟左右,脂粉却参辰。觅句多诗髓,开谈即道真。槐阴瞻五岳,芸馥见三神。雨露恩方湛,江山景倍新。愿言增万柱,寒士并栖身。④

史浩作此诗时,为建王府教授,其诗描绘了明远楼开阔明丽的景色,进而联想到自己深受皇家信任和重用的际遇,不禁由衷地感慨"雨露恩方湛,江山景倍新",既似在说万物承受自然的恩露,又似在说自己身被皇家的恩泽。又如他居四明之际所作《东湖游山》:

---

① 史浩:《鄮峰真隐漫录》卷一,《宋集珍本丛刊》第42册,第770页。
② 史浩:《鄮峰真隐漫录》卷四,《宋集珍本丛刊》第42册,第789—790页。
③ 史浩:《鄮峰真隐漫录》卷二《次韵潘德鄜咏昙老四窗》,《宋集珍本丛刊》第42册,第775页。
④ 史浩:《鄮峰真隐漫录》卷三,《宋集珍本丛刊》第42册,第780页。

四明山水天下异,东湖景物尤佳致。古来奇处芜没多,极目空余老
苍翠。最称险奥唯福泉,崒崒万仞摩青天。屹起精蓝名寿圣,松风飒飒
泉涓涓。一径崎岖通下水,风物人情更淳美。①

此诗也是极力铺陈描绘家乡四明的山水胜景。另如《次韵杨少辅山居
六咏》、《宣州李漕园亭三首》、《寄题胜金阁》、《途中即事》、《走笔次韵张以
道》、《同游赏心亭用前韵》、《次韵孙季和东湖二诗》、《题处州录参厅平远
楼》等,均是此类创作。

其三是家训题材的创作。美国汉学家包弼德曾对唐宋时代士的社会身
份属性进行了阶段性的划分,指出:"在 7 世纪,士是家世显赫的高门大族
所左右的精英群体;在 10 和 11 世纪,士是官僚;最后,在南宋,士是为数更
多而家世却不太显赫的地方精英家族"②。这个划分未必尽当,却大致概括
出了唐宋时期士阶层逐渐下移,走向以地方家族为主体的历史变化。就在
这样一个历史潮流中,宋代的士恰好处于社会流动异常剧烈的时代,那些较
有名望的士人家族为了巩固和延续自己家族的社会地位,采取了诸般措施。
其中,作为家族兴旺的创业者,根据自己发家的经验教训书写家训,成为维
系家族繁荣的重要手段之一。这一深刻的社会文化背景也渗透到文学领
域,史浩及其诗歌创作就是其中的一个典型代表。四明史氏家族自史浩开
始三代为相,成为南宋名门望族。而这一家族的崛起,即源自史浩。作为史
氏家族的开拓者,史浩非常注重对于家族子嗣后代的教育,并以诗歌韵文的
形式创作家训性质的作品,因而家训成为史浩诗歌创作的一个重要题材。
在史浩文集中,最为集中的要数《童丱须知》二卷,分《君臣篇》、《父子篇》、
《夫妇篇》、《长幼篇》、《朋友篇》、《祭祀篇》、《舅姑篇》、《叔妹篇》、《娣姒
篇》、《臧获篇》、《敬天篇》、《传道篇》、《修德篇》、《恤民篇》、《措刑篇》、《乐
声篇》、《忠恕篇》、《疏财篇》、《见德篇》、《习尚篇》、《宫室》八篇、《舆马》八
篇、《张设》八篇、《衾褥》八篇、《玩好》八篇、《衣服》八篇、《酒醴》八篇、《膳
羞》八篇、《梳妆》八篇、《稻粱》八篇等,作品近百首,条目繁多,涉及生活中
的方方面面。史浩这类以个体家族利益与规范为中心的家训题材诗歌,不
仅具有个性特色,也具有特定家族文化与社会时代内涵,值得引起重视。不
过,与同期伟大诗人陆游《示儿》诗那样忠愤慷慨、念念不忘恢复中原、传承

---

① 史浩:《鄮峰真隐漫录》卷一,《宋集珍本丛刊》第 42 册,第 766 页。
② 〔美〕包弼德著,刘宁译:《斯文:唐宋思想的转型》,南京:江苏人民出版社,2000 年,第
　　4 页。

忧时爱国精神的临终庭训相比，其情感取向与精神力量也自有差别。

二、近臣心态与诗歌意象特征

孝宗隆兴元年（1163），史浩拜尚书右仆射，数月后以不出兵北伐为王十朋论罢。[①] 淳熙五年（1178）三月，史浩再拜右相，同年十一月罢相。[②] 淳熙八年（1181）史浩除在京宫观，兼侍读，是年四月，作《经筵读正说终篇恭进谢恩感遇诗》云：

> 帝祚隆三叶，仁风被九垠。泥金封禅后，汗简典坟新。祖训敷皇极，奎星耀紫宸。儒家尊首志，（自注：臣谨按，国史《艺文志》儒家以太宗皇帝《大明政化》十卷、真宗皇帝《正说》十卷为首。）文论歉前尘。（自注：臣恭览御制《正说》后序有魏文之论聊以同时之语。昔魏文为《典论》二十篇，《文选》载论文一篇，圣作渊奥，魏文岂能仿佛。）道泰千龄会，时和万物春。好生兵遂偃，崇俭俗还淳。传宝参河洛，重光待圣神。进求深讲绎，退省极咨询。治绍尧稽古，欢谐舜事亲。披编兹有获，彻卷岂辞频。锡予恩波浃，荣华宴俎陈。奏诗无杰句，拜手愧名臣。（自注：仁宗皇帝朝故相晏殊有《读正说彻篇赐宴诗》。臣谨按，殊实仁宗皇帝东宫旧臣，与臣遭际事适相类。）[③]

史浩在诗中，首先极力铺陈孝宗淳熙年间帝祚兴隆、仁风广被、兵偃时和以及风俗还淳的太平景象，进而感叹自己深受恩赐、尽享荣华的际遇，最后以仁宗朝太平宰相晏殊作为自己膜拜的对象。在诗注中，史浩更明确地说晏殊乃仁宗皇帝东宫旧臣，而自己与晏殊遭际适相类似。所谓"奏诗无杰句，拜手愧名臣"，名为自谦，实乃以晏殊自许，表达一种对于台阁之臣的自我认同，典型体现出其近臣心态。史浩也常在作品中表达这种宠臣心态，如《还乡后十月作三首》其二称"静观心地浑无事，只有君王恩未酬"[④]。就实际而论，史浩与晏殊一为北宋盛时名臣，一为南宋中兴时期宰辅，分别处于北宋和南宋最为承平的时代，又均备受皇帝重用和恩宠，无论是生活时代还是个人际遇，均极其相似。因此，史浩以仁宗朝台阁重臣晏殊自期，也有其特定社会政治背景和个人生活基础。

---

① 参见徐自明撰，王瑞来校补：《宋宰辅编年录校补》卷一七，第 1150—1157 页。
② 参见徐自明撰，王瑞来校补：《宋宰辅编年录校补》卷一八，第 1234—1239 页。
③ 史浩：《鄮峰真隐漫录》卷三，《宋集珍本丛刊》第 42 册，第 781—782 页。
④ 史浩：《鄮峰真隐漫录》卷五，《宋集珍本丛刊》第 42 册，第 797 页。

　　史浩以晏殊自期的近臣心态,对其诗歌创作产生了深刻影响。其中一个重要表现就是,史浩诗歌创作的意象特征。宋人吴处厚《青箱杂记》说:"晏元献公虽起田里,而文章富贵,出于天然……每吟咏富贵,不言金玉锦绣,而唯说其气象,若'楼台侧畔杨花过,帘幕中间燕子飞'。'梨花院落溶溶月,柳絮池塘淡淡风'之类是也"①。方回亦云:"诗家有善言富贵者,所谓'笙歌归院落,灯火下楼台'、'梨花院落溶溶月,柳絮池塘淡淡风'是也。然亦必世道升平而后可。"②这些评论,都揭示出晏殊的显赫地位与富贵生活对其诗歌创作的影响,"梨花院落溶溶月,柳絮池塘淡淡风",也成为晏殊诗歌意象及其富贵气象的典型写照。史浩也与晏殊相类似,其帝王之师、台阁重臣的地位与近臣心态对其诗歌创作产生了深刻影响,一个重要表现便是其诗雍容富丽的意象特征。

　　在史浩文集中,表现宫廷台阁生活、山水游乐和景物赏玩的诗作甚多。在这些作品中,史浩常常将富丽雅致的亭台楼阁、园林景物与珠光宝气的器具饰物等意象组合在一起,营构出一种雍容富贵的气象。如《次韵杨淳中》:

　　　　夜阑相与哦新诗,珠玑璀璨皆英辞。野塘月转梅影瘦,深院风静帘旌垂。策杖园林穷胜事,心远尤惊尘世界。岂唯得助有江山,更却红裙爱文字。金盘磊落百果装,玉壶嘉醑浮清光。坐上风流俱鲍谢,况乃有子无他肠。酒行无算不可数,便欲飞身到仙府。忽然巨轴出长篇,愧我无言参也鲁。笑呼适意谈交情,共听夜鹤鸣空庭。良辰美景赏心处,喜遂四者之难并。却将健句徐推扩,三叹余音见依约。约去辞荣归故乡,赞我纷华滋味薄。次言奎画在蓬门,乞与龙章照眼根。兹我谢子如获宝,报以琼瑶未足论。我惭辅相初无补,偶尔逢时遇真主。但能奉此翰墨珍,庶若商那因考父。③

　　史浩此诗中夜阑、珠玑、野塘、梅影、深院、帘旌、园林、红裙、金盘、玉壶、仙府、良辰、美景、龙章、琼瑶等丰富绵密的意象,正是宫廷、园林与山水意象的组合,以此表现自己遭逢"真主"、身为"辅相"的富贵生活,营造出一种雍容雅致的情调,抒发内心知恩图报的情怀。

①　吴处厚撰,李裕民点校:《青箱杂记》卷五,北京:中华书局,1985 年,第 46—47 页。
②　方回选评,李庆甲集评校点:《瀛奎律髓汇评》卷五,第 205 页。
③　史浩:《鄮峰真隐漫录》卷二,《宋集珍本丛刊》第 42 册,第 777 页。

史浩《游西湖分韵得要字》：

> 西湖自倚倾城姿，肯与西施角年少。品题定价有前贤，陈迹班班犹可吊。试因休沐许寻盟，净洗缁尘一登眺。身疑孤月破浮云，心逐惊猱走空峤。野竹万个秋声虚，败荷十里香风妙。凌霄金刹梵仙居，怪石嶙峋余万窍。高敷桂子泡新黄，好傍长枝发清啸。老禅林外熟蹲鸱，双耳不闻天使召。行行欲问处士桥，路转忽逢水仙庙。未羞菊蕊荐芳馨，一盏寒泉敢先醮。翩翩沙鸟没苍烟，红蓼丹枫舞斜照。急呼艇子泛潋滟，且欲波间狎渔钓。同行磊落三数公，嘉此襟期非素料。擘笺吟写乐游诗，愈使西湖有光耀。伊余同赋却忘言，了知造物工相撩。千古游人安在哉，城郭山林归一窖。①

　　这首诗以西湖、野竹、秋声、败荷、香风、金刹、怪石、处士桥、水仙庙、菊蕊、沙鸟、红蓼、丹枫、斜照、潋滟、渔钓、游人、城郭、山林等意象，构成一幅明丽清雅的画面，表现出秋游西湖的无穷之乐。尤其是诗中"野竹万个秋声虚，败荷十里香风妙"一联，极为独特，典型体现了史浩诗歌富于个性的意象特征。我们可以拿南唐君主李璟作品中的意象来与史浩作品的意象进行比较，说明这一问题。同样是描写秋荷和秋景，在李璟笔下，是"菡萏香销翠叶残，西风愁起绿波间"②，以残败的秋荷意象抒发内心无尽的萧瑟和悲凉，这不仅是由于即将颓败的国运使然，也由其懦弱的性格使然。然而在史浩笔下，万千野竹摇曳出来的是清脆喜悦的秋声，秋日败荷却是十里飘香，即使是残败的景物也被描写得明媚多姿、富丽喜人。在史浩与李璟笔下，同样的自然景物经过不同意象组合营造出截然不同的两种效果和风格，原因自然是出于作者不同的生活遭际、个性心态。《游西湖分韵得要字》一诗，也典型体现了史浩的心态特征及其诗歌的意象特征。

　　史浩另有《次韵李光祖瑞香》："晚居卢阜声名飞，蕙帐悠悠春梦迟。起来鼻观犹馥郁，杖藜便觉香风随。"③《叔父知县庆宅并章服》："花笼丽日晖朱绶，燕啄新泥上画梁。歌遏行云莺睨睆，舞飘回雪蝶轻狂。"④《和斜径》：

① 史浩：《鄮峰真隐漫录》卷一，《宋集珍本丛刊》第42册，第771页。
② 李璟：《浣溪沙》，李璟、李煜撰，无名氏辑，王仲闻校订：《南唐二主词校订》，北京：中华书局，2007年，第8页。
③ 史浩：《鄮峰真隐漫录》卷二，《宋集珍本丛刊》第42册，第776页。
④ 史浩：《鄮峰真隐漫录》卷三，《宋集珍本丛刊》第42册，第783页。

"风拂繁阴开曲径,云移寸碧出遥岑。柳枝濯濯嫌烟淡,荷叶田田怯水深。"①《和雨晴》:"不管狂风横雨催,小园日日有花开。群仙恐湿凌波袜,戏蹴香红衬绿苔。"②这些诗作,均以和婉、富丽的景物和意象,表达出一种雍容娴雅的台阁气象。

三、江西诗学的接受与扬弃

南宋初期,江西诗学盛行,当时正是史浩的青年时代,史浩也受到江西诗学思想的影响,这在史浩的诗歌创作中留下了明显痕迹。史浩有次韵程泰之尚书诗云:

> 混沌既开辟,溥博分渊泉。其中具明眼,来往类跳圆。惟有诗工夫,可探造化先。研摩到极致,换骨如得仙。上以美教化,下以明性天。元白愧重浊,鲍谢羞轻便。佩剑虽相笑,沉迷乃同船。未登风雅域,为问何因缘。非无警策句,各在诗一偏。我欲窥其奥,宴食宵不眠。观舞悟深旨,曾不及张颠。清新乏奇妙,局束犹拘联。习气未能断,为之乎犹贤。写出多瑕疵,未免拙恶愆。公诗百篇内,浩然志帅全。愈出力愈足,即之俱自然。熟读已成诵,宁待三绝编。如澡银潢水,尘氛俱尽湔。敬当珍此赐,墨迹令常鲜。更许示余帙,泚笔吾须传。③

这是史浩论诗的一篇重要作品。史浩首先认为作诗要讲"工夫",而工夫研摩到极致,即是达到"换骨"之境。所谓"换骨"之说,源自黄庭坚,乃江西诗学的传家法门。惠洪《冷斋夜话》记载:"山谷云:'诗意无穷而人之才有限,以有限之才追无穷之意,虽渊明、少陵,不得工也。然不易其意而造其语,谓之换骨法;窥入其意而形容之,谓之夺胎法。'"④史浩在诗中提到的"换骨"工夫,正是江西诗派所追求的化腐朽为神奇的境界,江西诗学追求生新、神奇、高远、清雅、瘦硬、劲峭,正是秉持着这样的诗学观念。史浩认为,"元白愧重浊,鲍谢羞轻便。佩剑虽相笑,沉迷乃同船。未登风雅域,为问何因缘",对元稹、白居易、鲍照、谢灵运等人提出批评,认为他们均未登风雅之域。他又自称,"我欲窥其奥,宴食宵不眠",叙述自己为追求江西诗学奇妙境界而宴食不安、倾宵不眠的状况。从史浩论诗之作,可见其对江西

---

① 史浩:《鄮峰真隐漫录》卷五,《宋集珍本丛刊》第42册,第798页。
② 史浩:《鄮峰真隐漫录》卷五,《宋集珍本丛刊》第42册,第798页。
③ 史浩:《鄮峰真隐漫录》卷二《又依前韵》,《宋集珍本丛刊》第42册,第775—776页。
④ 惠洪撰,陈新点校:《冷斋夜话》卷一,北京:中华书局,1988年,第15—16页。

诗学的要旨领会甚深。

除"夺胎换骨"之论外,江西诗学甚为讲究诗法和句法,史浩对这些也极为心仪。如《走笔次韵寄平元衡禅老》说,"年来管城不脱帽,只羡夫君诗法好"①,《次韵潘德鄜山行》说,"向来因风絮,句法诚软弱"②,可见其对江西诗学多方面的接受。史浩还有《上平江守徐侍郎生日二首》,其二称赞徐琛,"正始风流回治世,豫章宗派得传衣"③,从中亦可见他对江西诗派的膜拜之情。可以说,在南宋前期江西诗学纵横诗坛的时代风气中,史浩顺应潮流,选择了江西诗学。

史浩的诗学旨趣对其创作产生了明显影响,他有许多诗作即具有清新绝俗的风格。史浩还将江西诗法运用于诗歌创作之中。如《梅花借喜雪韵》其一:

> 老去风光报答难,树头春律喜新班。忽惊断岸一番雪,便忆故园千叠山。斜日淡烟茅舍外,冷香幽韵竹篱间。玉壶虚佐寒窗静,不敢呼童取次攀。

其二:

> 看花容易咏花难,自古何人立首班。东阁五言还水部,西湖一径指孤山。度墙缺月黄昏后,啄雪幽禽去住间。冷定识渠真面目,从兹桃李不须攀。

其三:

> 谩取山樊作二难,只今风味若为班。斜窥浅碧洛神赋,瘦怯轻寒姑射山。小啜残杯清影下,竞留新绝翠微间。枝边青子垂垂出,金鼎成时试一攀。④

史浩第一首诗以故园、斜日、茅舍、冷香、竹篱、寒窗等意象,描绘梅花的风骨和幽韵。第二首诗以西湖、孤山、缺月、黄昏、幽禽等意象,衬托梅花淡

---

① 史浩:《鄮峰真隐漫录》卷二,《宋集珍本丛刊》第42册,第777页。
② 史浩:《鄮峰真隐漫录》卷二,《宋集珍本丛刊》第42册,第774页。
③ 史浩:《鄮峰真隐漫录》卷三,《宋集珍本丛刊》第42册,第784页。
④ 史浩:《鄮峰真隐漫录》卷四,《宋集珍本丛刊》第42册,第786页。

雅绝俗的姿态,营造出一种朦胧深远的气氛。前两首诗,可谓无一字无来处。我们看北宋著名诗人林逋的代表作品《山园小梅二首》其一:

> 众芳摇落独暄妍,占尽风情向小园。疏影横斜水清浅,暗香浮动月黄昏。霜禽欲下先偷眼,粉蝶如知合断魂。幸有微吟可相狎,不须檀板共金尊。①

林逋诗以疏影、暗香、淡月、黄昏、霜禽、粉蝶等意象,表现梅花脱俗的风骨和姿态。通过比较,可以看出史浩诗实际上是取林逋诗现成的意象、词句以为己诗,而这正是他推崇的江西诗学"换骨"之法。史浩第三首诗以"山樊"等较为朴野粗俗的花木,反衬梅花如"洛神"般寒瘦轻盈的绝世风姿。此诗构思,事实上又是化用江西诗派宗主黄庭坚的名篇《王充道送水仙花五十枝欣然会心为之作咏》:

> 凌波仙子生尘袜,水上轻盈步微月。是谁招此断肠魂,种作寒花寄愁绝。含香体素欲倾城,山樊是弟梅是兄。坐对真成被花恼,出门一笑大江横。②

黄庭坚诗用凌波的洛神来写水仙离奇绝尘的姿态,又以山樊和梅来衬托水仙的神韵,全诗格高而韵远,是江西诗派所追求的典范之作。史浩第三首诗,无论构思还是意境均不出黄庭坚诗的窠臼,此乃江西诗学又一法门——"夺胎"之法。

通过以上分析,史浩可谓得江西诗学之精髓。不过,所谓点铁成金,化腐朽为神奇,有时也会流于一种从故纸中寻找诗材的抄袭,从而缺乏新意。史浩似乎意识到了这一点,因而他虽然得江西诗法,却又并非江西诗学坚定不二的追随者,他在接受江西诗学的同时又在寻求新的出路,因而对江西诗学有所扬弃。主要表现在以下两个方面。

其一,在诗材的取舍上,力求摆脱故纸,走向自然和生活。刘克庄称"元祐后,诗人迭起,一种则波澜富而句律疏;一种则锻炼精而性情远。要之不出苏、黄二体而已"③。而就苏、黄二体而言,在北宋后期党争激烈的时

---

① 林逋著,沈幼征校注:《林和靖诗集》卷二,杭州:浙江古籍出版社,1986年,第89页。
② 黄庭坚撰,任渊等注,刘尚荣校点:《黄庭坚诗集注》卷一五,第546页。
③ 刘克庄撰,王秀梅点校:《后村诗话·前集》卷二,第26页。

代,诗坛又尤以黄庭坚之体为主,这种状况一直延续到南宋前期。"锻炼精而性情远"的黄庭坚诗体之所以流行诗坛,亦自有其深刻历史背景,其中一个重要方面便是激烈的党争和文人的畏祸心理,这也是江西诗学于此际盛行不衰的原因之一。江西诗学之所以要从故纸中寻找诗材,在陈腐中力求翻新,在很大程度上就是为了远离政治和现实。而到了史浩生活的时代,尤其是在其任相的南宋中兴时期,虽然朝野围绕恢复中原的问题仍然存在激烈的和战之争,却未出现党同伐异的惨烈党祸。特定的时代背景和显赫的台阁地位,也为史浩的生活及其诗歌创作提供了较为宽松的环境。在诗歌题材的取舍上,史浩摆脱了种种限制而回归自然和生活。其《和建王雨中闻戒酒之什》称:"万象奔空来,揽之入诗思"①。《次韵鲍以道天童育王道中吴体》说:"春供万象富远目,响答两地纷啼禽"②。这种开阔雍容的气象在史浩的诗歌创作中时时可见,这正是史浩走出江西诗学的表现。

其二,呼应唐人追求兴象的旨趣,成为宋人严羽之前以禅喻诗的先声。史浩有《赠天童英书记》云:

> 学禅见性本,学诗事之余。二者若异致,其归岂殊途。方其空洞间,寂默一念无。感物赋万象,如镜悬太虚。不将亦不迎,其应常如如。向非悟本性,未免声律拘。③

这是史浩论诗的又一重要作品,其核心思想是以禅喻诗。史浩将"学禅"和"学诗"联系在一起,认为二者毫无异致,殊途同归,均是"感物赋万象","不将亦不迎",追求一种自然的感悟和兴发。在这种诗学思想的支配之下,史浩认为通过体悟本性而赋予自然万象以本来面目才是学诗的要旨,而不应该拘泥于诗歌的句法声律。如果说史浩追求从"万象"中寻求诗材是在诗歌创作的题材上寻求新的出路,那么他的以禅喻诗则旨在从诗歌构思活动的过程入手,寻求对于江西诗学"夺胎换骨"等一套固定思维程式的突破,以追求自然心性的感发,矫正江西诗学的某些偏颇。在文学史上,以禅喻诗并非史浩首创,至少可以追溯至唐代司空图《诗品》,至南宋后期,严羽在《沧浪诗话》中明确提出"论诗如论禅"的观点④,成为宋代以禅喻诗的代表人物。然而由以上分析可以看到,在严羽之前史浩已明确将"学禅"与

---

① 史浩:《鄮峰真隐漫录》卷一,《宋集珍本丛刊》第42册,第770页。
② 史浩:《鄮峰真隐漫录》卷一,《宋集珍本丛刊》第42册,第766页。
③ 史浩:《鄮峰真隐漫录》卷一,《宋集珍本丛刊》第42册,第769页。
④ 严羽著,郭绍虞校释:《沧浪诗话校释》,第11页。

"学诗"联系起来,成为唐人以兴象论诗的异代呼应和宋人严羽以禅喻诗的先声。

史浩以禅喻诗的诗学思想,具有深刻的社会文化和个人思想基础。宋代是一个儒释道三教融合的时代,士人往往游于三教之间,受到各种思想的影响,甚至连君主孝宗都曾于淳熙八年(1181)作《原道辨》,提倡"以佛修心,以道养生,以儒治世"①。在这种社会文化背景下,史浩的思想也极为复杂。同样是孝宗淳熙八年(1181),史浩作《童丱须知》近百首,其中《传道篇》云:"帝王学有源,执中以传道。塞路排杨墨,逃亲鄙释老。大学吾所行,中庸吾所保。直下肯承当,后人斯有考。"②史浩所云,乃是典型的传统儒家思想。由于儒家思想的支配,史浩提出"上以美教化,下以明性天"③的传统儒家诗教。同时,史浩又受佛教禅宗思想影响甚深,多次在诗歌作品中表达这种思想。如《听阮》:"人生俯仰天地内,瞬息百年同一阅。请君姑置是非事,来凭云窗听高洁。"④《山房》:"平生安乐地,不受利名煎。其中一空洞,寥寥无色天。"⑤《禅窟》:"胸中炯明月,一照万缘空。蝉蜕云霄表,堕地为儒宗。"⑥《次韵潘德鄜山行》:"学佛以佛魔,学儒为儒缚⋯⋯便当息万缘,摆去如斧削。"⑦从诗中,可见史浩明显的禅悦倾向。正是在这种思想倾向的支配下,史浩在诗歌创作领域提出了以禅喻诗的观点。

综上所述,可见作为南宋中兴诗人,史浩受到两宋之际江西诗学的深刻影响。同时,他又力求摆脱江西诗学,提倡从自然和生活中寻求诗材,并且以禅喻诗,成为南宋后期严羽以禅喻诗的先声。可以说,史浩的诗学思想及其诗歌创作,正体现了自两宋之际到南宋中兴时期及南宋后期诗学发展演变的轨迹,因而具有特定文学史意义。在南宋中兴时期,史浩虽然并未如尤、杨、范、陆等四大家那样以极具时代特色的思想性和富于典范意义的艺术性而成为诗坛大宗,但是,其独特的台阁经历与诗歌题材取向、特定的近臣心态与诗歌意象特征及其对于江西诗学的接受和扬弃,都展示出其鲜明的个性,他也因此成为宋诗走向中兴过程中不可忽视的重要诗人,在南宋中兴诗坛上具有独特地位。

---

① 宋孝宗:《原道辨》,曾枣庄、刘琳主编:《全宋文》卷五二七九,第236册,第297页。
② 史浩:《鄮峰真隐漫录》卷五〇,《宋集珍本丛刊》第43册,第256页。
③ 史浩:《鄮峰真隐漫录》卷二《又依前韵》,《宋集珍本丛刊》第42册,第775页。
④ 史浩:《鄮峰真隐漫录》卷一,《宋集珍本丛刊》第42册,第771页。
⑤ 史浩:《鄮峰真隐漫录》卷二,《宋集珍本丛刊》第42册,第778页。
⑥ 史浩:《鄮峰真隐漫录》卷二,《宋集珍本丛刊》第42册,第778页。
⑦ 史浩:《鄮峰真隐漫录》卷二,《宋集珍本丛刊》第42册,第774页。

第二节　园林诗人张镃

张镃(1153—1235)字时可,后改字功父(又作功甫),号约斋,家本成纪
(今甘肃天水),寓居临安(今浙江杭州),乃宋南渡名将张俊曾孙,刘光世外
孙,家世显赫;尝历直秘阁、婺州通判、临安通判、司农寺丞、太府寺丞等职,
在宁宗朝声援北伐,复与史弥远等谋诛伐金失败的韩侂胄,后忤史弥远而贬
死象台,是南宋历史上的重要人物。张镃又为宋末著名诗词家张炎的曾祖,
是张氏家族由武功转向文阶过程中的重要环节。张镃是海盐腔创始人①,
并以诗词享誉于时,为南宋中兴时期重要作家,诗文著作甚丰,今存《仕学
规范》四十卷、《南湖集》十卷、《玉照堂词》一卷、《玉照堂梅品》一卷、《四并
集》(一名《赏心乐事》)一卷、《桂隐百课》一卷等。张镃交游极为广泛,举
凡当时朝野政要如史浩、萧燧、洪迈、周必大、姜特立、京镗、楼钥等,道学大
宗如朱熹、陈傅良、吕祖俭、彭龟年、陈亮、叶适、蔡幼学等,文坛名家如陆游、
杨万里、尤袤、范成大、辛弃疾、姜夔等,均与之有往来唱酬。杨万里称:"尤
萧范陆四诗翁,此后谁当第一功?新拜南湖为上将,更推白石作先锋"②。
杨万里所说的"南湖"即指张镃,因张镃在杭州城北郊有当时闻名遐迩的别
业南湖园。而所谓"白石",则指姜夔。杨万里将张镃誉为追步尤袤、萧德
藻、范成大、陆游等人的诗坛健将,并以之与姜夔齐名,对其推崇备至。宋元
之际方回称:"乾、淳以来称尤、杨、范、陆,而萧千岩东夫、姜梅山邦杰、张南
湖功父亦相伯仲"③,也认为张镃与尤、杨、范、陆等中兴四大家差堪比肩。
张镃不仅是南宋中兴诗坛健将,也堪称一位具有典型意义的园林诗人。本
节拟从其家世、仕履、才情与诗坛地位,转益多师与活法悟诗的诗学追求,豪
夸放纵的个性与诗风,南湖别业的建构,以南湖别业为中心的休闲雅集,以
南湖别业为中心的创作活动等方面,对张镃及其诗歌展开讨论。

一、家世、仕履、才情与诗坛地位

张镃曾祖张俊,外祖父刘光世,均是南宋前期政坛上的重要人物。在宋
室南渡之初,张俊、刘光世与韩世忠、岳飞等将领一道,成为辅佐南宋政权抵

---

① 参见张德瀛:《词征》卷五,唐圭璋编:《词话丛编》第5册,北京:中华书局,1986年,第
4164页。

② 杨万里撰,辛更儒笺校:《杨万里集笺校》卷四一《进退格,寄功父、姜尧章》,第2190页。

③ 方回:《桐江续集》卷八《读张功父南湖集并序》,《影印文渊阁四库全书》第1193册,第
302页。

抗金人、逐渐稳定局势的重要人物。至绍兴年间,南宋"诸大将之兵浸增,
遂各以精锐雄视海内","惟张(俊)、韩(世忠)、岳(飞)三军为盛"①,乃至
"沿边之兵,尽归诸大将,帅臣反出其下"②。绍兴八年(1138),高宗在站稳
脚跟之后,认为地方诸将兵势过盛,已成为除金人之外威胁朝廷的又一严峻
问题,因此明谕"诸将之兵,已患难于分合,末大必折,尾大不掉,古人所
戒"③。同时,张戒、秦桧、范同等朝臣也纷纷献策,建议分诸将兵势,集权于
朝廷。于是,朝廷开始收缴诸大将兵权。在此情况下,张俊对高宗、秦桧等
人的意图心领神会,于是率先妥协,向朝廷交出兵权,并赞同高宗、秦桧与金
人的和议之谋。史载,"(张)俊晚年主和议,与秦桧意合,上(高宗)眷之厚,
凡所言,朝廷无不从"④。因此,在高宗、秦桧君臣进行中央集权的过程中,
张俊不但没有像岳飞等人那样受到迫害,反而得到高官厚爵,进一步攀升,
张俊家族也由此崛起,在南宋前期长盛不衰。张镃就出身于这样一个显赫
富贵的家庭。其文集中便多有感叹自己家世的作品。如《次叔祖阁学暑中
过清寒堂韵》:"我家忠烈定社稷,任大岂但惩与膺……强敌坐致九顿首,和
议姑随三折肱。至今耆旧话曩昔,白发相对搔髭鬈"⑤,将其曾祖张俊始抗
金敌,后又附随和议而发迹的历史和盘托出。《表兄刘东玉提干挽诗二首》
其一则称,"王祖扶天日,同声外氏翁。功勋俱卓越,门户合穹隆"⑥,对张
俊、刘光世等祖辈的联姻结盟及其功勋深感荣耀。正如张镃《南园叔祖生
日》所说,"绍兴元勋如日悬,承家有人光后先"⑦,到张镃的父辈,张氏家族
仍然深受朝廷的眷顾。高宗曾亲笔书"德勋"二字,作为张镃父亲张宗元的
寝堂之名。张镃即回忆说:"往事追思重惨伤,相从常醉德勋堂。"⑧至孝宗
淳熙年间,在朝两任宰相的史浩也赠诗张镃说:"英英尊府分符誉,烨烨先
曾卫社功。"⑨可见,张氏家族长期蒙受赵宋皇室恩宠,显贵不减当年。

　　张镃之父张宗元,登绍兴十八年(1148)进士,与朱熹、尤袤等为同年。⑩

---

①　马端临:《文献通考》卷一五四《兵考六》,第 1343 页。
②　李心传:《建炎以来系年要录》卷一一二,第 1814—1815 页。
③　李心传:《建炎以来系年要录》卷一一八,第 1904 页。
④　李心传:《建炎以来系年要录》卷一四〇,第 2255 页。
⑤　张镃:《南湖集》卷三,第 45 页。
⑥　张镃:《南湖集》卷四,第 61 页。
⑦　张镃:《南湖集》卷三,第 34 页。
⑧　张镃:《南湖集》卷八《夜坐因观杨伯虎和春字韵诗偶成五绝再寄》其三,第 140 页。
⑨　史浩:《鄮峰真隐漫录》卷三六《跋张功父诗》,《宋集珍本丛刊》第 43 册,第 183 页。
⑩　参见佚名撰:《绍兴十八年同年小录》,徐乃昌辑:《宋元科举三录》,民国十二年(1923)南
　　陵徐氏景刊明弘治本。

绍兴二十三年(1153),张宗元除右承议郎、知大宗正丞。① 张镃即生于是年。张镃出生时,张俊居京师杭州,张宗元也在杭州供职。张镃生平的大部分时间,即主要生活和仕宦于杭州。关于张镃生平仕履,各种史籍所述均不详实。为明其生平梗概,兹略述其重要仕履如下:

高宗绍兴二十四年(1154),张镃二岁,张俊卒。绍兴二十七年(1157),张镃五岁,朝廷诏周麟之为张俊撰神道碑,时张镃以荫补直秘阁。

孝宗淳熙五年(1178),张镃直秘阁,通判婺州。

淳熙八年(1181),张镃始通判临安。

淳熙十四年(1187)秋,张镃以疾辞临安通判,奉祠华州云台观。

淳熙十六年(1189)二月,孝宗禅位,光宗登基,张镃直秘阁,获厕廷绅。

光宗绍熙元年(1190)春,张镃为宣义郎、直秘阁。

宁宗庆元元年(1195)六月,张镃以臣僚弹劾,自司农寺主簿任上放罢。

庆元四年(1198)九月,张镃自司农寺丞任上与宫观。

嘉泰元年(1201),张镃除太府寺丞。

开禧二年(1206)十月,张镃以臣僚弹劾,落奉议郎、直焕章阁,主管建宁府武夷山冲佑观,罢宫观。

开禧三年(1207)十一月,张镃于司农少卿任上追两官,送广德军居住。

嘉定四年(1211)十二月,张镃于奉议郎任上追毁出身以来文字,送象州羁管。

理宗端平二年(1235),张镃卒于象州。

张镃一生经历高、孝、光、宁、理五朝,享年83岁。其生平政治活动,基本上可以宁宗开禧二年(1206)他54岁时为界,分为前后两期。

张镃人生前期历直秘阁、临安通判、司农寺丞、太府寺丞等职,处于孝宗、光宗和宁宗前期这一政治上较为平稳的时代。此期,张镃除了一度以疾辞临安通判之外,仕途较为顺利,没有重要的政治活动。

在政局较为动荡的宁宗朝后期,张镃开始参与一系列重要的政治活动,其人生也随之发生了巨大转变。

宁宗开禧二年(1206)五月,韩侂胄用兵伐金。这是宁宗朝乃至整个南宋历史上的重大事件。关于张镃对开禧北伐与恢复中原的态度和立场,史书并无正面记载。不过通过今存张镃诗文,可以看出张镃对韩侂胄北伐是抱有厚望的。早在嘉泰三年(1203),辛弃疾以韩侂胄招揽,起知绍兴府兼浙东安抚使,创秋风亭,赋《汉宫春·会稽秋风亭观雨》,词有:"山河举目虽

---

① 参见李心传:《建炎以来系年要录》卷一六四,第2686页。

异,风景非殊。功成者去,觉团扇、便与人疏。吹不断、斜阳依旧,茫茫禹迹都无"①,感慨神州分裂的现实。张镃次辛弃疾韵,有《汉宫春》词说:"江南久无豪气,看规恢意概,当代谁如"②,称赞辛弃疾规恢意气的同时,抗金复国之意亦跃然纸上。开禧北伐初始,项安世丁丁内艰,以韩侂胄用兵起复,知鄂州。张镃赋《满江红·贺项平甫起复,知鄂渚》送之,词有:"说项无人堪叹息,瞻韩有意因恢复。用真儒、同建太平功,心相属。……看可汗生缚洗烟尘,机神速"③。韩侂胄起兵北伐不久,南宋淮、汉师即溃,项安世复以韩侂胄赏识除湖广总领,升太府卿。张镃又有《水调歌头·项平甫大卿,索赋武昌凯歌》赠项安世云:"忠肝贯日月,浩气抉云霄。诗书名帅,谈笑果胜棘门儿……畅皇威,宣使指,领全师。襄阳耆旧,请公直过洛之西。"④希望项安世能够不负使命,规恢河洛。

　　然而南宋北伐不久,金人即由守转攻,宋军很快全线溃败,宋廷不得不筹划与金人和议。金人在形势有利于己的情况下,"要以五事",即返还俘虏、增加岁币、缚送首谋、称藩、割地(由以淮河为界改为以长江为界)。金人的条件之一,就是要求缚送惩办发动战争的魁首,如果宋人自己惩罚发动战争的魁首,则必须"函首以献"⑤。在此情势下,礼部侍郎史弥远与杨皇后、杨次山、钱象祖、卫泾、王居安等人开始进行谋诛韩侂胄的活动。尽管张镃对南宋北伐与恢复中原寄有厚望,与韩侂胄亦素有往来,但在政治情势急转直下的情况下,他亦参与到诛韩事件之中。宋人叶绍翁记载:"镃始预史(弥远)议诛韩(侂胄),史以韩为大臣,且近戚,未有以处。张谓史曰:'杀之足矣。'史退……曰:'镃,真将种也。'心固忌之。"⑥周密更详载其事云:"(开禧)三年(1207)……(韩侂胄)用兵之谋复起……于是杨次山与皇后谋……后惧事泄,于是令次山于朝行中择能任事者。时史弥远为礼部侍郎、资善堂翊善,遂欣然承命。钱参政象祖,尝以谏用兵贬信州,乃先以礼召之。礼部尚书卫泾,著作郎王居安,前右司郎官张镃,皆预其谋……时开禧三年(1207)十一月二日,侂胄爱姬三夫人号'满头花'者生辰。张镃素与之通家,至是,移庖侂胄府,酣饮至五鼓……初三日,将早朝……甫至六部桥……

①　邓广铭笺注:《稼轩词编年笺注》卷六,第521页。
②　张镃:《南湖集》卷一〇,第181页。
③　张镃:《南湖集》卷一〇,第181页。
④　张镃:《南湖集》卷一〇,第179页。
⑤　参见赵永春:《金宋关系史》,北京:人民出版社,2005年,第292—297页。
⑥　叶绍翁撰,沈锡麟、冯惠民点校:《四朝闻见录》丙集《虎符》,第91页。

夏挺、郑发、王斌等,以健卒百余人,拥其轿以出,至玉津园夹墙内,挝杀之。"①可见,在整个诛韩事件中,从谋划到具体实施,张镃均起到了重要作用。

关于韩侂胄北伐的是非功过,长期以来史家颇有争议。由于宁宗时期南宋已逐渐走向衰落,宋金实力均衡的客观之势亦没有被打破,宋廷并无收复失地的能力,加之韩侂胄确有"立盖世功名以自固"的个人因素②,因而学者多对韩侂胄北伐持批判态度,但也不乏肯定韩侂胄北伐恢复之举者。③虽然史家对韩侂胄北伐多有批判,但对张镃参与诛韩事件也往往持批评意见。如清四库馆臣即云:"叶绍翁《四朝闻见录》称宁宗诛韩侂胄,镃预其谋……周密《齐东野语》、《癸辛杂识》又称镃本善侂胄,被诛前一日,为其爱妾生日,镃犹携庖夜宴,故侂胄不疑。及赏不满意,复欲以故智去史。事泄谪象台而卒。据二书所云,是镃本以机数立功名,有忍鸷之才,而心术未为纯正。"④这种批判张镃的观点,大概源于两个因素:一是张镃与韩侂胄素有往来,复又参与诛韩之议;二是有史记载张镃诛韩之后又欲以故智去史弥远,据此认为张镃反复善变,唯求功名。

事实上,这种认识是有失偏颇的。其一,史载所谓张镃素善韩侂胄,未必如是。因为以张镃的家世、才艺及其久仕临安的经历,他在政界文坛多方交往,实属平常之举。从今存史料及张镃文集来看,张镃交往极为广泛,韩侂胄并非张镃关系之最密者。与张镃一生为挚友者,恰恰是晚年与韩侂胄誓不两立的杨万里,还有陆游。其二,史称张镃诛韩之后,"赏伐自言,史(弥远)昌言于朝:'臣子当为之事,何为言功?'遂讽言者贬镃于雪,自是不复有言诛韩之功者矣"⑤。这一记载唯见于叶绍翁《四朝闻见录》,所论也

① 周密撰,张茂鹏点校:《齐东野语》卷三《诛韩本末》,第47—48页。
② 脱脱等:《宋史》卷四七四《韩侂胄传》,第13774页。
③ 如缪钺先生认为:"平心论之,韩侂胄执政时,虽然专横跋扈,但毕竟与秦桧、贾似道等卖国投降者不同。他晚年主张北伐抗金,收复失地,因谋划粗疏,招致失败,而其志可谅。"(缪钺:《论史达祖词》,《四川大学学报》1984年第3期;又载缪钺、叶嘉莹合撰:《灵溪词说》,上海:上海古籍出版社,1987年,第468页)陈庚平先生认为:"韩侂胄去世已七百多年,他个人的名誉与我们并没有多大的关系,只是他的是非功过与后人在外来入侵时应抱怎样的态度、应有怎样的行动却有很大的关系,于是也就对整个国家民族的生死存亡大有关系了,所以我们是不得不详为论辩的。韩氏虽事功无成,但他一生忠心为国的事迹是无法抹杀的。"(陈庚平:《纠正七百多年来史家对于韩侂胄的错误批判并揭穿当时伪道学派的罪行》,《兰州大学学报》1957年第1期[创刊号];又载陈庚平:《金城集》,兰州:兰州大学出版社,2003年,第141—142页)
④ 永瑢等:《四库全书总目》卷一六〇《南湖集提要》,第1382页。
⑤ 叶绍翁撰,沈锡麟、冯惠民点校:《四朝闻见录》丙集《虎符》,第91页。

未必恰当。宁宗朝后期,史弥远尽揽诛韩之功,排斥善类,独擅朝政,倒是不争的事实。不仅是张镃,当时同预诛韩之议的钱象祖、卫泾、王居安等人,很快亦均遭贬斥,足见张镃等人遭到弹劾贬斥,其实是因史弥远专功擅权所致。其三,张镃寄望北伐恢复,复参预诛韩事件,二者并无矛盾冲突,实乃时势使然。其四,以张镃的显赫家世、仕履经历及宁宗时期尤其是开禧北伐前后诗词中流露的隐退情怀来看①,虽然他生活富贵豪奢,却不可一言以蔽之曰资机数以博取功名者。

关于张镃对北伐恢复的态度,对张镃参预诛韩事件及其人品的看法,是张镃研究中的重要议题,长期以来却未有定评,诋之者称其心术未纯,誉之者推其近于抗金英雄辛弃疾一派。② 综上所述,笔者认为,无论史家对韩侂胄北伐的是非功过如何评价,对张镃参预诛韩事件都不必过于苛责,对张镃在特定历史时期声援辛弃疾、项安世等抗金或北伐士人的举动亦应予肯定。

就在韩侂胄被诛及函首于金的同时,张镃亦未能幸免。开禧三年(1207)张镃自司农少卿任上追两官,送广德军居住。其后一度以旨放还。但嘉定四年(1211)张镃终自奉议郎任上追毁出身以来文字,送象州羁管,于理宗端平二年(1235)卒于象州。③ 以宁宗开禧间参预诛韩为界,张镃在激烈的政治风浪及悲惨的远贬中度过了人生后期近30年。

张氏家族自张俊起已显赫一时,至张镃生活的时代,他又进一步大规模扩建自己的私家园林。周密《齐东野语》录张镃《玉照堂梅品》称,"淳熙岁乙巳(1185),予得曹氏荒圃于南湖之滨,有古梅数十,散漫弗治。爰辍地十亩,移种成列,增取西湖北山别圃江梅,合三百余本,筑堂数间以临之。又挟以两室,东植千叶缃梅,西植红梅各一二十章,前为轩楹如堂之数。花时居宿其中,环洁辉映,夜如对月,因名曰玉照。复开涧环绕,小舟往来"④。张镃《桂隐纪咏》诗序又称,"淳熙丁未(1187)秋,仆自临安通守,以疾丐祠。既归桂隐,遂捐故庐为东寺,指新舍为西宅,南湖以经其前,北园以奠其后,

---

① 如嘉泰四年(1204)张镃赋《临江仙》词:"看看云蔽月,三际等空虚。纵使古稀真个得,后来争免鸣呼。肯闲何必更悬车。非关轻利禄,自是没工夫"(张镃:《南湖集》卷一〇,第178页);开禧元年(1205)赋《水龙吟》词:"浮生幻境,向来识破,那堪又老……自古高贤,急流勇退,直须闻早"(张镃:《南湖集》卷一〇,第180—181页)。

② 如陶尔夫、刘敬圻先生认为,张镃"是同辛弃疾唱和最多的词人之一","南宋的安危经常系念于心头","豪壮昂扬的词作,与辛弃疾、陈亮的词风是相近的"(陶尔夫、刘敬圻:《南宋词史》,哈尔滨:黑龙江人民出版社,1992年,第257页)。

③ 参见曾维刚:《张镃年谱》,第236—262页。

④ 周密撰,张茂鹏点校:《齐东野语》卷一五,第274页。

因枚立堂、宇、桥、舟诸名"①。张镃《桂隐百课》自序亦记载，"淳熙丁未
（1187）秋，余舍所居为梵刹，爰命桂隐堂馆桥池诸名，各赋小诗，总八十余
首。逮庆元庚申（1200），历十有四年之久，匠生于心，指随景变，移徙更葺，
规模始全"②。再据张镃《桂隐纪咏》组诗及《桂隐百课》，可考自孝宗淳熙
至宁宗庆元年间，张镃捐出杭州北郊南湖的故居为寺院，然后仍以南湖为中
心，历时十几年，重建宅园，景致共达八十余处。张氏家族长期的显赫繁荣，
已使张镃甚受世人瞩目，他在延续家业之余，又在南宋政治文化中心杭州不
断构筑庞大富丽的私家园林，供自己和亲友生活游乐，宴饮唱酬，更令他备
受时人青睐，为其政治与文学活动奠定了重要的社会基础。

　　同时，张镃甚有才艺，又非常好客，喜欢游意风雅，与人吟诵唱和，因而
在当时声名远播。周密称其"有吏才，能诗，一时所交皆名辈"③。元代夏文
彦亦称其"清标雅致，为时闻人，诗酒之余，能画竹石古木，字画亦工"④。张
镃极富诗情，喜吟成癖。他自称"我固有诗癖"⑤，又说"我因耽诗鬓如
丝"⑥，"一日不觅句，更觉身不轻"⑦。独处之际，他常常是"坐禅才罢即行
吟"⑧。若友人来访，他则往往与之"登楼才会面，促坐便论诗"⑨。有时，他
甚至会对朋友说"若无诗与酒，不请看花来"⑩。其《因过田倅坐间，得姜尧
章所赠诗卷，以七字为报》即称，他与姜夔的交往，"应是冰清逢玉润，只因
佳句不因媒"⑪。《谒陆礼部归偶成二绝句》其二称他与陆游"相投无过只
谈诗"⑫。可见，文学创作是张镃生活中不可缺少的内容。极富才情，甚喜
吟诵，又成为他广泛交游的重要个人基础。

　　显赫富贵的家世与满腹的才情，使张镃广为时人关注，在文坛具有重要
地位。我们可以从杨万里的一段记载看到当时文人墨客多乐意与之交游的
心理。淳熙十六年（1189）杨万里作《约斋南湖集序》云："初，予因里中浮屠

---

① 张镃：《南湖集》卷七，第 111 页。
② 张镃：《南湖集》附录上，第 197 页。
③ 周密撰，张茂鹏点校：《齐东野语》卷一五《玉照堂梅品》，第 276 页。
④ 夏文彦：《图绘宝鉴》卷四，上海：商务印书馆，1937 年，第 76 页。
⑤ 张镃：《南湖集》卷四《次韵酬杨伯子兼呈诚斋》其一，第 53 页。
⑥ 张镃：《南湖集》卷二《马贲以画花竹名政宣间，其孙远，得贲用笔意，人物山水，皆极其能，
　余尝令图写林下景，有感，因赋以示远》，第 23 页。
⑦ 张镃：《南湖集》卷三《一日》，第 44 页。
⑧ 张镃：《南湖集》卷五《曲廊》，第 77 页。
⑨ 张镃：《南湖集》卷四《简周晞稷》，第 51 页。
⑩ 张镃：《南湖集》卷七《戏答客问》，第 117 页。
⑪ 张镃：《南湖集》卷六，第 95 页。
⑫ 张镃：《南湖集》卷七，第 126 页。

德璘,谈循王之曾孙约斋子有能诗声,余固心慕之。然犹以为贵公子,未敢即也。既而访陆务观于西湖之上,适约斋子在焉。则深目麖蹙,寒眉臞膝,坐于一草堂之下,而其意若在岩壑云月之外者。盖非贵公子也,始恨识之之晚。"①杨万里所说的"约斋子"即是张镃。通过诗坛大腕杨万里对其未见时"固心慕之",然"未敢即也",及见又"恨识之之晚"的态度,可见张镃在时人心目中极高的地位以及时人对他的趋慕。

张镃的文坛地位,不仅由于他个人的家世、仕履、才情与诗声文名,更在于他在文坛广泛的交游唱酬活动及其对于推动当时文人的交流与创作所作出的贡献。方回《读张功父南湖集》诗序称张镃"尽交一世名彦",其诗又称,"生长勋门富贵中,秕糠将相以诗雄。端能活法参诚叟,更觉豪才类放翁。举似今人谁肯信,元来妙处不全工。镂金组绣同时客,合向南湖立下风。"②方回不仅说明了张镃生于功勋豪门的家世,肯定其比并杨万里、陆游而擅雄诗坛的才艺,而且指出他喜好招徕四方英士集于南湖而高会的性情。深入考察张镃的活动与创作即可发现,他在文坛确实极为活跃,交游异常广泛,其所居的南湖成为当时文人雅士诗文交会的胜地。宋元之际,戴表元撰《牡丹宴席诗序》记载:

> 渡江兵休久,名家文人渐渐修还承平馆阁故事,而循王孙张功父使君以好客闻天下。当是时,遇佳风日,花时月夕,功父必开玉照堂置酒乐客。其客庐陵杨廷秀、山阴陆务观、浮梁姜尧章之徒以十数,至辄欢饮浩歌,穷昼夜忘去。明日,醉中唱酬诗或乐府词累累传都下,都下人门抄户诵,以为盛事。③

杨万里、陆游、姜夔等文坛名家,均是张镃的座上常客。不仅如此,如朱熹、陈傅良、吕祖俭、彭龟年、蔡幼学等著名的道学之士,也成为张镃的席上之宾。如朱熹《跋鲁直书践阼篇》称,"绍熙甲寅(1194)闰十月十日,饯范文叔于张功父南湖之上。功父出此为赠"④。陈傅良《张园送客分韵诗序》记载:

> 张园送客分韵诗,为常信二史君(指石叔访、黄商伯)作也……同

---

① 杨万里撰,辛更儒笺校:《杨万里集笺校》卷八〇,第3251页。
② 方回:《桐江续集》卷八,《影印文渊阁四库全书》第1193册,第303页。
③ 戴表元:《剡源集》卷一〇,第153页。
④ 朱熹:《晦庵先生朱文公文集》卷八三,朱杰人等主编:《朱子全书》第24册,第3924页。

院若同僚若同年家又十人饯之张园……十人者，会稽黄文叔，清江彭子寿、章茂献，永嘉薛象先、蔡行之，蜀范文叔，临川曾无逸，章贡李和卿，东莱吕子约与余也。会张功父致地主之意，亦分一韵。①

可见，张镃位于杭州城北的私宅南湖，经常名士云集，甚至一次就多达十余人，他们或艺文往来、彼此酬赠，或置酒论诗、群起唱和。

正如张镃《又呈坐客》诗所说："天假南湖一段奇，宾朋胥会只论诗。人生未老肯闲日，春色无边方盛时。林外好山看独惯，尘中新事问宁知。从来邂逅宜真率，花下杯传却莫迟。"②张镃以其独特的家世与才情，坐镇杭州南湖，以文会友，招徕四方名士，他们的即席诗词作品常是门抄户诵，广为流传，成为文坛盛事。这种情况，在整个宋代文学史上都是少见的，对于推动南宋中兴时期文人之间的广泛交流，促进他们的文学创作与传播起到了积极作用，而张镃也因此在文坛上具有不可忽视的地位，成为认识南宋中兴时期文学生态和文学繁荣发展的一个重要侧面，具有特定文学史意义。

二、转益多师与活法悟诗的诗学追求

在宋代诗学史上，北宋初期是唐风一统天下，至南宋初期，又是江西诗学独占鳌头。到了南宋中兴期，则是诗坛批判继承唐风和江西诗学而走向创新独造的时代。张镃的诗学思想，即典型体现了这一诗史发展的轨迹。换言之，在南宋中兴诗坛上，张镃也是与友人杨万里、陆游等人一道推动新的诗学思潮发展演进的重要成员之一。

一方面，张镃主张转益多师，广学古人。其《俞玉汝以诗编来因次卷首韵》称：

　　我生癖耽诗，极力参古意。寥寥千百年，所取仅三四。此言或是痴，的确有见地。大雅既不作，少陵得深致。楚骚久寂寞，太白重举似。堂堂豫章伯，与世不妩媚。峭峭后山老，深古复静丽。长篇杂短章，末学敢睥睨。傥非四公者，孰毕此能事。③

张镃表明了"极力参古意"的诗学立场，进而以杜甫、李白、黄庭坚、陈

① 陈傅良：《止斋先生文集》卷四〇，《四部丛刊初编》本。
② 张镃：《南湖集》卷六，第96页。
③ 张镃：《南湖集》卷一，第12页。

师道等"四公"为具体榜样,赞扬杜甫得大雅之深致,李白举楚骚之精神,推许黄庭坚诗不媚于世的气格及陈师道诗的深古与静丽。其《题尚友轩》云:

　　　作者无如八老诗,古今模轨更求谁。渊明次及寒山子,太白还同杜拾遗。白傅东坡俱可法,涪翁无己总堪师。①

在此,张镃又标举出陶渊明、寒山、李白、杜甫、白居易、苏轼、黄庭坚、陈师道等"八老",认为他们皆可师法。可见,张镃的诗学主张,极富包容性,恰好囊括了中国诗学史上富有成就与特色的部分:先秦时期的大雅、楚骚,魏晋南北朝时期的陶渊明,唐代的杜甫、李白和白居易,宋代的苏轼、黄庭坚与陈师道。他不仅诗学取向广泛,而且深悟自先秦至唐宋中国传统诗学之精髓。

当然,在张镃所说的"四公"、"八老"等前辈诗人中,他也有所侧重,他尤为推许的是唐代诗人李白、杜甫和白居易。他有《杂兴》其二十一云:

　　　唐家盛词华,培本自武德。投戈辟文馆,英士来翼翼。访政讨典坟,分夜亡倦极。当时瀛洲目,意气宁偏仄。言诗到李杜,骚雅并区域。②

张镃认为唐代虽然词华称盛,但唯有到了李白、杜甫方为极盛,因为李、杜诗能够追本溯源,入骚雅之域。其《读乐天诗》则云:

　　　诗到香山老,方无斧凿痕。目前能转物,笔下尽逢源。学博才兼裕,心平气自温。随人称白俗,真是小儿言。③

张镃赞许白居易诗浑融圆转,无斧凿之痕,而且才学富赡,左右逢源,批判那些称白诗俗者乃小儿之言,对白居易极力维护。他也模拟白居易的诗体进行创作。如《戏效乐天体》:

　　　去日不可再,来日焉可虚。直待百事足,漫把四大拘。黄河几曾

---

① 张镃:《南湖集》卷五,第75页。
② 张镃:《南湖集》卷一,第5页。
③ 张镃:《南湖集》卷四,第50页。

清，白发黄旋乌。全福贵安然，真乐难强图。朴直自许我，才能不如渠……意均饱暖适，迹或升沉殊。达人旷大观，万象归一途。①

诗中的富闲之气与旷达之趣，可谓深得白居易闲适诗三昧。

张镃还学习孟郊、贾岛的苦吟为诗。其《次韵寄斋赠竹居》云："振俗还风雅，乾坤觅句中。夔皋渠合遇，郊岛我同甘。"②他甚至对韩偓的香奁体诗也要尝试学习。其《戏仿韩致光体》云："意媚风前侧帽檐，落梅红在麦修纤。归家说尽单行处，可奈温香翡翠奁。"③可见，张镃对前人的学习确实是多方面的。其诗学追求，与单一取径黄、陈的江西诗派末学迥然异趣，也非仅仅是回归唐风。这种诗学取向，在江西诗风流弊丛生的南宋诗坛，无疑具有以古为新的创新意义。

另一方面，张镃追求活法悟诗，独造平淡。所谓"活法"，是吕本中提出来的口号，钱锺书先生指出，"意思是要诗人又不破坏规矩，又能够变化不测"，达到一种"规律和自由的统一"④。在南宋中兴时期，杨万里、陆游等人在江西诗风长期笼罩诗坛的局面下，继承了吕本中的活法理论，对江西诗学进行革新。张镃与杨万里、陆游等人交游唱和极为密切，他除了从前代作家那里广泛吸取诗学营养，也呼应了杨万里、陆游等人创新求变的时代精神，注重就近学习时人诗学理论中富有新意的部分，并力求深造自得，成为反拨江西诗风、推动宋诗发展的积极因素。

张镃对江西诗学转变期的重要诗人曾几甚为欣赏。他说："江西源正非旁流，文清诗名不易收。师承吏业特余事，一门玉律夸中州"⑤。又称："共推掌学文清手，突过谈兵杜牧才……诗章活法从公了，要使诸方听若雷"⑥。曾几，号茶山，谥文清。时"居仁（吕本中）诗专主乎活……茶山倡和求印可，而居仁教以诗法，故茶山以传陆放翁"⑦。曾几学诗法于吕本中，又是陆游的老师，"风格比吕本中的还要轻快，尤其是一部分近体诗，活泼不费力，已经做了杨万里的先声"⑧。张镃推重曾几，正是因他认为曾几作为江西诗派后期代表人物，与倡导活法理论的吕本中一道，对江西诗学弊端

---

① 张镃：《南湖集》卷一，第14页。
② 张镃：《南湖集》卷四，第60页。
③ 张镃：《南湖集》卷八，第152页。
④ 钱锺书：《宋诗选注》，第161页。
⑤ 张镃：《南湖集》卷三《次韵曾侍郎》，第36页。
⑥ 张镃：《南湖集》卷六《呈曾仲躬侍郎》，第94页。
⑦ 方回选评，李庆甲集评校点：《瀛奎律髓汇评》卷二〇《江梅》诗之评，第824页。
⑧ 钱锺书：《宋诗选注》，第126页。

进行改造,为推动南宋诗风的转变导夫先路。由此,亦可看出张镃本人崇尚活法的诗学追求。

在中兴诗人中,张镃最为推崇的是友人杨万里,他认为杨万里是活法悟诗的典范。对杨万里的活法悟诗,张镃可谓津津乐道。其《杨秘监为余言,初不识谭德称,国正,因陆务观书,方知为西蜀名士,继得秘监与国正唱和诗,因次韵呈教》云:"亦犹雕琢用功深,自发诗中平淡意。更思绝处悟一回,方知迷梦唤醒来。今谁得此微妙法,诚斋四集新板开。"①《次韵杨廷秀左司见赠》云:"愿得诚斋句,铭心只旧尝。一朝三昧手,五字百般香。弦绝今何苦,衣传拟自强。草玄非近效,举世漫匆忙。"②《携杨秘监诗一编登舟,因成二绝》其二云:"造化精神无尽期,跳腾踔厉即时追。目前言句知多少,罕有先生活法诗。"③张镃对杨万里的妙悟与活法极尽赞许和倾慕之情,并表达了愿以诚斋为师的诗学立场。他还以活法为标准衡量自己的创作。其《渭川猎》称,"胸中百万总活法,闭口不言心自喜"④,以自己胸藏活法之悟而喜不自胜。

张镃称,"胸中活底仍须悟,若泥陈言却是痴"⑤。他追求活法悟诗,最终是要破除陈腐,独造平淡圆融之境。其《寄春膏笺与何同叔监簿因成古体》称"诗好工夫到平淡"⑥。在其所撰《仕学规范》中,他极力推许北宋前期诗坛革新人物梅尧臣"作诗无古今,惟造平淡难"的诗论。⑦ 其《陈子西投赠长句走笔次韵奉酬》进一步说:

> 作诗我恨无新功,良田所积未始丰。君侯何事有此癖,判却不费平生穷。容台故人作书至,百篇古体缄縢中。剪裁云雾间孔翠,此尚人力亏天工。请君直道当下语,莫拟世俗纷华虫。古人规绳亦谢去,岂不自已光圆融。大千沙界大千海,置之足上升天宫。到头只是旧时我,不妨自就声律笼。若能言下便领得,老夫衣钵当传公。⑧

在这里,张镃更为详细地向人说明其诗歌创作的"衣钵"真传:作诗固

---

① 张镃:《南湖集》卷三,第42页。
② 张镃:《南湖集》卷四,第51页。
③ 张镃:《南湖集》卷七,第129页。
④ 张镃:《南湖集》卷二,第26页。
⑤ 张镃:《南湖集》卷五《题尚友轩》,第75页。
⑥ 张镃:《南湖集》卷二,第27页。
⑦ 参见张镃:《仕学规范》卷三六,《影印文渊阁四库全书》第875册,第178页。
⑧ 张镃:《南湖集》卷三,第35页。

需"人力"，但更贵"天工"，这就要摒弃世俗的纷华之词，也不可受古人束缚，而应当"直道当下语"，抒写自己真实的闻见感发，并且自裁声律，如此方可谓深造自得，通达圆融。

要之，张镃不仅主张从前人那里广泛吸取诗学营养，又以极富时代特色的活法理论为支撑，标举平淡圆融的诗歌境界。其诗学追求，一方面远绍北宋前期诗坛梅尧臣等人诗歌革新的精神，一方面近承宋室南渡前后吕本中等人的活法理论，可以说是对江西诗派末学那种步趋模拟、奇僻晦涩的偏颇取向的自觉纠正。其"请君直道当下语，莫拟世俗纷华虫"的诗学观念，与杨万里毅然抛弃循循于法而走向师法自然的灵性顿悟①，陆游"汝果欲学诗，工夫在诗外"②的诗家三昧的参悟，可谓异曲同工，均是要求诗歌创作应当回归现实和自我。被杨万里誉为诗坛"上将"的张镃，也因此与杨万里、陆游等人一道，成为南宋中兴诗坛革除江西诗学积弊，倡导创新求变的诗学思潮的重要人物之一。

三、豪夸放纵的个性与诗风

方回尝有《读张功父南湖集》诗，称张镃，"生长勋门富贵中，粃糠将相以诗雄。端能活法参诚叟，更觉豪才类放翁"③，称赞张镃显赫富贵的家世地位及其类同陆游的豪放才性。与友人陆游相比，张镃之豪确实不相上下。不过，由于特定的家世、经历和性情，其富夸放纵则为陆游所不及。

周密《齐东野语》称张镃：

> 能诗，一时名士大夫，莫不交游，其园池声妓服玩之丽甲天下。尝于南湖园作驾霄亭于四古松间，以巨铁絙悬之空半而羁之松身。当风月清夜，与客梯登之，飘摇云表，真有挟飞仙、溯紫清之意。王简卿侍郎尝赴其牡丹会云："众宾既集，坐一虚堂，寂无所有。俄问左右云：'香已发未？'答云：'已发。'命卷帘，则异香自内出，郁然满坐。群妓以酒肴丝竹，次第而至。别有名姬十辈皆衣白，凡首饰衣领皆牡丹，首带照殿红一枝，执板奏歌侑觞，歌罢乐作乃退。复垂帘谈论自如，良久，香起，卷帘如前。别十姬，易服与花而出。大抵簪白花则衣紫，紫花则衣鹅黄，黄花则衣红，如是十杯，衣与花凡十易。所讴者皆前辈牡丹名词。

---

① 杨万里撰，辛更儒笺校：《杨万里集笺校》卷八〇《诚斋荆溪集序》，第 3260 页。
② 陆游著，钱仲联校注：《剑南诗稿校注》卷七八《示子遹》，第 4263 页。
③ 方回：《桐江续集》卷八，《影印文渊阁四库全书》第 1193 册，第 303 页。

酒竟,歌者、乐者无虑数百十人,列行送客。烛光香雾,歌吹杂作,客皆恍然如仙游也。"①

嘉泰元年(1201)张镃自编《赏心乐事》,序云:"圣朝中兴七十余载,故家风流,沦落几尽。有闻前辈典刑,识南湖之清狂者,必长哦曰:'人生不满百,常怀千岁忧。昼短苦夜长,何不秉烛游。'"在《赏心乐事》中,张镃按照从"正月孟春"到"十二月季冬"的时间顺序,清楚地记录了他一年十二个月在其南湖宴游玩乐的日程安排,节目竟达130余项。② 据此,张镃富贵奢侈的生活及其豪夸放纵的个性已可见一斑。在宋代文学史上,家世显赫或个性豪放的诗人不在少数,但像张镃这样极尽富夸者寥寥无几。

张镃豪夸放纵的个性特征,对其诗歌创作产生了深刻影响,其诗风亦具有同样的特征。

一方面,张镃常以长篇古体,极力铺陈夸饰,表现其富贵和闲逸,襟怀豪宕放纵,具有一种酣恣淋漓的风格。在今张镃《南湖集》十卷中,存词一卷,古诗、律诗和绝句共九卷,其中五、七言古诗三卷。《四库全书总目》称张镃:"诗学则颇为精深……评其格律,大都清新独造,于萧散之中时见隽永之趣。以视嘈杂者流,可谓翛然自远"③。张镃律诗具有一种清新萧散的韵致。如《移石种竹橘》:

　　　野性乐闲寂,况值秋气清。旋即东墙隈,削苔方甃平。石立稍退步,薜荔缠珠缨。橘香湖海趣,竹翠山林情。二物昔所嗜,未暇同经营。环种近百竿,叶叶琴筑声。对植才两树,颗颗金玉明。交枝与丛稍,拂巾须缓行。其间两席地,幽致吾主盟。静极坐累刻,焉有世虑萦。④

张镃此诗以清新的意象和语言,描述其植橘种竹的幽居生活,表现了远离世间名利纷争的萧散情怀。不过总体来看,更富个性特色的还是他的五、七言古诗。在律诗盛行的南宋诗坛,其古诗创作是较突出的。

清代批评家刘熙载说:"伏应转接,夹叙夹议,开阖尽变,古诗之法。近体亦俱有之,惟古诗波澜较为壮阔"⑤。又称:"古体劲而质,近体婉而妍,诗

---

① 周密撰,张茂鹏点校《齐东野语》卷二〇《张功甫豪侈》,第374页。
② 张镃:《南湖集》附录上,第187—197页。
③ 永瑢等:《四库全书总目》卷一六〇《南湖集提要》,第1382页。
④ 张镃:《南湖集》卷二,第18页。
⑤ 刘熙载:《艺概》卷二,上海:上海古籍出版社,1978年,第72页。

之常也"①。与律体相比，古诗一般容量较大，节奏更富开阖变化，适合铺叙
物事，抒发起伏跌宕的情感，尤其是七言古诗，正如陶文鹏先生所论，"是最
有利于淋漓酣畅抒发激情的诗体"②。在唐宋时期，李白无疑是将古诗的表
现力发挥到极致的代表。张镃对李白追慕不已，也喜选择古诗之体，颇有太
白风神。如其《千叶黄梅歌呈王梦得张以道》：

> 笛声吹起南湖水，散作奇葩满园里。被春收入玉照堂，不逐余芳弄
> 红紫。一春开霁能几时，江梅正多人来稀。光风屈指已过半，赖有缃蕊
> 森高枝。今朝拄杖偏宜到，暖碧红烟染林草。悠然试就花下行，便有疏
> 英点乌帽。细看宝靥轻金涂，密网粲缀万斛珠。一香举处众香发，幻巧
> 更吐冰霜须。巨罗盛酒如春沼，不待东风自开了。呼童撼作晴雪飞，雪
> 飞争似花飞好。上都赏玩争出城，日高三丈车马尘。谁能摆脱热官与
> 铜臭，肯学花底真闲人。时平空山老壮士，不得灭秦报君死。鸡鸣抚剑
> 起相叹，梦领全师渡河水。吾曹耻作儿女愁，何如且插花满头。一盏一
> 盏复一盏，坐到落梅无始休。无梅有月尤堪饮，醉卧苍苔石为枕。醒来
> 明日别寻花，桃岸翻霞杏堆锦。③

在这首长达 250 余字的七古中，张镃用大量篇幅铺叙其南湖的满园奇
葩和秀丽春光，描述京都的喧嚣繁华，在表现其富贵悠游生活的同时，也抒
发了报效君王的豪情。转而写岁月消磨、壮士空老的无奈和苦闷。最后，仍
以纵饮和浪游作结。全诗跌宕起伏，一唱三叹，具有一种豪纵之风。又如
《呈尤侍郎陆礼部》：

> 今朝好春风，歌鸟如管弦。花香舒锦机，次第铺我园。柳柔曳金
> 绳，高下拂我船。伸臂揽六龙，莫过桑榆边。披猖车尾霞，丹碧如旗旃。
> 幻作万石酒，烂醉三千年。世间生死俱扫空，况复戏弄冕与轩。④

此诗也写得大开大合，襟怀夸张，意气纵横。
另一方面，张镃诗具有较为强烈的主观色彩，往往以自己的生活与情感
表现为中心，塑造出其清狂不羁的自我形象。这一点，与重理节情、"多以

---

① 刘熙载：《艺概》卷二，第 75 页。
② 陶文鹏：《论华岳的诗歌》，《长江学术》2006 年第 4 期。
③ 张镃：《南湖集》卷二，第 21—22 页。
④ 张镃：《南湖集》卷三，第 34 页。

筋骨思理见胜"①的宋诗总体风调颇不相类。如《前有一尊酒行》：

> 霖雨半月今夕晴，风堂人稀灯烛明。凉虫咽咽傍墙竹，听久但促孤愁生。愁生欲伏谁驱遣，浑汗翠液玻璨软。五斗一石非所长，兴来亦觉沧溟浅。我生早患难，对酒无可娱。辛勤识字不得力，漫事尔雅笺虫鱼。痛心曩昔亲庭趋，从容侍饮情有余。醉谭先烈从巡初，起但勇力清疆隔。公侯将相随指呼，亲挟日驭升天衢。墓碑神龙护宝书，勋庸概见中全疏。机危谋大世莫睹，赖由帝训昭难渝。用心若比某人辈，相悬万里非同途。坐间历历言在耳，风木缠悲泪铅水。茫然此事莫轻论，不如尽付金樽里。神仙恍惚休强寻，壮士易老难为心。要须出处任天运，况我自判归山林。一杯复一杯，无客谁同斟。案间幸有李白旧诗数百首，试读精爽飞云岑。安得同渠游，霓裾碧瑶簪。回头却谢觺卓辈，弃置礼法几荒淫。何如高吟泣鬼神，模写造化归无垠。谁能狸膏金距学鸡斗，起捉檐柱矫首落落看星辰。②

在此诗中，张镃不仅以霖雨、夕晴、风堂、灯烛、神仙、壮士、山林、云岑、霓裾、星辰等意象，描绘出由雨至晴、从昼到夜的身边景物的变幻，并且展开超越时空的想象，从地上风物写到天上神仙，复由恍惚的仙界回到现实山林，又由自己壮心易老与座间诗酒联想到前代诗仙李白，向往能够与之一道脱离尘寰，结伴遨游。全诗以对案孤处时的自我玄思冥感为中心，情怀驰骋，意象翩飞，将诗人不拘礼法的狂士形象表现得栩栩如生。又如《晚步池上》：

> 藤杖徐穿竹径凉，地宽那更水云乡。山明屋背髻鬖耸，蝉奏树头丝吹长。蓑笠钓船家自有，轩裳朝路梦俱忘。英雄本志今朝得，十亩香荷著醉狂。③

《泛锦池霞川，呈张以道二首》其一：

> 夕风轻飔一池香，遥为荷花泛短航。俗子几曾贪韵胜，闲人赢得放清狂。幽栖野鹤林松黑，乱扑流萤水叶凉。会取渭川当日意，不将终老俟周王。④

---

① 钱锺书：《谈艺录》，北京：中华书局，1984年，第2页。
② 张镃：《南湖集》卷二，第20页。
③ 张镃：《南湖集》卷五，第77页。
④ 张镃：《南湖集》卷五，第79页。

这些诗作，或写步游园池，或写泛棹短航，均以个人的生活情感为中心，表现出诗人清狂放纵的个性形象。

张镃自称"醉狂诗体类俳优"①，"诗成时落韵，格调任踰矩"②，这正是其豪放个性与诗风的恰当概括。尤袤尝与姜夔论诗说，"温润有如范致能者乎，痛快有如杨廷秀者乎，高古如萧东夫，俊逸如陆务观，是皆自出机轴"③。杨万里则称："范石湖之清新，尤梁溪之平淡，陆放翁之敷腴，萧千岩之工致"④。而方回云："梁溪之槁淡细润，诚斋之飞动驰掷，石湖之典雅标致，放翁之豪荡丰腴，各擅一长……南湖生于绍兴癸酉，循忠烈王之曾孙……生长于富贵之门，辇毂之下，而诗不尚丽，亦不务工"⑤。在诗风丰富多元的南宋中兴诗坛，张镃不务工丽的豪夸放纵，与尤袤之平淡婉雅、萧德藻之高古工致、杨万里之飞动奇妙、范成大之温润清新、陆游之敷腴俊逸相比，可谓别具特色，自成一家。

四、南湖别业的建构

南宋杭州私家园林众多，张镃南湖别业堪称其中的佼佼者，也是迄今保存资料最完整的宋代园林。张镃南湖别业源自高宗赐给其曾祖张俊的宅第。宋室南渡之初，张俊与韩世忠、岳飞、刘光世等大将成为朝廷赖以稳定局势的重要力量。绍兴十一年（1141）南宋与金达成和议，拜张俊为枢密使。绍兴十三年（1143）高宗赐张俊宅第一区，并遣使就第赐宴。⑥ 张俊赐第在杭州城北艮山门内的南湖，原名白洋池，张俊得赐第后，白洋池因在赐第之南而得名南湖。⑦ 在南宋前期，湖"周回三里"，水甚深，不过到宋末咸淳（1265—1274）间，"湖渐湮塞"⑧。

张镃建构南湖别业，始于孝宗淳熙十二年（1185）。时张镃在临安通判

①　张镃：《南湖集》卷八《次韵京口叔祖见寄四首》其三，第133页。
②　张镃：《南湖集》卷一《重午》，第7页。
③　姜夔：《白石道人诗集》自叙一，第1页。
④　杨万里撰，辛更儒笺校：《杨万里集笺校》卷八一《千岩摘稿序》，第3281页。
⑤　方回：《桐江续集》卷八《读张功父南湖集并序》，《影印文渊阁四库全书》第1193册，第302页。
⑥　脱脱等：《宋史》卷三六九《张俊传》，第11475页。
⑦　关于张镃南湖园，南宋祝穆《方舆胜览》、王象之《舆地纪胜》均不见记载。考张镃文集，有《南湖有鸥成群，里闾间云，数十年未尝见也，实尘中奇事。因筑亭洲上，榜曰鸥渚，仍放言六绝》其三称"东家西家翁媪说，白洋湖自有多年"（张镃：《南湖集》卷八，第134页）。至清代，四库馆臣对其方位及得名考证甚详："南湖一名白洋池，在杭州城北隅。宋张俊赐第，四世孙镃别业，据湖之上。湖在宅南，因名南湖。杨万里、陆游诸人皆为之题咏，而镃亦以名其集，遂传为古迹"（永瑢等：《四库全书总目》卷七六《南湖纪略稿提要》，第667页）。
⑧　潜说友：《咸淳临安志》卷二四、卷三八，《宋元方志丛刊》第4册，第3600、3697页。

任上,因"倦处于旧庐,遂更谋于别业"①,在南湖北滨购得曹氏荒圃百亩,着手辟建以玉照堂为主要景观的桂隐。荒圃本有古梅数十株,然"散漫弗治",张镃遂"辍地十亩,移种成列。增取西湖北山别圃江梅,合三百余本,筑堂数间以临之。又夹以两室,东植千叶缃梅,西植红梅,各一二十章。前为轩楹,如堂之数。花时居宿其中,环洁辉映,夜如对月,因名曰玉照",桂隐历二年建成,最具特色的就是玉照堂所植数百株各品梅花,盛开之际极富诗情画意,当朝宰相周必大曾引张镃"一棹径穿花十里,满城无此好风光"诗句,称赞玉照堂梅花之神奇。②

淳熙十四年(1187)秋,张镃以疾辞临安通判,得祠禄,归桂隐。张镃辞归后,捐出南湖东的旧宅为禅寺,称为东寺,并分出一些田产"作香厨之供"③。绍熙元年(1190),光宗赐额广寿慧云禅寺,张镃于是"一意崇饰,以侈上赐。彻堂为殿,凡佛屋之未备者,悉力经营,土木坚好,金碧焕发,隐然丛林,为寓都壮观",魏国公史浩为记,侍读楼钥为之书,并题额。④

张镃舍宅为寺后,继续更大规模地兴建南湖别业。其《桂隐纪咏》诗序称:"既归桂隐,遂捐故庐为东寺,指新舍为西宅,南湖以经其前,北园以奠其后"⑤。《桂隐百课》序称:"淳熙丁未秋,余舍所居为梵刹,爰命桂隐堂馆桥池诸名……逮庆元庚申,历十有四年之久,匠生于心,指随景变,移徙更葺,规模始全"⑥。可见自淳熙十二年(1185)至庆元六年(1200),张镃南湖别业用时16年方修缮完整。别业内主要有东寺、西宅、南湖、北园、亦庵、约斋、众妙峰山等七大园区。建筑景致布局详见下表。

表 11-1　南湖别业七大园区建筑景致布局表⑦

别业园区	建筑景致
东寺	大雄尊阁,千佛铁像。静高堂,寝室。真如轩,种竹。

---

① 张镃:《南湖集》附录中《捨宅誓愿疏文》,第 209 页。
② 张镃:《南湖集》附录上《玉照堂梅品》序,第 205 页;又见周密撰,张茂鹏点校:《齐东野语》卷一五《玉照堂梅品》,第 274 页。
③ 张镃:《南湖集》附录中《捨宅誓愿疏文》,第 209—210 页。
④ 史浩:《广寿慧云禅寺之记》,见张镃:《南湖集》附录中,第 211 页。按,史浩该记未见于其今存文集《鄮峰真隐漫录》。考《鄮峰真隐漫录》并非史浩亲纂,而是由其门人周铸搜辑编纂而成,故《广寿慧云禅寺之记》当是周铸搜辑史浩文稿时,未能收集编入。
⑤ 张镃:《南湖集》卷七,第 111 页。
⑥ 张镃:《南湖集》附录上,第 197 页;又见周密:《武林旧事》卷一〇,第 224 页。
⑦ 资料来源:张镃:《南湖集》附录上《桂隐百课》,第 197—204 页;又见周密:《武林旧事》卷一〇,第 224—228 页。

续表

别业园区	建筑景致
西宅	丛奎阁,安奉被赐四朝宸翰。德勋堂,祖庙以高宗御书二字名。儒闻堂,前堂用告词字取名。现乐堂,中堂用朱岩壑语。安闲堂,后堂,绮互亭,有小四轩。瀛峦胜处,东北小楼,前后山水。柳堂花院。应铉斋,筮得鼎卦故名。振藻,取告词中字名。宴颐轩。尚友轩。赏真亭,山水。
亦庵	法宝千塔,铁铸千塔,藏经千卷。如愿道场,药师佛坛。传衣庵。写经寮,书《华严》等大乘诸经。
约斋	泰定轩。
南湖	阆春堂,牡丹、芍药。烟波观。天镜亭,水心。御风桥,十间。鸥渚亭。把菊亭。泛月阙,水门。星槎,船名。
北园	群仙绘幅楼,前后十一间,下临丹桂五六十株,尽见江湖诸山。桂隐,诸处总名,今揭楼下。清夏堂,面南临池。玉照堂,梅花四百株。苍寒堂,青松二百株。艳香馆,杂春花二百株。碧宇,修竹十亩。水北书院,对山临溪。界华精舍,梦中得名。抚鹤亭,近水村。芳草亭,临池。味空亭,蜡梅。垂云石,高二丈,广十四尺。揽月桥。飞雪桥,在默林中。蕊珠洞,荼蘼二十五株。芙蓉池,红莲十亩,四面种芙蓉。珍林,杂果小园。涉趣门,总门入松径。安乐泉,竹间井。杏花庄,村酒店。鹊泉,井名。
众妙峰山	诗禅堂。黄宁洞天。景白轩,置香山画像,并文集。文光轩,临池。绿昼轩,木犀临侧。书叶轩,柿十株。俯巢轩,高桧旁。无所要轩。长不昧轩。摘星轩。餐霞轩,樱桃三十余株。读易轩。咏老轩,《道德经》。凝熏堂。楚佩亭,兰。宜雨亭,千叶海棠二十株,近流水。满霜亭,橘五十余株。听莺亭,柳边竹外。千岁庵,仁皇飞白字。恬虚庵。凭晖亭。弄芝亭。都微别馆,诵度人经处,经乃徽宗御书。水湍桥。漪岚洞。施无畏洞,观音铜像。澄霄台,面东。登啸台。金竹岩。隐书岩,石函仙书,在岩穴中,可望不可取。古雪岩。新岩。叠翠庭,茂林中,容十数人坐。钓矶。菖蒲涧,上有小石桥。中池,养金鱼在山涧中。珠旒瀑。藏丹谷。煎茶磴。

由上表可见,张镃南湖别业中,各种轩、堂、桥、亭、泉、池、瀑、洞、庵、馆、楼、台等建筑景致多达近百处,功能甚为齐备,"纲举而言之:东寺为报上严先之地;西宅为安身携幼之所;南湖则管领风月;北园则娱燕宾亲;亦庵晨居植福,以资静业也;约斋昼处观书,以助老学也。至于畅怀林泉,登赏吟啸,则又有众妙峰山,包罗幽旷,介于前六者之间"①。南湖别业在当时闻名遐迩。淳熙十六年(1189)在孝宗朝两为右相的史浩称"桂隐林泉,在钱塘为最胜"②。周密也称张镃"园池声妓服玩之丽甲天下"③。可见无论在时人

① 张镃:《南湖集》附录上《桂隐百课》序,第197页;又见周密:《武林旧事》卷一○,第224—225页。
② 史浩:《题南湖集卷十二后》,见张镃:《南湖集》附录上,第204页。
③ 周密撰,张茂鹏点校:《齐东野语》卷二○《张功甫豪侈》,第374页。

还是后人看来,张镃南湖别业都是南宋私家园林的典型代表。

五、以南湖别业为中心的休闲雅集

中国古代园林建造的一大原则是"可游可居",园林既具实用性,也具审美性和休闲性。① 就私家园林别业而言,又往往兼具私密性和某种开放性,既是私人生活空间,也是社会交往的空间。张镃南湖别业即集中体现了实用与休闲、私密与开放兼具的二重空间属性。

首先,南湖别业是园主张镃身心游憩、休闲娱乐的私人生活空间。南湖别业修缮完整之次年,即嘉泰元年(1201),张镃撰《赏心乐事》序称:"余扫轨林扃,不知衰老节物迁变,花鸟泉石,领会无余。每适意时,相羊小园,殆观风景与人为一。间引客携觞,或幅巾曳杖,啸歌往来,澹然忘归"②。可以看出,南湖别业自甫建之日起便成为张镃栖居游处的人生乐境。他还排比出一年十二个月中以南湖别业为中心的燕游目次,留下宋人休闲活动的珍贵记录,详见下表。

表 11-2　南湖别业园主一年十二个月中休闲活动目次表③

月　份	休闲活动
正月孟春	岁节家宴。立春日,迎春春盘。人日,煎饼会。玉照堂赏梅。天街观灯。诸馆赏灯。丛奎阁山茶。湖山寻梅。揽月桥观新柳。安闲堂扫雪。
二月仲春	现乐堂赏瑞香。社日社饭。玉照堂西,赏细梅。南湖挑菜。玉照堂东,赏红梅。餐霞轩看樱桃花。杏花庄赏杏花。群仙绘幅楼前打球。南湖泛舟。绮互亭赏千叶茶花。马塍看花。
三月季春	生朝家宴。曲水修禊。花院观月季。花院观桃柳。寒食,祭先扫松。清明,踏青郊行。苍寒堂西,赏绯碧桃。满霜亭北,观棣棠。碧宇观笋。斗春堂赏牡丹芍药。芳草亭观草。宜雨亭赏千叶海棠。花苑蹴秋千。宜雨亭北,观黄蔷薇。花院赏紫牡丹。艳香馆观林檎花。现乐堂观大花。花院尝煮酒。瀛峦胜处,赏山茶。经寮斗新茶。群仙绘幅楼下,赏芍药。
四月孟夏	初八日,亦庵早斋,随诣南湖放生,食糕糜。芳草亭斗草。芙蓉池赏新荷。蕊珠洞赏荼蘼。满霜亭观橘花。玉照堂赏青梅。艳香馆赏长春花。安闲堂观紫笑。群仙绘幅楼前,观玫瑰。诗禅堂观盆子山丹。餐霞轩赏樱桃。南湖观杂花。鸥渚亭观五色莺粟花。

① 参见陈望衡:《中国古典园林的美学精神》,载〔法〕米歇尔·柯南、陈望衡主编:《城市与园林:园林对城市生活和文化的贡献》,武汉:武汉大学出版社,2006 年,第 99 页。
② 张镃:《南湖集》附录上,第 187 页;又见周密:《武林旧事》卷一〇,第 218 页。
③ 资料来源:张镃:《南湖集》附录上《赏心乐事》,第 187—197 页;又见周密:《武林旧事》卷一〇,第 218—224 页。

续表

月　份	休闲活动
五月仲夏	清夏堂观鱼。听莺亭摘瓜。安闲堂解粽。重午节,泛蒲家宴。烟波观碧芦。夏至日,鹅脔。绮互亭观大笑花。南湖观萱草。鸥渚亭观五色蜀葵。水北书院采芹。清夏堂赏杨梅。丛奎阁前,赏榴花。艳香馆尝蜜林檎。摘星轩赏枇杷。
六月季夏	西湖泛舟。现乐堂尝花白酒。楼下避暑。苍寒堂后碧莲。碧宇竹林避暑。南湖湖心亭纳凉。芙蓉池赏荷花。约斋赏夏菊。霞川食桃。清夏堂赏新荔枝。
七月孟秋	丛奎阁上,乞巧家宴。餐霞轩观五色凤儿。立秋日,秋叶宴。玉照堂赏荷。西湖荷花泛舟。南湖观稼。应铉斋东,赏葡萄。霞川观云。珍林剥枣。
八月仲秋	湖山寻桂。现乐堂赏秋菊。社日,糕会。众妙峰赏木犀。中秋,摘星楼赏月家宴。霞川观野菊。绮互亭赏千叶木犀。浙江亭观潮。群仙绘幅楼观月。桂隐攀桂。杏花庄观鸡冠黄葵。
九月季秋	重九,家宴。九日,登高把萸。把菊亭采菊。苏堤上,玩芙蓉。珍林尝时果。芙蓉池赏五色拒霜。景全轩尝金橘。杏花庄篘新酒。满霜亭尝巨螯香橙。
十月孟冬	旦日,开炉家宴。立冬日,家宴。现乐堂暖炉。满霜亭赏蚤霜。烟波观买市。赏小春花。杏花庄挑荠。诗禅堂试香。绘幅楼庆暖阁。
十一月仲冬	摘星轩观枇杷花。冬至节,家宴。绘幅楼食馄饨。味空亭赏蜡梅。孤山探梅。苍寒堂赏南天竺。花院赏水仙。绘幅楼削雪煎茶。绘幅楼前观雪。
十二月季冬	绮互亭赏檀香蜡梅。天街阅市。南湖赏雪。家宴试灯。湖山探梅。花院观兰花。瀛峦胜处赏雪。二十四夜,饧果食。玉照堂赏梅。除夜,守岁家宴。起建新岁,集福功德。

据上表可见,张镃依一年中不同季节月份安排了不同的休闲活动,项目多达130余种,活动非常密集。其中正月"天街观灯"、二月"马塍看花"①、三月"清明,踏青郊行"、六月"西湖泛舟"、七月"西湖荷花泛舟"、八月"浙江亭观潮"、九月"苏堤上,玩芙蓉"、十一月"孤山探梅"、十二月"天街阅市"等项目,是张镃走出南湖别业之外的休闲活动,也是极富杭州地方特色、广为士庶百姓所好尚的休闲娱乐活动。除此之外的120多项休闲活动,均在南湖别业之中。可以看出张镃的休闲生活空间主要有内、外联系的两大部分:一是南湖别业,二是别业外的都市及山林空间。值得注意的是,张镃虽然身处繁华富丽的都城,但其休闲生活空间仍以南湖别业为主。比照

---

①　据史志记载,宋代杭州城西北余杭门外有"东、西马塍","土细宜花卉,园人工于种接,都城之花皆取焉"(潜说友:《咸淳临安志》卷三〇,《宋元方志丛刊》第4册,第3640页)。

表 11-2 和表 11-1,会发现表 11-2 中出现的南湖别业休闲活动地点,都可在表 11-1 的建筑景致中找到,二者相互印证,共同展现出张镃以南湖别业为核心的休闲生活空间。

其次,南湖别业也是张镃联系社会,交游雅集的一个开放性空间。张镃家世显赫,甚有才艺,又非常好客,喜游意风雅,与人吟诵唱和,交游极为广泛,举凡当时朝野政要如史浩、萧燧、洪迈、周必大、姜特立、京镗、楼钥等,道学大宗如朱熹、陈傅良、彭龟年、陈亮、叶适、蔡幼学等,文坛名家如陆游、杨万里、尤袤、范成大、辛弃疾、姜夔等,均与之有往来唱酬。① 南湖别业地处杭州北郊,环境优胜,成为张镃交游雅集的重要空间。其雅集活动不仅非常频繁,而且内容丰富、形式多样,概括起来主要有以下一些类型。

一是歌舞之会。周密《齐东野语》称张镃:"一时名士大夫,莫不交游……尝于南湖园作驾霄亭于四古松间,以巨铁絚悬之空半而羁之松身。当风月清夜,与客梯登之,飘摇云表,真有挟飞仙、溯紫清之意。王简卿(居安)侍郎尝赴其牡丹会云:'众宾既集,坐一虚堂,寂无所有。俄问左右云:"香已发未?"答云:"已发。"命卷帘,则异香自内出,郁然满坐。群妓以酒肴丝竹,次第而至。别有名姬十辈皆衣白,凡首饰衣领皆牡丹,首带照殿红一枝,执板奏歌侑觞,歌罢乐作乃退。复垂帘谈论自如,良久,香起,卷帘如前。别十姬,易服与花而出。大抵簪白花则衣紫,紫花则衣鹅黄,黄花则衣红,如是十杯,衣与花凡十易。所讴者皆前辈牡丹名词。酒竟,歌者、乐者,无虑数百十人,列行送客。烛光香雾,歌吹杂作,客皆恍然如仙游也。'"② 可见南湖别业的歌舞雅集,不仅宾客众多,其歌妓舞姬之盛、场面之奢华更令人注目。

二是赏花、诗酒之会。戴表元《牡丹宴席诗序》记载,"渡江兵休久,名家文人渐渐修还承平馆阁故事,而循王孙张功父使君以好客闻天下。当是时,遇佳风日,花时月夕,功父必开玉照堂置酒乐客。其客庐陵杨廷秀、山阴陆务观、浮梁姜尧章之徒以十数,至辄欢饮浩歌,穷昼夜忘去。明日,醉中唱酬诗或乐府词累累传都下,都下人门抄户诵,以为盛事"③。可见张镃每逢佳日、花开盛时,就会在南湖别业举行赏花、诗酒之会,当时文坛名家如杨万里、陆游、姜夔等,均是其座上常客,一时影响甚著。张镃尝有《又呈坐客》诗称:"天假南湖一段奇,宾朋胥会只论诗……从来邂逅宜真率,花下杯传却莫迟"④;《戏答客问》称:"桂隐芙蓉盛,柴门日日开。若无诗与酒,不请

---

① 参见曾维刚:《张镃年谱·前言》,北京:人民出版社,2010 年,第 1 页。
② 周密撰,张茂鹏点校:《齐东野语》卷二○《张功甫豪侈》,第 374 页。
③ 戴表元:《剡源集》卷一○,第 153 页。
④ 张镃:《南湖集》卷六,第 96 页。

看花来"①,言其常在南湖别业延客赏花、诗酒高会的盛况,堪为不虚。

三是宴饯之会。如陈傅良《张园送客分韵诗序》记载,绍熙三年(1192)黄灏、石昼问俱以太府寺丞出守外郡,陈傅良与黄裳、彭龟年、章颖、薛叔似、蔡幼学、范仲黼、曾三聘、李谦、吕祖俭等10人会于张镃南湖别业,为黄灏、石昼问饯行。② 著名道学家朱熹也是南湖别业的席上之宾。绍熙五年(1194)朱熹饯范仲黼于南湖,张镃出所藏黄庭坚书赠朱熹,朱熹跋之。③ 南湖别业的宴饯之会上,还有走出家门休闲雅集的士人家族女性。如绍熙四年(1193)军器少监黄由偕夫人胡氏、岳母定斋,赴南湖别业宴集,张镃有《江城子》一词记其事。④

由上可见,坐落于都城杭州的南湖别业,既是张镃个人身心游憩的场所,也是其社会交往的空间,经常是亲朋会聚,名士云集。其优越的物质环境和丰富多样的休闲雅集活动,展示出宋代文人士大夫阶层特定的生活方式和娱乐趣尚,具有独特认识意义。

六、以南湖别业为中心的创作活动

南湖别业建构的意义,并非只是营构了一个可供生活栖居、休闲雅集的物质空间环境,它还在与园主张镃及当时文人士大夫发生密切关系的过程中,不断激发他们的艺术灵感和文学创作,从而形成一个具有丰富时代蕴涵与独特美学意味的文化场域和文学空间。

首先,深入考察园主张镃仕宦与创作的轨迹即可发现,他在从事南湖别业物质环境建构的同时,也以其生存栖居的独特生命体验而进行着以南湖别业为中心的文本建构,而且经历了一个更漫长的过程。其突出表现,便是张镃一生中与南湖别业相关的大量诗文创作与编撰活动,主要有两个层面。

一是张镃与南湖别业相关的诗歌创作与编撰活动,兹列为下表。

表 11-3　张镃与南湖别业相关的诗歌创作与编撰活动统计表⑤

序号	诗集名称	卷数	成集时间
1	《约斋诗甲稿》	不详	淳熙八年(1181)前后,张镃29岁左右

① 张镃:《南湖集》卷七,第117页。
② 陈傅良:《止斋先生文集》卷四〇,《四部丛刊初编》本。
③ 朱熹:《晦庵先生朱文公文集》卷八三《跋鲁直书践祚篇》,朱杰人等主编:《朱子全书》第24册,第3924页。
④ 张镃:《南湖集》卷一〇,第175页。
⑤ 资料来源:曾维刚:《张镃〈南湖集〉成书考》,《文学遗产》2011年第5期。

序号	诗集名称	卷数	成集时间
2	《约斋诗乙稿》	不详	淳熙十三年(1186),张镃34岁
3	《约斋诗丙稿》	不详	淳熙十四年(1187),张镃35岁
4	《约斋诗丁稿》	不详	淳熙末,具体时间不详
5	《南湖集》	不详	淳熙十五年(1188)至淳熙十六年(1189)间,张镃36—37岁
6	《约斋集》	不详	庆元六年(1200),张镃48岁
7	《南湖》第三集	不详	嘉泰二年(1202),张镃50岁
8	《南湖集》前集	二十五卷	嘉定三年(1210),张镃58岁

据表11-3可见,自淳熙八年(1181)前后开始,张镃即不断有诗集问世:(一)自淳熙八年(1181)至淳熙十六年(1189),先后编成以约斋命名的诗集甲、乙、丙、丁四稿,并结为《南湖集》;(二)自淳熙末至庆元六年(1200),编成《约斋集》;(三)嘉泰年间,编成《南湖》第三集;(四)嘉定三年(1210),编定《南湖集》前集二十五卷。张镃南湖别业的建构用时16年,而《南湖集》成书前后历时30年,其中除《约斋诗甲稿》外,其他诗集均创作编撰于张镃开始建构南湖别业之后,集中于其人生最重要的阶段。张镃嘉定三年(1210)最终编定的《南湖集》,有诗三千余首,不过原本久佚,今存《南湖集》十卷,乃清四库馆臣自《永乐大典》中辑出,录诗九卷、词一卷。至乾隆四十六年(1781)鲍廷博在《四库全书》本基础上辑补张镃遗文逸事,编为附录,重刻《南湖集》,刊入《知不足斋丛书》,现存张镃文集即以鲍氏刊本最为完善,今通行之《丛书集成初编》本《南湖集》就是据此排印。①

纵观张镃《南湖集》编撰成书的过程及其现存诗作,可发现他先后以约斋、南湖为名编撰的诗集,堪称"名""实"相副。今《南湖集》存诗一千余首,透过这些作品能够看到南湖别业乃是张镃诗歌创作的核心空间环境,绝大多数诗作都是描写南湖别业的风物景致及他栖居其中的生活。对此张镃本人已多有阐述,其《桂隐纪咏》诗序称他淳熙十四年(1187)辞临安通判后,进一步兴建南湖别业,"因枚立堂宇桥舟诸名,各赋小诗一篇,缘题述兴,不拘一律,区区乐闲之心,聊用以自见"②。《桂隐百课》序称其淳熙十

---

① 参见祝尚书:《宋人别集叙录》卷二三,北京:中华书局,1999年,第1152—1154页。
② 张镃:《南湖集》卷七,第111页。

四年(1187)至庆元六年(1200)扩建南湖别业的过程中,围绕别业"得诗凡数百"①。清鲍廷博重刻《南湖集》时亦指出"集中诸作,太半皆纪所居南湖桂隐玉照诸胜,及与同时士大夫游燕酬答之篇"②。可见张镃建构南湖别业的同时,也建构了一个诗歌世界。

二是张镃以南湖别业为中心的园林生活与园林艺术类著作编撰活动,兹列为下表。

表11-4 张镃以南湖别业为中心的园林生活与园林艺术类著作编撰活动统计表

序号	著作名称	卷数	成集时间	资料来源
1	《玉照堂梅品》	一卷	绍熙五年(1194),张镃42岁	张镃:《南湖集》附录上《玉照堂梅品》序,第205页;又见周密撰,张茂鹏点校:《齐东野语》卷一五《玉照堂梅品》,第274—275页。
2	《赏心乐事》	一卷	嘉泰元年(1201),张镃49岁	张镃:《南湖集》附录上《赏心乐事》序,第187页;又见周密:《武林旧事》卷一○,第218—219页。
3	《桂隐百课》	一卷	嘉泰二年(1202),张镃50岁	张镃:《南湖集》附录上《桂隐百课》序,第197—198页;又见周密:《武林旧事》卷一○,第224—225页。

表11-4所列著作产生于张镃南湖别业建构期间及建成之后。其中《玉照堂梅品》一卷,系玉照堂建成后,张镃审玉照堂数百株各种梅花之品性,"疏花宜称、憎嫉、荣宠、屈辱四事,总五十八条,揭之堂上,使来者有所警省。且示人徒知梅花之贵而不能爱敬"③。《赏心乐事》一卷,系南湖别业全部建成后,张镃排比记录一年十二个月中以南湖别业为中心的一百多种休闲活动。《桂隐百课》一卷,亦系南湖别业全部建成后,张镃自叙园区近百处建筑景致及其功能。以上著作从不同角度展现出南湖别业的园林艺术、园主的情怀趣尚及其园林生活,与前述诸多诗歌作品一样,它们既由南湖别业所催生,也成为读者管窥张镃以南湖别业为中心的生活世界和艺术世界的重要文本。

其次,南湖别业作为可供园主亲友等往来游玩的开放性空间,还刺激着外来游园者的文学创作。对此前文在讨论以南湖别业为中心的雅集活动时

① 张镃:《南湖集》附录上,第197页;又见周密:《武林旧事》卷一○,第224页。
② 鲍廷博:《刻南湖集缘起》,见张镃:《南湖集》卷首,第1页。
③ 张镃:《南湖集》附录上《玉照堂梅品》序,第205页;又见周密撰,张茂鹏点校:《齐东野语》卷一五《玉照堂梅品》,第274页。

已有一定揭示,现以一些代表性人物的具体游园创作为例作进一步的考察。如南湖别业北园桂隐建成后,其锦池有芙蓉盛开,张镃即约友人谭德称、何国叔、曾无逸、王季嘉、吕浩然、张以道等小集,诸人以东坡诗"细思却是最宜霜"分韵唱和。① 淳熙十三年(1186)春陆游除朝请大夫,知严州,赴杭州陛辞,期间游南湖别业,赋《饮张功父园戏题扇上》诗。② 淳熙十四年(1187)秋南湖别业有新宅建成,姜夔往贺,赋《喜迁莺慢·功父新第落成》词。③ 绍熙元年(1190)春杨万里在秘书监任上,赴南湖别业观海棠,作《观张功父南湖海棠杖藜走笔》诗三首。④ 另如绍熙三年(1192)陈傅良与黄裳、彭龟年、章颖、薛叔似、蔡幼学、范仲黼、曾三聘、李谦、吕祖俭等人会于南湖别业,为出守外郡的黄灏、石昼问饯行,众人以"人生五马贵,莫受二毛侵"分韵唱和。⑤ 此类事例还很多,兹不赘述。

诚如前述方回《读张功父南湖集》所称,"生长勋门富贵中,粃糠将相以诗雄。端能活法参诚叟,更觉豪才类放翁……镂金组绣同时客,合向南湖立下风"。张镃以其出身功勋豪门的家世、擅雄诗坛的才艺与雅好宾客的性情,坐镇杭州,经常招徕四方英士集于南湖别业而诗文高会,群起唱酬,其南湖别业也因此成为一个令人瞩目的文化场域和文学空间,展现出特定社会文化与文学意蕴。

其一,继汉、唐之后,随着社会经济文化的发展,宋代私家园林别业进一步发展兴盛,作为文人士大夫着意营构的一种场域,拓展了宋人身心游憩的空间,具有重要的社会生活史意义。以南宋杭州张镃南湖别业为例,其建构历时16年,规模庞大,造物精致,功能齐备,集中展现了宋人以园林别业为中心的丰富多样的休闲雅集活动,反映了宋代文人士大夫追求物质享乐和诗意栖居的复杂心态与生活趣尚,成为我们认识宋代社会生活的一个特定视域。

其二,宋代园林别业不仅是个人生活的载体,也承载着特定时代的历史文化记忆。如北宋李格非撰《洛阳名园记》即感慨:"天下之治乱,候于洛阳之盛衰。洛阳之盛衰,候于园囿之兴废"⑥。洛阳园林堪称盛宋时代的见

---

① 张镃:《南湖集》卷一《锦池芙蓉盛开与谭德称何国叔曾无逸王季嘉吕浩然张以道小集以东坡诗细思是最宜霜分韵得却字》,第5—6页。
② 于北山:《陆游年谱》,第298页。
③ 马维新:《姜白石先生年谱》,吴洪泽、尹波主编:《宋人年谱丛刊》第11册,第7280页。
④ 于北山:《杨万里年谱》,第399页。
⑤ 彭龟年:《止堂集》卷一六《同陈秘监诸丈送黄商伯守常州石叔访守上饶会于艮山门张园以人生五马贵莫受二毛侵分韵得贵字》,第196—197页。
⑥ 永瑢等:《四库全书总目》卷七〇《洛阳名园记提要》,第620页。

证。南宋张镃南湖别业始建于孝宗淳熙十二年(1185)，建成于宁宗庆元六年(1200)，嘉定三年(1210)张镃编定《南湖集》，次年即为权臣史弥远排斥，终贬死象州。① 可见张镃及当时文人士大夫以南湖别业为中心的休闲雅集和文学活动，在孝宗中期至宁宗前期的 20 多年间，恰值南宋中兴时期，也是张镃仕途顺利的阶段。因此南湖别业所见证的乃是张镃人生中最美好的时光，所承载的正是南宋中兴时代发展繁荣的历史文化记忆。

　　其三，宋代园林别业催生了大量文学创作，成为一个文学生产性空间，对宋代文学风貌的生成具有深刻影响。张镃南湖别业即是这方面的代表。南湖别业作为张镃文学创作的核心空间，是其艺术灵感、创作题材的重要来源，也尤为明显地影响了其诗学取向与艺术风格。也正因此，张镃堪称南宋中兴诗坛上一位个性鲜明、具有典型意义的"园林诗人"。今其《南湖集》所存大量以南湖别业为中心的诗文作品，有的描写园林风物，抒发闲逸情怀，风格清新萧散；有的铺叙富贵悠游，感慨壮怀消磨，风格豪宕放纵。这些以"园林"为核心空间意象的诗文创作，与同期代表性作家如陆游诗中突出表现的时代风云、杨万里笔下灵动活泼的自然山水、范成大文集中充满现实感怀的田园诗篇相比，可谓别具一格，其走向精细和日常化的美学特征，事实上正体现了宋诗发展的一个重要趋向，具有独特艺术价值与文学史意义。

---

① 　参见曾维刚：《张镃年谱》，第 250—262 页。

第十二章 卓然杰立的江湖沉吟：
章甫、陈造

第一节 游寓的诗魂章甫

章甫字冠之，自号易足居士，鄱阳（今江西鄱阳）人。据陈振孙《直斋书录解题》记载，章甫有《易足居士自鸣集》十五卷。① 今祝尚书《宋人别集叙录》著录章甫《自鸣集》六卷。② 章甫与张孝祥、韩元吉、陆游、吕祖谦、赵善括等均有交游唱和，是南宋中兴诗坛上一位富有个性特色的江湖诗人。然而目前为止，关于章甫的身份、个性、思想及其诗歌创作的面貌尚有待深入发掘和研究。本节拟从其江湖诗人的身份认定、由儒入佛的思想轨迹及其表现、骨力苍秀的艺术风格等方面，对章甫及其诗歌展开讨论。

一、江湖诗人的身份认定

迄今为止，学界从未将章甫归入南宋江湖诗派。章甫失载于学界所列江湖诗派的名单之中，大概出于以下原因：其一，南宋江湖诗派在当时并无固定人员和组织，事实上本来就是一个由后世不断认定而成的一个诗歌流派，其传统认证依据是以"江湖"命名的诸诗歌总集，但是由于宋版《江湖》诸集久佚，其中究竟收入了哪些诗人已经不得而知，而章甫是否曾被收入《江湖》诸集之中，也难以考证。其二，江湖诗人与江湖诗派本来就不是一个完全相同的概念，传统上被列为江湖诗派成员的有些诗人如洪迈、吴渊等其实并非江湖诗人，而由于各种原因，有些江湖诗人又并未被列入江湖诗派，尚待学界作进一步的文献梳理与考辨订补。正是由于上述原因，我们不能拘泥于学界固有的结论。若对章甫的生平经历、思想个性与诗歌创作进行系统深入的考察，便可发现，章甫是南宋中兴诗坛上一位典型的江湖诗人。

就生平经历而言，章甫自少至老均客游四方，而以江淮一带为主。章甫

---

① 陈振孙撰，徐小蛮、顾美华点校：《直斋书录解题》卷二〇，第604页。
② 祝尚书：《宋人别集叙录》卷二三，北京：中华书局，1999年，第1130—1131页。

年少时从张孝祥游。据张端义《贵耳集》记载，章甫"从于湖（张孝祥）交游，豪放飘荡，不受拘羁"①。张孝祥卒后，章甫有《陪韩子云弔张安国舍人墓》称"曩以门下故，获登君子堂。招呼连屋居，此意讵可忘"②。今章甫集中，与张孝祥唱和之作甚多。如《送张寺丞》云："我行遍四方，公独知我深。公如千丈松，凛凛有直气。我如松下草，亦有傲霜意。公分刺史符，曷来淮上州。而我倦游者，振衣从公游。"③《送张安国》云："嗟予潦倒百无用，客食淮南两相送。青山可买坐无钱，日长只作还乡梦。"④可见章甫长期客食淮南，过着穷愁潦倒的生活。

　　章甫曾经客寓于韩元吉之门。韩元吉《祐甫墓志铭》云：

　　　　祐甫庞姓，谦孺其名……少孤，留落四方……而于予兄弟特善。其频年有疾，辄以其文稿属予序，且丐铭其墓，予每谓其不祥，未尝答也，今遂果然矣。悲夫，因收涕作铭，以成祐甫之志。而鄱阳章甫冠之为书于石。冠之昨与祐甫俱客于予。⑤

　　通过韩元吉墓志所记，可见章甫尝与庞谦孺一道同为韩元吉之客。章甫也有不少与韩元吉交游唱和的作品，如《谢韩无咎寄新茶》、《次韩无咎途中寄陆务观》等。其中《次韩无咎途中寄陆务观》其五称"老来犹是客，归去亦无家"⑥。可以看出，章甫晚年时仍然客游他乡。

　　章甫不仅是迫于生计而游寓四方，还具有好游的个性。淳熙十一（1184）年，韩元吉作《易足堂记》云：

　　　　楚有士，好游蹑衡庐之巅，泛洞庭，下彭蠡，凡林薮之幽，川泽之奥，无不走也，意未云足。闻有三神山，在东海之中，其上多奇禽异卉，人之寿而仙者居焉，意乃甚慕，庶几可一至也，殚其产以治舟，竭其力以聚粮，没岁穷年，莫能见也。恐惧于波涛之渊，既惫而归。里之父老从而笑之……友人章冠之闻而叹曰："吾非好游者也，借是以推天下之事，其不类于游者几希。彼富与贵，是人之所欲也。今吾有数亩之田可耕，

---

①　张端义：《贵耳集》卷中，第38—39页。
②　北京大学古文献研究所编：《全宋诗》卷二五一二，第47册，第29036页。
③　北京大学古文献研究所编：《全宋诗》卷二五一二，第47册，第29028页。
④　北京大学古文献研究所编：《全宋诗》卷二五一四，第47册，第29056页。
⑤　韩元吉：《南涧甲乙稿》卷二二，第448—449页。
⑥　北京大学古文献研究所编：《全宋诗》卷二五一五，第47册，第29060页。

数椽之屋可庇矣,虽万钱之厨,千间之厦,不是过也,岂不为甚富矣乎?
邑之士以吾为可亲,贤卿大夫以吾为可与游,开卷执筴而咏焉。古今事
物之情,举无所遁,俯仰于天地间,盖亦无愧,岂不为甚贵矣乎? 故吾尝
自以为足,而人常恨吾之不足,特未知世之所谓既富且贵者,其心果能
如吾之足哉? 今吾仅营一堂矣,将以易足名焉,则何如?"夫冠之诗人
也,与予兄弟交最厚且久,其清苦贫窭,予亦常恨其不足者,而闻其说若
此,犁然有当于予心,遂书以为堂之记。①

陈振孙《直斋书录解题》记载,章甫"居吴下,自号转庵,作易足堂,韩无
咎为之记"②。韩元吉为章甫易足堂所作的正是此记,记中所说的"楚有士,
好游",即是指章甫。章甫"殚其产以治舟,竭其力以聚粮","没岁穷年"以
游,可见其"好游"的个性。而章甫自己则认为,"吾非好游者也,借是以推
天下之事",从中又可见章甫志在四方的壮游心态。

通过时人和章甫自己的诗歌作品,也可证章甫作为江湖诗人的身份。
吕祖谦有《寄章冠之》诗云:

> 章侯平生一诗囊,酬风酢月遍四方。浩歌姑熟酒淋浪,醉呼太白同
> 举觞。遂登浮玉临渺茫,江涛挟笔益怒张。沙头倚樯乐未央,兴阑忽上
> 秋浦航。门前槐花日夜黄,闭门琢诗声绕梁。白袍纷纷渠自忙,飘然邂
> 近非所望。自言久厌世锁缰,合眼已梦庐山苍。君才甚硕气方刚,身虽
> 欲隐文则彰。江湖故人半朝行,左推右挽摩天翔。而我戢翼甘摧藏,不
> 能与俗相迎将。径当行前扫山房,俟君功成还故乡。③

可以说,吕祖谦诗概括了章甫浪游江湖、行遍四方的一生。章甫亦有
《次吕伯恭见寄韵》一首回赠吕祖谦,自述"半生恍堕水中央,疾呼四顾无舟
航"④的生平遭际。此外,章甫《俞广文以诗定交次韵奉答》:"客居二十年,
破屋临江湄。遣闷岂无酒,寄怀徒有诗。"⑤《早凉》:"佳人可望不可亲,草
根唧唧秋虫吟。家本江南客江北,须发新添数茎白。"⑥《简李牧之》:"君今

---

① 韩元吉:《南涧甲乙稿》卷一六,第304—305页。
② 陈振孙撰,徐小蛮、顾美华点校:《直斋书录解题》卷二〇,第604页。
③ 吕祖谦:《吕东莱文集》卷一一,第255页。
④ 北京大学古文献研究所编:《全宋诗》卷二五一三,第47册,第29050页。
⑤ 北京大学古文献研究所编:《全宋诗》卷二五一二,第47册,第29035页。
⑥ 北京大学古文献研究所编:《全宋诗》卷二五一三,第47册,第29047页。

久占宣城籍，我是江湖未归客。客愁时事两苍茫，一醉邀君君莫惜。"①《中秋次韵》："秋浦堂前有清集，久客思家泪痕湿。连年客里作中秋，今岁还家又无及。"②《江北》："归去须三径，飘零又一年。邻舟听客语，愁绝晚来天。"③《予归自都梁魏子深来自滁州坐间酌酒》："飞花数点已愁客，归雁一声如唤人。州县驱驰君欲老，江湖流落我常贫。"④《上黄漕》："客怀夜雨打破壁，世事春江横钓舟。为报能文韩吏部，吹嘘籍湜预名流。"⑤从章甫文集中大量自叙身世和干谒权门显宦的作品，均可见章甫四处漂泊、游寓江湖的生活，亦可见章甫作为一位江湖诗人的身份。

二、由儒入佛的思想轨迹及其表现

章甫曾作《杂说》三篇。其一云：

> 吾儿时不喜佛老，以学佛者先坏其身，亡其家，败国常，而为天下蠹，作《排佛》。又以从老子法，流而为庄周，周之说谬悠无当，作《辨庄》，特杨墨之遗说耳。比因闲居，稍读西方书，所谓《首楞严》者，始知天地之所以成坏，人物之所以生死，因果之根源，圣凡之阶级，明白径直，如指诸掌。孔子之所谓性近而习远，亢仓子之所谓耳视而目听，列子之所谓有生生者，庄子之所谓真君存焉，孟子之所谓心，莫知其乡，周易之所谓神，寂然不动，尽在是矣……不以世间法碍出世间法，不以出世间法坏世间法。如来性即菩萨行，菩萨行即如来性。念念严净，无量世界，而心无所着。念念调伏，无数众生，而我无所想。然则固所谓尸居而龙现，渊默而雷声，体性抱神以游世俗之间，无思无为，感而遂通天下之故者，虽显诸仁而藏诸用。然洗心退藏于密，而吉凶与民同患，盖以道之真治身，其绪余土苴可以治国家天下……近代李习之、王介甫父子，程正叔兄弟，张子厚、苏子由、吕吉甫、张天觉、张九成、张栻、吕祖谦、朱熹、刘子翚之徒，心知此说，皆有成书，第畏人嘲剧，未敢显言耳。⑥

---

① 北京大学古文献研究所编：《全宋诗》卷二五一三，第47册，第29048页。
② 北京大学古文献研究所编：《全宋诗》卷二五一四，第47册，第29057页。
③ 北京大学古文献研究所编：《全宋诗》卷二五一五，第47册，第29065页。
④ 北京大学古文献研究所编：《全宋诗》卷二五一六，第47册，第29079页。
⑤ 北京大学古文献研究所编：《全宋诗》卷二五一六，第47册，第29080页。
⑥ 章甫：《自鸣集》卷六，《影印文渊阁四库全书》第1165册，第422—423页。

其三又云:

> 德之字曰仁,道之字曰义,故曰德无不容仁也,道无不理义也,其明白径直也如此,正如学佛者以妙明之心,修止观之法,以止观之力,得定慧之称,或以慈心定为悲增菩萨,或以无碍慧为知增菩萨,悲智圆修,同登大觉,儒者之所谓仁义,老子之所谓道德,尽在其中矣。①

据章甫《杂说》诸篇之论述,可见章甫少时站在儒家的立场上力排佛老,而到后来,反以佛家学说阐释儒、道,甚至对王安石、二程、张载、张九成、张栻、吕祖谦、朱熹等前代或当世著名儒家学者均进行了批判,认为儒家一套"治国家天下"的秘诀事实上尽在佛家的"洗心退藏"之中。从中可见章甫从追求儒家的入世有为而走向释氏退藏守真的思想轨迹。章甫前后学术取向与思想心态变化的巨大是令人惊异的,其由儒家思想转而走向释氏禅宗的发展轨迹,与同时道学家由逐步剔除释氏禅宗而走向更富包容性的儒家思想的发展轨迹是恰恰相反的,以致在数百年之后,四库馆臣还要激烈地批判章甫"《杂说》三篇,以禅家机锋论道德仁义之旨,援儒入墨,是殆不得志于时者之肆志放言,然其害理已甚"②。通过四库馆臣的批判,事实上可以反过来看出章甫佛教禅宗思想之浓厚。

那么,章甫的思想心态为什么会发生由儒入佛的巨大转变呢?如果我们深考章甫的生平经历及其诗歌创作,就可以发现,这其实是与章甫特定的人生遭际密切相关的。四库馆臣认为章甫《杂说》三篇"害理已甚"的批评固然有因循理卫道而失当之处,但认为这是"不得志于时者之肆志放言"的观点则很有见地,指出了章甫这位长期游寓江湖的诗人在经历了"不得志于时"的苦闷之后寻求思想出路的独特门径。

前考章甫早年追随南宋名士张孝祥,后又客寓于著名道学家韩元吉之门,一生游历江湖,奔走四方,一方面是由于生计所迫,另一方面也如章甫自己所言,确有"借是以推天下之事"的豪情壮志和传统儒家入世报国的情怀。章甫早年的这种思想,在其诗歌创作中有充分的表现。如《寄题郭侯至喜堂》:"武昌重镇居上游,云屯禁旅皆貔貅。君侯智略谁与俦,天子久宽西顾忧。令严将士无骄色,玉帐昼闲人语寂。中斋一榻净无尘,自炷炉香读周易。有时领客尊酒同,雅歌投壶双颊红。门前官柳摇春风,想应目送天边

---

① 章甫:《自鸣集》卷六,《影印文渊阁四库全书》第1165册,第425页。
② 永瑢等:《四库全书总目》卷一六〇《自鸣集提要》,第1383页。

鸿。狐兔中原须尽扫,功成身退天之道。"①《戏简乐长卿》:"何必明经取青
紫,请君囊书献天子。中原犹未息兵戈,万里横行丈夫事。"②《送张安国》:
"嗟予潦倒百无用,客食淮南两相送。青山可买坐无钱,日长只作还乡梦。
九重早晚催赐环,了却功名归故山。"③《独登南楼兼怀严圣几俞若晦》其
二:"登高明远目,直北望中原。济世原无策,伤心不忍言。"④《荐饥》:"忧
国书生志,安民圣主仁。丰凶端有数,天本爱斯民。"⑤通过这些作品,可见
章甫报国安民、忧念中原的情怀及其横行万里的济世之志。特别是他大约
作于孝宗隆兴二年(1164)宋金交兵之际的《即事》十首,其三云:"天意诚难
测,人言果有不。便令江海竭,未厌虎狼求。独下伤时泪,谁陈活国谋。君
王自神武,况乃富貔貅。"其五云:"风急收残雨,花轻点客衣。江山争秀发,
燕雁不同飞。异县交游少,中原信息稀。王师战甚苦,方解蔡州围。"其八
云:"两淮仍蜀道,群寇再侵寻。不戒兵犹火,唯夸旅若林。皇图终复古,天
意亦难谌。咨尔无猖獗,须思后患深。"其十云:"初失清河口,骎骎遂逼人。
余生偷岁月,无处避风尘。精锐看诸将,谋谟仰大臣。懦夫忧国泪,欲忍已
沾巾。"⑥这一组诗歌,集中描写了孝宗初年宋金之间拉锯般的两淮战事与
时局的动荡,表现了章甫"忧国"、"伤时"的情怀及其"活国"的企盼。钱锺
书先生尝论章甫《即事》诗,称"诗的风格极像杜甫"⑦。

　　然而,无奈的现实情势和漂泊江湖的人生遭际决定了章甫"万里横行
丈夫事"、"了却功名归故山"的济世情怀注定要落空。其《即事》其二即说:
"俯仰怜身世,飘零玩岁时。"⑧其《放歌招孙祖训俞国宝饮》诗亦云:

　　　　儿时望春春不来,春衣隔年催剪裁。平明出游薄暮回,惟恐云气兴
　　　　风雷。岂知乐极还悲哀,十年黄尘浣青鞋。管领莺花已无意,感时念旧
　　　　时伤怀。去年寒食丹徒县,家寄毗陵不相见。今年寒食江陵府,妻子相
　　　　看泪如雨。迂儒忧国更忧家,枉杀清明不见花。无端柳絮搅愁思,一径
　　　　漫漫春日斜。主人知我坐憔悴,故遣斗酒来相慰。呼妻安稳置床头,个

①　北京大学古文献研究所编:《全宋诗》卷二五一三,第47册,第29044页。
②　北京大学古文献研究所编:《全宋诗》卷二五一四,第47册,第29055页。
③　北京大学古文献研究所编:《全宋诗》卷二五一四,第47册,第29056页。
④　北京大学古文献研究所编:《全宋诗》卷二五一五,第47册,第29061页。
⑤　北京大学古文献研究所编:《全宋诗》卷二五一五,第47册,第29070页。
⑥　北京大学古文献研究所编:《全宋诗》卷二五一五,第47册,第29064—29065页。
⑦　钱锺书:《宋诗选注》,第214页。
⑧　北京大学古文献研究所编:《全宋诗》卷二五一五,第47册,第29064页。

是贫家一祥瑞。床头三日未开尝,耿耿忧心自如醉。①

　　通过此诗,可见章甫长期过着寄食江湖、贫寒无依的生活。章甫举家糊口都常遇到困难,又无谒进之门,满怀豪情壮志也只能付诸东流。因此,他惟有感叹自己"酒边志气漫豪放,镜中骨相殊酸寒"②,"书生苦衰懦,空使鬓毛斑"③。

　　生活艰辛的磨难与报国无门的苦闷,对章甫的精神形成了双重的压力。在这种情况下,章甫选择了一条寻求精神解脱的途径,那就是由排佛到信佛坐禅,在释氏心性的沉潜中退藏守真,甚至认为儒家传统的道德仁义之旨和治国的道理也尽在其中。这种思想在章甫的诗歌创作中亦有鲜明表现。如其《简查仲明》诗:

　　　　佛法若大海,我生犹蚊虻。饮少腹已满,鼓翅作微鸣。查侯饱禅学,如说且能行。有如辽天鹤,岂受网罟婴。有身未免俗,时时还入城。篮舆过茅屋,无异同条生。相见非何事,说法俱纵横。妙处固不二,其实无所争。愿君更方便,除我疑惑情。要如两圆镜,相照交光明。④

　　章甫认为佛法无边,而个人不过如蚊虻一样渺小,并且不能脱离俗世苦难的罗网,因而若是能够沉潜于佛法禅宗寂灭无我的境界之中,即能心境纯明,摆脱烦恼。又如《绣观音》:

　　　　蜀人多巧思,组绣用功深。生绡三尺余,成此观世音。慈悲欢喜容,如出旃檀林。莲花随步武,璎珞缦衣襟。手中杨柳枝,时布慈云阴。誓度诸有情,能以音声寻。由兹善幻力,使我生恭钦。仰瞻大自在,本以一寸针。众生与诸佛,其实同此心。愿学闻思修,苦海脱浮沉。⑤

　　章甫此诗,通过描绘蜀人所绣观音像,说明观音菩萨"誓度诸有情,能以音声寻"的神性和特色,并表明了自己"愿学闻思修,苦海脱浮沉"的解脱

---

①　北京大学古文献研究所编:《全宋诗》卷二五一四,第47册,第29051页。
②　北京大学古文献研究所编:《全宋诗》卷二五一四《戏简李清宇》,第47册,第29056页。
③　北京大学古文献研究所编:《全宋诗》卷二五一五《闻下亲征诏志喜》,第47册,第29071页。
④　北京大学古文献研究所编:《全宋诗》卷二五一二,第47册,第29039页。
⑤　北京大学古文献研究所编:《全宋诗》卷二五一二,第47册,第29040页。

苦难的愿望。此外，其《与北山长老》："数间破屋城南街，坐卧一榻心如灰。现身幻化本无住，疾病问渠何自来。"①《次韩无咎途中寄陆务观》其五："老来犹是客，归去亦无家。万事大槐国，一身焦谷芽。心闲聊默坐，红日下天涯。"②《西湖游上人相访于白沙翌日如金山求诗》其一："剥啄惊春睡，萧然湖上僧。篝灯夜深语，多说鉴巴陵。"③通过这些作品，均可见章甫坐禅事佛的生活与心态。而事实上，通过上述诗作也可以看出，由追求儒家的济世之志到寻求释氏的禅悦，乃是章甫这位不遇于时的江湖诗人无奈的选择。

三、骨力苍秀的艺术风格

章甫的诗歌创作，颇有艺术造诣和个性特色，具有一种骨力苍秀的独特风格。清代四库馆臣对章甫诗歌甚有好评，《四库全书总目》云："其格律虽稍近江湖一派，而骨力苍秀，亦具有研鍜之功……是其所与酬赠者，皆一时俊杰之士，故耳濡目染，尚能脱化町畦，自成杼轴，颇为不坠雅音。"④具体来看，章甫诗歌骨力苍秀的艺术风格，主要有以下两个方面的表现。

其一，章甫诗歌言之有物，具有志在四方的慷慨意气与忧国伤时的沉郁之气，因而甚有骨力。章甫一生游历江湖，具有四方之志。其《送张寺丞》诗云：

> 知己不易得，相知贵知心。我行遍四方，公独知我深。公如千丈松，凛凛有直气。我如松下草，亦有傲霜意。公分刺史符，揭来淮上州。而我倦游者，振衣从公游。⑤

这是一首送别张孝祥的诗作，章甫不仅赞扬了张孝祥有如千丈之松的凛凛直气，也表白了自己凌寒傲霜的骨气和振衣壮游的意气。吕祖谦即有《寄章冠之》诗，称章甫：

> 章侯平生一诗囊，酬风酢月遍四方。浩歌姑熟酒淋浪，醉呼太白同举觞。遂登浮玉临渺茫，江涛挟笔益怒张。沙头倚樯乐未央，兴阑忽上秋浦航。门前槐花日夜黄，闭门琢诗声绕梁。白袍纷纷渠自忙，飘然邂

---

① 北京大学古文献研究所编：《全宋诗》卷二五一四，第47册，第29058页。
② 北京大学古文献研究所编：《全宋诗》卷二五一五，第47册，第29060页。
③ 北京大学古文献研究所编：《全宋诗》卷二五一七，第47册，第29084页。
④ 永瑢等：《四库全书总目》卷一六〇《自鸣集提要》，第1383页。
⑤ 北京大学古文献研究所编：《全宋诗》卷二五一二，第47册，第29028—29029页。

迩非所望。自言久厌世锁缰，合眼已梦庐山苍。君才甚硕气方刚，身虽欲隐文则彰。①

吕祖谦诗，描绘了章甫遍游四方、浩歌醉呼的人生意态及其江涛挟笔、诗声绕梁的豪宕之风，进而肯定章甫才之阔大与气之方刚，最后称赞章甫身虽欲隐而文名愈彰。吕祖谦所论，正是章甫及其诗歌创作之慷慨意气的典型写照。

章甫诗又具有忧时情怀和沉郁之气。如其《韩使君分送芍药索诗因忆旧游》：

> 忆向西津棹酒船，维扬去结看花缘。杖藜到处花辄好，夭红艳紫相留连。散尽黄金携酒友，夜深明月还京口。中流击楫来悲风，天阔参横移北斗。俯仰光阴恰十春，二十四桥经战尘。眼明忽见扬州种，衰病无因贾余勇。②

章甫此诗，为回忆自己与友人于十年前棹船同游维扬而作。章甫诗描绘了当时的扬州"杖藜到处花辄好，夭红艳紫相留连"的繁盛之况，叙述了自己与友人兴尽而归，趁着满天明月于深夜返回京口的游兴和雅致，也表现了"中流击楫来悲风，天阔参横移北斗"的豪情与意气。然而十年之后，扬州却因金人的入侵而遭到破坏，自己也是衰病穷困，不复当年之勇。章甫作品中扬州昔盛今衰的对比，"夭红艳紫"、"夜深明月"等意象与"俯仰光阴恰十春，二十四桥经战尘"的诗句，令人自然想起另一位江湖诗人姜夔的著名词作《扬州慢》："二十四桥仍在，波心荡，冷月无声。"③虽一为诗，一为词，却异曲同工，骨气清刚，又充满黍离之悲。又如《松滋县作》：

> 月近中秋白，云随落日横。途穷谙客味，岁晚见交情。念旧伤存没，忧时尚战争。西风催起柁，鸥鹭莫寒盟。④

《次张子仪韵》：

① 吕祖谦：《吕东莱文集》卷一一，第 255 页。
② 北京大学古文献研究所编：《全宋诗》卷二五一三，第 47 册，第 29045 页。
③ 姜夔：《白石道人歌曲》卷四，第 52 页。
④ 北京大学古文献研究所编：《全宋诗》卷二五一五，第 47 册，第 29065 页。

　　半身江海惯浮游，邂逅今成客此州。忧国幸逢年谷熟，望乡长恨晚山稠。连天烟雨双鸿雁，满地风波一白鸥。独把酒杯悲节物，何时弟劝与兄酬。①

　　章甫这些诗作，均将对国家时势的忧患与个人流落的感叹结合在一起，悲怀慷慨，甚有杜甫诗歌的沉郁之气。

　　其二，章甫的诗学思想极富张力，其诗具有豪宕放逸与沉郁凝重的双重意态，注重字句和意象的锤炼，笔力工稳清挺而不流于粗豪，具有苍秀之气。章甫的诗学思想富于张力。第一，章甫自幼即从张孝祥游，豪放飘荡，不受拘羁，因而诗歌创作也有李白那种放纵不拘的倾向。章甫《秋雨未已客怀不佳夜诵少陵遣兴诗至生涯能几何常在羁旅中三复增感每字赋一诗》即说"诗吟不必工"②。第二，由于特定的时代背景，章甫又吸收了杜甫那种凝重的创作之风。如《送潘致虚之湖南》称"度日工诗律，伤时洒泪行"③。"工诗"与"伤时"的结合，使得章甫的诗歌创作具有杜甫式的偃蹇沉郁之态。第三，由于特定的文学史背景，章甫又深受江西诗学的影响。其《张君明昆仲袖唱和诗见过》云："文章虽云一小技，妙处非难亦非易。染丝织锦未足工，点铁成金始为贵。我穷半世坐吟诗，诗成不救寒与饥。"④章甫认为从事诗歌创作不应该过于讲究辞藻雕绘，而应追求"点铁成金"。"点铁成金"乃是江西诗学的不二法门，在这种诗学思想的指导下，章甫注重笔力的端劲与诗句的锻造。其《和仲韩见简韵》云："翩翩赵公子，时时枉轩乘。诗词既清婉，笔力亦端劲。"⑤《元用见过诵诗剧谈因成古风以成戏恼兼简若晦唐卿》云："平生嗜酒耽佳句，此外自知无用处。"⑥此外，流寓江湖的贫寒经历与酷爱诗歌创作的个性，使得章甫还有苦吟的癖好。其《用前韵赠高持一》云："暇日出门聊散步，雪晴爱此山无数。骨寒那得使鬼钱，肠枯谩索惊人句。"⑦《督祖显和章》云："酒酣谈辩翻波澜，得句全胜得好官。我亦从来有诗癖，捻髭一字吟难安。"⑧《雪中张仲庠惠十诗老懒不能追逐戏答古风兼简陈伯茂》云："爱君诗好韵倔奇，快如天马不容羁。惜君有钱不沽酒，尽日苦

---

① 北京大学古文献研究所编：《全宋诗》卷二五一六，第47册，第29078页。
② 北京大学古文献研究所编：《全宋诗》卷二五一二，第47册，第29031页。
③ 北京大学古文献研究所编：《全宋诗》卷二五一五，第47册，第29064页。
④ 北京大学古文献研究所编：《全宋诗》卷二五一三，第47册，第29049页。
⑤ 北京大学古文献研究所编：《全宋诗》卷二五一二，第47册，第29030页。
⑥ 北京大学古文献研究所编：《全宋诗》卷二五一三，第47册，第29049页。
⑦ 北京大学古文献研究所编：《全宋诗》卷二五一三，第47册，第29049页。
⑧ 北京大学古文献研究所编：《全宋诗》卷二五一四，第47册，第29051页。

吟难疗饥。"①

　　通过上述章甫关于诗歌创作的考述可以看出,章甫的诗学思想极富包容性,既有李白式的豪宕放纵,又有杜甫式的苦吟求工和慷慨沉郁;既有陆游、刘过的激愤发越,又有姜夔的清奇秀挺。但是,章甫诗又截然不同于众家,骨力与苍秀并具,具有独特的意象特征,在南宋中兴诗坛自有一家之风。如其《骢马》:

　　　　门前骢马无人骑,北风落日长声嘶。细看毛骨独殊众,或言来自流沙西。伏枥忍遭奴隶辱,立仗难贪五品粟。将军边塞敢横行,愿同生死俱驰逐。②

　　此诗以北风、落日、长嘶、毛骨、槽枥、边塞等清奇劲厉的意象,构成非凡与平凡、奇倔与沦落的对比,着力塑造了一匹毛骨殊众然而长期沉沦不遇的骢马形象。事实上,章甫诗中着力塑造的骢马形象,也正是诗人自己甚至是一代有志无时的江湖士人的典型写照。最后一联"将军边塞敢横行,愿同生死俱驰逐"的呐喊,表达了江湖诗人渴望遇合和慷慨驱驰的愿望。全诗悲而不颓,骨力不凡,充满清奇之气。又如《登谯楼》:

　　　　老大心虽懒,登临眼尚明。水流春后暖,楼迥晚来晴。翔集鸠无数,归飞雁一鸣。阑干成独倚,愁绝暮云平。③

　　诗歌以春水、迥楼、翔鸠、归雁、阑干、暮云等杳远的意象,构成一幅春后晚晴的画面,苍秀渺茫,格调高远。

　　前考章甫长期客游江淮一带,这在其诗歌创作中亦有表现。值得指出的是,江淮这一特定历史与地理空间,也成为章甫诗歌题材与意象、情韵与风格生成的特定要素。他有《采石》诗云:

　　　　江行十日风打头,采石江边还小留。龙宫煌煌俯湍流,抠衣再拜祈神庥。出门径作萧寺游,危亭缥缈临金牛。江南江北苍烟收,日落未落双蛾愁。尚书丽句世罕俦,惜哉度曲无歌喉。折梅置酒斋堂幽,黄冠不

---

① 北京大学古文献研究所编:《全宋诗》卷二五一四,第47册,第29054页。
② 北京大学古文献研究所编:《全宋诗》卷二五一三,第47册,第29042页。
③ 北京大学古文献研究所编:《全宋诗》卷二五一五,第47册,第29067页。

饮空夷犹。野僧举筋横青眸，更得大斗偿香羞。兴阑山下却登舟，使君
爱客方绸缪。夜深杖藜吊荒丘，列炬照野经塍沟。居人窃视声咿嚘，好
事从来无与俦。促坐款语相答酬，伤今怀古风飕飗。泊渚高吟聊写忧，
然犀照怪知何求。醉狂夜披紫绮裘，骑鲸入海穷冥搜。圣贤寂寞江悠
悠，人在天地真蜉蝣。况我此身如赘疣，从公行善臭味投。有酒如川容
拍浮，但愿早登黄鹤楼。痛饮浩歌更劝酬，一吊祢衡鹦鹉洲。①

　　自唐至宋，长江边上的采石即是与诸多名人及历史事件联系在一起的
一个地方，具有丰富的历史记忆和深厚的人文蕴涵，特别是有关唐代著名诗
人李白于采石捉月而亡的历史传说，以及宋代儒臣虞允文于采石大败金主
完颜亮的记载评述，催生了大量相关历史文献和诗文作品，形成一道丰富多
彩的历史与文学景观。章甫这首《采石》诗，记述了他行经采石的辛苦艰
难，描写了江南江北的苍茫景象，并表达了其"伤今怀古"的复杂情怀，全诗
意象苍古，情怀豪宕，充满慷慨沉郁之气，成为能够反映章甫思想个性、诗歌
意象与艺术风格的代表作品。

第二节　江湖长翁陈造

　　陈造（1133—1203）字唐卿，高邮（今江苏高邮）人，一生交游广泛，甚喜
文学创作，曾自称"予好诗，世之诗人，多与游"②。在南宋中兴诗坛上，陈造
与姜夔为文章知己，又与范成大、陆游、袁说友、张镃等有交游唱和，在当时
颇有文名，"范石湖、陆放翁俱极称其诗"③，"范成大尤爱其文"④。《四库全
书总目》论其"遭宋不竞，事多龃龉，自以为无补于世，置江湖乃宜，遂号江
湖长翁。既不竞其用，故无所表见，而《宋史》亦不为立传……集中《罪言》
一篇……其文则恢奇排奡，要亦陈亮、刘过之流。其他札子诸篇，多剀切敷
陈，当于事理。记序各体，锤字炼词，稍伤真气，而皆谨严有法，不失规程。
在南宋诸作者中，亦铁中铮铮者矣"⑤。陈造今存《江湖长翁文集》四十卷，
诗文数量也甚多。无论是就其生平经历、思想个性、文坛声名还是诗文创作

①　北京大学古文献研究所编：《全宋诗》卷二五一三，第47册，第29043页。
②　陈造：《江湖长翁文集》卷三一《跋赵子野诗卷》，《宋集珍本丛刊》第60册，第683页。
③　陈焯编：《宋元诗会》卷四二，《故宫珍本丛刊》第634册，第175页。
④　王鏊：《姑苏志》卷四二，《天一阁藏明代方志选刊续编》第13册，上海：上海书店，1990年，
　　第668页。
⑤　永瑢等：《四库全书总目》卷一六一《江湖长翁文集提要》，第1385页。

而言,陈造均是南宋中兴时期较有特色的一位江湖诗人,但学界关于陈造的研究还非常不足。① 本节拟从其由仕途走向江湖的心路历程、特色鲜明的刺世题材、写意诗学与朴拙诗风等方面,对陈造及其诗歌展开讨论。

一、由仕途走向江湖的心路历程

在南宋中兴时期江湖诗人中,陈造是一位经历较为独特的诗人。南宋江湖诗人之所以流落江湖,主要有以下两种途径:一是由于各种原因不能进入仕途,二是离开宦海而走向江湖,而绝大多数属于第一种类型。陈造经历了由科举入仕、厌倦官场到弃官而走向江湖的人生轨迹,乃是江湖诗人中第二种类型的典型代表。而透过陈造与众不同的人生经历,我们可以看到陈造及与之类似的江湖诗人特定的心路历程。

陈造早年力求仕进,具有积极入世的志向。在中进士之前,陈造即已胸怀报国之志。乾道二年(1166)正月陈造34岁,作《游山阳十首》,其十称“蹀血龙荒平昔志,即今搔首望中原”②,在诗中表达了自己恢复中原的壮志。淳熙二年(1175)陈造进士登第,时年43岁,由此走上仕途。明人王鏊撰《姑苏志》称:“陈造,字唐卿,高邮人,淳熙初进士,调繁昌尉,改平江教授……历浙西参议幕,时人称为淮南夫子。”③厉鹗《宋诗纪事》则称陈造:“淳熙二年(1175)进士。调繁昌尉,寻宰定海,倅房陵,至淮浙安抚使参议。”④结合这两条记载,可以勾勒出陈造仕宦的大致经历,即初为尉繁昌,调平江教授,宰定海,倅房陵,任淮浙安抚使参议。这些记载还较为粗略,并未说明确切时间。考陈造有《题太仓稊米集》自述,“岁丙申,予尉太平之繁昌”⑤。丙申岁为淳熙三年(1176),正是陈造进士登第的第二年,可知陈造至迟于进士登第的第二年即已在繁昌尉任上。陈造赴繁昌尉,周孚有《送陈唐卿尉繁昌二首》,其一云:“一贫那可忍,子亦老夫如。晚岁难忘禄,生平误信书。相逢搔首处,共是折腰初。”⑥通过周孚诗,可见仕宦之初陈造生活上的贫寒之状。而陈造调任平江教授的时间,则在孝宗淳熙末期。陈造

---

① 目前学界有关陈造的研究,主要是就其生平事迹中的某些问题进行考证,如徐安琪《高观国陈造交游考》(《文学遗产》2009年第4期)、秦惠民《陈造主教吴门与范成大之交往考》(《海南师范大学学报》2011年第1期)等。

② 陈造:《江湖长翁文集》卷二〇,《宋集珍本丛刊》第60册,第546页。

③ 王鏊:《姑苏志》卷四二,《天一阁藏明代方志选刊续编》第13册,第668页。

④ 厉鹗:《宋诗纪事》卷五四,第1384页。

⑤ 陈造:《江湖长翁文集》卷三一,《宋集珍本丛刊》第60册,第691页。

⑥ 周孚:《蠹斋铅刀编》卷一一,《影印文渊阁四库全书》第1154册,第613页。

有《题吕居仁诗》自述，"始余贫甚……丙午，主吴门教"①。丙午岁乃淳熙十三年（1186）。平江府在宋属两浙路，治吴郡。② 陈造所谓"主吴门教"，说的正是任平江教授之职。由此可知，在孝宗淳熙年间的绝大部分时间里，陈造官职均较为卑微，生活也很清贫。

尽管陈造在任繁昌尉和平江教授期间生活清贫，但他能以民为本，又尽心教职，具有比入仕之前更为进取的报国之念。如他有《次韵赵教授》诗，序称："辛丑，天大旱，农枵腹可念，歌酒市谊哗自如"。其诗云：

> 携孥西垒复东城，触处千愁百恨生。如许尧民艰粒食，未应汉法废常平。爱君长策三农重，泥古迂儒一芥轻。会略文移倒陈廪，一时骨肉慰皇情。③

辛丑岁乃淳熙八年（1181），陈造在诗中表达了对旱情的忧虑、对农事的重视和对百姓生活的怜恤之情。陈造在任平江教授期间，尽职尽责，士子"及被教养，咸服其问学议论，恨师承之不早"④。陈造仕宦之际，不仅勤于职守，更未忘记恢复中原的大业和国耻家仇。淳熙九年（1182）十月，他作《酹淮文》云："匪河匪江，天岂以是限南北兮……杀敌之冲，师济其出兮。"⑤表达了杀敌复国的愿望。对于使金名臣范成大，陈造也是赞许有加。其《次王尚书韵呈石湖》云："出使辞气振，前席情素吐。非公任安危，衮阙几不补。"⑥对范成大使金的气节与功业予以高度肯定。此外，陈造还在许多诗歌中表达了自己的四方之志。如《九月二日》："人生四方志，谁遣霜覆颠。"⑦《送曹器远从使房》："男儿生有四方志，谁能俛眉妇车里。周原咨度使尘飞，汉官威仪渠颡泚。异时横草恐不免，此去灌爪聊复尔。赤县神州吾旧物，文谟武略君奇士。列圣恩波迄未涯，百年胡运今如此。山川险隘须默究，他日上前烦聚米。杀胡之林定何许，持酒遐望一启齿。归来有句敌车攻，老子滞懑资一洗。"⑧无论是送别友人，还是自抒胸臆，均可见陈造慷慨报国的情怀和积极入世的心态。

---

① 陈造：《江湖长翁文集》卷三一，《宋集珍本丛刊》第60册，第684页。
② 参见郭黎安：《宋史地理志汇释》，合肥：安徽教育出版社，2002年，第127—130页。
③ 陈造：《江湖长翁文集》卷一二，《宋集珍本丛刊》第60册，第451—452页。
④ 王鏊：《姑苏志》卷四二，《天一阁藏明代方志选刊续编》第13册，第668页。
⑤ 陈造：《江湖长翁文集》卷三〇，《宋集珍本丛刊》第60册，第667页。
⑥ 陈造：《江湖长翁文集》卷二，《宋集珍本丛刊》第60册，第325页。
⑦ 陈造：《江湖长翁文集》卷二，《宋集珍本丛刊》第60册，第329页。
⑧ 陈造：《江湖长翁文集》卷一〇，《宋集珍本丛刊》第60册，第419—420页。

不过，陈造入仕之初，在勤政安民的同时，即已感到了官事对自己的束缚。如淳熙三年（1176）陈造刚出任繁昌尉，便有《书隐静寺壁》，序称："丙申秋入隐静，未到，雨甚，苦行，既到，遽晴。迫官事即去，感而作"。其诗云："他年五湖舟，何殊一杯渡。卷舒吾自由，谁招复谁拒。"①陈造抒发了因迫于官事而失去自由的苦闷，表达了有朝一日弃官而泛五湖的愿望。对于南宋朝廷始终不能恢复中原、洗雪国耻，陈造也产生了强烈的不满情绪。其《送叶主簿楚州应钱帅之招》诗云："汉庭用少余，无策销外侮……诸将失投机，遽岂一二数。形势可聚米，君王未借箸。江湖五十年，帝阍严九虎。后生不更事，儿戏议边围。圆方殊枘凿，寂默忍羁旅。平生干霄气，百吞不一吐。"②此诗正是陈造不满情绪的表达。不过总的来说，在仕宦早期，陈造思想中济世许国的念头无疑占据着上风。

陈造进入仕途15年之后，调官定海县宰。《宝庆四明志》定海县令条记载，"陈造，宣德郎，绍熙二年（1191）七月初二日到任。磨勘，转奉议郎。五年（1194）七月初十日满"③。《宝庆四明志》明确记载了陈造在定海县令任上的时间，这个时间，几乎与短短的光宗一朝同始终。就在陈造调官定海县宰之前，南宋政局发生了一个重要变化，即淳熙十六年（1189）孝宗禅位于光宗。光宗是一位性情懦弱的皇帝，受制于凶悍好妒的李皇后，南宋的中兴之治，基本上就是从光宗朝开始发生转变而走向衰弊的。光宗朝陈造任定海县令时期，可以说也是陈造思想发生明显转折的一个阶段。大概从此期开始，一方面由于国势的衰弊和朝政的混乱，另一方面由于逐渐看到了官场的黑暗，陈造弃官归去的念头越来越强烈。陈造此期的思想心态，在其诗歌创作中亦有充分表现。这一时期，历史上不受官场拘束的著名诗人陶渊明成为陈造的异代知己和人生楷模，他也创作了大量和陶诗，表达自己的志操和怀抱。绍熙三年（1192）闰二月，陈造在定海县邑斋，作《和陶渊明二十首》。其八云：

> 肮脏老眉面，岂是趋世资。谬著百僚底，矍矍强折枝。深知才用短，敢谓时命奇。归耕不顾计，更问婚娶为。何向不贫贱，肯为寸禄羁。

其十云：

---

① 陈造:《江湖长翁文集》卷三,《宋集珍本丛刊》第60册,第338页。
② 陈造:《江湖长翁文集》卷二,《宋集珍本丛刊》第60册,第324页。
③ 胡榘修,方万里、罗浚纂:《宝庆四明志》卷一八,《宋元方志丛刊》第5册,第5228页。

自公有至乐,诗卷还坐隅。得句一吐之,嬉然忘穷途。百世一俯仰,万象付驰驱。吟情当饮兴,其乐皆有余。役心声利场,咄咄彼何居。①

　　陈造在其和陶诗中,抒发了自己不肯为"寸禄"羁绊,不愿意折腰"趋世"和役心于声利之场的志操。其《和陶渊明归田园居六诗》,序称:"予漫仕代耕,山林之意无一日忘,顾口未糊尔。官上得师文书,知埠荒田,竟自此告功,必酬曩志。乃和渊明《归田园居诗》以自坚其约"。其四云:"半生冒吏尘,初不一日娱。往往清夜梦,翛然系林墟。"②从中,可以看出陈造对于身陷官场的苦闷及其决意弃官归去的强烈愿望。

　　陈造于绍熙五年(1194)离开定海县任后,虽然又曾倅房陵,任淮浙安抚使参议,但其思想中对于功名的厌弃之情越来越浓重。他有《次韵徐监岳四首》其二云:"末路功名梦已断,生平邱壑情自深。"③《即事》云:"平昔功名念,如今冷似灰。"④《官居二首》其二云:"忍事肠欲烂,为防头救燃。不应一饱计,长受众人怜。"⑤晚年,陈造在官场与江湖的抉择和心灵斗争中,终于选择了后者,弃官而去,置身江湖,"号江湖长翁"⑥。清代吴之振等选编《宋诗钞》论陈造"江湖长翁"之号云:"陈造,字唐卿,淮之高邮人。自以无补于世,置江湖乃宜,又以物无用曰长物,言无当曰长语,故称江湖长翁。"⑦陈造自身的诗文创作及后世评述,都揭示出其由仕途走向江湖的人生轨迹,乃是他的自我抉择,反映出其特定的心路历程,并成为理解其生平事迹与诗文创作的一条重要线索。

二、特色鲜明的刺世题材

　　在南宋中兴时期,以文学题材对当时世态进行揭露和讽刺最为广泛与深入的诗人莫过于陈造。钱锺书先生即指出,"他敢批评当时的社会习尚,肯反映人民疾苦"⑧。事实上,陈造之所以由仕途走向江湖,并不是因为厌世。陈造是弃官,而非弃世。就其生平事迹来看,他对于时势与世态无疑是

---

① 陈造:《江湖长翁文集》卷二,《宋集珍本丛刊》第60册,第319页。
② 陈造:《江湖长翁文集》卷四,《宋集珍本丛刊》第60册,第347—348页。
③ 陈造:《江湖长翁文集》卷九,《宋集珍本丛刊》第60册,第412页。
④ 陈造:《江湖长翁文集》卷一一,《宋集珍本丛刊》第60册,第433页。
⑤ 陈造:《江湖长翁文集》卷一一,《宋集珍本丛刊》第60册,第435—436页。
⑥ 厉鹗:《宋诗纪事》卷五四,第1384—1385页。
⑦ 吴之振、吕留良、吴自牧选,管庭芬、蒋光煦补:《宋诗钞·江湖长翁诗钞》,第1171页。
⑧ 钱锺书:《宋诗选注》,第211页。

非常关切的,正因为察之微,忧之切,故而讽之广,刺之深,表现在文学创作之中,便是陈造创作了大量特色鲜明的刺世题材诗歌,对各种不良社会现象展开了全面、深刻的讽刺和批判,在南宋中兴诗坛可谓独树一帜。

其一,讽刺社会上下偷惰宴安、忍耻事仇的苟且现象。陈造对于时势与世态的关注非常广泛,其中首推谋敌复国之业。由于中兴日久,南宋举国上下不免有骄惰宴安的懈怠倾向,因此陈造上《罪言》于时君,云:

> 某之所言三:一曰谋敌;二曰备用;三曰救时。今方为吾敌者大国也,几晋之于秦,宋齐梁之于魏也。南渡已来,议者所见不同,或易而言之,或惮其强,缩颈而不敢启其口,一于惮,国何赖? 易而言之,是石虎肆市朝之说也。天未悔祸,逾六七十年矣。比者虏酋嗜杀弃亲,而又荒于畋。嗜杀而骨肉不免,则非所以自安。荒于畋,则其政事必堕。自古有是二者,不亡则乱,况酋以凶德临天下,其乱亡之兆,是吾向来卧薪抱冰,祷祠而不可得者也……夫好功名者,固非所以安吾国,苟安而偷惰乎,则祸常伏于既久。盖用国如用器,轻用之固不可,置而不用尤不可……使天下骄惰宴安,臣民习熟恶劳而甘佚,是惟无事,一有盗贼兵革意外之患,上下相视,仓黄周章,无适为计,此祸之最惨者也。①

陈造提出“谋敌”、“备用”和“救时”的三大重要方略,警醒君主和时人应当时刻不忘国耻家仇,戒除偷惰之习。至清代,四库馆臣称陈造《罪言》一篇“要亦陈亮、刘过之流”②。

对于社会上下这种偷惰苟安的讥刺与批判,也成为陈造诗歌的重要题材。如其《魏帝庙》诗:

> 佛狸岁未卯,志欲吞宇县。当年江饮马,腥血浸淮甸。无人饭耕牛,有井巢归燕。至今阅遗史,为汝空饮恨。缅想瓜步留,杀气缠吴分。云何此山椒,遗像俨高殿。无乃甘事仇,吴俗昧所见。或复绵历久,后嗣忘敌怨。冥漠彼有识,福汝吾敢信。君看赵与薛,狥国冒祸衅。魏侯继前躅,长呼死白刃。胡不尸祝之,香火均远近。岂但祈神休,抑使顽懦奋。谁今决从违,引手迓我愿。(自注:赵侯立、薛侯庆、魏侯胜,皆

---

① 陈造:《江湖长翁文集》卷二四,《宋集珍本丛刊》第60册,第601—602页。
② 永瑢等:《四库全书总目》卷一六一《江湖长翁文集提要》,第1385页。

淮南死事将也。）①

　　陈造诗中的魏帝庙，指瓜步山上的佛狸祠。南朝宋文帝元嘉二十七年
（450），北魏太武帝拓跋焘大举南侵，曾在瓜步山上建立行宫，后来成为一
座庙宇，由于拓跋焘小字佛狸，因而此庙也被称为佛狸祠，佛狸祠至南宋时
尚存。《资治通鉴》记载，拓跋焘南侵之际，"至瓜步，坏民庐舍。及伐苇为
筏，建康震惧，民皆荷担而立"②。可见北魏南侵时，给江南人民带来了巨大
灾难。陈造作品中"佛狸岁未卯，志欲吞宇县。当年江饮马，腥血浸淮
甸……缅想瓜步留，杀气缠吴分"等语，即形象地描述了当年的史事。而对
于魏太武帝拓跋焘这位与金主完颜亮一样曾经举兵南侵的异族之主，吴中
百姓竟然将其作为一位高高在上的神祇来供奉祭祀。辛弃疾《永遇乐》词
即称"佛狸祠下，一片神鸦社鼓"③，描写的也正是这种现象。对此，陈造愤
慨地进行了讽刺和批判，认为吴人奉祀入侵中原、荼毒生灵的异族君主，事
实上就是甘耻"事仇"，忘记"敌怨"，是一种愚昧至极的行为，并认为人们真
正应当祭祀的是赵立、薛庆、魏胜等英勇抗金而死于淮南的将士。陈造此
诗，确可谓眼光独到，鞭辟深刻。

　　陈造甚至对苟且偷安的最高统治者也进行了无情的批判。如其《高宗
皇帝挽章二首》其二：

　　　　精一心传后，功隆道固存。徐乘仙驭去，往俪玉皇尊。典诰无遗
　　意，臣民有断魂。嵩灵弓剑望，愁雾惨中原。④

　　高宗卒于孝宗淳熙十四年（1187）。对于这位太上皇，孝宗自始至终都
极为畏惧，当时士大夫也常常多方溢美。然而，陈造诗却对高宗"徐乘仙驭
去"与"臣民有断魂"、"愁雾惨中原"展开鲜明对比，表达了对高宗不能矢志
规恢中原的不满之意和讥刺之情。在当时，这无疑是非常具有勇气和难能
可贵的，于时少见。

　　上述陈造诗歌对历史的追忆及其对现实世态的批判，不仅表达了他对
历史上所有入侵者的切齿仇恨，也讽刺了当时社会上下忍耻事仇的苟且行

① 陈造：《江湖长翁文集》卷三，《宋集珍本丛刊》第60册，第340页。
② 司马光编著，胡三省音注：《资治通鉴》卷一二五，上海：上海古籍出版社，1987年，第
　3959页。
③ 邓广铭笺注：《稼轩词编年笺注》，第527页。
④ 陈造：《江湖长翁文集》卷一一，《宋集珍本丛刊》第60册，第442页。

径,具有深刻历史意义与社会内涵。

其二,讽刺政府官吏因循腐朽、漠视民生的政治弊端。南宋在高宗、孝宗之后,政治之所以逐步走向衰朽,与当时越来越严重的冗官现象以及政府官吏上下因循、漠视百姓的风气是密切相关的。陈造对南宋中兴时期政治上的这种弊端也进行了揭露和讽刺。如其《官务》:

> 磨陀为官多,晓了未更历。今世从仕者,万口用一律。文按日从事,雁鹜窃投隙。自谋脱悔吝,初肯计易剧。追逮有踵接,符牒动山积。岂念南亩民,暑刻校日力。停犁听上命,质衣供旅食。谁定老我师,黜民几鬼蜮。缔彼刀笔吏,表里肆狙愿。奈何食肉人,立说与推激。此论傥不破,此弊终未息。揆予阅世熟,敢此谂在职。①

陈造在诗中首先揭示了"今世从仕者,万口用一律"的社会现象,进而对士大夫图谋私利和不以民生为念予以批判,最后指出正是因为那些肉食者表里勾结,相互包庇,才导致因循苟且之风始终不能平息。又如《钱弊》:

> 为家重墙垣,为民须货殖。扬庐国百户,东南赖控扼。淮民鱼米余,百货仰殊域。用铜防外泄,用铁乃奇画。一利伏一弊,救弊要得策。持货贸官券,舍此莫衣食。钱货天下用,铁乃限南北。坐令两淮民,块处断贸易。计铁取券直,十才收六七。朝贤爱淮民,此困盍矜恤。铜铁均国宝,通变岂无术。近甸视远地,未可岐畛域。况今苦倒垂,倚待振焚溺。②

包伟民先生尝研究宋代地方财政窘境及其影响问题,指出:"中国历代专制政府,尤其到它们统治的后期,无不存在税制混乱、杂赋横出之弊政。宋代(960—1279)则尤甚"③;又论宋代地方财政区域间不平衡问题,指出南宋国家军政开支区域分布与北宋有很大不同,以临安行都地区及长江沿线、蜀口等重兵驻扎地为中心,行都地区存在突出的"重赋现象",而"两淮地区,民户负担更重",两淮为边境地区,驻军集中,因此除赋税外,各类差科之重,为其他地区所无。④ 包伟民先生的研究,深刻揭示出南宋时期两淮

---

① 陈造:《江湖长翁文集》卷六,《宋集珍本丛刊》第60册,第368页。
② 陈造:《江湖长翁文集》卷六,《宋集珍本丛刊》第60册,第370页。
③ 包伟民:《宋代地方财政史研究》,上海:上海古籍出版社,2001年,第164页。
④ 包伟民:《宋代地方财政史研究》,第228—234页。

百姓受到的各种剥削。上述陈造《钱弊》一诗，则从货币流通的角度揭示了江淮百姓由于居住边地而遭遇格外艰辛的处境，受到更加深重的盘剥，抒发了他对两淮百姓的怜恤之情，而对政府对于民生困境熟视无睹的行为给予了激烈批判。

其三，讽刺趋时媚俗、欺世盗名的士风与学风。道学的兴起和发展，是宋代学术文化史上最引人注目的现象。自北宋至南宋，由于某些政治原因，道学屡次遭到朝廷禁锢，但总体来说学禁时间都非常短暂，在绝大多数时候均是处于自在发展的状态，甚至成为一时显学。正因为道学在宋代不断取得越来越重要的地位，所以一些欺世盗名之徒也不免混杂其中，趋合时好，谋取私利，产生了许多负面的影响和社会问题。宋末周密所撰《齐东野语》即揭示了这一问题：

> 伊洛之学行于世，至乾道、淳熙间盛矣。其能发明先贤旨意，溯流徂源，论著讲解卓然自为一家者，惟广汉张氏敬夫、东莱吕氏伯恭、新安朱氏元晦而已……世又有一种浅陋之士，自视无堪以为进取之地，辄亦自附于道学之名。裒衣博带，危坐阔步。或抄节语录以资高谈；或闭眉合眼号为默识。而扣击其所学，则于古今无所闻知，考验其所行，则于义利无所分别。此圣门之大罪人，吾道之大不幸，而遂使小人得以藉口为伪学之目，而君子受玉石俱焚之祸者也。①

清四库馆臣亦批判宋代的这种社会状况，"直以伊洛为市矣"②。而事实上，早在南宋中兴时期，陈造即以诗歌的形式揭露了这种社会现象。其《正学》诗云：

> 政术自学术，君子恶其欺。道学不容伪，世以伪用之。向来濂溪翁，粹然时所师。光风与霁月，取重前辈词。两程从之游，流变已受疑。应世颇拘谫，自立如矜持。何人传其粗，矫讦取世资。口中诚敬语，掎栔挹惠夷。其行则市井，跖蹻差所为。危坐悄长默，覆此庸茸茸……治道贵去甚，世变须防微。吾言或可录，敢用告采诗。③

---

① 周密撰，张茂鹏点校：《齐东野语》卷一一《道学》，第202—203页。
② 永瑢等：《四库全书总目》卷五七《伊洛渊源录提要》，第519页。
③ 陈造：《江湖长翁文集》卷六，《宋集珍本丛刊》第60册，第369页。

　　陈造并不排斥道学,而且盛推道学前辈周敦颐为一时宗师,但是他认为,自周敦颐弟子二程始,道学队伍中即开始出现了趋时媚俗、矫揉造作之徒,有些"矫讦取世资"的道学之徒甚至"口中诚敬语",而"其行则市井"。陈造诗歌一针见血地揭露了"道学不容伪,世以伪用之"的社会问题,对于当时的士风、学风与世风弊端进行了有力的讽刺和批判,具有独特认识价值和批判意义。

　　其四,讽刺陋隘和不合理的社会风俗。在宋代,还有一种极为突出的社会问题就是厚嫁之风盛行①,女子能否体面地出嫁以及婚后在夫家的地位如何,在很大程度上取决于陪嫁资妆的厚薄。早在北宋时期,司马光即揭示:"今世俗之贪鄙者,将娶妇,先问资妆之厚薄;将嫁女,先问聘材之多少……由是爱其女者务厚资装以悦其舅姑。"②南宋时期,袁采亦云:"至于养女,亦当早为储蓄衣衾妆奁之具,及至遣嫁,乃不费力。若置而不问,但称临时,此有何术? 不过临时鬻田庐,及不恤女子之羞见人也。"③宋代的厚嫁之风不仅盛行于士大夫之家,普通百姓之家亦然。这种风气造成的社会问题是:富贵之家嫁女,尚可体面风光,若是贫寒之家的待嫁女子,则会处于非常尴尬的境地,甚至因为无力配置嫁妆而迟迟不能出嫁。陈造即在诗中揭露了这种社会问题。其《财昏》诗云:

　　　　师昏古所辞,财昏今不耻。传祀合二姓,古者贵由礼。四德五可外,货贿亦末尔。民风日就颓,舍此争校彼。媒氏未到眼,聘资问有几。倾箧指金钱,交券寋租米。东家女未笄,仪矩无可纪。已闻归有日,资送耀邻里。西家女三十,闭户事麻枲。四壁漏风霜,行媒无留趾。坐贫失行期,趣富曹贪鄙。流弊例不免,其源实此起。多约或少酬,暂誉甘长毁。坐令亲旧欢,诡谲变狐鬼。何况性习间,贫富岐臧否。土俗未易挽,人情大不美。悠悠何足道,吾以谂君子。④

　　陈造此诗,通过一位寒家女子年已 30 岁却仍因无资而不能出嫁的典型

<hr/>

① 关于宋代的厚嫁之风,学者已有较为深入的研究,成果如:张邦炜《试论宋代婚姻不问阀阅》(《历史研究》1985 年第 6 期)、方建新《宋代婚姻论财》(《历史研究》1986 年第 3 期)、袁俐《宋代女性财产权述论》(《宋史研究集刊》第 2 辑,浙江省社联《探索》杂志社增刊,1988 年)等。

② 司马光:《司马氏书仪》卷三《亲迎》,上海:商务印书馆,1936 年,第 33 页。

③ 袁采:《袁氏世范》卷中《处己》,鲍廷博《知不足斋丛书》第 14 集,北京:中华书局,1999 年,第 350—351 页。

④ 陈造:《江湖长翁文集》卷六,《宋集珍本丛刊》第 60 册,第 369 页。

事例，揭露了"财昏今不耻"的陋俗和"人情大不美"的世态。最后，诗人深沉感慨"悠悠何足道，吾以谂君子"，一方面是对寒家女子难以出嫁及社会上厚嫁风气的批判，另一方面也希望其诗作能够像古之采风诗一样，通过"观风俗，知薄厚"①，上闻于君子。陈造这种批判精神与创作精神，都是值得肯定的。

三、写意诗学与朴拙诗风

在陈造的诗学思想中，为文写意是其最核心的部分。陈造有《跋赵路分书予诗文卷后》云："予为文，写意而已。初不自是，间示人，亦有予之者，然不自是之心未泯也。"②《自适三首》其二又称："渺渺湖天入短篷，心期祗许白鸥同。人言火食阆蓬客，自命官身田舍翁。酒可销闲时得醉，诗凭写意不求工。"③均表明了赋诗作文以"写意"为理想追求的文学观念。

陈造以写意为主的诗学思想，根植于中国传统诗学的深厚土壤之中。首先，陈造将其诗学思想的源头追溯到先秦时期的《诗经》和《楚辞》二部经典。陈造有《题韵类诗史》云："学诗，《三百篇》其祖也，次《楚辞》。是二经，不于其辞于其意，意无有不道也。杜子美古律诗实与之表里。"④陈造认为学诗当以《诗经》为首，其次是《楚辞》，因为《诗经》和《楚辞》"不于其辞于其意，意无有不道"。自《诗经》和《楚辞》而下，陈造进一步肯定唐代著名诗人杜甫的诗学思想，认为无论是杜甫的古诗还是律诗，均能够与《诗经》和《楚辞》相表里，做到以"意"为主。陈造所论，不仅非常富有见地，也体现出了其自身的诗学思想。陈造还对文学史上不追求华辞丽藻，而以思想情感与诗歌意境取胜的代表性诗人陶渊明予以高度赞许。绍熙三年（1192）闰二月，陈造在定海县邑斋作《和陶渊明二十首》，其十九云：

陶翁出宰县，径去亦天真。闲居诗成集，古雅仍深醇。坡翁访赤壁，临流双鬓新。小袖补衮手，千篇准过秦。两翁阅当世，眇若毫端尘。熙丰望义熙，爱君最忠勤。向非与道俱，宁尔著语亲。自我诵遗编，行身少知津。敢忘炷炉香，亦复垫雨巾。鼎鼎盖棺前，期无愧斯人。⑤

① 班固撰，颜师古注：《汉书》卷三〇，北京：中华书局，1962年，第1756页。
② 陈造：《江湖长翁文集》卷三一，《宋集珍本丛刊》第60册，第684页。
③ 陈造：《江湖长翁文集》卷一四，《宋集珍本丛刊》第60册，第470页。
④ 陈造：《江湖长翁文集》卷三一，《宋集珍本丛刊》第60册，第690页。
⑤ 陈造：《江湖长翁文集》卷二，《宋集珍本丛刊》第60册，第320页。

　　陈造对陶渊明"径去亦天真"的人生风节以及"古雅仍深醇"的诗学取向均非常推崇,并表达了瓣香陶渊明的愿望。陈造又有《题五柳先生诗编年后二首》,其二称:"陶翁诗百篇,优造雅颂域。九原不容作,妙意渠能测。今君语析尘,指示了皂白。定知泚笔人,斜川旧仙伯。毫厘无余蕴,领览饱新得。言下悟未师,吟边识圆泽"①。陈造认为陶渊明诗歌也能深造雅颂之域,以意见长。

　　陈造论诗文,追求以写意为主,但并不是说他就主张率意而为,不讲究文学创作的规则和技巧。前考陈造之所以最终置身江湖,并且写下大量广泛而深入的刺世题材诗歌,正是因为他是一位为政、治学、为文和对待人生均非常认真严谨的人,前述《四库全书总目》即称陈造之文"皆谨严有法,不失规程"。陈造有《云壑诗序》云:"诗难为工,必根源于学,而归宿于正。古诗之传,盖三千余篇,仲尼所取才十一,不徒取也,翦括之功加焉,如'素以为绚'之语,删者多矣,一于正,以为后法。"②陈造认为诗必根源于学,方能归宿于正,还引用孔子删诗之说为证。正是因为本着这种严肃认真的创作态度,陈造进行诗歌创作之际,虽然以写意为最高追求,但对诗歌格律的要求也非常严谨。其《题孟浩然集后》云:"孟浩然,襄阳贤士,当世名公犹钦慕之,高怀清致,使不能诗,亦时楷式。而是集所载,谨格律于闲淡,隐严密于纡余,不深于诗,未必知之。"③对于唐代著名隐逸诗人孟浩然,陈造不仅倾慕其高怀清致,还赞扬其诗歌"谨格律于闲淡,隐严密于纡余",认为孟浩然诗的平澹自然,是建立在严谨的格律锤炼之上的。其《题吕居仁诗》称:"东莱吕居仁诗,言从字顺,而其格律迈远严密,学者师法也"④。对于江西诗派后期领袖吕本中,陈造并未像其他人那样多论其"活法",而是极力推崇吕本中诗严密的格律,可谓别具慧眼。要之,陈造以写意为创作目标及其追求平淡之境的诗学主张,是以严谨的政治与人生立场、创作态度与诗歌格律为基础的。

　　因为陈造从事诗文创作态度严谨,重意而不重辞,故而他的诗歌具有自然、平实、朴拙的艺术风格。陈造一般不以俚俗之趣入诗,不使用绚丽的藻绘,不引冷僻的典故,不用艰涩的语词,不押奇险的韵脚,而往往是用自然朴实的意象和语言,描写自己所见所感的事物。如其《田家谣》:

---

① 陈造:《江湖长翁文集》卷五,《宋集珍本丛刊》第60册,第360页。
② 陈造:《江湖长翁文集》卷二三,《宋集珍本丛刊》第60册,第588页。
③ 陈造:《江湖长翁文集》卷三一,《宋集珍本丛刊》第60册,第691页。
④ 陈造:《江湖长翁文集》卷三一,《宋集珍本丛刊》第60册,第684页。

麦上场，蚕出筐，此时只有田家忙。半月天晴一夜雨，前日麦地皆
青秧。阴晴随意古难得，妇后夫先各努力。倏凉骤暖茧易蛾，大妇络丝
中妇织。中妇辍闲事铅华，不比大妇能忧家。饭熟何曾趁时吃，辛苦仅
得蚕事毕。小妇初嫁当少宽，令伴阿姑顽过日。明年愿得如今年，剩贮
二麦饶丝绵。小妇莫辞担上肩，却放大妇常姑前。①

陈造此诗，以平实的语言，叙述普通田家的生活和人物形象，娓娓道来，
质朴自然，令人仿佛看到一幅辛勤而又不乏亲情和生趣的田家生活图景。
又如《村居二首》其一：

五风十雨梅破夏，三青两黄麦欲秋。山禽评语野花笑，瘦筇随客下
西畴。

其二：

卷书揩目小披襟，睡起初便茗椀深。一缕碧檀无与语，坐窗闲看竹
移阴。②

上述第一首诗，以杨梅、夏麦、山禽、野花等简单而常见的意象，描绘出
一幅朴野而富于生机的自然图景。其中以"五风十雨"、"三青两黄"分别来
描写杨梅和夏麦，写尽疏朗之意和舒适之趣。同时，这种看似平淡和不经意
的描绘，事实上又煞费安排，具有诗情画意，体现了技巧和朴拙的有机统一。
第二首诗，则以卷书、揩目、披襟、睡起、品茗、无语、坐窗、闲看等一系列的日
常动作，写自己生活中的闲适之趣，节奏舒缓，语言自然。另外，像陈造文集
中大量的和陶诗歌和表现其自身游历见闻与情怀感想的作品，也往往都是
以平常语来抒情写意，风格朴拙，真实自然。

陈造富于个性特色的朴拙诗风，在当世即已得到时人认可，也为后世所
肯定。嘉定二年(1209)三月，陆游作《陈长翁文集序》云：

我宋更靖康祸变之后，高皇帝受命中兴，虽艰难颠沛，文章独不少
衰……久而寖微，或以纤巧摘裂为文，或以卑陋俚俗为诗，后生或为之

---

① 陈造：《江湖长翁文集》卷九，《宋集珍本丛刊》第60册，第410页。
② 陈造：《江湖长翁文集》卷一八，《宋集珍本丛刊》第60册，第514页。

变而不自知。方是时，能居今行古卓然杰立于颓波之外，如吾长翁者，岂易得哉！①

　　陆游在为陈造文集所撰之序中，指出陈造能够"居今行古"，避免"或以纤巧摘裂为文，或以卑陋俚俗为诗"的文坛时弊，"卓然杰立于颓波之外"，正道出了陈造从中国传统诗学中吸取营养，务去时弊，以自然朴拙之风独行于诗坛的诗学特色与地位。吴之振等选编《宋诗钞》亦称陈造，"其诗椎炼，不事浮响"②。

　　当然，陈造追求以写意为主的诗学，在某种程度上也给其诗歌创作带来了朴拙之累。陈造的有些诗作过于朴直，乃至失去诗歌的韵味，缺乏他所推崇的陶渊明诗那种浑然一体的意境营造和心境表现。如其《病起四诗》，写节食、止酒、息念、论报等四事。其中《论报》诗云："我本扶犁手，为儒父兄意。全家饱官廪，发肤尽君赐。一念三稽首，报答迄未议。向来把前修，谓可跬步至。即今频频食，空负堂堂志。"③此诗便有如白话，缺少意蕴。像这样的作品，在陈造文集中还有不少。总之，陈造诗歌虽然存在某些不足，但他追求写意的诗学及其朴拙诗风，具有鲜明个性特色，在南宋中兴诗坛上具有不可忽视的地位。

---

① 陆游：《陆游集·渭南文集》卷一五，第 2117 页。
② 吴之振、吕留良、吴自牧选，管庭芬、蒋光煦补：《宋诗钞·江湖长翁诗钞》，第 1171 页。
③ 陈造：《江湖长翁文集》卷四，《宋集珍本丛刊》第 60 册，第 349 页。

结　语

在南宋中兴诗坛上，江湖诗人姜夔尝有《送朝天续集归诚斋，时在金陵》诗称赞杨万里："翰墨场中老斫轮，真能一笔扫千军。年年花月无闲日，处处山川怕见君。"① 杨万里亦极为推赏姜夔，有《进退格，寄功父、姜尧章》诗云："尤萧范陆四诗翁，此后谁当第一功？ 新拜南湖为上将，更推白石作先锋。"② 杨万里与姜夔社会身份相差甚大，却以文学结为挚友，相互称赏，堪称文坛上的佳话。③ 然而杨万里也许不会想到，正是他以尤袤、萧德藻、范成大、陆游并举，从而成为南宋中兴四大家之说的始作俑者。到宋元之际，方回变杨万里"尤萧范陆"之说而为"尤杨范陆"之论。④ 至此，由杨万里肇始、方回完成的尤杨范陆四大诗家之说遂成定论，其说相沿至今。南宋中兴四大家之说，从文学接受的角度来看，深刻影响了后世数百年间人们对南宋中兴诗坛的理解模式；而从学术史的角度来看，也长期影响了学界对于南宋中兴时期诗歌研究的格局。后世的诗话、笔记等各种文献，今人的种种文学史著作及相关论著，论及南宋中兴时期的诗歌，亦必曰尤、杨、范、陆中兴四大家。

自宋以降有关中兴四大家的经典之论，自然有其特定文学、文化与学术史意义。然而也须看到，在中国传统文学史上，古人的一些文学批评常常是随机而发，并有其特定历史语境，往往缺乏现代学术意义上的科学性、严密性和完整性。正是由于后世沿袭杨万里、方回等人的中兴四大家之说，也造

---

① 姜夔：《白石道人诗集》卷下，第16页。
② 杨万里撰，辛更儒笺校：《杨万里集笺校》卷四一，第2190页。
③ 关于文学创作交流活动对宋代文人之间建立社会网络与互动关系的意义及影响问题，亦是当今海外学者关注的问题。代表性研究如 Colin S.C. Hawes，"The Social Circulation of Poetry in the Mid-Northern Song：Emotional Energy and Literati Self-Cultivation"，Albany：State University of New York Press，2005.
④ 方回曾多次申述"尤杨范陆"之说，如其《鄂州南楼》诗之评云："乾淳间诗巨擘称尤、杨、范、陆"（方回选评，李庆甲集评校点：《瀛奎律髓汇评》卷一，第43页）；《道上人房老梅》诗之评云："乾、淳以来，尤、杨、范、陆为四大诗家"（方回选评，李庆甲集评校点：《瀛奎律髓汇评》卷二〇，第771页）；《红梅》诗之评云："无咎（韩元吉）诗亦与尤、杨、范、陆相伯仲"（方回选评，李庆甲集评校点：《瀛奎律髓汇评》卷二〇，第829页）；《梅花》诗之评云："世之作者无穷，尤、杨、范、陆之后又有一赵昌父"（方回选评，李庆甲集评校点：《瀛奎律髓汇评》卷二〇，第835页）。

成了人们对于南宋中兴诗坛理解上某种程度的简单化、模式化甚至是偏颇,
并造成了现代学术研究中偏重中兴四大家而忽略此期其他重要诗人、重要
文学及相关历史文化现象的失衡格局。甚至有学者认为,"当杨万里、范成
大、陆游这几位大诗人崛起于南宋诗坛时,自然形成中兴局面。可惜的是,
这一时期的作家并不很多,没有形成作家群(而南宋词人却不少),除杨、
范、陆等大家之外,即使有其他人,成就也不高"①。从学术发展的角度而
言,这样的认识显然是有待修正的。丹纳尝论:

> 艺术家本身,连同他所产生的全部作品,也不是孤立的。有一个包
> 括艺术家在内的总体,比艺术家更广大,就是他所隶属的同时同地的艺
> 术宗派或艺术家家族……到了今日,他们同时代的大宗师的荣名似乎
> 把他们湮没了;但要了解那位大师,仍然需要把这些有才能的作家集中
> 在他的周围,因为他只是其中最高的一根枝条,只是这个艺术家庭中最
> 显赫的一个代表。②

　　诚如丹纳所言,研究一个时期的文学,如果仅仅根据文学成就的高低和
简单的价值评判来进行取舍,只关注少数几位诗人,并仅是拘囿于文学的范
畴,我们就难以深入特定历史与文学语境,真正理解这一时期丰富的文学与
历史文化现象,难以广泛深入地接触这一时期普遍的社会心理、诗人复杂的
灵魂脉动、多元的审美心态与艺术风格,我们对文学的理解与研究自然也难
以向纵深推进。

　　近年来,学界对南宋中兴时期四大家之外的一些重要诗人如朱熹、姜
夔、吕祖谦、陆九渊等进行了日益深入的发掘和个案研究。③ 事实上,这正
是学者对局限于中兴四大家的传统理解模式和研究格局的突破。可见,学
界已经从个案研究的角度迈出了反拨传统观念及研究失衡状况的步伐。然
而迄今为止,我们对南宋中兴诗坛的理解和研究,仍然没有打破"散点透
视"的基本模式。之所以形成这种局面,一方面的原因是仍然深受传统观
念的影响,另一个重要原因就是研究方法和视角的问题。学界以往的研究,
往往并未将南宋中兴诗坛的所有主要诗人均纳入考察的视域之内,并将其

---

① 吴小如:《宋诗漫谈》,《文史知识》1990 年第 2 期。
② 〔法〕丹纳著,傅雷译:《艺术哲学》,合肥:安徽文艺出版社,1998 年,第 44 页。
③ 代表性研究成果,如莫砺锋《朱熹文学研究》(南京:南京大学出版社,2000 年)、赵晓岚
　《姜夔与南宋文化》(北京:学苑出版社,2001 年)、杜海军《吕祖谦文学研究》(北京:学苑
　出版社,2003 年)、邢舒绪《陆九渊研究》(北京:人民出版社,2008 年)等。

置于特定的整体历史语境与文学史演进的坐标中进行探讨,进行充分的历史与文学事实的清理,系统梳理作家之间的关系及其群体动态;也未将南宋中兴时期的一代之文学作为一个整体,置于历史进程和社会文化发展的脉络之中,并将所有重要诗人的作品文本均纳入考察的范围之内,进行综合研究与比较分析,从而做出整体与个体的判断。

有鉴于此,本书试图突破学界主要对南宋中兴时期少数著名诗人进行个案研究的格局,从群体与整体角度,对南宋中兴诗坛进行全面系统的研究。在具体思路上,本书力图以充分的文献发掘为基础,文史结合,既注重文学发展中的关系与过程,也突出共性与差异,通过对基本史实与诗文作品的综合分析,系统考察南宋中兴诗坛的群体动态,着力探讨宋诗自南渡到中兴演进代变的历程及其历史文化动因,深入揭示南宋中兴诗坛丰富多元的诗学面貌,全景式地描述南宋中兴时期诗歌发展的纲目和架构,以期从广度与深度上拓展宋代文学研究的领域和空间。综观全书,我们可以得出如下认识:

其一,12世纪早期的宋室南渡,是宋代历史上的重大转变。宋室南渡后,无论社会文化还是诗歌艺术,在继承北宋的同时又发生了显著变化,尤其是宋孝宗至宁宗前期约半个世纪,诗歌创作出现中兴,成为继唐代开元、元和及北宋元祐之后的又一诗学高峰。南宋中兴时期,顺应宋室南渡以来社会经济、政治、学术文化与文学本身的发展,在南宋文化整合、诗人交往互动的过程中,诗坛形成了道学诗人、激进官宦诗人、保守官宦诗人及江湖诗人等不同诗人群体,他们表现出风貌各异的群体特征,成为理解南宋中兴时期诗歌发展的基本纲目和架构。

南宋中兴时期,道学发展成为当时最重要的学术思想,道学家的队伍空前壮大,在学术、政治领域中具有重要地位。道学家继承前贤学术之绪,又加以开拓创新。道学家之间,即使各持异议,也能保持同志之交,在激烈的学术争鸣中建立了良好的私人交谊和密切的关系网络,形成了一个内在联系紧密的道学诗人群体,他们主要有林光朝、林亦之、韩元吉、朱熹、张栻、吕祖谦、陆九渊、薛季宣、陈傅良、魏掞之、舒璘、孙应时、彭龟年、陈藻等。道学诗人以道为核心价值体系,形成了以道论诗的文学观念。道学家在学术、政治和日常生活的方方面面均以道自任,思考任何一个问题都离不开一个道的思维方式,诗歌也是他们阐述道学义理的重要工具,因此体道说理成为他们诗歌的普遍主题。道学的最高理想就是追求内圣外王的圣人之道,以求建构一个合理的人间秩序,道学家对于道的精神苦旅的追求亦表现在诗歌创作中,建构了一个古淡清美的艺术世界。

宋孝宗即位后,励精图治,矢志规恢。但由于各种原因,南宋中兴时期宋廷迟迟未能完成恢复中原的大业。因此无论是在朝廷还是地方,均有一批政治上积极进取的激进官宦,他们表现出对于时势的群体自觉,为抗金雪耻、恢复中原的理想而慷慨奔走,形成了南宋中兴诗坛上一个重要的激进官宦诗人群体,他们主要有胡铨、王十朋、洪适、陆游、杨万里、范成大、尤袤、周必大、张孝祥、王质、王阮、袁说友、李流谦、喻良能、蔡戡、崔敦礼、赵善括、楼钥、辛弃疾、杨冠卿、员兴宗、虞俦等。南宋中兴时期激进官宦诗人群体继承了自先秦至两宋以来"气"这一自然、社会、哲学和文学等领域的重要范畴,并且加以开拓创新,形成了以阳刚之气为核心的审美观念。在宋室南渡的耻辱背景和国土分裂的时势之下,他们始终在诗歌创作中强烈地表达着爱国忧时的共同主题。他们以诗歌的形式记事感怀,述志写心,建构了一个慷慨激越的艺术世界。

南宋中兴时期,从君主到朝野的许多士大夫,都在一定程度上受到高宗保守政治的影响。在这样的背景下,朝野始终有一批倾向偏安的保守官宦,主张继续沿袭自高宗以来息兵议和的"清静"政策,其中有些是中兴诗坛的重要诗人,形成南宋中兴诗坛上一个不可忽视的保守官宦诗人群体,代表人物为王之望、史浩、姜特立等。他们秉持着以诗娱情的创作观念,将文学看成娱情遣怀的工具。他们不意恢复,在生活中安享太平,抒写承平成为他们诗歌的重要主题。他们在作品中极力抒写个人的富贵、闲适与逸乐,建构了一个赋闲自适的艺术世界。

由于特定社会文化背景,南宋中兴时期还出现了一批重要江湖诗人,成为建构南宋中兴诗坛的一支重要力量。他们之间也具有较为密切的文学交往,形成了一个具有内在联系的江湖诗人群体,他们主要有章甫、陈造、刘过、姜夔、刘植、刘翰、刘仙伦、李泳、张良臣、葛天民等。南宋中兴时期江湖诗人很多是一时名士,又往往过着游谒江湖的生活,由于其复杂的身份属性及其反差巨大的两极生活体验,他们的诗歌也表现出名士与谒客的双重气格。江湖诗人虽然大多远离庙堂,游寓江湖,但他们对于时政是关切的,不过由于他们大多不是现实政治的直接参与者,他们对于现实政治的立场和心态又与身居官位的士大夫有所不同,在忧怀时势的同时往往又多了一份旁观者的无奈和讥讽,因而忧讽时政成为他们诗歌创作的一个鲜明主题。江湖诗人特定的生存状态与生活体验决定了其相应的创作心态,他们在诗歌领域也建构了一个偃蹇寒困的艺术世界。

其二,南宋诗歌的中兴,不仅是由北宋到南宋文学自身传承与演变的结果,还与宋室南渡后近百年间社会文化变迁、诗学理论转型、士林风貌新变等因素密切相关。可以说,南宋中兴诗坛是在南渡诗坛的基础上发展起来的,又由于特定的社会文化生态和中兴诗人的创造性开拓而发生代变。

师承活动是传承人类文明、推动社会发展的重要途径。从文学的角度观之,它又是文学史演进中的一个重要环节。在宋诗自南渡走向中兴的过程中,师承成为影响文学史发展的重要因素。南宋中兴诗坛的师承可以归纳为学术型、政治型、文学型三个系统,它们从政治学术、人格精神、诗歌艺术等层面对南宋中兴诗坛产生了深刻影响。南宋中兴诗人在继承师学的基础上,又以积极进取的精神超越了师承,树立了新的诗歌艺术典范,创造了宋诗中兴的局面,推动了文学史的演进。

政治文化生态的演变,是推动南宋中兴诗坛发展演进的又一因素。高宗时期,和议国策与君相集权、轻文取向与文化专制成为政治文化生态的基本特征。孝宗之治,促使政治文化生态发生重要变化,也成为南宋诗歌中兴的重要因素,主要有四个层面:孝宗励精图治,锐意恢复,君臣交修,不禁言路,戒除朋党,学术兼容,开创了政治文化的新局面,再造了作为诗坛主体的一代文人士大夫的精神面貌;孝宗采取了一系列重文措施,如召还擢用高宗朝遭贬斥的文臣,拔擢重用一批以文学见称的中坚和新进,鼓励士人从事文学创作与编撰活动,一时得人为南宋之盛,诗坛更是人才辈出,成功完成了主力阵容的新老过渡与交替;孝宗富有学养和才艺,雅好文学,常与文臣评鉴诗文,赐赠唱和,其文学趣尚及其诗文唱和活动,极大促进了文人创作的热情;孝宗崇尚诗文的刚大之气,具有强烈的忧患意识与规恢意慨,推动诗人致力艺术的开拓,促使中兴诗坛出现新的诗学气象。

在宋代诗学史上,北宋初期是唐风一统天下,至南宋初期,又是江西诗学独占鳌头。然而由于北宋覆亡与宋室南渡的沧桑巨变,加之江西诗学已是流弊丛生,南渡时期一些诗人积极提倡新的创作思想和理论,尤其是追尊老杜和提倡"活法",南渡诗坛也因此形成了一些新的面貌。不过,南渡时期无论是诗学思想还是实际创作,均仍然存在很大的局限。到孝宗时期,中兴诗人在继承"活法"理论的同时,又以更为阔大的气象,进一步提倡以"万象"为诗,要求诗歌创作回归现实和自然。诗学理论的群体转型,为诗坛中兴奠定了基础。

高宗时期,在士林的抉择与分流中,出现了两个明显的趋向:一是贬谪,一是奔竞。相应地,在高宗时期诗坛上也出现了贬谪与奔竞这两种截然不同的文学主题,反映出特定时期士风与诗风的两种主要走向。自高宗到孝宗朝,政治文化生态发生重要演变,士林精神风貌也产生了显著变化。中兴时期政治文化生态与士风新变,对诗坛产生了深远影响,其中一个重要方面即表现在中兴时期使北诗歌题材的开拓上,主要体现在三个层面:一是使北士人及使北诗人的队伍更加壮大,很多都是南宋中兴诗坛的重要作家;二是使北诗歌作品的数量更多,出现不少名篇佳作;三是使北诗歌思想内容更加丰富深刻,体现出南宋中兴时期使北诗人对国家与民族、历史与现实的深切关怀和思考,使北诗歌也因此成为南宋中兴时期诗歌题材的重要开拓,具有鲜明历史时代特色和独特文学史意义。

其三,南宋诗歌的中兴,并非尤、杨、范、陆等少数著名作家活动的结果,而是许多优秀诗人共同创造的局面。南宋中兴时期的许多重要诗人,不仅有其群体性特征,也极具个性,他们共同建构了南宋中兴诗坛异彩纷呈的局面。

韩元吉是南宋中兴时期富有特色的一位道学家,也是中兴诗坛的一位重要作家。他注重外王践履,一贯忧怀国事,又时以民事为虑,这种忧国忧民的情怀在其诗歌中也多有表现。他以清廉自许,以清为美的人生旨趣促使他创造出了一种幽婉清和的诗歌意境。韩元吉道学修养甚深,又具有浩然壮气与狂放个性,其诗亦具有一种平和与狂放之间的审美张力。

朱熹是宋代集大成的道学家,对于道丧时危的忧虑和生命短暂坎坷而道义不竟的矛盾的思索终其一生,其诗亦表现出一种追步汉魏的生命意识。在陶渊明广为接受的宋代,朱熹在接受陶渊明的同时,又以其独到的道学造诣而对陶渊明心境与诗境进行了自觉的超越。其以古为新的诗学选择,在江西诗风流弊丛生之际有所创造,推动了诗歌艺术的发展。

张栻一生与道进退,矢志于致君泽民的圣贤事业,这在其诗歌中亦有充分表现,其诗歌自然渗透着他这种以道自任、持敬躬行、致君泽民的精神品质。他又具有极度热爱自然山水的性情,自然山水在其诗作中亦表现得极为充分。他主张学者不眩于文采,"淡乃其至"成为其人生境界的追求与诗学追求,他往往在创作中以冲和的语言、平淡的意象营造出一种淡雅的诗境。

王十朋是孝宗初期政坛上的重要人物,也是南宋中兴诗坛前期激进官宦诗人的典型代表。他具有安贫固穷的气节,这在其诗歌中多有表现。他又具有忠愤耿直的性情气质,其作品表现出浑厚刚健的诗风。王十朋对韩愈极为推崇,创作了大量和韩诗作,在中兴诗坛独树一帜,具有独特文化内涵。

陆游才学、爱国之忱、诗歌艺术在当世得到广泛认可和接受。其批评性接受群体涵括当世君主、朝野政要、学术宗师、文坛名家以及江湖名士,体现出其接受的普世性特征。就其接受的影响与效应而言,如周必大、张镃、戴复古、苏泂等对他的学习效法,孝宗对他的青睐激赏及由此而致的君臣遇合,蜀中、临安大众对他诗作的争相传诵,呈现出诗坛、朝堂、民间等宏阔时空中的多层次接受格局,体现了陆游对当世普遍而深刻的影响。陆游及其诗歌的当世接受,确立了其典范地位,开创了自宋以降数百年的陆游接受史,具有深远影响和意义。

范成大是南宋中兴诗坛四大家之一,一生中诗歌创作多有变化,具有"一官一集"的特征。由于特定时代背景与个人因素,范成大经历了初学唐人、转学苏黄、约以婉峭而以清新隽伟自成一家的诗学历程。他晚年屡仕屡归,在吴中乡里居住时间较多,思想心态与诗歌创作也发生了新的变化,以其多元的恬退诗风、风土田园诗风与讽喻诗风而再一次完成了诗学转变。

史浩在孝宗朝两为右相,是南宋中兴诗坛具有代表性的台阁诗人。由于特定的台阁经历,应制献纳、描绘山水胜景和抒写家训成为其诗歌的重要题材。其台阁重臣的地位与近臣心态对其诗歌创作产生了深刻影响,一个重要表现便是其诗雍容富丽的意象特征。史浩受到江西诗学的影响,又对江西诗学有所扬弃,并且呼应唐人追求兴象的旨趣,成为宋代以禅喻诗的先声。

张镃家世显赫,甚有才艺,喜好以诗会友,招徕四方名士,在中兴诗坛具有重要地位。他呼应了杨万里、陆游等人创新求变的诗学精神,主张转益多师,广学古人,追求活法悟诗,独造平淡,成为反拨江西诗风,推动宋诗发展的积极因素。其个性豪夸放纵,诗风亦具有同样的特征。张镃堪称一位具有典型意义的园林诗人。其杭州北郊的南湖别业乃是迄今保存资料最完整的宋代园林,规模庞大,造物精致,功能齐备,集中展现了宋人以园林别业为中心的丰富多样的休闲雅集活动,并在与园主张镃及当时文人士大夫发生密切关系的过程中,不断激发他们的艺术灵感和文学创作,从而形成一个具有丰富时代蕴涵与独特美学意味的文化场域和文学空间。以"园林"为核心空间意象的诗文创作,其走向精细和日常化的美学特征,体现了宋诗发展的一个重要趋向,具有独特文学史意义。

章甫是南宋中兴诗坛上一位富有个性特色的江湖诗人,早年具有儒家积极入世的思想,然而现实情势和漂泊江湖的人生遭际决定了其济世情怀必然落空,其思想也经历了由儒入佛的转变,并且在其诗歌中多有表现。其诗言之有物,具有志在四方的慷慨意气与忧国伤时的沉郁之气,形成了一种骨力苍秀的艺术风格。

陈造也是南宋中兴时期较有特色的一位江湖诗人,早年力求仕进,胸怀报国之志,晚年厌倦仕途,弃官而去,置身江湖。他创作了大量特色鲜明的刺世题材诗歌,对各种不良社会现象展开了全面、深刻的讽刺和批判。为文写意是陈造诗学的核心思想,他的诗歌亦具有自然、平实、朴拙的艺术风格,在南宋中兴时期丰富多元的诗学格局中独具一格,具有不可忽视的地位。

附录一 洪迈《野处类稿》辨伪

洪迈《野处类稿》自宋以来广为流传,为诸种文献书目所著录,多种诗文总集所收编,然除其中两首诗歌外,其余 82 首诗歌与朱松《韦斋集》卷一、卷二中的作品重出互见。关于洪迈《野处类稿》的真伪问题,清钱大昕《十驾斋养新录》率先发出质疑。① 劳格《读书杂识》明确说洪迈《野处类稿》"即朱松《韦斋集》"②。陆心源指出"此书之所出,卷上各诗见《韦斋集》卷一,卷下各诗见《韦斋集》卷二"③。洪汝奎增订《洪文敏公年谱》时亦注意到《野处类稿》之伪。④ 余嘉锡、钱锺书先生也都曾提到这一问题。⑤ 以上前辈学者或怀疑或明确断言世传洪迈《野处类稿》为伪书,当系抄录朱熹之父朱松《韦斋集》而成。但遗憾的是,或由于没有详加考辨证实,上述学者的推测或论断竟未引起世人重视,后世各种文学史与诗文总集仍然相沿为误,讹误流传至今而未止。⑥ 因而笔者拟就文学史上这一伪案予以考辨,以证伪于既往,免传讹于将来。

---

① 钱大昕尝得《野处类稿》二卷,称"细读此集,似不出文敏(洪迈)之手","可疑矣"(钱大昕:《十驾斋养新录》卷一四《野处类稿》,上海:上海书店,1983 年,第 340 页)。

② 劳格:《读书杂识》卷一二,《丛书集成续编》第 19 册,台北:新文丰出版公司,1989 年,第162 页。

③ 陆心源:《仪顾堂集》卷一五《野处类稿书后》,清同治十三年(1874)福州刊本。

④ 钱大昕编,洪汝奎增订,张尚英校点《洪文敏公年谱》,吴洪泽、尹波主编:《宋人年谱丛刊》第 9 册,第 5567—5568 页。

⑤ 参见余嘉锡:《四库提要辨证》卷二三,北京:中华书局,1980 年,第 1469—1472 页;钱锺书:《宋诗选注》,第 84 页。

⑥ 如:程千帆、吴新雷著《两宋文学史》称洪迈"生平撰述宏富,有《容斋五笔》、《夷坚志》和《野处类稿》等,以博洽著称。洪氏三兄弟都以词科起家……如果从文学创作的总体来说,洪迈当首屈一指"(上海:上海古籍出版社,1991 年,第 550 页);孙望、常国武主编《宋代文学史》(下册)称洪迈"著作多种。文集有:《文敏文集》,诗集有《野处类稿》"(北京:人民文学出版社,1996 年,第 190 页);北京大学古文献研究所编《全宋诗》将《野处类稿》中八十余首诗歌全数收录于洪迈名下,与《全宋诗》中朱松诗歌仍然重出互见(参见《全宋诗》卷一八五三至一八五四,第 33 册,第 20691—20715 页;《全宋诗》卷二一二一至二一二三,第 38 册,第 23983—24012 页);四川大学古籍整理研究所编《宋集珍本丛刊》亦收录洪迈《野处类稿》二卷(《宋集珍本丛刊》第 46 册,第 1—18 页)。

一、洪迈《野处类稿》与朱松《韦斋集》

关于洪迈《野处类稿》，宋陈振孙《直斋书录解题》著录称，"《野处类稿》一卷。翰林学士文敏公洪迈景卢撰。其全集未见"①。宋陈起编《江湖小集》收《野处类稿》二卷。②宋陈思编，元陈世隆补《两宋名贤小集》亦收《野处类稿》二卷。马端临《文献通考》著录《野处类稿》二卷。③元修《宋史·艺文志》已不见《野处类稿》著录，而载有"《野处猥稿》一百四卷"④。至明代，据王智勇先生考证，"惟《内阁藏书目录》卷三著录'《野处文集》九册，不全'，并云'前后凡二集，散逸，莫详卷数'"⑤。至清代，《四库全书》收录汪如藻家藏本《野处类稿》二卷，但未明何本。民国时期，胡思敬辑《豫章丛书》收民国四年刊本《野处类稿》二卷、集外诗一卷、附校勘记二卷。今传主要有《四库全书·江湖小集》本、《两宋名贤小集》本、《四库全书·野处类稿》本、《豫章丛书》本、黄丕烈校清钞本等。北京大学古文献研究所编《全宋诗》即以影印文渊阁四库全书中《两宋名贤小集》为底本，校以其他诸本，全数收录《野处类稿》诗二卷，并收新辑集外诗一卷。四川大学古籍整理研究所编《宋集珍本丛刊》收录《野处类稿》二卷，为黄丕烈校清钞本。

关于朱松《韦斋集》，宋陈振孙《直斋书录解题》著录"《韦斋小集》十二卷"，又著录"《韦斋小集》一卷"⑥。马端临《文献通考》著录同。⑦《宋史·艺文志》著录"《韦斋集》十二卷，又《小集》一卷"⑧。据祝尚书先生考证，陈振孙、马端临所著录之《韦斋小集》十二卷当衍"小"字，《韦斋小集》一卷是别行刊刻之诗集，以其仅一卷，故称"小集"，除《韦斋集》十二卷外，朱松尚有《外集》十卷，然《外集》已久佚，《韦斋集》既有宋元旧椠，亦有明清刊本，盖代有传刻。⑨现在宋元刊本均佚，今传主要有明弘治十六年（1503）邝璠

---

① 陈振孙撰，徐小蛮、顾美华点校：《直斋书录解题》卷一八，第542页。
② 关于《江湖小集》的编者，学界尚有争议，如费君清先生即认为，《江湖小集》非陈起所编（费君清：《论〈江湖小集〉非陈刻〈江湖集〉》，《文学遗产》1989年第4期）。但由于情况复杂，这一问题学界尚未彻底弄清。祝尚书先生《宋人总集叙录》仍叙为陈起所编（参见祝尚书：《宋人总集叙录》卷七，第319—328页）。这里姑依旧说。
③ 马端临：《文献通考》卷二四〇《经籍考六十七》，第1903页。
④ 脱脱等：《宋史》卷二〇八，第5375页。
⑤ 洪迈：《野处类稿》卷首，《宋集珍本丛刊》第46册。
⑥ 陈振孙撰，徐小蛮、顾美华点校：《直斋书录解题》卷一八、卷二〇，第534、602页。
⑦ 马端临：《文献通考》卷二三九《经籍考六十六》、卷二四五《经籍考七十二》，第1899、1938页。
⑧ 脱脱等：《宋史》卷二〇八，第5377页。
⑨ 参见祝尚书：《宋人别集叙录》卷一八，第860—864页。

刻本、清康熙四十七年（1708）程嵲刻本、清康熙四十九年（1710）朱昌辰刻本、清雍正四年（1726）浦泰钞本、清雍正六年（1728）朱玉刻本、《四库全书》本等。北京大学古文献研究所编《全宋诗》即以《四部丛刊续编》影印明弘治十六年（1503）邝璠刻本为底本，而以别本参互校勘。四川大学古籍整理研究所编《宋集珍本丛刊》收录《韦斋集》两种，分别为清雍正四年（1726）浦泰钞本和傅增湘校清雍正六年（1728）朱玉刻本。

　　考察了《野处类稿》与《韦斋集》版本流传和主要存世传本之后，笔者选取校勘较为精审、收入四川大学古籍整理研究所编《宋集珍本丛刊》的黄丕烈校清钞本《野处类稿》和清雍正四年（1726）浦泰钞本《韦斋集》为主要依据，参考现在通行的《全宋诗》和影印文渊阁《四库全书》两种版本，对《野处类稿》与《韦斋集》作了比照考察。据比照，洪迈《野处类稿》上、下两卷中84首作品，除卷上《秋日漫兴二首》之外，其余82首皆见于朱松《韦斋集》卷一、卷二。二人82首重出互见诗，除了8首诗题稍有差异，其余74首作品诗题与内容全同。兹将两集中内容相同而诗题有异的8首作品列表比照如下：

《韦斋集》、《野处类稿》内容相同而诗题有异作品比照表

作品名称	出处	作品名称	出处
《谒普照塔》	《韦斋集》	《庚戌正月十四日同友人丁晋年王蔚之谒普照塔》	《野处类稿》
《送深师住妙香寺元住云溪》	《韦斋集》	《送浑师住妙香寺元住云溪》	《野处类稿》
《陈伯辨为张氏求醉宾轩诗》	《韦斋集》	《失题》	《野处类稿》
《答保安江师送米》	《韦斋集》	《答併安江师送米》	《野处类稿》
《久雨短句呈梦得》	《韦斋集》	《次韵梦得见示长篇二首》（其二）	《野处类稿》
《奉寄令德寄示长句》	《韦斋集》	《奉酬令德寄示长句》	《野处类稿》
《上丁余膰置酒招绰中德槩德懋逢年》	《韦斋集》	《上丁余膰置酒招绰中德槩德□逢年》	《野处类稿》
《用绰中韵送正臣正臣欲归隐而无资广其意以告识者云尔》	《韦斋集》	《用绰中韵送正臣正臣欲归隐而无资口占其意以告识者云尔》	《野处类稿》

　　上述作品中，朱松诗题为《谒普照塔》一篇，洪迈诗题多出"庚戌正月十四日同友人丁晋年王蔚之"之纪年与交游人物；朱松诗题为《陈伯辨为张氏求醉宾轩诗》一篇，洪迈作品失题；朱松诗题为《久雨短句呈梦得》一篇，洪

迈诗题为《次韵梦得见示长篇二首》(其二)。除此3首作品题目差别较大，其余5首作品的差别主要是个别异字、脱字或衍字。以上8首作品虽然诗题有异，但内容完全相同。因此可以肯定洪迈、朱松82首重出诗均为同一人所作，也就是说洪迈《野处类稿》与朱松《韦斋集》卷一、卷二必有一伪。

二、洪迈《野处类稿》证伪

1. 通过作品中交游唱和之人物证洪迈《野处类稿》之伪

诗歌作品往往是作者交游唱和的产物，因而要判断作品的归属或真伪，作品中出现的与作者交游唱和的人物是重要的线索。朱松生于宋哲宗绍圣四年(1097)，洪迈生于宋徽宗宣和五年(1123)，朱松比洪迈的生活时代早了二三十年，二人交游唱和的对象必然有很大差异，因此从《野处类稿》中交游唱和之人物入手来考察《野处类稿》中作品的真正归属，进而判断洪迈《野处类稿》的真伪，是一个有效的途径。

据《野处类稿》中的作品，与作者交游唱和的人物有"张无隅先生"、"浑师"、"徐生"、"程德藻"、"冯退翁"、"吴公路"、"金确然"、"詹士元"、"翁子静"、"谢彦翔"、"陈国器"、"卓民表"、"吴知伯"、"併安江师"、"陈德瑞"、"汪明道"、"元声"、"如愚"、"起华"、"仲猷"、"大年"、"绰中"、"美中"、"梦得"、"范直夫"、"陈仲仁"、"志宏"、"舍弟逢年"、"令德"、"林康民"、"德粲"、"正臣"、"陈彦时"、"华严道人"等40余人。其中有些人名无法得其全称或后世失载，因而难以确考，但也有一些人名为我们提供了重要的线索，下面选择较有代表性的人物予以考辨。

其一，"志宏"。在《野处类稿》中，与"志宏"交游唱和的作品有二首：《送志宏西上》和《次志宏韵督成寿置酒》。其中《次志宏韵督成寿置酒》有云："归耕食吾言，回首愧江水。方争扬子席，谁置穆生醴。邓侯倾盖旧，小寝萩桃李"①，诗中称志宏为"邓侯"，可知志宏邓姓，全名乃邓志宏。考《宋史》邓肃本传："邓肃字志宏，南剑沙县人……绍兴二年(1132)，避寇福唐，以疾卒"②，则邓志宏名肃，字志宏。邓肃乃杨时再传弟子，与李纲善，一生忠直耿亮，今传有《栟榈先生文集》。再考朱松子朱熹有《题荆公帖》云：

　　　　先君子自少好学荆公书，家藏遗墨数纸，其伪作者率能辨之。先友

---

① 洪迈：《野处类稿》卷下，《宋集珍本丛刊》第46册，第17页。
② 脱脱等：《宋史》卷三七五《邓肃传》，第11603—11606页。

邓公志宏尝论之,以其学道于河洛,学文于元祐,而学书于荆舒。①

朱熹明言邓公志宏乃其父朱松之友。在邓肃《栟榈先生文集》中,又有《谢朱乔年》、《贺朱乔年生日》等诗和《寄朱乔年》书信两篇。② 朱松字乔年,可见邓肃确与朱松关系非常密切。邓肃卒于绍兴二年(1132),时洪迈方10岁,邓肃与洪迈非同辈人。考《送志宏西上》诗内容,为送别邓肃入京应举而作,且有"如公我辈人,取友亦到我"之句③,系同辈友人之间的交游唱和,以洪迈与邓肃生活年代之差别,断不可能称呼邓肃为同辈,也不可能有送别邓肃入京应试之举。朱松与邓肃均为杨时再传弟子,又有交游唱和,因此《送志宏西上》与《次志宏韵督成寿置酒》二诗当为朱松之作无疑。

其二,"绰中"。在《野处类稿》中,与"绰中"交游唱和的作品有三首:《十一月十九日与仲猷大年绰中美中饮于南台》、《上丁余膰置酒招绰中德粲德□逢年》、《用绰中韵送正臣正臣欲归隐而无资口占其意以告识者云尔》。淳熙十二年(1185)四月,朱熹作《谢监庙文集序》云:

> 故监西岳庙谢君绰中者,建之政和人也。熹先君子太史公尉政和时,以公事行乡落间,闻田舍中有诵书声属耳,颇异。亟下车,入其舍,则一少年书生方对案危坐,吟讽自若……问其姓名,则曰谢姓,誉名,绰中字也。先君子大喜,即与俱归,日授以经史百家之言,而勉其业之所未至。未几,记诵益广,文字益工,先君子益叹重之。遂中绍兴二年(1132)进士第,调主邵武之泰宁簿。归领祠官,年四十六以卒……君没之年,先君子亦弃诸孤。④

根据朱熹的记载,可知"绰中"名谢誉,字绰中,建州政和人,乃朱松任政和县尉时结识之生友,与朱松同年卒,即卒于绍兴十三年(1143)。朱松卒年47,谢誉年46而卒,则谢誉少朱松一岁,生于绍圣五年(1098)。以朱松与谢绰中的密切关系,与"绰中"交游唱和者当为朱松。况且谢誉既生于绍圣五年(1098),则年长洪迈25岁,非同辈人,即使洪迈与之有交游唱和,亦不当三首诗全以"绰中"之字呼之。因此可以断定上述三诗为朱松所作。

其三,"翁子静"。在《野处类稿》中,与"翁子静"交游唱和的作品有一

---

① 朱熹:《晦庵先生朱文公文集》卷八二,朱杰人等主编:《朱子全书》第24册,第3864页。
② 邓肃:《栟榈先生文集》卷四、卷五、卷七,《宋集珍本丛刊》第40册,第37、47、77—78页。
③ 洪迈:《野处类稿》卷下,《宋集珍本丛刊》第46册,第13页。
④ 朱熹:《晦庵先生朱文公文集》卷七六,朱杰人等主编:《朱子全书》第24册,第3664页。

首《用前韵答翁子静》。黄宗羲《宋元学案》云："翁谷,字子静,南剑人……
远谪,道卒。龟山哭之恸……先生为龟山高弟"①。可知翁子静名翁谷,乃
杨时弟子,而早卒于杨时。杨时卒于绍兴五年(1135),故翁谷至迟卒于此
年,时洪迈13岁。据洪迈年谱,13岁之前洪迈主要是在家侍亲或随家避难
于秀州、饶州等地②,当不可能与翁谷有交游唱和,即使有唱和,以一名不足
13岁之孩童,也不当以"翁子静"之名称之。而朱松与翁谷为同时代人,均
为杨时一脉后学,并且翁子静为南剑人,朱松也久寓闽中,尝宦南剑州尤溪
县,二人既是道学同门,又同居一地,相互之间有交游唱和自然在情理之中。
因此,《用前韵答翁子静》当为朱松作。

　　其四,"令德"。在《野处类稿》中,与"令德"交游唱和的作品有一首
《奉酬令德寄示长句》。黄宗羲《宋元学案》称"李似祖、曹令德,皆龟山弟
子"③。朱熹又有《名堂室记》云:

　　　　先君子又每自病其卞急害道,尉尤溪时,尝取古人佩韦之义,牓其
　　听事东偏之室曰"韦斋",以燕处而读书焉。延平罗公先生仲素实记
　　之,而沙阳曹君令德又为之铭。④

　　可知"令德"乃曹令德,为杨时弟子,亦为南渡前后人,为朱松尉南剑州
尤溪县时的友人。因此《奉酬令德寄示长句》亦当为朱松之作。
　　其五,"大年"、"舍弟逢年"。在《野处类稿》中,与"大年"和"舍弟逢
年"交游唱和的作品有五首:《十一月十九日与仲猷大年绰中美中饮于南
台》、《有怀舍弟逢年时归婺源以诗督之》、《上丁余膰置酒招绰中德粲德□
逢年》、《用绰中韵送正臣正臣欲归隐而无资口占其意以告识者云尔》、《逢
年与德粲同之温陵谒大智禅师医作四小诗送之》。朱松尝作《先君行状》
云:"三男:松,举进士,迪功郎,初尉政和也;次柽;次槔"⑤。再考朱松年谱,
宣和五年(1123)朱松赴建州政和县尉任时,"奉二亲就养于官。仲弟柽字

① 黄宗羲原著,全祖望补修,陈金生、梁运华点校:《宋元学案》卷二五《龟山学案》,第
　　975页。
② 参见王德毅:《洪迈年谱》,台北:新文丰出版股份有限公司,2006年,第17—27页;凌郁
　　之:《洪迈年谱》,上海:上海古籍出版社,2006年,第18—32页。
③ 黄宗羲原著,全祖望补修,陈金生、梁运华点校:《宋元学案》卷二五《龟山学案》,第
　　973页。
④ 朱熹:《晦庵先生朱文公文集》卷七八,朱杰人等主编:《朱子全书》第24册,第3731页。
⑤ 朱松:《韦斋集》卷一二,《宋集珍本丛刊》第40册,第737页。

大年,季弟桴字逢年,俱偕行"①。由此可知"大年"乃朱松仲弟朱柽,"逢年"乃朱松季弟朱桴,宣和五年朱柽、朱桴及其父母与朱松一道举家入闽。前考朱松在政和时结识谢绰中,上述作品"大年"、"逢年"、"绰中"同时出现,更说明当是朱松与朱柽、朱桴、谢绰中的交游唱和之作。其中尤其值得注意的是《有怀舍弟逢年时归婺源以诗督之》一诗,题中"舍弟逢年"与"归婺源"之语提供了重要线索。首先是"舍弟逢年",已经明言作者与逢年为兄弟关系。朱松季弟朱桴字逢年。而在洪迈兄弟三人中,洪迈年最少,长兄洪适字景伯,仲兄洪遵字景严,因而洪迈断无字"逢年"之弟。其次是"归婺源",也是一条力证。婺源是朱松的出生地②,是朱松朱桴兄弟的家乡,而洪迈乃鄱阳人,生于秀州。因此有舍弟逢年归婺源者必然是朱松,可以断定上述诗歌为朱松作无疑。

2. 通过作品中作者活动之地名证洪迈《野处类稿》之伪

诗是一种纪实性较强的文体,除了作者交游唱和的人物之外,作者足迹所经之地亦常常在诗中出现。活动地域不同的作者,诗中出现的地名亦往往是不同的。因此,以朱松、洪迈活动之地域比照和印证《野处类稿》中出现之地名,由此来判断《野处类稿》中诗歌的真正归属,进而对洪迈《野处类稿》的真伪作出判断,也是一个有效的途径。

洪迈《野处类稿》自序云:

> 予自束发时即喜学诗,然随作随弃,初不留意也。甲戌之春,家居卧病,因复作诗若干首,以自当缓忧之一物,昔人所谓内抑郁外扬为音声者是也,遂取曩时所存而未弃者,录为《野处类稿》二卷。③

序称《野处类稿》编于甲戌之春,甲戌为绍兴二十四年(1154),因而若集中作品为洪迈作,则均当作于此年之前,因此以洪迈活动地域比照《野处类稿》中出现之地名时,当取其此年之前的经历。绍兴二十四年(1154)朱松已卒,因而考察朱松行迹则取其平生。

在《野处类稿》中,作者活动的地名主要有:"普照塔"、"吴县"、"于潜"、"芙蓉岭"、"信州禅月台"、"山光寺"、"休宁"、"闽越"、"石栋岭"、"方塘"、"建州"、"闽中"、"建安道中"、"闽海"、"禅寂院"、"万叶寺"、"婺源"、

---

①　朱玉:《韦斋公年谱》,《宋集珍本丛刊》第40册,第761页。

②　参见朱玉:《韦斋公年谱》,《宋集珍本丛刊》第40册,第760页。

③　洪迈:《野处类稿》自序,《宋集珍本丛刊》第46册,第1页。

"蔡道岭"、"郑圃"、"栟榈院"等。其中有少数地名已经无法确考,但仍可以根据其中可考的地名及其出现频率判断出作者活动的主要地域。对这些地名综合起来进行考察,可以发现闽地福建无疑是作者活动的主要地域,如"闽越"、"建州"①、"闽中"、"建安道中"、"闽海"、"万叶寺"②、"栟榈院"③等。根据"建州"、"建安道中"、"万叶寺"、"栟榈院"等地名,又可见作者在福建的活动地域当以建州、南剑州为主。

我们再来考察朱松的生平足迹和洪迈绍兴二十四年(1154)之前的行踪。

据朱玉《韦斋公年谱》,基本上可以勾勒出朱松生平主要活动轨迹及其地域。兹考述如下:宋哲宗绍圣四年(1097)生于婺源居第。宣和五年(1123)授建州政和县尉,举家入闽。高宗建炎二年(1128)三月更调南剑州尤溪县尉。建炎三年(1129)八月,权监泉州石井镇,在镇十一月,闻有北骑自江西入邵武,时眷属在尤溪,遂携家还政和。建炎四年(1130)夏自政和仍买州携眷下尤溪,九月其子朱熹生于尤溪。绍兴元年(1131)避寇寓长溪龟灵寺。绍兴七年(1137)筑建州城南环溪精舍,九月召对入京,除秘书省秘书郎。绍兴十年(1140)忤秦桧,出知饶州,辞未上,请祠。绍兴十三年(1143)卒于建州水南之环溪精舍。④ 据此可见朱松一生主要有四个时期与活动地区:一是宣和五年(1123)入仕前,主要是在家乡江西婺源;二是自宣和五年(1123)因入仕而举家入闽至绍兴七年(1137)召对入京,中间首尾15年的时间辗转宦游或避难寓居于建州政和县、南剑州尤溪县、泉州石井镇、福州长溪县等地,尤其是在建州、南剑州两地的时间最久;三是自绍兴七年(1137)召对入京至绍兴十年(1140)忤秦桧而请祠,在京首尾4年;四是自绍兴十年(1140)请祠归至绍兴十三年(1143),居建州,并卒于建州。可以看出在成年之后朱松的主要活动地域在福建的建州、南剑州之间,其次是江西、江浙等地。

再看洪迈绍兴二十四年(1154)之前的行踪。据王德毅先生《洪迈年

---

① 建州领县七:建安、浦城、嘉禾、松溪、崇安、政和、欧宁。可见建安属福建路建州,建州于绍兴三十二年(1162)以宋孝宗潜邸升为建宁府。参见郭黎安:《宋史地理志汇释》,合肥:安徽教育出版社,2002年,第186页。

② 万叶寺在福建路建州浦城县北,寺有八景曰:瀑布、石门、菩萨岩、仙人迹、污樽、水帘、七星坛、万石,皆山水胜绝。参见南宋王象之:《舆地纪胜》卷一二九,北京:中华书局,1992年,第3701页。

③ 栟榈院当在栟榈山,栟榈山在福建路南剑州,以山中多产栟榈木得名。参见王象之:《舆地纪胜》卷一三三,第3815页。

④ 参见朱玉:《韦斋公年谱》,《宋集珍本丛刊》第40册,第760—766页。

谱》、凌郁之先生《洪迈年谱》,洪迈此年之前的活动轨迹如下:宋徽宗宣和
五年(1123)生于秀州(今浙江嘉兴县),此后随父母家居秀州。高宗建炎四
年(1130)金人破秀州,随家人归江西饶州避难。绍兴八年(1138)十二月奉
母丧来无锡。绍兴十二年(1142)随二兄洪适、洪遵赴临安应词科试。绍兴
十五年(1145)春再赴临安应词科试,中博学宏词科第三,除左承务郎、敕令
所删定官,同年十一月为言官汪勃论罢,出为福州州学教授,然并未立即赴
任,而是侍亲于乡里。绍兴十七年(1147)侍父南迁至虔州和英州。绍兴十
八年(1148)自英州赴福州教授任。绍兴二十三年(1153)解福州教授任。
绍兴二十四年(1154)春家居卧病。① 据上述考述可知,绍兴二十四年
(1154)之前洪迈的活动主要可以分为两个时期和地区:一是自宣和五年
(1123)至绍兴十七年(1147),首尾25年,主要是随家侍亲或守丧于秀州、
饶州、无锡、虔州和英州等地,间赴临安应试;二是自绍兴十八年(1148)至
绍兴二十三年(1153),首尾六年,任福州教授。可以看出绍兴二十四年
(1154)之前,洪迈的主要活动地域是江西、江浙一带,其次是福建的福州。

　　据上述朱松、洪迈活动地域的比照考察,可以看出明显差别:朱松主要
活动于福建的建州、南剑州之间,其次是江西、江浙等地,而洪迈主要活动于
江西、江浙一带,其次是福建的福州。前考《野处类稿》中出现的作者活动
地域,主要在福建的建州、南剑州,更为切合朱松的生平行迹。洪迈所任的
福州领闽、侯官、福清、古田、永福、长溪、长乐、罗源、闽清、宁德、怀安、连江
等12县②,但诗中无一语及之。而朱松所辗转游寓的建州、南剑州等地,诗
中均有地名可寻,如前考“建州”、“建安道中”、“万叶寺”、“栟榈院”等。其
中所谓“建安道中”,正地处朱松往来奔波的建州政和与南剑州尤溪之间。
《韦斋公年谱》即称朱松:“尝往来于建、剑间,喜建州山水佳胜”③。可以说
建、剑之间的一水一木,不仅是朱松情之所钟,也见证了朱松生平主要历程。
因此上述诗中的地名当是朱松生平行踪的反映,而这些诗歌亦当系朱松
所作。

　　除了从《野处类稿》中作者活动的整体地域进行考察外,再举诗中作者
活动的两个具体地点。

　　其一,“郑圃”。《野处类稿》有《游郑圃》诗。郑圃,地名,乃郑之圃田
(今河南中牟县西南),相传为列子所居。宁宗庆元元年(1195)朱熹有《答

---

① 参见王德毅:《洪迈年谱》,第17—52页;凌郁之:《洪迈年谱》,第18—67页。
② 参见郭黎安:《宋史地理志汇释》,第184—185页。
③ 朱玉:《韦斋公年谱》,《宋集珍本丛刊》第40册,第763页。

曾致虚》云：“盖幼年闻先君言，尝过郑圃，谒列子庙”①。可见朱松尝游郑圃无疑。既然朱松尝游郑圃，那么作《游郑圃》诗亦在情理之中。

其二，“方塘”。《野处类稿》有《用退之韵赋新霁》诗云：

> 春泥窘幽步，苔上屐痕少。新晴一褰衣，绿叶藏啼鸟。方塘滟宿涨，古镜窥清晓。华颠忽自笑，彩羽堕惊矫。瞻言云中耕，缥缈穷脊绕。归把东皋犁，此念何日了。②

诗中出现的“方塘”及其景致，让人自然想到一首人所熟知的诗歌，即朱熹《观书有感二首》其一：

> 半亩方塘一鉴开，天光云影共徘徊。问渠那得清如许？为有源头活水来。③

这是朱熹读书言理的一篇佳作。据莫砺锋先生考证，朱熹所咏的方塘实有其地，“相传在南剑州（今福建尤溪）的南溪书院之前”④。朱松曾任南剑州尤溪县尉，在兵荒马乱的南渡之初，其眷属亦曾避难于此，其子朱熹即生于尤溪。⑤ 因此尤溪县南溪书院前的“方塘”在朱松的诗中出现当在情理之中。事实上，诗中“方塘滟宿涨，古镜窥清晓”与朱熹“半亩方塘一鉴开，天光云影共徘徊”所描写的有如明镜的一塘清水如出一辙。或许“方塘”正是此池之名，而《用退之韵赋新霁》诗亦极有可能正是朱松居尤溪之际的作品。

3. 通过朱松、洪迈重出诗之外的诗文证洪迈《野处类稿》之伪

除了可以通过作品中与作者交游唱和的人物以及作者活动的地名证洪迈《野处类稿》之伪外，朱松、洪迈二人82首重出诗之外的诗文也可以提供重要的证据。《野处类稿》82首作品中出现的与作者交游唱和的人物达40余人，作者与他们的交游唱和当不可能仅仅出现在这82首作品中，他们也有可能出现在此外的其他诗文中。因此我们可以考察朱松、洪迈二人82首重出诗之外的其他诗文，来进一步考证《野处类稿》中作品的真正主人。

---

① 朱熹：《晦庵先生朱文公文集》卷四六，朱杰人等主编：《朱子全书》第22册，第2124页。
② 洪迈：《野处类稿》卷上，《宋集珍本丛刊》第46册，第6页。
③ 朱熹：《晦庵先生朱文公文集》卷二，朱杰人等主编：《朱子全书》第20册，第286页。
④ 参见莫砺锋：《朱熹文学研究》，南京：南京大学出版社，2000年，第55页。
⑤ 参见朱玉：《韦斋公年谱》，《宋集珍本丛刊》第40册，第762页。

考察朱松《韦斋集》，即发现在 82 首重出诗中出现的不少人名，如："金确然"、"谢彦翔"、"卓民表"、"汪明道"、"元声"、"仲猷"、"绰中"、"梦得"、"范直夫"、"逢年"、"德粲"等，均出现在朱松《韦斋集》卷一、卷二之外的诗文中。如：卷三有《次韵谢绰中游报国寺诗》；卷四有《留别卓民表》、《答卓民表送茶》、《寄金确然》、《春晚五言寄梦得》、《送仲猷北归二首》、《有怀黄元声时闻在建上诗中所记建上旧游也》、《书室述怀奉寄民表兄是日得民表书》、《赠范直夫》等；卷五有《答汪明道见示画雪梅诗》、《示谢彦翔》、《示金确然》、《招卓民表来白云寺》、《元声许茶绝句督之》、《次韵答梦得送荆公墨刻》、《卧病初起示逢年兼简绰中德粲五首》等；卷六有《小偈呈元声求博山炉》；卷九有《答庄德粲秀才书》。而遍检洪迈《野处类稿》之外的诸集，包括《全宋诗》中新辑洪迈集外诗，《野处类稿》中出现的 40 余人未见一人被提及。这一反差说明：《野处类稿》中出现的 40 余人确实是与朱松交游或唱和之人，而非洪迈之交游。这是《野处类稿》非洪迈所作的又一显证。

综上考述，洪迈《野处类稿》与朱松《韦斋集》中重出的 82 首诗歌乃朱松所作无疑，洪迈《野处类稿》确系抄录朱松《韦斋集》卷一、卷二中的诗歌而成的一部伪书。

三、洪迈《野处类稿》作伪者、作伪时间与原因蠡测

既然洪迈《野处类稿》为伪书，那么是何人作伪？作伪于何时？又是出于什么原因而作伪呢？

首先看作伪者，无非是两种结果：或为洪迈本人，或另有其人。

按前引洪迈《野处类稿》自序，《野处类稿》二卷为洪迈所编，如果确为洪迈所编，那么作伪者自然是洪迈。考洪迈生平行事，他作伪的可能性不是没有，因为洪迈虽然著述甚丰，但颇为贪多务博，确有炫名邀功之嫌。如洪迈编《夷坚志》，"妄人多取《广记》中旧事，改窜首尾，别为名字以投之，至有数卷者，亦不复删润，径以入录。虽叙事猥酿，属辞鄙俚，不恤也"，因而陈振孙著录此书时对其"急于成书"予以了批评。[①] 洪迈编《万首唐人绝句》，"可谓博矣。而多有本朝人诗在其中"，亦有求多务博而"不深考"之弊。[②] 因此洪迈急于成书，作伪以邀名，并非没有可能。

虽说洪迈有作伪的可能性，但是若进一步深考，则发现当非洪迈作伪。主要有以下三个原因。

① 陈振孙撰，徐小蛮、顾美华点校：《直斋书录解题》卷一一，第 336 页。
② 陈振孙撰，徐小蛮、顾美华点校：《直斋书录解题》卷一五，第 450 页。

　　其一,《野处类稿》从未被洪迈同时代人提及。在南宋中兴时期,由于印刷业的兴盛,书籍的传刻与流通已非常普遍,文坛上亦盛行友人相互馈赠文集之风。与洪迈同时的杨万里、陆游、张镃等,相互之间即经常惠赠文集,文集在友人圈内广泛传播。如杨万里,"一官一集,每一集必一变"①,又几乎每一集出,都要馈赠友人以共享。洪迈亦不例外,其《容斋随笔》、《夷坚志》等在当时均流传甚广。如朱熹尝读洪迈《容斋随笔》,且有很好的评价,认为"洪景卢《随笔》中辨得数种伪书皆是"②。陆游曾读洪迈《夷坚志》,对洪氏亦甚为赞赏。③ 但《野处类稿》在洪迈生活的时代却从未被时人提及。孝宗隆兴、乾道之际,洪迈与王十朋、陈阜卿、王兴化、何宪等五人结成"楚东诗社",相互交游唱和甚为密切④,如果洪迈《野处类稿》在此前的高宗绍兴二十四年(1154)编成,当不可能不被诗社友人提及。王十朋、陈阜卿、王兴化、何宪中有文集传世者为王十朋,然通读王十朋文集,也未能见到有关于《野处类稿》的信息。

　　其二,朱松《韦斋集》为其子"朱熹所刊"⑤,朱熹乃洪迈同时代人,朱熹不仅如前揭能够读到洪迈著作,而且与洪迈有交往,洪迈不大可能在这种情况下抄录朱松诗为己作且令其传播。

　　其三,《野处类稿》托名洪迈的自序很有问题。清四库馆臣即尝质疑云:

> 　　集前有迈自序,称甲戌之春,家居卧病,作诗若干首,以自当缓忧之一物。遂取曩时所存而未弃者,录为二卷。甲戌为高宗绍兴二十四年(1154),盖迈退居鄱阳时所作。而集中《谒普照塔》诗,又有庚戌(1130)纪年,当在建炎三年。相去已二十四五岁,仅得诗八十余首。又《容斋三笔》纪绍兴十九年(1149)在福建贡院,与叶晦叔所作诗,正在甲戌之前,而集中并未载。⑥

　　如果《野处类稿》及其自序为洪迈本人所作,当不大可能出现此类矛盾与错讹。既然《野处类稿》非洪迈作伪,则必另有其人。但由于资料匮乏,

---

① 方回选评,李庆甲集评校点:《瀛奎律髓汇评》卷一《过扬子江》诗之评,第44页。
② 黎靖德编,王星贤点校:《朱子语类》卷一三八,第3278页。
③ 参见陆游著,钱仲联校注:《剑南诗稿校注》卷三七《题夷坚志后》,第2371页。
④ 参见欧阳光:《宋元诗社研究丛稿》,广州:广东高等教育出版社,1996年,第235—239页。
⑤ 祝尚书:《宋人别集叙录》卷一八,第860页。
⑥ 永瑢等:《四库全书总目》卷一六〇《野处类稿提要》,第1378页。

作伪者几无线索可寻,目前尚难确考。

那么《野处类稿》作伪于何时呢? 按常理,作伪者不大可能在洪迈生前托其名而作伪,因而《野处类稿》的作伪时间当在宁宗嘉泰二年(1202)洪迈卒后。前考洪迈《野处类稿》为陈振孙(约1183—约1261)所著录,可知《野处类稿》出现的时间当在洪迈卒后至陈振孙生活的时代之间,也即南宋后期。

至于作伪原因,亦无直接的材料可考。一般而言,书籍作伪盖不出以下几类原因:一是为了传递学术或教义;二是炫名;三是在政治或学术上争胜;四是避嫌或逃禁;五是在国家征集典籍文献时作伪邀赏;六是作伪抛售以谋取经济利益。就《野处类稿》而言,若是洪迈作伪,当是出于炫名。既然不是洪迈作伪,而是别人作伪,则作伪者当非炫名。《野处类稿》乃诗集,故而作伪以传学或争胜的可能性似可排除,亦谈不上避嫌或逃禁。前考《野处类稿》出现于南宋后期,联系当时书商刊唐宋以来诸家诗,"鬻书以自给"①的背景,则《野处类稿》的作伪动机极有可能是出于经济与商业利益,作伪抛售以获利。

在笔者的讨论将结束的时候,事实上还有很多问题并没有结束,而是开始。由于年代久远和资料匮乏,关于洪迈《野处类稿》究竟为何人作伪、作伪的确切时间是何时、为何能够成功作伪而流传至今等,仍是尚待进一步发掘和研究的课题。尤其应该指出的是,自宋以来人们阅读洪迈《野处类稿》,事实上是在误读朱松《韦斋集》中的诗作,今天各种文学史和诗文总集仍以《野处类稿》为洪迈作品,这种错误应该得以纠正。文学史上根据《野处类稿》这一伪书而形成的对于洪迈及其文学创作的体认,亦需要有重新的认识。

---

① 韦居安:《梅磵诗话》卷中,丁福保辑:《历代诗话续编》,北京:中华书局,1983年,第556页。

附录二　张镃《南湖集》成书考

　　张镃(1153—1235),字时可,后改字功父,号约斋,家本成纪(今甘肃天水),寓居临安(今浙江杭州),乃宋南渡名将张俊曾孙,刘光世外孙,尝历直秘阁、婺州通判、临安通判、司农寺丞、太府寺丞等职。张镃不仅是海盐腔创始人①,并以诗词享誉于时,为南宋中兴时期重要作家,诗文著作甚丰,今存《南湖集》十卷、《仕学规范》四十卷、《玉照堂词》一卷、《玉照堂梅品》一卷、《四并集》(一名《赏心乐事》)一卷、《桂隐百课》一卷等。张镃《南湖集》原为其亲自编撰,初为尤袤《遂初堂书目》著录,然传本极罕。宋末陈振孙《直斋书录解题》、元修《宋史·艺文志》均未见著录。明初杨士奇编《文渊阁书目》著录《南湖集》一部五册,明人叶盛《菉竹堂书目》亦载有五册,至万历中张萱编《内阁书目》已不登录。今本《南湖集》十卷乃清四库馆臣自《永乐大典》中辑出。《四库全书总目》称:"评其格律,大都清新独造,于萧散之中时见隽永之趣。以视嘈杂者流,可谓翛然自远……镃又工长短句,有《玉照堂词》,选本多见采录,而原本亦久散佚。谨裒集编次,以类相从,厘为诗九卷、词一卷,用存其略。"②至乾隆四十六年(1781),鲍廷博在《四库全书》本基础上,辑补张镃遗文逸事,编为附录,重刻《南湖集》,刊入《知不足斋丛书》。因而现存张镃文集以《知不足斋丛书》本最为完善,今通行之《丛书集成初编》本《南湖集》,即是据此排印。有关张镃今本《南湖集》的版本存佚与流传情况,祝尚书先生《宋人别集叙录》详有考订③,然关于张镃原本《南湖集》的成书问题,迄今未见专门论述。事实上,张镃《南湖集》的成书涉及其生平经历、文坛交游、诗文编集及诗风形成与演变等诸多问题,成为理解其诗歌创作的一条重要线索。因而笔者拟就此予以考述,以就教于方家。

　　论及张镃《南湖集》的成书,须先对其南湖别业略作考察。张镃南湖别业的来历,要追溯到高宗赐其曾祖张俊的宅第。宋室南渡之初,张俊与韩世忠、岳飞、刘光世等大将成为南宋赖以立国的重要力量。绍兴十一年(1141)南宋与金达成和议,诏诸大将赴行在,拜张俊枢密使。俊晚年,高宗

---

① 参见张德瀛:《词征》卷五,唐圭璋编:《词话丛编》第5册,第4164页。
② 永瑢等:《四库全书总目》卷一六〇《南湖集提要》,第1382—1383页。
③ 祝尚书:《宋人别集叙录》卷二三,第1152—1154页。

"眷之厚,凡所言,朝廷无不从"①。史载,绍兴十三年(1143)高宗赐张俊宅
第一区。② 张俊赐第的方位,在杭州城北艮山门内的南湖。张镃《南湖有鸥
成群,里闾间云,数十年未尝见也,实尘中奇事。因筑亭洲上,榜曰鸥渚,仍
放言六绝》其三称:"东家西家翁媪说,白洋湖自有多年。"③四库馆臣亦考:
"南湖一名白洋池,在杭州城北隅。宋张俊赐第,四世孙镃别业,据湖之上。
湖在宅南,因名南湖。"④可见南湖原名白洋池,因在张俊赐第之南而得名。
在南宋前期,白洋池"周回三里",水甚深,至理宗淳祐七年(1247)湖水仍
盛,是夏大旱,"人争汲此水","一方赖之"⑤。不过到度宗咸淳(1265—
1274)年间,"湖渐湮塞",已所存无几。⑥

　　张镃建构南湖别业,始自淳熙十二年(1185)。时张镃在临安通判任
上,因"倦处于旧庐,遂更谋于别业",在南湖北滨购地百亩,着手辟建以玉
照堂为主的桂隐,"历二岁而落成"⑦。淳熙十四年(1187)秋张镃以疾辞临
安通判,得祠禄,归桂隐,遂捐南湖东旧宅为禅寺。绍熙元年(1190)光宗赐
额广寿慧云禅寺,魏国公史浩为记,侍读楼钥为之书,并题额。⑧ 张镃舍宅
为寺后,又历时十四年继续营建南湖别业,至庆元六年(1200)修缮完整,主
要有东寺、西宅、南湖、北园、亦庵、约斋、众妙峰山等七大园区,功能甚为齐
备:"东寺为报上严先之地;西宅为安身携幼之所;南湖则管领风月;北园则
娱宴宾亲;亦庵晨居植福,以资静业也;约斋昼处观书,以助老学也。至于畅
怀林泉,登赏吟啸,则又有众妙峰山,包罗幽旷,介于前六者之间"⑨。南湖
别业在当时闻名遐迩,史浩称,"桂隐林泉,在钱塘为最胜"⑩。周密也称张
镃"园池声妓服玩之丽甲天下"⑪。诚如鲍廷博重刻《南湖集》时所称,"集
中诸作,太半皆纪所居南湖桂隐玉照诸胜,及与同时士大夫游燕酬答之

---

① 李心传:《建炎以来系年要录》卷一四〇,第 2255 页。
② 脱脱等:《宋史》卷三六九《张俊传》,第 11475 页。
③ 张镃:《南湖集》卷八,第 134 页。
④ 永瑢等:《四库全书总目》卷七六《南湖纪略稿提要》,第 667 页。
⑤ 潜说友:《咸淳临安志》卷三八,《宋元方志丛刊》第 4 册,第 3697 页。
⑥ 潜说友:《咸淳临安志》卷二四,《宋元方志丛刊》第 4 册,第 3600 页。
⑦ 张镃:《南湖集》附录中《捨宅誓愿疏文》,第 209 页。
⑧ 参见史浩:《广寿慧云禅寺之记》,张镃:《南湖集》附录中,第 211 页。按,史浩《广寿慧云
　禅寺之记》不存于今史浩文集《鄮峰真隐漫录》中。考《鄮峰真隐漫录》并非史浩亲纂,而
　是由其门人周铸搜辑编纂而成,故该记当是周铸搜辑史浩文稿时,未能收集编入。
⑨ 周密:《武林旧事》卷一〇,第 224—225 页。
⑩ 史浩:《题南湖集卷十二后》,张镃:《南湖集》附录上,第 204 页。
⑪ 周密撰,张茂鹏点校:《齐东野语》卷二〇《张功甫豪侈》,第 374 页。

篇"①,南湖别业自甫建之日起,便是张镃燕游歌咏及与四方名士诗文交会的胜地。张镃一生多次编撰诗稿,最终命名《南湖集》,亦与南湖别业密切相关。

张镃可考的最早诗编,见于淳熙八年(1181)。是年张镃通判临安,时陆游自提举淮南东路常平茶盐公事任上罢归居乡。八月,张镃以所著诗千篇投赠陆游。陆游有《谢张时可通判赠诗编》:"圣朝中兴六十年,君家文武何联翩……流传到君愈卓荦,投我千篇皆杰作。"②对张镃此编诗甚为赞赏。

淳熙十三年(1186)春,张镃仍在临安通判任。陆游除朝请大夫,馆于西湖上。时杨万里亦在朝,官枢密院检详诸房文字。杨万里访陆游于西湖上,适逢张镃在访,杨万里因之与张镃相识,二人自此常有诗函往来,结为挚友。③ 是年九月,张镃有《约斋诗乙稿》赠杨万里。杨万里《跋张功父通判直阁所惠约斋诗乙稿》称:"句里勤分似,灯前得细尝。孤芳后山种,一瓣放翁香"④,指出张镃此期师法陈师道及瓣香陆游的诗学倾向。杨简亦有《张时可惠示甲乙稿》诗称:"凌晨带月上竹舆,荷君封送两卷书……乃是约斋甲乙稿,惊喜遽读味新好。一篇一篇奇益奇,闲姿雅态云生岛。石泉竹月风萧萧,斗牛剑气秋空高。意度横出不可速,洒洒落落真诗豪。"⑤考张镃现存文集中豪夸放纵的诗篇,与陆游诗确有神似之处。据此也可知淳熙八年(1181)张镃赠陆游的千首诗篇,当为《约斋诗甲稿》。

淳熙十四年(1187)四月,张镃又编成《约斋诗丙稿》。其诗编成后,尝赠友人杨万里,并索杨万里诗集。⑥ 杨万里《张功父索余近诗,以南海、朝天二集示之,蒙题七字》云:"作者于今星样稀,凄其望古驷难追……报章不作南金直,惭愧君家丙稿诗"⑦,对张镃丙稿诗非常推许。张镃次杨万里韵,有《诚斋以南海、朝天两集诗见惠,因书卷末》云:"笔端有口古来稀,妙悟奚烦用力追。南纪山川题欲遍,中朝文物写无遗。后山格律非穷苦,白傅风流造坦夷。霜鬓未闻登翰苑,缓公高步或因诗"⑧,亦称慕杨万里诗之活法与妙悟。

---

① 鲍廷博:《刻南湖集缘起》,张镃:《南湖集》卷首,第1页。
② 钱仲联先生为陆游《谢张时可通判赠诗编》作"题解"云:"此诗淳熙八年八月作于山阴。"参见陆游著,钱仲联校注:《剑南诗稿校注》卷一三,第1055—1056页。
③ 参见杨万里撰,辛更儒笺校:《杨万里集笺校》卷八〇《约斋南湖集序》,第3251—3252页。
④ 杨万里撰,辛更儒笺校:《杨万里集笺校》卷二一,第1076—1077页。
⑤ 杨简:《慈湖遗书》卷六,《影印文渊阁四库全书》第1156册,第675页。
⑥ 参见于北山:《杨万里年谱》,第324页。
⑦ 杨万里撰,辛更儒笺校:《杨万里集笺校》卷二二,第1132页。
⑧ 张镃:《南湖集》卷六,第93页。

　　张镃编成丙稿诗集之际,已开始编撰丁稿诗集。淳熙十三年(1186)十二月,张镃有《立春日园梅未花,书呈尤检正》称:"十行犹用午年历,数首初编丁稿诗。腊雪已多春定好,愿求名句檄南枝。"①诗题所谓尤检正,乃尤袤。尤袤于淳熙十三年(1186)除左司郎中兼国史院编修,迁中书门下检正诸房公事兼太子侍讲。② 由张镃赠尤袤诗,可知淳熙十三年(1186)底张镃已创作有编入丁稿诗集的诗作数首。淳熙十四年(1187)秋,张镃辞临安通判归,进一步营建南湖别业,期间立堂、宇、桥、舟诸名,各赋小诗,成《桂隐纪咏》组诗,总80余首。③ 这些诗作,当也编入丁稿诗集之中。淳熙十四年(1187)归南湖前后,是张镃从事诗歌创作、编集与交流的活跃期。例如是年陆游在严州刻成《剑南诗稿》二十卷,张镃索陆游诗集,有《觅放翁剑南诗集》云:"见说诗并赋,严陵已尽刊。未能亲去觅,犹喜借来看。纸上春云涌,灯前夜雨阑。莫先朝路送,政好遗闲官。"④同年张镃友人张尧臣归四明,时史浩以致仕居四明,张镃托张尧臣寄诗史浩,史浩有《跋张功父诗》云:"寄语夫君当勉励,不耕何以望时丰。"⑤是岁除夕张镃以诗索杨万里《荆溪集》,有《春前一日,赋呈诚斋,觅荆溪诗编,且邀看玉照堂花》,杨万里次韵送往。⑥ 淳熙十五年(1188)正月张镃赋《玉照堂观梅二十首》,杨万里又有《和张功父梅花十绝句》,和张镃咏梅组诗后十首,其六称,"约斋句子已清圆"⑦。可见,张镃丁稿诗集的风格有趋向清新圆融的重要变化,颇近于诚斋体。

　　张镃辞归后,盖因着力营建南湖别业及沉潜于南湖风月的缘故,于淳熙十五年(1188)到十六年(1189)间,将以"约斋"命名的甲、乙、丙、丁四编诗稿进行整理,首次以"南湖"为名结集。淳熙十五年(1188)三月,时为秘书少监兼太子侍读的杨万里因力举张浚从祀高宗,触怒孝宗,于四月出守江西筠州,至次年四月始还朝。杨万里出守筠州期间,张镃寄来《南湖集》,杨万里有《约斋南湖集序》云:"余出守高安,约斋子寄其诗千余篇曰《南湖集》,且诿予序之"⑧。淳熙十六年(1189)中秋,史浩亦有《题南湖集卷十二后》云:"张子卜筑池台馆宇门墙道路,凡经行宴息处,悉命以佳名,而各有诗。

　① 张镃:《南湖集》卷五,第85页。
　② 参见吴洪泽:《尤袤年谱》,吴洪泽、尹波:《宋人年谱丛刊》第9册,第5967页。
　③ 张镃:《南湖集》卷七,第111页;周密:《武林旧事》卷一〇,第224页。
　④ 张镃:《南湖集》卷四,第50页。
　⑤ 史浩:《鄮峰真隐漫录》卷三六,《宋集珍本丛刊》第43册,第183页。
　⑥ 参见于北山:《杨万里年谱》,第326页。
　⑦ 杨万里撰,辛更儒笺校:《杨万里集笺校》卷二四,第1218页。
　⑧ 杨万里撰,辛更儒笺校:《杨万里集笺校》卷八〇,第3252页。

予固未尝历其地,乃因邻友张以道东归,惠然寄示,总八十余绝,读之洒然,而与其人岸观散袿,徜徉于烟萝香霭间,可胜欣快。因为一绝题其后:'桂隐神仙宅,平生足未登。新诗中有画,一一见瓯楼。'"①史浩所见编于《南湖集》卷十二的80余首绝句,当正是淳熙十四年(1187)秋张镃辞归后创作的80余绝《桂隐纪咏》组诗,今《南湖集》中仍存40余首。

　　淳熙十六年(1189)二月,孝宗禅位,光宗登基,五年后宁宗即位。自孝宗淳熙末至宁宗庆元六年(1200)的十几年间,张镃历宣义郎、直秘阁、司农寺主簿、司农寺丞等职,其南湖别业亦修葺完善。此期张镃创作仍夥,仅于南湖别业即"得诗凡数百"②。庆元六年(1200),张镃编成诗稿《约斋集》。时杨万里已自江东转运副使任上请祠归里,居乡近十年。张镃赠《约斋集》于杨万里,杨万里有《谢张功父送近诗集》云:"十年不梦软红尘,恼乱闲心得我嗔。两夜连翻《约斋集》,双明再见帝城春……近代风骚四诗将,非君摩垒更何人?"自注:"四人范石湖、尤梁溪、萧千岩、陆放翁。"③杨万里赞扬《约斋集》中表现的帝城风物,并称许张镃为追步范成大、尤袤、萧德藻、陆游的诗坛健将。

　　嘉泰二年(1202),张镃在太府寺丞任上,又有新编《南湖》第三集诗稿问世。时杨万里仍居江西,张镃以《南湖》第三集诗及书函寄杨万里。杨万里有《和张寺丞功父八绝句》,其一称:"约斋太瘦古仙真,寄我诗篇字字新。受业陈三能几日?无端参换谪仙人。"④并有《答张功父寺丞书》云:"功父深居帝城……不远千里,走一介行李,移书寄诗……《南湖》第三集,诗老而逸夷而工"⑤。可见,自孝宗淳熙年间以约斋诗甲、乙、丙、丁四稿编成的《南湖集》,到宁宗庆元末编成的《约斋集》,嘉泰中编成的《南湖》第三集,张镃每集诗都有变化,经历了师法黄陈江西诗学,到瓣香陆游、杨万里,转而师法唐人,逐步走向清新圆融与老到工夷的历程。张镃也因诗作的不断编集和传播,诗风的步步成熟与多样化,获得文坛越来越高的评价。

　　宁宗开禧二年(1206)五月,韩侂胄用兵伐金,北伐不久,金人即由守转攻,宋军全线溃败。在此情势下,礼部侍郎史弥远与杨皇后、杨次山、钱象

---

① 张镃:《南湖集》附录上,第204—205页。
② 张镃:《桂隐百课》序,周密:《武林旧事》卷一〇,第224页。
③ 杨万里撰,辛更儒笺校:《杨万里集笺校》卷三九,第2030页。
④ 杨万里撰,辛更儒笺校:《杨万里集笺校》卷四〇,第2124页。
⑤ 杨万里撰,辛更儒笺校:《杨万里集笺校》卷六八,第2876—2878页。

祖、卫泾、王居安等开始谋诛韩侂胄,张镃亦参与其中。① 这不仅是张镃生平重要的政治活动,也成为其人生的转折点。开禧三年(1207)十一月,韩侂胄被诛,不久,张镃与钱象祖、卫泾、王居安等人亦因史弥远专功擅权而遭到贬斥。嘉定四年(1211)张镃被追毁出身以来文字,送象州羁管,理宗端平二年(1235)卒于象州。以开禧间参预诛韩为界,张镃在激烈的政治风浪及悲惨的远贬中度过了人生的后期近 30 年。就在被贬象州的前一年,即嘉定三年(1210),张镃自定《南湖集》二十五卷,编诗三千余首。方回《读张功父南湖集并序》云:"南湖生于绍兴癸酉(1153),循忠烈王之曾孙,近得其前集二十五卷,三千余首,嘉定庚午(1210)自序,盖所谓得活法于诚斋者。"② 清朱文藻《书南湖集后》论云:"史称弥远诛韩之后,独相两朝,擅权用事……则公之被斥逐,势有必然……观公之自定其诗,在宁宗嘉定三年(1210),去谪象之年不远,公殆有先见矣"③。由于资料缺乏,张镃贬象州后的事迹几近湮没无闻,因而其自定的《南湖集》二十五卷,是其可考的最后诗文结集。

综上所述,如杨万里诗"一官一集,每一集必一变"④,张镃《南湖集》也经历了多次编集而最终成书,主要有四个阶段:(1)孝宗淳熙八年(1181)至淳熙十六年(1189),编成约斋诗甲、乙、丙、丁四稿,并结为《南湖集》;(2)孝宗淳熙末至宁宗庆元六年(1200),编成《约斋集》;(3)宁宗嘉泰年间,编成《南湖》第三集;(4)宁宗嘉定三年(1210),自定《南湖集》二十五卷。张镃南湖别业的建构用时 16 年,而《南湖集》的成书前后历时 30 年。尤袤《遂初堂书目》首次著录张镃《南湖集》,因尤袤卒于光宗绍熙五年(1194),故其所录,当为张镃淳熙年间集约斋诗甲、乙、丙、丁四稿而成的《南湖集》,还远非张镃诗集全貌。和友人陆游、杨万里一样,张镃确实才情横溢,极为活跃,是一位多产量、高质量的作家。其《南湖集》的成书,不唯是其人生中的重要经历,也是理解其诗歌创作的重要线索。《南湖集》的成书过程,既是张镃诗风不断演变和发展成熟的过程,也是其诗作在当时文坛,尤其是在陆游、杨万里、尤袤、史浩等名家之间广泛交流与传播的过程,折射出诗坛风会,对认识南宋中兴期的文学生态具有独特意义。

---

① 参见叶绍翁撰,沈锡麟、冯惠民点校:《四朝闻见录》丙集《虎符》,第 91 页;周密撰,张茂鹏点校:《齐东野语》卷三《诛韩本末》,第 47—48 页。
② 方回:《桐江续集》卷八,《影印文渊阁四库全书》第 1193 册,第 302 页。
③ 张镃:《南湖集》书后,第 218 页。
④ 方回选评,李庆甲集评校点:《瀛奎律髓汇评》卷一《过扬子江》诗之评,第 44 页。

附录三 《全宋文》张镃残文一篇补正

　　全部付梓出版的《全宋文》，皇皇 360 册，录宋代 9 千余位作家的各体文章 17 万余篇，为总成有宋一代文章的重大文献工程，惠益学人，厥功甚伟。但因数量极大，疏漏在所难免。顷阅《全宋文》，见卷六五六五所载张镃《捨宅誓愿疏文》残缺甚多。张镃是南宋中期的一位重要作家，该文恰又是其生平、思想研究的重要文献，故依所见予以补正，以供学界参考。

　　为比照补正，兹先录《全宋文》所收张镃《捨宅誓愿疏文》如下：

　　　　大乘菩萨：戒弟子承事郎、直秘阁、新权通判临安军府事兼管内劝农事张镃，右镃一心归命本师释迦牟尼佛，当来下生弥勒尊佛、西方极乐世界阿弥陀佛、十方法界诸佛、诸大菩萨，缘觉声闻、大梵天王、帝释、尊天四大天王，韦陀尊天守护正法、天龙八部、大权圣众、五岳四渎名山大川祠庙神祇。伏□不离真际，普赐证明。镃恭以欲导群迷，必阐扬于佛道；□兴遗教，宜建立于僧坊。胜福难思，契经具载。镃生佛灭后，值法住时，幸发无上心愿，学第一义。念真乘难逢于旷劫，思慧命常续于未来。助行欲妙于庄严，随力当施于利益。深心所在，至愿方陈。阎浮乃众生选佛之场，震旦多大乘得道之器。教法东渐，而独此为盛；祖师西来，而其传不穷。由是众多之伽蓝，徧我清净之国土。或据名山胜地，或居赤县神州，皆古德之所兴，实檀那之自创。伏遇皇上体佛心而治天下，崇祖道而护宗门。惟钱塘驻跸之方，乃寰宇观光之地，昔相国曾闻□之建，今□在所未见（以下原钞缺一页。《武林金石记》卷九。又见国家图书馆藏拓片·缪专二五三六）。①

　　据此，知该文录自《武林金石记》卷九，计 329 字，乃残篇，有四处脱文，缺原钞一页文字。

　　《武林金石记》系清人丁敬辑，共十卷，《全宋文》未明何本。笔者检阅影印民国五年（1916）吴隐西泠印社活字印遯盦金石丛书本《武林金石记》，

---

　　① 张镃：《捨宅誓愿疏文》，曾枣庄、刘琳主编：《全宋文》卷六五六五，第 289 册，第 36—37 页。

卷九录张镃《捨宅誓愿疏文》①，文字与《全宋文》所录完全相同，亦为残篇。

按，张镃（1153—1235），字功父，号约斋，张俊曾孙，有《南湖集》。《南湖集》初为时人尤袤《遂初堂书目》著录，然传本极罕，宋陈振孙《直斋书录解题》和元修《宋史·艺文志》均未见著录，明初杨士奇编《文渊阁书目》著录《南湖集》一部五册，明人叶盛《菉竹堂书目》亦载有五册，至明万历中张萱编《内阁书目》已不登录。今存《南湖集》十卷，乃清四库馆臣自《永乐大典》中辑出。② 四库全书本《南湖集》，存诗九卷，词一卷，无张镃此文。

笔者近阅清乾隆四十六年（1781）鲍廷博重刊《南湖集》，见附录中有鲍氏所辑张镃《捨宅誓愿疏文》完篇。兹标点迻录如下：

捨宅誓愿疏文

案此文从石刻对录，凡剥蚀字以叶石君《金石文随录》手稿增补，小字侧书以别之：

　　大乘菩萨：戒弟子承事郎、直秘阁、新权通判临安军府事兼管内劝农事张镃，右镃一心归命本师释迦牟尼佛、当来下生弥勒尊佛、西方极乐世界阿弥陀佛、十方法界诸佛、诸大菩萨、缘觉声闻、大梵天王、帝释、尊天四大天王、韦陀尊天守护正法、天龙八部、大权圣众、五岳四渎名山大川祠庙神祇，伏**望**不离真际，普赐证明。镃恭以欲导群迷，必阐扬于佛道；**将**兴遗教，宜建立于僧坊。胜福难思，契经具载。镃生佛灭后，值法住时，幸发无上心愿，学第一义。念真乘难逢于旷劫，思慧命常续于未来。助行欲妙于庄严，随力当施于利益。深心所在，至愿方陈。阎浮乃众生选佛之场，震旦多大乘得道之器。教法东渐，而独此为盛；祖师西来，而其传不穷。由是众多之伽蓝，徧我清净之国土。或据名山胜地，或居赤县神州，皆古德之所兴，实檀那之自创。伏遇主上体佛心而治天下，崇祖道而护宗门。惟钱塘驻跸之方，乃寰宇观光之地，昔相国曾闻**十禅**之建，今在所未见**一刹**之隆。**如来演教于王城，盖居精舍。宗师接人于闹市，可乏丛林。都民胶扰，而罕闻说法之音。衲子往来，而靡有息肩之处。慨斯阙典，久矣经怀。昨倦处于旧庐，遂更谋于别业。**

---

① 丁敬辑：《武林金石记》卷九，《续修四库全书》第910册，第425—426页；又见《石刻史料新编》（第一辑）第15册，台北：新文丰出版公司，1982年，第10958页。
② 参见祝尚书：《宋人别集叙录》卷二三，第1152—1154页。

园得百亩，地占一隅。幽当北郭之邻，秀踞南湖之上。虽混京尘，而有山林之趣。虽在人境，而无车马之喧。爰剪荆榛，式营栋宇。劳一心而经始，历二岁而落成。念胜处可作精蓝，而薄德岂宜于大厦。顾栖身之尚赖，姑假舍而寓居。浮生自叹于艰虞，幻质累萦于疾疢。求佛祖之加被，祈天龙之护持。增长善根，销除宿业。年得踰于知命，运获度于多灾。必法尊经，变秽方而成净域。定依前哲，捨居宅而为梵宫。用分常产之田，永作香厨之供。愿主席者皆有道行，使挂锡者咸悟心源。为东方立光明幢，与末世洒甘露雨。插草不离于当念，布金何借于他缘。言弗苟陈，誓无终悔。镃切虑事有多障，时不待人。先期或至于报终，异议恐纷于身后。宗族长幼，朋友亲姻。或称乱命之难从，或谓名教之有害。引屈到嗜芰之说，诮王旦削发之言。坏我良因，夺我素志。以至恃势力而求指占，由贿赂而请住持。辄污招提，妄谈般若。是出佛身之血，是断正法之轮。死当堕于阿鼻，生亟遭于奇祸。特将此誓，痛警若人。俾革一时之狂心，勿受历劫之极苦。盖念起立塔庙，饭食沙门。流通大事之缘，成就圆机之善。恭愿皇图巩固，睿算增延。期永措于兵刑，庶宏持于像教。上荐祖先父母，次及知识冤亲。八难三途，四生九类。悉资熏而获益，总解脱以超轮。广此愿心，周乎法界。作菩提之妙行，为净业之正因。佛国俱空，毕竟首登于极乐。法身非有，不妨面奉于弥陀。普与有情，同成此道。谨疏。淳熙十四年，岁次丙午，七月初七日。大乘菩萨戒弟子承事郎、直秘阁、新权通判临安军府事兼管内劝农事张镃疏。景定壬戌中秋，蜀阆州许文安捐金，命工重刊，永为不朽之传。住山息峰行海立石。御前应奉余桌刊。①

按，上文黑体字部分即为《全宋文》中张镃《捨宅誓愿疏文》正文的脱文和缺页文字。张镃《捨宅誓愿疏文》完篇应有 932 字，《全宋文》中的脱文和缺页文字共计 603 字，缺近三分之二的文字。而《全宋文》中所录文字，除有一字之外（《全宋文》中"皇上"，上文作"主上"），均与上文相同。

据鲍廷博案语，知鲍氏所辑张镃《捨宅誓愿疏文》乃他亲自从石刻对录，又以他书校勘增补，有据可信。据鲍氏所录"景定壬戌中秋，蜀阆州许文安捐金，命工重刊，永为不朽之传。住山息峰行海立石"一段石刻题名，可见鲍氏录文为南宋理宗景定三年（1262）蜀中阆州人许文安命工刊刻之石碑文。考景定三年（1262）张镃之孙张柽在史浩《广寿慧云禅寺之记》文

---

①　鲍廷博：《知不足斋丛书》第 8 集《南湖集》附录中，第 507—508 页。

后所撰跋语云:"先大父少卿捨宅一区以筑梵宫,割田亩有奇以给僧饭……所著发愿文雄碑,对峙丛林,逮今传颂。绍定厄于劫火,寺虽重建,而记文皆不存。蜀人许居士所藏发愿文旧刻,即先大父手笔,慨然捐金砻石,并寺记重勒,以成山中之阙典,请跋于余……景定壬戌重阳后十日,孙承信郎、阖门看班祗候张桱百拜谨书。"①可知张镃尝亲刻《捨宅誓愿疏文》,但刻文在理宗绍定(1228—1233)间毁于火,故蜀人许文安据张镃手书,于理宗景定三年(1262)将张镃《捨宅誓愿疏文》勒石重刻,该文由此得以流传。

考鲍廷博《刻南湖集缘起》云:"《南湖集》,宋循王曾孙张公约斋所著……不见于晁氏《读书志》,而陈氏《书录解题》及《宋史·艺文志》亦不详其目……圣天子右文稽古,命儒臣检集《永乐大典》中遗籍,汇入《四库全书》……馆阁原编校写既毕,偶检志乘,补其遗佚。至于遗文逸事,与夫后人景仰题咏之作,亦辑而附焉。爰付剞劂,以广流传"②。可知鲍廷博在四库全书本《南湖集》的基础上,辑补张镃"遗文逸事",编为附录,重刻《南湖集》,刊入《知不足斋丛书》。故现存张镃文集以《知不足斋丛书》本为完善,今《丛书集成初编》本《南湖集》即是据《知不足斋丛书》本排印。张镃《捨宅誓愿疏文》正是鲍氏重刻《南湖集》时所辑入。

又考鲍廷博所录《捨宅誓愿疏文》,末云:"淳熙十四年,岁次丙午,七月初七日。大乘菩萨戒弟子承事郎、直秘阁、新权通判临安军府事兼管内劝农事张镃疏。"据此,张镃在临安捨宅为寺并撰疏文的时间在孝宗淳熙十四年(1187)。检《南湖集》,张镃有《桂隐纪咏》组诗,序云:"淳熙丁未秋,仆自临安通守,以疾丐祠。既归桂隐,遂捐故庐为东寺,指新舍为西宅,南湖以经其前,北园以奠其后"③。淳熙丁未即淳熙十四年(1187)。《桂隐纪咏》诗序所记张镃在临安捨宅为寺的时间及其事件,与鲍廷博所录《捨宅誓愿疏文》吻合。这也进一步证实了鲍氏录文的可靠性。

再检明代钱塘人吴之鲸撰《武林梵志》,卷一亦录有张镃《捨宅誓愿疏文》。以吴氏录文与鲍廷博录文进行对照,吴氏所录正文无"淳熙十四年,岁次丙午,七月初七日。大乘菩萨戒弟子承事郎、直秘阁、新权通判临安军府事兼管内劝农事张镃疏"一段文字,其他文字与鲍廷博录文相同,也基本上为完篇。又考吴之鲸有记云:"广寿慧云禅寺,在三拨营畔。宋淳熙十四年张循王之孙镃捨宅建寺……寺迄今犹呼为张家寺,公之真诚在人也。慧

---

① 鲍廷博:《知不足斋丛书》第8集《南湖集》附录中,第509页。
② 鲍廷博:《知不足斋丛书》第8集《南湖集》卷首,第377—378页。
③ 张镃:《南湖集》卷七,第111页。

云其旧所赐额,踞杭北城艮山门之西南湖之上,其中东西井各一原碑……公之誓文可畏也……其碑现存"①。可见,吴之鲸曾亲见《捨宅誓愿疏文》石碑全文。吴氏所见碑文,或即前考理宗景定三年(1262)蜀人许文安命工重刻之石碑文。吴氏所记张镃在临安捨宅为寺的时间及其事件,与前文考述亦相合。这是补正《全宋文》张镃残文的又一确证。

由此可见,做文献辑录工作,于底本之选择不可不慎。

附录四　史浩诗辑佚四首

笔者因课题研究阅读所及,发现《全宋诗》未收的史浩佚诗四首。兹辑补如下,以供研究者参考,或为《全宋诗》补编之助。

1. 史浩《鄮峰真隐漫录》卷三六《跋张功父诗》一文记载,淳熙十四年(1187)史浩以致仕居家乡四明,十月初一开炉日,过竹院,僧宝昙方为诗和张镃韵,史浩亦戏笔次韵,拟作示宝昙,后数日,史浩乡友张尧臣自杭州归四明,贻书史浩,以张镃所寄诗求史浩跋,史浩方病,因以前和宝昙韵跋之,诗云:

> 纶言褒予正遭逢,底事思归作蠹虫。未信夏畦三日雨,能胜秋浦一丝风。英英尊府分符誉,烨烨先曾卫社功。寄语夫君当勉励,不耕何以望时丰。①

按,史浩(1106—1194)字直翁,自号真隐居士,明州鄞县(今浙江宁波)人,高宗绍兴十五年(1145)进士,历官太学正、国子博士、建王府教授等,孝宗朝除中书舍人、翰林学士、知制诰、参知政事、尚书右仆射,淳熙中拜右丞相,有《鄮峰真隐漫录》五十卷,《宋史》卷三九六有传。《全宋诗》据文渊阁四库全书本《鄮峰真隐漫录》收诗七卷,新辑集外诗一卷,共八卷。② 张镃(1153—1235)字时可,后改字功父(又作功甫),号约斋,家本成纪(今甘肃天水),居临安(今浙江杭州),张俊曾孙,以荫入官,历直秘阁、婺州通判、临安通判、司农寺丞、太府寺丞等,今存《南湖集》十卷、《仕学规范》四十卷。③ 上述史浩跋文中所见诗一首,《全宋诗》未收。

2. 张镃《南湖集》附录收史浩《题南湖集卷十二后》一文记载,淳熙十六年(1189)中秋张尧臣自杭州归四明,张镃托张尧臣寄《桂隐纪咏》组诗八十余绝于史浩,史浩盛赞张镃诗作及其桂隐林泉之胜,因赋一绝题其后,诗云:

---

① 史浩:《鄮峰真隐漫录》卷三六《跋张功父诗》,《宋集珍本丛刊》第43册,第183页。

② 北京大学古文献研究所编:《全宋诗》卷一九七三至一九八〇,第35册,第22112—22197页。

③ 参见曾维刚:《张镃年谱·前言》,第1页。

桂隐神仙宅，平生足未登。新诗中有画，一一见觚棱。①

　　按，史浩《题南湖集卷十二后》一文不存于其文集《鄮峰真隐漫录》，该文所载绝句亦为其佚诗，《全宋诗》未收。史浩文集并非史浩亲纂，而是由其门人周铸搜辑编纂而成。故史浩《题南湖集卷十二后》及所录绝句，当是周铸搜辑史浩文稿时，未能收集编入。而张镃《南湖集》原本二十五卷，后散佚，今《南湖集》十卷乃清四库馆臣自《永乐大典》中辑出，乾隆四十六年（1781）鲍廷博进一步辑补相关遗文逸事，编为附录，重刻《南湖集》，刊入《知不足斋丛书》，今《丛书集成初编》本《南湖集》即是据鲍氏本排印。② 史浩《题南湖集卷十二后》正是由鲍廷博辑入《南湖集》附录，今《全宋文》已据此编于史浩名下。③

　　3. 史浩《鄮峰真隐漫录》卷三九《划船致语》文二篇，末各附一诗，共两首：

　　　　鄮城中有水晶宫，佳景偏供渔舍翁。酒船撑开万山绿，醉帽插破千花红。鱼龙浪卷空中雪，罗绮香生水面风。俗乐时丰君赐予，人人举手祝苍穹。

　　　　十里平湖一鉴开，群山耸髻入妆台。最宜缥缈苍烟际，遥见翩翩画桨来。帘卷玉钩春映水，标争绣段鼓鸣雷。莫辞醉席梅花地，报答风光是酒杯。④

　　按，《全宋诗》卷一九八〇收史浩新辑集外诗，其中所辑致语口号诗作多达四十余首，但上述二诗未见收录。

---

① 张镃：《南湖集》附录上，第204—205页。
② 参见祝尚书：《宋人别集叙录》卷二三，第1152—1154页。
③ 史浩《题南湖集卷十二后》编入《全宋文》，题为《题南湖集十二卷后》，见曾枣庄、刘琳主编：《全宋文》卷四四一四，第200册，第41页。
④ 史浩：《鄮峰真隐漫录》卷三九，《宋集珍本丛刊》第43册，第204页。

附录五　吴芾、王十朋诗辑佚二首

宋林表民编《赤城集》收吴芾《朱氏旌表门闾碑》一文记载,淳熙二年(1175)孝宗以太上皇高宗寿登七秩,赦告天下,旌表孝行节义著于乡闾者,台州守臣尤袤奏临海县贡士朱伯履妻陈氏之节行于朝,次年诏陈氏特封安人,旌表门闾。吴芾应陈氏子朱希尹、朱希牧之请,撰《朱氏旌表门闾碑》以纪其事,末又系之以诗曰:

> 妇德之修,至隐而昭。行成于家,而列于朝。国有劝惩,当罚而止。孰观而化,表厥宅里。淑哉若人,识明志坚。之死靡他,不贰所天。节则高矣,报亦云侈。既畀以年,庸介尔祉。巘巘崇台,左右其门。匪台之崇,维德之尊。诏而子孙,勿替勿懈。永言保之,毋俾台坏。告而里闾,而妇而母。惟节惟孝,惟台之视。圣孝不匮,善推所为。我诗于石,垂世作规。①

按,吴芾(1104—1183)字明可,台州仙居(今属浙江)人,高宗绍兴二年(1132)进士,孝宗朝知绍兴府,权刑部侍郎,知临安府、隆兴府等,《宋史》卷三八七有传。吴芾原有《湖山集》二十五卷,长短句三卷,别集一卷,奏议八卷等,已佚,清四库馆臣据《永乐大典》辑为《湖山集》十卷。集除末附表、序各一篇外,俱为诗作。《全宋诗》卷一九五六至一九六五收吴芾诗十卷,新辑集外诗附于卷末。上述《朱氏旌表门闾碑》一文,不存于今《湖山集》。文中所见诗一首,《全宋诗》未收。

王十朋《兴化军林氏重修旌表门闾记》一文记载,乾道五年(1169)直秘阁、福建路转运副使林孝泽自莆阳致书王十朋,称其八世祖在唐以孝行闻名,德宗诏立阙旌表门闾,至宋嘉祐、绍兴间因敝而修,今不治且圮,太守钟离松出公帑葺而新之,王十朋应林孝泽之请,遂撰该记,赞孝感之异,颂守臣之风化,末又赋诗一首以发扬之,诗曰:

> 大哉孝为百行先,通乎神明光普天。圣经千有八百年,亦以应感形

---

① 林表民编:《赤城集》卷一四,《影印文渊阁四库全书》第1356册,第741—742页。

诸篇。李唐中叶正元年,有林孝子家莆田。丧亲五日食不咽,手开坎室土自肩。葬庐其傍护隧埏,恨不殒身赴重泉。天听匪高应昭然,瑞气非云亦非烟。异香馥郁非兰荃,饴蜜匪甘珠匪圆。旸中不晞明且坚,灵乌皓质来翩翩。耳惊目骇观肩骈,使者来廉迹其阡。露随哭声洒云边,诏旌门间臱赋蠲。名书史册光厥传,年垂四百家声绵。云来满门业青编,世登桂籍香名联。八叶有孙寿而贤,移以事君忠孝全。黄堂主人职承宣,鼎新双阙光厥前。宋唐四杰雄文镌,奚止照耀莆山川。要令四海皆参骞,孰非人子宜勉旃。①

按,王十朋(1112—1171)字龟龄,温州乐清(今浙江乐清)人,绍兴二十七年(1157)进士,孝宗朝历国史院编修、起居舍人、侍御使等,有文集五十四卷,《宋史》卷三八七有传,《全宋诗》卷二〇一五至二〇四四收诗三十卷,新辑集外诗附于卷末。上述诗一首,《全宋诗》未收。

---

① 王十朋:《宋王忠文公文集》卷一三,《宋集珍本丛刊》第44册,第65—66页。

附录六　宋孝宗诗辑佚二首

顷阅宋史浩《鄮峰真隐漫录》，见卷二十一所收诸文当中，杂有宋孝宗赵昚佚诗二首，题《普安郡王上皇后生辰诗》、《建王上皇后生辰诗》。兹标点迻录如下，以供研究者参考。

《普安郡王上皇后生辰诗》：

> 瑞气拥层霄，椒房载诞朝。露余秋半重，月近下弦饶。赤伏扶东汉，清风表内朝。诗书勤有味，俭朴富无骄。翠辇慈宁侍，霞裾帝所招。祥开三岛宴，欢动六宫谣。绣绮张尧屋，笙竽合舜韶。仙桃金母献，丹桂素娥飘。皇历推难老，朱颜共不凋。瑶觞称万寿，岁岁拱岩峣。①

《建王上皇后生辰诗》：

> 诞节秋强半，扶舆霭瑞烟。鲸江潮罢弄，星汉月将弦。母德隆千载，阴功洽普天。葛覃资务本，卷耳助求贤。嘉颂来宫内，欢声溢帝前。雝雝登邃殿，楚楚秩初筵。列侍环珠蕊，清歌却管弦。金英浮寿客，丹顶舞胎仙。愿谐君父祝，同享万斯年。②

据《宋史》记载：

> 孝宗……讳昚，字元永，太祖七世孙也……偁，是为秀王，王夫人张氏……以建炎元年（1127）十月戊寅，生帝于秀州……少长，命名伯琮。及元懿太子薨，高宗未有后……绍兴二年（1132）五月，选帝育于禁中……赐名瑗……十二年（1142）正月丁酉，加检校少保，封普安郡王……三十年（1160）二月癸酉，立为皇子，更名玮。甲戌，诏下。丙子……进封建王……三十二年（1162）五月甲子，立为皇太子，改

---

① 史浩：《鄮峰真隐漫录》卷二一，《宋集珍本丛刊》第43册，第91页。
② 史浩：《鄮峰真隐漫录》卷二一，《宋集珍本丛刊》第43册，第92页。

名督。①

由上可见,宋孝宗赵昚,初名伯琮,秀王赵偁子,生于秀州,系宋太祖赵匡胤七世孙,因宋高宗无嗣,故被选入宫中抚养,绍兴十二年(1142)封普安郡王,绍兴三十年(1160)进封建王,绍兴三十二年(1162)立为皇太子。

按,上录二诗题为《普安郡王上皇后生辰诗》、《建王上皇后生辰诗》,可见是孝宗在潜邸时期的作品。

在南宋历史上,孝宗不仅是政治上最为进取的一位君主,也雅好文学创作,如其诗云:"平生雄武心,览镜朱颜在。岂惜常忧勤,规恢须广大"(《新秋雨过述怀》),"春风归草木,晓日丽山河……神州应未远,当继沛中歌"(《新晴有感》),风格慷慨沉雄,颇有中兴之主的气象。清人陈焯即称:"宋南渡令主,惟一孝宗,其见诸歌吟者,雄紧清厉,气概岸然……厥志为可尚矣"②。

然孝宗诗作并未结集,今《全宋诗》据周必大《文忠集》、陈岩肖《庚溪诗话》、洪迈《容斋五笔》、李心传《建炎以来朝野杂记》、岳珂《宝真斋法书赞》、潜说友《咸淳临安志》、邓牧《洞宵图志》、方回《瀛奎律髓》等书所载,录孝宗诗 38 首,编为一卷。③ 检阅《全宋诗》,孝宗名下未录此二诗。另检《全宋诗》中史浩八卷诗作④,亦未收录此二诗。

孝宗潜邸时期的二首诗作缘何录于史浩文集《鄮峰真隐漫录》之中?这还要从史浩与孝宗的关系以及史浩传世文集的编纂入手来寻找线索。

史浩(1106—1194),字直翁,鄞县(今浙江宁波)人,绍兴十五年(1145)进士,先事孝宗于潜邸,后于孝宗隆兴、淳熙中两为右相,与孝宗关系十分密切。

绍兴二十六年(1156)九月,史浩以温州州学教授迁太学正,绍兴二十九年(1159)六月,以国子博士"为秘书郎,兼普安、恩平郡王府教授"⑤。恩平郡王乃赵璩,普安郡王即孝宗。绍兴三十年(1160)四月,史浩"守尚书司封员外郎,兼建王府直讲、秘书省校书郎,兼权建王府教授"⑥。可见,在孝

---

① 脱脱等:《宋史》卷三三《孝宗纪一》,第 615—617 页。
② 陈焯编:《宋元诗会》卷一,《故宫珍本丛刊》第 633 册,第 143 页。
③ 北京大学古文献研究所编:《全宋诗》卷二三三七,第 43 册,第 26864—26871 页。
④ 北京大学古文献研究所编:《全宋诗》卷一九七三至一九八〇,第 35 册,第 22112—22197 页。
⑤ 李心传:《建炎以来系年要录》卷一八二,第 3026 页。
⑥ 李心传:《建炎以来系年要录》卷一八五,第 3091 页。

宗为普安郡王、建王时,史浩乃孝宗的老师。史载,一日史浩讲《周礼》至
《酒正》,因言:"酒正所掌饮酒之事,岁终则会,惟王及后之饮酒不会,而世
子不与焉。以是知世子之膳羞,可以不会,而世子之饮酒,不可以无节也。"
建王作而谢曰:"敢不佩服斯训。"①可见,史浩在学业上倾心督授孝宗,孝宗
也甚为服膺师教。

在政治上,史浩亦积极为孝宗出谋划策。由于高宗无嗣,恩平郡王赵璩
与时为普安郡王的孝宗均是皇储候选人,而史浩力辅孝宗。周密记载:"孝
宗与恩平郡王璩,同养于宫中。孝宗英睿夙成,秦桧惮之,宪圣后亦主璩。
高宗圣意虽有所向,犹未决。尝各赐宫女十人。史丞相浩时为普安府教授,
即为王言,上以试王,当谨奉之,王亦以为然。阅数日,果皆召入。恩平十人
皆犯之矣,普安者,完璧也。已而皆竟赐焉。上意遂定。"②可见,在孝宗被
高宗选为皇储到最终即帝位的过程中,史浩的教导和辅助功不可没。史浩
后来在孝宗隆兴、淳熙中两拜右相,正是二人在孝宗潜邸时期密切关系的
延续。

史浩与孝宗不仅在政治上关系密切,亦有密切的诗歌唱和。考《鄮峰
真隐漫录》,在孝宗潜邸时期,史浩与孝宗唱和的诗作有:《和普安郡王桂
子》、《上普安郡王生辰》(四首)、《和建王春晚园中赏玩》、《和建王雪》、《和
建王颐真庵》、《次韵建王秦府有感》、《和建王明远楼》等;孝宗即位后,史浩
与孝宗唱和的诗作有:作于淳熙四年(1177)的《进赐宴澄碧殿诗》、作于淳
熙五年(1178)的《恭和御制长春花诗》(三首)、作于淳熙六年(1179)的《进
明堂庆成诗》、作于淳熙八年(1181)的《经筵读正说终篇恭进谢恩感遇诗》、
《恭和御制翠寒堂诗》等。再检《全宋诗》,今存孝宗与史浩唱和的诗作有:
《和史浩曲宴澄碧殿诗》、《秋日临幸秘书省因成近体诗一首赐史丞相浩以
下》等。又,据宋人徐自明记载,淳熙五年(1178)三月史浩拜右丞相,同年
十一月因事与孝宗廷争而罢相,史浩罢相后孝宗甚悔,于是"赐第城中,出
御制《长春花酒诗》酬和至再,以示眷留之意"③。据史浩《跋御制东归送行
诗》记载,淳熙八年(1181)八月史浩归家乡越中,孝宗"赐宴秘殿……恩意
隆渥,且赐御书御制诗一首以宠其行"④。

据以上史浩与孝宗在政治与文学领域密切关系的考述,可见史浩收藏
孝宗二首诗作,乃在情理之中。但以史浩与孝宗的关系,史浩虽然会收藏孝

---

① 李心传:《建炎以来系年要录》卷一八五,第3091—3092页。
② 周密撰,张茂鹏点校:《齐东野语》卷一一《高宗立储》,第201页。
③ 徐自明撰,王瑞来校补:《宋宰辅编年录校补》卷一八,第1238页。
④ 史浩:《鄮峰真隐漫录》卷三六,《宋集珍本丛刊》第43册,第181页。

宗诗作,却不大可能将孝宗诗编入自己的文集之中。这就要考察史浩传世文集的编纂问题。

　　据清四库馆臣考证,史浩《鄮峰真隐漫录》"为门弟子编排"①。王智勇先生进一步考证:"《鄮峰真隐漫录》虽刊刻具体情况不详,但宋元诸书目如《直斋书录解题》卷十八、《文献通考》卷二百三十九、《宋史·艺文志》著录均为五十卷,盖史氏家族为南宋望族,浩又为孝宗朝重臣,故其门人周铸编集时得以利用各种有利条件全力搜讨,是以收文详尽,后人无以增补删削,遂使诸家著录皆同"②。再检清乾隆刻本史浩文集,首卷明载"门人周铸编"③。可见,《鄮峰真隐漫录》并非史浩亲纂,而是由其门人周铸搜辑编纂而成。《鄮峰真隐漫录》既为史浩门人周铸编纂,故其中《普安郡王上皇后生辰诗》、《建王上皇后生辰诗》二篇,当是周铸搜辑史浩文稿时未加明辨,误将史浩所藏孝宗二诗当作史浩作品而编入集内。

①　永瑢等:《四库全书总目》卷一五九《鄮峰真隐漫录提要》,第1366页。
②　史浩:《鄮峰真隐漫录》卷首,《宋集珍本丛刊》第42册,第762页。
③　史浩:《鄮峰真隐漫录》卷一,《宋集珍本丛刊》第42册,第766页。

附录七　虞俦诗辑佚二首

顷阅清钞本姜特立《梅山续稿》,见卷七所收诗中,录有虞俦佚诗二首。二诗系虞俦与姜特立次韵唱和的作品,已失诗题。为明其诗题及创作本末,兹将二诗与姜特立原诗一并标点迻录如下,以供研究者参考。

姜特立《糟蟹呈虞察院》:

　　星分井鬼占高躔,琐细还书食馔编。不作屈原醒到死,却同李白醉登仙。濡渶唧唧生泉眼,闷息陶陶乐瓮天。口腹固知能累德,为渠风味一轩然。

虞俦《和》:

　　偪塞圆脐不计钱,将糟弥躁赖蒲编。举杯聊试持螯手,下箸空余蜕骨仙。争向盘中夸得隽,谁知酒里独全天。无肠不与人间事,骨醉怜渠为恻然。

《再赋》:

　　祸成篝火最堪怜,刪索寒芦更与编。细剔膏苏付馋子,却吟醉骨属诗仙。沉冥并作南柯梦,混沌谁开太极天。闻道将糟尤躁扰,解蒲投甑想骚然。①

按,姜特立原诗题为《糟蟹呈虞察院》,可见虞俦二诗乃和姜氏《糟蟹呈虞察院》诗而作。

虞俦与姜特立均为南宋中兴诗坛的重要诗人。虞俦字寿老,宁国(今安徽宁国)人,隆兴元年(1163)进士,仕终兵部侍郎,有《尊白堂集》二十四卷,然传本久佚。今存《尊白堂集》乃清四库馆臣自《永乐大典》中辑出,厘

---

① 　姜特立:《梅山续稿》卷七,《宋集珍本丛刊》第48册,第89页。

为六卷,阙佚已甚。①《全宋诗》收虞俦诗四卷。② 姜特立(1125—?)字邦杰,丽水(今浙江丽水)人,历太子宫左右春坊、知阁门事等,宁宗时拜庆远军节度使,有《梅山诗稿》六卷、《梅山续稿》十八卷。然《梅山诗稿》久已亡佚,今唯存《梅山续稿》。③《全宋诗》收姜特立诗十七卷。④

检今存虞俦《尊白堂集》和《全宋诗》所收虞俦与姜特立诗,均未收上录二诗。

虞俦二首诗作缘何录于姜特立《梅山续稿》之中? 这还要从虞俦与姜特立的关系入手来寻找线索。

考今虞俦《尊白堂集》,除上录二诗之外,虞俦与姜特立还有不少唱和诗作,分别为:《和姜总管喜民间种麦》、《和姜总管送别》、《和姜总管归途》、《途中得姜总管诗因和韵》、《移守吴门酌别姜总管》、《和总管姜知阁》、《和姜总管有怀南涧老人》、《和姜总管感秋七首》、《和姜总管送牡丹》、《和姜总管食菜羹》(三首)、《姜邦杰以四绝见寄因和之》(四首)、《姜总管相送至扫溪三十里夜雪中留别》(三首)等,多达二十余首。再检姜特立《梅山续稿》,姜特立与虞俦唱和的诗作有:《和虞守钓台四首》、《道中小诗呈虞察院》、《糟蟹呈虞察院》、《虞丈以伤物遂再赋》(二首)、《追送虞察院》、《送虞察院》、《和虞守感秋二首》、《虞察院生日》(十首)等,也达二十余首。可见,虞俦与姜特立交游唱和甚多,关系非同寻常。

由上述作品的诗题,可看出虞俦和姜特立的交游唱和主要集中于姜特立除"知阁"、"总管",而虞俦除"察院"之际。

据《宋史》记载,姜特立"淳熙中,累迁福建路兵马副都监……充太子(光宗)宫左右春坊兼皇孙平阳王伴读,由是得幸于太子。太子即位,除知阁门事……留正为右相……论其招权纳贿之状,遂夺职与外祠。帝念之,复除浙东马步军副总管"⑤。可见,孝宗淳熙十六年(1189)光宗即位,姜特立即以光宗潜邸旧臣知阁门事,寻除浙东马步军副总管。虞俦诗题中所谓"知阁"、"总管",正是指姜特立在光宗朝初年所任知阁门事、浙东马步军副总管等职。

---

① 参见祝尚书:《宋人别集叙录》卷二二,第1085—1086页。
② 北京大学古文献研究所编:《全宋诗》卷二四六二至二四六五,第46册,第28463—28595页。
③ 参见祝尚书:《宋人别集叙录》卷二〇,第977—978页。
④ 北京大学古文献研究所编:《全宋诗》卷二一三二至二一四八,第38册,第24074—24211页。
⑤ 脱脱等:《宋史》卷四七〇《姜特立传》,第13695页。

又据《宋会要辑稿》，孝宗淳熙十六年（1189），虞俦为太学博士，迁监察御史①，光宗绍熙元年（1190）为国子监丞。② 所谓监察御史，系职事官名，隶御史台察院，简称"监察"、"察院"等。③ 可见，姜特立诗题中所谓"察院"，正是虞俦在孝宗禅位于光宗前后所任的监察御史之职。

据上考可见，孝宗淳熙和光宗绍熙之际，虞俦与姜特立均尝在朝任职，交游唱和甚为密切。

虞俦和姜特立在往来唱和的过程中，不仅彼此馈赠诗作，甚至将对方诗作编入自己的文集。考姜特立《梅山续稿》，有《送虞察院》云："君能兼众作，活法参已久……高篇许编缀，泰华侪部娄。"④在虞俦《尊白堂集》中，有《姜邦杰以四绝见寄因和之》，其三云："梅山诗集到中都，囊括三江带五湖。却许严诗编杜集，傍观应作丈人乌。"注云："近承以《梅山集》见寄，恶语亦有一二编入。"⑤可见，姜特立曾得到虞俦许可，将虞俦诗作编入自己的诗集之中，虞俦亦尝亲见姜特立诗集，只是二人均未言明该集到底是姜特立的《梅山诗稿》还是《梅山续稿》。仅以今《梅山续稿》考之，除上录虞俦二诗外，还录有虞俦次韵姜特立《道中小诗呈虞察院》、《追送虞察院》的两首诗作，不过这两首作品均见收于今《尊白堂集》和《全宋诗》所收虞俦诗作之中。

综上考述，可见上录虞俦二诗，乃姜特立亲自编入《梅山续稿》之中。虞俦的二十四卷本《尊白堂集》已久佚，今传从《永乐大典》中辑出的六卷本《尊白堂集》已不存上录二诗。不过，二诗却因被姜特立编入《梅山续稿》而保存流传下来。

---

① 徐松：《宋会要辑稿》职官七九之六，第4212页。
② 徐松：《宋会要辑稿》选举二二之九，第4600页。
③ 参见龚延明：《宋代官制辞典》，北京：中华书局，1997年，第381—382页。
④ 姜特立：《梅山续稿》卷八，《宋集珍本丛刊》第48册，第93页。
⑤ 虞俦：《尊白堂集》卷四，《宋集珍本丛刊》第63册，第477页。

附录八 "庐陵二刘"传笺证之一：
刘过传笺证

刘 过 传

　　刘过,字改之,号龙洲道人,吉州太和人。少有四方志,以功业自许,好言今古治乱盛衰之变,戏弄人物,剧谈痛饮,以诗词、豪侠名湖海间。与刘仙伦并称"庐陵二刘"。孝宗淳熙十一年(1184),初入临安,应举子试,落第。北上壮游,赴鄂州,至襄阳,往淮河边地。十五年(1188),返临安,与许从道游。十六年(1189),以诗谒少保、益国公周必大。光宗绍熙元年(1190),自临安北上,至建康,以诗投杨万里。三年(1192)秋,试牒四明。有《贺新郎》词赠老娼,寓身世飘零、寒士失志之伤,意极凄怨,天下与禁中皆歌之。四年(1193)春,往山阴访陆游,有诗唱和。五年(1194)春,孝宗病重,光宗不过宫视疾,伏阙上书,声重一时。光宗未受,勒令离京还乡。

　　宁宗庆元元年(1195),重游江淮。五年(1199),过东阳,与许从道游,赋诗文一编,从道为作序。六年(1200),至建康,因妓与友人吴仲平冲突,陷狱。上书建康守吴琚,得释。嘉泰三年(1203),在临安。辛弃疾知绍兴府兼浙东安抚使,殷勤邀会,因事不果赴,以《沁园春》寄稼轩,词有:"斗酒彘肩,风雨渡江,岂不快哉",极脍炙人口。稼轩大喜,邀至绍兴,馆燕弥月,酬唱甚富,皆似之,垂别,赒之千缗。四年(1204),岳飞追封鄂王,赋《六州歌头》弔之,词有"人虽死,气填膺,尚如生……荆鄂有遗民,忆故将军,泪如倾",慷慨悲愤,堪称龙洲词中第一。开禧元年(1205),韩侂胄生朝,代人为诗寿之。至镇江,识岳珂,相与访奇吊古。登多景楼,怅望神京,赋诗,寄意恢复,感士不遇,甚悲壮。复欲沿江东下,航海返乡。经昆山,故友潘友文留之,居昆山,娶妻。二年(1206)夏,韩侂胄北伐,寻败。闻刘过任侠能辩,欲遣以赴金讲和,以轻率漏言未果。是年卒。潘友文、赵希悬为买地,葬马鞍山下。有《龙洲集》、《龙洲词》传世。其词豪纵,以气见长。

笺　证

刘过,字改之,号龙洲道人,吉州太和人。

刘过,脱脱等《宋史》无传。陆心源《宋史翼》卷二九有传。陈思编,陈世隆补《两宋名贤小集》卷三二五:"刘过字改之,泰和人,自号龙洲道人。"黄升《花庵词选·中兴以来绝妙词选》卷五:"刘改之,名过,太和人……号龙洲道人。"佚名《东南纪闻》卷一:"刘龙洲过,太和人。"杨谭纂修《至正昆山郡志》卷四:"刘过字改之,自号龙洲,本庐陵人"。朱珪编《名迹录》卷三录杨维桢《宋龙洲先生刘公墓表》:"先生名过,字改之,庐陵人。"殷奎《强斋集》卷三《昆山复刘改之先生墓事状》:"先生讳过,字改之,庐陵人也。"曹庭栋编《宋百家诗存》卷二二:"刘过字改之,自号龙洲,泰和人"。朱彝尊、汪森辑《词综》卷一五:"刘过字改之,襄阳人,一云太和人。"徐釚《词苑丛谈》卷七:"刘过字改之,庐陵人。"陆心源《宋史翼》卷二九《刘过传》:"刘过,泰和人,自号龙洲道人。"厉鹗《宋诗纪事》卷五八:"(刘)过字改之,号龙洲道人,吉州太和人。"按,吉州,一名庐陵郡,泰和为其属县。

刘过生年,史无记载。殷奎《强斋集》卷三《昆山复刘改之先生墓事状》:"故人潘友文尹昆山,先生来客其所,遂娶妇而家焉。既卒,而友文为真州,以私钱三十万属其友具凡葬事,值其友死,不克葬。后七年,主簿赵希懋乃为买山,卒葬之。"王鏊《姑苏志》卷三四:"刘过墓,在昆山县马鞍山。嘉定五年(1212),令潘友文、簿赵希懋葬之。"据此,知刘过卒于宁宗开禧二年(1206)。又,刘过《龙洲道人集》卷末附陈谓《题刘龙洲易莲峰二公墓》:"改之太初墓,相望玉峰南。同是庐陵客,皆年五十三。"王行《半轩集》卷八《题莲峰易先生墓后》:"莲峰名斗元,字复之,一号太初,葬昆山之南,与刘龙洲墓东西相望……皆年五十三而死"。由是知刘过生于高宗绍兴二十四年(1154)。

有关刘过生平及著作考订、批评的成果有:唐圭璋《南宋词侠刘龙洲》(唐圭璋《词学论丛》,上海:上海古籍出版社,1986年),华岩《刘过生平事迹系年考证》(《文学遗产增刊》,北京:中华书局,1991年),俞兆鹏《壮志未酬　落魄江湖——南宋爱国诗人刘过》(《南昌大学学报》1997年第1期),张宏生《豪放的多面折光——刘过诗新论》(《徐州师范学院学报》1995年第3期),钱建状《花间词情　民间风味——刘过情词初探》(《中国韵文学刊》2001年第2期),刘宗彬《刘过年表》(吴洪泽、尹波主编《宋人年谱丛刊》第11册,成都:四川大学出版社,2003年),王海霞《刘过〈龙洲集〉版本源流考》(《天中学刊》2008 年第 3 期)等。

少有四方志,以功业自许,好言今古治乱盛衰之变,戏弄人物,剧谈痛饮,以诗词、豪侠名湖海间。与刘仙伦并称"庐陵二刘"。

刘过《龙洲集》卷一二《独醒赋》:"少而桑蓬,有志四方。东上会稽,南窥衡湘,西登岷峨之巅,北游烂漫乎荆扬。悠悠风尘,随举子以自鸣。上皇帝之书,客诸侯之门,发《鸿宝》之秘藏,瑰乎雄辞而伟文。得不逾于一言,放之如万马之骏奔。半生江湖,流落龃龉。"《龙洲道人集》卷一五附刘俟《阆风先生跋》:"予友刘改之,少负不羁之才,加以迈往不屑之韵。落魄一世,傲睨万物。怒骂嬉笑,皆成文章。斗酒百篇,仁立可就。"同书卷一五附许从道《东阳游戏序》:"改之读书论兵,好言今古治乱盛衰之变……每见则气益豪,诗益振,文益古。盖其所得乎天者,富贵不足以累其心,故能驱役山川,戏弄人物,剧谈痛饮,遗世自贤"。北京大学古文献研究所编《全宋诗》卷二六一三录陈亮《赠刘改之》:"刘郎饮酒如渴虹,一饮涧壑俱成空。胸中磊块浇不下,时吐劲气嘘青红。刘郎吟诗如饮酒,淋漓醉墨濡其首。笑鞭裂缺起丰隆,变化风雷一挥手。吟诗饮酒总余事,试问刘郎一何有。刘郎才如万乘器,瓠落轮困难自致……黄金挥尽气愈张,男儿龙变那可量。会须斫取契丹首,金甲牙旗归故乡。"岳珂《桯史》卷二:"庐陵刘改之过以诗鸣江西,厄于韦布,放浪荆、楚,客食诸侯间。"张世南《游宦纪闻》卷一:"刘过字改之,能诗词。流落江湖,酒酣耳热,出语豪纵,自谓晋、宋间人物。"魏庆之《中兴词话》:"刘改之,豪爽之士。"殷奎《强斋集》卷三《昆山复刘改之先生墓事状》:"少有志节,以功业自许,博学经史百氏之文,通古今治乱之略,至于论兵,尤善陈利害。"袁华《耕学斋诗集》卷四《刘龙洲祠》:"刘君庐陵秀,胸次隘九州。倜傥负奇气,辛陈同侠游……长歌过恸哭,志在复国仇。异材世间出,高揖轻王侯……肆情诗酒间,文熌射斗牛。"郑文康《平桥稿》卷三《题刘龙洲像》:"长髯广额酒杯深,人物孤高月下岑。七尺微躯三寸舌,江湖形迹庙堂心。"朱珪编《名迹录》卷三录杨维桢《宋龙洲先生刘公墓表》:"以诗侠名湖海间,陈亮、陆游、辛弃疾,世称人豪,皆折气岸与之交。"

岳珂《桯史》卷六:"庐陵在淳熙间,先后有二士,其一曰刘改之,余及识之……(刘)叔儗名儗,才豪甚,其诗往往不肯入格律……大概皆一轨辙,新警峭拔,足洗尘腐而空之矣。独以伤露筋骨,盖与改之为一流人物云。"张端义《贵耳集》卷上:"庐陵刘过,字改之……刘仙伦,亦以诗名。淳熙间有'庐陵二刘'。"陈思编、陈世隆补《两宋名贤小集》卷二八三:"刘仙伦,一名儗,字叔儗,庐陵人,诗名闻海内,先后与刘过并称。"刘过《龙洲集》卷七《赠刘叔儗招山》:"不醉何劳饮,无诗底用吟。百年为客老,一念爱乡心。草路青原泪,烟波白鹭心。班超归未得,愁见旧家林。"

孝宗淳熙十一年(1184),初入临安,应举子试,落第。北上壮游,赴鄂州,至襄阳,往淮河边地。十五年(1188),返临安,与许从道游。十六年(1189),以诗谒少保、益国公周必大。

据刘宗彬《刘过年表》,淳熙十一年甲寅(1184),刘过31岁,初入临安应举子试,然考试落第。刘过《龙洲集》卷五有《西湖别舍弟润之》云:"落第我为中酒味,圜桥子亟洗儒酸。臂弓秣马长淮去,莫笑狂夫老据鞍。"随后北上荆淮(今湖北、安徽一带),秋,经蕲州、黄州赴鄂州。淳熙十三年丙午(1186),刘过33岁,由襄阳前往淮河边地,游八公山(今安徽寿县西北)。又东至边城盱眙(今江苏盱眙县),有《舣舟采石》、《盱眙行》等诗记此行。淳熙十五年戊申(1188),刘过35岁,在临安,与许从道交游。刘过《龙洲道人集》卷一四《与许从道书》自述:"倒指记之,自戊申及今已来,日月逾迈,动经一纪……追念畴昔,定交于行都也"。淳熙十六年己酉(1189),刘过36岁,居临安。据徐自明撰,王瑞来校补《宋宰辅编年录校补》卷一八记载,是年周必大为左丞相,二月壬辰,光宗即位,周必大授少保、依前左丞相,进封益国公。刘过在临安期间,尝拜谒周必大。其《龙洲集》尚存干谒周必大的诗作数首,如卷四《庆周益公新府》:"潭潭新府列名卿,玉带金鱼喜气横。能广万间庇寒士,定容驷马向高闳。"《辞周益公》:"太平宰相不收拾,老死山林无奈何。"卷七《上周少保》其二:"早被儒冠误,依稀老更侵。科名数行泪,岐路一生心。"可见刘过长期游寓江湖的不遇之悲。

光宗绍熙元年(1190),自临安北上,至建康,以诗投杨万里。三年(1192)秋,试牒四明。有《贺新郎》词赠老娼,寓身世飘零、寒士失志之伤,意极凄怨,天下与禁中皆歌之。

刘过《龙洲集》卷八《投诚斋》其一:"省斋去国艮斋老,不独宣尼叹乏才。试数诸公有名者,庐陵那得两诚斋?"其二:"蓬莱东观是亨衢,经国文章要巨儒。顿着五花犹不判,却于注《易》下工夫。"于北山《杨万里年谱》:"宋光宗赵惇绍熙元年……十一月十三日,特授直龙图阁、江东转运副使……十二月二十六日就江东运漕任,有谢表。"刘宗彬《刘过年表》:"光宗绍熙元年庚戌,三十七岁。从临安北上,历和州(今安徽和县)、焦湖(今安徽巢湖)等地,至建康(今南京市),与杨万里相见。"

张世南《游宦纪闻》卷一:"尝于友人张正子处,见(刘)改之亲笔词一卷云:壬子秋,予求牒四明,尝赋《贺新郎》与一老娼,至今天下与禁中皆歌之……'老去相如倦,向文君,说似而今,如何消遣? 衣袂京尘曾染处,空有香红尚软。料彼此,魂消肠断。一枕新凉眠客舍,听梧桐、疏雨秋风战。灯晕冷,记重见。楼低不放珠帘卷,晚妆残,翠蛾狼藉,泪痕留脸。人道愁来须殢酒,无奈愁多酒浅。但托意焦桐纨扇。莫鼓琵琶江上曲,怕荻花、枫叶俱凄怨。云万迭,寸心远。'改之自号龙洲。"叶申芗《本事词》卷下:"(刘)改之求牒四明日,遇乐籍旧识者,为赋《贺新郎》……此词天下歌之"。

四年(1193)春,往山阴访陆游,有诗唱和。五年(1194)春,孝宗病重,光宗不过宫视疾,伏阙上书,声重一时。光宗未受,勒令离京还乡。

刘过《龙洲集》卷五《放翁坐上》云:"幸哉世事日相远,怪底诗情老更狂……如何放浪形骸外,尽乞江湖作醉乡。"陆游撰,钱仲联校注《剑南诗稿校注》卷二七《赠刘改之秀才》:"君居古荆州,醉胆天宇小,尚不拜庞公,况肯依刘表?胸中九渊蛟龙蟠,笔底六月冰雹寒;有时大叫脱乌帻,不怕酒杯如海宽。放翁七十病欲死,相逢尚能刮眼看。李广不生楚汉间,封侯万户宜其难!"钱仲联题解云:"此诗绍熙四年春作于山阴。"刘宗彬《刘过年表》:"绍熙四年癸丑,四十岁……春,往山阴拜访陆游。"

刘过《龙洲集》卷七《初伏阙上书得旨还乡上杨守秘书》其二:"百计归无策,谁知祸有胎……故乡非不好,不是锦衣回。"周密《齐东野语》卷三:"(绍熙)五年正月,寿皇(孝宗)始不豫。上(光宗)以疾,不能问安……当是时,诸公引裾恸哭,朝士日相聚于道宫佛寺集议,百司皂隶,造谤讹传,学舍草茅,争相伏阙。刘过改之一书,至有'生灵涂炭,社稷丘墟'之语。且有诗云:'从教血染长安市,一枕清风卧钓矶。'"王鏊《姑苏志》卷五七:"(刘)过尝抗疏光宗,请过宫,屡与时宰陈恢复方略,勇请用兵,谓中原可一战而取,词极剀切。"曹庭栋编《宋百家诗存》卷二二:"刘过字改之……绍熙间叩阍上书,请光宗过重华宫,辞意恳婉,声重于时。"永瑢等《四库全书总目》卷一六二《龙洲集提要》:"当其叩阍上书,请光宗过宫,颇得抗直声。"陆心源《宋史翼》卷二九《刘过传》:"叩阍上书,请光宗过重华宫,辞意恳婉,声重一时。"

宁宗庆元元年(1195),重游江淮。五年(1199),过东阳,与许从道游,赋诗文一编,从道为作序。六年(1200),至建康,因妓与友人吴仲平冲突,陷狱。上书建康守吴琚,得释。

刘过《龙洲集》卷六《六合道中》:"十年曾记此来游,有策中原一战收……庙食封侯何日事,不堪老马又滁州。"《龙州道人集》卷一五附许从道《东阳游戏序》:"庆元己未夏六月,庐陵刘改之来游东阳,凡月日,得诗文五十余篇。将行,集之,因为之序……改之游吾乡,往来石洞清潭山谷间,盘礴邑里,赋诗最多,邑之善士莫不倾接,探幽发秘,却短从长,与夫风俗美恶,兴亡废存,固已尽得之矣……诗文一编,遂为东阳故事,凡吾乡之识改之,当不忘也。"刘宗彬《刘过年表》:"宁宗庆元元年乙卯,四十二岁。重游淮甸,拜谒和州知州程九万……秋,北至六合(今江苏六合)等地。"

据周密《浩然斋雅谈》卷下记载,宁宗庆元六年(1200),刘过至建康,尝与友人吴仲平饮于吴所欢吴盼儿家。刘过有词赠吴盼儿,吴盼儿遂属意于刘过。吴仲平愤甚,挟刃刺刘过,误伤其妓,遂系有司。时建康帅为吴琚,字居父。刘过上书求吴琚救助,其《龙洲道人集》卷一三有《建康狱中上吴居父时魏杭广夫为秋官》云:"韩擒虎在门,顾丽华而难恋。陶朱公有意,与西子以偕来……尚虞小人之多赀,或陷君子于不义。望冰鉴致妍媸之察,使权衡无轻重之差……倘强横少加于裁抑,则善良始可以保全。"辞意甚为恳切。吴琚遂释之。

嘉泰三年(1203),在临安。辛弃疾知绍兴府兼浙东安抚使,殷勤邀会,因事不果赴,以《沁园春》寄稼轩,词有"斗酒彘肩,风雨渡江,岂不快哉",极脍炙人口。稼轩大喜,邀至绍兴,馆燕弥月,酬唱亹亹,皆似之,垂别,赒之千缗。

岳珂《桯史》卷二:"刘改之过以诗鸣江西……时辛稼轩弃疾帅越,闻其名,遣介招之。适以事不及行,作书归辂者。因效辛体《沁园春》一词,并缄往,下笔便逼真。其词曰:'斗酒彘肩,醉渡浙江,岂不快哉! 被香山居士,约林和靖,与苏公等,驾勒吾回。坡谓西湖正如西子,浓抹淡妆临照台。诸人者,皆掉头不顾,只管传杯。白云天竺去来,图画里,峥嵘楼观开。看纵横二涧,东西水绕,两山南北,高下云堆。逋曰不然,暗香疏影,只可孤山先探梅。蓬莱阁访稼轩未晚,且此徘徊。'辛得之大喜,致馈数百千,竟邀之去。馆燕弥月,酬唱亹亹,皆似之,逾喜。垂别,赒之千缗,曰:'以是为求田资。'改之归,竟荡于酒,不问也。"潜说友《咸淳临安志》卷九三:"嘉泰癸亥岁,刘改之在中都。时辛稼轩弃疾帅越,闻其名,遣介招之。适以事不及行,作书归辂者,因效辛体《沁园春》一词,并缄往,下笔便逼真。"

四年(1204),岳飞追封鄂王,赋《六州歌头》弔之,词有"人虽死,气填膺,尚如生……荆鄂有遗民,忆故将军,泪如倾"之句,慷慨悲愤,堪称龙洲词中第一。

脱脱等《宋史》卷三八《宁宗纪》:"(嘉泰四年)追封岳飞为鄂王。"岳珂编,王曾瑜校注《鄂国金佗续编》卷二八录张弈《庐陵刘过题鄂王庙六州歌头词并跋》:"'中兴诸将,谁是万人英。身草莽,人虽死,气填膺,尚如生。年少起河朔,弓两石,剑三尺,定襄汉,开虢洛,洗洞庭。北望帝京,狡兔依然在,何事先烹。过旧时营垒,荆鄂有遗民,忆故将军,泪如倾。当年事,知恨苦,不奉诏,伪邪真? 臣有罪,陛下圣,可鉴临,一片心。万古分茅土,终不到,旧奸臣。人世夜,白日照,忽开明。衮佩冕圭百拜,九泉下,万感君恩。看年年二月,满地野花春,卤簿迎神。'右《六州歌头》,顷吾友刘改之为鄂王作也。改之天下奇男子,六十年以义气撼当世,今已矣。简编残阙,隽永人口,丰其才而啬其用,天也。"唐圭璋《南宋词侠刘龙洲》:"龙洲词最脍炙人口的,是《沁园春》'斗酒彘肩,风雨渡江'一阕。但游戏笔墨,不是龙洲的本色。《辍耕录》又称赞他的咏《美人指甲》、《美人足》二阕,但那两首体格最卑,不过刻画纤巧而已。他的好词,自以《六州歌头·题岳鄂王庙》一阕为第一。"

　　开禧元年(1205),韩侂胄生朝,代人为诗寿之。至镇江,识岳珂,相与访奇吊古。登多景楼,怅望神京,赋诗,寄意恢复,感士不遇,甚悲壮。

　　刘过《龙洲集》卷四《代寿韩平原》其一:"衣钵登庸复旧毡,文王尚父赵平原。自从庆历到今日,只说开禧初改元。朝辟东斋广东阁,夜看南极照南园。九霞觞举先旬浃,却领千官寿帝垣。"其四:"国付平章众正开,凌烟录尽到云台。鸳鸿充序皆桃李,羔雁成群及草莱。强国断无踰此策,随车未必尽真材。更须妙干垂纶手,看取灵鳌上手来。"刘过《代寿韩平原》其一有"只说开禧初改元",可知其代人为诗寿韩侂胄事在开禧元年(1205)。

　　岳珂《桯史》卷二:"开禧乙丑,(刘过)过京口,余为馕幕庚吏,因识焉。广汉章以初升之,东阳黄几叔叔机,敷原王安世遇,英伯迈,皆寓是邦。暇日,相与跖奇吊古,多见于诗。一郡胜处皆有之。不能尽忆,独录改之《多景楼》一篇曰:'金焦两山相对起,不尽中流大江水。一楼坐断天中央,收拾淮南数千里。西风把酒闲来游,木叶渐脱人间秋。关河景物异南北,神京不见双泪流。君不见王勃词华能盖世,当时未遇庸人尔。翩然落托豫章游,滕王阁中悲帝子。又不见李白才思真天人,时人不省为谪仙。一朝放迹金陵去,凤凰台上望长安。我今四海游将遍,东历苏杭西汉沔。第一江山最上头,天地无人独登览。楼高意远愁绪多,楼乎楼乎奈尔何!安得李白与王勃,名与此楼长突兀。'以初为之大书,词翰俱卓荦可喜,属余为刻楼上,会兵事起,不暇也。"

　　张邦基《墨庄漫录》卷四:"镇江府甘露寺,在北固山上,江山之胜,烟云显晦,萃于目前。旧有多景楼,尤为登览之最,盖取李赞皇(德裕)《题临江亭》诗,有'多景悬窗牖'之句,以是命名,楼即临江故基也。"史弥坚修,卢宪纂《嘉定镇江志》卷一二:"多景楼,在甘露寺,天下之殊景也……乾道庚寅,守臣待制陈天麟乃重徙建,为记,曰:'多景楼,不知其所始与所以名。寺兴于唐。由李卫公以后,登北固题咏者皆不及多景,则楼当建于本朝无疑,独不知其岁月,初为楼者谁也。'……盖东瞰海门,西望浮玉,江流萦带,海潮腾迅,而惟扬城堞浮图,陈于几席之外,断山零落,出没于烟云杳霭之间。至天晴日明,一目万里"。

复欲沿江东下,航海返乡。经昆山,故友潘友文留之,居昆山,娶妻。二年(1206)夏,韩侂胄北伐,寻败。闻刘过任侠能辩,欲遣以赴金讲和,以轻率漏言未果。是年卒。潘友文、赵希懋为买地,葬马鞍山下。

叶绍翁《四朝闻见录》乙集《函韩首》:"韩侂胄欲遣使议和而难其人……庐陵布衣刘过亦任侠能辩,时留昆山妻舍。韩颇闻其名,谕钱参政象祖风昆山令以礼羁縻刘,勿使去。令轻于奉行,遂亲持圆状见刘,目之以奉使,别设供帐精舍以俟。刘素号挥喝,喜不胜情,竭食资以结誉。后朝廷既用方(信孺)、王(柟),令小官也,不复敢叩钱。刘宾客尽落,竟郁郁以终云。"岳珂《桯史》卷二:"开禧乙丑,(刘过)过京口,余为饟幕庾吏,因识焉……既而别去,如昆山,大姓某氏者爱之,女焉。余未及瓜,而闻其讣。"陈思编,陈世隆补《两宋名贤小集》卷三二五:"刘过字改之……尝以书干用事者,陈恢复方略,谓中原可一战而取,不听,以是落魄无所遇合。晚年欲航海,抵昆山,友人潘友闻留之,寻卒于昆山。"方回《瀛奎律髓》卷二四《送王简卿归天台二首》诗之评:"改之吉州人,所谓龙洲道人刘过也。以诗游谒江湖,大欠针线。侂胄尝欲官之,使金国而漏言,卒以穷死。"杨谭纂修《至正昆山郡志》卷四:"刘过……本庐陵人,客昆山,依妻家而居。"朱珪编《名迹录》卷三录杨维桢《宋龙洲先生刘公墓表》:"故人潘友文宰昆山县,延致先生。先生雅志欲航海,因抵县留宿焉。先生卒,县主簿赵希懋以友文所赙钱三十万缗,买地马鞍山以葬,遂立祠东斋。"殷奎《强斋集》卷三《昆山复刘改之先生墓事状》:"昆山慧聚寺东斋之冈,实故宋刘先生之墓在焉。先生讳过,字改之,庐陵人也……始,故人潘友文尹昆山,先生来客其所,遂娶妇而家焉。既卒,而友文为真州,以私钱三十万属其友具凡葬事,值其友死,不克葬。后七年,主簿赵希懋乃为买山,卒葬之。"同书卷六《昆山州重立刘龙洲先生祠堂疏》:"本州马鞍山东斋,故有刘龙洲先生塚墓、祠堂,废坏已久,今欲重新兴造,以补山中故事,愿要同志,共相其成……树丰碑于故隧,构祠宇于高冈。"归有光《震川先生集》卷一五《野鹤轩壁记》:"嘉靖戊戌之春,子与诸友会文于野鹤轩。吾昆之马鞍山,小而实奇;轩在山之麓,旁有泉,芳洌可饮。稍折而东,多盘石,山之胜处,俗谓之东崖,亦谓刘龙洲墓,以宋刘过葬于此。墓在乱石中,从墓间仰视,苍碧嶙峋,不见有土。惟石壁旁有小径,蜿蜒出其上,莫测所往,意其间有仙人居也。"王鏊《姑苏志》卷三四:"刘过墓,在昆山县马鞍山。嘉定五年(1212)令潘友文、簿赵希懋葬之。陈极志,吕大中表。"永瑢等《四库全书总目》卷一六二《龙洲集提要》:"韩侂胄尝欲官之,使金国,而轻率漏言,卒以穷死。"

有《龙洲集》、《龙洲词》传世。

刘过《龙洲道人集》卷首刘澥《龙洲道人文集序》:"予兄改之,晚出每有作,辄伸尺纸以为稿,笔法遒纵,随为好事者所拾,故无钞集,诗章散漫人间,无从会粹。澥尝游江浙,涉淮甸,得诗、词、表、启、赋、序于所交游中……用是锓木以广其传,每得名贤序跋诗文亦多,尝陆续以刻"。同书卷一五附刘倓《阆风先生跋》:"有志无时,用勿克施,赍恨而没。诗亦随手散失,百不存一二。予尝过崒嶍山,于邮亭僧舍得其诗五六十首,刻于《潜川类集》,恨未能会粹其余也……其弟润之后录一篇,并手迹数纸……刻于庐陵郡斋"。永瑢等《四库全书总目》卷一六二《龙洲集提要》:"集凡十四卷,后附宋以来诸人所题诗文二卷,合十六卷。"今存最早之《龙洲集》,为明嘉靖刻本,另有清抄本十余部(参见祝尚书《宋人别集叙录》卷二三,北京:中华书局,1999年,第 1159—1162 页)。上海古籍出版社 1978 年出版杨明点校本《龙洲集》,为常见易得之本。

刘过词集,陈振孙《直斋书录解题》著录《刘改之词》一卷,已佚。今传《龙洲词》,既有与诗文合刻本,又有别刻本。明嘉靖王朝用刻本《龙洲道人诗集》即收词二卷,然不全。词集《龙洲词》,今有《唐宋名贤百家词》本、知圣道斋原藏《南词》本等,凡二卷。《彊村丛书》本《龙洲词》二卷、《补遗》一卷。《宋六十名家词》本、《四库全书》本、明正统沈愚刻《怀贤录》附刻本、《蟫隐庐丛书》本《龙洲词》作一卷。又有癸亥(1923)孟冬蟫隐庐校印《校订足本刘龙洲词》,此本收有罗振常二序及诸本提要,又附明沈愚辑《怀贤录》一卷,辑录有关刘过传记、轶事、序跋、题诗等资料,是研究刘过不可或缺的资料,足可参资。近有马兴荣校笺《龙洲词校笺》(南昌:江西人民出版社,1999 年)本。

其词豪纵,以气见长。

黄升《花庵词选·中兴以来绝妙词选》卷五:"改之,稼轩之客……其词多壮语,盖学稼轩者也。"张炎《词源》卷下:"辛稼轩、刘改之作豪气词,非雅词也。"徐釚《词苑丛谈》卷七:"刘过字改之……能诗词,酒酣耳热,出语豪纵。"沈雄《古今词话·词评》上卷:"稼轩与晦庵、同甫、改之交善。晦庵曰:若朝廷赏罚明,此等人尽可用。同甫答辛启曰:'经纶事业,股肱王室之心。游戏文章,脍炙士林之口。'改之气雄一世,寄辛词曰:'古岂无人,可以似我稼轩者谁。'"江顺诒辑,宗山参订《词学集成》卷一:"宋词苏(轼)、陆(游)、辛(弃疾)、刘(过),有(李)太白之气。"吴梅《词学通论》第七章《概论二·两宋》:"改之词学幼安,而横放杰出,尤较幼安过之。"

附录九 "庐陵二刘"传笺证之二：刘仙伦传笺证

刘 仙 伦 传

刘仙伦，一名儗，字叔拟，号招山，庐陵人。才甚豪，诗名闻海内，乐章尤为人所脍炙。与刘过并称"庐陵二刘"。孝宗淳熙间，以诗题张栋后圃快目楼，诗有"眼前不著淮山碍，望到中原天际头"，感慨神州分裂。岳飞孙岳甫提举浙东，待次，登快目楼，读而壮之。寻与岳甫会于张栋家，一见如旧交。坐中，以二诗遗岳甫，皆新警峭拔，足洗尘腐而空之。岳甫大喜，邀其入浙。明年，仙伦过会稽，留连累月，甫饷之缗钱甚夥。又有《题岳阳楼》一篇，为人传诵。

仙伦词清畅自然，如诗家之王、孟、储、韦，入为闲澹一派。如《霜天晓角》咏蛾眉亭，词意高绝，几拍谪仙之肩。《一剪梅》咏离思，景中寓情，秀脱淡远，而神致自在言外。《贺新郎》咏牡丹、《念奴娇》咏秋日诸阕，俱为佳唱。其词亦时有感怀时事者。尝送张明之赴京西幕，赋《念奴娇》云："眼底山河，楼头鼓角，都是英雄泪。功名机会，要须闲暇先备。"又有同题呈洪守。皆悲愤激烈，足以使懦夫有立志。然不遇，以韦布终其身。《哀青楼曲》一诗，尤见身世之怨。有《招山小集》一卷。

笺　　证

刘仙伦，一名儗，字叔拟，号招山，庐陵人。

刘仙伦，脱脱等《宋史》无传。戴复古《石屏诗集》卷六《招山乃诗人刘叔拟故居，朱清之得其地，清之赴南宫，中道而返，就招山卜筑，不久亦去世》："半路袖回攀桂手，一生才遂买山心。要知此老风流处，来向刘郎吟处吟。""有钱可买沧浪景，无术能还梦幻身。一段江山寄愁绝，百年不见两诗人。"黄升《花庵词选·中兴以来绝妙词选》卷五："刘叔拟名仙伦，庐陵人，自号招山。"陈思编，陈世隆补《两宋名贤小集》卷二八三："刘仙伦一名儗，字叔儗，庐陵人。"唐圭璋编《全宋词》："刘仙伦。仙伦一名儗，字叔拟，号招山,庐陵(今江西吉安)人。"

刘仙伦生卒年不详。

刘仙伦生平及著作,迄今无专题研究成果,唯薛砺若《宋词通论》(上海:上海书店,1985 年),陶尔夫、刘敬圻《南宋词史》(哈尔滨:黑龙江人民出版社,1992 年)等有相关论述。

才甚豪,诗名闻海内,乐章尤为人所脍炙。与刘过并称"庐陵二刘"。

岳珂《桯史》卷六:"江西诗派所在士,多渐其余波,然资豪健和易不常,诗亦随以异。庐陵在淳熙间,先后有二士,其一曰刘改之,余及识之,尝书之矣。旧岁在里中,与张漕仲隆栋之子似仲游,因言刘叔儗诗句。叔儗名儗,才豪甚,其诗往往不肯入格律。"张端义《贵耳集》卷上:"庐陵刘过,字改之……刘仙伦,亦以诗名。淳熙间有'庐陵二刘'。"赵与虤《娱书堂诗话》:"庐陵刘叔儗仙伦,诗才豪甚,盖伤太露。"魏庆之《魏庆之词话》附录《中兴词话·刘招山》:"招山之词,佳者极多"。黄升《花庵词选·中兴以来绝妙词选》卷五:"刘叔拟……有诗集行于世,乐章尤为人所脍炙。"陈思编,陈世隆补《两宋名贤小集》卷二八三:"刘仙伦,一名儗,字叔儗,庐陵人,诗名闻海内,先后与刘过并称。"曹庭栋编《宋百家诗存》卷二三:"刘仙伦……诗名闻海内,先后与刘过并称,才甚豪。"刘过《龙洲集》卷七《赠刘叔儗招山》:"不醉何劳饮,无诗底用吟。百年为客老,一念爱乡心。草路青原泪,烟波白鹭心。班超归未得,愁见旧家林。"

孝宗淳熙间,以诗题张栋后圃快目楼,诗有"眼前不著淮山碍,望到中原天际头",感慨神州分裂。岳飞孙岳甫提举浙东,待次,登快目楼,读而壮之。寻与岳甫会于张栋家,一见如旧交。坐中,以二诗遗岳甫,皆新警峭拔,足洗尘腐而空之。岳甫大喜,邀其入浙。明年,仙伦过会稽,留连累月,甫饷之缗钱甚夥。又有《题岳阳楼》一篇,为人传诵。

岳珂《桯史》卷六:"旧岁在里中,与张漕仲隆栋之子似仲游,因言刘叔儗诗句……淳熙甲辰、乙巳间,余兄周伯持浙东庾节,待次,一日过仲隆,同登其家后圃快目楼,有诗楣间曰:'上得张公百尺楼,眼高四海气横秋。只愁笑语惊闻阖,不怕阑干到斗牛。远水拍天迷钓艇,西风万里袭貂裘。眼前不著淮山碍,望到中原天际头。'周伯读而壮之,问知其儗。居月余,儗来谒仲隆,仲隆留之,因置酒北湖,招周伯曰:'诗人在此,亟践胜约。'既至,一见如旧交。坐中,以二诗遗周伯。其一曰:'昔年槌鼓事边庭,公相身为国重轻。四海几人思武穆,百年今日见仪刑。笔头风月三千字,齿颊冰霜十万兵。天亦知人有遗恨,定应分付与中兴。'其二曰:'已买湖山卜奠居,因君又复到康庐。十年到处看诗卷,一日湖边从使车。南渡忠良知有种,中原消息定关渠。从今便是门阑客，时出山来探诏除。'诗成风檐，展读大喜，遂约之入浙。明年，叔儗过会稽，留连累月，饷之缗钱甚夥。叔儗又有《题岳阳楼》一篇，周伯喜诵之，余得其亲录本曰：'八月书空雁字联，岳阳楼上俯晴川。水声轩帝钧天乐，山色玉皇香案烟。大舶驾风来岛外，孤云衔日落唵边。东南无此登临地，遣我飘飘意欲仙。'余反复四诗，大概皆一轨辙，新警峭拔，足洗尘腐而空之矣。独似伤露筋骨，盖与改之为一流人物云。"赵与虤《娱书堂诗话》："庐陵刘叔儗仙伦……有《题岳阳楼》一篇，为人传诵。"

据岳珂《桯史》，张仲隆，名栋。又据李之亮《宋两淮大郡守臣易替考》（成都：巴蜀书社，2001年）、《宋两湖大郡守臣易替考》（成都：巴蜀书社，2001年），张栋尝于乾道间先后知舒州、权京西转运判官兼权知襄阳府。岳甫，字大用，号周伯。张淏《宝庆会稽续志》卷二《提举题名》："岳甫：淳熙十二年十一月十一日，以承议郎到任，淳熙十三年十二月十四日，知明州。"岳珂《宝真斋法书赞》卷二八："先兄尚书吏部郎甫，字大用……自隆、淳间，以词翰雅好，与张、范、刘、龚诸名人游，遂达九禁。"岳珂《桯史》卷六："余兄周伯，以淳熙丙申召为太府簿。"

仙伦词清畅自然，如诗家之王、孟、储、韦，入为闲澹一派。如《霜天晓角》咏蛾眉亭，词意高绝，几拍谪仙之肩。《一剪梅》咏离思，景中寓情，秀脱淡远，而神致自在言外。《贺新郎》咏牡丹、《念奴娇》咏秋日诸阕，俱为佳唱。

邹祗谟《远志斋词衷》"词有闲澹一派"："诗家有王、孟、储、韦一派，词流惟务观、仙伦、次山、少鲁诸家近似，与辛、刘徒作壮语者有别。近惟顾庵学士情景相生，纵笔便合，酷似渭南老人。言远方伯，洮洮清迥，与葛理问震父瑜亮。更如岸初、文夏、耕邬、昆仑诸公，俱以闲澹秀脱为宗，不作浓情致语。"魏庆之《魏庆之词话》附录《中兴词话·刘招山》："蛾眉亭题咏甚多，惟《霜天晓角》一曲为绝唱。云：'倚空绝壁。直下江千尺。天际两蛾凝黛，愁与恨，几时极。暮潮风正急。酒醒闻塞笛。试问谪仙何处，青山外，远烟碧。'词意高绝，几拍谪仙之肩。世传其词，不知为刘招山所作。余旧抄其全集得之。"况周颐《蕙风词话续编》卷一"刘招山《一剪梅》"："词有淡远取神，只描取景物，而神致自在言外，此为高手。然不善学之，最易落套。亦如诗中之假王、孟也。刘招山《一剪梅》过拍云：'杏花时节雨纷纷。山绕孤村。水绕孤村。'颇能景中寓情。昔人但称其歇拍三句'一般离思'云云，未足尽此词佳胜。"杨慎《词品》卷四："刘叔拟，名仙伦，庐陵人，号招山。乐章为人所脍炙。其赏牡丹《贺新郎》：'谁把天香和晚露，倩东风、特地匀芳脸。

隔花听取提壶劝。道此花过了春归,蝶愁莺怨。’最佳,而结句意俗。秋日《念奴娇》云:‘西风何事,为行人、扫荡烦襟如洗。垂涨蒸澜都卷尽,一片潇湘清泚。酒病惊秋,诗愁入鬓,对影人千里。楚宫故事,一时分付流水。江上买取扁舟,排云涌浪,直过金沙尾。归去江南丘壑处,不用重寻月姊。风露杯深,芙蓉裳冷,笑傲烟霞里。草庐如旧,卧龙知为谁起。’此首绝佳。又有《系裙腰》一词云:‘山儿矗矗水儿清。船儿似叶儿轻。风儿更没人情。月儿明。厮合凑送人行。眼儿薮薮泪儿倾。灯儿更冷青青。遭逢雁儿,又没前程。一声声。怎生得梦儿成。’此词秾薄而意优柔,亦柳永之流也。”沈雄《古今词话·词辨》下卷:“调中语意参差,尽人各倚以为法……刘儗词:‘西风何事,为行人、扫荡烦襟如洗。’此第二句以三字呼起,第三句遂接以六字句,是一法也。”又《古今词话·词评》上卷:“花庵词客曰:庐陵人刘仙伦,乐章为人所脍炙。吉州刊本多遗落,刘复以家藏本行世,纸贵一时。周草窗曰:《菩萨蛮》别词,词鄙意浓。”

其词亦时有感怀时事者。尝送张明之赴京西幕,赋《念奴娇》云:“眼底山河,楼头鼓角,都是英雄泪。功名机会,要须闲暇先备。”又有同题呈洪守。皆悲愤激烈,足以使懦夫有立志。

陈廷焯《白雨斋词话》卷六《南渡后词》:“二帝蒙尘,偷安南渡,苟有人心者,未有不拔剑斫地也。南渡后词,如赵忠简《满江红》云:‘欲待忘忧除是酒,奈酒行有尽愁无极。便挽将、江水入尊罍,浇胸臆。’张仲宗《贺新郎》云:‘梦绕神州路,怅秋风、连营画角,故宫离黍。底事昆仑倾砥柱。九地黄流乱注。聚万落千村狐兔。天意从来高难问,况人情、易老悲难诉。更南浦,送君去。’又《石州慢》结句云:‘万里想龙沙,泣孤臣吴越。’朱敦儒《相见欢》云:‘中原乱,簪缨散,几时收。试倩悲风,吹泪过扬州。’张安国《浣溪沙》云:‘万里中原烽火北,一尊浊酒戍楼东。酒阑挥泪向悲风。’刘潜夫《玉楼春》云:‘男儿西北有神州,莫滴水西桥畔泪。’刘叔儗《念奴娇》云:‘其肯为我来耶,河阳下士,正是强人意。勿谓时平无事也,便以言兵为讳。眼底山河,楼头鼓角,都是英雄泪。功名机会,要须闲暇先备。’……此类皆慷慨激烈,发欲上指。词境虽不高,然足以使懦夫有立志。”冯金伯《词苑萃编》卷二三:“黄叔旸曰:‘叔儗有招山诗集,乐章尤为人所脍炙。予录其送张明之赴京西幕一词尤佳,曰:‘舻艭东下,望西江千里,苍茫烟水。试问襄州何处是,雉堞连云天际。叔子残碑,卧龙陈迹,遗恨斜阳里。后来人物,如君环玮能几。其肯为我来耶,河阳下士,正自强人意。勿谓时平无事也,便以言兵为讳。眼底山河,楼头鼓角,都是英雄泪。功名机会,要须闲暇先备。’”薛砺若《宋词通论》:“二词皆悲愤溢于言表,尤见忠爱至诚。”

然不遇,以韦布终其身。《哀青楼曲》一诗,尤见身世之怨。

岳珂《桯史》卷六:"叔儗后亦终韦布,诗多散轶不传。"刘仙伦《哀青楼曲》:"东风吹衣楼百尺,青钱唤酒春壶碧。楼中女儿颜如花,栏干徙倚春无力。翻腾旧曲偷宫商,顾曲岂怕周家郎。态浓意远淡梳掠,依约风韵追韦娘。樽前时复度芳眄,长恐秋波落金盏。自言流落小民家,似恨相逢成太晚。吁嗟绿绮琴,弦绝无知音。行云忽何处,十二巫山深。巫山深兮君不来,春无色兮意裵回。夕阳下兮猿叫哀,可怜宋玉空多材。"(见陈起编《江湖小集》卷四九)

有《招山小集》一卷。

黄升《花庵词选·中兴以来绝妙词选》卷五:"刘叔拟……有诗集行于世。乐章尤为人所脍炙。吉州刊本多遗落,今以家藏善本选集。"周密辑,查为仁、厉鹗笺《绝妙好词笺》卷二:"刘仙伦……有《招山小集》一卷。"陈起编《江湖小集》卷四九:"刘仙伦《招山小集》。"陈思编,陈世隆补《两宋名贤小集》卷二八三:"刘仙伦……所著有《招山小集》。"祝尚书《宋人别集叙录》卷三〇:"刘仙伦……其《(招山)小集》一卷,有汲古阁本、江湖小集本、读书斋本,知不足斋有补遗。"

参 考 文 献

（按作者姓氏首字母音序排列）

一、古　籍

B

班固撰，颜师古注：《汉书》，北京：中华书局，1962 年。

北京大学古文献研究所编：《全宋诗》，北京：北京大学出版社，1991—1998 年。

不著撰人：《皇宋中兴两朝圣政》，台北：文海出版社，1967 年。

C

蔡戡：《定斋集》，《影印文渊阁四库全书》第 1157 册，台北：台湾商务印书馆，1986 年。

曹庭栋编：《宋百家诗存》，《影印文渊阁四库全书》第 1477 册，台北：台湾商务印书馆，1986 年。

曹勋：《松隐文集》，《宋集珍本丛刊》第 41 册，北京：线装书局，2004 年。

崔敦礼：《宫教集》，《宋集珍本丛刊》第 56 册，北京：线装书局，2004 年。

陈傅良：《止斋先生文集》，《四部丛刊初编》本，上海：商务印书馆，1929 年。

陈鹄：《西塘集耆旧续闻》，上海：商务印书馆，1936 年。

陈骙、佚名撰，张富祥点校：《南宋馆阁录·续录》，北京：中华书局，1998 年。

陈亮著，邓广铭点校：《陈亮集》（增订本），北京：中华书局，1987 年。

陈起编：《江湖小集》，《影印文渊阁四库全书》第 1357 册，台北：台湾商务印书馆，1986 年。

陈起编：《江湖后集》，《影印文渊阁四库全书》第 1357 册，台北：台湾商务印书馆，1986 年。

陈成国校注：《尚书校注》，长沙：岳麓书社，2004 年。

陈思，陈世隆补：《两宋名贤小集》，《宋集珍本丛刊》第 101—103 册，北京：线装书局，2004 年。

陈廷焯：《白雨斋词话》，唐圭璋编：《词话丛编》第 4 册，北京：中华书局，1986 年。

陈文蔚：《克斋集》，《影印文渊阁四库全书》第 1171 册，台北：台湾商务印书馆，1986 年。

陈岩肖：《庚溪诗话》，丁福保辑：《历代诗话续编》，北京：中华书局，1983 年。

陈衍：《石遗室诗话》，沈阳：辽宁教育出版社，1998 年。

陈衍编选，蔡义江、李梦生撰：《宋诗精华录译注》，上海：上海古籍出版社，1999 年。

陈郁:《藏一话腴》,吴文治主编:《宋诗话全编》第 9 册,南京:江苏古籍出版社,1998 年。

陈与义著,吴书荫、金德厚点校:《陈与义集》,北京:中华书局,1982 年。

陈藻:《乐轩集》,《影印文渊阁四库全书》第 1152 册,台北:台湾商务印书馆,1986 年。

陈造:《江湖长翁文集》,《宋集珍本丛刊》第 60 册,北京:线装书局,2004 年。

陈振孙撰,徐小蛮、顾美华点校:《直斋书录解题》,上海:上海古籍出版社,1987 年。

陈焯编:《宋元诗会》,《故宫珍本丛刊》第 633—635 册,海口:海南出版社,2000 年。

程颢、程颐著,王孝鱼点校:《二程集》,北京:中华书局,1981 年。

储大文:《存研楼文集》,《影印文渊阁四库全书》第 1327 册,台北:台湾商务印书馆,1986 年。

D

戴表元:《剡源集》,上海:商务印书馆,1935 年。

戴复古:《石屏诗集》,《影印文渊阁四库全书》第 1165 册,台北:台湾商务印书馆,1986 年。

邓广铭辑校:《辛稼轩诗文钞存》,上海:古典文学出版社,1957 年。

邓广铭笺注:《稼轩词编年笺注》,上海:上海古籍出版社,1978 年。

邓肃:《栟桐先生文集》,《宋集珍本丛刊》第 40 册,北京:线装书局,2004 年。

丁敬辑:《武林金石记》,《续修四库全书》第 910 册,上海:上海古籍出版社,2002 年。

E

鄂尔泰、张廷玉等:《词林典故》,《影印文渊阁四库全书》第 599 册,台北:台湾商务印书馆,1986 年。

F

范成大:《范石湖集》,北京:中华书局,1962 年。

范成大撰,孔凡礼点校:《范成大笔记六种》,北京:中华书局,2002 年。

范晔撰,李贤等注:《后汉书》,北京:中华书局,1965 年。

方回选评,李庆甲集评校点:《瀛奎律髓汇评》,上海:上海古籍出版社,2005 年。

方回:《桐江续集》,《影印文渊阁四库全书》第 1193 册,台北:台湾商务印书馆,1986 年。

方回:《续古今考》,《影印文渊阁四库全书》第 853 册,台北:台湾商务印书馆,1986 年。

冯金伯:《词苑萃编》,唐圭璋编:《词话丛编》第 3 册,北京:中华书局,1986 年。

傅璇琮等主编:《宋才子传笺证》,沈阳:辽海出版社,2011 年。

G

归有光著,周本淳校点:《震川先生集》,上海:上海古籍出版社,1981 年。

H

韩淲:《涧泉日记》,上海:商务印书馆,1936 年。

韩愈著,屈守元、常思春主编:《韩愈全集校注》,成都:四川大学出版社,1996 年。

韩元吉:《南涧甲乙稿》,上海:商务印书馆,1936 年。

洪迈撰,孔凡礼点校:《容斋随笔》,北京:中华书局,2005 年。

洪适:《盘洲文集》,《宋集珍本丛刊》第 45 册,北京:线装书局,2004 年。

洪兴祖撰,白化文等点校:《楚辞补注》,北京:中华书局,1983 年。

胡宏:《五峰集》,《影印文渊阁四库全书》第 1137 册,台北:台湾商务印书馆,1986 年。

胡榘修,方万里、罗浚纂:《宝庆四明志》,《宋元方志丛刊》第 5 册,北京:中华书局,1990 年。

胡铨:《澹庵文集》,《影印文渊阁四库全书》第 1137 册,台北:台湾商务印书馆,1986 年。

胡宿:《文恭集》,上海:商务印书馆,1935 年。

胡寅:《斐然集》,《影印文渊阁四库全书》第 1137 册,台北:台湾商务印书馆,1986 年。

胡仔纂集,廖德明校点:《苕溪渔隐丛话》,北京:人民文学出版社,1962 年。

黄榦:《黄勉斋先生文集》,上海:商务印书馆,1936 年。

黄升:《花庵词选》,北京:中华书局,1958 年。

黄庭坚撰,任渊等注,刘尚荣校点:《黄庭坚诗集注》,北京:中华书局,2003 年。

黄震:《黄氏日抄》,《影印文渊阁四库全书》第 708 册,台北:台湾商务印书馆,1986 年。

黄宗羲原著,全祖望补修,陈金生、梁运华点校:《宋元学案》,北京:中华书局,1986 年。

惠洪撰,陈新点校:《冷斋夜话》,北京:中华书局,1988 年。

J

纪昀:《纪文达公遗集》,《续修四库全书》第 1435 册,上海:上海古籍出版社,2002 年。

蹇驹撰,赵维国整理:《采石瓜洲毙亮记》,上海师范大学古籍整理研究所编:《全宋笔记》第 6 编,第 3 册,郑州:大象出版社,2013 年。

姜夔:《白石道人诗集》,上海:商务印书馆,1936 年。

姜夔:《白石道人歌曲》,上海:商务印书馆,1937 年。

姜夔:《续书谱》,上海:商务印书馆,1936 年。

江顺诒辑,宗山参订:《词学集成》,唐圭璋编:《词话丛编》第 4 册,北京:中华书局,1986 年。

姜特立:《梅山续稿》,《宋集珍本丛刊》第 48 册,北京:线装书局,2004 年。

蒋正子:《山房随笔》,北京:中华书局,1991 年。

K

况周颐:《蕙风词话续编》,唐圭璋编:《词话丛编》第 5 册,北京:中华书局,1986 年。

L

劳格:《读书杂识》,《丛书集成续编》第 19 册,台北:新文丰出版公司,1989 年。

李白著,王琦注:《李太白全集》,北京:中华书局,1977 年。

李纲著,王瑞明点校:《李纲全集》,长沙:岳麓书社,2004 年。

李光地著,陈祖武点校:《榕村语录》,北京:中华书局,1995 年。

李璟、李煜撰,无名氏辑,王仲闻校订:《南唐二主词校订》,北京:中华书局,2007 年。

李流谦:《澹斋集》,《宋集珍本丛刊》第 46 册,北京:线装书局,2004 年。

李弥逊:《筠溪集》,《影印文渊阁四库全书》第 1130 册,台北:台湾商务印书馆,1986 年。

李清照著,徐培均笺注:《李清照集笺注》,上海:上海古籍出版社,2002 年。

李心传:《建炎以来系年要录》,北京:中华书局,1956 年。

李心传撰,徐规点校:《建炎以来朝野杂记》,北京:中华书局,2000 年。

李焘:《续资治通鉴长编》,北京:中华书局,1995 年。

厉鹗:《宋诗纪事》,上海:上海古籍出版社,1983 年。

黎靖德编,王星贤点校:《朱子语类》,北京:中华书局,1986 年。

林民表编:《赤城集》,《影印文渊阁四库全书》第 1356 册,台北:台湾商务印书馆,1986 年。

林逋著,沈幼征校注:《林和靖诗集》,杭州:浙江古籍出版社,1986 年。

林光朝:《艾轩先生文集》,《宋集珍本丛刊》第 44—45 册,北京:线装书局,2004 年。

林景熙:《霁山集》,上海:商务印书馆,1935 年。

林亦之:《网山集》,《宋集珍本丛刊》第 62 册,北京:线装书局,2004 年。

林之奇:《拙斋文集》,《宋集珍本丛刊》第 44 册,北京:线装书局,2004 年。

刘辰翁:《须溪集》,《影印文渊阁四库全书》第 1186 册,台北:台湾商务印书馆,1986 年。

刘过:《龙洲集》,上海:上海古籍出版社,1978 年。

刘过:《龙洲道人集》,《宋集珍本丛刊》第 69 册,北京:线装书局,2004 年。

刘将孙:《养吾斋集》,《影印文渊阁四库全书》第 1199 册,台北:台湾商务印书馆,1986 年。

刘克庄:《后村先生大全集》,《四部丛刊初编》本,上海:商务印书馆,1929 年。

刘克庄撰,王秀梅点校:《后村诗话》,北京:中华书局,1983 年。

刘熙载:《艺概》,上海:上海古籍出版社,1978 年。

刘勰著,周振甫注:《文心雕龙注释》,北京:人民文学出版社,2002 年。

刘应时:《颐庵居士集》,上海:商务印书馆,1937 年。

刘宰:《漫塘集》,《影印文渊阁四库全书》第 1170 册,台北:台湾商务印书馆,1986 年。

刘子翚:《屏山集》,《宋集珍本丛刊》第 42 册,北京:线装书局,2004 年。

楼钥:《攻媿集》,上海:商务印书馆,1935 年。

逯钦立辑校:《先秦汉魏晋南北朝诗》,北京:中华书局,1983 年。

陆心源:《仪顾堂集》,清同治十三年(1874)福州刊本。

陆心源:《宋史翼》,北京:中华书局,1991 年。

陆机著,金涛声点校:《陆机集》,北京:中华书局,1982 年。

陆九渊著,钟哲点校:《陆九渊集》,北京:中华书局,1980 年。

陆游著,钱仲联校注:《剑南诗稿校注》,上海:上海古籍出版社,1985 年。

陆游:《陆游集》,北京:中华书局,1976 年。

陆游著,蒋方校注:《入蜀记校注》,武汉:湖北人民出版社,2004 年。

陆游撰,李剑雄、刘德权点校:《老学庵笔记》,北京:中华书局,1979 年。

陆友仁:《研北杂志》,北京:中华书局,1991 年。

罗大经撰,王瑞来点校:《鹤林玉露》,北京:中华书局,1983 年。

吕本中:《东莱先生诗集》,《四部丛刊续编》本,上海:商务印书馆,1934 年。

吕本中:《东莱吕紫微诗话》,上海:商务印书馆,1939 年。

吕祖谦:《吕东莱文集》,上海:商务印书馆,1937 年。

M

马端临:《文献通考》,北京:中华书局,1986 年。

毛晋:《隐湖题跋》,国家图书馆编:《国家图书馆藏古籍题跋丛刊》第 1 册,北京:北京图书馆出版社,2002 年。

O

欧阳修、宋祁:《新唐书》,北京:中华书局,1975 年。

欧阳修撰,徐无党注:《新五代史》,北京:中华书局,1974 年。

欧阳修著,李逸安点校:《欧阳修全集》,北京:中华书局,2001 年。

P

彭定求等编:《全唐诗》,北京:中华书局,1960 年。

彭龟年:《止堂集》,上海:商务印书馆,1935 年。

Q

钱大昕:《十驾斋养新录》,上海:上海书店,1983 年。

钱大昕编,洪汝奎增订,张尚英校点:《洪文敏公年谱》,吴洪泽、尹波主编:《宋人年谱丛刊》第 9 册,成都:四川大学出版社,2003 年。

潜说友:《咸淳临安志》,《宋元方志丛刊》第 4 册,北京:中华书局,1990 年。

确庵、耐庵编:崔文印笺证:《靖康稗史笺证》,北京:中华书局,1988 年。

S

沈雄:《古今词话》,唐圭璋编:《词话丛编》第 1 册,北京:中华书局,1986 年。

沈作宾修,施宿等纂:《嘉泰会稽志》,《宋元方志丛刊》第 7 册,北京:中华书局,1990 年。

施国祁:《金史详校》,《丛书集成新编》第 7 册,台北:新文丰出版股份有限公司,

1985 年。

　　史浩:《鄮峰真隐漫录》,《宋集珍本丛刊》第 42—43 册,北京:线装书局,2004 年。

　　史弥坚修,卢宪纂:《嘉定镇江志》,《宋元方志丛刊》第 3 册,北京:中华书局,1990 年。

　　司马光:《司马氏书仪》,上海:商务印书馆,1936 年。

　　司马光编著,胡三省音注:《资治通鉴》,上海:上海古籍出版社,1987 年。

　　宋长白:《柳亭诗话》,《丛书集成续编》第 157 册,上海:上海书店出版社,1994 年。

　　苏泂:《泠然斋诗集》,《影印文渊阁四库全书》第 1179 册,台北:台湾商务印书馆,1986 年。

　　苏颂著,王同策等点校:《苏魏公文集》,北京:中华书局,1988 年。

　　苏洵:《嘉祐集》,上海:商务印书馆,1937 年。

　　苏辙著,陈宏天、高秀芳点校:《苏辙集》,北京:中华书局,1990 年。

　　孙应时:《烛湖集》,《影印文渊阁四库全书》第 1166 册,台北:台湾商务印书馆,1986 年。

T

　　唐圭璋编:《全宋词》,北京:中华书局,1965 年。

　　陶渊明著,逯钦立校注:《陶渊明集》,北京:中华书局,1979 年。

　　田汝成:《西湖游览志余》,上海:上海古籍出版社,1980 年。

　　脱脱等:《金史》,北京:中华书局,1975 年。

　　脱脱等:《宋史》,北京:中华书局,1977 年。

W

　　汪应辰:《文定集》,上海:商务印书馆,1935 年。

　　王安石撰,李壁注,李之亮补笺:《王荆公诗注补笺》,成都:巴蜀书社,2002 年。

　　王鏊:《姑苏志》,《天一阁藏明代方志选刊续编》第 13 册,上海:上海书店,1990 年。

　　王夫之:《宋论》,北京:中华书局,1964 年。

　　王阮:《义丰集》,《影印文渊阁四库全书》第 1154 册,台北:台湾商务印书馆,1986 年。

　　王十朋:《宋王忠文公文集》,《宋集珍本丛刊》第 43—44 册,北京:线装书局,2004 年。

　　王士禛撰,湛之点校:《香祖笔记》,上海:上海古籍出版社,1982 年。

　　王士禛撰,靳斯仁点校:《池北偶谈》,北京:中华书局,1982 年。

　　王行:《半轩集》,《影印文渊阁四库全书》第 1231 册,台北:台湾商务印书馆,1986 年。

　　王庭珪:《卢溪先生文集》,《宋集珍本丛刊》第 34 册,北京:线装书局,2004 年。

　　王文诰辑注,孔凡礼点校:《苏轼诗集》,北京:中华书局,1982 年。

　　王象之:《舆地纪胜》,北京:中华书局,1992 年。

　　王炎:《双溪类稿》,《影印文渊阁四库全书》第 1155 册,台北:台湾商务印书馆,

1986 年。

王应麟:《困学纪闻》,济南:山东友谊出版社,1992 年。

王应麟:《玉海》,南京:江苏古籍出版社、上海:上海书店,1987 年。

王质:《雪山集》,上海:商务印书馆,1935 年。

王之望:《汉滨集》,《影印文渊阁四库全书》第 1139 册,台北:台湾商务印书馆,1986 年。

韦居安:《梅磵诗话》,丁福保:《历代诗话续编》,北京:中华书局,1983 年。

魏了翁:《鹤山先生大全文集》,《四部丛刊初编》本,上海:商务印书馆,1929 年。

魏庆之编,王仲闻校勘:《诗人玉屑》,上海:古典文学出版社,1958 年。

魏庆之:《魏庆之词话》,唐圭璋:《词话丛编》第 1 册,北京:中华书局,1986 年。

吴处厚撰,李裕民点校:《青箱杂记》,北京:中华书局,1985 年。

吴宽:《家藏集》,《影印文渊阁四库全书》第 1255 册,台北:台湾商务印书馆,1986 年。

吴潜:《履斋遗稿》,《影印文渊阁四库全书》第 1178 册,台北:台湾商务印书馆,1986 年。

吴曾:《能改斋漫录》,上海:上海古籍出版社,1979 年。

吴之鲸:《武林梵志》,《影印文渊阁四库全书》第 588 册,台北:台湾商务印书馆,1986 年。

吴之振、吕留良、吴自牧选,管庭芬、蒋光煦补:《宋诗钞·省斋集钞》,北京:中华书局,1986 年。

X

夏文彦:《图绘宝鉴》,上海:商务印书馆,1937 年。

辛弃疾著,徐汉明编校:《稼轩集》,武汉:长江文艺出版社,1990 年。

熊克:《中兴小纪》,上海:商务印书馆,1936 年。

徐炯文编,李文泽校点:《梅溪王忠文公年谱》,吴洪泽、尹波主编:《宋人年谱丛刊》第 8 册,成都:四川大学出版社,2003 年。

徐梦莘:《三朝北盟会编》,上海:上海古籍出版社,1987 年。

徐釚撰,唐圭璋校注:《词苑丛谈》,上海:上海古籍出版社,1981 年。

徐松:《宋会要辑稿》,北京:中华书局,1957 年。

徐自明撰,王瑞来校补:《宋宰辅编年录校补》,北京:中华书局,1986 年。

许及之:《涉斋集》,《宋集珍本丛刊》第 61 册,北京:线装书局,2004 年。

薛季宣:《艮斋先生薛常州浪语集》,《宋集珍本丛刊》第 61 册,北京:线装书局,2004 年。

Y

严可均校辑:《全上古三代秦汉三国六朝文》,北京:中华书局,1958 年。

严羽著,郭绍虞校释:《沧浪诗话校释》,北京:人民文学出版社,2000 年。

杨伯峻:《论语译注》,北京:中华书局,1980 年。

杨伯峻:《孟子译注》,北京:中华书局,2010 年。

杨冠卿:《客亭类稿》,《影印文渊阁四库全书》第 1165 册,台北:台湾商务印书馆,1986 年。

杨譓:《至正昆山郡志》,《宋元方志丛刊》第 1 册,北京:中华书局,1990 年。

杨简:《慈湖遗书》,《影印文渊阁四库全书》第 1156 册,台北:台湾商务印书馆,1986 年。

杨慎:《词品》,唐圭璋编:《词话丛编》第 1 册,北京:中华书局,1986 年。

杨士奇等编:《历代名臣奏议》,《影印文渊阁四库全书》第 438 册,台北:台湾商务印书馆,1986 年。

杨万里撰,辛更儒笺校:《杨万里集笺校》,北京:中华书局,2007 年。

姚勉:《雪坡舍人集》,《宋集珍本丛刊》第 86 册,北京:线装书局,2004 年。

叶绍翁撰,沈锡麟、冯惠民点校:《四朝闻见录》,北京:中华书局,1989 年。

叶申芗:《本事词》,唐圭璋编:《词话丛编》第 3 册,北京:中华书局,1986 年。

叶适著,刘公纯等点校:《叶适集》,北京:中华书局,1961 年。

佚名:《东南纪闻》,《影印文渊阁四库全书》第 1040 册,台北:台湾商务印书馆,1986 年。

佚名编,汝企和点校:《续编两朝纲目备要》,北京:中华书局,1995 年。

佚名撰:《绍兴十八年同年小录》,徐乃昌辑:《宋元科举三录》,民国十二年(1923)南陵徐氏景刊明弘治本。

佚名撰,李之亮校点:《宋史全文》,哈尔滨:黑龙江人民出版社,2005 年。

佚名撰,赵维国整理:《采石瓜亮记》,上海师范大学古籍整理研究所编:《全宋笔记》第 6 编,第 3 册,郑州:大象出版社,2013 年。

佚名撰,赵维国整理:《煬王江上录》,上海师范大学古籍整理研究所编:《全宋笔记》第 6 编,第 3 册,郑州:大象出版社,2013 年。

殷奎:《强斋集》,《影印文渊阁四库全书》第 1232 册,台北:台湾商务印书馆,1986 年。

永瑢等:《四库全书总目》,北京:中华书局,1965 年。

尤袤:《梁溪遗稿》,《影印文渊阁四库全书》第 1149 册,台北:台湾商务印书馆,1986 年。

俞成:《萤雪丛说》,陶宗仪等编:《说郛三种》(宛委山堂本),上海:上海古籍出版社,1988 年。

虞俦:《尊白堂集》,《宋集珍本丛刊》第 63 册,北京:线装书局,2004 年。

余嘉锡:《四库提要辨证》,北京:中华书局,1980 年。

喻良能:《香山集》,《宋集珍本丛刊》第 56 册,北京:线装书局,2004 年。

袁采:《袁氏世范》,鲍廷博:《知不足斋丛书》第 14 集,北京:中华书局,1999 年。

袁华:《耕学斋诗集》,《影印文渊阁四库全书》第 1232 册,台北:台湾商务印书馆,1986 年。

袁说友:《东塘集》,《宋集珍本丛刊》第 64 册,北京:线装书局,2004 年。

袁燮:《絜斋集》,上海:商务印书馆,1935 年。

员兴宗:《九华集》,《宋集珍本丛刊》第 56 册,北京:线装书局,2004 年。

员兴宗撰,赵维国整理:《采石战胜录》,上海师范大学古籍整理研究所编:《全宋笔记》第 6 编,第 3 册,郑州:大象出版社,2013 年。

岳珂:《宝真斋法书赞》,《影印文渊阁四库全书》第 813 册,台北:台湾商务印书馆,1986 年。

岳珂编,王曾瑜校注:《鄂国金佗稡编续编校注》,北京:中华书局,1989 年。

岳珂撰,吴企明点校:《桯史》,北京:中华书局,1981 年。

乐雷发撰,萧文注:《雪矶丛稿》,长沙:岳麓书社,1986 年。

Z

曾丰:《搏斋先生缘督集》,《宋集珍本丛刊》第 65 册,北京:线装书局,2004 年。

曾几:《茶山集》,上海:商务印书馆,1937 年。

曾季狸:《艇斋诗话》,上海:商务印书馆,1936 年。

曾枣庄、刘琳主编:《全宋文》,上海:上海辞书出版社、合肥:安徽教育出版社,2006 年。

张邦基撰,孔凡礼点校:《墨庄漫录》,北京:中华书局,2002 年。

张德瀛:《词征》,唐圭璋编:《词话丛编》第 5 册,北京:中华书局,1986 年。

张端义:《贵耳集》,上海:商务印书馆,1937 年。

张淏:《宝庆会稽续志》,《宋元方志丛刊》第 7 册,北京:中华书局,1990 年。

张耒:《柯山集》,上海:商务印书馆,1935 年。

张栻:《新刊南轩先生文集》,《宋集珍本丛刊》第 60 册,北京:线装书局,2004 年。

张世南撰,张茂鹏点校:《游宦纪闻》,北京:中华书局,1981 年。

张孝祥著,徐鹏校点:《于湖居士文集》,上海:上海古籍出版社,1980 年。

张炎:《词源》,唐圭璋编:《词话丛编》第 1 册,北京:中华书局,1986 年。

张元幹:《芦川归来集》,《影印文渊阁四库全书》1136 册,台北:台湾商务印书馆,1986 年。

张仲文:《白獭髓》,陶宗仪等编:《说郛三种》(宛委山堂本),上海:上海古籍出版社,1988 年。

张镃:《南湖集》,上海:商务印书馆,1936 年。

张镃:《仕学规范》,《影印文渊阁四库全书》第 875 册,台湾:商务印书馆,1986 年。

章甫:《自鸣集》,《影印文渊阁四库全书》第 1165 册,台北:台湾商务印书馆,1986 年。

章学诚著,叶瑛校注:《文史通义校注》,北京:中华书局,1985 年。

赵蕃:《淳熙稿》,上海:商务印书馆,1935 年。

赵葵:《行营杂录》,《丛书集成新编》第 87 册,台北:新文丰出版股份有限公司,1985 年。

赵善括:《应斋杂著》,《影印文渊阁四库全书》第 1159 册,台北:台湾商务印书馆,1986 年。

赵翼著,王树民校正:《廿二史札记校正》,北京:中华书局,1984 年。

赵与虤:《娱书堂诗话》,《影印文渊阁四库全书》第 1481 册,台北:台湾商务印书馆,1986 年。

真德秀:《西山先生真文忠公文集》,上海:商务印书馆,1937 年。

真德秀:《西山读书记》,《影印文渊阁四库全书》第 706 册,台北:台湾商务印书馆,1986 年。

郑文康:《平桥稿》,《影印文渊阁四库全书》第 1246 册,台北:台湾商务印书馆,1986 年。

郑玉:《师山遗文》,《影印文渊阁四库全书》第 1217 册,台北:台湾商务印书馆,1986 年。

周必大:《庐陵周益国文忠公集》,《宋集珍本丛刊》第 51—53 册,北京:线装书局,2004 年。

周孚:《蠹斋铅刀编》,《影印文渊阁四库全书》第 1154 册,台北:台湾商务印书馆,1986 年。

周密:《浩然斋雅谈》,上海:商务印书馆,1936 年。

周密:《武林旧事》,北京:中华书局,1991 年。

周密辑,查为仁、厉鹗笺:《绝妙好词笺》,北京:中华书局,1957 年。

周密撰,张茂鹏点校:《齐东野语》,北京:中华书局,1983 年。

周汝昌:《范成大诗选》,北京:人民文学出版社,1984 年。

邹祗谟:《远志斋词衷》,唐圭璋编:《词话丛编》第 1 册,北京:中华书局,1986 年。

周紫芝:《太仓稊米集》,《影印文渊阁四库全书》第 1141 册,台北:台湾商务印书馆,1986 年。

朱珪编:《名迹录》,《影印文渊阁四库全书》第 863 册,台北:台湾商务印书馆,1986 年。

祝穆撰,祝洙增订,施和金点校:《方舆胜览》,北京:中华书局,2003 年。

朱松:《韦斋集》,《宋集珍本丛刊》第 40 册,北京:线装书局,2004 年。

朱熹:《晦庵先生朱文公文集》,朱杰人等主编:《朱子全书》,上海:上海古籍出版社、合肥:安徽教育出版社,2002 年。

朱彝尊、汪森辑:《词综》,北京:中华书局,1975 年。

庄绰撰,萧鲁阳点校:《鸡肋编》,北京:中华书局,1983 年。

二、今 人 著 作

(一) 中国大陆地区

B

包伟民:《宋代地方财政史研究》,上海:上海古籍出版社,2001 年。

C

蔡方鹿:《一代学者宗师——张栻及其哲学》,成都:巴蜀书社,1991年。

陈峰:《武士的悲哀:北宋崇文抑武现象研究》,北京:人民出版社,2011年。

陈庚平:《金城集》,兰州:兰州大学出版社,2003年。

陈谷嘉:《张栻与湖湘学派研究》,长沙:湖南教育出版社,1991年。

陈来:《宋明理学》,上海:华东师范大学出版社,2003年。

陈来:《朱子书信编年考证》(增订本),北京:生活·读书·新知三联书店,2007年。

陈文忠:《中国古典诗歌接受史研究》,合肥:安徽大学出版社,1998年。

陈寅恪:《金明馆丛稿二编》,北京:生活·读书·新知三联书店,2001年。

程千帆、吴新雷:《两宋文学史》,上海:上海古籍出版社,1991年。

程千帆:《程千帆全集》,石家庄:河北教育出版社,2000年。

D

邓广铭:《陈龙川传》,北京:生活·读书·新知三联书店,2007年。

邓小南:《祖宗之法:北宋前期政治述略》,北京:生活·读书·新知三联书店,2006年。

杜海军:《吕祖谦文学研究》,北京:学苑出版社,2003年。

杜海军:《吕祖谦年谱》,北京:中华书局,2007年。

F

费孝通:《费孝通选集》,天津:天津人民出版社,1988年。

傅斯年著,雷颐点校:《史学方法导论:傅斯年史学文辑》,北京:中国人民大学出版社,2004年。

G

葛兆光:《中国思想史》第二卷《七世纪至十九世纪中国的知识、思想与信仰》,上海:复旦大学出版社,2001年。

龚延明:《宋代官制辞典》,北京:中华书局,1997年。

巩本栋:《辛弃疾评传》,南京:南京大学出版社,1998年。

顾易生等:《宋金元文学批评史》,上海:上海古籍出版社,1996年。

关长龙:《两宋道学命运的历史考察》,上海:学林出版社,2001年。

郭黎安:《宋史地理志汇释》,合肥:安徽教育出版社,2002年。

H

韩经太:《宋代诗歌史论》,长春:吉林教育出版社,1995年。

韩酉山:《韩南涧年谱》,合肥:安徽教育出版社,2005年。

何俊:《南宋儒学建构》,上海:上海人民出版社,2004年。

胡传志:《宋金文学的交融与演进》,北京:北京大学出版社,2013年。

胡明:《南宋诗人论》,台北:台湾学生书局,1990年。

胡适著,季羡林主编:《胡适全集》,合肥:安徽教育出版社,2003年。

胡云翼:《宋诗研究》,上海:商务印书馆,1930年。

胡昭曦、邹重华主编:《宋蒙(元)关系史》,成都:四川大学出版社,1992年。

黄纯艳:《宋代朝贡体系研究》,北京:商务印书馆,2014年。

J

蒋寅:《古典诗学的现代阐释》,北京:中华书局,2003年。

K

孔凡礼、齐治平:《陆游资料汇编》,北京:中华书局,1962年。

孔凡礼:《范成大佚著辑存》,北京:中华书局,1983年。

L

李辉:《宋金交聘制度研究(1127—1234)》,上海:上海古籍出版社,2014年。

李剑锋:《元前陶渊明接受史》,济南:齐鲁书社,2002年。

李建中、高华平:《玄学与魏晋社会》,石家庄:河北人民出版社,2003年。

李文泽:《王十朋诗文系年》,吴洪泽、尹波主编:《宋人年谱丛刊》第8册,成都:四川大学出版社,2003年。

李云泉:《万邦来朝:朝贡制度史论》,北京:新华出版社,2014年。

李之亮:《宋两淮大郡守臣易替考》,成都:巴蜀书社,2001年。

李之亮:《宋两湖大郡守臣易替考》,成都:巴蜀书社,2001年。

梁昆:《宋诗派别论》,长沙:商务印书馆,1938年。

凌郁之:《洪迈年谱》,上海:上海古籍出版社,2006年。

罗宗强:《玄学与魏晋士人心态》,天津:南开大学出版社,2003年。

吕肖奂:《宋诗体派论》,成都:四川民族出版社,2002年。

M

马积高:《宋明理学与文学》,长沙:湖南师范大学出版社,1989年。

马维新:《姜白石先生年谱》,吴洪泽、尹波主编:《宋人年谱丛刊》第11册,成都:四川大学出版社,2003年。

缪钺:《诗词散论》,上海:上海古籍出版社,1982年。

缪钺、叶嘉莹合撰:《灵溪词说》,上海:上海古籍出版社,1987年。

莫砺锋:《江西诗派研究》,济南:齐鲁书社,1986年。

莫砺锋:《推陈出新的宋诗》,沈阳:辽宁古籍出版社,1995年。

莫砺锋:《朱熹文学研究》,南京:南京大学出版社,2000年。

莫砺锋:《唐宋诗论稿》,沈阳:辽海出版社,2001年。

木斋:《宋诗流变》,北京:京华出版社,1999年。

O

欧明俊:《陆游研究》,上海:上海三联书店,2007年。

欧阳光:《宋元诗社研究丛稿》,广州:广东高等教育出版社,1996年。

P

潘富恩、徐余庆:《吕祖谦评传》,南京:南京大学出版社,1992年。

彭信威:《中国货币史》,上海:上海人民出版社,1965年。

Q

漆侠:《宋学的发展和演变》,石家庄:河北人民出版社,2002 年。

齐治平:《陆游传论》,上海:古典文学出版社,1958 年。

钱建状:《南宋初期的文化重组与文学新变》,厦门:厦门大学出版社,2006 年。

钱志熙:《黄庭坚诗学体系研究》,北京:北京大学出版社,2003 年。

钱锺书:《宋诗选注》,北京:人民文学出版社,1989 年。

钱锺书:《谈艺录》,北京:中华书局,1984 年。

庆振轩:《两宋党争与文学》,兰州:敦煌文艺出版社,1993 年。

R

阮忠:《唐宋诗风流别史》,武汉:武汉出版社,1997 年。

S

尚永亮等:《中唐元和诗歌传播接受史的文化学考察》,武汉:武汉大学出版社, 2010 年。

沈松勤:《北宋文人与党争》,北京:人民出版社,1998 年。

沈松勤:《南宋文人与党争》,北京:人民出版社,2005 年。

束景南:《朱熹年谱长编》,上海:华东师范大学出版社,2001 年。

粟品孝等:《南宋军事史》,上海:上海古籍出版社,2008 年。

孙望、常国武主编:《宋代文学史》,北京:人民文学出版社,1996 年。

T

唐圭璋:《词学论丛》,上海:上海古籍出版社,1986 年。

陶尔夫、刘敬圻:《南宋词史》,哈尔滨:黑龙江人民出版社,1992 年。

陶文鹏:《唐宋诗美学与艺术论》,天津:南开大学出版社,2003 年。

铁爱花:《宋代士人阶层女性研究》,北京:人民出版社,2011 年。

W

王国维:《宋元戏曲史》,谢维扬、房鑫亮主编:《王国维全集》第 3 卷,杭州:浙江教育出版社,2009 年。

王守国:《诚斋诗研究》,郑州:中州古籍出版社,1992 年。

王水照主编:《宋代文学通论》,开封:河南大学出版社,1997 年。

王曾瑜:《宋朝阶级结构》(增订版),北京:中国人民大学出版社,2009 年。

王曾瑜:《丝毫编》,保定:河北大学出版社,2009 年。

王兆鹏:《宋南渡词人群体研究》,台北:文津出版社,1992 年。

吴洪泽:《尤袤年谱》,吴洪泽、尹波主编:《宋人年谱丛刊》第 9 册,成都:四川大学出版社,2003 年。

吴梅:《词学通论》,上海:复旦大学出版社,2005 年。

吴松弟:《北方移民与南宋社会变迁》,台北:文津出版社,1993 年。

伍晓蔓:《江西宗派研究》,成都:巴蜀书社,2005 年。

X

萧庆伟:《北宋新旧党争与文学》,北京:人民文学出版社,2001 年。

辛更儒:《辛弃疾研究》,北京:人民出版社,2008 年。

邢舒绪:《陆九渊研究》,北京:人民出版社,2008 年。

许总:《宋诗史》,重庆:重庆出版社,1992 年。

许总:《宋明理学与中国文学》,南昌:百花洲文艺出版社,1999 年。

薛砺若:《宋词通论》,上海:上海书店,1985 年。

Y

于北山:《陆游年谱》,上海:上海古籍出版社,2006 年。

于北山:《范成大年谱》,上海:上海古籍出版社,2006 年。

于北山:《杨万里年谱》,上海:上海古籍出版社,2006 年。

袁行霈:《陶渊明研究》,北京:北京大学出版社,1997 年。

Z

曾维刚:《张镃年谱》,北京:人民出版社,2010 年。

曾维刚、铁爱花:《故事里的文学经典 · 南宋诗》,兰州:兰州大学出版社,2013 年。

湛之:《杨万里范成大资料汇编》,北京:中华书局,1964 年。

张白山:《宋诗散论》,上海:上海古籍出版社,1984 年。

张海鸥:《宋代文化与文学研究》,北京:中国社会科学出版社,2002 年。

张宏生:《江湖诗派研究》,北京:中华书局,1995 年。

张家驹:《两宋经济重心的南移》,武汉:湖北人民出版社,1957 年。

张剑、吕肖奂、周扬波:《宋代家族与文学研究》,北京:中国社会科学出版社,2009 年。

张晶:《禅与唐宋诗学》,北京:人民文学出版社,2003 年。

张立文:《朱熹思想研究》,北京:中国社会科学出版社,1981 年。

张瑞君:《南宋江湖派研究》,北京:中国文联出版社,1999 年。

张毅:《宋代文学思想史》,北京:中华书局,1995 年。

张义德:《叶适评传》,南京:南京大学出版社,1994 年。

赵齐平:《宋诗臆说》,北京:北京大学出版社,1993 年。

赵仁珪:《宋诗纵横》,北京:中华书局,1994 年。

赵晓岚:《姜夔与南宋文化》,北京:学苑出版社,2001 年。

赵永春:《金宋关系史》,北京:人民出版社,2005 年。

钟优民:《陶学发展史》,长春:吉林人民出版社,2000 年。

周梦江:《叶适与永嘉学派》,杭州:浙江古籍出版社,1992 年。

周梦江:《叶适研究》,北京:人民出版社,2008 年。

周明初:《晚明士人心态及文学个案》,北京:东方出版社,1997 年。

周裕锴:《宋代诗学通论》,成都:巴蜀书社,1997 年。

周裕锴:《文字禅与宋代诗学》,北京:高等教育出版社,1998 年。

朱东润:《陆游传》,上海:上海古籍出版社,1960 年。

朱东润:《陆游研究》,北京:中华书局,1961 年。

诸葛忆兵:《宋代宰辅制度研究》,北京:中国社会科学出版社,2000年。
诸葛忆兵:《宋代文史考论》,北京:中华书局,2002年。
祝尚书:《宋人别集叙录》,北京:中华书局,1999年。
祝尚书:《宋人总集叙录》,北京:中华书局,2004年。
祝尚书:《宋代科举与文学》,北京:中华书局,2008年。

(二) 中国港台地区及国外

B

〔日〕浜田正秀著,陈秋峰、杨国华译:《文艺学概论》,北京:中国戏剧出版社,1985年。
〔美〕包弼德著,刘宁译:《斯文:唐宋思想的转型》,南京:江苏人民出版社,2000年。

C

(台湾)蔡文晋:《宋代藏书家尤袤研究》,台北:花木兰文化工作坊,2005年。
〔美〕陈荣捷:《朱子门人》,台北:台湾学生书局,1982年。
Colin S.C.Hawes,"The Social Circulation of Poetry in the Mid-Northern Song:Emotional Energy and Literati Self-Cultivation",Albany:State University of New York Press,2005.

D

〔法〕丹纳著,傅雷译:《艺术哲学》,合肥:安徽文艺出版社,1998年。

F

〔瑞士〕费尔迪南·德·索绪尔著,高名凯译:《普通语言学教程》,北京:商务印书馆,1980年。
〔法〕弗朗索瓦·多斯著,马胜利译:《碎片化的历史学:从〈年鉴〉到"新史学"》,北京:北京大学出版社,2008年。

G

(台湾)龚鹏程:《江西诗社宗派研究》,台北:文史哲出版社,1983年。

H

(台湾)黄宽重:《南宋军政与文献探索》,台北:新文丰出版公司,1990年。
(台湾)黄宽重:《宋史丛论》,台北:新文丰出版公司,1993年。
〔德〕H.R.姚斯、〔美〕R.C.霍拉勃著,周宁、金元浦译:《接受美学与接受理论》,沈阳:辽宁人民出版社,1987年。

J

〔日〕吉川幸次郎:《宋诗概说》,东京:岩波书店,1962年。

L

〔韩〕李秀雄:《朱熹与李退溪诗比较研究》,北京:北京大学出版社,1991年。
〔美〕刘子健著,赵冬梅译:《中国转向内在——两宋之际的文化内向》,南京:江苏人民出版社,2001年。
(台湾)刘昭仁:《吕东莱之文学与史学》,台北:文史哲出版社,1986年。

〔法〕罗贝尔·埃斯卡尔皮著,符锦勇译:《文学社会学》,上海:上海译文出版社,
1988 年。

M

(台湾)孟淑慧:《朱熹及其门人的教化理念与实践》,台北:台湾大学出版委员会,
2003 年。

〔法〕米歇尔·柯南、陈望衡主编:《城市与园林:园林对城市生活和文化的贡献》,
武汉:武汉大学出版社,2006 年。

P

" Patricia Buckley Ebrey ", *Emperor Huizong*, Cambridge, Massacbusetts: Harvard
University Press, 2014.

Q

(台湾)钱穆:《钱宾四先生全集》,台北:联经出版事业公司,1998 年。

S

Schmidt, J.D. "Stone Lake: The Poetry of Fan Chengda (1126 - 1193) ", Cambridge and
New York: Cambridge University Press, 1992.

〔日〕申美子:《朱子诗中的思想研究》,台北:文史哲出版社,1988 年。

〔日〕斯波义信著,方健、何忠礼译:《宋代江南经济史研究》,南京:江苏人民出版
社,2000 年。

〔日〕寺地遵著,刘静贞、李今芸译:《南宋初期政治史研究》,台北:稻禾出版社,
1995 年。

〔美〕孙康宜、宇文所安主编,刘倩等译:《剑桥中国文学史》,北京:生活·读书·新
知三联书店,2013 年。

T

(台湾)陶晋生:《金海陵帝的伐宋与采石战役的考实》,台北:台湾大学文学院,
1963 年。

(台湾)陶晋生:《宋辽关系史研究》,台北:联经出版事业公司,1984 年。

〔美〕田浩:《朱熹的思维世界》,台北:允晨文化事业公司,1996 年。

〔美〕田浩著,姜长苏译:《功利主义儒家——陈亮对朱熹的挑战》,南京:江苏人民
出版社,1997 年。

〔美〕田晓菲:《神游:早期中古时代与十九世纪中国的行旅写作》,北京:生活·读
书·新知三联书店,2015 年。

W

(台湾)王德毅:《范石湖先生年谱》,吴洪泽、尹波主编:《宋人年谱丛刊》第 9 册,成
都:四川大学出版社,2003 年。

(台湾)王德毅:《洪迈年谱》,台北:新文丰出版股份有限公司,2006 年。

Y

〔美〕余英时:《士与中国文化》,上海:上海人民出版社,2003 年。

〔美〕余英时:《朱熹的历史世界:宋代士大夫政治文化的研究》,北京:生活·读书·新知三联书店,2004 年。

〔美〕宇文所安著,田晓菲译:《他山的石头记——宇文所安自选集》,南京:江苏人民出版社,2003 年。

Z

(台湾)张高评:《宋诗之传承与开拓——以翻案诗、禽言诗、诗中有画为例》,台北:文史哲出版社,1990 年。

(台湾)张高评:《会通化成与宋代诗学》,台南:成大出版组,2000 年。

(台湾)张高评:《宋诗特色研究》,长春:长春出版社,2002 年。

(台湾)张剑霞:《范成大研究》,台北:台湾学生书局,1985 年。

三、论　文

(一)　中国大陆地区

B

步近智:《略论杨万里的社会政治思想》,《中国史研究》1983 年第 3 期。

C

蔡方鹿:《张栻研究简述》,《中国哲学史》1992 年第 4 期。

陈友冰:《20 世纪大陆的宋诗总论研究回顾》,《汉学研究通讯》24:2(总 94 期),2005 年 5 月。

陈植锷:《宋诗流派》,《文史知识》1985 年第 6 期。

陈植锷:《宋诗的分期及其标准》,《文学遗产》1986 年第 4 期。

陈植锷:《宋学通论》,《中国社会科学》1988 年第 4 期。

程国赋:《二十世纪严羽及其〈沧浪诗话〉研究》,《文献》1999 年第 2 期。

D

邓广铭:《宋代文化的高度发展与宋王朝的文化政策》,《历史研究》1990 年第 1 期。

F

方建新:《宋代婚姻论财》,《历史研究》1986 年第 3 期。

费君清:《〈永乐大典〉中发现的江湖集资料论析》,《杭州大学学报》1988 年第 1 期。

费君清:《论〈江湖小集〉非陈刻〈江湖集〉》,《文学遗产》1989 年第 4 期。

冯乾:《近二十年来南宋江湖诗派研究综述》,《文史知识》1998 年第 11 期。

冯沅君:《南宋词人小记·张镃略传》,载《冯沅君古典文学论文集》,济南:山东人民出版社,1980 年。

傅明善:《近百年来陆游研究综述》,《中国韵文学刊》2001 年第 1 期。

傅璇琮、孔凡礼:《陆游南郑从军诗失传探秘——兼论南宋抗金大将王炎的悲剧命运》,《文学遗产》2001 年第 4 期。

G

高纪春:《赵鼎集团的瓦解与洛学之禁》,《中国史研究》1997 年第 3 期。

葛兆光:《"唐宋"抑或"宋明"——文化史和思想史研究视域变化的意义》,《历史研究》2004 年第 1 期。

H

韩经太:《宋诗与宋学》,《文学遗产》1993 年第 4 期。

韩酉山:《韩元吉若干事迹补正》,《文学遗产》2001 年第 4 期。

侯文宜:《文气说辨——从郭绍虞〈文气的辨析〉的局限说起》,《文学评论》2010 年第 5 期。

胡传志:《论南宋使金文人的创作》,《文学遗产》2003 年第 5 期。

胡传志:《论杨万里接送金使诗》,《文学遗产》2010 年第 4 期。

胡明:《江湖诗派泛论》,《文学遗产》1987 年第 4 期。

胡明:《关于朱熹的诗歌理论与诗歌创作》,《文学遗产》1989 年第 4 期。

胡念贻:《略论宋诗的发展》,《齐鲁学刊》1982 年第 2 期。

胡晓明:《尚意的诗学与宋代人文精神》,《文学遗产》1991 年第 2 期。

胡益民:《关于江湖派的鉴别标准与江湖诗人名单》,《江淮论坛》1990 年第 5 期。

胡昭曦:《略论晚宋史的分期》,《四川大学学报》1995 年第 1 期。

华岩:《宋诗的分期和宋诗的主流》,《文学遗产》1989 年增刊。

J

金性尧:《"何妨举世嫌迂阔,故有斯人慰寂寥"——略论宋诗的发展脉络及其得失》,《文史知识》1987 年第 8 期。

K

孔凡礼:《范成大早期事迹考》,《文学遗产》1983 年第 1 期。

L

李华瑞:《20 世纪中日"唐宋变革"观研究述评》,《史学理论研究》2003 年第 4 期。

李华瑞:《"唐宋变革论"对国内宋史研究的影响》,《中国史研究》2010 年第 1 期。

李静:《洪皓使金与词的创作、传播》,《北京大学学报》2008 年第 4 期。

李中华、薛原:《"长庆体"考辨》,《光明日报》2005 年 2 月 25 日。

梁守中:《江湖诗派与江湖派诗》,《中山大学学报》1989 年第 2 期。

林岩:《宋代文学研究的现状与问题——以首届"宋代文学国际研讨会"为例》,《复旦学报》2001 年第 1 期。

刘蔚:《论石湖田园杂兴体的艺术渊源——兼论其诗体特征及其影响》,《文学遗产》2013 年第 1 期。

刘扬忠:《陆游及其诗词八百年来的影响和被接受简史——以清末至当代一百年为中心》,《绍兴文理学院学报》2011 年第 1 期。

刘毅强:《〈江湖集〉丛刊所收诗人补考》,《华东师范大学学报》1991 年第 3 期。

刘跃进:《新时期中国古典文学研究的回顾与展望》,《许昌师专学报》2000 年第 6 期。

M

马兴祥:《20 世纪朱熹文学研究述评》,《新疆大学学报》2002 年第 4 期。

莫砺锋、陶文鹏、程杰:《回顾、评价与展望——关于本世纪宋诗研究的谈话》,《文学遗产》1998 年第 5 期。

莫砺锋、程杰:《新时期中国大陆宋诗研究述评》,《阴山学刊》2000 年第 2 期。

Q

邱鸣皋:《陆游师从曾几新论》,《文学遗产》2002 年第 2 期。

S

沈如泉:《宋人洪迈使金事迹考论》,《史学月刊》2006 年第 7 期。

沈松勤:《从高压政治到"文丐奔竞"——论"绍兴和议"期间的文学生态》,《文学遗产》2003 年第 3 期。

沈松勤:《宋室南渡后的"崇苏热"与词学命运》,《文学评论》2005 年第 2 期。

T

汤梓顺:《南宋名臣周必大、史浩、虞允文及第年月考》,《河南大学学报》1998 年第 2 期。

陶文鹏:《论华岳的诗歌》,《长江学术》2006 年第 4 期。

W

王水照:《论北宋使辽诗的两个问题》,《山西师大学报》1992 年第 2 期。

王水照:《南宋文学的时代特点与历史定位》,《文学遗产》2010 年第 1 期。

王水照:《〈钱锺书手稿集·容安馆札记〉与南宋诗歌发展观》,《文学评论》2012 年第 1 期。

王秀林、王兆鹏:《张镃生卒年考》,《文学遗产》2002 年第 1 期。

王兆鹏:《建构灵性的自然:杨万里"诚斋体"别解》,《文学遗产》1992 年第 6 期。

王兆鹏、刘学:《宋代文学研究现状的定量分析》,《光明日报》2002 年 10 月 9 日。

吴河清:《论曹勋的使金诗》,《文学遗产》2007 年第 5 期。

吴洪泽:《尤袤诗名及其生卒年解析》,《文学遗产》2004 年第 3 期。

吴小如:《宋诗漫谈》,《文史知识》1990 年第 2 期。

X

肖瑞峰、彭庭松:《百年来杨万里研究述评》,《文学评论》2006 年第 4 期。

谢桃坊:《略论宋代理学诗派》,《文学遗产》1986 年第 3 期。

谢宇衡:《宋诗臆说》,《文学遗产》1986 年第 3 期。

Y

杨海明:《张镃家世及其卒年考》,《浙江师范学院学报》1983 年第 4 期。

杨俊才:《南宋诗人姜特立考论》,《文学遗产》2009 年第 4 期。

杨义:《从文化原我到文化通观》,《文学评论》2003 年第 4 期。

叶帮义、胡传志:《20 世纪 80 年代以来的江湖诗派研究》,《阴山学刊》2004 年第 1 期。

叶帮义、余恕诚:《20 世纪的"唐宋诗之争"及其启示》,《安徽师范大学学报》2005 年第 2 期。

游彪、胡正伟:《宋代地方官与佛教界之间的关系考论——以范成大蜀地任职为例》,《四川大学学报》2013 年第 3 期。

喻朝刚:《论陆游的爱国诗篇》,《文学遗产》1981 年第 2 期。

袁俐:《宋代女性财产权述论》,《宋史研究集刊》第 2 辑,浙江省社联《探索》杂志社增刊,1988 年。

Z

曾维刚:《张镃〈南湖集〉成书考》,《文学遗产》2011 年第 5 期。

曾维刚:《宋孝宗与南宋中兴诗坛》,《文学遗产》2013 年第 6 期。

曾维刚:《南宋中兴时期士风新变与使北诗歌题材的开拓》,《文学遗产》2017 年第 2 期。

张邦炜:《试论宋代婚姻不问阀阅》,《历史研究》1985 年第 6 期。

张邦炜:《"唐宋变革论"的首倡者及其他》,《中国史研究》2010 年第 1 期。

张继定:《论南宋江湖派的形成和界定》,《浙江师大学报》1994 年第 1 期。

张晶:《"诚斋体"与宋诗的超越》,《文史知识》1993 年第 4 期。

张鸣:《吕本中与南宋初期诗风演变》,《文史知识》1994 年第 4 期。

张瑞君:《〈江湖集〉、〈江湖前后续集〉的刊行及江湖派的鉴定》,《文献》1990 年第 1 期。

张希清:《论宋代科举取士之多与冗官问题》,《北京大学学报》1987 年第 5 期。

张毅:《二十世纪宋代文学研究观念和方法之变迁》,《文学遗产》2001 年第 4 期。

张远林、王兆鹏:《宋诗分期问题研究述评》,《阴山学刊》2002 年第 4 期。

张仲谋:《诗坛风会与诗人际遇——尤袤诗论略》,《文学遗产》1994 年第 2 期。

郑永晓:《2007—2011 年陆游研究指数述略》,《中文学术前沿》第 5 辑,杭州:浙江大学出版社,2012 年。

周裕锴、孙烈鹏、吴娅:《20 世纪宋诗研究综评》,《阴山学刊》2000 年第 3 期。

周裕锴:《梦幻与真如——苏、黄的禅悦倾向与其诗歌意象之关系》,《文学遗产》2001 年第 3 期。

诸葛忆兵:《论北宋使辽诗》,《暨南学报》2006 年第 3 期。

朱丽霞:《20 世纪辛弃疾研究的回顾与思索》,《文学评论》2007 年第 3 期。

祝尚书:《吕本中"活法"诗论针对性探微》,《中山大学学报》2011 年第 4 期。

(二) 中国港台地区及国外

C

Curie Virag, "Emotions and Human Agency in the Thought of Zhu Xi", *Journal of Song-Yuan Studies*, no.37 (2007).

G

〔德〕冈特·格里姆:《接受学研究概论》,刘小枫选编:《接受美学译文集》,北京:生活·读书·新知三联书店,1989 年。

〔日〕宫泽知之:《唐宋社会变革论》,《中国史研究动态》1999 年第 6 期。

H

(台湾)黄宽重:《从中央与地方关系互动看宋代基层社会演变》,《历史研究》2005年第 4 期。

L

Linda Walton,"'Diary of a Journey to the North':Lou Yue's'Beixing rilu'",*Journal of Song Yuan Studies*,no.32(2002).

〔美〕刘子健:《背海立国与半壁山河的长期稳定》,载刘子健:《两宋史研究汇编》,台湾:联经出版事业公司,1987 年。

(台湾)柳立言:《南宋政治初探——高宗阴影下的孝宗》,《中研院历史语言研究所集刊》第 57 本,第 3 分册,1986 年。

(台湾)柳立言:《何谓"唐宋变革"?》,《中华文史论丛》总第 81 辑,上海:上海古籍出版社,2006 年。

N

〔日〕内藤湖南:《概括的唐宋时代观》,载刘俊文主编,黄约瑟译:《日本学者研究中国史论著选译》第 1 卷,北京:中华书局,1992 年。

P

Peter K.Bol:《美国宋代研究的近况》,《新史学》第 6 卷第 3 期,1995 年 9 月。

W

(台湾)王德毅:《宋孝宗及其时代》,《宋史研究集》第 10 辑,1978 年。

Z

(台湾)张高评:《南宋使金诗与边塞诗之转折》,载莫砺锋主编:《第二届宋代文学国际研讨会论文集》,南京:江苏教育出版社,2003 年。

(台湾)张高评:《台湾宋诗研究的现状和展望》,《黄冈师范学院学报》2004 年第 4 期。

后　记

本书是我的国家社会科学基金后期资助项目成果。前期研究还曾获得教育部人文社会科学研究青年基金项目、中央高校基本科研业务费专项资金项目资助。借此书出版的机会，我要感谢全国哲学社会科学规划办及教育部的立项资助，感谢评审专家提出宝贵的意见。屈指算来，我有关宋代诗学特别是南宋中兴诗坛的研究已有近十五年的时间。其间的研究，大致可分为三个阶段。第一个阶段的成果是2006年顺利通过答辩、结果为"优秀"的博士学位论文《南宋中兴诗坛的建构》。第二个阶段是出乎其外又入乎其内，就南宋中兴诗坛相关问题展开持续深入的研究，发表出版系列著作和论文。第三个阶段是2016年国家社会科学基金后期资助项目结项以来，我再次对书稿进行了系统的修订。

无论是人生与学术的哪一阶段，都是我宝贵的经历，内心常充满感恩。2003年我负笈珞珈山，从王兆鹏先生读博。先生强调文献与批评并重，对我影响至深。我文史结合，通读了《建炎以来系年要录》、《皇宋中兴两朝圣政》、《续编两朝纲目备要》、《宋史》的部分志传，细读了《全宋词》，并以南宋为主，系统阅读了八十余家宋人别集。在此基础上，我选题并完成博士学位论文。十几年来，王兆鹏师一直给予关心和鼓励，在此我要对业师致以深挚的感谢。并感谢尚永亮、陈文新、熊礼汇、李中华、郑传寅诸位先生传道授业。感谢博士论文评审及答辩专家陶文鹏、祝尚书、诸葛忆兵、刘尊明、戴建业等先生。师长提携之情，深深铭感于心。

2006年以后，关于南宋中兴诗坛的研究，我有意识地出乎其外又入乎其内。我先后出版《张镃年谱》（人民出版社2010年版）、《故事里的文学经典·南宋诗》（兰州大学出版社2013年版）等著作，参与傅璇琮等先生主编《宋才子传笺证》的撰写。关于《张镃年谱》，要特别感谢中国社会科学院刘跃进先生。2007年我就有关南宋诗人张镃及中兴诗坛的进一步探索问题请教刘先生，先生建议加强文史资料的编年，激发我撰写《张镃年谱》。而加强对南宋经典作家作品历史语境的发掘，则是撰写《故事里的文学经典·南宋诗》的初衷。同时，我在《文学遗产》先后发表《张镃〈南湖集〉成书考》、《宋孝宗与南宋中兴诗坛》、《南宋中兴时期士风新变与使北诗歌题材的开拓》等文。在《文献》发表《洪迈〈野处类稿〉辨伪》、《〈全宋文〉张镃残文一篇补正》等文。另在《国学研究》、《历史文献研究》、《江海学刊》、《浙江学刊》、《江西社会科学》、《东南大学学报》、《兰州大学学报》、《西北师大学报》等发表十几篇与南宋中兴诗坛研究相关的 CSSCI 论文。在此，谨对以上出版社和刊物表示由衷的感谢。所谓从大处着眼，从细处着手。经过一系列的沉潜研究，我再次系统审视南宋中兴诗坛，自然又有新的认识。特别是本书"演进论"、"个体论"两编，思考进一步深化和细化，得到大力增订。本书附录部分，也都是此期的文献考订成果，成为此书的有机组成部分。

独学而无友，则孤陋而寡闻。我要感谢宋代文学同人研修会诸君。诸位先生多有交流，砥砺学术，令我深受教益与鞭策。张剑先生一直关心我书稿出版之事，给予宝贵意见，谨致衷心谢忱。我还要借此机会向其他所有关心帮助我的师友致以深切的谢意。

本书承人民出版社出版，责任编辑杨美艳女士、韦玉莲女士和出版社专家悉心校阅书稿，提出宝贵意见，谨此一并致谢。

我要感谢我的妻子铁爱花教授。在读硕士、博士阶段，我们是同学，工作后又一同晋升副教授、教授、博士生导师。她主要研治宋史，于我启发良多。学术之路既有快乐，也有艰辛。执子之手，一路走来，相互勉励，相濡以沫，是我人生最幸福之事！2013 年，我们带着小女曾铁言，举家在美国访学、生活。现执教于芝加哥大学的林伟正教授及夫人给我们诸多关照，我们一直心怀感激。我们常在 UNC 图书馆读书写作，孩子则在校园内的 UUMP 上 Preschool。我的书稿在美国持续修订，国家社会科学基金后期资助项目也在此年申报立项。对本书来说，这也是一段美好的经历。

曾维刚

2017 年 5 月

责任编辑：杨美艳　韦玉莲
封面设计：毛　淳　徐　晖

图书在版编目（CIP）数据

南宋中兴诗坛研究/曾维刚 著. —北京:人民出版社,2018.1
（国家社科基金后期资助项目）
ISBN 978－7－01－018203－2

Ⅰ.①南…　Ⅱ.①曾…　Ⅲ.①诗歌史-研究-中国-南宋　Ⅳ.①I207.209

中国版本图书馆 CIP 数据核字（2017）第 219797 号

南宋中兴诗坛研究
NANSONG ZHONGXING SHITAN YANJIU

曾维刚　著

人民出版社 出版发行
（100706　北京市东城区隆福寺街99号）

环球东方（北京）印务有限公司印刷　新华书店经销

2018 年 1 月第 1 版　2018 年 1 月北京第 1 次印刷
开本:710 毫米×1000 毫米 1/16　印张:31.5
字数:500 千字

ISBN 978－7－01－018203－2　定价:88.00 元

邮购地址 100706　北京市东城区隆福寺街99号
人民东方图书销售中心　电话（010)65250042　65289539